西方哲学史

History of Western philosophy

【美】梯利 著

文竹 译

中央编译出版社
Central Compilation & Translation Press

图书在版编目(CIP)数据

西方哲学史 /(美)弗兰克·梯利著;文竹译 . -- 北京：中央编译出版社, 2023.10
ISBN 978-7-5117-4482-1

Ⅰ.①西… Ⅱ.①弗…②文… Ⅲ.①西方哲学—哲学史 Ⅳ.① B5

中国国家版本馆 CIP 数据核字(2023)第 164980 号

西方哲学史

图书策划	张远航
责任编辑	哈　曼
责任印制	李　颖
出版发行	中央编译出版社
地　　址	北京市海淀区北四环西路 69 号（100080）
电　　话	（010）55627391（总编室）　　（010）55627319（编辑室）
	（010）55627320（发行部）　　（010）55627377（新技术部）
经　　销	全国新华书店
印　　刷	北京建宏印刷有限公司
开　　本	710 毫米 ×1000 毫米　1/16
字　　数	600 千字
印　　张	40
版　　次	2023 年 10 月第 1 版
印　　次	2023 年 10 月第 1 次印刷
定　　价	88.00 元

新浪微博：@ 中央编译出版社　　　微　　信：中央编译出版社（ID：cctphome）
淘宝店铺：中央编译出版社直销店（http://shop108367160.taobao.com）（010）55627331

本社常年法律顾问：北京市吴栾赵阎律师事务所律师　闫军　梁勤
凡有印装质量问题，本社负责调换，电话：（010）55626985

绪　论

为解决存在的问题或让人对我们的经验世界有所了解，人们曾经有过各种尝试，哲学史的目的就是有联系地阐述这些尝试。它不仅根据时间的先后顺序对不同哲学理论进行说明，而且对不同哲学理论互相之间存在的关系、产生的时间，还有发表哲学理论的思想家进行分析。不管哪种思想体系，多多少少都会产生它的文明、之前各种思想体系的属性，还有开创者的个性有关联。反过来，它又会极大地影响当代和后代的思想与制度。因此哲学史必须尽可能将每一种宇宙观都还原到合适的背景中，将它视为整体的一分子，让它不脱离它过去、现在以及未来的文化的、政治的、道德的、社会的和宗教的因素。哲学史又必须尽可能抓住人类思辨历史上持续向前演变的线索，对可以称为哲学的思想观点如何产生，不同问题以及答案如何引发新的问题和答案，不同时代都取得了哪些进步进行说明。

对不同体系进行介绍时，我们会留意让作者的观点自然呈现出来，而不对其进行大而化之的评价。由此可以看出，从很大程度上来说，哲学史可以很好地评判哲学，后来的人会对某一体系进行传承、演变、发展或反对，这就会让其中的谬误都表现得淋漓尽致，新的思想倾向通常又来源于这种体系。哲学史家在开展分析时，应该秉承公正和客观的态度，而且在研究时尽量不要把自己的哲学理论加进去。可是彻底把个人因素排除在外是做不到的，哲学史家多少会在他的著作中加入自己的观点。其表现形式也是五花八门，对某些哲学格外关注，鲜明地阐述进步和倒退分别是什么，甚至不同的思想家所占的篇幅也有区别，所有这些都是情理之中的事。可是，应该让每个哲学家都能尽情对自己的观点予以阐述，而不要经常批驳他，让他受到影响。而且我们不能仅从如今的成绩出发来对一个体系进行批驳，也就是说，不能用现在的标准来评价它，并对它嗤之以鼻。古希腊的世界观和近代理论相比,好像是简单的、粗劣的、不成熟的,可是讥笑这种世界观却是很愚蠢的。按照当时的观点,人类一开始对世界进行探索而形成的这种世界观,明显具有里程碑式的意义。对一种思想体系进行评价,必须从它原本的目标和历史背景出发,从和它直接相关的前身和后来的体系对比出发,从它的原因、结果以及它所带来的进步出发。所以,我们的研究方法是带有批驳性的,也是历史的。

对哲学史进行研究有非常明显的意义。有识之士感兴趣的有存在的本质问题以及人类在文明的不同阶段所给出的答案。除此以外,这种研究可以帮助人们对自己的时代和其他时代进行理解,把不同思想所根据的基本原理揭示出来,可以帮助我们搞明白过去和现在的伦理、宗教、政治、法律、经济思想。而且,这种研究也可以更好地为哲学思辨做准备。它对人类的哲学经验进行评判,从简单过渡到复杂的思想结构,并对人们的抽象思维进行训练。如此一来,我们在形成自己的世界观和人生观方面就会受益匪浅。假如有人尝试着成立一种哲学体系而完全将前人的工作撇到一边,其结果当然和人类文明一开始的粗劣理论没什么分别,根本不会有什么进步。

宗教可以说是科学和哲学的共同起源,抑或说,一开始科学、哲学和宗教根本就没有分别,对世界进行探究时,神话是最初的探索。一开始,人从自己粗陋的经验出发,对大部分以某种理由(主要是具有实用价值的理由)引发关注的现象进行说明。他设想现象拥有他自己的特点,从自己的形象出发来打造新现象,让它拥有生命,将现象看成是活着的、"有灵魂的"。在很多民族那里,这种模糊不清的物活论观念发展成为更准确的有关人格的思想——这种人格高于人类,而其根本又和人类相似(多神论)。可是,任何一种神话都不能被看作来自个人的杰作或逻辑思维,神话表现了群体的智慧,其中起到主要作用的是想象和意志。

哲学通史要将所有民族的哲学都涵盖进去。可是,并不是所有民族都已经出现了真正意义上的思想体系,具有历史的只有少数民族的思辨。很多民族都在神话阶段以下。甚至东方民族,像印度人、埃及人和中国人的理论,重点也是神话和伦理学说,而不是单纯的思想体系,这种理论和诗、信仰密不可分。所以,我们将只对西方国家进行研究,首先就是古希腊人的哲学,而古希腊人的文化又是一部分西方文明的基础。我们将依照通史一直以来的分类法,把哲学分成三大类,分别是古代哲学、中世纪或基督教哲学,然后是近代哲学。

对哲学史进行研究所要用到的资料会包括:(一)一手资料:哲学家的著作或哲学家保留至今的著述的不完全部分。(二)假如前两者都不存在,我们就只能通过别人最精准的记录,来对哲学家的学说进行了解。有益于本书的资料中,有和某些哲学家的一生经历和学说相关的著述,有和哲学史相关的通论和专论,有对某些学说的批判和在各种书中对某些学说的援引。原始资料丢失时,这种二手资料是极其关键的。就算原始资料还在,在对其研究体系进行阐述时,二手资料的意义也非常重大。哲学史家在研究课题时,会参考所有对其课题有帮助的著作,其中二手资料的重要性不言而喻。此外,他还不会放过那些会让他知道他所研究的时代精神的研究范畴,涉及像科学、艺术、道德、教育、文学、宗教和政治等所有人类活动的历史。

参考书

有关哲学史方面的著作(包括古代、中世纪和近代)。概论属性的有:《近代哲学史》,作者K.费舍,译者戈迪,第一卷,第一篇;《哲学简史》,作者B.D.亚历山大;《哲学史》,作者维贝尔,译者梯利;《哲学史》,作者施维格勒,译者西利;《哲学史入门》,作者A.K.罗杰斯;《哲学史》,作者文德尔班,译者塔夫茨;《哲学史》,作者特纳;《哲学史手册》,作者斯特克尔,译者科菲;《哲学史》,作者库什曼。并参考《思想自由史》,作者J.B.伯里;《自由思想简史》,作者J.M.罗伯逊,两卷。

比较深奥一点的有:《哲学史》,作者J.E.埃尔德曼,三卷,译者霍夫;《哲学史》,作者宇伯威格,三卷,译者莫里斯(1874年译出英文版,原书则由M.海因泽反复修订和增加,现已经出版到第十版);《哲学史讲演录》,作者黑格尔,三卷,译者霍尔丹;《哲学通史》,编写人是诸多德国学者,为《现代文化》丛刊撰写的,其中也有一些段落对原始哲学、印度哲学、伊斯兰教哲学和犹太哲学、中国哲学和日本哲学进行了阐述;《哲学通史》,作者多伊森,第一卷(三部分)涵盖了东方哲学,第二卷涵盖了希腊哲学和圣经哲学;《伟大的思想家》,编写人是若干德国学者;《哲学中的神的思想》,作者施瓦茨。

专史:《唯物主义史》,作者朗格,三卷,译者托马斯;《原子论史》,作者拉斯维茨;《唯心主义史》,作者维耳曼,三卷;《哲学中的怀疑主义》,作者R.里希特,两卷。逻辑学：《逻辑史》，作者普兰特耳，四卷；《作为认识批判的哲学史》，作者普胡埃斯；《逻辑简史》，作者亚当森。心理学：《心理学史纲》，作者德斯瓦尔，译者费希尔；《心理学史》，作者克累姆，译者威尔姆；《心理学史》，作者J.M.鲍德温，两卷；《美学史》，作者鲍桑癸特；《美学批判史》，作者沙斯勒尔。伦理学：《伦理学体系》，作者保尔森，编译者梯利，第33—215页；《人生问题》，作者奥伊肯，由霍夫和博伊斯·吉布森合译；《伦理学史》，作者西奇威克；《伦理学简史》，作者R.A.P.罗杰斯；《伦理学》，作者冯特，两卷；《伦理学说类型》，作者马蒂诺，两卷；《伦理学基础》，作者希洛斯普；《伦理学原理研究》，作者塞思；《伦理学导论》（包含史料），作者梯利；《伦理学名著选》，作者兰德（很多作者原著选辑）；《从阿里斯提普斯到斯宾塞的享乐主义学说》，作者沃森；《伦理和政治哲学史》，作者热奈。政治学：《政治学史》，作者波洛克；《政治学说史》，作者邓宁；《一般国家法的历史》，作者布仑奇利。教育：《教育史课本》，作者P.芒罗；《教育史》，作者格雷夫斯，三卷；《教育史》，作者戴维森；《教育史》，作者威廉斯；《教育史》，作者：施米德。科学：《归纳科学史》，作者惠威尔，三卷；《自然科学史》，作者布里克；斯特龙茨、布里克、舒耳策的德文著作；《从希腊人到达尔文》，作者H.F.奥斯本；《科学史研究》，作者昂讷坎；卡若里、鲍尔、坎托、蒙杜克拉、夏耳的数学史、科普的化学史；贝里、德雷尔、沃尔夫、德拉姆布尔的天文学史。

哲学辞典：鲍德温编，两卷；艾斯勒、毛特纳、基尔克纳的德文著作；《哲学辞典》，作者艾斯勒。并参考百科全书条目，尤其是《大英百科全书》《宗教和伦理学百科全书》《天主教百科全书》，以及《犹太教百科全书》，作者哈斯廷斯；《教育百科全书》，作者P.芒罗。

有关书目，可参阅《哲学书目》，作者兰德；《哲学辞典》，作者鲍德温，第三卷；宇伯威格—海因泽前引书德文第十版；以1895年为界，以后出版的完整的书目可参阅《系统哲学档案》，以1908年为界，之后可参阅《现代哲学》，作者是鲁格。

（哲学杂志和心理学杂志从略）

目 录
Contents

第一编　希腊哲学

第一篇　自然哲学

第一章　早期希腊思想的起源和发展 …………………… 002
　第一节　希腊哲学史 …………………………………… 002
　第二节　自然与社会条件 ……………………………… 002
　第三节　政治 …………………………………………… 003
　第四节　文学 …………………………………………… 003
　第五节　宗教 …………………………………………… 004
　第六节　哲学 …………………………………………… 005
　第七节　希腊哲学概论 ………………………………… 006

第二章　前智者学派哲学的发展 ……………………… 009

第三章　实体问题 ……………………………………… 010
　第一节　泰勒斯 ………………………………………… 010
　第二节　阿那克西曼德 ………………………………… 011
　第三节　阿那克西米尼 ………………………………… 012

第四章　数的问题 ……………………………………… 013
　第一节　毕达哥拉斯及其学派 ………………………… 013
　第二节　毕达哥拉斯学派数论 ………………………… 015
　第三节　天文学 ………………………………………… 016

第五章　变化的问题 …… 017
- 第一节　永恒与变化 …… 017
- 第二节　赫拉克利特 …… 018
- 第三节　埃利亚学派 …… 021

第六章　变化的解说 …… 025
- 第一节　变化之谜的解决 …… 025
- 第二节　恩培多克勒 …… 027
- 第三节　阿那克萨哥拉 …… 029
- 第四节　原子论者 …… 031

第二篇　知识和行为问题

第一章　智者时期 …… 036
- 第一节　思想的进步 …… 036
- 第二节　希腊的启蒙时期 …… 037
- 第三节　智者派 …… 039
- 第四节　智者活动的意义 …… 043

第二章　苏格拉底 …… 045
- 第一节　苏格拉底的生平 …… 045
- 第二节　真理问题 …… 047
- 第三节　苏格拉底的方法 …… 049
- 第四节　伦理学 …… 053
- 第五节　苏格拉底的弟子 …… 054

第三篇　重建时期

第一章　柏拉图 …… 056
- 第一节　柏拉图和他的问题 …… 056
- 第二节　辩证法 …… 059
- 第三节　理念论 …… 061
- 第四节　自然哲学 …… 063
- 第五节　心理学 …… 066

第六节　伦理学 …………………………………… 067
　　第七节　政治学 …………………………………… 069
　　第八节　柏拉图的历史地位 ……………………… 072
　　第九节　柏拉图学派 ……………………………… 073
　第二章　亚里士多德 …………………………………… 074
　　第一节　亚里士多德的问题 ……………………… 074
　　第二节　哲学和科学 ……………………………… 078
　　第三节　逻辑学 …………………………………… 079
　　第四节　形而上学 ………………………………… 082
　　第五节　物理学 …………………………………… 085
　　第六节　生物学 …………………………………… 087
　　第七节　心理学 …………………………………… 088
　　第八节　伦理学 …………………………………… 089
　　第九节　政治学 …………………………………… 093
　　第十节　逍遥学派 ………………………………… 094

第四篇　伦理问题的探讨

第一章　概论 …………………………………………… 095
第二章　伊壁鸠鲁主义 ………………………………… 098
　　第一节　伊壁鸠鲁和他心中的哲学 ……………… 098
　　第二节　逻辑学 …………………………………… 099
　　第三节　形而上学 ………………………………… 100
　　第四节　心理学 …………………………………… 102
　　第五节　伦理学 …………………………………… 102
　　第六节　政治学 …………………………………… 104
第三章　斯多葛主义 …………………………………… 105
　　第一节　芝诺及其学派 …………………………… 105
　　第二节　逻辑学 …………………………………… 107
　　第三节　形而上学 ………………………………… 109
　　第四节　宇宙论 …………………………………… 111

		第五节　心理学 …………………………………… 112
		第六节　伦理学 …………………………………… 113
		第七节　政治学 …………………………………… 115
		第八节　宗教 ……………………………………… 116
		第九节　希腊伦理学概要 ………………………… 117
	第四章　怀疑主义和折中主义 ………………………… 118
		第一节　怀疑主义学派 …………………………… 118
		第二节　怀疑学派的学说 ………………………… 119
		第三节　后期怀疑派 ……………………………… 121
		第四节　折中主义 ………………………………… 121

第五篇　宗教运动
	第一章　犹太希腊哲学 ………………………………… 123
		第一节　哲学和宗教 ……………………………… 123
		第二节　犹太希腊哲学的起源 …………………… 125
		第三节　斐洛 ……………………………………… 126
	第二章　新柏拉图主义 ………………………………… 128
		第一节　新毕达哥拉斯主义 ……………………… 128
		第二节　新柏拉图主义 …………………………… 130
		第三节　普罗提诺 ………………………………… 130
		第四节　提尔的波尔菲里 ………………………… 135
		第五节　扬布利可 ………………………………… 136
		第六节　雅典学园的终结 ………………………… 136

第二编　中古哲学

第一篇　基督教神学的兴起
	第一章　基督教的开端 ………………………………… 140
		第一节　宗教复兴 ………………………………… 140

- 第二节 基督教 …………………………………………… 140
- 第三节 基督教和古典文化 ……………………………… 141
- 第四节 经院哲学 ………………………………………… 142

第二章 基督教神学的发展 …………………………………… 144
- 第一节 早期神学 ………………………………………… 144
- 第二节 诺斯替教 ………………………………………… 145
- 第三节 护教者 …………………………………………… 146
- 第四节 护教者的学说 …………………………………… 148
- 第五节 逻各斯学说 ……………………………………… 150
- 第六节 自由意志与原罪 ………………………………… 152

第三章 奥古斯丁的宇宙观 …………………………………… 154
- 第一节 奥古斯丁 ………………………………………… 154
- 第二节 认识论 …………………………………………… 155
- 第三节 神学 ……………………………………………… 156
- 第四节 心理学 …………………………………………… 158
- 第五节 伦理学 …………………………………………… 159
- 第六节 意志自由 ………………………………………… 161

第二篇 经院哲学的开端

第一章 黑暗时期 ……………………………………………… 163
- 第一节 新民族 …………………………………………… 163
- 第二节 学术研究的开端 ………………………………… 165

第二章 中世纪的精神和基督教哲学 ………………………… 166
- 第一节 教会的权威 ……………………………………… 166
- 第二节 经院哲学的问题 ………………………………… 167
- 第三节 经院哲学的特征 ………………………………… 168
- 第四节 经院哲学的阶段 ………………………………… 169
- 第五节 经院哲学的原始文献 …………………………… 171

第三章 约翰·司各脱·伊里杰纳 …………………………… 171
- 第一节 传略 ……………………………………………… 171

第二节　信仰与知识 …………………………… 172
　　第三节　泛神论 ………………………………… 172
　　第四节　神秘主义 ……………………………… 174
第四章　一般的概念问题唯实论与唯名论 ………… 175
　　第一节　早期经院哲学家 ……………………… 175
　　第二节　洛色林的唯名论 ……………………… 176
　　第三节　唯实论的意义 ………………………… 177

第三篇　经院哲学的唯实论的发展

第一章　坎特伯雷的安瑟伦 ………………………… 178
　　第一节　安瑟伦的哲学 ………………………… 178
　　第二节　安瑟伦的同时代人 …………………… 180
第二章　彼得·阿贝拉和12世纪的经院哲学家 …… 181
　　第一节　彼得·阿贝拉 ………………………… 181
　　第二节　夏特勒学派 …………………………… 184
　　第三节　箴言集派 ……………………………… 184
　　第四节　索尔兹伯里的约翰 …………………… 185
第三章　神秘主义和泛神论 ………………………… 186
　　第一节　神秘主义 ……………………………… 186
　　第二节　泛神论 ………………………………… 188
第四章　不安的征兆 ………………………………… 189
　　第一节　经院哲学的反对者 …………………… 189
　　第二节　组成学校 ……………………………… 190
　　第三节　发现亚里士多德 ……………………… 191

第四篇　经院哲学的鼎盛时期

第一章　阿拉伯哲学 ………………………………… 193
　　第一节　希腊的资料 …………………………… 193
　　第二节　各种派别 ……………………………… 194
　　第三节　唯理主义者 …………………………… 196

第四节　东方哲学的衰落 ································· 197

　　第五节　西班牙学派 ····································· 198

　　第六节　犹太哲学 ······································· 200

第二章　亚里士多德的卓越地位 ······························· 200

　　第一节　亚里士多德与经院哲学 ··························· 200

　　第二节　奥古斯丁的神学 ································· 201

　　第三节　大阿尔伯特 ····································· 202

第三章　托马斯·阿奎那 ····································· 204

　　第一节　托马斯·阿奎那传 ······························· 204

　　第二节　哲学和神学 ····································· 204

　　第三节　认识论 ··· 206

　　第四节　形而上学 ······································· 207

　　第五节　神学 ··· 208

　　第六节　心理学 ··· 210

　　第七节　伦理学 ··· 211

　　第八节　政治学 ··· 216

　　第九节　托马斯的追随者 ································· 216

第四章　反经院哲学的倾向：神秘主义、泛神论、

　　　　自然科学 ··· 217

　　第一节　神秘主义 ······································· 217

　　第二节　逻辑 ··· 218

　　第三节　自然科学 ······································· 218

　　第四节　异端 ··· 220

　　第五节　拉伊芒德·卢利 ································· 221

第五篇　经院哲学的没落

第一章　约翰·邓·司各脱 ··································· 222

　　第一节　托马斯·阿奎那的反对者 ························· 222

　　第二节　约翰·邓·司各脱 ······························· 223

　　第三节　信仰与知识 ····································· 223

>   第四节　共相论 ………………………………… 225
>   第五节　神学 …………………………………… 226
>   第六节　心理学 ………………………………… 227
>   第七节　上帝与道德律 ………………………… 228
>   第二章　唯名论 …………………………………………… 230
>   第一节　唯理的神学和共相 …………………… 230
>   第二节　威廉·奥卡姆 ………………………… 231
>   第三节　唯名论与唯实论 ……………………… 233
>   第四节　奥卡姆的追随者 ……………………… 233
>   第三章　神秘主义 ………………………………………… 234
>   第一节　正统与异端的神秘派 ………………… 234
>   第二节　埃克哈尔特大师 ……………………… 235
>   第四章　自由思想的发展 ………………………………… 238
>   第一节　中世纪的唯理主义 …………………… 238
>   第二节　国家主义的兴起 ……………………… 239
>   第三节　异端倾向 ……………………………… 240
>   第四节　自由探索的精神 ……………………… 241

第六篇　文艺复兴时期的哲学

>   第一章　新启蒙思潮 ……………………………………… 244
>   第一节　理性和教权 …………………………… 244
>   第二节　人文主义 ……………………………… 245
>   第二章　新哲学 …………………………………………… 247
>   第一节　柏拉图主义 …………………………… 247
>   第二节　库萨的尼古拉 ………………………… 248
>   第三节　真正的亚里士多德 …………………… 249
>   第四节　科学与哲学的改造 …………………… 250
>   第五节　逻辑的改造 …………………………… 251
>   第三章　自然哲学与自然科学 …………………………… 252
>   第一节　神秘主义 ……………………………… 252

- 第二节 自然哲学 …………………………………… 254
- 第三节 科学运动 …………………………………… 255

第四章 布鲁诺和康帕内拉 …………………………… 257
- 第一节 布鲁诺 ……………………………………… 257
- 第二节 康帕内拉 …………………………………… 259

第五章 新国家主义、宗教哲学、怀疑主义 ………… 260
- 第一节 经院哲学的国家论 ………………………… 260
- 第二节 马基雅维利 ………………………………… 261
- 第三节 新政治学 …………………………………… 262
- 第四节 近代国家的演变 …………………………… 264
- 第五节 新宗教哲学 ………………………………… 265
- 第六节 怀疑主义 …………………………………… 265

第六章 宗教改革 ……………………………………… 267
- 第一节 宗教改革的精神 …………………………… 267
- 第二节 新教的经院哲学 …………………………… 268
- 第三节 亚科布·柏麦的神秘主义 ………………… 269

第三编 近代哲学

绪论 近代哲学的精神
- 第一节 近代的特征 ………………………………… 272
- 第二节 经验主义与唯理主义 ……………………… 274

第一篇 英国的经验主义

第一章 弗兰西斯·培根 ……………………………… 277
- 第一节 科学的改造 ………………………………… 277
- 第二节 归纳法 ……………………………………… 280
- 第三节 哲学的梗概 ………………………………… 282
- 第四节 人的哲学 …………………………………… 283

第五节　形而上学与神学 ·················· 284
　　第六节　经验主义者培根 ·················· 286
第二章　托马斯·霍布斯 ···················· 287
　　第一节　目的与方法 ···················· 287
　　第二节　认识论 ······················ 288
　　第三节　形而上学 ····················· 290
　　第四节　心理学 ······················ 291
　　第五节　政治学 ······················ 292

第二篇　大陆的唯理主义

第一章　勒奈·笛卡儿 ····················· 296
　　第一节　调和的问题 ···················· 296
　　第二节　科学的分类 ···················· 298
　　第三节　知识的方法与标准 ················· 299
　　第四节　论证上帝的存在 ·················· 301
　　第五节　真理与谬误 ···················· 303
　　第六节　外在世界 ····················· 304
　　第七节　肉体与精神 ···················· 306
　　第八节　情绪 ······················· 309
　　第九节　天赋观念理论 ··················· 310
第二章　笛卡儿的后继者 ···················· 312
　　第一节　笛卡儿哲学中的问题 ················ 312
　　第二节　偶因论 ······················ 314
　　第三节　阿尔诺尔·格林克斯 ················ 314
　　第四节　唯心主义 ····················· 315
　　第五节　神秘主义 ····················· 316
　　第六节　怀疑主义 ····················· 317
第三章　斯宾诺莎 ······················· 318
　　第一节　唯理主义 ····················· 318
　　第二节　方法 ······················· 321

第三节　万有实体 …… 322
第四节　上帝的属性 …… 323
第五节　样态学说 …… 325
第六节　人的精神 …… 327
第七节　认识论 …… 329
第八节　理智与意志 …… 330
第九节　伦理学与政治学 …… 332
第十节　上帝的概念 …… 334

第三篇　英国经验主义的发展

第一章　洛克 …… 336
第一节　洛克的问题 …… 336
第二节　知识的起源 …… 337
第三节　知识的性质与确实性 …… 341
第四节　知识的界限 …… 343
第五节　形而上学 …… 346
第六节　伦理学 …… 350
第七节　自由意志 …… 353
第八节　政治哲学 …… 354
第九节　教育理论 …… 356

第二章　洛克的后继者 …… 357
第一节　洛克的影响范围 …… 357
第二节　自然神论者 …… 358
第三节　心理学 …… 359
第四节　伦理学 …… 360
第五节　政治经济学 …… 362

第三章　贝克莱 …… 363
第一节　重要的问题 …… 363
第二节　认识的对象 …… 365
第三节　物体世界 …… 366

第四节　精神世界 ······················· 367
第五节　对反驳的答复 ················· 369
第六节　关于观念、精神与关系的知识 ······· 371
第七节　驳斥二元论、无神论与怀疑论 ······· 371

第四章　休谟 ··················· 374
第一节　休谟的问题 ··················· 374
第二节　人性的科学 ··················· 376
第三节　知识的起源 ··················· 377
第四节　知识的确定性 ················· 381
第五节　对外在世界的知识 ············· 383
第六节　心灵实体 ····················· 384
第七节　自由与必然 ··················· 385
第八节　上帝 ························· 386
第九节　反理智主义 ··················· 389

第五章　英国唯理主义反对派 ······· 390
第一节　剑桥学派 ····················· 390
第二节　苏格兰常识派 ················· 391

第四篇　德国唯理主义的发展

第一章　莱布尼茨 ················· 393
第一节　德意志文化的兴起 ············· 393
第二节　思考的问题 ··················· 394
第三节　力的理论 ····················· 396
第四节　单子论 ······················· 397
第五节　神学 ························· 402
第六节　伦理学 ······················· 403
第七节　逻辑与认识论 ················· 404

第二章　莱布尼茨的后继者 ········· 408
第一节　常识哲学 ····················· 408
第二节　神秘主义 ····················· 410

第五篇　启蒙运动哲学

第一章　启蒙运动的进展 …………………………… 411
第一节　18 世纪 …………………………………… 411
第二节　伏尔泰 …………………………………… 412
第三节　英国启蒙运动 …………………………… 413
第四节　德国启蒙运动 …………………………… 414
第五节　唯物主义与进化论 ……………………… 415
第六节　科学中的进步 …………………………… 417
第七节　让·雅克·卢梭 ………………………… 418

第六篇　康德的批判哲学

第一章　伊曼努尔·康德 …………………………… 421
第一节　近代哲学的发展 ………………………… 421
第二节　神秘主义 ………………………………… 422
第三节　康德的问题 ……………………………… 423
第四节　知识问题 ………………………………… 426
第五节　感官知觉理论 …………………………… 429
第六节　知性论 …………………………………… 431
第七节　判断的有效性 …………………………… 433
第八节　关于自在之物的知识 …………………… 435
第九节　否定形而上学 …………………………… 437
第十节　形而上学在经验中的用途 ……………… 446
第十一节　目的论在自然中的用途 ……………… 448
第十二节　理性与道德神学的实践用途 ………… 450
第十三节　伦理学 ………………………………… 451

第二章　康德的后继者 ……………………………… 455
第一节　康德要解决的问题 ……………………… 455
第二节　唯心主义与自在之物 …………………… 456
第三节　新哲学的评论家 ………………………… 457

第七篇　德国唯心主义

第一章　费希特 · 460
- 第一节　后康德的哲学 · 460
- 第二节　费希特的原则 · 462
- 第三节　认识论的方法与目的 · 464
- 第四节　关于自我的知识 · 466
- 第五节　外在的世界 · 469
- 第六节　客观唯心主义 · 470
- 第七节　道德哲学 · 473

第二章　谢林 · 476
- 第一节　新唯心主义与浪漫主义 · 476
- 第二节　自然哲学 · 478
- 第三节　精神哲学 · 482
- 第四节　逻辑与直觉 · 483

第三章　施莱尔马赫 · 485
- 第一节　宗教哲学 · 485
- 第二节　知识与信仰 · 487
- 第三节　上帝、世界与个人 · 488

第四章　黑格尔 · 490
- 第一节　黑格尔及其前辈 · 490
- 第二节　哲学问题 · 492
- 第三节　辩证方法 · 494
- 第四节　思维与存在 · 496
- 第五节　逻辑与形而上学 · 498
- 第六节　自然哲学与精神哲学 · 499
- 第七节　法哲学 · 501
- 第八节　艺术、宗教与哲学 · 502
- 第九节　黑格尔学派 · 503

第八篇　黑格尔以后的德国哲学

第一章　赫尔巴特的实在论 ………………………… 505
- 第一节　反对黑格尔哲学 ………………………… 505
- 第二节　实在论哲学的理想 ……………………… 506
- 第三节　形而上学 ………………………………… 507
- 第四节　心理学 …………………………………… 509
- 第五节　价值论 …………………………………… 511

第二章　唯意志哲学：叔本华与哈特曼 ………… 512
- 第一节　叔本华 …………………………………… 512
- 第二节　作为意志和表象的世界 ………………… 513
- 第三节　自然与人类的意志 ……………………… 514
- 第四节　恻隐之心的伦理学 ……………………… 515
- 第五节　无意识哲学 ……………………………… 517

第三章　新康德主义 ………………………………… 518
- 第一节　对思辨哲学 ……………………………… 518
- 第二节　批判主义的复苏 ………………………… 520
- 第三节　内在哲学 ………………………………… 521

第四章　新唯心主义 ………………………………… 521
- 第一节　形而上学与自然科学 …………………… 521
- 第二节　赫尔曼·洛采 …………………………… 522
- 第三节　机械论与目的论 ………………………… 522
- 第四节　泛神论 …………………………………… 524
- 第五节　费希纳 …………………………………… 525
- 第六节　冯特 ……………………………………… 525
- 第七节　价值哲学 ………………………………… 527
- 第八节　奥伊肯 …………………………………… 529

第九篇　法国哲学与英国哲学

第一章　法国实证主义及其反对者 …… 531
- 第一节　对感觉主义的反动 …… 531
- 第二节　圣西门 …… 532
- 第三节　孔德 …… 533
- 第四节　社会与科学的改造 …… 534
- 第五节　知识的演进 …… 534
- 第六节　科学分类 …… 535
- 第七节　社会科学 …… 536
- 第八节　伦理学与人道教 …… 538
- 第九节　唯心主义与实证主义的对立 …… 538

第二章　苏格兰的唯理主义哲学 …… 541
- 第一节　威廉·惠威尔 …… 541
- 第二节　哈密尔顿 …… 542

第三章　穆勒的经验主义 …… 544
- 第一节　经验主义与实证主义 …… 544
- 第二节　科学与社会改革 …… 546
- 第三节　逻辑 …… 547
- 第四节　归纳推论 …… 547
- 第五节　归纳推论的保证 …… 548
- 第六节　因果律 …… 549
- 第七节　先验的真理 …… 552
- 第八节　外界与自我 …… 552
- 第九节　心理科学与道德科学 …… 554
- 第十节　人性学 …… 556
- 第十一节　社会科学 …… 556
- 第十二节　伦理学 …… 558

第四章　斯宾塞的进化论 …… 561
- 第一节　关于知识的理想 …… 561

第二节　知识的相对性 …………………………… 564

　　第三节　力的持久性 ……………………………… 565

　　第四节　精神与物质 ……………………………… 566

　　第五节　进化的规律 ……………………………… 567

　　第六节　生物学 …………………………………… 568

　　第七节　心理学 …………………………………… 569

　　第八节　外界 ……………………………………… 570

　　第九节　伦理学 …………………………………… 571

　　第十节　政治学 …………………………………… 572

第五章　英美的新唯心主义 ……………………………… 574

　　第一节　德国唯心主义的影响 …………………… 574

　　第二节　格林 ……………………………………… 575

　　第三节　形而上学 ………………………………… 576

　　第四节　人在自然中的地位 ……………………… 577

　　第五节　伦理学 …………………………………… 578

　　第六节　布拉德雷的形而上学 …………………… 580

　　第七节　直接的感情与思想 ……………………… 581

　　第八节　绝对 ……………………………………… 582

　　第九节　罗伊斯 …………………………………… 584

第十篇　现代对唯理主义与唯心主义的反动新倾向

第一章　新实证主义与认识论 …………………………… 590

　　第一节　马赫 ……………………………………… 590

　　第二节　阿芬那留斯 ……………………………… 591

第二章　实用主义 ………………………………………… 592

　　第一节　詹姆斯 …………………………………… 592

　　第二节　杜威 ……………………………………… 596

　　第三节　尼采 ……………………………………… 600

第三章　柏格森的直觉主义 ……………………………… 603

　　第一节　理智与直觉 ……………………………… 603

第二节　形而上学 …………………………………… 604
第四章　实在论与唯心主义的对立 ……………………… 606
　　第一节　新实在论者 ………………………………… 606
第五章　唯理主义及其反对者 …………………………… 608
　　第一节　反理智主义的功绩 ………………………… 608
　　第二节　诉诸理性 …………………………………… 609
　　第三节　理智与实在 ………………………………… 610
　　第四节　哲学的目的 ………………………………… 611
　　第五节　整块的宇宙 ………………………………… 612
　　第六节　理智与直觉 ………………………………… 613
　　第七节　结论 ………………………………………… 614

第一编
希腊哲学

第一篇　自然哲学

第一章　早期希腊思想的起源和发展

第一节　希腊哲学史

除了希腊，古代任何一个民族很少有远远超出神话阶段的。从某种程度上说，其他古代民族之中并不存在真正的哲学体系，因此，我们的论述需要从希腊开始。欧洲两千余年的文明是以希腊文明为基础的，后世西方思想体系之中囊括的所有问题和答案都源自希腊。和其他所有的民族一样，希腊哲学为人类思想体系的发展提供了由简而繁的例证。那种激发希腊哲学家的独立精神以及探索真理的执着与热忱也一直都备受推崇与仰慕。所以，对希腊哲学进行深入细致的研究，对思辨学者们而言，着实是难能可贵且深有助益的。

我们这里所说的希腊哲学史，不仅仅包括希腊人自己的思想文化演进史，还包括与希腊思想同源，且具有最基本的希腊思想特征的文化演进体系。它们发端于希腊，却并未在希腊本土发展，而是繁荣于小亚细亚、罗马、亚历山大。

第二节　自然与社会条件

希腊哲学的发源地是希腊半岛，岛上的自然特点将我们所要探究的民族锤炼得坚韧、强大、活跃。并且，希腊半岛有诸多的海港，不仅繁荣了希腊的海上贸易，还为希腊人移民各大岛屿与大陆提供了便利的条件。希腊的殖民地还以小亚细亚沿岸为根基构成了一条绵延的岛链，甚至还包括了埃及、西西里、意大利南部和直布罗陀海峡两岸。作为宗主国，希腊本国与殖民地之间的联系从来都不曾断绝，而通过与周边风俗、传统、制度迥异的各个民族相接触，殖民地方面也受益良多。基于这些有利条件，希腊的经济、贸易、工业、商业蓬勃兴起，城市逐渐发展，财富的积累和社会分工的愈加细化，又带动了社会的进步，政治、宗教、文化、社会生活等各个方面也发生了显著而深刻的变化，这种变化为文明的繁荣与新文明的开拓创造了条件。另外，如此优越的自然与社会条件，也有利于激发智慧和意志，人们对生活和世界的眼界得到了开阔，带着批判思维的思想不断涌现，各种思索不断，独立自主的人格特质也在这种条件下悄然成型。由此，人类无论是思想还是行动，都得到了一定程度的发展。另外，希腊民族本就是一个锐意进取的民族，它对知识充满了极度强烈的追求，对事物的审视也非常精巧与细致，并且，它崇尚实事求是，不虚妄。这些条件为希腊民族锤炼自我的能力、才智奠定了重要的基础，希腊的各个领域——哲学、政治、宗教、道德、文学——都迅速地发展并壮大。

第三节 政治

无论是在希腊本土，还是在诸多的希腊殖民地，政治体制的演变都存在一个共性，那就是经历了"部落首长制—贵族政治—民主政治"三重演变。通过《荷马史诗》的描述，我们知道，希腊旧时是以部落首长制为基本政体的等级社会。后来，随着财富的分化积累以及文化的不断发展，贵族政治的政体形式应运而生，之后，寡政治兴起。随着社会的发展，公民阶级（即平民）出现了，开始参与到政权的争夺中。在那些无所畏惧、雄心勃勃的人物的努力下，公元前7世纪和公元前6世纪，"僭主政治"在整个希腊开花结果。最终，平民阶层奋起，僭主政治最后被民主政治所取代。

第四节 文学

这种结果的出现是以希腊人的自我意识觉醒为根源的。启蒙也是新运动发展的必然结果：人们对传统事物的思索与批判越来越多，这种批判与质疑显露于外，便形成了新运动，根源在于反抗旧制度和要求改革。公元前 6 世纪之前，希腊文学的发展本就是政治发展的一种映射，也是思索精神与批判精神的一种映射。以儿童时代的天真纯朴为特征的荷马式的欢快性和客观性已经逐渐消失不见，诗人们变得越来越悲观，越来越爱批判，越来越主观。从荷马的著作中我们不难看出，这位诗人对人类自身的行为、众生的愚蠢、人类凄凉的命运以及并非长久存在，偶尔也站在道德的角度上进行思考。在"古希腊训谕诗之父"赫西俄德的著作中，批判和悲观表现得更加清晰与浓烈。诗人以《工作与时日》为矛，对希腊当时的政治与道德进行了抨击，提出了道德准则和生活中实用的守则，崇尚朴素的道德，并对过去美好时代的没落表示了叹惋。公元前 7 世纪的诗人（阿尔喀乌斯、西蒙尼迪斯、阿客罗科斯）对"僭主政治"进行了谴责与嘲讽，他们嘲讽僭主政治，为人类的怯懦感到惋惜。他们用伤感的语调鼓励人们要坚强，忍受命运的不公，并等待神明的安排。这种带着教诲色彩与极端消极色彩的精神在公元前 6 世纪时期表现得尤为明显。那个时候，人们将政治作为一个课题进行探讨，并且异常严厉地对新的社会秩序进行谴责。那个时候，以伊索为代表的寓言家和箴言诗人（梭伦、福库利德斯、特俄格尼斯），他们明智的准则和洋溢着伦理学的观点，被认为是道德哲学在萌芽时期的最好体现。概言之，从那个时候开始，人们不再站在民族的角度上发表民族的观点和概念，而是站在自我的角度上不断地进行思索，站在个人的角度上去生活并思考生活，站在个人的角度上去分析人生并品评人生，站在个人的角度上，对宗教、伦理、政治等各个方面提出希冀并发声。这种不满与求索源于更广阔的视野及更丰富的经验，而通过这种求索，哲学出现并不断发展，人们也习惯了以政治理论或者伦理研究的方式对哲学进行表达与探索。

第五节　宗教

无论是何种宗教，其发展总是循着一条相似的轨迹。初始之时，希腊宗教采取的是自然崇拜的形式，后来发展为多神教，神仙社会被创造出来，产生于诗人之幻想的诸神就生活在这里。并且，受批判思想与思考精神的影响，宗教本身也被蒙上了一层伦理和理性的色彩。思考荷马对诸神的性格与个性进行的描述，精炼道德意识，我们很容易便能得出一个关于奥林匹斯的较为纯净的概念。并且，伴随着文明车轮的滚动，神仙也成了道义的化身，神王宙斯成了道德的楷模，无论是在人间，还是在天上，都以自身守护着正义。

另一方面，这种超自然的需要在有关神仙体系的论述中，在神仙的源流、神仙之间的复杂关系以及神仙与世俗的关系中也有所体现。在此期间，人们对神仙与传统神话进行了较为深入的思索，他们探究神仙因何诞生、如何诞生，并以神仙体系为基础，尝试着对万物进行较为粗陋和浅显的解释。就整个希腊的神仙谱系而言，最原始、最本初的范本应该是赫西俄德的《神谱》。较为著名的同类著作还有公元前 540 年锡洛斯岛的弗瑞库德斯的《神谱》及奥尔甫斯的创世说，这种著作都曾以更加远古的神谱（公元前 6 世纪左右）作为参考，但是其当前形式的年代应该晚于公元前 1 世纪。根据赫西俄德的《神谱》，最早诞生的是凯奥斯（洪荒混沌），随后是盖亚（大地）、厄洛斯（爱）紧随其后。凯奥斯诞下了厄勒布（黑暗）与尼克斯（夜晚）。厄勒布与尼克斯结合，生下了埃德（光明）与赫麦拉（白昼）。大地母神盖亚诞下了海，与天（乌拉诺斯）结合又诞生了河流。乌拉诺斯之种萌芽生下了阿芙罗狄蒂（爱），由此，天降甘霖，万物于自然之中萌芽。由此，人类开始尝试对万物的起源进行解释，但这种解释源自神话与诗人的想象，不具备科学性，也没有进行过合乎逻辑的考据。事实上，神话本身便是诗人对身边事物与现象的追问，以及自己做出的解答。诗人们以自己的日常经验为基础，对很多自然现象进行了解释。他们认为，这些现象都形成于繁衍或者人类的意志，譬如，白昼是黑暗与夜晚孕育而生，河流是天与地繁衍所得。

第六节　哲学

神谱与哲学并不等同，但神谱的出现却为哲学的诞生奠定了坚实的基础。传统神话之中希望对自然现象、对万物做出解释的愿望成就了哲学的萌芽，哪怕这种愿望本身以意志为根源，很容易为想象的图景所满足。神谱学与创世说的存在，本身就是人类思想的一种进步，它们尝试用理论来对这个世界做出诠释，解释统治万物与人类生活的掌权者的源流。当然，这些解释从某种程度上来说不过是诗人想象力的外显，根本无法进行理性的推敲，并且，它们求助于超自然的力量与动因，而不是自然的原因。只有摒弃幻想、选择理性，摒弃想象、选择智慧，摒弃超自然之动因、选择以事实和经验为依据来诠解万物，哲学才会诞生。哲学要在一定程度上公正、客观地对事物进行解释，它不应该受通俗神话的影响，也不应该被任何现实的需要所羁绊。而启蒙时代的哲学，亦即公元前6世纪的哲学，正是以上述精神为基础的。由于这种不断探寻与求索的精神，希腊人在哲学方面取得了一定的成果，并且，在希腊社会生活的各个领域都折射着这种精神。

参考书

《希腊思想家》，作者冈珀兹，第一卷；《希腊哲学史纲》和《希腊哲学》，作者策勒尔，第一卷；《大英百科全书》中有关希腊，希腊的艺术、文学、宗教的条目。

第七节　希腊哲学概论

希腊哲学始于探究客观世界的本质。起初，它的注意力都集中在外在的自然（自然哲学），之后由外而内，注意力转移到了自身，明显带着人文主义性质。有两大问题：第一，何为自然，因而何为人类？第二，何为人类，因而何为自然？探究的方向从自然向人类移转，和人类精神有关的各种课题自然也就提上了日程，人类的思想、行为、逻辑、伦理学、心理学、政治学、诗论等都成了哲学研究的对象。之后，伦理学成了哲学研究的新焦点。何为至善？人生的目的为何？何为人生目标？伦理学成了主要的课题，为了解决道德问题，才有了对逻辑和形而上学的研究。最后，神学问题，即上帝、人类与上帝的关系，成了哲学研究的新重点。希腊哲学，由宗教而始，又归结于宗教。

（一）前智者学派时期（公元前585—前5世纪中叶）：提出了第一个大问题。希腊哲学的研究范畴还仅局限于自然哲学领域。人们注重自然、研究自然，认为自然本身就是一种生命，可以自由活动（物活论）；人们认为哲学应该是对事物本质的一种探究（本体论）；人们还尝试以单一的理论来对自然与自然现象进行诠释（一元论）；人们认为宇宙中的所有问题都能够通过人类的思想来诠释与解决（独断论）。这一时期，希腊哲学的繁盛之地在殖民地——爱奥尼亚、意大利南部与西西里。

（二）智者学派时期（公元前5世纪）：这一时期，是希腊哲学史的转折点。人们对宇宙中的所有问题都能够通过人类的思想来诠释与解决产生了怀疑，对传统思想和制度缺乏必要的信仰。这个思潮是怀疑的、激进的、革命的，对形而上学思想非常漠视，甚至满怀敌意。人们对人的问题进行了更加深入的研究，因此，对知识与行为的问题也进行了比较深入的研究，也因此导入苏格拉底时期。这一时期，新启蒙思想与相关的、宏大的哲学派别全都源自雅典。

（三）苏格拉底时期（公元前430—前320年）：这一时期又被称为重建时期。推崇知识的苏格拉底对怀疑论进行了反攻，他阐述了如何以逻辑的方式获取真理。他界定了何为善，为伦理学的发展奠定了基础。受他的影响，柏拉图与亚里士多德建立了以唯理主义为基础的逻辑（认识论）、伦理学（行为论）、政治学（国家论）以及形而上学体系。他们诠释宇宙，或以思想，或以理性，或以精神。从这个角度来说，我们完全可以认为，这一时期的哲学是具有批判性的，因为它对知识进行了探寻，对原理进行了探索。此外，这一时期的哲学也是唯理主义的，它对人的问题进行了一定程度的研究，它肯定了理性在真理探寻之中的人本主义；它是唯心（灵）主义的，因为它以思想为要素对现实的事物与现象进行诠释；它是二元论的，因为它认为物质是占第二位的因素。

（四）后亚里士多德时期（公元前320—529年）：公元529年，查士丁尼大帝下令关闭了所有的哲学学院，希腊哲学时代由此终结。活动的场所有雅典、亚历山大和罗马。伦理学与神学是最值得关注的两大焦点。（1）斯多葛主义者芝诺与快乐主义者伊壁鸠鲁都将行为问题作为首要问题进行了研究：具有理性的人类是因何目标而在努力奋斗，是不是为了至善？伊壁鸠鲁学派认为这一目标是幸福，斯多葛学派认为这一目标是有道德的生活。两派对逻辑学与形而上学都表现出了相当的兴趣。伊壁鸠鲁学派认为，逻辑与形而上学方面的知识能够破除迷信和愚昧，可以增进幸福。而后者认为这种知识可以令人类认清"宇宙是有理性"的这一事实，并学会承担自己所应当承担的责任。伊壁鸠鲁学派是机械论者，斯多葛学派认为宇宙是一种神圣的理性的表现。（2）亚历山大里亚是神学运动的源流之地，是希腊哲学与东方宗教接触的产物，宣扬"世界唯一存在的就是上帝"的新柏拉图主义是神学运动发展的最高形式。它认为，宇宙中所有的一切都源流于上帝，也必将归结于上帝。

参考书

一般哲学史：——参见前文列举的一般哲学史和专著，以及以下各书：《希腊哲学史》，作者马歇尔；《古代哲学史》，作者文德尔班，译者库什曼；《希腊哲学史纲》，作者策勒尔，艾莱恩、艾博特合译；《希腊哲学家》，两卷，作者本恩；《希腊哲学史》，作者J.伯内特；《希腊哲学的发展》，作者亚当森；《希腊哲学史》，作者施维格勒。

较为高深者：——《希勒哲学》（标准著作）九卷，作者策勒尔，艾莱恩等译；《希腊思想家》，四卷，作者冈珀兹，译者马格纳斯；《希腊哲学史》，两卷，作者M.冯特；《希腊哲学史》，两卷，作者德林；《希腊哲学研究》，第二版，作者西贝克。

专著：——《古代理想》，作者H.O.泰勒；《希腊文明史》和《希腊人对人类的贡献》，作者马哈菲；《从宗教到哲学》（把希腊哲学看成是从希腊宗教演化而来），作者康福德；《世界外衣与天幕》（将希腊哲学看成小亚细亚和印度的伊朗神迹传统的延续），作者罗伯特·艾斯勒；《希腊文学中的宗教》，作者坎贝尔；《希腊哲学家神学思想的演化》，两卷，作者凯尔德；《灵魂》，作者罗德；《希腊宗教哲学》，作者基尔伯特；《希腊思想家的神学学说》，作者克里舍；《逻各斯学说》等，作者海因泽；《逻各斯思想史》等，作者阿耳。

逻辑：《希腊关于基本认识的论》，作者比耳。伦理学：《古代道德理论和观念史》，作者德尼；《希腊哲学中的幸福论》，作者海因泽。教育：《亚里士多德和古代教育理想》，作者戴维逊。科学：由苟·阿尔曼·布莱特施耐德尔和韩克尔所著的数学史。

有关原始材料的叙述，参见《古代哲学家》，第8—11页，作者文德尔班；《大纲》，第7—14页，作者策勒尔。

资料汇编：——穆拉克所编（三卷），以及锐特和普锐鲁所编，对哲学家进行论述的片段和章节汇编；希腊文和德文本《苏格拉底以前哲学片断》，第二版，作者迪耳斯，《希腊哲学汇编》和《哲学诗片断》。多参看亚里士多德《形而上学》卷一。

英文翻译片段：《希腊早期哲学家》，作者费尔班克斯；《古代哲学资料》，作者贝克韦尔；《从泰勒斯到亚里士多德哲学史文编》，作者杰克逊。

第二章　前智者学派哲学的发展

　　针对这一课题，我们会依次对爱奥尼亚"物理学家"或自然哲学家、毕达哥拉斯学派、赫拉克利特、埃利亚学派、恩培多克勒、原子论学派、阿那克萨哥拉进行研究。爱奥尼亚物理学家有一种思辨的冲动，他们尝试着摆脱神话的束缚，用自然的原因去解释自然现象。他们曾经无数次追问世界是由哪些基本的材料构成的，并根据自己的感觉给出了答案：水或气，或一种聚合在一起的、未经分解的不明物质。他们以一元论为基础，努力对不同事物的不同性质与变化（即基质的转化）进行诠释。观察表明，各种实体都可以转化为其他实体，比如液态水可以变成水蒸气。所以，原来的元素肯定已经变成了当前经验世界中不同的实体。早期的希腊哲学家们都隐晦地对物活论表示过认同，认为实际存在的事物运动与变化的根源来自事物本身。他们也据此对事实的变化进行诠释。毕达哥拉斯学派对能够被感官感知的、实际存在的事物缺乏兴趣，他们关注的焦点是宇宙万物之间的关系、秩序、同一或者和谐。他们认为能够将上述关系都表达出来的数才是实际存在的事物和万物存在的根本原因。赫拉克利特像爱奥尼亚派一样，认为构成世界的最基本材料是生机盎然的火。他注重变化，并以此为重。他认为，世界是变化的，所有的事物都是流动的，并没有真正的永久性。而且，他还认为世界上所有的一切都操纵于某种理性，他比他的前人更清楚地提出这一点。埃利亚学派的学者们也注重变化，但对变化本身，他们持的是否定态度。他们认为，比如火转变成水，转变成其他任何东西，这都是不可能且不可想象的。一种事物无论发生怎样的变化，都不可能完全转变成另外一种事物。一种事物，现在是什么样子，将来必然还是什么样子。实际的存在本身就具有恒常性特征。恩培多克勒对埃利亚学派学者的这种观点表示认同，他认为，绝对的变化显然是不存在的，任何事物都不可能变成除其本身之外的其他事物。所有事物都不可能诞生于无，也不可能变成无。但恩培多克勒并不否认变化的存在，只不过这种变化是相对的而非绝对的。他认为，世界上的确有一些物质具有恒常性特征，比如一些基本的元素与分子，它们相互聚合形成物质，当它们相互分离时，某一种因结合而生成的物质会消亡。但绝对的诞生、消亡和改变却是不实际的，世界上存在某些具有恒常性特征的物质，且这些物质以聚合分离等方式来构成各种其他的物质。原子论者认同恩培多克勒的大部分观点，不过也有一些差别之处。恩培多克勒认为，构成整个世界的最基本物质是土、火、水、气，还有爱与恨。但在原子论者看来，构成世界的是一种比水、火、土、气更精微的物质分子，即原子。在他们看来，运动是原子本身所固有的。对恩培多克勒和原子论者的观点，阿那克萨哥拉基本上表示认同，但他认为，有无数基本的性质，事物运动的本质是一种精神或者心灵力量的驱动。对于以上所有的观点，智者学派的学者们都表示不认可。在他们看来，任何和解决宇宙问题相关的探索都是没有价值与益处的，因为在这个领域里是不可能取得确实的知识的。

参考书

专著：《早期希腊哲学》，第二版，作者伯内特；《苏格拉底以前各哲学家自然观的研究》，作者海德耳；《探讨》，作者泰希米勒；《苏格拉底以前的哲学》，作者比克；《苏格拉底以前的哲学》，作者戈培尔；《毕达哥拉斯和赫拉克利特》，作者舒耳茨。费尔班克斯、伯内特和贝克韦尔书中的部分翻译。宇伯威格—海因泽《哲学史》第一篇中有书目。

第三章　实体问题

第一节　泰勒斯

公元前624年，泰勒斯出生于希腊的附属殖民地米利都，卒年不详，在公元前554—前548年之间。他是希腊著名的政治家、数学家、天文学家，更是希腊首位哲学家。据说，泰勒斯曾经对发生在公元前585年5月

28日的日食做出过预测。只要提到希腊，提到"希腊七贤"，泰勒斯的名字必赫然在列。泰勒斯或许没有写过什么书，因为我们看不到他的任何著作。可以确定，《航海占星学》一书并不是他的著作，我们今日所知的所有与他相关的信息其实都来自二手文献。

泰勒斯直接提出了一些哲学问题，在回答问题时也不牵扯神话人物，因此他才显得特别重要。经过长期的观察，泰勒斯发现，生命所需的许多自然事物（食物、种子等）中都包含有水分，因此，他做出了"水为世界最本初的元素"的推论。他认为世间万物都源于水，但他却没有阐述水生万物的实质过程。或许，于他而言，两种实体之间的转化本就是一件自然而然的事情，是最根本的事实，无须去阐述。和所有早期希腊哲学家一样，他认为自然是有生命的，会活动、行动和变化的；至少从亚里士多德的一些相关论述中我们能对这一点进行证实。希波里塔斯说，泰勒斯认为，水生万物，且万物必然复归于水。大概，在他想来，水就是一种黏质物，水之三态——固、液、气就源出于此。

第二节　阿那克西曼德

公元前611年，阿那克西曼德出生于米利都，他的卒年大约在公元前547年或公元前546年。据说，泰勒斯是阿那克西曼德的导师。但是更为稳妥的推测是，他们二人是同乡，因此，对泰勒斯的观点，阿那克西曼德十分熟悉。传说，阿那克西曼德对天文学、地理学和宇宙的生成有着浓厚的兴趣，他不但绘制了地形图和天体图，还把日晷引入了希腊。阿那克西曼德生前曾经以希腊文著成了其首部散文著作《自然论》，这是希腊历史上首部哲学著作，但是如今《自然论》只剩下了一些断简残章。

阿那克西曼德同意泰勒斯万物的本质是一种物质的观点，但他并不认为这种物质是水，因为水也是需要被诠释的一种物质。他认为，万物的本质应该是一种不朽的实际存在，他称这种实际存在为无限。在他看来，万物源于无限，且复归于无限。阿那克西曼德没有对无限的性质做出清晰的诠释，因为，在他看来，世间万物所有的性质都源于无限，无限就是一种源源不竭的充溢整个空间的物质，若非如此，无限在创生万物之时就应该已经消亡殆尽。

这个未经分化的大块物质在永恒的运动中分离出不同的实体，首先被分出的是热，其次是冷。冷在内层，热在外层，热包裹着冷，就仿佛是镀在冷外围的一圈火焰。火焰炽热，炙烤着冷，于是，冷变成了潮湿的气体，又成为空气。空气不断增多，多而外扩，冲破了火焰形成的包围圈，在火焰之外形成了轮状的圆环。这些圆环之上有序地排列着一些类似笛孔一般的小孔，火焰经由小孔喷薄而出，谓之天体。天体四周有无数的空气围绕，在这些空气的作用下，天体不得不围绕地球旋转。在所有天体之中，第一的是太阳，第二是月亮，第三是恒星，第四是行星。地球是位于中心的圆筒形体，是由最本初的潮湿气体干燥之后形成的，剩余的潮湿气体则形成了海洋。

地球上最先出现的物种全部源于太阳蒸发的潮湿元素。岁月推移，一部分水中生物渐渐向着陆地迁移，并逐渐适应了新环境。和所有其他动物一样，人最初是鱼。所有的事物都由基质产生，最后必定也将复归于基质，复归之后，重新聚合形成新的物质，产生—复归—产生—复归，形成一个闭合的循环，交替往复，无以穷尽。在早期思想界，这被称为"世界轮回说"。而且，事物的创造原本就没有公平可言，从"事物因为对无限进行了掠夺才能形成现有的形态"这一点来说是如此。

相比于泰勒斯，阿那克西曼德的思想无疑更加进步。首先，他试图将泰勒斯认为是原质的因素解释为演化而来的东西。其次，他尝试对变化的过程进行描绘，似乎还有了部分不灭不朽的意识。他不愿意对"无限"的性质做出界定，这说明相比于那些侧重对能被感官具体感知的实际存在进行研究的学者，他更倾向于抽象的思维。他独创的生物学说为进化论的形成提供了条件，他的天体论也在天文学史上占有一席之地。

第三节　阿那克西米尼

阿那克西米尼（公元前588—前524年），米利都人。传说，阿那克西曼德是他的导师。他曾经用爱奥尼亚方言写了一部散文，但是流传下来的只有只言片语。他和老师的主张一样，认为构成整个世界的的确是一种最基础、最原始的质料，这种质料是太一与无限，但它是确定的：它是空气、蒸气或雾。他认为，空气不仅是赋予人类生命的元素，还是整个宇宙的基质。他还认为，人类赖以生存的灵魂是一种气，整个世界也充溢着空气，且被空气包围，空气是活泼的，也是无限的，它遍布于整个宇宙空间。

世间万物都由气的聚合与稀释而生。当气聚合时，水、土、石、云、风应运而生，火则是气被稀释之后的产物，而其他所有的一切，都是由这些东西构成的。变化产生于运动，而运动是恒久不变的。

米利都学派后来涌现了以希波（公元前5世纪）、伊德乌斯、第欧根尼（出生于阿波龙尼亚，生卒年为公元前440—前425年）为代表的一批新秀。

第四章　数的问题

第一节　毕达哥拉斯及其学派

上文谈到的思想家都关注事物的本质问题：他们询问组成世界的质料是什么，他们认为那是具体确定的实体，是水，是气，或者是其他一些根源于这些元素的物质。接下来要研究的哲学家关注的焦点是形式或者关系。作为数学家，他们思索的是世界的齐一性和规律性，试图以数为实体，将数看成万物的基质，来说明这一事实。

毕达哥拉斯创立了毕达哥拉斯学派。他的许多奇闻轶事广为流传，大多出于生活在他之后的几个世纪的作家之手。所谓毕达哥拉斯的思想源于他所游历过的国度，毕达哥拉斯是一位旅行者的说法更不可信。毕达哥拉斯的出生地是萨默斯，他应该出生于公元前580年至公元前570年之间。公元前529年，因为对非法夺取政权的僭主政治不满，忠于贵族统治、反对波利克拉提斯的毕达哥拉斯背井离乡，迁居附属于希腊的意大利南部殖民地。之后，他在克罗托那定居，并建立了一个宣称抱有伦理、宗教和政治目的的社团。他的理想是在门徒之间将政治品德发扬开来，要求他们以国家利益为重，服从整体。为了达到这个目的，他强调道德训练的必要性：个人要约束自身，压抑情志，使灵魂旷达，还要对长者、教师、国家的权威抱持尊敬重视的态度。毕达哥拉斯社团就像一所公民训练学校，是毕达哥拉斯的理想试验场。毕达哥拉斯社团的成员学会了友爱，学会了自我反省，品性也得到了提高。他们形成一个公社，社团成员一起吃饭，一起居住，有统一的服饰，一起从事艺术和工艺，一起研究音乐、医学，尤其是数学。学员们通常都要先经历一段学徒时期，格言是"聆听于理解之前"。和当时盛行在希腊的宗教复兴形式一样，毕达哥拉斯社团也宣扬纯净明洁的生活，要求民众做礼拜，尤其是表现为所谓神秘宗教仪式的礼拜。这种神秘的宗教认为，人们在现世的所有行为都会影响到灵魂的将来，并制定了一些规章来约束组织成员。传说，毕达哥拉斯社团规模的扩展也为宗教活动在底层的开展提供了助益，扩展了用途，因此受到了一些教养良好的贵族阶层的青睐。

但毕达哥拉斯社团的政治倾向与绝大多数市民相违背。因此，毕达哥拉斯社团成员在后期受到了非常残酷的迫害，作为领袖的毕达哥拉斯更被迫逃亡梅塔彭顿，并于公元前500年终老于斯。许多毕达哥拉斯的信奉者离开意大利，来到希腊本土，塔伦丁的阿尔库塔斯（可能与苏格拉底是一代人）和流亡底比斯的吕西斯就在此列。这种灾难让毕达哥拉斯社团的活动戛然而止，让它不再是一个有组织的团体。不过，他的弟子们继续宣扬毕达哥拉斯的学说，这种宣扬持续了数百年。

毕达哥拉斯不曾有任何学术著作流传，只有上述的诸多伦理、政治和宗教观点。被毕达哥拉斯学派学者们引为中心思想的数论全都源于他本人，我们即将对数论进行论述。我们今日所见之体系，是公元前5世纪后期由菲洛劳斯建成的，阿尔库塔斯和吕西斯对此进行了承袭，直到公元前4世纪。

参考书

《毕达哥拉斯传》，作者波尔菲里；《毕达哥拉斯传》，作者杨布利柯。参见冈珀兹前引书，第一卷；策勒尔书，第一卷。

第二节　毕达哥拉斯学派数论

毕达哥拉斯学派非常关注世界的形式与关系。他们认为，无论是量度、秩序，还是比例和周而复始的循环，都能以数的形式彰显。他们的结论是，没有数就没有规律，没有秩序，没有万物之间的各种关系，也没有宇宙的齐一性。因此，数是构成世界与万物的最原始基质，数必然是一种实际存在，它是真实的，是万物之基础，世间的一切都是数的一种具体体现。在毕达哥拉斯学派学者的认知中，数就等同于我们现在所说的自然规律，任何物质都是源于数的，都以数为动因。经过探究，他们发现，数的关系存在于音调与弦长之间，数仅仅是这种关系的符号或者表现，这个数就是这种关系的动因，数就是所有现象背后隐藏的本质。

宇宙世界、一切事物的本初与基质就是数，那么，一切事物必然或多或少地承袭了数的特征。因此，毕达哥拉斯学派的学者们通过研究数的特征来研究事物的特征，并用这些特征来诠释宇宙万物。数的分类方式有很多，最普遍的划分便是奇偶的划分。二能够被偶数整除，却不能被奇数整除。因此，奇数是有限的，偶数是无限的，实在的本质就是奇偶、有限无限和有穷无穷。相互对立的物质，如有限与无限、奇数与偶数等，共同构成了自然界。经过研究，他们列出了一张表格，表格上有他们所认可的十大对立关系，即有限无限、奇偶、一和多、左右、男女、动静、曲直、光暗、善恶、长方与正方。并且，在他们看来，从一到十这十个数字都有着独属于自己的特征。

物质界的一切都被赋予了数的特性，整个物质界的基质就是数之单元。点、线、面、立体分别代表一元、二元、三元、四元。土、火、气、水分别是立方体、四面体、八面体和二十面体。换言之，在他们看来，物体的点、线、面是真真实实存在的，并且，它能够不依赖物质而单独存在。失去了线和面，物体根本无法诞生，但没有物体，却可以设想有线和面。这些空间的形式就是物体产生的动因与根源，而数则是所有这些形式的根源，因此，数是一切的根源。以此类推，非物质的事物也适用此推论，如爱情、友情、正义、道德、健康等。弦长与音调息息相关，八音表示和谐，爱与友情是和谐的，因此，数字八就是爱与友谊的具象和外显形式。

第三节　天文学

　　毕达哥拉斯学派的学者在天文学研究方面也颇有建树，涌现了不少卓有成就的天文学家。这些天文学家认为，宇宙是一个以中心火为核心的球体，行星附着于宇宙，并在宇宙这个透明的球体的影响下以中心火为轴心不断地转动。天之穹顶之上则有恒星高悬，它们也绕中心火旋转，旋转周期为三万六千年。天穹之下，有十大天体，它们是同心的。土星、木星、火星、水星、金星、太阳、月球、地球是十天体之八。十代表完美，天体之数必然为十。他们还认为，在地球与宇宙中心火之间存在另外一个星体，也就是所谓的反地球（a counterearth）。因为反地球位于地球与中心火之间，阻隔了中心火的延展轨迹，所以，地球能够免受中心火的照射与辐射。并且，地球和反地球都以恒一的公转周期围绕着中心火在转动，这个周期为一年，且公转之时，地球朝向中心火的永远都是同一面，所以，居住在另一面的我们从来都不曾见过中心火。除了地球，太阳也在以中心火为核心公转，公转周期为一年，并且时时都在反射中心火的火光。宇宙间的诸多天体都能发出属于自己的音调，这种音调是天体和谐的象征，并且，天体的运动表征永远都只有一个音度，那就是代表着和谐的数字——八。

　　虽然以我们现在的眼光来看毕达哥拉斯学派的天文学思想是怪诞而荒谬的，但它的出现却为古太阳中心说的形成奠定了基础。公元前280年，阿里斯塔尔库斯在萨默斯正式完成古太阳中心说。此后，人们对中心火的存在进行了否定，也摒弃了反地球的说法。其他行星以同心圆的轨迹绕地球旋转的观点被赫拉克利德斯否定。艾克凡图斯认定地球在围绕某个轴心转动，这一观点的提出者还包括希克塔斯。此外，赫拉克利德斯还将行星的运动与太阳的运动联系起来。阿里斯塔尔库斯综合这些观点，得出了一个结论：是地球在围绕太阳旋转，而不是太阳在围绕地球旋转。

第五章　变化的问题

第一节　永恒与变化

　　事物实体的性质是爱奥尼亚自然哲学家们关注的主焦点；量的关系、秩序、数之和谐、数则是毕达哥拉斯学派学者们关注的主焦点。但除了主焦点，还有一些次焦点，就是变化和变易的问题。希腊哲学史的早期，哲学家们对变化、转化、起因、衰败的描述非常朴素，也极其客观，并不觉得这是个问题。他们虽然引入了变化的概念，并一直都在使用和描述这一概念，却不求甚解，更不曾对此进行深入的研究。在他们看来，万物生于一种本初的、原始的质料，最终也会复归于这种质料。比如，气体凝聚成云，云积聚为水，水又化而为土，所有的实际存在在经过转化之后都会复归为某一基质，因此，绝对的生灭是不存在的。同一基质，由于转化的方式不同，转化的阶段不同，可以表现为云、水、土等不同的形式。很多哲学家非常重视变化、生长、发生和衰灭，并将其提升为关注的中心焦点，这是非常自然的。赫拉克利特就是最典型的代表。他对变化的研究与印象都非常深刻，他认定，所有的事物都是变化的，不朽与恒久不变都是虚妄的，宇宙因为变化而具备生命。看上去静止不变的事物实际上一直都在流动与变化，并且变化无穷。对此，埃利亚学派的学者则持完全否定的态度，他们否定运动，否定变化，认为事物是恒久不变的，一切的运动都不过是经由感官而产生的虚妄的表象。现实是静止的，从来都不会变化，一种事物转变成另外一种完全不同的事物也是难以想象的。概言之，他们认为，不朽和不变才是真理，运动与变化都是虚妄的。

第二节 赫拉克利特

赫拉克利特（公元前535—前475年）的出生地为爱奥尼亚地区的爱菲斯城邦，他的家族是传统的贵族世家，他也和所有的贵族一样，对平民和民主政治充满了蔑视。赫拉克利特为人严肃，喜欢批评人，他自负、武断，评价他人时虽不随波逐流，却极尽挑剔、吹毛求疵。他对自己的自我修养非常自信，对赫西俄德、毕达哥拉斯、色诺芬尼甚至荷马都充满了不屑。为了表达自己的不屑，他甚至扬言："一个人的头脑不可能因为博学而得到锤炼，否则赫西俄德、毕达哥拉斯、色诺芬尼早就变得聪明了。"他的文笔晦涩，可能是有意为之，于是后人称其为晦涩哲人。不过作为一个作家，他非常出色，充满了机智和极具创造性的语言与论述，还充满了带着神谕色彩的词汇，却从来都没有尝试过去证明。他的著作流传于世的不多，据认为有《自然论》这样的标题，分为物理、伦理、政治三个部分。曾有不少人认为《信札》一书出自赫拉克利特之手，但并不可信。

参考书

《赫拉克利特的自然论》，作者帕特里克；《赫拉克利特残篇》，作者拜沃特；希腊文和德文《赫拉克利特》，第二版，作者迪耳斯；《赫拉克利特的哲学》，作者舍费尔；伯奈斯、拉萨尔、E.普夫莱德雷尔、斯本格勒和博德雷罗的专题论文。

一、对立面的统一

前文我们已经提到过，"宇宙一直都在运动与变化"是赫拉克利特学说的中心思想。他认为"一个人不能两次迈入同一条河流，因为河流中的水是不断运动的，此时的水与彼时的水不同"，为了阐述这种恒常的运动与变化，赫拉克利特选择了他认为最为活跃的、恒常运动的火来做万物之基。他认为，无论是灵魂还是有机体，本质上都是火。现在，部分注释家认为赫拉克利特以火为基质只不过是为了更加具体地描述运动与变化中的物理现象，此中所谓的火，并不是指实际存在的真实的火，而是一种非实体的运动。但是在笔者看来，彼时的赫拉克利特也许并没有思考那么多，他不过是单纯地想要找到一种恒常变化且性质在不断转化的基质，于是，他找到了火。

"无论是升高还是降低,始终都经由同一条路",火首先化而为水,水然后化而为土,土则复归为水火。"火生万物,万物又复归于火。就像我们用金钱购买了货物,又把货物贩卖重新得到金钱一样。"从表面上看,很多事物是静止不动的,但在事物的内部却有恒常的运动发生。同一事物,有所失就必有所得。太阳每天都东升西落,每一天的太阳都与昨日不同,也与明日不同。太阳升起时,阳光普照,太阳落山时,光芒消失。

恒常的运动与变化构成了最本初的统一。于它而言,生是灭,灭也是生,两者既对立又统一。换言之,一种事物是能够转化为另外一种完全不同的事物的,譬如,当火化而为水的时候,火本身就在新的物质形式中消亡了。无论任何事物都能转化为与它相对立的另一种事物,事物的对立中本就存在统一,换言之,没有哪一种事物不是对立统一的,没有哪一种事物的性质是恒常不变的。事物是不断运动与变化的。从某种程度上来说,事物既是实际存在的,又是虚妄的。每一种事物都与它的对立面拥有相同的属性。世界本身,也因这种对立统一而存在,就好像高音与低音相合奏响的音乐是最和谐的。

或者,我们可以这样说,整个世界的支配权一直都掌握在斗争手中。"斗争为万有之王父",假如斗争不存在,假如对立不存在,整个世界都会因静止与停滞而消亡。"这就像是一剂药,人们不搅动它,它也会分解成它的组成成分。"和谐源于矛盾,统一源于对立。失去了矛盾、失去了对立、失去了运动、失去了变化,就不会有这样的秩序。概言之,所有的一切都会在万物之基——火——中被调和。火生万物,万物复归于火,周而复始,循环往复。换言之,火其实就是理性。据此,我们能够认定,善与恶是同一的东西,"生与死、眠与醒、老与少从本质上来说并没有什么区别。善发生变化会成为恶,恶发生变化也会复归为善,其余所有的对立面也一样。它们是统一的"。对上帝而言,一切都是善良的、合理的、美好的,这是因为上帝一直在力求和谐,一直在对世间所有的一切进行着完善。换言之,上帝在对事物进行安排的时候遵循的是当然之理。这种"理"有些时候并不为人类所认同。因为在人类看来,事物分为两种,合理的事物占一部分,不合理的事物占另一部分。

二、理性的规律

所以，整个宇宙的发展都遵循着一定的规则，并非任意的、偶然的。现在，我们称这种规则为规律。"事物之间的这种定则，或者说秩序，是恒常的，无论过去、现在还是将来，它都不会改变。它是不朽的火焰，永生不灭。它按照一定的定则燃烧与陨灭，而这些定则并不是人创造的，也不是神明创造的。"有些时候，为了彰显定则必然存在，赫拉克利特也会借用命运之神或者正义之神的名义。在他看来，凌驾于所有运动、变化与对立之上的，在矛盾与运动中恒常不变的，只有这些现象背后的本质——理性。或者说，是逻各斯（the logos）。所以他说："最聪敏睿智的人都知悉那流转于万物之间、给万物以引导的智慧。"在他看来，构成万物的原始基质必然是唯理的，是有生命、充满了理性的。当然，现在我们无法断言，赫拉克利特是不是将这种理性看作了一种具有生命、拥有意识的智慧，但从他之前的种种言论来看，他若有如此认识，也丝毫不令人感到意外。

三、心理学与伦理学

以上述宇宙理论为基础，赫拉克利特推导出了一套属于自己的心理学和伦理学。他认为人的灵魂是普遍之火的一部分，并受其滋养。我们呼吸的就是火，通过感官接受火。在所有的灵魂之中，愈是温暖愈是干燥的灵魂就愈佳，就愈接近宇宙之火。和理性的知识相比，感性的知识永远都稍逊一筹。人的感官所感觉到的一切都是不能够信赖的，真正的真理只能发掘于理性，来源于思考。

一个人身上最接近神圣理性的是人的灵魂，人体的掌控权永远都在灵魂手中。人需要遵循万物之间流转的普遍规则与理性。"万物之中有某些普遍的、理性的规则存在，所有明智的人都应该像遵守城市律法一样遵循它，并且毫不迟疑。因为，神圣的理性滋养所有流转于万物之间的普遍理性。"遵循理性的原则，遵循理性去生活，以唯理为信念，方能与伦理最相符合。理性不是任何人独有的属性，而是整个世界与所有人类共有的属性。但"即便理性是共同的，日常生活中，绝大部分人还是彰显出了独属于自己的知性"。所谓遵从道德，就是要遵从律法、严于律己、控制好自己的感情与欲望。"民众应该如维护城墙一般维护律法，并为之而战。""如神明一般守护在人身边的正是品性。""将心中放肆纵欲的情绪扑灭，比扑灭一场大火更重要。""情感与欲望太难抗衡，但凡是它想要得到的，它必然需要以灵魂作为交易的筹码。""以我之见，一个最出色的人等同于一万个普通人。"

身为知性的贵族，赫拉克利特对那些"跟随在流浪诗人身后，视自己为群氓，不辨好坏，不明白坏的总是占据绝大多数，好的却寥寥无几"的民众充满了不屑。他说："他们就仿佛是牲畜，只追求不饥不渴、衣食无忧。"他认为他们的人生就是一场悲凉的、惨淡的游戏："整个王国都属于孩童，每一个人的一生都像是一盘孩童们玩的跳棋。""人就恍若那灯火，燃烧于暗夜，却又被轻轻吹灭。"赫拉克利特对当时盛行的宗教也没有任何的尊敬之意，他说："他们就仿佛坠入泥沼中，试图用泥浆来洗净身体的人一样，试图用鲜红的血液来洗净自身的罪恶。但在部分亲见者眼中，他们的行为只意味着疯癫。那些神明、那些偶像，成了他们祷告的对象，但其实，他们的祷告不过等同于空屋中的自语。因为，他们从来都不知道英雄的意义，也不明白何为神明。"

第三节　埃利亚学派

与推崇事物是不断运动与变化的赫拉克利特不同，埃利亚学派的学者们始终坚信万物之基是恒久不变的，运动与变化不过是感官的一种幻觉，根本就不是实际的存在。出生于意大利南部希腊附属殖民地埃利亚城的巴门尼德是埃利亚学派的创始者，埃利亚学派也因此得名。谈到埃利亚学派，我们可大体将之划分为三个阶段。（一）以神学论述基础思想的阶段，代表人物为色诺芬尼。（二）本体论阶段，代表人物是巴门尼德。（三）埃利亚学派理论的捍卫阶段，代表人物为芝诺与梅利苏斯，二人都是论辩家，都精于论辩术。芝诺希望通过否定不变的对立面，即运动变化，来证明不变的正确性。梅利苏斯也抱持相同的想法，并为实践这一想法做出了积极的努力。

参考书

《论色诺芬尼的神学》，作者弗罗伊登塔尔；《巴门尼德》，作者迪耳斯。参见宇伯威格—海因泽书第18—21章列举的书目。

一、神学

色诺芬尼（公元前570—前480年）从小亚细亚科洛封迁居意大利南部之后，仍然继续着他流浪诗人的生活，吟诵宗教诗歌。他一生的著述中，遗留下来的不过是一些残缺的片段。从本质上来说，他并不是一位哲学家，而是一位思辨的神学家。色诺芬尼与毕达哥拉斯的经历很相似，因为彼时宗教复兴运动蓬勃发展，他也受其影响。但色诺芬尼信奉的却不是彼时流行的多神论和神人同形同性论，在他看来，神明与人不同，神是独一无二的，是不变的。"在人们的普遍认知中，神明与人类一样，都是通过孕育的方式降生，并且，同人类一样，有嗅觉、有听觉、有视觉，能够感知到物体、形状、声音。""事实上，如果牛与狮子能同人一般拥有手臂，并以手来创造艺术、描绘神明，那么，在马的笔下，神明的形象必然类似于马，在牛的笔下，神明的形象必然类似于牛。没有哪一种动物会不以自身为蓝本来对神明进行塑造。""因此，埃塞俄比亚人所尊奉的神明必然与他们一样有着黝黑的皮肤和扁平的鼻子。色雷斯人所尊奉的神明也必然与他们自己一样有着蓝色的眼睛、红色的头发。"神是唯一的，神与人是不同的，无论是从精神上，还是从形貌上。神以思想来统御万物，而不是以力量统御万物。神经常一动也不动地待在某个固定的地方，并能以身体的任何一个部位来感知。神是唯一的、不朽的，没有起始，也没有终结，他包容万物，因而，具有无限的特性。但这种无限并不是虚妄的，而是具有实体的，那是一个球形，是一种业已完成的最完好的形态。由此而论，他又是有限的。物质实体具有统一性，这种统一性与恒常的变化是矛盾的。因而，从整体而言它是不变的、静止的，但它的内部却有运动与变化发生。

在色诺芬尼看来，神明就是万物之基，是永恒的，是一切和太一。也就是说，神明与宇宙是等同的。早期自然哲学家们推崇物活论，认为自然是有生命、会行动的，单纯的精神不能够称之为神明。假如色诺芬尼成了多神论的信徒，那么，在他眼中，这些神明肯定都是以宇宙为整体而存在的部分，是种种自然现象。

色诺芬尼也提供了自然科学理论。他曾经推断，包括人类在内，地球上现存的所有物种都始源于土和水，证据就是在岩石内部的贝壳、海产物等留下的痕迹。以前，海陆是一体的，但后来，大陆从潮湿中挣脱，海陆分离。但是终有一日，陆地会化为泥沼，重新归于海洋，陆地上的种种生物，包括人类，也将重新进入演化状态。另外，在色诺芬尼看来，天上所有的星辰和太阳都是火红色的云团，这些云团每天都熄灭，然后又被点燃。

显而易见，色诺芬尼的宇宙观是粗陋且不完整的，继承这种观念且将之补全的正是巴门尼德。巴门尼德是这一门派的形而上学家，是埃利亚本土居民，生于公元前515年，家庭经济条件优渥。对赫拉克利特的学说，他并不陌生，或许，他还曾经是毕达哥拉斯学派的一员。他的著作存世寥寥，只有《自然论》中的一些残篇被保存。在这首教诲诗中，他简明地阐述了自己的观点，以这些残篇来看，全诗共有论意见与论真理两部分。

二、本体论

赫拉克利特一直都认为事物是在不断运动与变化的，火能够化为水，水能够化为土，土也能够复归于火，一种事物既存在又不存在。这怎么可能呢？一个东西怎么可能既存在又不存在？一个人如何能够这样矛盾？事物的特性怎么可能说改变就改变？一种性质又如何能够转变为另外一种性质？假如"有一种既存在又不存在的事物"，那么，岂不是说无中能够生有，有也能够转化为无？换言之，假定运动与变化是存在的，那么，它不是产生于实际存在之中，就是产生于非实际存在之中。假定它产生于无，也就是非实际存在之中，这种假定并不成立。那么，假定它产生于有，也就是实际存在之中，那也就意味它是源于它自身，换句话说，它与它自身本就具有同一性，无论是过去还是现在，这种同一性永不会改变。

所以，显而易见，存在只能源于自身，而且不可能转变为任何其他事物。并且，既然是实际存在，那么，无论何时，它必然依旧还是存在的，一直都存在着，并且恒久不变。因为，不朽的、不变的、本初的、非衍生的存在只能是唯一。以此为根据，我们可以推论，存在既然是不变的、无论何时都不会有区别，更不会发生转变，变成另一种事物，那么，它必然具有连续性的特征，并且，它肯定是静止的。因为对存在而言，从来都没有生灭，也没有任何空间，或者说是非实际存在能够容纳它，能够任它在其中活动。换言之，存在其实就是思维，所有能够被思考的事物都是存在的，相应地，所有不能被思考的事物也必然是不存在的。存在与思维同一，起码，从实际存在中有精神内涵这一点来说是这样的。

在巴门尼德看来，一切的实际存在其实就是一种本初的、连续的、不变的、永恒的、理性的、具有非确定性的球形质料。所有通过感官所获得的信息都是不真实的，所有的变化都无法被思考，并且，若是通过感官感知到的事物都是真实的，那么就意味着实际存在与非实际存在是等同的。巴门尼德非常推崇理性，他一直都坚信，所有和思维不同一、有冲突的，都是虚幻的。

巴门尼德一生论述颇多，除了真理论，他还提出了一种基于感官与知觉的理论。这种理论的论点总体来说就是：实际存在与非实际存在都是存在的，变化与运动也是存在的。宇宙由两种基础质料构成，一种是光明温暖的基质，一种是寒冷幽暗的基质，两者相合，宇宙生成。有机物源于黏土。人之所以有思维，正是因为两种基质在人体中糅合。光明温暖的基质让人们感受到了宇宙的光明与温暖，寒冷幽暗的基质让人们感知到了宇宙的寒冷与幽暗。

我们不难发现，巴门尼德为我们呈现了两个世界，一个是基于其"真实"学说的世界，在这个世界中，有思维存在，整个世界被视为同一的整体，是静止不动的。另一个则是基于感官知觉的世界，这个世界是多元的、变化的，被现象认可且被意见赞同的。这样的一个世界如何能够存在，又如何被感知？我们不知道，巴门尼德也未对此做出具体的阐述。

三、论辩术

芝诺（约公元前490—前430年）是一位杰出的政治家，学派创始人巴门尼德的弟子。为了证明埃利亚学派学说的正确，他一直都在努力想办法证明以赫拉克利特为代表的"事物变化论"者的谬误。在他看来，运动是不存在的，杂多也是不存在的，并且两者之间本就存在对立，并不和谐。假定杂多真的存在，真的有许许多多的事物存在，那么，这些事物必然有一个共性，那就是既无限小又无限大。无限小，是因为事物可以被不停地分割，分割为更微小的、无法度量的无数部分；无限大，是因为所有被分割的部分都可以被填充，可以增加无限多的部分。说杂多无限小而又无限大，是悖理的，我们必须对此加以排斥。由此类推，运动、空间也是不存在的。我们可以假定所有的事物都被空间所容纳，那么，空间本身肯定也被空间所容纳。由此类推，以至于无穷（ad infinitum）。并且，假定某一事物能够运动是因为它穿过了空间，那么，想要从某一空间之中穿过，就必须先穿过这个空间的二分之一。想要穿过这个空间的二分之一，就要先穿过这二分之一的二分之一。据此，不断推演，可至于无穷。最后，结论是，这一事物根本就无法移动分毫，也就是说运动不可能存在。

萨摩斯的梅利苏斯是一位海军军官，他为证明埃利亚学派学说的正确性做出过积极的努力。假如实际的存在本身并不能创造生命，那么，显然，非实际存在的物质的出现是早于实际存在的物质的，这也就是说，存在的诞生与非存在之间并没有必然的因果关系。实际的存在本身就是一，而且仅仅是一，它不能大于一，否则，实际存在的物质是无限的这一论断就会被推翻。运动本身是依托于实际物质及空间而产生的，如果没有二者，也就没有运动。如果没有杂多，没有运动，集聚和分散也就无从谈起，也就没有变化。那么，我们的感官感受到的一切运动和变化自然就是一种假象。

第六章　变化的解说

第一节　变化之谜的解决

古代部分自然哲学家对生灭本身是否存在抱持怀疑的态度，认为不存在绝对的创生和毁灭。只是，这种态度并不坚决，也不清晰，这些哲学家传承了这种思想和态度，却并没有对其进行深入的探索与研究。在他们的潜意识中，这种认知从来都不曾被明确地肯定，直到埃利亚学派学者的出现。埃利亚学派的学者们对生灭有着相当深刻的认知，他们把它奉为一切相关推理的前提，在学术研究中一丝不苟地运用着它。他们认为，生灭本身从来都不曾存在过，也没有任何事物能够以生灭的方式变成另一种事物，更没有哪一种性质可以通过生灭的方式彻底转变成另一种性质。如果一种性质真的改变了，那将意味这种性质的消失和另一种全新性质的出现。宇宙万物的本质实际上从来都没有发生过变化，它是永恒的，变化只是感官的虚构。

然而，事物似乎在不断地变化，又似乎永远都静止不动，但事物怎么可能既变化又静止呢？这着实是一种思想界的"悖论"，哲学家们却从没有放弃过证实这种"悖论"的努力，看世界的动态和静态观点必须结合。为了深入地探索这种结合的真谛，巴门尼德与赫拉克利特思想的继承者们耗费了不少心血。

埃利亚学派的学者们认为，世间没有绝对的变化。这没错，任何事物都不能从无中诞生，又转变成无。然而，在否定绝对变化的同时，我们却完全有理由也有权利用相对变化的眼光来看待事物的诞生、成长、变化、衰败和灭亡。世间总有一些物质是恒定的、如一的、不变的，它们是原始的、永恒的，它们的出现与派生无关，它们的性质永远都不会改变，但它们分散与聚合的方式却是可以改变的。换言之，一些不变的物质，比如某些分子，通过聚合、分解能够组合成其他元素或者物体，而这些元素和物体却是可以被重新分解、重新构造、不断改变的。确切地说，永恒原始的物质不能被创造，也不能被毁灭，它们的性质也永远不会改变，但这些物质彼此之间相互连接与作用的方式却是可以改变的，这种改变，恰恰印证了变化的相对性。总而言之，变化从来都不是绝对的，而是相对的。所谓创生，实际上就是某些永恒元素之间的聚合、分离。我们常说的变化，实际上就是永恒的元素之间连接和作用方式的变化。

恩培多克勒一直都是"变化没有绝对性，只具有相对性"这一理论的支持者，和他抱持同样观点的还有阿那克萨哥拉及一些原子论者，但在一些具体的问题上，三者却存在分歧，比如组成世界的原始物质的性质究竟是什么？又比如原始物质的元素分散聚合的原因和动力是什么？等等。恩培多克勒与阿那克萨哥拉认为原始物质存在明确的属性，而原子论者认为，组成世界的原始物质实际上并没有属性。阿那克萨哥拉认为，原始物质的属性多种多样，是无限的；恩培多克勒则认为，能够确定的原始物质属性只有四种：土、气、火、水。另外，恩培多克勒认为，造成这种聚合和运动的因素只有两种，即爱和恨；阿那克萨哥拉认为，使得原始物质与元素发生分散聚合、运动变化的是一种精神层面的变化；原子论者则认为，原始物质的分散聚合、运动变化是其本身所固有的一种本能。

第二节　恩培多克勒

公元前495年，恩培多克勒出生于西西里的阿格里根顿，家庭经济条件优渥，热心公益。他长期是本城市的民主派领袖，传说他拒绝接受王位。公元前435年，他在流亡的时候于伯罗奔尼撒去世。据说，他是跳入埃特拿火山口而死的，这一说法毫无依据。除了政治家和演说家的身份，恩培多克勒还是宣教士、医生、诗人以及哲学家。他创造了许多奇迹，留下了不少故事，他自己也一度认为自己具有魔术一般的神奇力量。留存于世的只有两首诗的片段：一篇是《论自然》，讲述的是宇宙的创生；另一篇为《论净化》，讲述的是一些宗教往事（1908年由伦纳德用韵文翻译出来）。

在恩培多克勒看来，无论是创生还是衰亡，其实都是不存在的，事物之间存在的最基础的两种关系，是分散与聚合。"任何东西都无法由不以任何方式存在的东西而产生，存在的东西也不可能消失，这是前所未闻的。如果一个人把某个东西放在某处，不去动它，那它将在那里终老。"世间构成物质的有四种最原始、最基础的物质，分别是土、水、火、气。恩培多克勒认为，这四种物质非常特殊，它们是天地自然生成的，永恒不变、亘古不灭，且充斥于宇宙的各个角落中。这四种特殊的元素相互聚合，物体就会形成，相互分离，物体就会衰亡。事物之间是相互影响的，一种物体的溢出物质很可能会被补充到另一个物体中。

造成这种影响和流动的因素有两种，即爱和恨，或者说是吸引与排斥[①]。爱，即吸引；恨，即排斥。爱恨经常彼此影响，相互作用，同时发生作用，物体也在这种作用下不断地创生与毁灭。恩培多克勒认为，在世界之初，所有的原始物质和元素全都混杂在一起，形成一个混沌的球体。在球体中，吸引，也就是爱占据着绝对主导的地位。爱与恨的角逐从来都不曾停止过。经过漫长的斗争，爱逐渐势弱，恨，也就是排斥，占据了上风。

[①] 因为这些元素富有生气，就好像能够推动自己。同类事物倾向于趋向同类事物。

各种原始物质和元素相互分离，形成了一个又一个独立的物质个体。落入下风的爱则进入混沌，不断地发生吸引作用，使得性质相同或相似的物质不断聚合。空气（以太）首先在这种旋转与吸引中被分离，形成了天空；之后，火元素被剥离，星空诞生；之后，水元素被爱的旋涡挤压、排斥，坠落大地，形成了海洋；而被火元素蒸腾的水则再次聚合，成为大气层。这样聚合将一直持续，直至在爱的作用下，所有的物质重新聚合为一个混沌的球体。然后，这个混沌的球体会再次在爱与恨的斗争中离散，散而聚，聚而散，周而复始，永不中断。

土是一切有机生命的始源。先是植物，紧随其后的是动物的构成组件，如动物的手臂、眼睛、头等。这些组件在自然的作用下随机结合，形成了各种各样的组合体，或者怪物——如双面怪兽，如人面牛身的怪物，如长着牛头的半兽人。这些怪物不断地分裂、不断地重组，最后产生了我们现在所见的各种动物。这些动物对环境的适应性最强，最适合生息繁衍，于是，它们的组合方式被后代承继并延续。

人类是四种元素基质构成的，正因为如此，人类才能够认知水、火、气、土。凭依着自身的土，人类见到了土；凭依着自身的水，人类见到了水；凭依着自身的气，人类见到了气。所谓知觉，不过是外部事物施加于感官的一种作用。比如视觉，实际上就是在吸引力法则的作用下，视觉对象身上的水分子和火分子通过折射，进入人的眼睛。在瞳孔中，外来的水分子与火分子同人眼睛中本就存在的水、火分子发生作用，在临近眼睛表面的地方形成了一段影像。于是，人就产生了视觉，看到了各种事物。但是，只有与眼睛中存在的元素同类的元素进入眼睛之后，人才能产生视觉。相应地，人能听到，是因为外来的气进入耳朵，产生了声音。人能品尝、能闻到，是因为有与鼻子和口相适应的元素进入了鼻子和口腔。另外，在人的心脏之中，还有一种存在，名为智慧。

和多数早期希腊哲学家一样，恩培多克勒推崇物活论，认为所有的存在都有精神生活："所有的存在都能够思想。"恩培多克勒的著作一直都在宣扬灵魂的轮回，认为人类已经堕落。这种观点与大奥尔甫斯派的理念一体同源。因而，我们也能猜想到，恩培多克勒与这个曾经对整个希腊都造成了深刻影响的教派之间多半是有些渊源的。

第三节　阿那克萨哥拉

阿那克萨哥拉（公元前 500—前 428 年）的出生地是小亚细亚的克拉佐美尼，后来来到雅典，并与帕里克勒斯成为至交。帕里克勒斯是著名的政治家，一心想要将自己的领地发展为整个希腊的政治文化中心。伯里克利的一位政敌出面指控阿那克萨哥拉不信仰神明，是异端。由此，阿那克萨哥拉不得不背井离乡，离开居住了 30 年（公元前 464—前 434 年）的雅典，远走拉姆萨卡斯，并终老于此。阿那克萨哥拉是蜚声希腊的数学家、天文学家、哲学家，其哲学散文著作《自然论》虽然散佚了许多，但其中最重要的内容却得以保存。

参考书

《阿那克萨哥拉的哲学》，作者布赖埃尔；《论阿那克萨哥拉的奴斯》，作者海因泽。

在"运动与变化"这个哲学课题中，阿那克萨哥拉投注了许多精力，这一点和恩培多克勒一样。不过，他倾向于埃利亚学派学者的学说，认为世间从来都不存在绝对的变化，无论哪一种性质都不可能转变成另外一种完全不同的性质，实在的主要本质是恒常不变的。"所有的事物都不存在生灭"，但是，他也肯定了运动与变化的存在。他认为，变化不是绝对的，却是相对的。从元素不断聚合与分离的角度来看，事物的生灭是存在的。但构成万物的元素并非只有四种，我们的世界这样丰富，被各种性质充斥着，仅仅以四种元素来佐证世界的属性，显然是不科学的。况且，土、气、火、水实际上并不是元素，而是某些实际存在的事物糅合在一起的混合体。所以，他认为，具有某种独特属性的实际存在才是构成世界的最终极元素，这些实体"形态各异、五颜六色、千滋百味"，如肉、发、血、骨、银、金等分子。这些元素自然生成，恒常不变，无限小，却可以被分割，就好像"肉一定是来自肉本身"一样，它们的质量是恒定的，数量也是恒定的，不可增减。他之所以得出如此结论，是因为他对以下情况有所思虑。他想，人的身体是由骨骼、血液、皮肉等不同的器官与组织构成的。这些器官和组织的属性也不同，或刚或柔，或冷或热，或明或暗，不一而足。人需要以食物来滋养身体，也就是说，食物之中必然包含着某些能够使身体成型的基质，而无论何种食物，都需要从水、土、阳光、空气之中汲取关键养分。那么，也就是说，某些构成食物的基质一定被水、土、阳光、空气所包含。因此，恩培多克勒笼统地以土、火、水、气来称呼的简单元素实际上包蕴无数无限小的原始微粒，其复杂性堪称万物之最。构成万物的原始基质必然包含了构成有机体的每一种物质。否则，人体骨骼、皮肤、血肉的形成就无法被明确合理地诠释。

在宇宙形成之前，只有无限小的物质。阿那克萨哥拉称它为胚种或种子（spermata），而亚里士多德称它们为同质的要素或同质的成分（homoiomere）（我们可以称其为分子）。无数的分子相互聚合形成了一个混沌的整体，这个整体就是一块质料。整个世界的形成都是基于质料之中胚种的相互聚合与分离。但若是如此，那么，胚种又是以何种方式从混沌中分离而出，进而聚合为宇宙，聚合为一个有定则、有规律的世界的呢？是通过改变位置，还是机械运动？若是运动，那么，它又是如何运动的呢？它们并不像物活论者主张的那种有意识的生命，又不受爱与恨的影响。阿那克萨哥拉有感于我们观察到的天体运动，得出了一个结论。在质料的某一点上，产生了一种旋转，这种旋转是迅速的、猛烈的，产生的力量让胚种与质料脱离，并且，旋转的力度越来越大，所影响的范围越来越远，远到无限。并且，在基质彻底被分解之前，这种旋转不会停止。随着旋转运动的发生，厚薄、冷热、光暗、干湿相互分离。"浓厚、潮湿、寒冷、幽暗在大地聚集，稀薄、干燥、温暖、光明在遥远的太空之中聚集。"如此不断地分离，大地之上的部分固体受旋转之力影响被抛离到太空，成为天体。其他物质也在旋转之力的影响下形成世间万物。潮湿的大地在阳光的炙烤下变得干燥，蒸发之后的湿气弥散于空气之中，聚云成雨。雨水降落，深埋在泥土之中的种子因而生根发芽，成长为有机体（植物）。为了更好地佐证胚种的运动与变化，阿那克萨哥拉赋予胚种以灵魂。

由此，我们不难得知，宇宙诞生于最本初的旋转运动。通过旋转，通过漫长时间的各种运动，如此复杂丰富的宇宙才得以形成。那么，这一切都是如何形成的呢？阿那克萨哥拉为了对此进行说明，构筑了一个具备不凡智慧的心灵本原，或者说是奴斯、一个使世界有秩序的精神。因为这种心灵本原或精神的存在，整个宇宙才会井然有序。在阿那克萨哥拉看来，这种精神就是一种性质同一的实际存在，非常简单，且与其他所有的元素和胚种相分离。它统治所有的物质，它是自由的，它的行动也是自主的。它知悉过去、现在、未来的所有一切。万物以它为本，被它安排，世间所有具有生命特征的存在都在它的统御之下。

阿那克萨哥拉所提到的心灵本原，是指纯粹精神，还是极其精致的物质，或者是介于物质与非物质之间的存在，注释家对此存在很大的分歧。关于心灵本原，阿那克萨哥拉曾经将它描述成万物之中最稀薄的一种存在，实际上它是一种独一无二的原始基质，其他任何存在都与它不同。以现在的眼光来看，这是一种二元的论述，即使它并不鲜明。宇宙是在心灵本原的推动下逐渐形成的，心灵本原在宇宙中也无处不在。矿物中有它，有机体中有它，周围每一种物质中有它，已经分离而出、正处于分离状态的物质中有它，以它为唯一动因的运动之中也有它。它是内在的，同时也是超然的。不过，在那个时代，一神论与泛神论并没有被做出明确的区分，这种区分在此后很久才被做出。亚里士多德曾经就心灵本原对阿那克萨哥拉提出过批评，他说："在阿那克萨哥拉眼中，心灵本原就是一种手段，当他无法解释宇宙诞生进程中的一些问题的时候，他就会把心灵本原拿出来。但当他能够用其他的理论对事物或发展进行诠释的时候，他又从来都不提心灵本原了。"事实上，心灵本原对阿那克萨哥拉而言，是一种最后的手段。在他看来，心灵本原是理性的、变化的，只有当某些事物无法以机械理论进行说明的时候，他才会提到它。

第四节　原子论者

恩培多克勒和阿那克萨哥拉为宇宙的自然科学观点开辟了道路，这种被称为原子论的理论影响深远，迄今为止，科学领域还没有任何一种理论能出其右。原子论者们对前者的理论加以修正、补充、延展，最后才形成了原子论。原子论者们认可先哲所提出的"构成世界的原始基质是恒常不变的分子"这一观点，但不认可先哲对这种分子性质的描述，也不认为运动产生的根本原因是精神或心灵等外力的作用。他们否认"万物之基"是土、气、水、火四种元素，也否认属性各异的"胚种"的存在。这些东西并非真正的元素，一些更简单的单元构成了它们。这些东西是无法目睹、无法渗透、占有空间而且无法分割的实体（原子），它们的差别体现在形状、质量和大小方面。并且，原子论者们还认为，运动是原子自身固有的属性。

原子学派的开山鼻祖是留基伯和德谟克利特。关于留基伯其人，史书并不见任何记载，甚至一度有人怀疑他存在的真实性。但以亚里士多德为代表的多数人还是认可他的存在，并承认他在哲学史上的地位的。这一观点多半正确。据说留基伯来自米利都，曾经游学埃利亚，师从芝诺，在阿布德拉期间，他率先提出了原子论，他的学生德谟克利特完善了他的学说，并将原子学派发扬光大。留基伯传世的著作极少，据说已经并入了其弟子的著作中。

德谟克利特是阿布德拉人，公元前460年左右出生，卒于公元前370年。德谟克利特一生游学，去过许多地方，他的著作涉及物理学、形而上学、伦理学和历史。此外，他在数学方面表现也很突出。

他的著作逐渐散佚，迄今，人们所能见到的不过是一些残章断简，而且著作者存疑。但无论留下这些著作的是留基伯，还是德谟克利特，从这些残余的资料之中，我们都能更加清晰地认知和理解原子论。

参考书

《原子的旋转运动》，作者布里格尔；《德谟克利特伦理学残篇》，作者洛尔青格；《德谟克利特的伦理学》，作者那托尔卜；《德谟克利特研究》，作者德里奥夫。

原子论者对埃利亚学派学者的观点表示认同。他们也认为，世间并不存在绝对的变化，从本质上来说，所谓的实际存在是恒常的、不朽的、不变的，但他们并不否认运动的存在，他们认为事物一直都在运动与变化。他们确定，如果没有空洞的空间或空虚，没有巴门尼德所谓的非存在，就无法想象运动和变化。所以他们坚信，一定有非存在或空洞的空间，虽然空间并没有具体的形态，但它肯定是实际存在的。没有形体的东西可以是实在的。存在是存在的，非存在也是存在的，充实是存在的，空虚也是存在的。换言之，所谓实际存在其实包括被空间分隔的无穷多的事物，而不是单纯地指某种恒常不变的、不可分割且具有连续性的事物。

原子论者们把无穷多的实际存在称为原子，原子是无法分割、无法渗透，且最简单的一种物质单元。在这里，原子并不是一个数学概念，而是一个哲学概念。它非力量中心，也不是一个数学原点；它有广袤的空间。它所谓的无法分割，不是数学上的，而是物理上的，是指原子本身之中并不存在任何用以分隔事物的空间。从本质上来说，所有的原子都是相同的，它不是土、气、水、火四元素，也不是性质各异的"胚种"。它们是一种物质单元，很紧密、很实在，且无限小，区别只在于其形状、大小、轻重、排列组合和位置。它们非衍生，不会毁灭，也不会改变。无论是过去、现在，还是将来，它都始终如一、恒常不变。换言之，巴门尼德所谓的小到无限、无法分割、被空洞的空间彼此分隔的物质，其实就是原子。

宇宙万物，全部由原子与空间聚合而生。原子就像是真实可见的建筑材料，空间则是没有形态的空洞存在。同样的文字拼写组合的方式不同，就有了喜剧与悲剧。万物的生灭取决于原子与空间的聚散。同样的原子与空间，因为聚合的方式不同，也便有了迥然而异的万物。宇宙万物之间相互压迫、冲击、碰触，才会相互影响，距离过于遥远，相互之间的影响便不会存在。原子与空间的聚散根源于运动，而运动则是原子的固有属性。"所有的事物既然存在就有其存在的原因，所有的事物既然诞生了就一定有诞生的因由。"原子和原子的运动都不是后天创生的，而是原子最本初的属性与状态。原子的运动是恒常的，从来都不曾停止。并且，因为原子的形态各异，它们才彼此交织、相互关联。比如，有的原子凸出，有的原子凹陷，有的原子恍若眼睛，有的原子形似金钩，还有的原子仿佛是一个凹槽。

下面说明宇宙的演化。一部分比较重的原子不断地向下坠落，质量越重，下坠的速度越快；相应地，质量较轻的原子就慢慢地向上移动，一上一下，一轻一重，形成了一种运动的回转。这种回转运动一直持续，作用的范围也不断地扩大，于是，大小和质量相同的原子相互吸引，聚合到了一起。稍微重一些的聚合为空气，然后是水和土。质量较轻的四散开来，聚合为星体和以太。由此，无数的世界诞生。每一个世界都有一个球形核心，但世界与世界却也是不同的。有的世界拥有大行星，有的世界拥有大量的行星，有的世界却没有太阳，没有月亮。

宇宙中形成的星体有许多，其中之一为地球。地球上有生命存在，这些生命始源于潮湿的土或者黏稠的泥浆。所有的有机生命都具有温度，决定温度的是遍布有机生命体内的某种炽热的原子。人类的灵魂就是由这种原子中最精致、最圆、最灵敏和炽热的原子构成的。人类体内，炽热原子的数量很多，生命的运动正是在这种原子的推动下完成的。在人的灵魂之中，每两个炽热的原子中间必然夹杂着一个灵魂原子。在人体内，有某些器官与精神相联系，并掌握着精神。比如，头脑决定思想，心脏决定怒火，肝脏掌控欲望，等等。如此特殊的灵魂结构令人类灵魂对外部压力的承受力大幅增长。生命的存续与灵魂原子息息相关，只要人类还呼吸着灵魂原子，生命就不会终结；当灵魂原子离散，装载灵魂的容器破碎，灵魂外溢，生命自然随之陨灭。这种观点带有生理心理学的雏形，虽然还很简陋肤浅，却是以唯物主义作为根基的。

在原子论者看来，所谓感官与知觉，不过是被感知的事物或者偶像通过某种方式在人类灵魂之中形成的影像。这种影像以空气为介质进行映射。换言之，从被感知的事物之中流出的某种物质相继改变了自己身边及较远处的分子排列顺序，并以此方式，与从人的感官之中流出的物质发生相互接触。若两者同质，被感知物的流出物就会被感官感知，并形成影像，由此，人才有了知觉。换言之，原子论者提出的知觉论与基于近代科学的波动说、以太说相当类似。

原子学派的先哲德谟克利特在对梦进行诠释的时候就使用了这种知觉论的观点，与此同时，他还用知觉论来阐述预言者的幻象与神明。在他看来，神明是真实存在的，有着漫长的生命，但他终有一日也会死亡。宇宙也有灵魂，组成它的原子比人类灵魂的原子更为精致。

以我们之见，事物被感知到的诸多性质（如颜色、声音、味道、气味等），实际上并不属于事物本身，它们不过是我们的感官受原子不同的组合方式所影响而产生的一种影像，或者说是知觉。原子的属性很单一，只有无法渗透、形状和大小三种性质。因此，我们通过感官与知觉获取的知识都不是与事物相关的最根本的知识，我们之所知，不过是事物通过何种方式对我们施加了影响（由此，我们明晰了近代哲学之中第一与第二属性的分别）。我们所有人都无法目睹原子的最真实形态，但这并不妨碍我们思考它。通过感官获取的知识并不清晰，只有超越感官与知觉，透过现象，直达原子的本质，获得的知识才能算是真正的知识。早期的希腊哲学家们多坚持唯理主义，德谟克利特也一样。但所谓的思想，其实是依赖于感官而存在的，没有感官，没有知觉，思想也无法单独存在。若是通过感官与知觉我们已经无法达成进步的目的，那么，我们就需要"对更细致、更精微的领域进行探索与研究"，即通过感官获取的知识不能够到达的范畴，"真正的认知之路，真正基于某种精巧的、细致的、用于思维的器官的识见之路"便发端于此。并且，我们还需要铭记一点：对德谟克利特而言，灵魂即为理性，两者是同一的。

从德谟克利特的伦理学遗作之中，我们看到了一个极精简的快乐主义伦理学的轮廓。幸福才是我们应该追求的真正的人生目标。所谓幸福，实际上是一种心灵愉悦的状态。这种愉悦来源于灵魂的宁静、平和与勇敢。这种愉悦并不以现实的物质、金钱或肉体本身的愉悦为依托（因为这持续的时间很短，会产生痛苦，还需要重复），而是以平和的生活及适度的欢欣为依托。人内心之中渴求的东西越少，失望与沮丧也就越少。沉默地思索每一种美好的行为，并借此锤炼自己的思维力，这是获得真正幸福的最佳方式。

所有的德性，无论是什么，只要有利于至善，亦即真正的、最大的幸福的实现，那么它的存在就是有价值的。其中最有价值的是正义和仁爱。妒忌与猜疑会引发矛盾，哀伤与妒忌也伤人最深。我们做事要堂堂正正，这是基于责任感，而不是基于对惩罚的恐惧。要做一个好人，不仅仅应该杜绝做恶事，还要摒弃做恶事的想法。"判别一个人是否真诚，他的行为并不能作为参考，真正能够作为判别标准的应该是他内心的欲望。""内心公正无私的人才会始终坚持做公正的事情，并且始终快乐、健康，没有忧思，不会焦虑。"国家才是我们应该效力的对象，"一个被治理得井井有条的国家，对我们而言，就是最有力的保障"。"国家繁荣昌盛，其他一切便繁荣昌盛；国家衰颓败落，其他一切也便衰颓败落。"

第二篇　知识和行为问题

第一章　智者时期

第一节　思想的进步

哲学领域取得重大进展是在宇宙创生论与神谱学出现之后。受其影响，旧的世界观和人生观发生了深远而明显的变化。和充溢着神祇、幻想、凭空创生的神秘素朴的宇宙论相比，原子论者所崇尚的机械论无疑要进步很多，而且，其中的变化，我们能很清晰地感觉到。不独哲学各派，就连其他各个思想领域也都受到了自由研究精神的濡染。新的思想渐次取代了旧的思想，这种新旧思想的交替变化在希腊戏剧诗中就有所体现，部分诗人通过思考与评判，对人生与宗教进行了更加纵深的思考，并取得了一定发展，比如埃斯库罗斯（公元前525—前456年），索福克里斯（公元前496—前405年）和欧里庇得斯（公元前480—前406年）。这种变化，在部分地理和历史学著作中也有所体现：人们开始质疑以前轻易便会相信的滑稽言论及迷信思想，希罗多德（生于公元前480年）开辟了一条以批判的角度研究历史的新道路，修昔底德（生于公元前460年）则是批判主义历史研究的代表人物。医学领域中，领袖级的医学大家们摒弃了过去的治疗方式和怪诞理念，与自然和人类相关的知识受到了关注，在临床治疗中，属于哲学范畴的物理理论被渐次应用，多数医生甚至本身就是哲学名家。其中又以希波克拉底（生于公元前460年）最为著名，他是希腊医学史上里程碑式的人物，为希腊医学科学化做出过卓越贡献。通过探索，医生们明白了实验与观察在研究中所起的重要作用，这种发现，也有利于哲学家们从哲学的角度对人进行研究。

这一时期，希腊哲学思想体系陷入了一种停滞状态，但这种停滞相当短暂。这一时期，部分思想家对已经存在的各学派的学说进行了继承与发扬，部分思想家抱持着中立糅合的想法，将前期与后期哲学大师们建立的理论体系进行了梳理与综合。部分思想家专注于自然科学方面的研究，将目光投向了医学类领域。还有部分思想家专注于人文科学的研究，将目光投向了道德、法律、政治等的形成之基。冈珀兹曾经以"高涨的探索热情"形容过这个时代，人们探索与研究的领域很多，包括国家的起源、国家的目的、行为、宗教、艺术、教育等，许多专业领域的论著相继问世。人类所有的活动，无论是烹饪还是艺术创造，无论是散步还是战争，都形成了一定之规，并尽其可能以原理来归结。哲学就像是酵母，在诸多领域都发挥了作用。独立思考的精神与批判的精神风行其他各个领域，并且，作为希腊哲学自诞生之日起就已经具备的特征，这两种精神也为思辨时代的到来提供了重要条件。可是，人类的思想在发展到最繁盛的时候难免会走向谬误，也难免会执着于一个方向而导致迷失。接下来，我们要论述的是一个在希腊哲学历史上占据着极为重要地位的时期，这一时期——公元前5世纪后半叶——哲学的盛衰对希腊文明的发展意义也不一般。

第二节　希腊的启蒙时期

如我们所见，自由主义与个人主义倾向在希腊的政治、道德、宗教、哲学发展中正渐次地增长。以批判生活、批判人类制度为主题的诗歌在希腊早期便已经出现。荷马的诗歌中，这种批判并不明显，但公元前6世纪和前7世纪的诗人，尤其是赫西俄德的诗歌却已经带有了显著的批判意味。他们对风俗，对社会和政治制度，对宗教思想和仪式，对神明起源、性质和行为进行思索。于是，一种新的神学观念被他们创造出来，并且，这种观念比较纯粹，也正是在他们所建立的神谱学和宇宙创生论的促成之下，哲学诞生了。独立自主的思索与考虑已经形成一种倾向，并在公元前6世纪发展到了极其坚韧的程度。对自然科学与自然哲学的研究成了这一世纪及公元前5世纪前叶人们关注的焦点，探究与求索的精神渐渐向着实质的外部世界转移。人们努力对宇宙进行探索，探索它的秩序，探索关于宇宙的谜题，为此，还建立了一个又一个体系。宇宙及其秩序是人们研究与探索的焦点，形而上学理论足以确定在自然界中人占据着何等地位。

启蒙精神的发展在公元前5世纪，这一时期，希腊的文化、经济、政治等各个方面的情况都对这种已经被赋予了哲学特性的精神的发展有利。波斯战争（公元前500—前449年）让海上霸主的地位归属于雅典，同时，雅典还成了希腊的商业中心、文化中心、艺术中心，代表着世界强权。许多诗人、艺术家、教师、哲学家以协助工作为名纷纷涌入雅典，雅典经济优渥的民众因此赏心悦目，并得到了良好的教导。整座城邦都矗立着雕像，建筑宏伟壮观，生活怡然的民众走入剧院，留下了自己的掌声。我们不由得回忆起了公元前5世纪后半叶曾经居住在雅典的许多卓越人物：伯里克利、阿那克萨哥拉、修昔底德、菲狄阿斯、索福克里斯、欧里庇得斯、阿里斯托芬、希波克拉底和苏格拉底。由此，对伯里克利在某篇极负盛名的悼词中所说的"整个希腊的学府是雅典"这句豪言，我们有了更深刻、更全面的了解。

新秩序的建立使得希腊的政治经济发生巨大的转变，民主制度应运而生，独立自主的思考与行动的倾向也得到了更深一步的推动。于是，一种追求权力及财富、声望、文化、实力、胜利等能够获得权力的事物的欲望勃然兴起。在宗教、道德、政治、哲学、科学、艺术等各个领域，人们开始批判传统的思想观念。经过实践的检视，绝大部分旧秩序、旧思想的基石被推翻。整个希腊都陷入了一种否定的思潮之中。人们越来越热烈地希望能够对全新的课题进行探索、研究、学习。擅长宣讲的人在公共生活中找到了能够发挥自己才能的优秀舞台，现实生活也要求人们具备修辞、辩论、演讲等方面的素养。

如上所述，启蒙时代便是如此，个人主义在全新的精神鼓舞下蓬勃生长。组织的权威再也无法束缚个人，个人开始思考自己想要思考的，开始为自己奋斗，开始寻求自我的解放，陈旧的传统再也不为人所依赖。但是，虽然批判是一种良好的思维习惯，但在某些地方，这种习惯却因为太过夸张而被视为吹毛求疵和诡谲的辩解。还有一些地方，批判的习惯被演化为堕落的主观主义思想与行动。这是真实的，因为我认为它是真实的；这是对的，因为我相信它是对的。不同的人可以拥有同样好的建议，不同的人也可以拥有完全相同的行为方式。由此，所有个人的建议都理所当然地得不到高的评价，在这种情况下，理论界的怀疑主义自然也蔚然成风，甚至，在实际行动中，自私自利的信条竟成了人们赞美与颂扬的对象。修昔底德的一段稍显夸张的话真实地描述了新运动时期的堕落情状。"被普遍认可的文字的含义遭到了任意颠倒。将无法无天的匪徒视作最可爱的友人，将温淳、谦和、行事谨慎的人叫作胆小鬼，将循着理性行事的人当成百无一用的庸碌之人。一个人越是暴戾、粗俗、鲁莽就越能得到他人的信任，最富声望的恰恰是那些奸计已经得逞的阴谋家，除非还有另一个和他做同样事情的人比他更聪明且做得更好。可是，所有想要将造成这种背弃信义情状的根本原因消灭的人，都会被视作背弃了他的朋友与党羽。所谓的誓言，所有的人都认为它不需要被遵守，除非有遵守的必要。实际上，假如你能让自己的对手信赖，并利用这种信赖将他逮捕与消灭，那真是一件分外令人愉悦的事情。"全新的文明必然具有其阴暗的一面，对此，阿里斯托芬在他的喜剧之中也有所揭露。以他的揭露为依据，本恩做出判断，"古时的风俗礼纪终究还是变得散漫与松懈了。有钱人生活奢靡、为人懒惰；贫穷的人冒犯法纪，不断地制造混乱；青年们对长者愈发地桀骜且不知礼，宗教成了被嘲讽与愚弄的对象，每一个阶级都神采奕奕地抱持同一种欲念，那就是竭尽所能得到钱财，然后，用这些钱财来享受声色犬马的生活。"

当时，自由观念、个人主义文化和金钱成了人们追求的目标，上述不过是这种追求所勾勒的社会图景的其中一面。另一方面，以追忆过去美好时代的守旧派为代表的人物则相当保守。他们反对一切新的东西，包括思想、教育、德性、罪恶等，在他们看来，正是因为对知识的不断求索"才致使非道德、非宗教的情况出现，才致使青年们总是与胡乱交友、生活浪荡等情况有所联系，才致使青年们一点儿都不同于自己的先辈。"

第三节　智者派

新运动中，最典型的代表就是智者。在这一时期，智者并不指聪敏且极具才干的人，而专指以教导为职业的教师。他们在世界各地行走，通过收取学费的方式将辩论术与思维方式教给求学的年轻人，为他们以后从政做铺垫①。智者们工作非常努力、热情高涨。传说，一个年轻人曾经被智者普罗塔哥拉这样教导，"这一天，假如你接受我的教导，你回去的时候，一定会比来时更出色。"苏格拉底好奇地询问他，他凭什么能够做到这一点，普罗塔哥拉说："假如他接受我的教导，只要他想学的，在我这里，他都能学到。无论是对待公务，还是处理自己的私事，都应该谨慎持重。并且，他还能通过学习而精通对家务的处理，让他的言语、行动与国家最大利益相符合。"一个年轻人，必然要有良好的辩论能力，并且对文法、宣讲、修辞都很精通，才能与他要完成的事业相符合。智者们开始对这类课题进行研究，并以将其应用于实际为研究目的，这样，许多全新的研究领域被开辟出来。道德问题与政治问题也是智者关注的焦点，由此，他们开始系统且纵深地对伦理学及国家学说进行研究探索。渐渐地，人们变得冒进并急于求成，且对道德的热情不断地减退，后期的一些智者们为了让自己的学生早日功成名就，往往会采用一些极端的方法。无论是用正当的手段，还是用无耻的手段，只要能够在辩论之中将对手压制，使其服从，就是胜利。他们抱持这样的教学理念将是非混淆，五花八门的各种逻辑也羁绊了他们的思想。这样的他们，哪怕是处在嘻笑的人群之中，也倍显怪诞与可笑。

在那个时代，哲学受到了自己所孕育的批判精神的深刻影响，形而上学的思辨方式一度备受轻蔑。自身的不足被思维挖掘而出并进行评估，哲学等同于是自己给自己掘了一个坟墓。大众纷纷议论，关于实际存在的本质究竟为何这一问题，每一个哲学家都给出了自己的答案，并且所有的答案都不尽相同。有人说实际存在的本质是水，也有人说实际存在的本质是火、是气、是土，更有人说实际存在的本质是上述所有的事物。有人说不可能存在变化，还有人说，除了变化，再没有其他任何事物的存在。假如变化不存在，那么知识也就不存在：我们无法将任何性质赋予任何事物，多怎么能被一衍生？假如无物不在变化，那么知识何以存

---

① "智者"一词逐渐具有了谴责意义，原因之一是他们收费，原因之二是后期的某些智者非常偏激地对保守派进行诽谤。

在？所有的东西都在变化，我们又怎样将某种性质赋予某样事物？假如如部分人所言，我们只有在自己的感官被事物所影响的时候才能够对事物有所认知，那知识就无法被我们获取，因为，事物的本质与根源本就不曾被我们把握。将上述种种论断进行总结归纳的结果是，我们知道宇宙的谜题根本无法被我们解决。在认识的过程中，最重要的因素是人的思想，这一真理渐渐地被智者们获知，而在智者时代之前，思想家们总以为真理的获取需要依赖人的理性。虽然他们的目光具有批判的意味且格外敏锐，但对智慧本身进行批判这一点却被他们遗忘了。如今，智者们将认识主体作为着眼点，并据此做出判断，由此对具体的认知者是知识的依赖对象这一点进行了肯定。一个人认为是真实的，那么，对他而言，这就是真实的，客观真理并不存在，存在的只是主观的看法。因此，普罗塔哥拉以"衡量万物的尺度是人"来对人们进行教导。这也就是说，对待知识，人所需要依从的准则就是自身。由此这种只存在于理论之中的怀疑主义很快就发展到了伦理之中，为伦理学中的怀疑主义奠基，并为人类在行为上将自身当作需要依从的准则提供了条件。假如知识本身就是不可能存在的，那么，和是非有关的知识自然也不可能存在，被公众普遍认可的所谓是非就是不存在的；所谓良知，也无非是以自身的主观意见作为标准来进行判定的。这一观点，并不是由普罗塔哥拉（约生于公元前490年）和高尔吉亚等早期智者提出的，而是由一些年轻且思想较为激进的智者提出的，这些智者包括波拉斯、特拉西马库斯、欧提德慕斯和卡利克勒斯，在柏拉图的著作《对话》中，他们都曾以发言者的身份出现过。以他们之见，道德就是具备权力的群体将自身的意志强加于他人所形成的一种协约，它与自然是对立的。在部分人看来，法律是绝大部分民众和弱小的人为了对强大的人及"最出色的人"进行约束，为了使得最合适的人不能取得最合适之物而制定的。因此，道德法规的出现本身就是对自然与正义的一种侵犯。自然的权利应该归属于强大的人。另外，还有部分人认为，道德法规是建立在阶级基础上的一种法规，是少数强大且具备特权的人为了对自身的利益进行保护而制定的。换言之，其他的人遵守法律，对高人一等的立法者而言是有利的，而通过犯法，立法者更能收获极大的利益。

在柏拉图对话《高尔吉亚》中，卡利克勒斯说："法律是由弱小的人制定的，而绝大多数人也都是弱小的。他们以维护自身利益为着眼点，通过法规对那些强大的人及能够打败他们的人进行赞美、责备与威胁，使自身不会被超越。他们认为，不真诚、不实在是羞耻的，是与正义相悖的，而所谓的与正义相悖不过是某个人想要得到一些东西，而这些东西比他的邻居想要得到的要多。他们对自己所处的劣势地位有着非常清晰的认知，因此，在我看来，平等才是他们最钟爱的。所以，按照惯例，因为想要比其他多数人得到的东西更多而努力不懈便被认定为是羞耻的、不正当的、与正义相悖的。但自然的法则却昭示着一个真理：出色的人、强大的人本就应该比卑劣的人、弱小的人所得到的更多。并且，她还从各个方面对'无论是人与动物，还是各个民族与城邦之间，出色的人主宰卑劣的人，出色的人应该比卑劣的人得到更多的东西，才是自然的正义'这一点做出了论证。譬如，希腊遭到波斯君王薛西斯的侵犯，或者，西塞亚国遭到薛西斯王父亲的侵犯，入侵者所秉持的又是何等的正义？（毋言其他例证无数。）没有！自然的法规才是他们所依从的准则，他们顺应自然的规则，而不顺应人的规则。因为，人的规则是由某些人制定且强加于另外一些人的。我们像驯养小狮子一般，在青年时代就把最强大、最出色的人从人群之中挑选出来，教导他们这些理念，并诱惑他们。我们告诉他们平等代表着正义，平等是一种荣耀，他们必须因为得到平等而感到满足。这样，当其中的某些人具备了挣脱樊笼的力量，他就会反抗，会出逃，会对这些魔法、信条、符咒及与自然相悖的道德法规进行践踏：奴隶们会以起义的方式推翻我们，统治我们，自然的光辉也必然照射四方。"

同样地，柏拉图在《理想国》中也援引了特拉西马库斯的一段话，话中内容与卡利克勒斯的言语相近："在不正直的人面前，正直的人总是扮演失败者的角色。首先，从私人订立的合同来说，当身为合伙双方的正直的人与不正直的人不再合作的时候，正直的人所获得的利益总要少于不正直的人。其次，从国家的角度而言，在收入相同的情况下，正直的人所缴纳的个人所得税总是比不正直的人要多，但所获得的益处却要比不正直的人少。不正直的人所缴纳的个人所得税总是比正直的人要少，但所获得的益处却比正直的人要多。同样是为政府服务，在机关工作，正直的人与不正直的人处境迥异。正直的人往往会因为公务而放弃自己的私务，不仅一无所得，而且还可能因为公务而蒙受其他方面的损失。正直的人还会被自己的亲朋及相识者所怨憎，因为他拒绝以与法规相悖的形式为他们提供服务；不正直的人的境况则与正直的人的境况恰恰相反。如前所述，绝大多数情况下，不正直的人才是最常见的，并且，明显获得了利益的也是不正直的人。假如我一定要谈论某种极度不正直的情况，那么，我只能说，在这种情况下，最高兴的无疑是罪犯，最悲凉、最凄惨的则是那些坚持正直并因此遭受苦难的人。由此，我所要表述的观点已经显而易见。他人的资财被暴君以欺骗或抢劫的方式进行掠夺，并且，这种掠夺不是零散的、细碎的，而是一洗而空。不管是私人的资财，还是公家的财物，不管是圣洁的，还是庸俗的，全都一锅端。假如这种种的恶行，他只犯了一种，那么，他会被谴责，会遭到羞辱，会被冠以庙堂劫掠者、抢劫犯、强盗、骗子、惯偷、夜晚行动的蟊贼等称号。但是，假如在对民众的资财进行劫掠的同时，某个人还奴役了民众本身，那么他不仅不会被民众谴责，还会备受赞美，被认为是有福泽的。但凡对这种极致的非正义有所听闻的人都会认同这一观点。人类之所以对与正义相悖的行为进行谴责，不是因为他们没有插手的欲望，而是因为他们害怕自己受到这种行为的伤害。苏格拉底，如我曾证明过的那般，当不正直发展到某种程度时，它的力量会远胜于正直，并比正直更自由，且优势更明显。并且，如我初时所言，不正直代表的是个人的私利，正直代表的则是强大的人的利益。"

第四节　智者活动的意义

因为一些青年智者坚持虚无主义的观点，且亚里士多德与柏拉图都曾满怀敌意地对智者学派进行过批判，所以，在相当长的一段时间里，智者学派的学者们都承受着各方的误解，直到格罗特与黑格尔对智者学派做出较为客观与公正的评价之后，人们才开始以公正的目光来看待智者学派的学者们。他们的思想中有不足之处，也有可取之处。在包括哲学、宗教、道德、政治等在内的所有人类活动所涉及的领域之中，对较为健康与全面的思想进行思考、批评与判断都是必不可少的。赞美理性自然无可厚非，但智者学派也非一无是处，他们的错误不过是没有对理性这一工具进行建设性的应用。西塞罗曾表示，正是因为智者学派的努力，哲学才从宇宙降落于人世，哲学家们关注的焦点才从外部世界转移到人类本身，且有了研究个人等同于对整个人类进行研究的认知。但他们看到了一棵树，却没有看到整片森林，他们认识了个人，却没有认识到存在于个体之中的普遍共性，对人类也缺乏认知。他们对人类思想中的分歧及批判过程中产生的分歧进行了夸大，却把思想与批判之中存在的一致性意见忽略了。他们对感官所产生的虚无与幻觉太过看重，也过分夸大了人类行为中的主观因素与偶然性，却对普遍被人类认可的客观规则缺乏正确的认知。

可是，正因为要对认识进行批判，所以，深入地对认识进行研究也便成了一种必需。过去，哲学家和思辨家们抱持朴素的观点，武断地认为真理是能够被人类的思想所把握的，但智者学派的学者对这一点进行了否定，他们认为人类无法通过思想获得普遍存在的、实际的知识。正因为如此，哲学不得不对自身的思维方式与过程进行检视，这样，一条全新的道路被开辟出来。逻辑之中的种种谬误被智者们所利用，他们不断诡辩，因此，对正确的思维方式进行探索研究成了一种必然，逻辑的思辨也正是在这种情况下得以加速诞生。

非独逻辑，实践与道德也经历了这一转变：关注个人的良知是对的：道德不再是对习俗愚蠢的盲从，它发展成了人类在经过思考之后对个人行为做出的一种选择。可是，这种选择以自私自利、主观私利为基准，却无疑是错误的。独立自主地进行思考非常容易退化为道德与思想领域的无政府状态，极端且纯粹的自私自利也很容易与个人主义相混淆。但不可否认的是，智者学派的学者在这一领域仍旧是有所贡献的。因为他们对普遍被认可的是非及公私进行了强烈的批评与判定，所以，人们不得不开始深入地研究政治学与伦理学，而这种研究，在很短暂的时间里获得的成果就极为丰硕。

智者学派的所有运动都富有同一重要的意义，那就是对人的观念及思想进行激发，并要求道德、哲学、宗教、习俗以及建立在道德、哲学、宗教及习俗之上的所有制度都为自己存在的合理性进行说明。智者们认为人类无法去认识，那么，人类就必须为认识的可能性进行说明。在智者的逼迫下，哲学不得不从认识的角度去寻求某种标准。他们对传统的道德进行抨击，于是，为了捍卫自身，道德就不得不站在虚无主义与怀疑主义的对立面，去探求有关是非的、合乎情理的准则。他们对传统的宗教进行抨击，于是，哲学家们就不得不对有关神的理论加以完善，使其变得更单纯。他们对国家进行抨击，对国家制定的法律进行抨击，于是，相关的国家学说在抨击中不断地发展，不得不为在一个较为坚实的基础上建立自己的理论，不得不对最本初的原理进行探寻。何为知识？何为真理？何为正确？何为善良？何为确实的神明概念？何为国家的目的与意义？何为民众制度的目的？何为民众制度的意义？在思考这些问题的同时，希腊哲学家们不得不站在全新的角度上对那个曾经被混淆，但却不容忽视的问题重新进行思索，这个问题就是：何为宇宙及在自然中人类占据怎样的位置？

参考书

《希腊史》，第七卷，作者格罗特；《哲学史》，第二卷，作者黑格尔；《希腊哲学》，第二卷，作者策勒尔；刊载于1872年和1873年第四、五卷《哲学杂志》的《智者》，作者西季威克；冈珀兹前引书，第一卷；本恩前引书，第一卷；《大英百科全书》中"智者""苏格拉底""柏拉图"等条目；《智者》，作者山茨。

第二章　苏格拉底

第一节　苏格拉底的生平

如上所述的状况，在公元前5世纪的希腊已经成型。这个时候，亟须有一个人对时代的思想进行整肃，对混乱的道德状态进行矫正，对真实和虚伪、偶然与本质进行分辨，并帮助人们厘清事物的对错，引领人们走上一条对的道路。亟须一个人在极端保守主义者及极端自由主义者之间进行调停，而苏格拉底，无疑就是这样一个人。他是最伟大的思想家，是哲学史上最具盛名的人物，是许多睿智的哲学思辨家的鼻祖。在两千多年的西方文明史上，他的思想与理念一直都占据着统治地位，并且时至今日，依旧影响深远。

公元前469年，苏格拉底出生于雅典，他家境很贫穷。他的父亲是一名雕刻家，母亲是助产士。无人知道他是通过何种方式接受教育的。但在极富文化内涵的雅典，非常热爱知识的他无疑有更多的机会获取更多的知识。苏格拉底子承父业，但这之后不久，他就"得到神的谕旨要以询问他人的方式来对自己进行考验"。他经常在街上、市场之中、运动场里与处于不同境况的男男女女就战争、政治、婚姻、友谊、爱情、宗教、艺术、商业、诗歌、宗教和科学等种种问题进行探讨，这已经成了他的习惯。和人类相关的所有事物他都不陌生，他也乐于对人生所涉及的所有方面进行研究。他对物理却兴趣寥寥，在他看来，树木与岩石无法给他任何的启示与教导。他很精明，感知也非常敏锐，他总是能迅速地从辩论中找出谬误之处，并善于将谈话的方向向着问题的本质之处引领。他生性温和，为人儒雅，常常与人言笑晏晏，却又乐于用自己的智慧戳穿那些江湖骗子空洞虚无的本质。

苏格拉底教导人们要有德性，他也用自己的行动实践这种德性。他对自己极为克制，他豪放爽快，勤俭崇高，极富耐心，并且清心寡欲。在七十年的生命岁月中，无论是在战场上，还是在政治任务的执行过程中，无论是从思想上，还是从行动上，他都表现出了足够的勇气。在接受审判的时候，他态度严肃、坚韧，坚持己见，那坚韧的态度与风度无一不令人印象深刻。只要他认为是对的，他就会坚持去做，无所畏惧，且铁面无私。他对每一个人都怀着仁爱之心，所有人都不曾感受到他的恶意。他活得无比壮丽，死得也无比壮丽。公元前399年，因为被诬告为不信神者和对青年们进行腐蚀的人，国人对他做出了死刑的判决，于是，他服毒自杀。他一生遵纪守法，认为其他人同他一样都遵从着法纪，以此来证明自己对国家与权威的忠诚。在他的罪名被认定之后，他的亲朋曾经为他制订过一个出逃计划，但他却拒绝出逃。他拒绝的理由是，他有生之年一直都安享法纪带来的利益，到了生命的最后，他不能对法律不忠诚。

苏格拉底是一个其貌不扬的人，他身材粗短，又矮又胖，眼球突出，鼻子扁平，嘴巴极大，嘴唇很厚。他很笨拙，不注重自己的仪表，粗鲁鄙陋，就像是森林之神萨蒂尔一般形貌怪异且奇特。所以，在柏拉图的著作《会饮篇》中，他被阿尔基比阿德斯比喻为西勒努（又老又丑陋的森林之神）的半身塑像。可是，当他开口的时候，他独特的个人魅力和极其风趣的谈吐又足以让人们将他的形貌遗忘。

参考书

《回忆录》，作者色诺芬，译者达金斯；《对话》，尤其是《普罗塔哥拉篇》《申辩篇》《克里托篇》《斐多篇》《会饮篇》《泰阿泰德篇》，作者柏拉图，译者周伊特；《形而上学》（第一卷，第六章；第十三卷，第四章），博恩丛书，作者亚里士多德，译者W.S.罗斯；《伦理学》，作者亚里士多德，译者韦尔登；《苏格拉底释义》，对苏格拉底的传统解释予以批评，作者A.E.泰罗；《色诺芬记载的真实的苏格拉底》，作者约尔；《苏格拉底生平》，作者舍格讷；《苏格拉底的学说》，作者拉布里奥拉；《苏格拉底的哲学》，二卷，作者富耶；《苏格拉底》，作者君特·费格尔；《苏格拉底、柏拉图及其学派》，作者E.普夫莱德雷尔；《苏格拉底和他的人民》，作者珀耳曼；《作为社会改革体系的苏格拉底学说》，作者德林；《苏格拉底关于意志的学说》，作者维耳道尔；参见宇伯威格—海因泽书中第三十三章记载的书目。

第二节 真理问题

苏格拉底一生都致力于对智者学派学者的观点进行反驳，他认为他们的观点是在挖知识的墙脚，是对国家基础与道德根基的一种毁坏。假如时代的主流被确定为怀疑主义，那么人们就再也没有任何希望能够从虚无主义的樊笼之中脱离，因此，在苏格拉底看来，当务之急就是对一些哲学问题进行思索与考量。他明确地知道，无论是政治中出现的种种荒谬论调，还是时下流行的种种伦理观念，全都根源于对真理意义的错误认知，知识问题才是所有问题的关键。抱持这样的想法，苏格拉底肩负起了自己应该肩负的任务，并坚定地认为，这个时代所遭遇的种种困境都能够被人类的理性所解决。从他的本心来讲，创造一个完整的哲学体系并不是他的行动目标，他只是想要帮助人类将思维矫正，帮助人类激发对真理与德性的爱，从而逐渐回归到正常的生活轨迹之上。他的目标并不是源于幻想，而是根本且实在的。相比于某种知识获得法的理论，他更关注这种知识获得法本身。他这一生从来都没有提出过什么堂皇的理论，而是不断地在对种种方法进行着实践，他在自己的生活中遵从着这种实践，并且以自身为示范，教导人们对这种实践进行遵从。

在苏格拉底看来，只有不轻易相信头脑中偶然浮现的某些看法，才能真正地对真理进行把握。我们头脑中浮现的种种思想多半是混乱的、含混的、空洞的。我们头脑中的许多看法都是没有经过考察且还不曾被消化吸收的，我们的许多看法其实不过是一种偏见，它以信仰为根基，并不被我们所理解。我们的许多判断都是没有依据的。实际上，知识与信念在我们身上从来都不存在。我们那储存着知识的仓库一直都矗立在沙丘之上，但凡有攻击来临，所有的楼宇就会集体崩陷坍塌。我们必须对自己的思想进行肃清，必须对词语运用的真正意义有所了解，必须为我们所使用的概念定下一个正确的意义，必须明确地了解自己话语的意义。并且，我们要为自己的思想提供合理的依据，要为我们的论点提供必要的证明，要进行思考，而不是凭空进行臆测，要检验自己的论点与推理，并用事实对它们加以佐证，并以事实为基准，对它们进行调整与修正。

智者们认为，没有真理，我们无法认知；人与人之间应该存在分歧，针锋相对的各种看法之间并没有优与劣的分别。苏格拉底则认为，这是不对的。没错，思想必然有其差异性，但我们要做的就是在这些针锋相对的看法之中寻找出同一的基础及大众所普遍认可的准则。在对问题进行讨论的时候，苏格拉底经常采用反复追问的巧妙方式来从对立的看法之中提取出被普遍认可的判断。在讨论的时候，他常常将自己伪装成知识匮乏的人，就像参与讨论的其他人，甚至有的时候，他还表现得比其他探讨者更缺乏认识，这种讥嘲与讽刺的方式，是苏格拉底的创造。可是，用不了多长时间，局面就会被他完全掌控；他用极其巧妙的思想让讨论者自相矛盾，并且将讨论者的思想引向他自己的思想之中。听过他演讲的人总是用"你提出的绝大多数问题都是你已经深刻了解过其意义的"这样的话语来对他进行抱怨，而他则当着众人的面，将讨论者们荒谬、错误、混乱的观点一一进行整肃，使之成型并变得真实明确，最后将其明显地显现出来，就像在凸显一尊漂亮的塑像。苏格拉底的确无愧其雕刻家之名。

第三节　苏格拉底的方法

通常，苏格拉底在对某个问题进行讨论的时候，会以短时间内形成的且被共同探讨的人普遍认可的观点作为切入点。他攫取日常生活中的种种事例来对这一观点进行佐证，如有必要，他也会以种种事例来佐证这一观点的不充分性，以表明它是需要调整与修正的。他乐于给共同探讨的人们种种提示，以帮助他们形成正确的认知，并逐渐摸索到真理。这一点，有一个例子可以证明，并且这个例子人所共知。苏格拉底曾以反复追问的巧妙方式让青年欧提德慕斯坦诚了自己希望成为大政治家的雄心。他还告诉欧提德慕斯，假如他想要实现愿望，就必须抱有成为一个正直的人的希冀，而在欧提德慕斯看来，自己已经是一个正直的人了。下面，我们将继续讲述这个故事，就像色诺芬曾经讲述的那样。

"苏格拉底：可是，就像某些行为源于某种技巧与职能一般，正直也必然是某些行为的根源。

欧提德慕斯：的确如此。

苏格拉底：那么，我一定能够从你那里得知某些行为指的是什么，正直是哪些行为的根源。

欧提德慕斯：当然，不仅如此，你还能够从我这里得知哪些行为是根源于非正直。

苏格拉底：非常好。那么，现在，让我们在完全不同的两行之中写出根源于正直的行为与根源于非正直的行为。

欧提德慕斯：没问题。

苏格拉底：好吧，我们从虚伪开始如何？你认为它该被归于哪一行？

欧提德慕斯：自然是归于根源于非正直的行为所在的那一行。

苏格拉底：欺骗呢？

欧提德慕斯：同上。

苏格拉底：盗窃呢？

欧提德慕斯：也放在那一行。

苏格拉底：奴役也一样，对不对？

欧提德慕斯：没错。

苏格拉底：类似的事情没有能够放在根源于正直的行为所在的那一行，对吗？

欧提德慕斯：是的，我从不曾听闻有人如此做过。

苏格拉底：好吧。可是，假如一位将军战胜了给国家造成巨大损失的敌人，并不得不惩处这个敌人，并对他进行奴役，这样做是错误的吗？

欧提德慕斯：算不上是错误。

苏格拉底：假如敌人的资财被将军劫掠并运走，而且，敌人被将军从战略全局的角度上进行了欺骗，你又如何看待将军的行为？

欧提德慕斯：将军没有错。可是，在我看来，你刚刚所说的欺骗和以错误的方法对待，针对的对象应该是亲朋。

苏格拉底：你的意思是说，即便是相同的行为，因为情况不同，也应该被区别对待，分别写在不同的两行之中，对吗？

欧提德慕斯：是的，我的确是这么想的。

苏格拉底：好吧。我们就以对待亲朋为话题进行一下探讨。假如，将军所统帅的部队已经分崩离析，且所有的将士都失去了战场拼杀的勇气。这个时候，将军对他们撒谎，以援军即将到来为由鼓舞他们，让他们重新变得勇敢，进而获得了战争的胜利。那么，你要如何看待这种对亲朋撒谎的行为呢？

欧提德慕斯：哦，在我看来，这种行为也应该被归于根源于正直的行为所在的那一行。

苏格拉底：假如一个需要吃药的孩子怎么都不肯吃药，他的父亲就对他撒了一个谎，骗他说药是美味的，哄着他吃了药，从而顺利挽救了孩子的生命。我们又要如何看待这种欺骗呢？

欧提德慕斯：它也该被归于根源于正直的行为所在的那一行。

苏格拉底：假如某个人发现自己的朋友已经陷入极端癫狂的状态，于是偷偷拿走了他的剑，以防他自杀。你又该如何看待这种盗窃行为呢？

欧提德慕斯：它也该归入正直的行为所在的那一行。

苏格拉底：可是，假如我没有记错的话，你曾经说过，不能对朋友撒谎。

欧提德慕斯：哦，好吧，好吧，我收回这些话。

苏格拉底：非常好。但是，我还需要你回答一个问题，你认为，和一个蓄意对正直行为进行破坏的人相比，一个无意间将正直破坏了的人，不正直的程度要轻一些吗？

欧提德慕斯：哦，苏格拉底，我已经无法给自己的答案以信任了。因为整件事情都与我的预期背道而驰。"

这样，通过归纳所经历的整个过程，定义被苏格拉底引申而出。他以举例的方式来界定一个临时的定义，再通过列举其他的例子来对这一定义进行缩小或扩大，直到找到一个与之匹配的、能够让人觉得满意的答案。在这个过程中，与临时定义相矛盾的状况，亦即培根所提出的反面事例例证法发挥了极为关键的作用。但归根结底，人们要寻找的都是需要被界定的事物的最原初特征，是清晰的概念或者鲜明的观点。有的时候，苏格拉底还会对自己提出的论断进行检视，且马上对其根本原理进行追溯，并以对的定义为标准对其进行判定。这种方法被称为演绎。举例来说，若是你认为同那个人相比，这个人更适合被称为良民，那么，你就得提供证据来佐证自己的论断，否则，这种全凭主观的论断就会被认为一文不值。所以，你理应知道良民的基本定义是什么，你也理应知道自己所使用的词汇意味着什么。

"假如某一个人与他在某一点上持对立的态度，并且，这个人言辞含糊，或者无端地认定某个人比被苏格拉底所认定的另一个人更富有政治智慧、更精干、更勇敢，或者，在包括这些在内的所有方面都更受人推崇，那么，苏格拉底就会以如下方式将讨论拉回到原本的命题之中：

你认为，与我所推荐的人相比，你所推荐的人更适合被称为良民？

是的，我的确如此认为。

那么，我们有什么理由不先对良民的职责这一问题进行思索呢？

好吧，我们的确应该这样做。

难道他不应该以出色的国家财政管理能力来保证国家的富有与财政充足吗？

毫无疑问。

难道他不应该在战场上将敌人打败吗？

自然应该。

难道他不该站在外交的立场上与敌人化干戈为玉帛吗？

这无可争议。

难道他不应该鼓励人民团结一致，防止国家分裂状况的出现吗？

是的，我认为他应该如此。

经过这样一番探讨，话题又被拉回到了原点，这样，对那些抱持相反态度的人来说，真理就已经显而易见了。"

"无论正在探讨的主题是什么，他总能提出一个被人们普遍认可的命题，并且以此为根基，建立他的推理。他认为，只有这样，他的推理才是靠谱的。所以，在与我相熟的所有人当中，他是一旦开口就能很轻易用自己的观点说服倾听者的人。他经常说，荷马之所以用出色的演讲家这一头衔来赞美尤利西斯，是因为尤利西斯总能将自己的推理建立于被人们普遍认可的论断之上。"

所以，知识具有存在的可能性。假如我们使用对的方法，用对的定义来界定自己所使用的词汇，并对其最本初的原理进行追溯，真理也会被我们获得。知识包括典型与普遍，但不包括偶然与特例。智者们对这一点缺乏认知，苏格拉底对他们的观点进行了修正。但和智者们一样，苏格拉底也不相信形而上学，也认为对一切物理的问题进行思索毫无价值。"事实上，不同于其他人，他从来都不讨论诸如宇宙性质的玄妙问题，他也拒绝对宇宙秩序出现的根本原因及天体现象因何而生进行探索。他为自己辩解说，将心思花费在这些问题上就像是在表演一出滑稽剧。"他认识不到这种思考可能带来的益处，与这些相比，他更热衷于从实际应用方面来考虑问题。他说："对和人类有关的学问进行探索和研究的人，能够希冀自己的研究可以为自己或他人带来福祉。可那些对天体现象产生的根本原因进行探究的人，能希冀自己任意呼唤风雨或者让作物丰产吗？能希冀如此这般的事物会在他们的操控下迁就他们的需要吗？""他经常对诸多的人文问题进行研究探讨，乐此不疲。何为虔诚？何为非虔诚？何为美丽？何为丑陋？何为尊贵？何为卑下？何为正直？何为不正直？何为理智？何为癫狂？何为勇敢？何为胆怯？何为国家？何为政客？何为统治人类的人？何为拥有支配作用的人？诸如此类的问题，他探讨了许多。在他看来，尊贵的人都应该精通这方面的知识，若不然，他就应被以奴隶定性。"

第四节 伦理学

苏格拉底对自己关于知识的思考满怀信心，对清晰的推理也信心满满，正因为如此，在他看来，无论什么病症都能够被知识治愈。他在和人类有关的所有问题，尤其是道德问题上，一贯都使用自己的方法，想要以此找出与行为相适应的道德基础。前文我们已经提到过，对部分思想较为激进的思辨家们来说，所谓的道德不过就是一纸协约，追根究底，公理也不过是强权的代表。保守派们则认为有些东西不用多说就应该被懂得：任何行为的定则都不适宜被追根究底，但不得不遵从。苏格拉底一直都在致力于寻找道德的真正意义，想要确定能够对是非对错进行考量的标准。就他的内心而言，"我的生活要如何安排？何等路途对我的生活本身而言是合理的？一个具备理性的人或者动物应该如何行事？"才是他最关心、最关注的问题。智者学派的学者们认为，衡量万物的尺度是人类，亦即但凡能够令具体的我感到愉悦的，从我的角度而言就都是对的；被公众普遍认可的善其实并不存在，这一观点是错误的。事情远没有我们所想象的那般简单。当每一个具备理性的动物对这一问题形成透彻的认识的时候，必然会有某种原则、标准或善被他们所认可与接受。那么，何为善？从本质上来说，善又代表着什么？何为至善？当这种善存在的时候，其他的所有便都是善吗？

至善就是知识，这是苏格拉底给出的解答。在他看来，对所有对的行为而言，对的思想是不可或缺的。一个人只有掌握了与船的结构及功能相关的知识才能够称为舵手；一个人只有掌握了与国家的性质与目的相关的知识才能够对国家进行治理。同样地，一个人若不知道何为德性，不知道自制、勇敢、正直、虔诚以及它们的对立面所代表的意义，就不可能拥有德性。相应地，若是知道何为德性，那么，德性自然也就会被他所拥有。"任何人都不可能故意去做坏事或者无意识地去做好事。""任何人都不可能刻意去追求邪恶的或者被他认为是邪恶的东西，避开善意、趋向邪恶，这样的行为与人的本性是相违背的。假如一定要在两种邪恶之中选择一种，任何人都不会在能够选择小邪恶的前提下去选择大的邪恶。"部分人以"我们对美好的事物进行赞美，并看到了它的美好，但依旧追求某种邪恶的事物"来反驳上述观点。苏格拉底对此并不认同。他认为我们不可能在明知何为美好的情况下，不去选择美好。以他的观点来说，对是非的认知不仅仅关乎理论，还关乎具体实践之中的坚定信念；在他看来，对是非的认知不仅仅属于理智的范畴，还包含意志的范畴，这是一个意志问题。另外，他还认为，人类能够从美德之中获益。所有倾向于实际且真诚的行动都会给生活带来快乐且让苦痛消逝，所以，以真诚的态度来完成工作不仅是美好的，还是实用的。真正的快乐与美德从来都是同一的。假如一个人不懂得自我节制、不勇敢、不明智、不正直，那么，他就不可能快乐。在《申辩篇》中，苏格拉底这样说："年轻人与年老的人啊，我要对你们进行规劝，不要顾虑你们个人和财产，现在的你们应该将精神上的进步当作关注的重点。我得对你们说，金钱无法将德性赋予人，但无论是金钱，还是其他公有的、私有的美好事物都能够被德性所赋予。"在接受审判的最后那段日子里，他还说："直到现在，我依旧希冀那些告发我的人和给我定罪的人能够帮我一个忙。假如我的儿子们成年之后不追求德性，只追求包括金钱在内的事物，假如他们本身一无所成却对自己进行伪装，我请求你们，我亲爱的伙伴们，给他们以惩戒，予他们以谴责，就像我曾经对你们所做的那样。假如他们将注意力集中在了他们不应该关注的事物上，并因此扬扬自得，你们要予他们以斥责，就像我曾经对你们所做的那样。假如你们这样做了，那么，无论是对我而言，还是对我的儿子们而言，你们都会成为一件正直事情的执行人。"

第五节　苏格拉底的弟子

前文我们已经提到过，苏格拉底的思想并没有形成一个形而上学的思辨体系，也没有为行为及认识提供相应的理论论断。这些，还需要他的弟子们以他的思想为基础来完善与创立。有一部分人将被苏格拉底方法所揭示的逻辑为题作为研究的重点，还有一部分人对伦理学非常重视，并不断尝试着以此为基础建立自己的伦理理论。欧几里得（公元前450—前374年）综合埃利亚学派的实际存在是一个统一整体的论点和苏格拉底的知识等同于德性的论点，创立了麦加拉学派。他认为，恒常存在的万物之基是善，除了善，物质、运动、被感官感知到的恒常变化的世界等其他所有东西都是虚无的，其存在也是不真实的，所以，外部的资财一文不值，德性也只有唯一的一种。欧几里得的继承者们对智者、芝诺及埃利亚学派的学者们进行了效法，不断对苏格拉底学说中辩证的一面进行夸大，他们钟爱各种细枝末节，并热衷于以种种隐晦作为争论的焦点。

欧布利德斯、阿莱克西努斯、狄俄多鲁斯和斯提尔波都是麦加拉学派的成员。后伊雷特里学派，即伊里学派的学者们对麦加拉学派学者们抱持的观点表示认同。这一学派创立于伊利斯，创始者是斐多。

苏格拉底的伦理学说成了两个伦理学派蓬勃发展的基础，这两个学派是快乐学派和犬儒学派。快乐学派创建于赛仁奈，创始人是阿里斯提普斯（约生于公元前435年）；犬儒学派创建于雅典赛诺萨尔格体育场，创始人是安提斯泰尼（死于公元前366年）。快乐学派推崇快乐即为至善的观点，伊壁鸠鲁学派的学者们继承了这一观点，并对其进行了完善。犬儒学派的学者们信奉为了德性而拥有德性的观点，与快乐学派的观点背道而驰，斯多葛学派的学者们对他们的理论进行了继承与发扬。

第三篇　重建时期

第一章　柏拉图

第一节　柏拉图和他的问题

上述每一个学派都没能建立起完整的哲学体系，也没能创造出深刻的哲学思维，但开端于苏格拉底的各项工作却又都需要进行下去。人们必须彻底地思索苏格拉底所提出的各种问题，这些问题彼此之间休戚相关，并牵涉终极问题。若不能将它们视作一个大问题的局部，若不能对它们之间的各种联系进行深入研究，人们就无法对所得的答案感到满意。若想给人生、人类认识、人类行为、人类制度等意义的问题一个圆满的答案，就先得给一般实际存在的意义一个圆满的答案。苏格拉底最负盛名的弟子柏拉图承担了这一使命。他不仅创立了认识论、行为论、国家论，还创立了宇宙论，圆满地完成了他的工作与使命。

公元前427年，柏拉图降生。他家境优渥，父母均为贵族。公元前407年之前，他师从其他导师，系统地学习了音乐、诗歌、绘画与哲学，从公元前407年起，他开始接受苏格拉底的教导，这种教导一直持续到公元前399年，那一年，苏格拉底逝世。那段时间，他和苏格拉底的其他弟子一样沉浸在悲痛之中，他们一起来到了麦加拉。传说，他曾经出访过意大利，并周游小亚细亚，埃及也曾留下他的足迹。公元前388年，他拜访过一位崇奉毕达哥拉斯学派学说的人。相传，他曾在狄奥尼修一世的宫廷之中长居，但后来，他站到了这位叙拉古的僭主的对立面，因此被以战争俘虏的身份出卖为奴隶。但据考证，这些传闻都是不实的。在阿卡德慕斯的某一丛林中，他曾经建立过一座学院，教授哲学与数学知识。他的教学方式与近代课堂讨论的方式非常相似，他的前后课程之间都有明显的衔接，他讲课的时候愿意与学生对话。相传，因为要对叙拉古进行访问，他于公元前367年和公元前361年先后两次中断了他的教学工作，大概，他是渴望能够协助当时的掌权人建立一个理想国，但遗憾的是，直到公元前347年逝世，他的目标也没能完成。柏拉图是一位诗人、一位神秘主义者，也是哲学家和辩论家。他以难以想象的、少有的伟大力量将逻辑思维及抽象的解析融入了神秘的情感与令人惊叹的诗意幻想之中。他具有高贵的品格和一个贵族应该拥有的气质与风度。他对唯心主义观点深信不疑，并且对所有庸俗的、卑微的事物都抱持强烈的敌意。

柏拉图的所有著作或许都得到了完整的保存。这些被冠以柏拉图著作之名的作品囊括了对话三十五篇、信札十三篇和定义集一本，这其中，定义集与几乎所有的信札都被认定为伪作。黑尔曼认为，在所有的对话作品中，真正由柏拉图著述的只有二十八篇；施莱尔马赫则认为真正由柏拉图著述的对话只有二十三篇；海因泽认为是二十四篇，策勒尔同意他的观点；鲁托斯拉夫斯基则认为只有二十二篇。究竟哪些作品的著作者是柏拉图本人，作为柏拉图弟子的亚里士多德自然能够做出最清晰的判断，但遗憾的是，亚里士多德从来都不曾就这些著作发表过任何意见。

有相当一部分学者曾为了以年代顺序对这些对话进行排序做出过努力，但时至今日，还没有谁能够明确地对柏拉图对话著作的创作时间及次序进行界定。所以，所谓柏拉图学说的完整发展史自然也就无从谈起。但是，我们可以以苏格拉底的哲学学说为基准，将包括伦理对话在内的对话归结为一组，在这组早期对话之中，柏拉图实际上还不曾从实际意义上对他老师的理念进行超越。《申辩篇》《小希庇阿篇》《查密迪斯篇》《拉黑斯篇》《李思篇》《尤息弗罗篇》《克里托篇》《普罗塔哥拉篇》都归属于这一组。相比于这一组，第二组的界定明显困难了许多。在第二组的著作中，柏拉图建立了方法论，并且开始对独属于自己的观点进行表述。在策勒尔看来，《斐德罗篇》（对这一时期的柏拉图思想进行了摘要汇总）《高尔吉亚篇》《曼诺篇》《尤息底莫斯篇》《泰阿泰德篇》《智者篇》《政治篇》《巴门尼德篇》《克拉底鲁篇》都应该归属于第二组。后期，柏拉图的哲学体系最终建立并完成，在策勒尔看来，《会饮篇》《斐多篇》《斐里布篇》《理想国》《蒂迈欧篇》《克力锡亚斯篇》《法律篇》都是这一时期柏拉图的著作，而《伊璧诺米篇》《阿克拜第上篇》《阿克拜第下篇》《恩特拉斯篇》《希巴克篇》《赛亚各篇》《米诺斯篇》《克力托封篇》《大希庇阿篇》《米纳仁那篇》《伊安篇》则被策勒尔认定为伪作，并加以否定。

参考书

山茨于 1875 年开始编辑和伯内特于 1902 年编辑的柏拉图著作；周伊特英译的柏拉图著作，五卷本；其他版本和翻译，参见《大英百科全书》记载的坎贝尔论柏拉图的文章；《柏拉图》，作者里奇；《柏拉图》，作者 A.E. 泰勒；《柏拉图和柏拉图主义》，作者佩特；《柏拉图主义的活力》，作者亚当；《柏拉图的理念说》和《柏拉图的神话》，作者 J.A. 斯图尔特；《关于理想国的演讲录》和《柏拉图的教育理论》，作者内特尔希普；《柏拉图》等和《历史》，第七卷，作者格罗特；《柏拉图》，作者文德尔班；《柏拉图》，作者赖尔；《柏拉图》和《新探》，作者锐特；《柏拉图的理念说》和《柏拉图的国家》，作者那托尔卜；《柏拉图的哲学》，作者富耶；《柏拉图》，作者伯尔那尔；《柏拉图》，两卷，作者惠特；柏拉图著作索引，米迟尔和阿伯特作。

过去，苏格拉底曾经指出，要让生活变得美好且合乎理性，我们就必须掌握与善相关的所有知识，并且我们也能够获得这些知识。但是，他并没有具体论述这些获取知识的方法的理论基础，只是将真理的艺术以对话的方式加以引申。在自己的著作中，柏拉图援引了这种对话的方式，效果相当令人惊讶。另外，他还对苏格拉底方法和真理进行了深入的思索，思索其意义，并简单地对方法论、辩证法或者逻辑学进行了概括性论述。在著述中，他对塑造概念的艺术及与概念相合的艺术进行了论述，也许，他是在以逻辑的方式进行一种推演，为的是对真理进行把握。认识论就发端于此，形式逻辑也一样。但是，柏拉图并没有因为证明了真实的概念要怎样获得而沾沾自喜，他并不满足，获得真实的概念与论断才是他追求的最主要目标，他需要获得真实的概念，并以此从多个角度来对实际存在进行认知，比如从物理的角度、精神的角度、道德的角度，柏拉图希望能够从整体上对真实的概念进行把握。在他看来，若是不知道宇宙的性质就不可能解决与知识相关的各种问题，这一点显而易见。正因为如此，他依据那成为他的理想的伟大思想家的学说的精神，创立了一套体系。这套体系包罗万象，虽然柏拉图本人并没有明确地将哲学分成逻辑学、物理学（形而上学）、实用哲学（即伦理学，政治学便包蕴其中），可是，这种划分方式在他的著作中极为常见。所以，在对他的思想进行剖析的时候，我们常常以这样的次序为凭依，通常情况下，被放在首位的都是逻辑学，或者辩证法。

第二节　辩证法

在柏拉图所处的时代，和知识相关的问题才是哲学之中最关键的问题。这一点，柏拉图认识得很清楚。那个时代，一位思想家究竟会以何等态度对待重大的时代问题，多半都取决于他对知识源流及性质的思索。在柏拉图看来，假如感官知觉是所有我们所探讨的命题的源流，那么智者学派学者们认为真正的知识并不存在就没有什么错误。感官知觉只不过是事物表现于外的表象，事物的本质并不会揭露于表象。看法有真的，也有假的，所以，假如看法仅仅是看法，那么，它就一文不值。感情与信念是它创立的基础，而且，它与知识不同。它不清楚自己是真实的还是虚假的，它也无法找到任何理由来为自己进行辩解。理性是真正的知识创立的基础，并且，真正的知识也明确地知道自己是知识，即它能够对自己的真实进行证明。绝大多数人虽然在思索，却不知道何为思索，所以，他们所提出的观点就没有根据。德性所面临的处境一点也不比它好。一般的德性也是以感官知觉及看法为基础的，它本身对自己的本质并没有清晰的认知。人们如蚂蚁、蜜蜂、黄蜂一般遵循风俗、本能来做事，却并不清楚自己这样做的理由是什么。他们之所以有所行动，完全是为了自身，为了谋求利益或者追寻幸福。所以，大众才是智者学派学者，只是他们自己对此全无所知。智者学派，错就错在他们混淆了真实的存在与表面存在的现象，混淆了幸福与善。

经由感官知觉而通达真正的知识，这一点，我们根本就无法做到，除非我们满怀对真理的爱，或者满怀探索的欲望，厄洛斯，即以对美好进行探寻的想法来刺激人类产生一种对美好的爱慕：从对美好进行探寻升格到对真理进行探寻。我们认可辩证法，是因为我们对真理满怀爱恋，这种爱恋促使我们超越感官知觉，促使我们向成概念的知识靠拢，换言之，是促使我们的观念由特例变为普遍。首先，辩证法的意义在于，将散乱的、个别的事物以一个理性的概念进行概括；其次，辩证法的意义在于，这些概括而得的理性概念被进行了统一分类，这一过程就是总结与分类。只有这样，思维才能清晰，才能始终同一。概念与概念之间、下达与上行、总结与详细的论述、相互结合与相互区分、综论与具体分析，就像美好的雕像被雕刻家以一块大理石雕刻而出一般，概念也被雕刻而出。在整个推理过程中，连接概念与概念的是判断，连接判断与判断的则是三段论法则。辩证法是一种艺术，它思维的凭依与根本对象都是概念，而不是感官知觉，或者影像。举例来说，假如我们不知道何为正直，我们并没有一个清晰的概念来定义正直，那么，我们就不能断定一个人正直与否。只有当我们清楚地知道了之后，才能够对正直与非正直进行判定。

但是，柏拉图也对我们提出了告诫。他说，类似正直这样的概念，不是归纳而得，也非源流于经验，而是演绎自与正直相关的某些特殊状况。这些特殊的状况只不过是将内心深处隐藏的正义概念厘清的一种手段，它原本是模糊的，通过手段它被人所感知，被凸显而出。并且，从这个已经被引申出的概念中，我们还能将其他的概念演绎出来。我们对它的含义进行伸展，由是而获得真实的、绝对的知识。没错，万物以人为尺度，所有的真理也以人为尺度。因为有一些普遍存在的原理、观念、概念或理念存在于人的灵魂之中，而这些恰恰是所有知识的源流。

观念并非以经验为源流，真、善、美等概念也无法与感官的世界或经验的世界相匹配；没有哪一种具体存在的事物是绝对美好或者绝对善的。我们以理想中的真、善、美作为对感官世界进行考察的标准。除此之外，在柏拉图看来，部分逻辑概念、逻辑范畴及数的概念都是上天赋予的，是先前就存在并经过检验的，比如非存在与存在、同一与不同、杂多与统一。

苏格拉底认为，唯一的、真正的知识就是概念的知识。由此，概念的真理性以何为证这一问题被提出。柏拉图给出了自己的答案，部分前辈哲学家的形而上学理念则是他解答的依据。思维与实际存在之间存在一致性，这种一致就是知识：一个确定的对象是它所需要的。所以，概念与观点想要获取只有知识才能获取的价值，它就必须与某种实际存在的事物相匹配。例如，绝对的、纯粹的美本就必然存在。肯定有实际存在与我们所认可的普遍概念相匹配。换言之，概念不是发端于我们头脑之中的某种思维，倏忽即逝；数之真理定然是实际且独立存在的，真善美之理想也定然是实际且独立存在的。假如概念所指的对象并非实际的存在，那么，知识也就无法被称为知识了。所以，它们是实际存在的，这一点具有必然性。

同一结果也可以经由另一种不同的途径而获得。真理是一种知识，它与实际存在、实在、存在息息相关。通过感官感受到的世界并非真实，它是运动的、变化的，今天这般，明天就又变成了那般（赫拉克利特）；它本就是虚幻的，只流于表象。所有真实的存在都是不朽的、恒常且无变化的事物（巴门尼德）。所以，要获得确实的知识，就必然要对事物恒常不变的本质有所认知。若要对恒常不变的实际存在进行把握，就必须对思维，特别是概念的思维进行运用；它认识本就如此的事物，认识诸般繁杂变化中依旧恒常不变的事物，亦即事物的本质。

总而言之，在柏拉图看来，若想对知识的确实性进行证明，那么，向形而上学与其世界观求助就是必要的。智者学派的学者们信任经由感官而获得的知识，信任源于这种知识的流动、变化、个别、偶然的事物，但这些知识并不是真实的。这些知识无法对实际存在的核心进行把控，无法对真理进行指明。因为概念的知识揭示了事物恒常不变的、普遍存在的最基础要素，所以，它才是真正的知识。所谓哲学，其目的正是在于对恒常不变的、普遍存在的事物进行认知。

第三节　理念论

如我们所见，理念、观念或概念集聚与包含了某种特征，这种特征是大量个体所共有的，是最基础的。所谓事物的本质，其实就是它必然会存在的一种模式。这种理念很容易被我们误解为孕育于心理的物体，或者说，被认为只存在于个别个体中，并没有同心理之外的某种模型或者理念相匹配。"一匹马为我所见，但存在于抽象之中的马却并不为我所见。"安提斯泰尼曾经这样说。他的观点没有得到柏拉图的认同。在柏拉图看来，模式也好，理念也好，不是根源于人心的某种纯粹思想，也不是根源于神心的某种纯粹思想，即使它为神圣的思想所凭依。在他看来，理念与模式具有实体性特征。它们是自在的，也是自为的；它们是一种实际存在的物体，是实在的模式，是有实质的；它们是万物本初的、不朽的、超凡的原始模型；它们先于事物而存在，脱离事物而存在，且独立于事物而存在；和事物不同，变化并不能对它们造成影响。某些被我们所认识的个体不过是这些不朽模型的复制品及映像，且这种复制品与映像还是残缺的，不曾被完善，生灭存在于个体之中，理念与模式则永存不朽。具体的个人有生存与陨灭，人类与人的原始模型却是永存不朽的。事物有很多，复制品也有很多，但同一类事物的模型或者理念却永远都只有一个。这样独立的理念与模型多得数不胜数，所有的事物都有其理念，即使它再卑微、再无足轻重。有事物的理念，有关系的理念，有性质的理念，有行动的理念；有床的理念，有声调的理念，有色彩的理念，有桌子与椅子的理念；有运动的理念，有静止的理念，有健康的理念；有大小的理念，有类似的理念，也有真善美的理念。

　　理念也好，原始模型也好，都不是杂乱的，而是有序的，即使它们多得数不胜数。以它们为基本构成要件的宇宙是井然的，是深具理性的。理想中的秩序是各种概念与模型彼此连接为一个有机整体，并以至善为最高理念，其他无数理念以逻辑排序，分别位于至善之下。所有的理念都根源于至善之理念，它至高无上，没有任何理念与它同一，但真正的善却同于真正的实在。宇宙的目的为逻各斯，逻各斯为至善。所以，多包蕴于一中。在理想的国度，或者说仅存在于智慧的想象之中的世界，一切无不是多中包含着一或一中包含着多（巴门尼德）。在柏拉图看来，所谓宇宙不过是一个体系，一个逻辑的、属于理念的体系。以理念为构件，形成了一个有机的、统一的精神整体，统辖它的是这个宇宙之终极目的——善，也正因为如此，这个有机的精神整体是具有理性的。它的意义无法被感官把握，感官所感知的不过是它的映像，这种映像是运动的，不曾被完善，并且，依靠感官，我们永远都不可能从整体上理解和认识完善的整体。凭依着逻辑思维，对理念的内在秩序与理念之间的内在联系和本质进行思索，正是哲学研究需要完成的任务。

所有颇具盛名的希腊思想家的理论在柏拉图的哲学体系中都有所体现，并且柏拉图还对其进行了改变与糅合。他对智者学派学者们的看法表示赞同，认为（所有与现象相关的）知识都是不存在的；他对苏格拉底的看法表示赞同，认为只有与概念相关的知识才是真正的知识；他对赫拉克利特的看法表示赞同，认为（现象）世界在不断地变化；他对埃利亚学派学者的看法表示赞同，认为（理念）世界是恒常不变的；他对原子论者表示赞同，认为存在是多（理念）；他也对埃利亚学派学者们的看法表示赞同，认为一即存在；他对绝大多数希腊思想家的理念都表示赞同，认为宇宙终究是一个存在着理性的整体；他对阿那克萨哥拉的看法表示赞同，认为物质与精神之间存在差异，且在宇宙中，精神占据着统治地位。截至柏拉图所处的时代，在希腊哲学史上，柏拉图的思想体系无疑是最成熟的。

第四节　自然哲学

　　接下来，我们将围绕理想世界与所谓现实世界之间的关系展开论述。前文已经说过，在自然界，一些自然现象其实是复制于理念的。这一说法应该做何解释？在被感官所感知的、恒常变化的、不完善的世界中，恒常不变的、完备的、纯粹的基础物质又起到了何等作用？还有另外一种基础物质存在于此，它不同于理念；因为这一基础物质的存在，能够被感官感知到的存在都是残缺不完善的。这种构成了现象世界的基质被亚里士多德冠以柏拉图式"物质"的称谓；因为它是基础，所以，在它之上，总有一些粗糙的、不完善的模式资料能够被铭刻；它是一种非存在，不曾被完善，没有真实性，且能够被消灭；所有实际存在、所有形式、所有美，只要存在于被感官所感知的世界中，理念便是其根源。部分专注于对柏拉图进行解译的专家认为，空间就是柏拉图之"物质"；还有一部分专家则认为，柏拉图之"物质"是一种质料，整个空间都被它充斥，但它却不具备任何具体的形态。对于被感官所感知的自然与世界，柏拉图需要以一种不存于理念之中的事物来进行说明，这一自然、这一世界只是一种秩序，它低于理想中的理念之秩序，但并不是根源于感官的单纯幻觉。这种基础，不会因理想之原则而有所触动，因此，我们有必要对它做出没有具体形式、不可被定义、没有任何性质、不可被感知的假定。自然之所以能够存在，是因为物质或者非实际存在受到了理想世界的影响。在物质的作用下，理念能被分割为若干对象，这就好像一条光线经由三棱镜能够分散为若干光线。所谓没有任何具体形态的事物并不是我们通常所理解的不存在状态，即非存在，而是级别较低的一种存在。这里所说的非存在是一种价值的衡量标准。只要这个世界能够被感官感知，那么，就会有部分实际存在处于这个世界之中。对两个领域之间具体的关系的性质，柏拉图并没有给出明确的定义，但任何实际存在的事物的根源是理念，这一点显而易见。事物之所以能够存在，正是因为有理念存在并参与其中。与此同时，同一种类的不同个体之所以有区别且不够完善，正是因为有非存在，即最基本的物质质料。在策勒尔看来，理性不存，盲目正是因为它，它是第二种因由，且具有必然性。由此，便有两种不同的原始基质存在，一种是精神，一种是物质。其中真正最具实在性、最富价值的是精神，万物因为它而有了本原与形态，它是构成宇宙秩序与规律的最基本质料。除它之外的另一质料物质，则位处第二，它是一种力量，没有理性、顽强但呆板。它是精神的奴隶，它桀骜不驯；它的身上或多或少有精神的烙印留存，但这种烙印是不完整的。能动因形式而能动，协作因物质而协作。它是伙伴，也是对手；它既给予帮助，又予以拦阻；它是一种存于自然精神之中的弊端，所有的变化都源于它，所有的不完善也都源于它。善与理念的世界具有同一性，因此，非理念的事物便必然会具有邪恶的属性。假如一定要为这隶属于柏拉图思想体系的理论做一种标注，那么，我们应当以二元论来称呼它。因为它强调精神第一位，物质第二位，所以，它是唯心或者唯灵的。不管怎么说，它是唯物主义的反对者，并站在了机械论的对立面。

  在著作《蒂迈欧篇》中，柏拉图尝试着对自然的根源进行说明，书中的内容总是令人不由联想到比苏格拉底学说还要早的哲学理念。他提出了一种掺杂了极多神话元素的宇宙生成论，虽然他只是对这种生成论的盖然性进行了肯定，但这与他的其他论断还是充满了矛盾。造物主恍若人类世界之工匠，以理想的世界为蓝本，艺术地塑造了一个近乎完善的、用善念来进行引导的宇宙，物质的基础质料是阻碍它的唯一因素。造物主（在宇宙的生成过程中）扮演的不是创造者的角色，而是建筑师的角色。最基本的两种质料，物质与精神，原本就是存在的，造物主要做的不过是令两者相合。为此，他将灵魂与生命赋予了整个世界，而构成此世界的物质元素有四种，分别是土、气、水、火。构成此世界之灵魂的是精神与四元素物质、变化与同一、能被分割与不能被分割的事物，他希望世界以灵魂感知所有物质的事物且对理想的事物进行认知。此世界之灵魂自身能够进行最本初的运动，这也是所有运动的本因；它在自我运动的同时还促使物体同它一起进行运动。整个世界都被它所充溢，世界上所有的美好、规律、和谐全都根源于它；它是一位能够被看到的上帝，它是上帝在世间的投影；它是一种介质，连接了理念构成的世界与表象构成的世界。所有的法则、数学关系、和谐、秩序、齐一性、生命、精神和知识都根源于它。它一直都在运动，并且，它的运动是有固定规律的，一种源于它本能的规律；它的运动带动了天体们的运动，在它运动的过程中，物质也被分布于天体之上。除了赋予世界以灵魂，造物主还赋予了行星（毕达哥拉斯的和谐体系是他对行星进行安排的基础）和深具理性的人类以灵魂，至于人类灵魂之中非理性的另一部分，以及其他动植物，则交由等级较低的神明去创造。它为人类创造了一切，植物是人类的营养之源，动物的身躯则是陷入沉沦之中的人类灵魂暂时居住的场所。

宇宙生成论中提到的大批神明，柏拉图都没有对其是否具有人格做出明确说明，或许，因为他是站在人的角度上来对理念世界、造物主、世界之灵魂、行星之灵魂及彼时盛行之宗教中的神明进行思考的，所以，在他看来，这些不用说明，人们也能明白。

被神话之外衣包裹的柏拉图宇宙生成论，从本质上来说其实是一种目的论，是一种带有目的的世界观，它尝试着将宇宙诠释为一种受理性与伦理督导的、井然的、具有明确目的且具有智慧的实在的作品。世界之所以真实是因为有目标、有终极因，物理方面的因素在其中只起到了协助作用。在宇宙中，一切美好的、目标明确的、合乎情理的事物，全都根源于理念；一切与情理不相符合的、漫无目的的、邪恶的事物，全都根源于机械因素。

第五节　心理学

按照认识论的划分标准，知识可以分为感官知觉、意见、真正的知识或科学（Wissenschaft）三种。柏拉图哲学体系中的心理学理论受这种分类法影响颇深。从感官知觉与看法的角度而言，肉体是灵魂的凭依；当最纯粹的、被理念充斥的世界为灵魂所见时，理性彰显着它的纯粹，所以，对真正的知识而言，肉体就是一种阻碍，若要使真理为灵魂所掌握，突破肉体的干扰就成了一种必需。对深具理性的灵魂来说，理念在表象世界之中的复制品只为激发思维的欲望而存在，理念受到感官知觉的牵引，但并不能从感官知觉之中诞生。所以，灵魂必须先把握理念，其后才可接触经验的世界。在柏拉图看来，过去这种理念曾经被灵魂思索过，但现在灵魂已经将它遗忘。理念的复制品存在于感官知觉的世界中，它是不完善的，却能让灵魂寄托对过往的追思，看到它，就仿佛忆起了过去已经被掌握的事物。每一种知识都是一种追思（回忆），每一种学问也都代表着再次的觉醒（参见出自《斐德罗篇》的关于驾驭者的故事）。所以，灵魂必然存在于其与肉体相合之前。

纯粹的理性只占据了人类灵魂的一部分，这一部分拥有只有灵魂才具有的独特特征。灵魂与肉体相合之后，为了更好地适应感官知觉的世界，又增加了不具备理性且有生命、会陨灭的另一部分。在柏拉图看来，这无理性的部分又可以一分为二，一种位于心脏位置，代表着类似愤怒、雄心、对权势的钟爱等相对来说较为高等的冲动，其生机十分繁盛，另一种位于肝脏的位置，代表着类似爱慕、饥渴等相对来说较为低等的欲望。和肉体相合之后，灵魂追求知识的愿望受到了阻碍，获取知识时也受到了阻碍。理性应该在伦理中占据制高点，但欲望与冲动却妨碍了它。在柏拉图看来，理性要想方设法将这种妨碍克服，它必须如此，在柏拉图伦理学中，我们能见到相关的论述。灵魂在对纯粹的、不朽的理念进行思索，其本身与纯粹的、不朽的理念本就有部分相似之处，毕竟，能够彼此相识的只有同类。灵魂是先于肉体而存在的，灵魂能够延续，这些已经被回忆所证明。此外，具有单纯性也是灵魂能够永生的证明。因为所有具备单纯性的事物都有一个特征，那就是不可被分解，并且，灵魂有生命特征，有主观能动性。诸如此类的基础质料是不可能陨灭的；陨灭不是由生命转化而来（参见《斐多篇》）。

但问题是，纯粹的、深具理性的灵魂究竟是如何相合于肉体的呢？对此，柏拉图将毕达哥拉斯的神秘主义、奥尔甫斯的神秘主义、自己的经验心理学认知及自己的认识论观点相结合，给出了一个解释，这个解释极富神话色彩。纯粹的、深具理性的灵魂是造物主创造的，它曾在某个星球之上长居。可它对感官知觉的世界充满了渴望，所以，它被关进了如牢笼一般的肉体之中。假如存在于本性之中的、较为低等的欲望能够被它克服，它就能重回那颗长居的星球；假如不能，它将陷入轮回，将在动物们的身躯之中不断地穿梭，愈加沉沦。假如在天国之时，灵魂能够抵制住源于欲望的诱惑，那么，它的生活必将是超凡脱俗的，它也将专注于对理念的沉思，但事实上，净化的过程却是它必须经历的。

在柏拉图的心理学理论之中，爱慕论（即厄洛斯学说）占据着很重要的地位。灵魂受到感官知觉的激发，能够忆起纯粹的真理（理念），同样地，灵魂受到感官知觉中感性美的激发，也能感受到源于感性的爱恋，并忆起曾经思索过的与理想之美相关的一切。在这种追思（回忆）的激发下，人们开始热切地期望着高尚的生活，开始热切地期望着充满真理的纯粹世界。对感性的爱恋的祈望与对感性的善、感性的美的祈望是一样的，都是一种冲动。灵魂对永生充满了渴望与羡慕，亦即对不朽充满了渴望与羡慕。种族的延续源于感性的冲动，对声名的渴慕则源自某种高尚的冲动，科学、人文、艺术全都创生于此种冲动。灵魂的不朽也从这些冲动之中得到了印证，因为，只要是灵魂之渴望，就必然能够被获得。

第六节　伦理学

在苏格拉底看来，善的问题才是至关重要的问题。何为善之意义？何为善之性质？何为善之生活？我们又何以断定这种生活能够与理性相合？一个动物，若是深具理性，该做出何等举动？何为至高准则？苏格拉底这样问，且给出了自己的答案。完善的、系统的、与人生相关的哲学体系并不是苏格拉底建立的，但他却是这一体系的奠基人。这些问题，柏拉图一直都在探索，并尝试着凭依自己包蕴繁多的世界观做出解答。前文我们已经提到过，在柏拉图看来，人生的意义及价值、人文制度的意义及价值与宇宙的性质及意义、人类的性质及意义息息相关。与认识论相同，柏拉图的伦理学理论也是以形而上学为基础的。

追本溯源，宇宙其实是一个纯粹的精神体系，它深具理性。充斥于我们周围的物质现象，即感官所感知的对象，只是一种映像，映射的是恒常不变的理念，因此，这种映像是短暂的，且一文不值。真实的、具有一定价值的事物必然是能够长久存在的；理性是至善，唯有它才具有绝对的、不变的价值。对人类而言，深具理性的一部分才代表真实，对理性，即灵魂永生的一面进行培养和孕育，才应该是人类之理想。肉体也好，感官也罢，都是不实的。对灵魂来说，肉体如牢狱，是一种束缚与桎梏，精神发展的最终目标就是从肉体之中脱离。"所以，我们要从凡间飞离，越快越好，离开之后，我们就能和神明一样。"人生最终的目标就是从肉体中脱离，就是对美好的、理念所在的世界进行深沉的思索。

充满欲望的灵魂、理性的灵魂、生机繁盛的灵魂，全都被囚禁于地下牢狱中，与此同时，还有部分问题亟待解决。发号施令是理性的灵魂要履行的基本职能，它很聪敏，所以必然要站在全局的角度对灵魂本身进行预判。灵魂之中的其他部分，如冲动，需要接受理性的领导，理性若清楚地知道如何做对整体最有利，如何做能够让内部任何一部分都受益，他就是睿智的。与理性结盟，并对理性表示驯顺，这是生机繁盛的灵魂（意志）之本分；理性要与意志相合，需要音乐和体育的协助。在受到教育、被训练过之后，它们会对欲望加以控制。思考的工作由理性来完成，意志则接受理性的命令，勇猛地为理性战斗，完成它交代的任务。不管在这个过程中体验到的是苦痛还是欢乐，只要理性的教导被生机繁盛的意志坚定地执行了，只要清楚地知道该对什么抱持着警惕的态度，该在何时变得无畏，那么，这个人终归是勇猛且果敢的。当理性与欲望、意志和谐相处的时候，这个人就是节制的。所谓节制，所谓自控，其实就是对某种欢乐与欲望进行操控。当人体内的三种因素相处融洽，各自做着自己应该做的事情时，这个人是刚正的、直率的。在真诚与正直的道路上，一个人只要有了这样的心地，便能一路向前。当他灵魂的各个部分相处融洽时，当他变得节制、睿智、勇敢时，他的态度自然会与伦理相合。这样的人，不会拒绝支付存款，不会渎神，不会盗窃，不会背叛家国，不会用不忠诚的态度对待朋友，也不会犯下与之类似的任何罪行。

因此，理想之灵魂一向井然有序，其中，较为低等的职能总是受到高等职能的统御。它具备四种德性，分别为：睿智、勇敢、自制、正直。理性的生活是至善，必然深具德性。这样生活，才有快乐。快乐的人是正直的，但是，灵魂所追求的终极目的却不是幸福，事实上，在灵魂生活中，幸福只是最低等的因素，而不是最高等的。

前文之中，我们已经述说过柏拉图伦理学之中对灵魂之理性过于看重的一面，在他看来，存在于灵魂之中的无理性因素，不但应该被克制，还应该被彻底地清除。与我们通常所见的希腊思想不同，柏拉图学说的这一部分充斥着禁欲的色彩，与最原始的基督教对凡俗充满不屑的论调有些相似：我们目睹的世界景象不过存在于刹那，"世间所有的壮美与繁盛，莫不若昙花，一现即逝，情欲也一样"。柏拉图指出，真理也好，理性也好，都是能够长久存在的事物，除此之外的所有都不过是虚幻。对灵魂来说，物质就是一种沉重的负担，并且它的存在已经危及灵魂的生命。脱离物质的桎梏，在对美好理念的探索之中深深迷醉，或者，如基督徒所言，和上帝会面，是能够以虔诚来求取的最高尚的境界。这样，柏拉图之哲学蜕变为神秘主义，并走上了一条极端的道路。

第七节　政治学

在著作《理想国》中，柏拉图对自己的国家论进行了表述，他的这一论断是以伦理学为基础的。因为至善等同于德性，所以，人不能脱离社会而单独存在，而需要从社会之中获取到这种至善，实现快乐，实现德性，这就是国家的任务。国家之所以要制定律法，要建立政治体制，就是要竭尽所能地创造条件，使人们获取这种善，换言之，就是要给社会福利提供一种有力的保障。社会生活并不是人需要追求的目标，它只是一种手段，通过它，人可以对自身加以完善。诚然，在公众利益面前，私人利益必须做出让步，但这样做也不过是因为公共利益与个人所追求的真正的善紧密相连。假若每一个人都有德性且通情达理，那么，国家与法律便没有任何存在的必要了。一个真正完善且深具德性的人只会接受内部理性的统御，不会接受外部法律的统御。但是，真正彻底被完善的人实在是太稀少了，要实现真正的善，我们仍需要法律的协助，由此，国家的建立也就成了一种必然。

在整个国家的组织架构中，支配者的位置应该属于理性，就如在宇宙中，或者个人深具德性的灵魂之中一般。灵魂具有不同的职能与作用，社会之中自然也要有各种不同的阶级存在。健康的灵魂之中，各种职能相互之间无比融洽，社会的各个阶层之间也理应如此。统治阶级应该是理性的代言人，应该接受过系统的哲学训导，生机繁盛的意志的代言人应该是军人，防御是军人的主要职司。等级较低的欲望则以手工业从业者、商人、农业生产者为代表，他们的主要职司是对物质财富进行生产[①]。不管是工业从业者，还是军事守卫者，只要国家之中各个阶层的人都做好自己的本职工作，坚定地守护自己的岗位，那么，在这个国家，正义就能够被实现。在特定的条件下，各个阶级群体能够变得彼此融洽，在这个国家，睿智、勇敢、节制就能被实现。绝大多数人的欲望都是粗鄙的、俗气的，当这种欲望被少数人的才干及欲望所统御，当驾驭者与被驾驭者就统治问题形成一致的意见，国家的运行就会走上正轨。在国家体系中，无论是谁，都应该从事一种工作，这种工作应该与他的能力最相匹配。一个正义的人，就应该坚守本分，为所应为，据所应据，恪尽职守，不对其他人的事情指手画脚。

理想中的社会应该是一个庞大的家庭，整个社会都是一个统一的整体。所以，在柏拉图看来，私人拥有财产、一夫一妻的婚姻制度都是不恰当的，较高等级、接受劳动群众供养的两个阶级之间应该实现共享，妻子、儿女、私人财产都在共享的范围之内。他还建议优生优育，建议对婚姻实行监管，建议遗弃弱小的婴孩，建议在国家之中实行义务教育，建议让女性参与到政治之中并走上战场作战，建议对文学著作进行一定的检查。在柏拉图看来，所谓的艺术不过是对感官所知觉到的世界的一种仿效，而被感官所知觉的世界也不过是对万物本源的一种仿效。所以，在他看来，所谓艺术，

---

① 在柏拉图看来，在各民族中，腓尼基人代表的是低级欲望，北方的野蛮民族代表的是充满生机的要素或者意志，希腊人代表的是理性。

就是对一种仿效体的仿效,但他也承认,艺术能够以一种修身养性的身份而存在,他本人也指出了这一点。

从本质上来讲,国家就是一个从事教育工作的机构,是一种宣扬文化的工具,所以,国家必须以哲学为根基,因为哲学是我们能够获取到的知识之中最高等的。"若是在整个国家体系中,哲学家无法成为王者,或者坐在王位上的人不具备充分的哲学修养,换言之,若是国家的政治权力无法与哲学契合并相融……一座城邦都无法被救赎,更遑论整个人类群体。"对那些出身等级较高的孩子的教育义务应该由国家来承担,并且教学一定要遵循计划。无论男女,只要年龄未满二十,就应该遵循这一教学计划,计划中的教学科目有孩童时代对身体的打磨,讲述能够对德性进行蕴养的神话,在体育课上提高身体素质与精神意志,书写、阅读、上音乐课并学习诗歌,以此调和美感、迸发和谐、对哲学思索进行激发,上数学课,使精神从情欲之中脱离,使精神对真实、切实的事物进行追寻,另外,还要进行军事方面的训练。及至孩子们长到二十岁,从其中擢拔出表现比较出色的,让他们站在全局的角度,对幼时所学的所有科目进行通盘考虑,探寻科目之间的哲学联系。十年后,再从这些年已而立的优秀者之中甄选出在以上领域中、军事训练中或者其他方面能力最卓越的人,让他们花费五年的时光对论辩术进行研究。之后,在占首位的军事领域或者居于次席的民生领域为他们提供一个能够对其能力进行检验的职位。及至五十岁,再甄选出其中最精干、最睿智的一批人对哲学进行研究。此后,他们要做的便是等待着执掌更高的政治权力。

《理想国》本身实际上是柏拉图对国家体系进行完善的一种理想,或者说是在人间建立一个神圣国度的幻想。人们常常以乌托邦来称呼它。但是,若柏拉图设想中的理想国以一个小的城邦为蓝本,那么,在斯巴达,他的许多"理想"实际上都已经变成了现实。时至今日,它的部分"理想"也不再只是"理想",这一点我们必须铭记。

《法律篇》是柏拉图的著作之一,创作于后期,在书中,他对自己的政治理论进行了大幅度的修订。一个美好的国度不仅要具有理性、洞察,还要具有自由与友谊。每一个公民都是自由的,都具有参与政治的权利;公民应该有自己的土地,商业或贸易交由农奴或异国人来完成就好。原本就属于家庭的地位被恢复。知识并不能将所有的一切都包含，还有其他一些动机也能够将善良彰显出来，比如友谊，比如幸福，比如怨憎，比如苦痛。但德性还是仅仅存在于理想之中，训练的目的依旧是让意志具备德性。

第八节　柏拉图的历史地位

在自己所建立的哲学体系中，柏拉图承认知识是唯理的，是根源于理性的，其存在是可能的，感官知觉并不是知识的来源，从这个角度来看，柏拉图哲学坚持的是唯理主义。但是，先验理念的激发需要经验作为手段，这是必然的。它对实在的世界表示认可，认为它的确是存在的，从这个角度来说，它坚持的是实在主义；在它看来，这个世界本身就是精神的，存在于理想之中，从这个角度来说，唯心或唯灵主义才是它的坚持；它认为感官所感知到的现实世界只是真正世界的一个投影、一种表象，从这个角度来看，它又是现象主义的。由此观之，它其实还极端反唯物主义。它将所有的表象都视作宇宙规律的一种彰显，认为它能够被理解，还将灵魂赋予了宇宙，从这个角度来看，它坚持的是泛神论。虽然造物主的形象只存在于它所讲述的神话中，这种神话也无法与整个柏拉图哲学体系相契合，但它毕竟是认可造物主之存在的，因此，从这个角度来看，它坚持的是有神论。它武断地认定经验的世界不如理想之世界，物质因素会将纯粹的理念玷污，从这个角度来看，它是支持超验论的。它认可内在论，认为在宇宙中，灵魂无处不在。它想要以最终极的因由或目的来对宇宙进行彻底的阐释，它将每一件事物都置于善之引领之下，为事物提供了一个大众的、恒常的目标，从这个角度来看，它是坚持目的论，反对机械主义的。它以物质与精神两种最原始的质料对世界进行诠释，由此可见，它是坚持二元论的。它还认为善之理念是宇宙最本初的因由，所以，从根本上来说，整个宇宙都具有伦理的色彩。它的伦理学说是唯心的，是基于直觉的，它站在快乐主义的对立面上，即使极易被错误地诠释，但不得不说，它的理论实际上就是对自我的一种实现。在政治上，它坚持社会主义，也崇尚贵族主义。

基督教神学、基督教哲学、后期希腊哲学都受到了柏拉图哲学的影响，并且影响颇深,这一点我们不难理解。它想从理论的角度对人类的所有活动做出解释,可见它的世界观所囊括的范围何其广袤。当基督教希望具有修养的罗马人理解并认可它的教义时,对它而言,柏拉图的哲学体系就是一个思想层面的超级宝库。它的唯心主义、理念世界理论体系、二元论、神秘主义、对感官所知觉的世界与物质的不屑、伦理的国家、对灵魂永生的论证、人类正在沉沦等学说,以及除此之外的一些论断,都备受那些渴望新的信仰与理性相契合的人们的欢迎。在后续的论述中,我们还会论述希腊人因何成为基督教神学最大的凭依,最伟大的早期神学家圣奥古斯丁又受到了柏拉图何等深刻的影响。在一步步的不断前行中,我们会渐次领会到,在整个欧洲的哲学体系中,柏拉图的唯心主义学说迄今为止仍然具有蓬勃的生机。

第九节 柏拉图学派

柏拉图逝世之后,他的学园被他的弟子们继承。刚开始的时候,柏拉图学园对柏拉图晚年所认可的、源于毕达哥拉斯学派的"数即理念"观点进行了继承,并将关注的焦点转移到了伦理学上。旧学园是人们对这一时期的柏拉图学派冠以的称谓。公元前347年至公元前339年,旧学园的领袖人物为斯彪西波,他是柏拉图的侄子;公元前339年至公元前314年,旧学园的领袖人物为色诺克拉提;公元前314年至公元前270年,波莱莫成为旧学园领袖;公元前270年至公元前247年,克拉提成为旧学园的领袖。另外,赫拉克利德斯、菲利普、黑斯提厄、欧多克苏斯均为旧学园的成员,他们分别来自庞土斯、欧普斯、丕林苏斯和克尼杜斯。公元前247年至公元前241年,阿尔凯西劳斯成为学园新的领袖,他是克拉提的继承者,却又将怀疑论带入了学园。从公元前247年到公元前156年,学园学者们都对阿尔凯西劳斯的学说忠诚不渝,这段时间,也被称为中学园时期。公元前156年以前,卡尔尼阿德成为学园领袖,新学园时代或者说学园第三期也由此开启(具体参见119页及以下)。

第二章 亚里士多德

第一节 亚里士多德的问题

在柏拉图之前,没有任何一个希腊哲学家建立的哲学体系如此包罗万象。但是,在柏拉图体系中,仍旧存在一些需要被思考、被探讨的矛盾与困难,若是可以,将之克服会更好。处于早期发展阶段的柏拉图学派同其他很多学派一样,只是对柏拉图的学说进行了原样复述,并没有进行自我延展与发挥。真正对柏拉图体系进行了延伸与发展,并建立了另一体系的,是柏拉图的一位具有独立思考能力的弟子亚里士多德,他所重建的体系前后之间更加统一,也更加科学。对超越一切的理念进行再次思索是第一要务。亚里士多德所定义的不朽,被柏拉图排斥于星体之外,他将这种不朽的形式与经验的世界相分离,并以纯粹的表象来对经验世界进行贬斥。第二,要对柏拉图所提出的、占据第二位的物质进行更加精细与准确的认定,使之成为进行诠释的准则,并让人感到满意。物质与形式之间有一条鸿沟横亘着,这条鸿沟需要被弥合。理念是遥远的,且恒常不变,那么,它又是怎样将自身之投影映射到既无理性又不具备生命特征的物质基质上的呢?诸如此类的难题,还有一些。怎样对事物不断改变的形式进行诠释?怎样对永生的灵魂要以肉体为依附这一点进行诠释?向神话传说与盛行的宗教教义求助,本身就是一种权宜,造物主也好,世界之灵魂也罢,都不过是自我对自身无知的一种供认。在这一体系中,二元论思想得到了全面的扩展与渗透,但难题依旧是难题,并没有得到解答。起码,亚里士多德是这样认为的。

导师的唯心主义原则,亚里士多德进行了保留,同时被保留的还有那些恒常不变的、不朽的形式,但他并不认为它们有超验的特性。换言之,亚里士多德将唯心主义的原则,将形式从天上拉回了凡俗。形式包蕴在事物之内，不能与事物相脱离；形式是内在的，没有超验的特性。物质，或者说质料，是能动的，并不是一种非实际存在；物质与形式非但不会相互脱离，还一直都紧密地联结在一起。事物的理念或者说形式，需要经由物质来实现，无论是移动、生长，还是变化和朝前延展。感官所感知到的世界不仅仅是实际存在的世界的复制与投影，它本就是物质与形式相合而形成的真实存在的世界，科学真正需要去探索的对象正是它。亚里士多德能够在感官所感知到的世界中安然地生活，正是由于他这样构想，且在研究它的同时，对它抱持怜悯的态度；它与他的学说一直都紧密相连，同时，他对自然科学的研究也受到了它的鼓舞。

亚里士多德是斯塔吉拉人，公元前384年出生，其父尼克马库斯曾供职于马其顿，服务于菲利普王，他是一名御医。自十七岁入读柏拉图学园起，亚里士多德以学员及教师的身份长居学园达二十年之久。公元前347年，柏拉图逝世后，亚里士多德便开始了自己的漫游之旅。他先去了隶属梅西阿的阿索斯，后来从阿索斯转道去了米提利尼，之后回归雅典。传说，他曾经在雅典建立过一所专门教授修辞学的学校。公元前342年，他接受菲利普王的任命，成了王子亚历山大的导师，后来亚历山大成为大帝。公元前335年，即七年后，亚里士多德在雅典吕克昂体育馆创办了一所学校，学校以吕克昂为名，传说这所体育馆是敬奉太阳神阿波罗的。亚里士多德喜欢一边散步一边对学生进行教导，所以，后世将他所创立的学派命名为逍遥学派。他教导学生的时候喜欢采用对话与演讲的方式。公元前323年，亚历山大猝然辞世，同年，身在雅典的亚里士多德被诬告犯了亵渎神圣之罪，控告他的是反马其顿党，迫于无奈，他流亡攸波阿，并于一年后在那里逝世。

他品德高尚，在他所创立的伦理学中，他常常提到希腊理想，常常以和谐与自我节制来教诲他人，这实际上也体现了他本身的性格与德性。他对真理异常钟爱，且能做出精细准确、敏锐、毫无偏颇的判断。他对论辩学十分精通，能够细致入微地进行研究探索，他阅读了大量的书籍，观察事物时也非常缜密，他是一位术业有专攻的学者。他的文笔一如他的思维，清晰、科学、通俗，没有刻意雕琢的痕迹，也没有任何不切实际的空泛幻想，以至于竟显得有些枯燥乏味。在亚里士多德的作品中，我们很难感受到与他本人相关的品格，除了极少数情况，他几乎从不在文章中流露自己的感情。在这一点上，他和他那极负盛名的导师柏拉图并不相似。对他的作品进行细致的研读，就像是与一位冷静、无任何性格特征的理性人物面对面，但是，毫无疑问，在整个思想史上，他的伟大不可否认，他是一个天才，且知识相当渊博。他的著述颇丰，涉及的论题也很广泛，譬如逻辑学、修辞学、诗歌学、物理学、植物学、动物学、心理学、伦理学、经济学、政治学和形而上学。

亚里士多德传世的著作有很多，被认定为他所著的著作也大部分是真实的，但是，许多亚里士多德的著作都疑似遗失。公元前60年至公元前50年期间，安德罗尼库斯对亚里士多德的一千多篇著作进行了编辑整理，但现在我们能见到的出版物也不过是一些断简残章；此外，还有一些没有在出版计划之内的针对学员的演讲稿件也保存了下来。

亚里士多德的著作，以策勒尔分类法，可以做如下分类：

（1）逻辑学著作：《工具篇》（篇章主要介绍了获取知识的诸多工具与器械，《工具篇》是亚里士多德的弟子所取的名字）。《范畴篇》（虽然有部分专家对篇章的内容提出了质疑，但除少数内容为后世增删之外，篇章的大多数内容的确为亚里士多德所作）。《命题篇》（对亚里士多德的学说进行了具体叙述，但已被证实是伪作）。《分析篇》（论述了三段论，分类、定义及论证）。《正位篇》（对盖然性进行了论述，共九卷）。《辨谬篇》（系《正位篇》末卷）。

（2）修辞学著作：《与泰欧德克谈修辞学》（以亚里士多德的修辞学说为参考著成，非亚里士多德遗作）。《与亚历山大谈修辞学》（系伪作）。《修辞学》（共三卷，第三卷真实性存疑）。《诗学》中关于艺术的部分表述，存世的只有少数一部分。

（3）形而上学著作：在安德罗尼库斯编辑整理的亚里士多德文集中有一部对第一原理进行深入探讨的著作，共十四卷，因其在文集中位列物理学著作之后，所以被称为《物理学后篇》，如此命名，标示的不过是其位置。形而上学一词便源出于此，但这个词汇，亚里士多德本人却从来都没有使用过，他以"太初哲学"（First Philosophy）来命名针对原始本原的各种探讨。将十四卷合为一部著作，其实并非亚里士多德的本意。并且，《物理学后篇》第十一卷的部分内容及第二卷（a）已经被证明不实。

（4）自然科学著作：《物理学》（共八卷，其中第七卷系整理后插入）。《天文学》（共四卷）。《起源与衰灭》（共两卷）。《气象学》（共四卷）。《宇宙生成论》（不实之作）。植物学（不实之作）。《动物志》（共十卷，末卷系伪作）。《动物的分类学》（共四卷）。《动物的演进论》（有人提出质疑，认为其系伪作）。《动物的起源论》（共五卷）。《动物的运动论》（系伪作）。

（5）心理学著作：《论灵魂》（共八卷，亚里士多德以三卷的篇幅对睡眠、苏醒、感觉、记忆进行探讨；另外五卷被合称为《自然短论》，其中论述多短小精悍，而对呼吸进行论述的末卷系亚里士多德后期著作）。

（6）伦理学著作：《尼各马可伦理学》（共十卷，第五卷、第六卷、第七卷已以《欧德穆伦理学》为参考进行过部分增改）。《欧德穆伦理学》（《尼各马可伦理学》的修订版，修订人为欧德穆，修订本中，欧德穆只对原书的前三卷与第六卷进行了保留）。《大伦理学》，即广义上的伦理学说，系《尼各马可伦理学》与《欧德穆伦理学》的汇编。

（7）政治学著作：《政治学》（著作不全，现存八卷）。《雅典制度》（出自《政治学》一书，该书于1890年被发现）。另外，通常意义上，被认定为亚里士多德作品的经济学著作，基本上都是伪作。

参考书

贝克和布兰迪斯所编全集；罗塞所编片段选辑；英译亚里士多德著作、邦尼茨编的著作索引，由J. A. 斯密司和W. S. 罗斯主持编辑出版；《亚里士多德辞典》，编者卡普斯编。其他译本包括：《后分析篇》和《论智者的驳辩》，译者伯斯特；《形而上学》，译者罗斯，卷一由泰勒翻译；《心理学》，译者哈蒙德、希克斯和瓦莱斯；《小天地》，译者贝尔和罗斯；《尼各马可伦理学》，译者韦尔登、培恩；《政治学》，译者埃利斯；《雅典政治》，译者肯庸；《诗学》，译者比瓦特、布迟尔、L. 库佩和华尔顿；《修辞学》，译者韦尔登。（这些著作几乎全部都在伯恩丛书中；《工具篇》和《动物志》也在其中。）《亚里士多德论教育》作者伯内特，他还进行了有关《伦理学》和《政治学》的部分翻译。

《亚里士多德》，作者A. E. 泰勒；《亚里士多德的哲学大纲》，作者E. 华莱士；《亚里士多德》，作者格兰特；《亚里士多德》，作者格罗特；格林《著作》中的《亚里士多德》，作者T. H. 格林；《亚里士多德的伦理学》，作者切塞；《古代希腊》中的《亚里士多德的国家学说》，作者A.C.布莱德雷；《亚里士多德和古代教育理想》，作者达维桑；《亚里士多德在自然科学方面的研究》，作者琼斯；《亚里士多德》，作者泽贝克；《亚里士多德和他的世界观》，作者布伦塔诺；《亚里士多德》，作者比阿；专著：贝尔那斯（戏剧理论），迈尔（三段论法），F.布伦塔诺（心理学）。

第二节　哲学和科学

　　柏拉图的目的论与唯心主义观点以"宇宙是一个有机整体，彼此之间相互联结；宇宙是一个世界，存在于理想之中；宇宙是一个理念的体系或者形式的体系，它恒常不变"为前提，亚里士多德也接受了这一前提。此为事物最本初的因由，是事物最原始的性质，在它的指引与教导下，事物转变成了如今所具有的形式。可是，理念与我们的感官所感知到的世界并没有相互脱离，相反，它本就是感知世界最重要的构成要件，被感知世界所包含；世界的形式是理念赋予的，世界的生命也是理念赋予的。我们所处的经验世界与表象不同，它是能够信赖的，也是真实存在的。我们要对经验的世界进行认知与探索，所以，人类能够从经验中获取知识，知识也以经验为基础，循着经验与知识的路径，我们能够到达科学之地的最终尽头。亚里士多德的父亲是一名御医，作为御医的儿子，亚里士多德一直都抱持实实在在的态度，因此，他十分尊重个体与特殊的事物。自然科学是他的兴趣所在，他还明确了自己的方法。可是，单单对某种事实熟悉并不能获得真正的知识，获取知识的真正方法是弄清它们之所以必然这般的因由、根源与本因。所有由理性思索而得的知识都包蕴在哲学，或者说广泛意义上的科学之中，包括数学在内的诸多专业学科也都包蕴其中。亚里士多德将对事物的本因或者根源进行研究的哲学称为太初哲学，这种哲学现在则被我们称为形而上学。本然的存在是形而上学研究的对象，这种存在的某一方面或者某一部分则是各个学科研究的对象，比如，本然的存在中所包含的运动与物质的存在就是物理学要研究的对象，而以本然存在的其他部分作为研究对象的哲学则被称为助理哲学（second philosophies）。

　　亚里士多德对包括数学、形而上学、物理学的理论科学及包括伦理学与政治学的应用科学和与机械生产与艺术创生相关的创制科学进行了更加深入的区分。同时，他还对这些科学进行了更加细致的划分，分为包括物理学、生物学、天文学等支系的物理学、应用哲学及形而上学。假如再把逻辑学加进去的话，那么亚里士多德的划分标准与柏拉图其实是一样的：逻辑学、形而上学、伦理学。

第三节 逻辑学

对获取知识的方法进行论述是逻辑学要履行的最基本职能。逻辑学的奠基者是柏拉图与苏格拉底，但是，第一个将逻辑学完善，使之成为一门专业研究科目的人却是亚里士多德。亚里士多德被认为是科学的逻辑学的鼻祖与真正创立者。在他看来，逻辑学是一种十分重要的工具，我们要获取真正的知识，需要借助于它，并且，若是我们无法对分析学进行系统地掌握，那么，就不要对太初哲学，或者其他探究事物根源的科学进行探索。所以，从哲学的角度来说，逻辑学一直充当着绪论或者导论的角色。

对思维的方式、思维的内容及知识的获取过程进行分析，是逻辑学的主要宗旨，逻辑学是一种科学，它运用的是正向思维。思维是一种科学的讨论与证明，也是一种科学的推理，以普遍推演出特殊，以因由推演出被束缚的事物。构成推论的是命题，命题是一个语言学的概念，构成判断的是概念，这些概念在项中被表述。亚里士多德对判断的种类、性质、彼此的联系及许许多多不同的论证进行了探讨，他定义此过程，并对其进行划分，现在，许多与形式逻辑相关的教科书中都采用了他的方法与论断。亚里士多德并没有从逻辑学的角度对概念进行太过具体的研究，但他对定义、定义之规则、范畴进行了研究，其中，前两者是狭隘意义上的概念，后者则是概念的最高等形式。

以三段论为依据做出的论证，亚里士多德格外看重，在这方面，柏拉图有所忽略。策勒尔认为，给三段论命名，并第一个意识到所有思维都以三段论式为最基本运动形式的正是亚里士多德。三段论式是一种论述方法，其新结论的得出必须依赖某种前提。三段论式是一种演绎与推理，特殊由普遍演绎而出。归纳则是根据经验，以特殊的事实演绎出最普遍的命题。演绎的过程必须清晰、明确、值得信赖，必须圆满，必须以知悉一切情况为前提。

所以，三段论式是所有科学的论证或者有着实际依据的论证普遍采用的形式，这些论证，要么本身就是三段论式的，要么就是由三段论式演绎的。只有以某些前提为依照，所得出的论证才是真实的，而能够作为前提的，必然是被普遍认可的或者是具有必然性的，所以，只有以其他的前提为基础，它们才能够被证明。有穷尽地进行论证是知识研究的根本目的[①]。要达成这一目标，唯有依赖三段论式，在三段论式之中，各种论证的得出是以某种前提为基础的，而这种前提本身又是经由另一种前提而得出的论证结果。这样的演进并不可能无穷，到最后，定然有部分已经被论证的命题或者准则无法再继续进行演绎，由此，这些命题或者准则就比所有经过演绎而得到的命题更加的真实明确。换言之，其确实性是绝对的。有一些准则，是通过亲自接触、直觉、直接或自我明悟而得，比如矛盾律、数学公理。任意一门专业科学都有着属于自己的准则，另外，所有的科学学科也遵循同一被普遍认可的规则，即形而上学，或者说是属于太初哲学的规则。

在灵魂之中，理性是最高贵的一部分，所谓最基础的准则或概念，实际上便是通过理性的直觉而得，是理性本身所固有的。要证明它们，可以采用归纳法。这是思维的上升过程，是从个别事物或者感官所感知到的某些事物而上升到被普遍认可的知识或总括性的概念的过程。理性具有演绎的能力，它能够从个别的事物中演绎出此事物与同类的共性特征。这种特征是真实的，是事物的根源与本质，但是，它们不单单是事物的根源，还是潜藏于人内心深处的理性准则。要想使它被理性觉察，让它借由凸显而被人类认知，那么，经验则是必不可少的。换言之，在人类的内心中，它们本是隐性的，而经验能够让它们从隐性的变成显性的，变成现实的存在。它们是一种形式，不仅是思维的，而且代表着实际存在本身。在亚里士多德看来，思维与存在本就是同一的，思维与存在相互契合，真理诞生。这一思想，也是亚里士多德哲学思想的基础。

---

① 在亚里士多德时代，数学是理性科学，所以在他的逻辑学中，演绎法举足轻重。他的目的是想实现数学的确实性。

所以，所有的知识都以感官所知觉到的个别事实为开端，并经由个别事实向上演绎，得出某种普遍性的概念，或者说，是从"我们熟悉的事物"到"我们熟悉的、本身又具有确实性的事物"。通过思考，我们需要对普遍性进行把握，但在自然界中，这种普遍性却是最原初的，是它们的最原初的根本。

在进行演绎之前，有一项准备工作要做，就是归纳。以普遍来对个别进行演绎，并为演绎的结论提供必要的论证与依据，这是科学之理想所在。归纳的工作仍有待被完成，以经验激发潜藏于理性中的普遍性也有待去实践。这样，亚里士多德巧妙地将唯理主义与经验主义调和在了一起。经验不存，知识必然不存。但是，以归纳的方法得来的真理，因为是源于经验，所以只具有盖然性，而不具备确实性，所以，真理必然于人的内心之中潜藏，且具有先验性。经验不存，真理便无法被认知；真理若非于理性之中潜藏，便不具备确实性。

在论述中，亚里士多德提到了所谓的范畴，在他看来，范畴所囊括的是某种最具有概括性的谓语，是能够用以诠释任一事物的最普遍、最基础的形式。他用举例的方式对这种范畴进行了说明，他所举的例子多为十个，甚至某些时候仅有八个。我们言此物为何（人：实体），何以构成（白色：性质），大小如何（两码长：量），关系怎样（稍大，两倍：关系），位于何处（在吕克昂：空间），何时（昨日：时间），是何位置、是何姿势（躺卧、端坐：位置），状态若何（披衣执锐），在干什么（燃烧：主动），有何遭遇（被焚烧：被动）。一切都证明了，经验的对象位处时空之中，与其他事物有所关联，能够被考量，能够被计算，可以将某种作用施加其上，它本身也能够对其他事物施加作用，它的性质有的是根本的，有的则是偶发的。诚然，这一范畴专门指的是语言的形式及思维的形式，但是，事实上，非独如此。它还是谓语，能够作用于一切本然与实际存在。任一概念都有与之相匹配的实际存在而存在。一些个别的、能够被目睹的实体担负着范畴，这些实体本身也是可以用范畴来加以论述的，所以，实体范畴至关重要，除了它，其他任何范畴都只能存在于对实体的论述中。存在、实体的范畴、本质，本就是科学的研究对象，换言之，科学是用以研究事物本质的。由此，亚里士多德的形而上学被导引而出。

第四节　形而上学

　　形而上学，是对终极本源的一种探索。我们要怎样对世界进行诠释？世界的本质为何？德谟克利特及与他同学派的学者们认为，世界的本质是一种物质原子，这种原子恒常运动；柏拉图认为，世界的本质是理念，这种理念是超验的，所有不具备具体形式的事物都会受到它的影响。亚里士多德对这两种看法都不认可，他尝试着将两种看法糅合。在他看来，理念也好，形式也好，都不可能脱离物质而单独存在，因此，它也不可能如柏拉图所认定的那般，是世界的本质。没有任何性质能够脱离它所在的对象而单独存在。物质不存，形式也便不存。我们现在看到的无时不在变化的实际存在，也不可能如唯物主义者所认定的那般，可以由某种纯粹的、恒常运动的、杂乱的物质质料来佐证。形式具有导向作用，若形式不存，物质也便不存。在柏拉图看来，存在于具体经验中的事物本身就是理念世界的复制品，本身并不完善，不具有必然性，真正实际存在的是形式。亚里士多德并不这样认为，在他看来，个体本身、个别具体的对象本身都是实际存在的真实实体。但所有特殊的、具体的事物却都具有与它同一类别的事物所具有的普遍性的特征，这种特征是这种事物最原初的性质，是它真正的根本。因此，亚里士多德认为，追溯根底，理念或形式其实也是一种最本质的因素。

　　但个体总是在不断地成长与变化，所以，我们看到的所有事物也都在不断变化，它既存在着，又不存在，它既有这般的可能，也有非这般的可能。有时是这种性质，有时又是另一种性质；有时是胚种，有时是幼苗，有时是果实，有时是树木。这一转变的过程又该如何诠释呢？一定会发生变化的事物，于恒常变化之中恒常存在的事物，具有我们所说的一切性质的事物，就是物质。物质恒常存在，物质本身并不会陨灭。物质肯定具有某种恒常不变的性质，我们尚未见过不具备任何形式的物质，所以，物质与形式具有同一性。我们说，某种事物在形式上发生了改变，这并不是说形式本身发生了改变，也不是说形式本身变成了另外一种形式。所有的形式本身都不可能真正向着任何其他形式转变。各种各样的形式为物质所采纳，它们是系统的，彼此之间还存在着关联与衔接。物质恒常存在，它最本初的形式不可能转变为其他任何形式，但一种全新的形式却能够将物质塑造。所有不同的形式本就是先验的，一直都存在，并不是突兀而生的，因此，不管是物质，还是形式，都不会诞生，也不会消亡，它们本就是一种原初的质料，具有永恒的特性。为了对成长与变化进行说明，我们必须设想物质，即一种恒常存在、不断变化的基质存在，还要设想有一种能够丰富整个世界、令世界成长且恒常不变的形式或者性质存在。

　　一个事物的意义、目的、形式，均实现于其长成之后。形式才是事物真正地实现，存在即成就。潜藏于事物内部的某些东西已经被转变为现实，它也实现了自身的可能性。形式被物质所采取。举例来说，橡树是由一粒橡树种子转变而来，那么，橡树的种子实际上就是一棵潜在的橡树。橡树种子拥有潜能，当它的潜能变为现实时，就成就了橡树，换言之，橡树就是橡树种子潜在性的一种显化、一种完成的形式。所以，亚里士多德称物质为一种具有潜在可能性的基质，称形式为具有现实性的、实际存在的基质。本初的、没有具体形式的物质只能被人所思索，却不能具现，不能按照它本初的样子存在，换言之，它只是具备一种可能性。形式一直为所有具体的物质所拥有，因此，从某种程度上来说，物质本身也具有现实性。可是，对其他的现实性，或者其他的物质而言，彼物质的现实性不过是一种可能。种子是一种物质，橡树由它形成；大理石是一种物质，雕塑由它塑造。

　　唯有对形式与物质的存在加以肯定，我们才能够对不断变化的世界进行说明。与柏拉图所倡导的理念一样，一切形式皆是不朽的，但形式一直都存在于物质内部，而不是存在于物质之外。宇宙是不朽的，物质与形式也是同一的，彼此共同存在。物质运动的根源在于形式，物质能够将形式实现，也能将形式之目的实现。艺术家在对某件艺术品进行创造的时候，必然要在心中形成一个具有可行性的计划，然后再以手的动作对物质施加某种影响，而他心中的计划对他的动作则起到了导引的作用，由此，一个目标被实现。通过这一过程，我们能清晰地认知到四种因由或者说准则。形式（何种事物，即在艺术家的脑海中被勾勒出的雕塑原型）为形式因，物质（塑造雕像所需要的事物）为物质因，动作的根由（塑造雕像所需要借助的事物）为动力因（效力因），目的或目标（即为什么要塑造雕像）为终极因。在自然界，尤其是有机界之中，这些原因同样能够发生作用，只不过，艺术家与艺术品，在自然界中是一体的、不可被分割的。换言之，艺术品之中就内蕴着一个艺术家。目的（目标）与计划（形式）事实上是同一的，有机体自我实现的形式正是其目标之所在。形式（理念）也是动力因，因此，追根溯源，真正最本初的因由只有两个，一为物质，一为形式，两者在现实中是统一的、不可被分割的，但在思维领域，却能够进行划分。

形式是一种力量，它具有目的性，能够于物质世界中进行自我实现。一切有机体正是某种在理念（目的）的作用下才转变成了今日的模样。在胚种的内部，有一种原则在活动，这一原则极具指导性，在它的指导下，胚种唯一能够选择的变化方向就是变成同诞生它的母体一样的动物或者植物。因为形式没有发生变化，所以，物种也不会发生变化；个体消亡陨灭，物种却得以延续。

既然全都是这样，既然物质被形式所统御，处于隐性状态的形式表现为物质，那么，自然界的目标又因何常常完成不了，又因何常常残缺、常常不完整，甚至演变为畸形？亚里士多德认为，自然之败是败在了有缺陷的物质之上。从这个角度来说，物质不仅仅代表着一种可能性，它还拥有属于自己的力量，且对形式有所抵触。正因为如此，世间同类的事物才存在个体的差异，才大量存在，且杂乱参差；正因为如此，世间才有男有女；正因为如此，世间才存在各种怪诞的形态与畸形的情状。

运动（变化）产生于物质与形式的结合。物质在理念（形式）的作用下产生运动。扮演推动角色的是理念，被推动的则是物质。物质本身存在着某种可能性，这种可能性在运动的作用下能转变为现实。如此情况因何产生？理念的存在是唯一原因。物质一直致力于将形式实现，它运动，是因为受到了形式的激发；它对形式有一种渴求与追逐的欲望。形式是不朽的，物质是不朽的，运动自然也是不朽的。不愿意被束缚的物质于此表现出截然不同的性质，它具有沿着某种方向前行的欲望，而这个方向，源自目标的导引。假如亚里士多德这样说并不是在打比方，那么，这种理论就明显遗传了古希腊学者所倡导的物活论的风格。

在亚里士多德看来，物质层面上恒常的运动，从逻辑的角度上来讲，一定是被某种恒常不动的存在推动着，换言之，一切运动的前提都是某种能够对运动起作用，且自身恒常不动的存在。假如推动者本身是运动的，那么，它的运动肯定需要一种推动力，而推动它的则是另外一种也处于运动状态的存在，以此类推，以至无穷；运动依旧无法被说明。肯定有一个原点，运动由此而始，且其出现并不依赖于某种处于运动状态中的存在的推动，所以，肯定存在一个最初的推动者，它是恒常不动的，每一种存在于自然界中的、生机勃勃的力量都根源于它。既然这最初的因由是恒常不动的，那么，它肯定不是物质，不具备物质实体，是绝对的精神，是单纯的理念，因为只要物质存在，运动与变化就存在。

最初的因由是至善，是世界的终极目的与最高目标，它的完善是绝对的。上帝以美好的前景来对世界施加作用，它不起推动作用，只是以理想来对灵魂施加影响。宇宙中的万事万物，无论是植物、动物，还是人类，都在上帝（至善）的影响下，对本质的实现充满了渴求；正因为有上帝，这样的渴求才被引导而出。所以，在宇宙中，有着统御作用的基质其实就是上帝，它是中心，为宇宙万物所趋附，所有存在于宇宙中的生命、美、秩序都以它为本源。思维是上帝的工作，它对事物的本质进行冥想，对美好的理念进行幻想。它代表着所有的现实，它能够实现任何一种可能。它无知觉、无印象、无欲望也没有任何有目的的意志和与激情相类似的感情。它是一种智慧，且非常单纯。人类所具有的智慧具有推理的特性，人类需要一步一步地获取知识，因而，人类的见识多是零落散乱的，但上帝不同，上帝有着直觉式的思维，它能够在瞬间洞见整体，洞见一切。它异常快乐，它无情绪，也不懂得何为苦痛。所有的哲学家都对它所处的境界充满了希冀。

第五节　物理学

对德谟克利特的机械原子论观点，亚里士多德一直都抱持着否定的态度，他所主张的物理学是一种科学，关乎运动与物体。在对物质世界的诸般变化进行诠释的时候，亚里士多德并没有从量的角度进行考量，也没有从原子的位置变化进行考量。就像前文我们提到过的那样，在他看来，物质是具有惰性的，是被动的，虽然有的时候他也如物活论者一般赋予物质一些类似的性质，但大多数时候，在这一方面，他的看法同德谟克利特不谋而合。他否定空间，认为其是空洞的，与此同时，他也否定原子，在他看来，空间就是一个界限，位处环绕与被环绕的物体之间。但凡是没有被其他物体划定出界限的事物，在空间中就是不存在的，所以，在不曾被任何物体界定的恒星外围，空间是不存在的。物体不存，空间也便不存，所以，所谓空间无限根本就不可能，即便是宇宙，也是有界限存在的。作为整体的宇宙恒常不变，变化的只是宇宙之中各个不同的部分。因为不能提出一种设想，假定空间中运动不存、上帝静止，所以，空间之中无上帝。

凭依目的论，亚里士多德对运动下了定义，他认为，运动指的是"实现某种可能性"，指的是各种不同的变化，在他看来，基本的运动有四种。类似创生与陨灭的实质性运动，类似物体增减而大小变化的数量之运动，类似一种物质转变成另一种物质的性质之运动，类似场景变幻的位置之运动，其他所有的变化都受这四种基础变化的制约。在亚里士多德看来，基础的元素物质有四种或者五种，它们能够彼此转化，不同的物质相合能构成全新的物质。性质并不像原子论者所说的那样是一种源于数量变化的结果，它也并不单纯，实际上，它是一种性质，是事物本身原本就存在的性质。所以，在对性质之变化进行诠释的时候，不能单纯地采用机械的方式，仅仅将这种变化归于原子位置的改变，而要将其视为性质之变化，这种变化是绝对的，是受了某种物质力量影响的。

亚里士多德的物理学观点同原子论者的观点，从根本上来说，是相互对立的，两者截然不同。亚里士多德果断地判定，不能机械地对自然进行诠释，自然是有生命的，能够自主行动，它的所有行为都有其目的及动因。在亚里士多德看来，他的形而上学前提就是真理，因此，在他的认知中，有些事情是绝对不可能发生的，他常常这样说，并以此对科学问题进行阐释。它不可以被思考，所以，它不具备可能性，换言之，以亚里士多德的形而上学理论来说，这种可能性是不可被思考的。从机械论的角度来看，亚里士多德的观点就是一种思想的退步，这毋庸置疑，但时至今日，他的目的论、他的唯力或唯能学说依旧被不少自然科学家奉为圭臬。

宇宙是不朽的，在宇宙中，生灭并不存在。地球是宇宙的中心，水、火、气呈同心圆状将地球环绕，其他天体则处于次位。以太构成天体，日月或者行星是部分天体的携带物；恒星处于次位。大量"向后运动"的天体或者说反天体被亚里士多德引入，为的就是对行星之运动进行佐证。恒星位处最外层，最外层被上帝包围，并在上帝的作用下运动，其他星体受到最外层运动的影响，也开始运动。可是，这一思想并没有被亚里士多德贯穿始终，相反，所有的天体都被他赋予了全然不同的精神推动力。

第六节　生物学

比较动物学是一个比较系统的体系，其创始人为亚里士多德。就如他在物理学中所倡导的那样，他反对用机械、因果或单一的数量关系对自然进行考量，他诠释自然的角度是动力、目的和性质。自然界中存在一股力量，这股力量对运动有创生及引导作用，就像前文我们所说的那样，形式有其动因，且具有鲜明的目的性。它是灵魂，且具有机体。肉体只不过是被人使用的器械或工具，灵魂是注定的使用者。肉体被灵魂所推动，其结构也为灵魂所确定；对生命而言，灵魂就是最本初的物质（活力论）。之所以有手，是因为存在精神。灵魂与肉体是一个统一的整体，不可被分割，但灵魂是一种最原初的物质，在统一体中起统率与导引之用，换言之，在部分存在之前，整体就已经存在了，实现目的的前提是目的之存在；要对部分进行理解，整体就不可或缺。

无论是在自然界，还是无机界，只要是存在生命的地方，只要生命的痕迹被彰显，灵魂就必然存在于其中。灵魂分不同的等级，灵魂的程度也各有不同，这种不同恰恰与生命体的种种不同形式相呼应。肉体对灵魂来说不可或缺，一具被特别指定的肉体对灵魂来说更不可或缺。在马的躯体中无法寄居人的灵魂。有机界中存在着一条肉体的阶梯，从低级至高级，循序渐进；同样，灵魂也形成了一个从植物到人类的分级体系，划分出了不同的等级，植物的灵魂具有生殖、营养、生长功能，人类的灵魂所具备的功能则更多、更全面、更高等。

第七节　心理学

在自然界中，人为终极目的，且类似一个小宇宙，人和其他生物存在迥然的差异，是因为人的身上具有理性。人类的灵魂从维持生命、对较低的职能进行统御的角度而言，与植物的灵魂相类似；从涵盖了想象、苦痛、欲望、快乐、统觉、厌恶、记忆的知觉能力方面而言，人类的灵魂又与动物的灵魂相类似。所谓感官知觉，就是灵魂在感官媒介的作用下，受被感知到的事物影响而产生的变化。感官与被感官知觉的事物是相当的，前者处于潜在状态，后者则处于现实状态。灵魂接收来自感觉的、与事物性质相关的各种报告，这些感觉统一于统觉处集聚，心脏是统觉的所在地。以统觉为凭依，我们对其他感官知觉进行综合，进而对事物进行全面的了解与认知。从它那里，我们能够获得一幅与性质相关的、十分明确、十分清晰的图景，譬如大小、静止、运动、数目、形态等由感官感知到的数据。统觉有记忆之能，也有联想之能，它可以组合成各种影像，也能够对各种属类进行架构。包括苦痛与快乐在内的所有情感全都源于知觉。各种不同的职能能够朝着前方顺利前进，人就会产生快乐的感觉，若是前行之中受到阻碍，人就会感觉苦痛。欲望与厌恶源于情感，肉体在其推动下开始运动。当被灵魂所希冀、所认可的美好事物出现时，欲望随之而生。我们所谓的具有理性的意志实际上就是一种被反复思虑、深刻考量之后的欲望。

人类的灵魂除具备上文提到的各种职能以外，还有以概念进行思维的能力，还可以对事物必然存在的本质及事物被普遍认可的性质进行思维。从知觉的角度而言，灵魂能够对要知觉的对象进行感知，同样地，身为理性，灵魂也能对概念进行把控。理性在其能够思想与幻想的事物之中潜藏。以概念进行思维实际上就是对理性的一种实现。理性何以对概念进行思维？理性分两种，一种是被动的，一种是主动的且具有创造性。具有创造性的理性是现实的，是单纯的，概念能够为其所见，位处其中的概念也已经被实现。思维与其所思索的对象于此达成同一，它就像是柏拉图之灵魂，无比纯粹，一直都在对理念的世界进行思索。概念在被动的理性之中是隐性的（就如亚里士多德所标榜的物质：创造性与被动的理性是同一的，物质受到了形式的影响）。概念因创造性的理性而显现，而变成现实。在亚里士多德看来，若不以早就存在于现实中的因由为凭依，任何事物都无法转变为现实。例如，有一种形式（理念），它是完整的，且需要被某个特殊的有机物质所实现。同样，亚里士多德于此断定，在理性之中必然有一种形式需要经由理性而实现，且这一形式是完整的。为了将这一思想在精神的世界一以贯之，亚里士多德对理性进行了不同层次的划分，如形式的与物质的，被动的与主动的，隐性的与现实的。在具有创生性的理性之中，概念是现实的，在被动的理性之中，则是隐性的。

肉体与记忆、感觉、幻想休戚相关，生死同一。因为一些能够被感知的影像包蕴于被动的理性之中，因此被动的理性也存在被陨灭的可能。这些影像是一种诱因，概念正是受到它的牵引，才出现于被动的理性之中，但是，能够对概念进行激发的，却只有具有创造性的理念。具有创造性的理性不以肉体为凭依，没有生灭，不会消亡，存在于肉体之前，也存在于灵魂之前，它是永恒的。诚如亚里士多德所言，它是神圣的精神迸射而出的火花，是由外而内进入灵魂的；它不同于其他精神职能，它并非诞生于灵魂的发展历程之中。它并不隶属于个人，因此，个人之生灭也便无须赘言。在对亚里士多德思想进行注解的部分专家看来，它与上帝之精神同一，与普遍之理性等同。

第八节　伦理学

亚里士多德的心理学学说及形而上学学说是他伦理学学说的基础，他的伦理学学说是科学的、广泛的、博大的，这种科学性与广博性，在亚里士多德之前，历史上从未出现过。它所解决的问题，正是由苏格拉底所提出的关于至善的问题。人类无论做何事都有其目的性。要想达成较高等的目的，需要以这种目的为手段；要想达成更高的目的，则需要以较高的目的为手段，以此类推，直至将最高的目的达成，这是至善，是终极之原则，人们之所以要对其他不同的善进行求索，目的正在于此。何为至善？对某个事物而言，善就是实现其独有的性质，实现其不同于其他生物的、独有的性质，使这一性质显化，是所有生物之目的。对人来说，独属于自身的性质并不是有肉体、有欲望，或者能够实现类似动植物的职能，而是能够过一种富有理性的生活。所以，对人而言，至善就是全面地行使令人之所以为人的职能，并使之成为习惯。在这里，亚里士多德提到了幸福，曾经，幸福被翻译成了快乐，但若不以欢乐来解释幸福，也无可厚非。在亚里士多德看来，欢乐源于有德性的生活，但只是有德性的生活所孕育的次一级的效果，它为至善所包含，但不能等同于至善。

但是，并不是所有的灵魂都是理性的，在灵魂之中，除了理性的一部分，还有类似感情、嗜好、欲望等非理性的部分存在。它们是理性必然要与之合作的对象。为了达成它的目标，灵魂之中的各个部分必须各司其职、相互协作，肉体在行使自身职能的时候必须做到恰如其分，另外，它还需要具备一定的经济基础。（德性之目标无法为奴隶与孩童所达成，造成阻碍的正是贫穷、灾难与疾病。）每一个深具德性的灵魂都是井然的，在它之中，理性、欲望与感情的关系正当且和谐。理性之活动，本身是完善的，是一种智慧层面的德性（见识）；冲动之职能，感情之活动，本身也是完善的，是一种伦理层面上的德性，譬如自制、豪爽、勇敢。道德的层面上究竟有多少德性，取决于有多少领域能供（灵魂）活动。在面对恐惧、愤怒、肉体的欲望、困境或对财富声望的追求时，我们需要始终坚持唯理之态度。

由此，一个新的问题产生了，何为唯理之态度？在亚里士多德看来，唯理之态度就是中庸，是位处两种极端之间的一种中庸①。譬如，霸道与胆怯之中庸为勇敢，浪费与贪婪之中庸为豪爽，羞涩与无耻之中庸为谦逊。这里所说的中庸，并不适合所有的人及所有的情况。它"衡量的标准是我们自身"，它"被理性所明确，每一个正直的人也都会将之明确"。但是这种意见却不是主观的，也不涉及任何选择。正直的人明确了何为有德性的行为，万物以有德性的人为尺度与标准；他对事物的对错进行判定，在任何情况下，真理都能被他明见。我们还需要铭记：有一种意志（气质）之习惯包蕴于有德行的行动之中，品格也由它彰显，飞来一只燕子，并不代表春天已经到来。并且，它等同于行动，这种行动是自发的、具有目的性的、能够任意进行选择的，"我们可以是有德行的，也可以是邪恶的"。综合以上观点，亚里士多德给出了以下定义："德性是一种习惯，也是一种倾

---

① 在讨论时，亚里士多德总会放弃这一原则，因为在很多情况下它并不适用。

向，审慎的选择被包含其中。中庸之道是道德之关键，道德由自我决定，被理性明确，抑或，如所有审慎的人都会明确的那般。"

站在人类的角度来看，至善就是对自我的一种实现。但是，这种理论不同于个人主义，也不是自私的。一个人要真正地将自我实现，唯有经历这样的情况，即他对自己本身就有的最高等的理性进行细心呵护，且为之满足，在某种高尚的动机的作用下，他效力于祖国，且为他人谋福利。在亚里士多德的伦理理论中包蕴着一种利他精神，仔细阅读他的著作《伦理学》，我们能深刻地感受到这种高尚的精神，尤其是论述正义与友情的部分篇章，表现得更加明显。"有德性的人之所以会行动，通常都是因为这样做对他的朋友或者他的祖国有利，有的时候，如有必要，他愿意为此付出生命。他追求高尚，为此，他宁可将金钱、荣誉、资财全部摒弃，哪怕它们是世人追逐的焦点。平庸且漫长的幸福非他所愿，与其碌碌多年，他宁可享受短暂且极致的幸福，宁可高尚地度过短暂的一年；他宁可只行动一次，宁可高贵壮丽地行动一次，也不愿意做无数微小且不足道的工作。对一个宁可捐躯利人，将高尚的品格赋予自己的人来说，事实就是如此。"一个深具德性的人总是对高尚的行动无比重视，因为这是他对自己的要求，从这个角度来看，他对自己也是珍爱的。作为一种具有社会性的动物，一个人必须与其他人生活在一起；其他人做的一些美好的事情，也是他所需要的。"深具德性的人之间相互吸引，因为于他而言，那种先天就十分美好的事物，本就是美好的，且备受人们喜爱。"换言之，为善者本身对善就充满了挚爱，因此，他肯定也会对一个深具德性的朋友充满挚爱；从这个角度来看，对一个深具德性的人而言，一位同样深具德性的伙伴就是另一个他，就是他的第二自我。

在与人相处时，需要正直的德性。它有利于他人利益的实现，不管他是平民，还是统治阶层的人。合法与公平是正直所蕴含的两层意义。所谓法，是为社会的整体利益，抑或从德性及与德性相类似的层面来说，它与社会上最优等的公民的利益相符，且是每一个公民都被要求遵守的。就公共福利的角度而言，每一种德性都为正直的概念所囊括；通常，正直还有另外一层被普遍认可的意义，那就是把每一个人应该得到的给予他，这种正直，是从分配的角度上而言的。

从快乐的角度对这种理论进行诠释是不正确的，将它视为快乐主义论调也是不正确的。只要有德性的活动在进行，就必然会产生快乐，但快乐并不是生活原本的目的，它只是一种附加物，是一种已经被完成的活动，就像诞生于青年力量之上的美好一样。它是行动的伴生物。"人最开心的时候，正是活动最完善的时候；同等的、正常的、健全的条件下，活动之中最完善的部分总能对范围内最出色的对象施加影响。"所有人的生活都能因快乐而完善，生活又是人所希冀的，所以，对快乐展开追寻也是与情理相合的。生活与快乐本就是一体的，无法被分割，因为，生活不存，快乐也就不存。任意一种活动，都因为快乐而不断被完善。并且，在亚里士多德看来，只要是被有德性的人认定为有价值的、能够给人带来快乐的，它就必然是真正有价值，且备受人喜爱的。假如一个人只享受过肉体的欢愉，而不曾体会过单纯的、高贵的快乐，那么，他就永远都认识不到这种快乐的可取之处。

人性中有一部分是最美好的，其活动被称为思辨活动，它采用沉思的形式，它是幸福，且最高贵。这种快乐是最极致的、最长久的、最高贵的，令自我十分满足，人们对其本身也十分钟爱。从个人的角度来看，这样生活便是最美好的，这种生活为人们所欣赏，不是由于存在人性，而是由于存在某种神圣的物质。"相比于其他人性的组成部分，最神圣的无疑是理性，这样，相比于普通的生活，最神圣的自然是与理性相契合的生活。在很多人看来，人不应该追求太过高尚的思想，因为那是人力所不能及的，或者，人不应该追求太过高尚的思想，因为那是必然要逝去的，这种告诫还没有足够的资格成为人之训诫，所以，从人本身就具有的不变的倾向而言，永生才应该是他的追求，人应该好好地生活，并遵循人性之中最美好的一部分。"[1]

仅仅对德性之性质有所了解是不够的，我们还应该尽力对其本身进行掌握，并亲身实践。思想中已经有自由主义倾向的年轻人很容易被理论激励与鼓舞，但理论却不能让民众做出某种豪放而侠义的举动。一个人若是不曾接受过与德性相关的教育，那么，在他年轻的时候，要形成一种正确

---

[1] 根据韦尔登所译内容。

的、热爱德性的导向就会变得很困难。束缚绝大部分人的是自身的恐惧心理及必然被惩罚的可能,却不愿被追求高尚的行为和理智的行为所鼓舞,哪怕是成年人,在生活中,也需要法规的教导,教导其承担每一项应该承担的职责。国家对公民有教育义务,也有监督义务。不管怎样,只有努力对法律法规进行学习,才有可能将人民的风骨提升。抱着完善人生哲学的目的,亚里士多德研究了政治学,下面,我们就简单地论述一下。

第九节 政治学

人是一种具有社会属性的动物,唯有在社会与国家中,人的自我价值才能够真正地实现。从时间的角度来看,国家形成于家庭与农村公社之后,可是,对人类而言,生活不断演化的目的就是国家,并且,亚里士多德坚持部分的存在迟于整体这一原则,因此,从性质的角度来看,国家的存在在家庭、公社及个人之前,且国家的存在也高于这三者。换言之,人类之所以会存在,目的就是社会生活,而培养教育良好的民众,则是国家的目的所在。亚里士多德在这里调和了生活之目标是个人与生活之目标是社会两种不同的观点。个人是构成社会的基本单位,让每一个公民都能幸福、有德性地生活则是社会需要达到的目标。

国家的体制必须与人民的需求相符,国家的体制也必须与人民的特征相符。它将平等的权利赋予了平等的人,将不平等的权利赋予了不平等的人,正因为如此,它才是正直的。不同的公民,出身、资财、能力、自由度等方面自然也不同,根据不同的情况对他们采取区别对待的方式,这才是正直。

一个国家的政体有优也有劣。优秀的政体有君主政治、贵族政治及以人人平等为特征的政治;拙劣的政体有民主政治、寡头政治及僭主政治。在亚里士多德看来,在他所处的时代,最美好的国家应是这样的城邦,在城邦中,只有地位、身份、受教育程度达到参与政治的要求的人才能够被称为公民,贵族政治就是如此。在他看来,实行奴隶制度是理所当然的。因为在希腊,奴隶都是异国人,而这些异国人和希腊人相比,存在很大的不足。因此,希腊人所享有的权利,奴隶本就不应该享有,这样才合乎情理。

第十节　逍遥学派

亚里士多德的哲学学说被他的弟子们所继承，这些弟子中，很多人都具备独立自主思考的能力。继亚里士多德之后，特奥弗拉斯图斯（公元前287年之前）成了逍遥学派的领袖，《植物学》《"物理学家"的学说史》都是他的著作。对数学与天文学颇有研究的欧德穆斯，对乐理颇有研究的阿里斯托克塞努斯，对政治学与地理学颇有研究的迪凯阿库斯也都极负盛名。公元前287年至公元前269年期间，斯特拉托从特奥弗拉斯图斯手中接过了逍遥学派的领导权。他是一位自然学家，一生都致力于研究自然哲学。公元前269年至公元前225年，继斯特拉托之后，吕科成了逍遥学派的领袖，也就是在这一时期，逍遥学派在哲学界地位急剧下降，变得无足轻重，亚里士多德的许多著作也因此备受冷落。公元前1世纪左右，逍遥学派的学术重点向着注释及文字编审转移，自安德罗尼库斯（来自罗德岛）与提兰尼俄开始，几个世纪以来，逍遥学派的重心再也没有改变过。也正是靠着这种编审工作，亚里士多德的多数著作才得以留存。

第四篇 伦理问题的探讨

第一章 概论

在苏格拉底看来，实践问题才是最重要的问题，在他所处的时代，他的职责就是让人们在面对道德与真理问题的时候采取正确的态度。他的这一信念促使他对与知识相关的问题格外关注，换言之，对的行动总是以明晰的思维为导向，并且，一种能够被讲道理的人们所普遍认可的实践准则也可能被发现。苏格拉底学派的各个派系都十分注重伦理学的研究，即使在讨论的时候采用辩论的方式更为麦加拉学派所钟爱，即使苏格拉底的伦理学精神在柏拉图早期所写的专著中被一以贯之。甚至，就算是在他自身所创立的、被延展的学园派哲学体系中，至善也不曾被遗忘。在伦理学层面上，他坚持唯心主义，他的唯心主义则是以他的整个哲学体系为根基创立的，是唯理的。在对上帝问题进行思索的时候，亚里士多德固然表示了对理论活动的推崇，但在赋予宇宙以伦理学人格的同时，他也将之视为宇宙需要达成的目标，而且是最崇高的。柏拉图学派与亚里士多德学派的学者们，在创始人过世之后，大多墨守成规，在思想领域并未取得任何进步，完全靠着对以往学说的宣讲而过活。从伦理学角度来讲，快乐学派的学者们一直在宣扬快乐主义，犬儒学派的学者们则在宣扬苦行论，两者相互对立；在犬儒学派的学者赛诺普人迪奥格涅斯的影响下，斯提尔波也把目光转移到了伦理问题上，而他本人则是麦加拉学派的代表。

有利于对伦理问题进行探讨的社会条件，在苏格拉底逝世之后并没有随之消失。那时，人们依旧追求享乐，追求财富，时代的道德氛围并没有出现变动，盛行一时的宗教也没能趁机对自身的信仰进行加深。希腊境内的各个城邦彼此之间战争不断，长期的、高频率的战争导致许多霸权消亡，这样，在马其顿人到来时，希腊人对其征服举动并没有表现出太大的抵触。伯罗奔尼撒战争（公元前431—前404年）将政治霸主雅典从神坛之上推下；科林斯战争（公元前395—前387年）直接导致了科林斯城邦的分崩离析；底比斯战争（公元前379—前362年）后，斯巴达也走上了衰亡之路。公元前338年，经过漫长的战争之后，雅典与底比斯联军败于马其顿之手，于是，菲利普王成了希腊新的主宰者。随后，波斯人被亚历山大大帝征服，公元前323年，亚历山大去世，大量的土地被他麾下的大将分割。一个全新的世界霸权接替马其顿成了希腊的主宰，公元前146年，希腊纳入了罗马版图，成为其行省之一。

在这种情况下，部分有思想的人自然对伦理问题十分关注。这一时期，旧制度已经崩坏，公众生活败乱，私人生活也一团糟，人们不得不对人生意义这个问题进行重点思索。当国家无法保证独立时，公民们要做的便只有一件事，驯顺。聪明睿智的人已经在考虑如何将自己救赎，又如何让已经充满疲惫的灵魂得享安宁？复杂的生活，困顿的处境，随时可能会失败的战争，让每一个清醒的人都不得不重新对亘古常新的价值及至善问题进行思索。世间何物最具价值？一个人要怎样经营自己的生活？人们孜孜不倦追寻的又是什么？针对这些问题，不同学派的思想家给出了不同的解答，就像现在一般。伊壁鸠鲁学派的学者们认为，快乐等同于至善，快乐是人生至高的理想，它是最具价值，也是唯一具有价值的目标，其他所有的一切，唯有能够将快乐带给人们，才能进行价值鉴定。在那个战乱频仍、境况危急的时候，具有智慧的精神始终要保持宁静，这样，才能在战乱中为个人争取到最大的利益。斯多葛学派的学者不认同这种观点，在他们看来，品格、德性、律己、职责、牺牲小我、顾全大局才是真正最有价值的。

同亚里士多德及柏拉图博大精深的哲学体系不同，伊壁鸠鲁学派和斯多葛学派的学说都比较平易，容易被人理解，因此，更为人所喜。两派的学者全都已经意识到，要证明自身学说的合理性，就必须使其构建于唯理的根基之上，就必须为其提供伦理学的依据。他们坚信，若是对事物的本质缺乏足够的了解，在解答某些道德问题的时候就会差强人意；在没有清晰地认识到世界的存在意义之前，谁都无法指出怎样的生活才是恰当的。人类所生活的宇宙对其行为起着决定性的作用。他的世界观决定了他的人生观，他的形而上学理论决定了他的伦理学理论。从始至终，两派的学者坚持着思辨的思维，即使他们对实际也是非常关注的。

要达成至善，首先要认识真理，要了悟宇宙之意义，那么，新的问题来了，何为真理？何以对真理进行界定？何为真理之源？如何辨别我们是否已经获得了真理？这些问题，我们从逻辑学中得到了解答，逻辑也为我们提供了知识的界定标准，由此，我们能够清晰地判别何为真理、何为谬误。所以，无论是斯多葛学派，还是伊壁鸠鲁学派，其人生哲学皆以形而上学与逻辑学为根基。

德谟克利特倡导的机械唯物主义是伊壁鸠鲁学派至善概念建立的根基。这一派的学说认为，原始的物质质料原子彼此之间不断作用，因而诞生宇宙。这种诞生，不曾被引导，也不具有任何的目的性。大量原始的分子相互聚合，因而诞生人类，这一结果是由某种恒常变化的存在处于流动状态的时候多次试错而得。他将自己短暂的一生不断延展，最终扩散到了一个巨大的原子旋涡之中，那是他的诞生之地。所以，在他的生命存续期间，因为迷信而导致的对今生来世的恐惧不会成为他的困扰；生命中倏忽即逝的时刻他能够尽情享有，在这场较量中，他会想方设法获得最大的快乐。而斯多葛学派的学者们则认为，宇宙之中存在一种目的，这种目的深具智慧，宇宙由它组合，也由它统御，在它的引导与统御下，宇宙变得美好而井然。宇宙的和谐与同一被他们看在眼里，在他们看来，宇宙本就是上帝，而且富有生命。既然这个唯理的、庞大的整体之中涵盖了人类，那么，作为部分的人类就有义务承担自己应该承担的职责，对整体的和谐表示顺从，让理性与法将他的意志驾驭，以帮助上帝将其意志转化为现实。他要如此做，必须如此做，不是因为个人利益，那是狭隘的，也不是因为快乐，而是因为要对整体进行完善。斯多葛学派的学者们一直认为，要想获得快乐（幸福），就必须遵从宇宙之法（理性）的统御。

第二章 伊壁鸠鲁主义

第一节 伊壁鸠鲁和他心中的哲学

伊壁鸠鲁是一位思想家,在古希腊,他与快乐主义伦理学之间的联系一向相当紧密。他的形而上学学说与前文我们探讨过的德谟克利特的哲学体系近乎雷同。伊壁鸠鲁学派伦理学说的本质与关键也早就被快乐主义学派及德谟克利特提前表露了出来。

公元前341年,伊壁鸠鲁于萨摩斯岛降生,他的父母是雅典人,瑙昔芬尼是他的导师。在导师的影响下,伊壁鸠鲁开始熟悉德谟克利特与皮浪的怀疑论。在希腊的诸多城邦,他都进行过讲学,公元前306年,伊壁鸠鲁在雅典创办了一所学校,从此之后,直到公元前270年他辞世一直都居住于此,生活平和而宁静。在他身边,有大量女子环绕,也有许多孺慕他的学子与亲朋相伴。他性格爽朗,平易和蔼,但他所承受的误解与毁谤却是最多的,甚至,伊壁鸠鲁这个名字本身已经成了责难的代名词。

伊壁鸠鲁是一位作家,他一生著述颇丰(包括三十七卷《自然论》在内),但真正被保留下来的却只有残缺不全的一小部分。他将自己的哲学学说归纳总结,著成了《主要学说》一书,书的体裁为问答体,书中论述的命题多达四十四个,第欧根尼·拉尔修在其著作《意见集》的第十卷,对该书的主旨进行了阐述。伊壁鸠鲁的弟子们对他的哲学体系鲜少改动,他们在自己的著作中对伊壁鸠鲁的思想做了最原初的复述。自公元前1世纪始,许多学者被他的观点打动,开始成为他学说的信奉者,卢克莱修(公元前94—前54年)则是其中最负盛名的一位,他是一位诗人,来自罗马。卢克莱修用《物性论》对哲学唯物主义进行阐释,在奥古斯都时代,这首著名的诗歌也的确备受学者与诗人们的青睐。

现在,我们能见到的伊壁鸠鲁的遗世之作是三封信,据说,其中有两封已经被证明确系伊壁鸠鲁所作；《主要学说》一书对伊壁鸠鲁的哲学思维与体系进行了尚算完整的复述；另外，还有一些残章断简被保存了下来。他的著作残篇有一部分发掘于和库兰尼木古城遗址，据考证，残篇多半源于《自然论》等伊壁鸠鲁的著作。1887年，游森内对这些残章进行了整理，并汇编为《伊壁鸠鲁》一书，此外，在一些普通的汇编集中，我们也能见到这些残章。

参考书

《伊壁鸠鲁主义》，作者华莱士；《斯多葛派和伊壁鸠鲁学派》，作者希克斯；《伊壁鸠鲁》，作者泰勒；《伊壁鸠鲁派马里阿斯》，两卷，1910年，作者培特；《伊壁鸠鲁》，作者柔游；顾游和基兹斯基有关伊壁鸠鲁伦理学的著作。希克斯的书中有很好的书目。

在伊壁鸠鲁看来，哲学的目的就是让人们过上快乐的生活。科学无法帮助我们达到这一目的，就没有实用价值。音乐、几何、算术和天文学都用处不大。要有一定的逻辑知识，足够提供给我们知识的标准。我们要懂得物理学或者关于宇宙的理论，也就是形而上学，目的是理解事物的自然原因。这种知识对我们有用处，是因为它可以让我们不再恐惧神、自然现象和死亡。认识人性，就能知道追求和避免什么。但是最主要的是知道万物产生于自然而非超自然的原因。所以，我们可以将哲学分为逻辑学（规范）、形而上学和伦理学。

第二节　逻辑学

以何种方式对命题进行架构，才能让它变得真实，这是问题的关键所在。何为真理之标准（在以《规范学》命名的著作中，伊壁鸠鲁称这种标准为规范），以感官知觉为基础对命题进行架构具有必然性；我们听到的、看到的、品味到的、闻到的所有一切，全都是实实在在的，"就像痛苦，真实存在且显而易见"。若不能将信任赋予感觉，就不可能获得知识。所谓错觉，并非根源于感官，而是根源于判断。换言之，就是错误地诠释了感官所感知到的对象或影像，或者以不正确的方式将对象或影像弄混了。导致这一结果的原因多种多样，譬如存在于感官之间的差异，譬如在被感官感知到之前，被感知的对象于途中产生了某种变化或被复制。可是，这些错误依靠他人的经验及自己一次次地重复观察是完全能够被纠正的。

具有普遍意义的概念或影像是真实的，它们所倚靠的感官知觉也是真实的，但是与这种概念相契合的、抽象的性质却并不存在，被柏拉图及亚里士多德提及的，独立的、本质的性质也并不存在；唯一与这一概念相契合的实际存在的事物，就是与它分属同类的某个具体的个体，具有普遍意义的概念是一种符号，被它标注的大多都是某一类对象（影像）。

除对概念及感官知觉进行架构之外，我们还对假说与看法进行架构。看法应该是真实的，应该被感官知觉所佐证，最起码，两者不会相互冲突，假说也一样。原子无人可见，原子论也是假说的一种，未来，原子能否为人所见，我们也不得而知，但是类比了日常的经验之后，我们还是对与原子相关的概念进行了架构，与此同时，还把一些大型物体所具备的、为感官所知觉的性质赋予了它。

从理论的角度而言，界定真理的标准就是感官，感官所知觉的事物才是我们能认知的事物。我们能够想象，我们也有想象的权利，我们有理由认为，我们见过的事物与我们不曾见过的事物之间存在一定的相似性。德谟克利特提出的感官知觉论是伊壁鸠鲁论证感官确实性的依据。感官不能直接对事物本身进行感知，只能对事物的复制品进行感知，复制品与被感知的对象本身是相互脱离的，但感官还是会受到它的影响。所以，伊壁鸠鲁的真理论与这样的情况下提出的知觉论实际上命运同一，一个站得住脚，另一个就站得住脚，反之亦然。从实践的角度而言，快乐是标准，苦痛也是标准。但凡是能够令人快乐的，就是美好的；但凡是让人觉得苦痛的，就是不好的。故而，因为错误地对感觉进行判定而引发的错觉，实际上是可以被避免的。

第三节　形而上学

被感官所知觉的物体无一不是物质的，真正真实存在的只有物体。假如物体是唯一的存在，那么囊括了物体的，能够任由物体活动于其中的事物就不会存在。所以，空洞虚无的空间肯定是存在的，非存在与"不具备任何具体形态的性质"也肯定是存在的。既然没有哪一种事物能够绝对地生灭，那么，便只能以元素的聚合与离散来对事物的根源、成长、改变、消亡做出解释。这些物质分子十分微小，无法目视，也无法以物理的方式分割，无法变化，无法崩坏。（它们并不是数学意义上的无穷小，也不是能被无穷分割的，不然，所有的事物都无法存在。）在伊壁鸠鲁看来，原子之所以能够存在，正是以原子本身的力量为凭依，它的充实是绝对的，换言之，在原子内部，绝对没有任何空洞虚无的空间存在；它是绝对坚硬、绝对实在的，无法被穿透，无法被分割，也不会碎裂，所以，它被命名为原子。原子除上述性质之外，还存在轻重、大小、形状等性质，不同的原子，形状、大小、轻重各不相同，并且，它们是恒常变幻的。因为原子的形状、大小、轻重有所差异，所以，物体之间也有所差异。但在伊壁鸠鲁看来，原子的形状应该是有限的，原子的数量却是无限的，所以，一定有一个同样无限的空间能够将原子涵盖，这个空间就是宇宙。

在重量的作用下，原子以相等的速度垂直向下运动。假如原子的运动只局限于此，那么，世界根本无法形成，形成的将是连续不断的原子雨。所以，我们有理由认为原子能够自发地从垂直的运动轨迹中偏离，就如卢克莱修说的那样："每一个动物在意志的指引下都必须去某个地方，它们也有能力到达那个地方。"换言之，在伊壁鸠鲁看来，在原子的身上是存在主观能动性的，之所以做这样的假想，一是为了对现实的世界进行诠释，二是为了使自由之意志为人类所拥有。假如原子不具备主观能动性，假如原子的活动是不自由的，那么，自由也不可能在我们身上存在，因为有是无法诞生于无的，并且，与命运之盲目及必然之冷酷不同，精神的宁静不会受到自由概念的打扰。

同样的理论也能对生物的存在进行诠释，大地是生物之起源。一开始，怪物诞生，但怪物的形状无法与环境相适应，所以，怪物无法存续。所有的天体都不是神明的造物，而是先天就存在的。天体不具有灵魂，因为只有生物才有灵魂。

的确有神明，但神明的形象与人们因为无知与害怕而想象出的形象完全不同。普通人对神明充满信赖——这种信赖是自然而然的——由此，也能佐证神明存在的确实性；对这一概念诞生的因由，我们有必要进行肯定，因为它也能够证明神明是的确存在的。可是世界并不是由神明创造的。神明们非常快乐，这样，它们还有何理由创生世界？并且，关于世界的概念，神明又是从何得来？最后，一个如此不完善的世界怎么可能是被早已完善的神明创造的呢？神明的形象与人类十分相似，但比人要漂亮；他们的身体很秀颀，并且不断地散发光芒，世界与世界之间的夹缝是它们的长居之地。他们要吃饭，要喝水，会说希腊语，也有男女之别。他们不涉凡俗，不介入人世间的纷争，只过着自己平和的生活，他们十分快乐，无忧无虑。

第四节 心理学

与其他所有的事物类似，灵魂也是物质的；否则它就无法感受，也无法有作为。灵魂由某种轻灵便捷的原子构成，它很小，很精致，是圆形的，另外，一种一直在运动的、比灵魂之原子更加精美细致的物质，和火、气、呼吸一起构成了灵魂之灵魂。它散布于全身，但凡有感觉存在的地方，就有灵魂的存在，因为，感觉以灵魂为凭依。在人的胸膛中，存在局部的理性，或者某种具有导向作用的物质（感情、欢愉、惧怕），灵魂的其他部分都以它的倾向为倾向，并对它的意志表示臣服。灵魂有陨灭的时候，肉体也会分崩离析，当灵魂离散为其他的元素时，它的能力也便就之消失。若我们意识到肉体死亡的同时灵魂也会消散，那我们就不会对死亡充满恐惧；来世没有什么好畏惧的，人既然已经逝去，万事也便成空。"愚蠢的人与其对来世寄予无限希冀，倒不如将希望寄托于现实之生活。"卢克莱修这样说。

与德谟克利特一样，伊壁鸠鲁也认为所谓的感官知觉不过是源自我们身边的某些被感知对象的投影、偶像或若薄膜一般的形象影响了我们的感官。与梦境、幻象、错觉等相类似的种种状态全部都根源于这些投影；对象早已不存，抑或只有投影之间的相互纠缠，还有一些根源于其他一些自然而然的方式。在对意志进行诠释的时候，伊壁鸠鲁采用了如下观点。比如，在灵魂之理性，或者说精神面前，处于行走状态的投影会鲜明地显现，当精神产生行走的意念时，遍布周身的灵魂就会被触动，在灵魂的影响下，身体则表现为运动。

第五节 伦理学

趋向快乐是人固有的本性。每一种动物从降生之日起，就在本能的驱动下亲近快乐、排斥苦痛。所以，我们要追寻快乐，快乐亦必然是我们的目标，需要被追寻，快乐等同于至善。从本质上来说，每一种快乐都是美好的，所有的苦痛都是不好的。可是在对快乐进行选择的时候，我们仍需审慎。假如两种快乐同样强烈、同样长久，那么，两者之间就不分伯仲。假如在安然无事的前提下，放浪形骸的人从某些事中获得了快乐，那么，我们无须去责备，可是事实往往不是这样的。并不是每一种快乐都具备被选择的价值，也不是每一种苦痛都应该被趋避。部分快乐与苦痛伴生，苦痛紧随快乐，快乐倏忽即逝，而有些时候，快乐会紧随苦痛而来，这种苦痛便强于部分快乐。并且，不同的快乐，也有强弱之分。肉体的欢愉比不上精神的快乐，精神的苦痛比肉体的苦痛更糟糕。因为能够被肉体感知到的只有现实中存在的苦痛，能够被灵魂感知到的却是过去、现在和未来的所有知觉。精神的享受远胜肉体的享受，精神之享受不存，肉体之享受便不存。所以，在伊壁鸠鲁看来，一个睿智精明的人，最主要的责任就是选择一种明智的生活方式，并体味其中的快乐。原因显而易见。我们对天灾、陨灭、来世、神明的怒火充满了恐惧，对过去、未来、现在充满了担忧。这种心思只要还存在，快乐就不会出现在我们身上。想要克服恐惧，就要对哲学进行研究，就要了悟事物之自然根源。"假如一个人对宇宙的本质缺乏了解，或者，认为某些传说具备真实性，那么，在面对某些至关重要的事物时，他就不可能不畏惧。缺乏与自然相关的生理知识，无论是谁都无法享受到最单纯的愉悦。"

当欲望得到满足的时候，人会感到愉悦；当无欲无求的时候，人也会感到愉悦。如满足饥饿一般满足类似的欲望，并从中收获快乐，这样的快乐是不纯粹的，是混杂着苦痛的。真正纯粹的快乐，是某种欲望在被满足之后就消殒不见，不再复归此种欲望。最大的快乐就是从苦痛之中脱离，这种快乐已经无法再进行强化。若一种欲望超越了这一极致，甚至还有另外的渴求，那只能说是贪得无厌。

只有对事物产生的根由有所了解，才能从畏惧与困扰之中脱离，才会清楚何种快乐是应该被追寻的，何种快乐是应该被趋避的，换句话说，就是要审慎。假如我们行事审慎，那么，我们就会遵从规范，就会具有德性。一个在生活之中不够正直、不够真诚、不够审慎的人是无法收获快乐的。要变得快乐，要使精神宁静平和，就必须以道德与法规为手段。是的，道德只是一种手段，就如医术一般，不是目的。因为它有被运用的价值，所以，我们运用它、赞美它。可是快乐并非源于肉欲，也非源于对欲望的放纵；快乐源于德性，源于智慧、勇敢、自控与正直，对于德性，无论是柏拉图、亚里士多德，还是斯多葛学派的学者都倍加推崇。

第六节　政治学

对自己有利的原则是整个社会生活得以建立的根基，个人以自我护卫为目的相互聚集（契约论）。正义无绝对：人们之所以对天赋人权的行为规范表示认可，不过是因为它还有用处。所有的法律，所有的制度，只要有用处，只要能够将平和与安宁带给个人，它就是合乎情理的。在社会群体中，人与人生活在一起，以经验为凭依，找到一些应该被遵守的规则，也有其必要性，而这些规则，实际上就是人们所谓的法律。可是不同的国家，因为国情不同，法律制度也有所差异。

诚然，伊壁鸠鲁所主张的快乐主义理论与纵欲截然不同，但是许多信奉他理论的人为了满足自己奢侈纵欲的生活及肉体的欢愉却宁可这样理解，这一点也不难想见。对人类来说，若快乐等同于至善，那么，无论是什么，只要能够让他感到愉悦，那就是美好的。假如他摒弃了高尚的快乐，选择了源于感官知觉的快乐；假如理性的生活不存，假如哲学不存，他的精神依旧能从根源于迷信的胆怯之中脱离，他的精神依旧宁静恬然，那么，谁又能对他进行反驳呢？"以等量的快乐为前提，诗歌与孩童的针线，并没有优劣之分。"边沁曾经这样说。和贺拉斯、卢克莱修、阿提古一样，德性、科学、诗歌，也备受伊壁鸠鲁的推崇。但"存在一个阿提古，就存在一百个卡缇莱茵；存在一个贺拉斯，就存在一百个微尔雷"，从本质上来说，伊壁鸠鲁的哲学理论虽然是利己的，但的确非常有见地。伊壁鸠鲁鼓励人们竭尽全力去追求自己的快乐与幸福，受这种人生观的影响，许多人变得自私自利，罔顾他人之利益。

参考书

《欧洲道德学说史》，第一卷，作者累基；《罗马道德学说史》，两卷，作者弗里德伦德尔。

第三章 斯多葛主义

第一节 芝诺及其学派

唯物主义、快乐主义、唯我主义的世界观和人生观与苏格拉底、柏拉图、亚里士多德的哲学理念是相悖的。大师们逝世之后，斯多葛学派的学者们对他们人生观的主要内容进行了通俗易懂的论述。公元前300年前后，芝诺在雅典创立了斯多葛学派，直到基督教时期，该学派仍有延续，其信奉者多为罗马人或者希腊人。犬儒学派、麦加拉学派、柏拉图和亚里士多德的思想对芝诺都极具影响。在伦理学上，犬儒学派的学说失之于狭隘，芝诺对它进行了改进，并从逻辑与形而上学的角度为其提供了根基。柏拉图和亚里士多德的哲学思想都被他容纳，但是在容纳的基础上，芝诺也做出了一些改变，他同意赫拉克利特的物活学说，否认形式不等同于物质的观点。

芝诺是塞浦路斯人，公元前336年生于希腊城市西提姆，城中有大量疑似闪族的异族人聚居。公元前314年，芝诺前往希腊求学，犬儒学派学者克拉提、麦加拉学派学者斯提尔波和柏拉图学派学者伯莱蒙都是他的导师，芝诺学派学说的形成也受到了他们的影响。公元前294年，芝诺在彩色走廊创办了一所学园，他学说之命名也源流于此。芝诺是一个生活俭朴、谦虚且平易近人的人，他品质高尚，对德性十分推崇，其本人也因此备受敬慕。公元前264年，芝诺辞世。

公元前264年至公元前232年，继芝诺之后，他的弟子克利安西成了斯多葛学派的领袖，但面对怀疑派及伊壁鸠鲁学派学者们的抨击，他却无力应对。公元前232年至公元前204年，索利城的奇利奇亚学者克吕西普接替克利安西，开始执掌斯多葛学派。克吕西普的能力十分出众，他对斯多葛学派的学说进行了总结，使之形成了鲜明的哲学体系，并以此抵御来自怀疑派的攻伐。芝诺（来自塔尔塞斯）、第欧根尼（来自巴比伦）、安提珀特尔（来自塔尔塞斯）都师从克吕西普。在克吕西普的努力下，斯多葛学派在罗马共和国时期得以发扬，并盛行于世，帕尼提乌斯（公元前180—前110年）是斯多葛学派早期的拥趸之一，并且极负盛名。罗马帝国时期，斯多葛学派分裂为两大派系，其一为通俗派：穆索尼乌斯·鲁富斯（公元1世纪）、塞内卡（公元3—65年）、埃庇克泰图斯（公元1世纪）、马尔库·奥勒留皇帝（公元121—180年）都是通俗派的代表人物；其二为科学派，科学派存在的最根本目的就是对斯多葛学派最初的学说进行诠释，新近问世的科林图斯和赫罗克莱斯的伦理学著作都隶属此学派。现在，我们要阐述的斯多葛哲学，只是其在希腊哲学发展史上被不断完善的最精华、最关键的一部分。

斯多葛学派分为早、中、后三个阶段。公元前304年到公元前205年，为学派的早期发展阶段，从公元前205年到罗马帝国时代，为学派的中期发展阶段，这两个时期，虽然在后期著作中多有引证，《克利安西的颂词》中也有所提及，但并没有能够直接起证明作用的一手资料被留存。我们现在所了解的早中期斯多葛哲学，多源于二手资料，如第欧根尼·拉尔修、斯托巴乌、西塞罗、普鲁塔克、辛普里丘和塞克斯图·恩皮里可的著作。虽然我们无法清晰地将这些著名领袖人物在斯多葛哲学体系之中所做的贡献进行划分，但从他们的著作中，我们依旧能够领会到属于斯多葛学派的哲学精神。在斯多葛学派发展的后期，相关的著述颇多，并且有很大一部分是用希腊文和拉丁文书写的。除上文我们提及、收录的一些残章断简的汇编集之外，阿尔尼姆所作的三卷汇编也能够起到参考的作用；此外，同类著作还有《芝诺与克利安西的残篇》及《希腊人拾遗》，前者出自查尔逊辑，后者为迪耳斯所著。

参考书

英译材料：《论文集》（手册和片段均有），作者埃庇克泰图斯，译者朗和希金森；《沉思集》，作者马尔库·奥勒留，译者朗。《欧洲道德学说史》，第一卷，作者累基；《斯多葛学派和伊壁鸠鲁学派》，作者希克斯；《罗马斯多葛学派》，作者阿诺耳德；《马尔库·奥勒留和后期斯多葛学派》，作者布塞尔；《安东尼努》，作者沃森；《斯多葛学派》，第二版，作者巴尔特。

《希腊思想和习俗对基督教教会的影响》，作者海迟；《西塞罗哲学研究》（第Ⅱ篇，第1—566页论斯多葛学派），作者希尔兹尔；《斯多葛学派哲学》，作者魏枸尔德；《中期斯多葛学派哲学》，作者史梅柯尔；《逻各斯学说》等，作者海因泽；《斯多葛学派的哲学体系》，作者欧格柔；《埃庇克泰图斯和斯多葛学派》《斯多葛学派埃庇克泰图斯的伦理学》和《埃庇克泰图斯与新约圣经》，作者本胡费尔；《早期斯多葛学派的伦理学》，作者德柔夫；《亚历山大时期文学史》，作者苏席弥尔；《希腊—罗马文化》，作者文德兰德。希克斯书中有很好的书目。

第二节　逻辑学

从唯理的角度为伦理学提供创立的根基，这是斯多葛哲学创立的根本目的。若不对逻辑学进行研究，若不对形而上学进行研究，若没有标准对真理进行界定，若宇宙论不存，善的意义就无法被理解。在斯多葛学派的学者们看来，哲学如田地，物理学如土壤，围墙是逻辑学，结出的硕果则是伦理学。

首先对逻辑学进行探讨。逻辑学是一门科学，与思维及论述相关，与概念、判断、推理、语言表述相关。斯多葛学派的学者们创造了传统意义上的语法，让逻辑将语法涵盖。在这里，我们只针对与论辩有关的部分进行论述，在这一部分中，斯多葛学派的学者们对认识论进行了研究，对两个关键性的问题进行了探讨，这两个问题是：何为知识之根源，抑或真理要以何种方式到达？界定知识的标准为何？

知觉是知识的根源。柏拉图所倡导的天赋观念是不存在的，刚刚诞生的灵魂就如同一张白纸或者一块空白的纸板；就像图章会在蜡纸上留下印记一般，各种事物也会在灵魂之中留下印象。在克吕西普看来，所谓感觉，实际上就是在不断变化的意识。记忆的影像实际上就是事物被保留下来的印象，而经验则是各种记忆的集合。普遍性的观念由感觉与影像构成，假如这一概念源于具有普遍性的经验且发生得自然而然，那么，这一概念就能称为一般概念。每个人所感知到的一般概念都毫无二致，想要产生幻觉或不正确的认知很困难。科学的概念则源于深思熟虑，是人类有意识地订立的，且井井有条。

所有的知识都建立在感官知觉的基础之上。一般概念能够在头脑之中形成，按照类别，许多个别情况被归纳为一般概念，而一般概念的形成则是以同类为参照物的。这种驾驭语言的能力及思维的能力，即被称为理性。从根本上来说，它与以理性思维对物质世界进行塑造的一般理性是等同的，所以，上帝的头脑的确可以在人的脑海中再现，并且，它对世界的看法也的确这样，可是真实的概念必须与彰显世界性质的某种神圣的思想相契合。柏拉图主张理念论，斯多葛学派的学者们对理念论则抱持否定的态度，在他们看来，所有具有普遍性的概念都是抽象的，都具有主观性，只有具体的个体是实际的、是真实存在的。

所以，知觉是知识的凭依，由知觉推演而得的普遍性概念也是知识的凭依。在对被知觉的对象进行模仿写实的时候，感官所知觉到的映像便是真实的，可是知觉会产生谬误，概念也会产生谬误，许多概念之中并不包含真理，它是虚妄的，这显而易见。真实与虚假要如何辨别？又以何为标准？如何能够判定的确有一种与概念相匹配的实际事物存在？如何判定这些事物并不是创生于纯粹的想象？感官知觉是所有知识架构的基础。真实的知觉必然与此种意识相伴生，或者，有某种信念即时被创造，就是认为被知觉的对象与它的确是相互匹配的，认为有某个真实存在的对象对应着它。所谓的人之意识，就是某个人对自己的感官知觉充满信任，认为感官没有出错，知觉明晰确切，通过自身不间断的观察，与其他人反复的观察，对事物的最初印象进行佐证。芝诺称这种明确且相信的感觉为概念的印象，有一部分人还将它译为具备领悟之能力的表象。

知识以概念与印象之自明性为标准，是一种相信必然有实际存在与其相匹配的感觉。面对部分概念的时候，我们的确会产生这种感觉，但面对另外一部分概念时却不会。源于想象的概念和纯粹源于主观的概念都没有这种感觉伴生。假如这种明确且相信的感觉并不存在，那么，我们就无须对这种概念表示赞同，也无须对这种概念做出评判，因为，对于错误，我们需要担负责任；判断于此就是一种行为，代表着自由之意志，但是我们不能对具备概念之性质的印象或概念加以否定。

与真理相关的知识并不是科学所独有的，也不是哲学所独有的，每一个人都能够经由对普遍性概念的认知而获得知识。可是这种具有普遍性的概念因为没有经过推理与论证，所以并不如真正的知识那般令人信服。真实的论断相互组合构成科学，从逻辑学的角度而言，这一命题能够经由必然存在的推断由另一命题而得，所以，要想获得真理，就得具备正确推理的能力，对斯多葛学派的学者来说，论辩术是必须掌握的基础手段。斯多葛学派的学者对三段论式及形式逻辑非常看重，在他们看来，这一方面才是重中之重。他们对范畴表进行了修订，也补充了亚里士多德的逻辑学理论。

从逻辑学的角度而言，斯多葛学派的学者们要达成的主要目标就是说明知识无法被人的头脑自主创造，所有的知识都以知觉为根源并从知觉中获取材料。可是，对思维之活动，斯多葛学派的学者们也没有加以否定。他们认为知识必然是以这种方式增广前进的，即凭依对经验的思考，对原材料进行架构，将其架构为概念，然后对概念进行推理、判断，获得结论，并由近及远，从时间与地点两个层面，对具体的概念进行推演，推演出具有普遍性的概念。

第三节　形而上学

亚里士多德认为，构成万物的基质有两种，斯多葛学派的学者们对这一观点表示认可：其中一种基质具有推动与构架的能力，能够对其他物质施加影响；另一种基质则是被施加影响的对象，能被推动、被构架。也就是说，一种是具备主动性的基质，一种是具有被动性的基质。亚里士多德还认为，这两种基质从思想的层面上能够被割离，但在具体的现实中却彼此融合，是不能够被分割的实际存在，斯多葛学派的学者们也认同这一观点。但关于基质的性质，两者的看法却有所不同。斯多葛学派的学者们认为，所有实际存在的事物都能够被施加影响，也都能够施加影响，都兼具主动性与被动性，所以，无论是形式、物质，还是动力，都是有形体存在的，但在形体性方面，它们的程度又各不相同。一种相对较为精致、细腻的材料相互组合，成为动力，而物质不仅较为粗糙，而且处于静止状态，不具备任何具体的形式。就像上文我们说过的，物质与性质无法被割离，所有的物质都拥有动力，所有的动力也都是物质的，动力渗透于物质的每一处。世间所有的一切都具有形体，哪怕是上帝，哪怕是人类之灵魂，也不例外。甚至，性质本身也存在具体的形体，那是一种气体，名为普纽玛，由火与气两种元素组成，所有具体的、与现在的事物相似的对象都是由它构成。火元素是运动的，气元素也是运动的，它们是构成生命的基质，也是构成精神的基质。水元素具有被动性，土元素也具有被动性，二者均无生命，且非常懒惰，就像陶艺工人手中的陶土。所有的物质分子中都有气体之实体的渗入，在分子与分子中间的空间里，它无处不在，在实际存在的任一微小部分都有它的身影，甚至整个宇宙都为它所充溢。所有具体的事物与其他事物之间都存在性质上的差异，因为它们以物质之形式渗入了每一个物体中，所以，它们是实在的。

原因只能对物体施加影响，具有因果特性的只有动力。可是，效果之形体从来都是不存在的。另一事物在某种原因的诱引下出现运动、改变，这显现的只是物体的状态，无关物体本身，也不代表物体之性质。在此，动力等同于因果，物体是因果施加作用的唯一对象，但作用之后得出的结果不是动力，也不是因由，而只是物体的一种状态，这种状态还具有偶然性。假如效果本身就是一种物质实体，那么，动力不可能产生另一种物质实体。关系也不具备任何形体，但是处于活动状态的基质是具备生命与智慧的，这一点，我们必须铭记，在这方面，斯多葛学派学者的思想与亚里士多德的思想比较相似。他们坚持感觉论，认为它并不是一种单纯的精神或者形式。它们对柏拉图和亚里士多德的哲学思想进行了自我演绎，由此，他们的形而上学回归为物活论。

赫拉克利特认为，宇宙中存在一种火或力，它无处不在，是世界所有运动之灵魂，是一种基质，且深具理性。因为宇宙万物本就具有同一性，是一个整体，各部分相处融洽，所以，它定然就是那个一。万物源自热，万物被热所推动，万物创生于热，因此，它被视为火。它深具理性，拥有智慧，它是善，且具有目的性，因为，以目的论的观点来看，万物本就是一个宇宙，它是一个统一体，井然有序，完善且美好。它是上帝，所有的生命都源于它，所有的运动也都源于它。它与物质相关，二者的关系就形同人之灵魂与肉体。世界是一个有机体，它是上帝的躯壳，且具有生命特征。它是万物之灵魂或逻各斯，所有生命的胚种都被其囊括在内，于整个井然的宇宙之中潜藏，这就好像种子是潜在的植物一般。这是泛神论。

整个世界都充溢着宇宙之理性或灵魂，就如人之灵魂遍布于肉体，就像在灵魂之中起支配作用的部分总是处于中心（特别的位置）一样，上帝或宙斯，亦即世界灵魂的统御部分，位处整个宇宙的最边缘，于此能够向整个世界延展。单一的神性便来源于两者，其中之一保持着其本初的形态，另外一个则化为世界之形式。万物以上帝为父，上帝是最神圣的神明，是最完善的神明，它有自己的意志，能够预见未来，它很仁慈，它关心每一种事物，对人类充满了挚爱，它对罪恶加以惩戒，对善良进行宣扬。从这个角度来看，斯多葛学派学者们倡导的上帝论与有神论者所主张的上帝是相似的，但是，二者之间也存在差异。此上帝并没有独立自主的人格，也不曾被视作整体，或者一个可以独立创造世界的人，而是像前面述说的那样，他被视作一种自然而然就能创生万物的实际存在。在斯多葛学派的学者们看来，他必然是具备意志和预见能力的，但是与此同时，他与具备必然性的规律又是同一的。事实上，所有这些想法都没有被一以贯之，在同一个体系之中，有神论与泛神论同时存在，近代，许多体系也如此，并且，彼此双方对对方的存在一无所知。

第四节　宇宙论

斯多葛学派的学者们对宇宙如何从本初的、神圣的火逐渐演化进行了详细的阐述。气诞生于火，水诞生于火，土也诞生于火，并且，等级较低的元素早已经被这种神圣的基质所渗透。（活动着的最本初的基质火相互集聚，形成了等级较低的水元素与土元素，换言之，水与土就是火失去活力之后表现出的形式：物质是废料，一无用处。）按照纯净程度的不同，这种神圣的基质分化为截然不同的种种形式，并在许多不同的领域发挥着不同的作用：在无机界中，它表现为因果性，且这种因果是盲目的；在植物界，它表现为自然的力量，这种力量很盲目，却有意义；在动物界，它表现为冲动，这种冲动具有目的性，且受到了概念的诱导；在人类世界，它表现为目的，这种目的是唯理的，且具备意识。自然万物由四种基础元素构成，事物之间之所以各有不同，一是因为四种元素混杂的方式有所差异，二是因为构成元素的神圣之火作用截然不同。宇宙是空间之中漂浮的球体，很是完善，受灵魂庇护，并被赋予其生命的气息。它是应运而生，最后还要复归于火，复归于生命，复归于理性，复归于诞生它的烈焰，这样不断地循环往复，世界也便无尽无穷。可是从轮回说的角度来看，每一个新生的世界与旧的世界于细微处都极其相似，因为它们是由同一规则创生的。包括人的意志在内的所有事物都处于被决定的地位，这一点是绝对的。一条由因果构成的、连绵的链条贯穿整个宇宙，任何事物的出现都不是偶然的，一切都有同一个最本初的原因，都被同一个第一推动者所推动。人对天命之意义表示认同，从这一点来看，人是自由的，但无论人认同还是不认同，服从都是他必须做到的。上帝之意志是世界理性的根源，是世界规则的根源，是诞生于世界理性与规则之中的必然性的根源，既然如此，一切必然受到天道或上帝意志的统御。但凡是衍生自最基础的基质的事物都与神圣之目标相契合，换言之，都是上帝潜在目标的一种实现。从这个角度来看，天道与命运并非处于对立面，上帝的意志与规律或命运实际上是等同的。

假如一切都是上帝意志的彰显，那么就存在一个问题：世间的一切邪恶该如何解释？有的时候，斯多葛学派的学者坚持认为世界是完善的、美好的，所谓邪恶是相对的，绝对的邪恶根本就不存在，从整体的角度来看，相对的邪恶就像是乐曲中不和谐的音符或画面上的阴影一样是不可或缺的，是必然存在的，是为了实现善而采用的一种手段。有的时候，斯多葛学派的学者们也认为，在自然界中，如疾病一般的邪恶有其存在的必然性，是无法避免的。另外，人的品格并不会受到自然界中邪恶的影响，所以，这种邪恶也不能算是邪恶。至于说德性层面上存在的邪恶，正因为有它存在，人们才更加趋近德性，在与站在对立面的它的斗争中，德性也逐渐变得强大且健壮。宇宙的确是一个统一体，非常完备，十分美好，宇宙中所有的部分都各归其位，都有着属于自己的目标。

第五节　心理学

构成人的基本单元是灵魂与肉体，灵魂是物质的一种实际存在，是火花，源于神圣之火。血液滋养着它。心脏是它的统御中枢，包括知觉、推论、意志、感情、判断在内的所有心理职能都由此行使；随着时间的推移，它获得了理性，也获得了以概念进行思维的力量。自由的人必然是具备逻辑思维的。他与兽类截然不同，支配着他的不是冲动与投影，而是能够通过思考选择和理性相符合的行动。一个人遵循理性，就是遵循不朽的规律，这种规律是自然的，以此为凭依进行行动，自由就会属于他。所以，一个睿智的人自愿完成的事务与在自然的影响下他必须做的事，实际上是不存在矛盾的。当所有的真理都被哲学家把握时，他就是自由的，和神明一样。

斯多葛学派的学者们认为灵魂是永生的，但不同的支系对灵魂永生的理解也存在差异。一部分人认为在世界末日来临之前，灵魂会永远存续，还有一部分人认为，能够长久存续的灵魂必然是睿智且深具德性的，可是当宇宙获得新生时，所有陨灭的灵魂也会随之再现（轮回说）。自然等同于神明，他的目标（目的）是人类。

第六节　伦理学

上文提到的各种学说都是斯多葛学派伦理学说建立的基础。在他们看来，宇宙并不是由因果关系构成的一个机械整体，而是一个美好的、井然的、深具理性与组织性的整体体系，体系中的任一部分在行使自身职能的时候都着眼于全局，整体之利益是所有事物为之努力的目的。宇宙是一个统一体，各种事物在这个统一体中都是和谐的，宇宙中存在着一个深具智慧的、鲜活的上帝，存在一个主宰之目的。在整个宇宙体系中，人只是很微小的一部分，是一朵火花，根源于神圣之火；人之本性与万有之本性毫无二致，人就仿佛一个小的宇宙，所以，人的行动必须与宇宙之目的相契合，并努力尝试着在实现神圣之目的的同时也将自己身为人所要达成的目的实现，努力尝试着做到完善，完善到最大的程度。因此，他需要一个清醒的灵魂，需要理性像统御世界一样统御自己。宇宙的规律，他应该遵循；世界的意志，应该高于他自己的意志；自己在大宇宙中所处的位置，他应该明晰；作为大宇宙的一员，他应该恪守自己的本分，并且是在深具理性与意识清晰的情况下自愿恪守。

斯多葛学派的学者们要求人们要顺应自然而生活，其意义正在于此。所谓顺应自然而生活，就是要求人的行为要与理性、与逻各斯相契合，或者，生活得更美好。德性等同于至善，等同于最伟大的幸福，幸福的生活都深具德性。这样生活就是对自我的一种实现，而对自我真正的实现，实际上是服务于宇宙之理性的，是为宇宙之目的而竭尽全力。这也就是说，在这个庞大广博的社会体系中，所有具备理性的人都是平等的，原因就在于，所有的人都是宇宙灵魂的附属，所有的人都具备理性。

对人的自然冲动进行检视考究之后，得出的结论是同一的。在斯多葛学派的学者们看来，人类的理性彰显了宇宙的逻各斯，等级较低的本能也彰显了宇宙的逻各斯。所有的生命都在试图保全自身，因此，冲动并不以快乐为目的，快乐只不过是成功实现自我之时的附加事物。保存具体的个体也不是目的所在。每一种生命都具备自我保全的本能，都希望自己所在的种属能够存续，这种欲望是对外物的欲望。在理性不断发展的过程中，人类将本性之中理性的那一部分视为真正的本我，并且满足于对理性的完善及对合乎情理的目的的推动。他钟爱自己身上存在的某种事物，也必然会钟爱存在于别人身上的同种事物，但是这并不代表在斯多葛学派的学者们看来，理论思索的目的就是其本身；他们对理性十分推崇，也不过是因为人类之职责是被理性指出的。

唯一的善是德性，唯一的恶是没有德性，相比于这一理想，其他所有的事物都不值得被看重。善与健康、生命、荣耀、财产、地位、权力、友谊、成功并不同一；恶与死亡、疾病、耻辱、贫穷、身世卑微也并不同一。善本身与快乐及幸福并不同一，快乐也好，幸福也好，都是行动的伴生物，不是绝对的，更不应当被视为目的。我们无法对这些事情进行把控，但我们却能把控自己看待它们的态度。我们对它们的利用方式是它们价值的凭依，我们的品格受到了它们怎样的影响也是它们价值的凭依，对此，它们并不在乎。能够把幸福带给人类的，只有德性。

能够有意识地趋向最高目标（目的）的行动才是真正深具德性的行动，因为对道德准则有着明晰的了解才有此行动。换言之，当一个人完全地认知了善，掌握了善相关的知识时，他的行为就会深具德性，并且，他还会以至善为追求。无意识的行动不受知识引导的行动，不能称之为有德性。假如以这样的角度看问题，德性本身便具有单一性，因为每一种德性都源于倾向，源于善之意志。一个人要么拥有善之意志，要么没有，不可能存在居中的情况。若他不是一个睿智的人，那么，他就是一个愚蠢的人。从这个角度来说，存在一种德性，就存在全部的德性。所有的德性彰显的都是同一种倾向，因此，德性之间紧密相连，无法割离。（这一观点，克吕西普并不认同。）在他看来，德性并不是天生的，而是得自后天的教育与实践。具有德性就意味着具有完全的知识，因此，具有德性的人只是那些成熟的人。在这里，我们做出这样的假定，人理所当然趋避坏的、追求好的，人行动的基础是自身的判断。所以，错的建议与判断必然会导致坏的行为，有时候，斯多葛学派的学者们认为，过分的冲动就根源于前者，它不曾被节制，属于激情的范畴，当然，有时候它也会被视为结果。欢乐、欲望、恐惧、悲伤是激情的四种形式。当存在于当下的善被错误地判定时，欢乐产生，或者，受欢乐的引导；当将来的善被错误地判定时，欲望产生；当存在于当下的恶被错误地判定时，苦痛产生；当将来的恶被错误地判定时，恐惧产生。无论是激情的四种形态，还是其他由此而生的激情，其实不过是病态的灵魂的一种表现，我们不仅要控制它，还要彻底地清除它。这是理所当然的，因为，这种感情是荒谬的，且逾越常理。激情是一种建议，充满谬误。所以，斯多葛学派的学者们一直以挣脱激情的束缚或者无视激情为理想。想要将这一理想变为现实，完整充足的知识是必须具备的，而完备的知识又与人之意志品格息息相关。要挣脱激情的束缚，就要自我节制，就要勇敢果断。可是究竟要不要遵从道德与规则，决定权还在个人，意志从来都不会受到拘束。斯多葛学派宣扬形而上学的决定论，也主张伦理上的意志自由。

第七节　政治学

像前文叙述的那样，在伦理学方面，唯我主义并不是斯多葛学派学者们的坚持。人是冲动的，这种冲动不仅仅局限于自我保全，还具有社会属性，它表现为对日益扩展的团体生活的一种趋向。自然的本能会受到理性思维的鼓舞，在这种鼓舞下，自然的自觉性能充分被发掘，其本能也将受到检视；从理性的角度来说，人是一种动物，是整个大同社会的一分子，是深具理性的，他担负着责任，这种责任是正直、是仁慈、是爱。这样，社会等同于具有大同性质的国家，只存在一种律法，即天赋之律法，只存在一种人权，即天赋之人权，因为宇宙之理性具有唯一性。在这个具有大同属性的国度,衡量公民的唯一尺度与标准就是道德;在个体之中,拥有特权的只有神明与哲学家,而我们每一个人都能够与之相关。人与人之间联系紧密,亲若弟兄,都源于一地域,且命运同一,拥有同一个父亲,都是同一个父亲的子女,在他们身上,有着相同的呼唤,这些呼唤源于同一宇宙之理性;他们遵循的法律是同一种,他们所属的国家是同一个,哪怕是敌人,我们也应该去宽宥,去给予帮助。个人利益必须服从公共福利,必须置于共有的善之下,这是理性的诉求;如果有必要,哪怕是牺牲自己的性命,我们也应该让它得以保全,因为将公共的善转化为现实本就是我们真正的任务,只有这样,我们才能将真我保全。以上便是斯多葛学派的学者们所主张的世界大同。

与漠视公共事务的伊壁鸠鲁学派不同,在人民参政方面,斯多葛学派的学者们一直都抱持着鼓励的态度。作为大同世界的公民,一个人在履行自身责任的同时,还有参与政治的义务和参加社会活动的义务,还需为国、为民谋福利。可是,他们与沙文主义者却不相同,他们并不狭隘,他们的民族主义是广博的,因为他们胸中包蕴着整个世界。大同国度之中大同的正义与律法是其他个别的国度立法的基础,所有已经被订立的条文与规章也必须以天赋人权为根基。婚姻备受他们推崇,友情也备受他们推崇,在社会生活中,友情与婚姻是至关重要的形式,它能够锤炼人,也能让大同的理想成为人们遵循的标准。

第八节　宗教

在斯多葛学派的学者们看来,哲学就等同于宗教。对彼时盛行的宗教,他们抱持着维护的态度,在他们看来,既然大众都信仰宗教,那么宗教就具备真理性。在他们看来,一般意义上的宗教可以作为必要的柱石对道德加以支撑。可是,宗教中盛行的人类学观点和迷信思想,却为他们所摒弃,他们用比喻的方式诠释了它,这是人类第一次在这个方面做出系统性的尝试。

所谓虔诚就是对神明的认知与崇拜,是一种概念。它针对神明而生,且合时宜,并且其完善性也被模仿。从本质上来说,宗教的真正意义就是听天由命,或者对某种宏伟傲岸的意志表示服从。

第九节　希腊伦理学概要

存在于希腊的每一种道德理论都包含着井然、和谐、调和之理想，对理性的束缚，人应该遵从，人要自我克制，要奉行中庸之道，无论做什么。智慧被唯物主义者看重，也被唯心主义者看重，在他们看来，有对的思想才会有对的行动。即便是相互对立的派系，对那些让生活变得更美好的行为，看法也是一致的，包括睿智、自制、勇敢、正直在内的最基础的德性被快乐主义看重，也被反对快乐主义的人看重。他们都认为，只有睿智、自制、勇敢、正直，才能生活得有德性，才能获得真正的幸福，才能思想平和、精神宁静。不同的是，快乐主义者认为只有遵从德性才能收获幸福，伦理唯心主义者则认为，善本身与美好健康的灵魂是等同的，无论幸福与否，他们重视朋友之情，重视手足之情，重视同胞相爱，重视仁慈。斯多葛学派将怜悯扩大到了整个人类的范畴，伊壁鸠鲁学派也一样。但是利己主义是伊壁鸠鲁学派怜悯的基础，换言之，若是不能与身边的人和睦相处，一个人就不能获得幸福。斯多葛学派的学者们则认为，对邻人友善本就等同于善；要获得幸福，手段不止同胞一种，并且，从我个人的角度来说，同胞本就具有目的性。

在对人之自我价值的看法方面，斯多葛学派的伦理学远胜柏拉图的伦理学及亚里士多德的伦理学。由于民族偏见，柏拉图与亚里士多德对奴隶制都抱持维护的态度，在他们看来，"野蛮人"所在的民族本就是拙劣的，自然而然就有了奴隶制度，这种制度具有其合理性。人人平等不是他们的理想，世界各地的人亲若兄弟也不是他们的理想。他们主张和平，认为公民应该享有平等的权利与正直的权利，在他们看来，立国的目的不应该是征服，而应该是和平，但是在他们心中，公民总是特指那些深具智慧，且不受束缚的希腊民众。在"野蛮人"臣服于亚历山大的铁蹄，希腊的独立地位渐渐丧失之后，部分人的脑海中才萌生了所有深具理性的人都应该享有平等的权利及世界各地的人都该亲若兄弟的想法。斯多葛学派的学者们宣传的正是这种思想。人与人之间的团结是这一思想体系的核心。他们着重提到了尊严的概念，主张每一个深具理性的人都是大同世界的公民，都是同一位父亲的孩子，约束他们的法律、理性及真理都是一样的，他们所享受的权利和需要履行的职责也是一样的。财富、地位、阶级并不能彰显人的价值，良好的道德与意志才能彰显人的价值。"所有的人都不会被德性轻视，不管他是希腊人还是野蛮人，不管他是男人还是女人，不管他是贫穷还是富有，不管他是奴隶还是自由的人，不管他是睿智还是愚蠢，不管他是健康还是罹患疾病。"最高的标准是品格，它不可被授予，也不会被剥夺。

第四章　怀疑主义和折中主义

第一节　怀疑主义学派

上文所讲述的所有哲学思潮，虽然以伦理学为主要研究对象，却形成了一个形而上学的框架，这个框架是广泛的、博大的，它尝试着对真理能够经由人之理性获得这一点进行佐证。它们承袭了继苏格拉底之后的所有伟大思想家的哲学思想，这些思想家一直在为恢复对思维本身的崇敬而努力，知识受到他们的庇护，来自怀疑主义的攻击也遭到了他们的集体抵制。但是，另一个否定学派似乎也已经迎来了自身成熟与发展的时期。一种全新的怀疑主义哲学以独断论阴影的身份与伊壁鸠鲁学派及斯多葛学派一同出现。伊利斯人皮浪是这种新的怀疑主义哲学的代表人物，因此，这种新的哲学还有一个名字，叫作皮浪主义。

皮浪（公元前365—前270年）在青年时代曾经与原子论鼻祖德谟克利特的弟子一起探讨过这位伟人，他熟悉麦加拉学派的理论，对埃利亚学派的学说也并不陌生。他生前并没有任何著作遗世，他提出的一些观点全都是弗利乌斯人提蒙（公元前320—前230年）记录的，但提蒙留下的具有讽刺意味的随笔也只有一些残缺散乱的片段被保留。提蒙之后，怀疑主义归入柏拉图学园，直到学园消除它的怀疑主义为止，在这期间，怀疑主义一直都没有以一种独立运动的形式再现过。阿尔凯西劳斯（公元前315—前241年）是柏拉图学园的领袖之一，他是第一个对传统的理论抱持摒弃态度的人，在他看来，伊壁鸠鲁学派的哲学是虚假的哲学，斯多葛学派的哲学也是虚假的哲学，他一生都致力于对两者的批判。他在教导学生的时候习惯采用论辩术，或者说以反证或者顺证的方式对所有论题加以证明。在他看来，暂时不对形而上学问题进行判定本就是一种思想。在学园体系中，怀疑论者之中最伟大的人物正是卡尔尼阿德（公元前213—前129年）。他并没有著作遗世，这一点与他的前辈十分类似。克利托马库斯（公元前110年之前）、拉瑞萨人斐洛（公元前80年之前）及阿斯卡隆人安提奥库斯（公元前68年之前）都是卡尔尼阿德理论的继承者。

怀疑时代中期，拉瑞萨人斐洛及安提奥库斯成为学园领袖，在他们的领导下，怀疑主义被彻底驱逐出学园。公元初期，安奈西德姆斯成为学园新的领袖，怀疑主义作为一种独立的运动形式再次泛滥于学园，公元180年到210年期间，一直较为活跃的塞克斯图·恩皮里可正是后期怀疑主义的代表。安奈西德姆斯曾经专门撰文论述过皮浪主义，书中的部分内容被塞克斯图保存了下来。《反对数学家》《皮浪学说纲要》是塞克斯图·恩皮里可的著作。

参考书

弗利乌斯的提蒙片段，瓦迟斯姆斯编纂。

《希腊怀疑派》，作者麦科尔；《塞克斯图·恩皮里可》，作者帕特里克；《自由思想简史》，作者罗伯逊；《希腊怀疑主义史》，作者格德克梅尔；《哲学中的怀疑主义》，两卷，作者里希特；《怀疑主义史》，作者施托伊德林；《伦理学的怀疑主义》；《希腊的怀疑派》，作者布罗夏尔；《皮浪和皮浪主义》，作者瓦丹通。参见原版引用的希尔兹尔和史梅柯尔，第105页。

第二节 怀疑学派的学说

怀疑学派的学者一致认为事物的本性是我们无法认知的。感官所感知到的不过是事物的表象，它无法对事物的本质进行揭露。假如所有的知识都根源于感官知觉，我们又一直都不能超脱于感官知觉，那么，我们何以确定感官的知觉与其感知的对象是否相互匹配？并且，在皮浪看来，感觉与思维本就是矛盾的，对于其真假，我们没有任何判定的标准。伊壁鸠鲁学派的学者们认为任一感觉都是对真理进行衡量的尺度，斯多葛学派的学者们则只认可能够被信赖的知觉，但是不管是何种情形，标准本身都靠不住。我们常常被感觉欺骗，在阿尔凯西劳斯看来，即便没有任何对象与知觉相对应，它依旧与实在的知觉一样确实、明晰，且具有自明性。因为不存在类比的对象，所以，我们无法指出真实存在的对象是否以感觉为现实的摹写。并且，我们从不认可概念，我们认可的是判断，因为，在卡尔尼阿德看来，判断与思维等同，并有尺度存在。卡尔尼阿德还宣称我们什么也无法证明，如果要证明，就必须以推断出真理的根源为最基本的前提，这是一种把假定作为论据的行为；不然，要证明此前提，就得经由其他的前提。如此，永无终结，自然也就无法获得任何明确的、真实的结论。

假如没有一定的认知，就不要判定得如此轻易，不应该对任何事物进行肯定。如此意识是我们所具有的，如此形态也是我们所具有的，我们这样说，也只能这样说，一个目标将黑白显露于外，我们不能据此就判定它是黑的，抑或白的。在皮浪看来，依循着实用的目标，这一切便已经足够。在道德层面，也没有确实的知识存在，于此，我们也不应进行任何的判定。假如我们不再对理想孜孜求索，只要我们这样做，许多不开心的事情实际上就可以被趋避。恬然、清淡、少欲望的态度创生宁和安静的精神。在卡尔尼阿德看来，虽然事物的本初性质不存在界定的标准，但只要知觉足够鲜明、足够清晰，我们就有把握以此为导引在现实中展开行动。不同程度的或然性，让我们有必要进行判定。睿智的人以或然性的不同来判定是否要接受某一个概念，但他一直都记得，哪怕某种概念具有最大的或然性，可它也不等同于真理。常识哲学（折中主义）就是以卡尔尼阿德的这一论断为凭依诞生的。

斯多葛学派的哲学体系是卡尔尼阿德抨击的对象，他曾致力于揭露其中的冲突，对知识无用论进行证明。在他看来，世界从来都不是美好的，更不合乎情理，即使是，也不能证明世界就是被上帝创造的，他以此对斯多葛学派的目的论论点"上帝是存在的"进行了反驳与斥责。他也据此对斯多葛学派的世界灵魂概念及上帝概念进行批判；假如上帝存在知觉，具有感情，那么，上帝肯定会发生变化，而一个能够改变的上帝注定无法永生。相应地，假如上帝不会发生改变，那么他就不可能具有生命特征，他就是一个呆板的事物。再者,假如上帝存在形体,那么,他的形体就会发生改变,就会陨灭消亡;假如上帝不具备任何实际的形体,那么,他也不可能有知觉,更不可能有感情。假如上帝是善良的,那么,他就能够被道德法律所确定,换言之,他就不具备至高性;假如上帝不是善良的,那么,他的等级就低于人类。与上帝相关的种种论述充满了矛盾,他无法被人之理性所把握,所以,人也不可能对他进行认知。

拉瑞萨人斐洛则认为,虽然斯多葛学派的学者界定真理的标准并不恰当,但我们也不能以此为依据对知识的存在性加以否定。他不认为阿尔凯西劳斯是故意对知识存在的可能性加以否定,他也相信卡尔尼阿德不会这样做。安提奥库斯坚持的是折中主义,怀疑主义被他摒弃了。

第三节 后期怀疑派

安奈西德姆斯与塞克斯图都是后期怀疑派的代表,他们对怀疑主义进行了更详尽的阐述。在安奈西德姆斯看来,知识的存在之所以不明确、不实际,是因为哪怕对象同一,感知它的人或者生物不同,得出的看法就不同;哪怕是同一个人,经由不同的感官,知觉到的也不同;哪怕是同一种感官,因为主体的差异,因为世间的差异和条件的差异,知觉到的也是不同的。所有的感觉都会受到制约,制约它的有主观因素,也有客观因素,所以,它们永远都无法统一。他还提供了一些例证,来驳斥上帝的存在,驳斥被证明的可能性,驳斥因果。

就整个哲学史而言,怀疑主义思潮也具备一定的影响力。部分学派充满了独断意味的极端思想在它的作用下被弱化,还有一些学派受它的影响对自身的观点进行了修正。它指出了不同体系之间存在的冲突,也指出了各体系内部的差异性,哲学家们因此开始求同存异,并从不同的体系中甄选出一些能够被常识认可的观念。由此,折中主义哲学思潮应运而生。

第四节 折中主义

伴随着希腊学者与罗马民众之间文化交流的日益频繁,折中主义运动受到了一定鼓舞。罗马人的思辨能力有所欠缺,在哲学领域没有表现得特别突出的人才,他们不重视宇宙观,对人生观也缺乏关注。公元前168年,罗马征服了马其顿，公元前 146 年，希腊变为罗马的一个行省，由此，罗马人才开始产生思考哲学的兴趣。许多希腊学者进入罗马，许多罗马的年轻人也进入希腊的哲学学园，从那个时候开始，在高等文化中，希腊哲学变得不可或缺。但是罗马的思想家们大多都是折中主义者，他们并没有建立一个属于罗马的独立哲学体系，他们攫取了所有哲学体系中最精华的部分。哪怕他们从整体上对某个哲学体系表示了认可，他们也会按照自己的意志与兴趣对这一体系进行修订。他们容不得诡辩，容不得隐晦，也容不得两面为难的论断，希腊人喜欢深入的分析和精准细致的划分，罗马人不喜欢，他们讨厌分歧的存在，也讨厌论战。他们从来都不追根究底，他们只对常识表示信任。"在哲学领域，他们追求的是行动的准则，发掘的是治国的方略，仅此而已。"德尼曾经这样说。

包括柏拉图学园、亚里士多德学园、斯多葛学派在内的所有学派都遭到了折中主义的渗透，能够始终对自身的哲学理念保持忠诚的，只有伊壁鸠鲁学派的学者们。折中主义的代表人物有：新柏拉图学园的领袖安提奥库斯；中期斯多葛学派重要人物帕尼提乌斯（公元前 180—前 110 年）、波西多尼乌斯（生于公元前 91 年）、西塞罗（公元前 106—前 43 年）、塞克斯提乌斯（生于公元前 70 年）以及他创立于罗马的学园；L. 安奈乌斯·科尔努图斯（公元 1 世纪）、L. 安奈乌斯·塞内卡（公元 3—65 年）及 C. 穆索尼乌斯·鲁富斯（公元 1 世纪）。

第五篇　宗教运动

第一章　犹太希腊哲学

第一节　哲学和宗教

柏拉图学派与亚里士多德学派之后的诸多哲学派别，我们已经一一进行了论述，现在，我们要论述另一段历史时期，在这一时期，哲学为了避难，不约而同地从宗教之中寻求庇护。在伊壁鸠鲁学派的学者们看来，整个世界就是一个庞大的机器，要想获得幸福，就要对这一机器善加利用。在斯多葛学派的学者们看来，整个世界就是一个体系，它具有智慧、具有目的性；个人最明智的选择就是遵从宇宙之意志，并协助意志将其目标转化为现实。怀疑主义者不解答问题，且劝导人类摒弃对宇宙进行认知的妄念，建议人们处事之时顺其自然、遵从习惯或者遵从或然性。折中主义者汲取各家所长，试图凭借现有的所有材料，归纳出某种令人感到满意的、与宇宙相关的概念。

可是，上述哲学观念并不能令各种思想感到满足。在部分拥有独特气质的人看来，世界不应被视作原子的，也不应被视作机械的，它不是彼此之间的一种相互作用，我们更不能因此而摒弃对上帝的思考。这些人无法对自身的渴望进行压抑，他们对宇宙之意志表示顺从，他们自"纯净的、属于自己的心灵之中"寻找一种宁和与安静。虽然怀疑论者的说教从来都不曾停止，但他们还是想要清晰确实地认知上帝，并产生了与之相应的欲望，他们不愿意盲从，更不愿意在令人茫然的命运面前屈服。他们希冀认知上帝，更渴望能够亲眼见到上帝。对这一时期的典型特征，策勒尔做出了如下概括。他说："希冀得到更高等级的启迪，同上帝疏远的情感，这是旧世界末期的几百年所共有的特征。这样的希冀，足以证明人们对新世界的到来已经有所预感，对旧文化及古典民族的陨落也有所预见；它的出现不仅为基督教的兴起提供了条件，甚至，基督教之前就已经存在的异教及根源于犹太的亚历山大主义及与其相关的种种现象也因它的缘故盛行当世。"

在这种态度的敦促下，带有浓厚神秘主义色彩的宗教哲学应运而生，希腊思想史上的种种成就在此汇集，并如初始之时向着宗教复归。伴随着希腊思想与埃及宗教、与迦勒底宗教，尤其是与犹太宗教日益频繁的接触，具有宗教色彩的希腊哲学备受鼓舞。亚历山大里亚隶属于埃及，是一座国际名城，希腊思想与犹太宗教就是以它为物质媒介彼此进行了融合。在宗教哲学时代，曾经存在过三股潮流：（1）犹太希腊哲学，该哲学是东方的犹太教与希腊基于沉思的冥想的相互糅合；（2）新毕达哥拉斯主义，这是一个具有世界性的宗教，以新毕达哥拉斯主义为根基；（3）力图将柏拉图哲学转化为宗教哲学的新柏拉图主义。这三种神学，或者说与神学相通的学说，存在一定的共性：存在于超验中的、与上帝相关的概念；与上帝相关的二元理论及与世界相关的二元理论，受上帝启迪而生的知识观念，以及神秘主义的相关概念，禁欲主义和隐世遁世观念，信任居中之物，认为魔鬼是存在的，天使也是存在的。其中有一部分特征是我们所要提及的犹太教的基本特征，比如认为神明只有一个，比如二元论，比如天使说，比如预言、启示，所以，将希腊思想与犹太宗教糅合是一件很简单的事情，两种思想体系混合为一也并不困难。上述每一种体系都佐证着东方文化与希腊文化的交融，譬如，希腊元素在新柏拉图主义中一直都占据着支配地位，而犹太希腊哲学中又包蕴着相当浓厚的东方哲学色彩。

参考书

《欧洲道德学说史》第一卷，作者累基；《罗马异教中的东方宗教》，作者曲蒙；《罗马帝国衰亡史》，作者吉朋。

第二节　犹太希腊哲学的起源

公元前333年，亚历山大大帝建造了亚历山大里亚城，公元前323年至公元前181年，亚历山大大帝手下大将托勒密的后人掌控着这座城，在他们的经营下，亚历山大里亚成了举足轻重的国际商业中心与文化中心，东方文明与希腊文明以此为基点进行了频繁的交流。公元前285年至公元前247年，托勒密二世执政期间，亚历山大里亚城中建起了一座科学博物馆，博物馆宏伟而壮丽，馆中有一座图书馆，藏书量高达七十万卷；许多来自古典文化世界的哲学家、诗人、科学家都慕名而来[1]，这些人所属的职业领域各不相同。托勒密二世时代，犹太经典著作被翻译成七十人译本的希腊旧约《圣经》，供犹太民众阅读，而那个时候，大部分的犹太民众早已经将属于本国的语言遗忘。安提奥库斯四世一直都致力于使犹太民众希腊化，在耶路撒冷，那些深具教养的贵族阶级也给了他很大的鼓舞，由此可见，不仅仅是亚历山大时期，其他时期，希腊思想对犹太思想的影响也很大，并且，这种影响已经囊括了整个巴勒斯坦。

大概在公元前150年，信奉逍遥学派的犹太人——阿里斯托布鲁斯——撰写了一篇论文，在这篇论文中，希腊思想与犹太思想有了直接交融的痕迹，另外，他还有一本著作，专门对摩西五经进行注解。他尝试着去证明希腊学说与《旧约》的观点是一致的，他断定，奥尔弗斯、赫西俄德、毕达哥拉斯、柏拉图等希腊哲学家都曾经在犹太经典中获取过知识。为此，他援引了许多希腊的诗歌为例证，但后来这些诗篇都被证明是不实的。他还试着如斯多葛学派的学者一般，用比喻的方式对犹太的经典进行诠释，并希望借此将神明与人形象一致、性质同一的论点清除，让它能够与希腊思想进行更好的糅合。在阿里斯托布鲁斯看来，上帝的存在本就是超验的，上帝无法被目睹；除了在单纯的智慧面前，上帝从不显形，普通人根本就不可能见到他。斯多葛学派的学者们所主张的所谓世界灵魂代表的是对万物起支配作用的神圣权力，而不是上帝本身。阿里斯托布鲁斯受到了亚里士多德思想的影响，也受到了

---

[1] 诗人卡利马库斯、泰奥克里图斯和罗得岛的阿波洛尼乌斯，数学家欧几里得，天文学家佩尔加的阿波洛尼乌斯、阿律斯提鲁斯、提摩卡鲁斯和托勒密，他著有《天文学大全》，并创制了地球中心或托勒密天文理论，以及地理学家埃拉托色尼，都包含其中。

斯多葛学派思想的影响，这一点表现得十分明显。另外，与希腊文化相关的痕迹在另外一些犹太著作中也能看到，比如《所罗门箴言》《马卡比父子言论集》《古罗马神谕集》（即《希维拉预言集》）和《希拉赫智慧书》。

第三节 斐洛

在斐洛的哲学体系中，这种倾向达到了巅峰。斐洛是犹太人，公元前30年出生于亚历山大里亚城。斐洛是教士家庭出身，公元50年，他的生命走向终结。斐洛的著作有很多，历史方面的、政治方面的、伦理方面的都有，他还曾经注解过经典，他的作品有许多都被保留了下来。在斐洛看来，犹太教就是人类智慧之集大成之作。不管是希腊人柏拉图的哲学学说、希腊人毕达哥拉斯的哲学学说，还是摩西在灵感的指引下与预言者一起创立的学说，发出的声音都是一致的，是包蕴着同一种理性的。为了对这一点进行证明，斐洛以比喻的方式将希腊哲学思想，尤其是斯多葛学派的思想与柏拉图学派的思想注入了犹太经典，这种比喻法，在当时的亚历山大里亚城被普遍采用。比如，他以亚当为心灵（精神）的代表，以夏娃为纵欲的代表，以雅各为禁欲的代表。

参考书

斐洛著作，温德兰德和科恩重新编纂；杨格译斐洛著作，四卷。

《犹太人斐洛》，作者德茹蒙德；《斐洛》，作者科尼比尔；《犹太民族史》，作者许雷尔；《宗教哲学史》，作者普夫莱德雷尔；《逻各斯学说》，作者海因泽；《逻各斯》，作者雷维叶；《斐洛学说探源》，作者阿尔尼姆；《斐洛和普罗提诺》，作者法耳特尔。

与上帝相关的概念在斐洛的整个哲学体系中占据着中心地位。上帝的存在本身就是超验的，上帝高高在上，我们无法认知它，也无法对它进行任何规定；它是至善，凌驾于德性之上，也凌驾于知识之上，没有任何语言能够用来形容它。它的存在人所共知，但它究竟是怎样的，我们却并不了解；经由最单纯的智慧或者最崇高的理性，我们能够直观地对它的存在加以确认，上帝的存在还是能够被证明的。它是万物之基，万物都根源于它，它包容万物。它是绝对意义上的完美，是绝对意义上的善，是绝对意义上的权能，是绝对意义上的幸福；它是单纯的理性，是单纯的智慧，是单纯的精神。上帝是非常尊贵的存在，不纯粹的物质不能够与它相接触。斐洛以属于希腊的世界灵魂说、概念说及属于犹太的天使魔鬼说来诠释上帝对世界施加的作用，并对居间之权能的存在进行了认可。斐洛曾经对这种权能进行过描述，有的时候，他认为它是上帝之性质、上帝之思想（概念）、宇宙之权能或者一种理性；部分时候，他认为居间之职能就是魔鬼、是天使、是灵魂、是上帝的仆从（使者）。有的时候，他会以希腊式的哲学思维来考虑问题；有的时候，他会以犹太式的宗教思维来考虑问题。他糅合了各种各样的权能，将之糅合为神圣的理性，即逻各斯。（我们自身也有第二种官能，即自我之逻各斯，它隶属于知识，与奴斯、最纯粹的智慧略有不同，我们经常经由它，来对逻各斯进行设想。）所有的观念都于逻各斯处集聚，它相当于容器（就好比整座城市的规划都被建筑师之灵魂所涵盖），它是凌驾于所有权能之上的权能，是最高等的天使，是上帝的投影，是上帝的第一个孩子，是第二上帝，是亚当，是神明。实际上，斐洛所主张的逻各斯就是一种居中的事物，位处世界与上帝的中央，是经由斯多葛学派学者主张的宇宙模型、世界灵魂、架构世界的人，以及柏拉图主张的理念之世界改造而得。有的时候，他还将光之辐射视作最基础的基质，普罗提诺的流射论于此已经初现端倪。在对逻各斯的假定中，有无人的形象，我们委实不得而知。

所谓逻各斯，正是上帝的智慧与权能和善转化而成的实际存在，这一存在与上帝本身在假定中是存在一定差异的。若是令它对某种事物施加作用，就得将另外一种基质引入，这种基质不存在任何属性且充溢于空间，它根源于上帝。逻各斯是上帝的工具，上帝以它塑造世界，这个世界于一片杂乱的基质之中屹立，其中存在的事物清晰可见，这些事物都是以理念为对象进行的临摹，或者是理念本身的投影。在获取知识方面，人有第三种官能，即感官知觉，经由感官，我们对属于逻各斯的各种投影或者说是整个感官所知觉的世界进行认知。从时间的角度来说，世界是有始无终的，犹太人用这样的思想来解释世界的创生。时间与世界同时被创造，空间也与世界同时被创造。逻各斯是美好的，是完善的，因此，物质才是世界之罪恶与世界之缺憾的根源。

宇宙由灵魂与物质两种基质架构而成，人也一样。在所有被创造的事物中，人是最重要的，人就形同一个小型的宇宙，可是从本质上来讲，人的主要构成物还是思想，单纯的思想。肉体是物质的，构成灵魂的、不具备理性的一部分也是物质的，在灵魂之中，占据支配地位的是勇气、欲念与逻各斯（理性）。最单纯的智慧与不具备任何具体形式的精神都是灵魂从更高的层面得到的，由此，上帝以人为投影。人所有的罪恶都如蓬松的草一般集中在肉体之中。灵魂以肉体为凭依，这本就是一种沉沦，人对原罪本就有一种趋向性，在灵与肉相合之时，这种趋向性更加明显。假如已陷入沉沦之中的灵魂无法从感官之中超脱，那么，其他生物的躯体将成为它们下一个凭依。在斐洛看来，虽然人的智慧与神圣的精神的联系十分紧密，且二者联系得很频繁，但是人的智慧却并没有受到束缚，它可以自由表态，可以认同上帝，也可以否定上帝，可以无拘束地于肉欲中堕落，也可以从中超脱。对于这种可能性，斐洛并没有进行详细的阐释。人要凭依着对理论的思索救赎自己，让自己脱离肉体，脱离充满了原罪（邪恶）的基质，陨灭所有的激情，扑灭全部的肉欲（禁欲主义）。然而，我们自身的力量实在太过薄弱，唯有在获得帮助的情况下才能这样做。我们自身有着太多太沉重的罪与孽，我们必须求助，向神明求助。我们一定能获得上帝的启迪，这种启迪会浸透我们的灵魂。"如太阳一般的意识一定会陨灭沉落。"如此这般，心神迷醉。在这样的情状下，我们可以直接对上帝进行认知，可以沉浸在最单纯的存在之源中，可以看到神秘主义，亦即上帝。

第二章 新柏拉图主义

第一节 新毕达哥拉斯主义

公元前 6 世纪，是毕达哥拉斯所生活的时代。伦理学、政治学、宗教是毕达哥拉斯学说关注的焦点，他创立这些学说，主要目的就是进行宗教改革与伦理改革。毕达哥拉斯逝世之后，他理论之中具有现实应用意义的一部分得以留存，尤其是在意大利，他的学说保存得最完好，但公元前 4 世纪时，他创办的以哲学机构的形式存在的学校走向了灭亡。他的数论及其理论中蕴含的带有宗教色彩的神秘元素被暮年的柏拉图汲取，毕达哥拉斯的直接继承者对柏拉图晚期的学说非常推崇。伴随着希腊哲学兴起及亚里士多德学说的繁盛，学园不再以毕达哥拉斯主义为最基本的信条。虽然组织的稳定性不足，但毕达哥拉斯社团及其主张的神秘思想还是沿传了下来，并在公元 1 世纪再度兴起。那个时候，宗教成了罗马人希冀的对象，在时代精神的鼓舞下，毕达哥拉斯学派的学者们重新投入了对哲学的探索之中。不过，这一时期毕达哥拉斯学派的领导者却没有将组织的理念复归于早期的毕达哥拉斯主义，而是采用了与柏拉图理论糅合之后的学说，并经由折中主义的方式，将希腊各派的理论掺杂其中。在新毕达哥拉斯学派的学者们看来，毕达哥拉斯就是一切知识的源流，神明给了他启迪。所有被他们认为是真理的，他们都将之归在毕达哥拉斯名下；柏拉图学派的理论中与他们的向往相契合的，斯多葛学派的理论中与他们的向往相契合的，亚里士多德学派中与他们的向往相契合的所有著作及理论，全都被归于毕达哥拉斯，他们的这种做法无疑是天真的，由此，无论是毕达哥拉斯本人，还是其德性与著作，都被蒙上了一层神秘的光晕。

公元 1 世纪，在新毕达哥拉斯学派占据举足轻重地位的人物有：P. 尼吉迪乌斯·菲古鲁斯、索提翁（他师从塞克斯提乌斯），还有阿波洛尼乌斯与摩德拉图斯（两人均来自提阿那）；公元 2 世纪，新毕达哥拉斯学派的重要领袖人物为菲洛斯特拉特与尼克马库斯。在阿波洛尼乌斯的认识中，毕达哥拉斯就等同于救世主，而在菲洛斯特拉特的认识中，救世主则是阿波洛尼乌斯。一大批柏拉图主义者受到了新毕达哥拉斯学派的影响，比如克洛尼亚人普鲁塔克（公元 50—125 年），比如提尔人阿普莱乌斯（生于公元 126 年与公元 132 年之间）和他的同乡马克西姆斯，比如医生伽仑（公元 2 世纪），比如凯尔苏斯、努梅尼乌斯等。

1903 年出版的《阿波洛尼乌斯传》系菲洛斯特拉特的著作；F. 甘波尔、珲塔克尔、米德也曾著述过一些与阿波洛尼乌斯相关的书籍。

第二节　新柏拉图主义

新柏拉图主义是架构在希腊思想之上的宗教哲学之最巅峰。通神学，或宗教世界观是以柏拉图的哲学体系为根基构建的，凭依着独立自由的精神，这种新的世界观汲取了其他学派所有有价值的理论，尤其是逍遥学派的理论与斯多葛学派的理论。万物源于上帝，并复归于上帝，万物以上帝为源泉，上帝是万物之归宿；上帝是起点，也是终点。人类一直以来都致力于追求与神明合为一体或者相互交融，这是人之终极目标，宇宙的心脏不断地在搏动，这种搏动就是宗教。

这一学派的发展大致可分为三个阶段：（1）安莫纽·萨卡斯（公元175—242年）所创立的亚历山大里亚—罗马学派，作为创始人，萨卡斯不曾留下任何著作；普罗提诺（公元204—269年）继承与发扬了该学派；波尔菲里（公元232—304年）也是该学派的成员，他师从普罗提诺。（2）以扬布利可（公元330年之前）为代表的叙利亚学派。（3）以小普鲁塔克（公元350—433年）与普罗克鲁斯（公元411—485年）为代表的雅典学派。

参考书

《大英百科全书》中收录的新柏拉图主义的条目，《教义史》，作者A.哈尔纳克；《新柏拉图主义》和《亚历山大里亚的基督教柏拉图主义者》，作者比格；《新柏拉图主义者》，作者惠特克；《神秘宗教研究》，作者R.M.琼斯；原版第105页所引书即《希腊的思想和习俗对基督教会的影响》，作者哈奇；《从尼禄到马·奥勒留的罗马社会》，作者笛尔；《普罗提诺和古代世界观的衰微》，作者A.德留斯；原版第105页引用的苏席弥尔和海因泽的著作，原版第123页所列著作。

第三节　普罗提诺

普罗提诺是埃及人，公元204年生于来科波利斯，他曾在亚历山大里亚停留十一年，同安莫纽·萨卡斯一起对哲学进行研究。公元243年，普罗提诺在罗马创办了一所学校，但他将自己的哲学用笔书写出来时却已年过五十。公元269年，普罗提诺逝世，他的手稿被他的弟子波尔菲里修订出版，随书还附有普罗提诺的个人传记，波尔菲里将手稿结集出版，命名为《九章集》，全书共分六卷，每一卷有文章九篇。《九章集》流传至今。

由沃尔克曼编译的著作；《伯恩丛书》中还收录了 T. 泰勒有选择地编译的一些作品。

一、神学

所有的存在都根源于上帝，所有的不同与对立都根源于上帝，形式根源于上帝，物质根源于上帝，精神根源于上帝，肉体也根源于上帝，可是上帝本身却没有存在不同，也没有杂多与分歧，他就是纯粹的一、绝对的一。他是太一，涵盖万物，无穷无尽；他是最本初的因由，一切都诞生于他，都从他流射，他是先天生成的，没有生成之因。统一一直都是杂多的前提，所有的存在都诞生于统一之后，所有的存在都位于统一之下。上帝具有超验的属性，我们无法用任何语言来形容他，因为任何形容对他来说实际上都是一种限制，所以，他是否是美好的、善良的，是否是思想、是意志，我们无法认定。事实上，对他来说，任何属性都是一种限制，有了限制，也就不可能完美。他怎样怎样，我们无法说，我们只能去否定，说他不是怎样怎样。我们不能以存在来界定他，因为，存在具有思考的特性，而能够进行思考的事物必然囊括了客体与主体，这对上帝而言，本就是一种限制。意志、意识、真、善、美全都以上帝为凭依，因此，上帝凌驾于它们之上。上帝会思索，我们不能做出这样假定，因为思索涵盖思想，还涵盖思索的人，甚至，当一个人主动对自身进行思考的时候，也要做客体与主体的区分。说上帝在希冀、在思考，实际上就是以希冀与思考来对上帝进行限定，由此将独立性从上帝的身上剥离了。

尽管世界根源于上帝，但世界却不是上帝创造的。创造一词含有限制、意识或者意志的意思在内，因此，是否创造世界并非取决于上帝。他是最美好、最完善的，他也不会演化世界。所谓宇宙，不过是自上帝身上流射而出的事物，是上帝无尽权能的一种满溢，是一种现实的过盈，且无法趋避。为了阐明自己的观点，普罗提诺打了好几个比方。上帝如喷泉，无尽无穷，流水从中喷涌而出，水流的源头无穷无尽，永远都不会枯竭。上帝如烈日，有光芒自烈日中辐射而出，且这种辐射不会对烈日本身造成伤害。通过这些例子，普罗提诺对太初本原的独立性及其权力的绝对性进行了论证。原因不可能向着结果转移，也不可能在结果之中消亡；结果对原因也不曾做出任何的限制。从上帝的角度来看，结果并不具备本质的属性。世界以上帝为凭依，上帝却不以世界为凭依。孕育了后代之后，动物依旧是动物。

愈是远离阳光，就愈是接近黑暗。创造本身就是一种沉沦，是从完善转变为不完善的过程。沿着存在之阶梯不断下行，愈是向下，就愈芜杂、愈分散、愈残缺、愈多变。前一个阶段必然会导致后一阶段的发生，后者以前者为临摹的蓝本、阴影，它具备偶然性。可是每一个处于后方的阶段都以更为高等的阶段为追求，它趋向它的源流，它找寻自己的目标，从比它先行的阶段那里。

二、存在的三个阶段

整个流射的过程可以划分为单纯的精神、灵魂、物质三个阶段。第一阶段，上帝分化为思想与概念，换言之，上帝对思想进行思索，对单纯的、处于理想状态的宇宙进行沉思。这一阶段，思想与概念、主体与客体都是统一的，无论是从空间上，还是从时间上，它们都是无法被割离的：当心境脱俗时，思索的人与思想本身同一。假如上帝要将自身所思索的完善为真理，也就预示着，思维与思维的对象要合二为一，这是大势所趋。上帝对其自身的思想进行思索，而思想则是源自上帝之根本的流射物。当心境脱俗时，思索的人、思索活动本身及思索的结果（思想）是同一的，相互之间不可被割离。上帝思想的方式并不是从概念到概念、由原因到结果的推论式，而是静态的、直接的、倏忽之间就能对整个体系与概念进行思索。世间存在大量的概念，它的数量与现实世界中存在的具体事物的数量等同，概念与概念截然不同，但就如柏拉图所说的那般，它们于同一体系之中达成统一。这大量的、截然的概念及其构成的体系恰恰折射出了上帝（太初本原）的同一性，而且，这种同一性是绝对的。

在上帝的精神之中，感官所能感知到的每一个具体对象都有一个概念存在。所以，现实的世界以最单纯的思想为模型，最单纯的思想不会占有时间，也不曾占有空间，这个能够以智慧认知的世界是融洽的、完备的、美好的、不朽的。可是它并不是单纯的模型；概念便是动因，就像前文我们说过的那样，在整个流射的过程中，下一阶段皆以上一阶段为前提。

整个流射过程的第二阶段为灵魂，它源于单纯的思想。概念（目标）只要存在，它们就会竭尽所能催生某种事物，竭尽所能将自身转化为现实。灵魂诞生于最单纯的思想，是它的投影，并以单纯的思想为描摹的蓝本。既然是投影，是效仿而得的事物，自然不可能像原物一般周全完备，它只能通过智慧认知且凌驾于感觉之上。它身上存在概念，且是活动的。它懂得思维，尽管相比于最纯粹的思想，它的形式并不完善，且采用推理的方式。它具有主动性，但不必去记忆，也不必去以感觉感知。灵魂具有两面性：其一，倾向于最单纯的思维；其二，倾向于感官所感知到的世界。前者，它以思想的形式活动，对最单纯的概念进行沉思；后者，欲念为它所拥有，它必须将秩序赋予整个物质世界。在普罗提诺看来，前者指的是世界之灵魂，后者指的是自然。部分时候，他还宣称，世界之灵魂有两个，第一个孕育了第二个，且第二个灵魂形同光线，没有意识，构成了整个物质世界。有意识的灵魂对精神充满了向往，无法被割离；有欲念的灵魂对表象世界之中存在的事物有一定的激励作用，且可以被割离。

　　可是若没有能够被施与某种作用的事物存在，灵魂施与作用、发挥权能的欲望就无法转化为现实；物质由它而生。从物质自身来说，它无权能、无具体形式、无性质，更不同一；它很困窘、缺乏能力，这是绝对的，它是一种基质，它非常邪恶。它的身上没有上帝的任何痕迹留存，它与上帝之间的距离最遥远；它非常黑暗。它的形象，我们无法缔造，我们只能假定它是一种基质，这种质料存在于不断变化的性质及表象之后，换言之，在被感官所感知到的恒常变化的世界中，它是一种事物，这种事物能够长久地存续。它被涵盖于世界灵魂中，有某种灵魂（动力能）与它的概念同一，对这样的物质施加影响，以它为材料来塑造包蕴于神圣智慧之中的，能够被感官感知到的光明洁净的世界的临摹体或投影。这些具体的权能或个别的灵魂被施加于物质之上，由此，时间与空间中能够被感知的具体对象就孕育而生，而它们自身却无法被割离，永远都被世界之灵魂所涵盖。不管是它们，还是世界之灵魂，都不可能在空间之中存续，更不可能在空间之中延展。从空间角度对不同的对象所进行的种种配置，实际上都以包蕴其中的物质为根源。表象世界中所有的美好、同一、规则都以世界灵魂为凭依，而上帝则是灵魂最后的复归之所。

在普罗提诺看来，整个世界都是世界之灵魂的流射物，它的出现是必然的，是受世界灵魂之本性影响的，而不是一种始于时间、因意志之活动而做出的某种反应与过程。世界之灵魂流射、出现物质、物质组合成为物体是整个过程的三个阶段，这里所谓的三个阶段实际上是站在抽象思维的角度上来解释的，事实上，这种活动是不朽且无法被单独割离的。普罗提诺认同亚里士多德的宇宙不朽观点。同时，他还认为，时间是世界之灵魂缔造的，形式被物质接纳需要一个循序渐进的过程，这样，才更有利于其作用的发挥。他对斯多葛学派的学者们坚持的相继出现的理论也表示认同。这些概念相互之间要怎样调和，普罗提诺并没有具体说明。总而言之，他一直都在尝试着宣扬这样一种思想：世界一直都这样，并且永远都这样。感官所知觉的世界会出现局部调整，但从整体的角度来说，它却是恒常不变的。

三、人的灵魂

人之灵魂蕴涵于世界灵魂之中，就其本身而言，它是不受束缚且凌驾于感官知觉之上的。在肉体成为它的凭依之前，凭着神秘的直觉，它一直在对不朽的奴斯进行沉思。上帝是它的倾向并且它了悟了善，可是当它将目光转向凡间，当它以肉体为倾向时，它沉沦了。它的沉沦一方面是受大势驱使，因为创生物质本就是世界灵魂的渴望；另一方面则是因为某些灵魂本身就向往充满感性的生活，从而产生了一种冲动，这种冲动无法抵抗、无法拒绝。由此，灵魂遗失了本属于它的自由，它的自由在于与高尚本质的契合及对肉欲的疏远。假如它不曾这样做，而是在肉欲之中持久地沉沦，那么，在它的生命结束之后，它会被投入另一具肉体之中，这具肉体可能是诗人、可能是植物、可能是动物，究竟为何完全取决于它罪行的轻重。以辐射的方式进入具有物质属性的肉身之中的灵魂实际上并不是真我，而是真我的投影，是灵魂之中不具有理性、类似于动物的那一部分，所有的感觉、所有的欲念都以其为中心，罪恶源于它，德性也源于它。思想与逻各斯相结合才能构成真我，唯有远离感性的生活，趋向思想，再经由思想趋向上帝，它的使命才能够转化为现实。于凡尘俗世之中重新回归上帝怀抱的情况虽然存在，但实在是太少了。

四、神秘主义

要实现这一目标,一般哲学家所具备的德性还不够,还不足以对冲动进行克制,灵魂不能被肉体玷污,灵魂要将所有的肉欲清除,这是必需的。但是相较于净化,还有一个等级更高的阶段可以被达成,这只不过是一些准备工作,为的是对理念进行沉思,或者直接对概念进行感知。因为相比于实践,理论能够让我们距离上帝更近、更容易目睹上帝,所以,理论高于实践。灵神合一是等级最高的阶段,单靠高尚的思想是无法达到这一阶段的,只有心神迷醉时,才具备一丝可能性。如此这般,灵魂在神之灵魂之中沉浸,自身的思想被超越,灵与神合为一体。由此,它重新回归了上帝怀抱,如此神秘。

这一体系是属于希腊的哲学与属于东方的宗教相互糅合的产物。它宣扬上帝,宣扬有神论,这本身就是超验的。但它又认为,包括等级最低的物质在内,所有的事物都是上帝的流射物,从这个角度来说,它主张的是泛神论。在它看来,在上帝之精神之中寻找自我的归宿才是灵魂的终极目标,这一目标在凡尘俗世之中是无法完成的,但是人们还是应该将目光转向上帝并专注于它,清除源自感官知觉的阻碍,准备好一切;从这个角度来说,它主张的则是宗教唯心主义。

在普罗提诺看来,所谓神明不过是神之本性的一种彰显,所以,他对多神论并不抵触。他确信在俗世魔鬼也分善恶,精神可以作用于远程;精神之性质充溢整个宇宙,精灵们之间总是休戚相关并彼此作用。普罗提诺的继承者们有很多对这种迷信的思维进行了夸大,从而成了盛行于世的多神论的庇护者,他们沉浸在通神术与巫术之中,并对基督教进行了抨击。

第四节 提尔的波尔菲里

波尔菲里(公元232—304年)是普罗提诺的弟子,他是提尔人,修订出版了普罗提诺的手稿,并为他撰写了个人传记。他以诠释普罗提诺的哲学理论为目标,并没有对他导师的理论进行发挥。相比于他的导师,他更信任和看重禁欲主义及盛行于世的宗教,认为要达成净化的目标,就必须以之为手段。正因为如此,他对很多迷信思想与迷信活动表示了认可,比如魔鬼学、神谕、偶像崇拜、巫术和神通术。他为毕达哥拉斯撰写过个人传记，注解过柏拉图和亚里士多德的部分著作，撰写过《（亚里士多德）范畴篇导论》《普罗提诺哲学大归纳》《与阿奈波论魔鬼书》《反基督教徒》（全书共十五卷）等书。中世纪哲学受《导论》的影响颇深，现在，我们仍能见到的有拉丁文译本的《大纲》、普罗提诺传记、毕达哥拉斯传记、《书信》及一些注解的残章。

第五节 扬布利可

扬布利可（公元 330 年之前）是卡耳基斯人，他崇奉新柏拉图主义，也信仰新毕达哥拉斯主义，他以维护流行宗教、佐证多神论为主要目的研究哲学。相比于波尔菲里，他受迷信思想的影响更深。《论毕达哥拉斯的生平》和《劝修哲学》均是他的著作，此外，他还注解过柏拉图的部分著作及亚里士多德的部分著作。

扬布利可的弟子有很多，其中包括：公元 361 年至公元 363 年登临罗马帝位、想要让旧宗教恢复荣光的朱利安，他是一个背教者；泰奥多鲁斯，他是阿塞恩人；泰米斯提乌斯、马克罗比乌斯、奥林匹俄多鲁斯及许帕提阿，他们都注解过柏拉图及亚里士多德的著作，且卓有成就。公元前 415 年，在亚历山大里亚，许帕提阿被基督教徒杀害，她是一位才华横溢的演说家，对亚里士多德的著作及柏拉图的著作都颇有见解，基督教后来的一位主教塞内西乌斯正是她的弟子。

第六节 雅典学园的终结

普罗克鲁斯（公元 410—485 年）是雅典学园 5 世纪时期的重要领袖，这一时期，新柏拉图主义得以复苏。普罗克鲁斯之后，马里努、伊西多鲁斯、达马斯基乌斯相继成为学园的领袖。公元 529 年，雅典学园在查士丁尼大帝的谕令之下被关闭，整部希腊哲学史也由此走向了终结。之后，西姆普利丘斯、小奥林匹俄多鲁斯、《哲学的慰藉》的著作者波依修斯和斐洛波努斯等人相继出版了一些优秀的亚里士多德著作注解集及柏拉图著作注解集。其中波依修斯注解的亚里士多德著作及翻译的《导论》（波尔菲里所著）在中世纪初期颇有影响，也为希腊哲学的传播做出了卓越的贡献（参见原书第 163 页）。

可是，这样的哲学早已经没有了生机，以复兴旧文明、旧的多神论宗教为目的而做的尝试注定徒劳无功；它早已失去了价值，早已衰颓败落。过去，它曾经与新宗教进行过一场残酷而卓绝的斗争，但未来却是属于它的对手的。新宗教希望对文化领域进行侵占，由此，希腊哲学竟成了它的盟友，不得不说，命运真的很奇异，或许，这也是一种嘲弄。

第二编
中古哲学

第一篇　基督教神学的兴起

第一章　基督教的开端

第一节　宗教复兴

我们已经对希腊哲学发展史进行过论述，它始于神话也衰亡于神话，而后转为礼拜的狂热与对通神论的崇拜。最后，伦理学与神学成为其关注的重点，它开始对人的缘起与归宿、人与世界的关系、人与上帝的关系、人之沉沦、人之救赎进行探讨。罗马帝国时代，东方宗教备受青睐，甚至一些受到东方宗教影响的思想体系也备受人们青睐，对此抱有浓厚兴趣的不仅仅有哲学家，还有罗马的贵族阶级，可是彼时，希腊哲学已经失去了勃勃生机，也不再具有创造力，根本就无法"让哲学的尸体以融入东方精神的方式重获生机"。

第二节　基督教

在希腊思想发展末期，一种全新的宗教因为含有许多与时代要求相契合的元素而让罗马民众改变了自身的信仰。犹太教是这一新宗教成长的沃土，它主张仁慈、公平、正义，宣扬上帝的福音，认为上帝是人类之天父，他挚爱着他的所有子女；上帝的亲子名耶稣基督，人们可以经由他来对自身的罪业进行救赎。在他看来，每一个人都有希望得到救赎，即便他再卑贱、再微小。基督首先要于尘世建立天国，其次要于天上建立天国，可是不管是在尘世还是在天上，天国之中都充满友爱、正义与慈祥。在它看来，当审判的时日来临时，罪孽深重的人哪怕财富惊人、权势煊赫，照样会下场凄惨；心灵纯净的人，哪怕生活困窘、身份卑微，也能够飞升上天国。基督教主张挣脱现世之罪恶以收获未来之幸福，这种主张符合时代的需求，暗合普通人的心意。不以外来的、偶发性的善来挣脱罪恶，而以忏悔、思想的转变及对上帝的爱来挣脱罪恶。法利赛人所主张的字面上的正义被基督教的创始者转化成了精神层面上的一种正义学说。不管干什么，都要以对上帝的爱与崇敬为着眼点，而不是以畏怯为因由。他认为纯净的心灵比表面上遵从礼法及规章更能使人受益，相比于外在的形式，内在的精神更具价值。救赎之路只有一条，那就是从罪恶的激情、妒忌、愤怒、憎恨、复仇之中摆脱，甚至对嫌恶自己的人表示宽恕，因为，相比于犯错，蒙受冤屈要更好一些。憎恨被仁爱取代，报复被宽宥取代，人要像爱自己一样爱自己的邻居，他的邻居则是所有的人。

第三节　基督教和古典文化

在罗马帝国时代，新宗教所宣扬的精神上的一神论、来世生活、仁慈友爱、基督受难都备受欢迎。罗马具有教养的阶层有愈来愈多的人改变信仰，由此，它就必须孕育于其中的哲学观念，它必须繁盛于其中。事实上，在巴勒斯坦建立的基督教，起码有一部分（概念）是源于此文明的。许多盛行于罗马帝国的伦理、政治、社会、宗教、学术对罗马社会产生了深刻的影响，犹太教不可能排斥它，由此导致了来自基督教徒的抵抗。成熟的时代条件催生了全新的、遍布于世界的宗教。它的诞生，受如下因素影响：存在一个世界性的大帝国，斯多葛学派的学者们极力宣扬且愈来愈被认可的世界大同思想，以及所有的人都该亲如弟兄的思想，哲学家们所倡导的精神具有神性的理念，盛行于世的希腊哲学，属于东方宗教的永生传说及属于犹太的有意识的上帝的理想，站在形而上学的抽象角度，这种理想不可能被实现，因此，宗教之精神被重新唤醒。从某种意义上来说，基督教实际上是时代的产儿、犹太教和希腊—罗马文明的产儿。可是基督教的出现并不能阻止时代发挥其应有的作用及影响。一方面，罗马民众与希腊民众成为基督教主要的传教对象；另一方面，传教区域内的各种文化也被基督教广泛汲取。假如犹太—基督教被新宗教诠释为犹太教发展的一个特殊阶段，并获得成功，那么，在耶路撒冷城下，基督教就已经被埋葬。

基督教的教义要想得到有力的传播，就要对若干十分关键的问题进行解答，这是必需的。它要佐证自己对理性的忠诚，要捍卫自身，要对来自哲学家及政论家的攻击进行反抗，要对其理论的合理性进行证明。基督教的领导者必须拥有自己的立场，必须用敌人十分熟悉的哲学观念来对付敌人，必须用敌人的哲学，用敌人思想层面的武器与敌人战斗。护教者与基督的捍卫者在这种情况下应运而生，但对信条的意义进行界定、对信仰之规条进行制定，创立成体系的理论或者教义也是非常有必要的。传统意义上的基督教信仰能够被有哲学经验的人从唯理的角度上进行论述。从这一点来看，基督教受希腊思想的影响是极深的。宗教教义的决定权掌握在高层、巨大的宗教会议中，但是有许多准备工作仍需要在达成一致意见之前完成。用以解决问题的许多办法在提出之后便被否决，关于信仰的种种诠释都处于斗争状态，希冀获得成功。哪种信条获得了成功，它就是正统，在信条的制定过程中起到举足轻重作用的那些思想家，被尊称为教父。

参考书

《什么是基督教?》作者哈尔纳克，译者桑德斯；《基督教的扩张》，译者莫法特；《基督教的起源》《基督教的发展》和《原始基督教》，作者普夫莱德雷尔；《使徒时代的基督教史》，作者麦吉弗特；《罗马帝国衰亡史》，第十五章，作者吉朋；《罗马史》(尤其是论述行省的一卷)，作者蒙森；累基：前引书，第一卷；弗里德伦德尔：前引书；《希腊罗马文化》，作者文德兰德；《圣经百科全书》，作者歇讷；《圣经辞典》和《宗教和伦理学百科全书》，作者黑斯廷斯。

第四节 经院哲学

在确定基础教义、形成组织并成为国教之后，基督教开始了自身的哲学建设。它对某种哲学进行了阐述，这种阐述以基督教的教义为指导原则，并从教义中选材。这一哲学是属于基督教的哲学，在中世纪，它是整个哲学体系中最关键的一部分。对基督教的教义进行诠释、论证并使之系统化，正是基督教哲学的目的所在。换言之，它要创立一种与人生及宇宙相关的学说，这一学说以基督教为根基。这项工作的执行者是一群被称为经院哲学家的思想家们，他们所确立的体系则被称为经院哲学。

面对上述情境，希腊哲学成了经院哲学家们解决问题的手段，但是不管是在思想上还是在态度上，他们与古代的哲学家都有所差异。古代哲学家们研究哲学主要是为了超越盛行于世的宗教，从唯理的角度对宇宙进行诠释，他们身上或多或少地具有科学精神，也具备与流行的信念相敌对的精神，并且常常怀抱着这样的精神来研究哲学。在经院哲学家们看来，基督教所倡导的真理是毋庸置疑的，他们以基督教之真理作为思维的起始点，并接受它的统御，一直致力于对基督之真理进行证明，试图让它变得合乎情理并井然有序。为了让任务能够成功完成，他们总是以希腊哲学之中与其本心之目的最接近的体系为凭依，使哲学效力于宗教，由此神学将哲学视为仆婢。

基督教以教义划定了区域，在区域内，人们可以充分发挥自身的才智，不受任何拘束，只要不与已经被明确认定的真理发生冲突，人类就能够随心所欲地以理性对世界进行诠释。但是时间渐渐过去，人们开始不满足于既定的区域，想要从区域外获得满足，神学再也无法将人类的智慧禁锢了，人们对经院哲学方式与理念的不满日益加深，一个相对较为独立的思想体系被尝试建立。另外，理性主义运动从整体上遭到了质疑，宗教的教义及统治被批判，新体系致力于从内里改变人的宗教活动，良心与《圣经》成为其标准与尺度。这种对早已创立的基督教教义与活动实践进行改革的思想倾向在近代以宗教改革与文艺复兴为序幕，并以此达到巅峰。

参考书

《伦理学体系》，第一卷第二至四章，第六章，作者保尔森；《中世纪哲学史》，作者德·伍尔夫，译者科菲，《新旧经院哲学》；《教义史》，作者哈尔纳克，译者布坎南；《伟大的经院哲学家》，作者汤森；《中世纪的古典遗产》和《中世纪思想》，两卷，作者泰勒；《中世纪思想史解说》，作者普尔；《欧洲道德学说史》，作者累基；《在基督教建制内的伦理学史》，作者霍尔；《心理学史》，作者布雷特；《中古时代世界观的历史和体系》，作者艾肯；《中世纪哲学史大纲》，作者皮卡维；《西方逻辑史》，四卷，作者普朗特尔；《中古哲学史》，三卷，作者斯特克尔；《经院哲学》，作者奥柔；《经院哲学和神学辞典》，作者冒让；《论文》，作者鲍梅克尔等；《经院哲学方法史》，两卷，作者葛拉伯曼；《亚里士多德到阿奎那的心理学史》，作者席比克；《基督教伦理学史》，盖斯、卢特哈德特和孜格洛尔著；《科学和神学论战史》，作者怀特；《中世纪自然科学史》，作者斯特龙茨；《中世纪文学通史》，作者艾伯特；《西欧史导论》，作者鲁宾逊；《中世纪的欧洲》，作者埃默顿；《中世纪的文明》，作者亚当斯；《剑桥中世纪史》；《德国大学》，作者保尔森，梯利和艾尔王译；《中世纪的欧洲大学》，作者拉斯达尔；《中古时代的大学》，作者邓尼福尔。

第二章　基督教神学的发展

第一节　早期神学

　　就像我们在前文中所说的那样，新宗教成立之后不久就不得不对其理论进行捍卫，不得不对其教义做出界定，基督教神学被创立，这实际上是它对盛行于世的希腊思想及犹太思想的一种表态。在基督教发展的初期，与彼时所需最为契合的正是犹太—希腊哲学，对这一哲学，我们曾经做过简略的叙述。"用比喻的方式对《旧约》进行诠释，是糅合新思想与旧启示的必要方法；犹太—弥赛亚（救世主）思想与斐洛的逻各斯理论彼此糅合，在未来的数个世纪之中，成了基督教神学教义中的中流砥柱。"策勒尔这样说。

　　基督教神学之教义最早见于使徒保罗及保罗学派的著作之中。保罗是基督教神学的创始者，或者说，他是第一个以基督教神学为基础构架历史哲学的人。他以使徒的身份撰写的书信中提到的一些概念与《所罗门的智慧》（毋庸置疑，他一定很熟悉这本书）中主张的部分概念极其相似，这些概念在斐洛的哲学体系中得以被发扬。在保罗看来，基督等同于逻各斯，等同于上帝之智慧与权能。在人类诞生之前基督就已经存在了，人以基督为原型，上帝创造了基督。相同的理念在克莱门特（公元93—95年）的《致哥林多派书信》、《巴拿巴书信》（公元96或97年）、《赫尔马斯的牧者》（公元140年左右）、《第四福音书》及伊格纳修斯写于公元115年左右的著作中都有所体现。

第二节 诺斯替教

这一概念所彰显的神学已经相当明显。基督教中与历史相关的部分被人们以逻各斯学说进行注解，宗教与哲学相互糅合之后，又特别对宗教进行了强调。逻各斯并不是一种哲学层面上的抽象概念，它有自己的人格，它是父之子，并且是鲜活的。但是还有一些思想家，他们的思辨倾向相对较强，在对新宗教进行解释的时候仍旧采用固有的哲学概念。在他们的解释下，新宗教变得合乎情理，信仰也成了知识最重要的转化源，这是十分自然的。这一工作在公元2世纪被完成，完成者是诺斯替教的学者。斐洛是犹太人，在对犹太教进行解释的时候他采用了属于希腊的哲学思想，还曾尝试着将希腊的形而上学思想与犹太的思想进行调整并使之糅合。同样的工作，诺斯替教的学者们一直都在为基督教做着。他们对自身的信仰进行思索，基督教哲学及与之相关的哲学被他们创立，信仰与知识被他们糅合，科学与宗教也被他们糅合。

虽然它很粗俗、很浅陋、很荒唐、很怪诞，但它的确是经院哲学的胚胎。他们是基督徒，但他们也信仰斐洛主义。他们曾确定地表示，他们的理论源于基督。这些理论被他们所接受，在他们看来，这些教义都是秘密，只适合传给具有教养的人。他们认为基督教的理论是全新的、是神圣的，给犹太教以启迪的神明等级相对较低，且作为宗教，犹太已经腐朽；恶魔创造了异教。造物主也好，犹太的神明也好，都是虚假的，是站在真神对立面的，是站在光明国度及至高神的居所的对立面的。光明之精神被造物主囚禁于物质之中，作为至高神灵之一的基督投身于人体，就是为了释放它。真正理解了基督之教诲的人就是神明或者诺斯替教的成员，终有一日，他们能挣脱物质的束缚，方式之一是禁欲。若无法自感性物质之中脱离，便与其一同陨灭；创世主缔造的天堂之中只容纳已经从桎梏之中脱离的精灵。是沉沦导致了世界的创生，所有的罪恶都在物质中集聚，所有公之于众的理论都被教条所涵盖，秘传之理论永远隐秘地流传。

赛林萨斯（公元115年）、萨土尔尼努斯（公元125年）和瓦伦廷（公元160年之前）都是诺斯替教的成员。公元114年，罗马出现了一座以保罗所书的十封书信及圣路加撰写的福音书为神圣经典的教堂,教堂的创立者为马尔西翁。马尔西翁所主张的体系与诺斯替教的学说十分相似,但这一派对知识与信仰中的知识十分看重,所以并不属于诺斯替教。

舒尔茨所著的《诺斯替教文献》一书对曼色尔、尼安得尔、鲍尔、迈特所著的与诺斯替教相关的著作多有提及,其中就包括最本初的德译资料;相关的书目在《大英百科全书》中也有列述,该书著作人为布赛特。

诺斯替教的力不从心是显而易见的。他们只提出了一些带有神话色彩的半基督教理论,却不曾建立起一个完整的哲学体系,另外,诺斯替教的理论与当时盛行的耶稣学说存在冲突。他们对基督教进行了区分,将之分为秘传基督教及大众基督教,《旧约》被他们背弃。在他们看来,耶稣就是一个凡人,神圣的基督占据了耶稣的肉身,他的地位低于上帝,甚至低于天使。他们相信精灵的存在,相信造化,相信天赋异禀,并以比喻的方法对其进行了诠释;基督教的护教者们对这一切抱持着反对的态度,一些相对比较保守的领导者对它也抱持着反对的态度,他们对它进行责难,视它为异端,但与此同时,诺斯替教给神学及新宗教带来的影响又是相当巨大的,它对从哲学的角度研究神学及信仰起到了促进作用。部分早期教会作家的著作中融入了部分源于希腊哲学的诺斯替教理念,这些都为基督教教义的演化提供了便利条件。

第三节 护教者

诺斯替教以使新宗教通俗化为目标,护教者也一样,从这个角度来讲,两者并无不同。护教者们竭尽所能以哲学来庇护信仰,以哲学抵抗异端,以哲学对抗诺斯替教关于信仰的荒诞解释。在护教者看来,基督教不仅是启迪,也是哲学。超越自然的事物是其真理的根源,它的真理是明确的、是实际的,且这种明确具有绝对性。尽管能够理解真理的只有与神明相通并有所了悟的心灵,但真理还是具有唯理的特性。在著作《教义史纲》中,哈尔纳克这样说:"以下观念为护教者所共有:基督教是哲学的一种,因为基督教的教义具有唯理性,它解答了所有真正意义上的哲学家所研究的问题,并且它给出的答案通俗易懂,被普遍认可且令人满意,可它又是非哲学的,它站在哲学的对立面……它的真理受到上天的启迪,根源于超脱于自然之上的神圣，它的理论以这种神圣为最后底牌，这种神圣对它的真理性及确实性进行了佐证。"

护教者对当代文学并不陌生，对当代哲学也相当熟悉，他们的交往对象与讨论对象多是具有教养的人。事实上，近乎全部的早期教会领导者在信仰发生改变之后都会竭尽所能为新宗教辩护，以期获得民众的拥护，所以，哲学在他们的著作中一向占据着极大的比例，甚至纯粹的宗教理论都要居于次席。

护教者的领袖人物包括：公元166年以前的查士丁，他是一位殉教者；约生于公元130年的塔提安；于公元170年前后开始著书立说的阿泰纳格拉斯；公元180年履任主教的泰奥菲鲁斯；生于公元120年与公元130年之间的伊勒纳乌斯；最早逝世于公元235年的希伯利塔斯；生卒年在第2世纪的米努基乌斯·菲利克斯；生于公元160年，逝于公元240年的德尔图良；生于公元200年，逝于公元258年的屈普里安；生于公元185年，逝于公元258年的亚历山大里亚人俄里根；公元216年以前的亚历山大里亚人克莱门特。随着各个致力于对教义进行解答的学派不断兴起，护教运动达到了巅峰，其中，建立最早的是亚历山大里亚城的潘太努斯学派，该学派创立于公元180年，创始者潘太努斯原是斯多葛学派的学者。这些学派之所以建立，其目的不仅仅是捍卫新宗教，对新宗教的合理性进行论证，还要让基督教教义形成一个体系，为牧师恪尽职守提供便利的条件，向异教徒宣传基督教信仰，向改变信仰的犹太人宣传基督的信仰。俄里根是亚历山大里亚学派最卓越的领袖，内容精深广博的基督教神学便是由他制定的，在亚历山大里亚孕育并成长的新柏拉图主义对它的影响颇深。

1840年及以后数年，米格尔编撰了教父文集（拉丁文和希腊文）；1875年及以后数年，以德·格阿特为首的数人也编撰了属于自己的教父文集；自1866年起，新版《拉丁文基督教教会文集》由维也纳科学院的学者编撰；自1897年起，普鲁士科学院的学者们开始编撰前三个世纪的希腊教会教父文集；《前尼西内基督教丛书》（编著者为罗伯茨和邓那尔德逊）、《尼西内教父丛书》和《后尼西内教父丛书》（均为沙夫与瓦斯编著）中都有相关的文集资料，其中有英译版本。

第四节 护教者的学说

在护教者的部分著作中，其根本思想被提及：虽然世界会陨灭消亡，但它的消亡却是井然且深具理性的，并且全都指向同一初始因。它是生命的源泉，是存在的根源，它是美好的、正直的、静态的、不朽的。这一基质凌驾于所有的生命与存在之上。上帝的高尚、权能、仁慈、智慧和善良无法用任何笔墨来形容，属于人类的所有概念都被它凌驾。可是每一种造化最初产生的因由必然具有唯理性，理性潜隐其中，并隶属于其内在之根性，因为上帝具有理性及逻各斯，所以宇宙具有规则与目标。换言之，构建世界的基础是善与理性，在所有的变化中，上帝是恒常不变的，它是一种最基础的基质。

逻各斯经由意志的自由活动从上帝之处流射而出。就像太阳散发光芒，上帝也散发逻各斯。光芒源自太阳且无法与太阳相脱离；神圣的理性源于上帝且无法与上帝相脱离。理性源于上帝，且不会被上帝遗失。创造逻各斯的人与逻各斯同在，逻各斯的源泉也与逻各斯同在。同时，我们做出假定，设想独立的人格为逻各斯所具有，从根本上来说，它与上帝是同一的，这种同一表现在根本上，而不表现在数量上；它是第二个上帝，一直与上帝同在。逻各斯以耶稣基督为凭依转化为人，逻各斯的转化体即为基督，基督就是有血有肉的逻各斯。圣灵以上帝为根源，这源于上帝的精灵具有预言的能力，在护教者的设想中，它是一种实际存在。

理性是神圣的，以上概念皆是理性人格化的一种映射。在希腊的宗教哲学体系中，这是人所共知的，世界以理性为凭依被塑造，上帝以理性为媒介间接地对世界施加作用。在强调上帝超验性的同时，护教者们还努力让逻各斯保持独立。逻各斯的存在岁月与上帝一样悠长，二者同在，就像我们常常说的那样，逻各斯于上帝之中潜藏，上帝固有的本性便是它固有的本性。可是在伊勒纳乌斯看来，逻各斯的存在源于天父，逻各斯的活动也源于天父，它是由天父创造的，他需要对天父表示顺从。并且，它是在上帝意志的作用下化而为人的，这也就意味着，在某段时间里，它是一种非存在，之后才被创造。俄里根将两种观点糅合为一，对这一难题进行了解答，在他看来，逻各斯一直都处于被创造的状态。从时间的角度无法对这种创造进行认知，这种创造是即刻而同时的：圣子一直都在被创造，且这种创造一直都在持续。

在对世界之创生进行说明的时候，护教者将希腊人当成了榜样。万物以上帝为根基，万物以上帝为目标，上帝是万物之源，上帝是万物复归之所。所有被创生的事物都以逻各斯为原型与范本。换言之，万物以理性之投影为凭依，创生于理性或神圣的智慧。也就是说，世界是造物主以内心的模型或者合乎情理的计划为蓝本，用没有任何具体形态的物质创造的，而物质诞生于虚无。在他们看来，这一系列的思想都是实在且人格化的，万物以这种实在为动因被构架、被留存、被掌控。

人之利益、上帝之爱、上帝之善是创造的源泉。在绝大多数的护教者看来，创造的行为发生于时间的范畴之中。而俄里根认为，源自上帝的创造是不朽的，被创造的事物会一直存续下去。与亚里士多德一样，俄里根也肯定宇宙的不朽，但在他看来，方今世界早已开始，即将陨灭，另一个不同的世界将它取而代之。

世界被创造的根源是人类，但人之目标却在来生，不在今世。至善就是从世间隐遁，就是以上帝为倾向，就是让灵魂退出感官所知觉的世界，就是对来生充满向往。每一个护教者都认为，不管是灵魂还是肉体，全都会通过某种方式重新获得生命。有时候，灵魂与肉体都将陨灭，在查士丁看来，神明以灵魂所具备的德性为标准对灵魂进行恩赐，赐予它永生。有时候，他们也认为，人具有一种精神，这种精神独立于灵魂与肉体之外，等级较高，且不朽不灭，受这一精神的影响，肉体得以永生，灵魂也得以永生（塔提安这样认为）。有时候，人们还认为，这种精神是天赋的，只有那些能够自我控制的人才能被赋予。

还有一种观点是护教者们所共同认可的，那就是人之沉沦及自由意志理论。精神由上帝创造，上帝将辨别善恶与自由择取善恶的能力赋予了精神。部分精神以肉体为倾向，走上了与上帝相悖的道路，它距离上帝越来越远，所以犯下罪行，它沉溺于肉体之中，生活的层级较为低等。经由受逻各斯启迪的真理、神圣的恩赐及如基督徒一般的生活，人类已经失去的地位能够被恢复。驻留于地狱（哈德斯）及涤荡罪恶的场所之后，当审判日到来时，正直的人会获得永生，不正直的人将一直被排挤与斥责。但俄里根一直都坚信，无论是谁，最后都能将自己从罪恶之中救赎。有一种思想贯穿了他的整个理论，参照当时的状况，罪恶被第一个诞生的人或天上犯了罪的精灵带到了凡间，所以，人类一直在遭受苦难；唯有从凡尘俗世之中脱离，再次与上帝相合，才有希望在最后得到救赎。

拯救人类的人是圣子耶稣，这是基督教最根本的信条之一，圣子降临尘世，为的就是帮助人类从罪恶之中脱离。这个命题非常简单，但由它而起的问题却很多，为此，数个世纪以来，基督教的神学家们一直争论不休，最后，经过激烈的论辩与漫长的争吵，这一命题有了正式的答案。上帝、耶稣、人，是这一命题中至关重要的三个基本概念。以救世为前提，天父、圣子、人性在这一格局之中究竟该如何被看待？天父与圣子（逻各斯）关系如何？圣子与耶稣是什么关系？上帝与人又是什么关系？

第五节　逻各斯学说

逻各斯学说在早期基督教学说中占据着举足轻重的地位，它并没有被早期教会信徒普遍存在的思想所渗透。最初的数个世纪里，在多神的社会环境下，基督教教徒安然地生活着。他们的智慧相对简单，他们信任天父、信任圣灵、相信有圣子的存在，他们从来都不曾站在形而上学的层面对自己的信仰进行诠释。在他们看来，无论如何，耶稣都是上帝的亲子，圣灵则是另外一种凌驾于自然之上的存在；他们不想对它们之间的关系进行探究，也不想从形而上学的角度对上帝与它们之间的关系及性质进行探索。早期教会的领导者多智慧卓绝，为了对自身的信仰进行维护，为了对诺斯替教及宗教异端哲学家进行抵制，他们开始研究希腊各派学说，并且，研究的程度愈益加深，直到福音书被彻底地希腊化。在很多地域，逻各斯学说都被抵制，而且抵制的程度很深，自然而然地，它就必须尽量少地从形而上学的角度对基督的基本信条进行解释。由此，各种派系应运而生，他们用即使对神学很陌生的人也能轻易理解的方式对基督教教义进行表述。公元130年到300年，以三位一体为主要论述内容的形态论在基督教信徒之中广为流传，信奉者的数量最巨。在西罗马，这一派系被称为佩特里帕西阿斯，即父苦说；在东罗马，这一教派名为撒博留斯，即三位变态说。在前者看来，上帝凭依着肉体化而为人，以肉体承受所有的伤害。在后者看来，上帝先后以天父、圣子、圣灵三种形态来彰显自身，但不管怎么说，这三者都是同一个上帝的化身，只不过其形貌与神态各有不同罢了。

可是逻各斯学说并没有被上述学说倾覆，公元3世纪末，逻各斯神学获得了最后的成功。"它以自身之信条为凭依对教义进行诠释。"哈尔纳克这样说。俄里根对当时所有思想家的影响都是深远的。俄里根的继承者们用哲学来装点信仰，以至于它无法被普通人所理解。单纯的宇宙学说及哲学学说都为他们所推崇，在这些面前，救世说也失去了原有的光鲜，变得黯然失色；基督之名在由他们创立的信条之中从未被提及。在涵盖于俄里根体系之内的新柏拉图主义面前，基督教大有被倾覆之势。

公元325年，尼西亚会议上，上帝与逻各斯之间的关系问题及天父与圣子之间的关系问题成了阿里乌斯教派和反阿里乌斯教派之间争论的焦点，前者之成员全都是阿里乌斯的门人，后者则以阿塔纳西乌斯为领袖，当时，针对这一课题的争论十分激烈。在阿里乌斯看来，上帝创造了基督，基督的意志是自由的，在创造他的时候，上帝就对他为善的行为有所预见，因此将神之威严赋予了它。在阿塔纳西乌斯看来，圣子是天父的亲生子，而非天父的造物，救世之本原在于圣子；圣子与天父一样度过了漫长的岁月，天父与圣子皆出于同一实体，天父的本性，圣子都具有，对天父而言，圣子的存在并不会造成伤害，且圣子的人格具有独立性，与天父不同。从本质上来说，存在于历史上的耶稣就是上帝与逻各斯的结合，或者是人与圣子的结合；这种转化是完全的。第三种存在为圣灵，同一实体以上帝为三位一体，换言之上帝具有三种人格，这三种人格的本质是一样的。

阿里乌斯教派的教义在尼西亚会议上遭到了否定与斥责，两派的论战以反阿里乌斯教派的胜利告终。之后，阿里乌斯被教会开除，和他一起被开除的还有他的门人们。如"是天父的亲生子而不是他的创造物，与天父从同一实体中而出"这样的言语被写进尼西亚之信条。后来，为了缓解阿里乌斯教派及其反对者之间的矛盾，有人主张上帝与耶稣出自各异的实体，但其本质是同一的，不过最后还是失败了。也正因为在这一点上存在分歧，教会最终发生分裂，分裂为希腊教会与罗马教会。

以俄里根为代表的新柏拉图主义是论辩双方的论据之源，不管是获得正统地位的学说，还是已经失败的理论，都建立于逻各斯学说之上。

基督论，即逻各斯—上帝与耶稣本人之间究竟有何关系，是基督教争论的另一焦点。问题的答案非常多，并且根据支持学说的差异，还形成了许多截然不同的派系。"基督具有两种非常完善的性质，两者之间存在差异，却又于一人身上完美融合，此人既为人，又为上帝。"这是基督教后来最正统的教义，查尔西顿宗教会议于公元451年对它表示了认可。

基督教教义确立于尼西亚会议，之后，俄里根学派成为基督教哲学的研究主力，该学派的中心在亚历山大里亚城。俄里根学派所倡导的正统学说被基督教采纳，与正统学说相悖的学说则受到了排挤与驳斥。基督教哲学的整顿工作有赖于俄里根学派学者的协助，出身尼萨的格雷果里（公元394年以前）、大巴西尔（公元379年以前）等是其中的典型代表。很多信徒也信奉普罗提诺所倡导的新柏拉图主义，主教塞内西乌斯（公元430年以前）是其中的领袖人物，除他之外，其他的领袖人物还有主教内梅西乌斯（公元450年左右）、加扎人阿内阿斯（公元530年左右）、学者扎卡赖雅斯、修辞学家约翰和约翰·菲洛波等，他们都是公元6世纪人。公元5世纪末，出现了部分对新柏拉图主义进行论述的著作，相传著作者是狄奥尼修，他是雅典的一名法官，供职于最高法院，但是最后这些皆被证明是误传。

第六节　自由意志与原罪

救世为一格局，在这一格局之中，人到底处于什么样的位置，这是第三个需要正式被解答的问题。当时，有一种观点非常盛行，即人类之所以会沉沦是因为第一个诞生的人或某个陷入沉沦之中的天使犯下了罪行，只有通过某种神圣的帮助，人才能从自身的罪孽中被救赎。天上的基督以拯救人类为目标降临凡尘，以这一信条为基础，这种解释似乎已经得到认同：假如将人类从罪恶之中解救是一件必须做的事情，那么，人类自身并没有自我救赎的能力，这一点显而易见。罪恶已将人类奴役，从本质上来说，人本就是罪恶的，他拥有原罪，或者从某一点上来说，已经成为原罪；不管怎样，他都是受束缚的。这种观点得到了摩尼教信众的拥护，摩尼教继承了摩尼（波斯人，公元277年以前）的学说，信徒数量非常庞大。在对

《圣经》进行解释的时候，摩尼采用了诺斯替教的教义及波斯传统的二元理论，并且将拜火教的始源传说和基督教的学说糅合在了一起。摩尼教主张人具有黑暗属性的根基束缚了人具有光明属性的根基，即光明受到了物质的束缚。人若是想要重新回归自己诞生的光明国度，就必须禁绝欲念，放弃酒肉、婚姻、资财、劳作，使自身变得纯净。但是，摩尼教并不认为耶稣基督降临凡尘是为了将人类从罪恶之中救赎。犯下罪行就意味着有罪，有罪的人就要为自己的罪恶负责；能够在对错之间自由进行选择的人，才能称之为罪犯，所以，假如人是有罪的，那么，人过去必然是自由的。同一结论，以不同的方式也可以得出。上帝全知全能，人一无是处且受到束缚，所以，犯下罪行是难以避免的，只有神才能够对人进行救赎。换言之，上帝是正直的、善良的，这种正直与善良是绝对的，上帝不用为罪恶负责，自由的人则要为自己的罪恶负责。

公元400年，罗马迎来了一位僧侣，他的名字是裴拉鸠斯，他所坚持的学说与原罪学说恰好相反。在他看来，上帝是正直、善良的，上帝的所有造物都是美好的，所以，从本质上来说，罪恶并不是人的本性。亚当能够自由地选择是否犯罪，他的感官所感知到的是败坏的，由此，他的行动被决定，他做出了选择，他犯下了罪行。每一个人的意志都是自由的，因此，罪恶无法被遗传，能够犯罪本就意味着不曾被束缚。自由是上帝赠予我们的首份礼物，为善是上帝的本能，自由是上帝恩赐于人的固有本性，所以，人本就能对罪恶进行抵制，人本就能希冀善良，寻求帮助并不是人类的必需。可亚当是一个很糟糕的榜样，他犯下了罪行，人们对他进行效仿，于是，一些很难被克制的习惯产生了，人也因此陷入沉沦。这位牧师这样追问：假如人不曾被罪恶役使，假如他仍然具有选择的自由，所谓神之恩赐，所谓基督的救赎，对人而言，又有何意义？对此，裴拉鸠斯学派的学者给出了这样的解答，无论是在《圣经》中，还是在教会的宗旨及耶稣的榜样中，人的认知都能够被神之恩赐所启迪，受其鼓舞，人能够选择善，并遵从它；不信仰耶稣，不接受洗礼，就无法进入天国。没有什么是上帝不知道的，人类会如何对未来生活进行选择，上帝知道得很精确，换言之，上帝知道自由选择的权利会被人类如何利用，因此，提前就做出了是赏还是罚的决定（宿命论）。

第三章 奥古斯丁的宇宙观

第一节 奥古斯丁

在早期基督教中，奥古斯丁是最具影响力的思想家，是最伟大的大师，具有很强的创造性，对裴拉鸠斯学派的学说，他抱持否定的态度。在奥古斯丁的神学体系中，当代最重要的哲学问题及神学问题都得到了探讨，它对一种世界观进行了诠释，这一世界观是属于基督教的，教父思想由此而登峰造极，此后的数个世纪，基督教哲学都以其为指南。无论是中世纪的哲学、宗教改革时期的教派学说，还是近代的基督教神学，都受到了奥古斯丁学说的影响，接下来，我们就从各个不同的角度对其进行探讨。

奥古斯丁是北非人，公元353年出生于塔加斯特，父亲是异教徒，母亲蒙尼卡则是一位基督教教徒，对奥古斯丁来说，母亲的影响无疑是巨大的。开始的时候，他在乡镇教书，公元384年到公元386年，他来到米兰，以教师的身份教授修辞学，与此同时，他开始专注于哲学研究与神学研究。由此，他的思想发生了转变，不再信奉摩尼教，而倾向于怀疑主义学说，但这些根本就无法满足他。公元386年，奥古斯丁开始涉猎柏拉图的著作以及新柏拉图学派学者们的一些著作，由此，他的思想渐趋成熟。供职于米兰的基督教主教安布罗斯对奥古斯丁的影响颇深，这位主教滔滔雄辩，他每次讲道，奥古斯丁都颇受震动。公元387年，奥古斯丁成为基督教信徒，之后，他回到了家乡塔加斯特。公元388年到391年，奥古斯丁在修道院中常居，并遵从修道院的教义，因此，得到了教士的授衔。公元396年，奥古斯丁荣升主教，供职于北非大城希波，在任期间，他以自己卓越的才智对天主教的理论进行宣传与扩展，直到公元430年，他的生命终结。

《自由意志》《真正的宗教》《宿命论与恩赐》《三位一体》《上帝之

城》《忏悔录》《回忆录》《书信集》等都是奥古斯丁的著作。

参考书

米格内编辑的著作，第ⅩⅩⅩⅡ—ⅩLⅤⅡ卷；道茨编译十五卷，沙夫丛书中第Ⅰ—Ⅷ卷也收录了这些著作。

《圣奥古斯丁和他的时代》，作者麦凯比；《异教的终结》，作者布瓦西埃；宾德曼、多尔内、茹特和布伦格尔在其著作《教会史》第ⅩⅠ卷《马丁》中的论著。

第二节 认识论

在奥古斯丁看来，只有和自我及上帝相关的知识才是值得获取的，这一观点贯穿了整个基督教哲学时代。包括逻辑学、形而上学、伦理学在内的所有其他学科之中，真正有价值的唯有关于上帝的那部分知识。我们要对我们所坚定信仰的事物有所认知，要对其合理性有所认知，这是我们的职责。"信仰是认知的目的，认知也是信仰的目的，世间有部分事情，没有一定的认知，就不可能去信仰，还有部分事情，只有信仰了，才能够真正有所认知。"与上帝相关的知识，一部分来自自然知识，另一部分来自所信仰的神明给出的启迪。要对信仰有所认知，就必须具有智慧；要相信所认知到的事物，就必须具有信仰。没错，上天的启示是否已经来临是理性要予以确定的第一件事。当上天的启示被信仰认知时，理性就会致力于去了解它且对它进行诠释。我们的信任被赋予了许多事物，我们无法全部进行认知，然而，在对源于信仰的真理进行了解的时候，我们一定要以教会的权威为尺度，因为，教会是上帝派驻人间的代表。

我们知道，我们自己是存在的，我们的思想也是存在的，其中的真实性毋庸置疑。我们知道有真理存在，且真理是不朽的，是不会变化的。我们之所以会产生疑问，正是因为我们对真理有所认知；的确存在着属于真理的世界，所以，我们才以统一的标准对真假进行判定。在这一方面，柏拉图的观点被奥古斯丁所认同，在他看来，真理的存在具有确实性，对真理有所认知是人类思维固有的本能。有时候，从论证的角度看，我们似乎是凭依着知觉目视神圣之概念，有时候，他又主张，这些概念创生于心灵，创造者为上帝，但是不管情况到底如何，人类的主观思维都不可能创生真理，真理具有客观性。真理的存在是独立的，无论它是否为人所掌握，它的存在在当下是不朽的，在未来也会是不朽的，并且人类必须对它进行认可。真理之世界以上帝为源泉，恒常不变，不朽不灭。事实上，神圣的精神不仅涵盖了柏拉图式的形式、本质，还涵盖了其理念与关于某些具体事物的主张。

第三节 神学

对人心进行鼓舞是奥古斯丁神学的主旨，在新柏拉图主义中，奥古斯丁的神学思想论证了上帝的庄严与其存在的绝对，被创造出来的事物若与上帝相脱离，就会变得可有可无。上帝是不朽的，其存在具有超验性，上帝是全能、全善且全智的；其统一性、意志和智慧也是绝对的。他具有精神性，且这种精神性是绝对的。他的自由也是绝对的，他的本性无法容纳任何的改变，他所做出的决定也是；邪恶不会成为他向往的对象，因为他是神圣的，且这种神圣具有绝对性。他的愿望与他的行动同一。他对什么有所希冀，他就会有所行动，他不需要任何帮助，无论援助者是逻各斯，还是任何其他位处中间的事物。每一种事物的形式（理念）都为上帝所拥有，换言之，世界在被上帝合理地创造着，所有的事物都具有与之对应的形式，而这种形式之所以存在，是因为上帝存在。阿塔纳西乌斯主张三位一体，奥古斯丁对他的学说进行了继承，为了对这一学说进行论证，他举出了一些深具撒博留斯色彩的例子。

世界是被上帝自无中创造而出的，新柏拉图主义者中有部分坚持泛神论，在他们看来，世界是上帝以自身演化而来，奥古斯丁并不这样认为，因为上帝的性质明显凌驾于其造物之上。上帝的创造必然具有连续性，不然，整个世界早已分崩离析。世界以上帝为凭依，这种凭依具有绝对性。我们不能说世界被创造于时间与空间之中，因为在世界被上帝创造出来之前，时间与空间都是不存在的。上帝在对世界进行创造的时候，也创造了时间与空间，但其本身却超脱于时空之外。但上帝的创造却不具备永恒性，世界有初始、有陨灭，它会发生改变，世界中的造物也并非无穷无尽。物质也是由上帝创生而出，从性质上来说，它存在于形式之前，却不能先于形式出现，换言之，我们的假定必须与逻辑相符，即假定形式以物质为根基。既然没有什么是上帝无法做到的，那么，宇宙中就必然会有一些神奇的、不可被诠释的事物，也有一些微小的、无足轻重的事物。

没有什么是上帝无法做到的，为了对这一点进行论证，奥古斯丁对万物以上帝为因表示了认可。要对上帝的善进行证明，就要先祛除世间之邪恶，或者经由辩解让邪恶变得不复存在。上帝以创造彰显自身的善，上帝对宇宙进行创造，是因为他的爱无边无涯。（但是因为害怕此观点与上帝权力的绝对性相冲突，奥古斯丁非常迫切地进行了补充说明，他说，创造并不是上帝应该担负的责任，上帝之仁爱也不可能胁迫他去创造，上帝造物这一行为本身就是上帝自由意志的彰显。）只要不以功名利禄为着眼点，存在于世界中的所有事物从某种程度上来说都具有善的特性。假如每一种事物都是上帝创造的，且上帝在造物的同时就对事物的性质进行了确定，同时上帝本身是善的，这种善还具有绝对性，那么，上帝肯定会希望自己所有的造物都是最美好的，哪怕是邪恶，从某一方面来讲也该是有益的。一幅图画要从整体的角度彰显美，图画中的阴影也必不可少，邪恶就如图之阴影。善与恶不同一，黑与白也不同一，可是邪恶的存在却未尝不是一件好事。换言之，邪恶就是善本质上的不足，是一种残缺，是善所遗失错漏之处。站在这个角度上，我们可以说，善不存，邪恶也就不存，邪恶不存，善或许会存在，但善不存，邪恶肯定不会存在。万物既然已经存在，那么，它必然就是美好的，这是最起码的。善之不足导致邪恶，因为这代表着有某种应该存在的事物在自然界中并不存在。道德层面上的邪恶不会对创生于宇宙的美好形成伤害。道德层面上的邪恶以邪恶的意志为根源，这一意志可能源自人，也可能源自陷入沉沦中的天使。邪恶的意志彰显的不是事物积极的一面，而是意志的残缺，亦即善之不足。神性不足、背离至善（上帝）、向往注定不能长久的凡俗，是邪恶之极致。原本，邪恶能够被上帝从事物之格局之中剔除，但上帝没有这样做，相比于剔除，他更希望邪恶能够成为一种手段，服务于善。乐观主义者认为，诞生的邪恶愈多，宇宙就愈觉荣耀。比如，上帝允许人类背离善良、趋向邪恶，他早就对人类的这一行为有所预见，并提前制定了惩戒规则。为了坚守上帝之善，为了证明没有什么是上帝无法做到的，奥古斯丁认为：（1）邪恶是相对的，绝对的邪恶并不存在；（2）善之不足导致了邪恶；（3）人应该对犯罪之行为负责。

第四节　心理学

灵与肉相合而生人类，在物质世界中，人类是等级最高的造物。灵与肉的结合并不是一种罪，更不是邪恶，灵魂没有被肉体桎梏。灵魂是精神的实体，是一种纯粹的非物质，从本质上来说，灵魂与肉体截然不同；肉体接受灵魂的指导，并以灵魂为根基对自身进行构架，肉体以灵魂为生命，灵魂怎样将作用施加于肉体，我们不得而知，这一过程是神秘的，无法揣度。感官知觉的过程是精神的，而不是物理的。等级较低的灵魂或者具有感官知觉的灵魂具有想象、感觉、将欲念诉诸感官知觉的能力；有智慧的、等级较高的灵魂则具有记忆、意志与智慧思索的能力，这样的灵魂绝对不会以肉体为凭依。所有这些能力都隶属于同一灵魂，灵魂是上帝之投影，与上帝一样都是三位一体的。只要灵魂发生了变化，那么，肯定有意志之活动掺杂其中，换言之，除了意志，再没有任何其他的事物。

灵魂并非源于上帝之流射，所有人的灵魂都是独属于他本身的。在与肉体相结合之前，灵魂无法提前存在。奥古斯丁对灵魂的诞生问题并没有做出最后的定论，这一问题，他也无法给出答案。彼时，比较盛行的观点有两种，灵魂创造说与灵魂繁殖说，前者认为所有婴儿诞生的时候，上帝都会为他或她创造一个灵魂；后者则认为，孩子的灵魂是由父母的灵魂繁衍而来，就像孩子通过父母肉体之结合获得肉体一样。对这两种观点，奥古斯丁皆不赞同。

尽管灵魂以某个时间点为起始，但它本身却具有永生的特性。柏拉图喜欢使用论证的方式，他所处的时代也盛行论证，奥古斯丁借用了这种方法，对灵魂的永生进行了论证。并且，虽然从存续的角度来说，灵魂是永生的；但从获得恒久之幸福这个角度来说，灵魂却未必能够永生。当灵魂沉浸于神性之中时，它便能安享恒久之幸福，但这一点却无法被证明，我们对恒久之幸福怀抱希望，也不过是出于信仰而进行的一种信仰的行动。

第五节　伦理学

与上帝相合是人类追求的至高目标，站在宗教的角度来看，这一目标就是得见上帝。在本身就不完备的世界中，人根本就无法与上帝相合，因此，这种结合必然要诉诸来世，诉诸真正意义上的生活。凡尘俗世之中的生活不过是一段旅途，旅途的目的就是对上帝进行拜谒，相比于恒久的幸福，它不是生活，而是陨灭。由此可见，对现实世界，早期基督教徒们是抱持着悲观态度的，相反，对来世，他们却抱持着乐观的态度，换言之，他们在对凡尘俗世表示不屑的同时，还对上帝充满了挚爱与仰慕。奥古斯丁一直都致力于前文我们所论述的邪恶相对论，对邪恶的世界与为善的上帝进行调和。他还希冀能够从伦理的角度弥合凡间德性与至善之间的二元理论，弥合的方式同上。

我们以爱为凭依相融于上帝（至善），德性以爱为至高的标准，其他所有德性都根源于爱。爱是节制的泉源，爱也是自我克制的泉源，对凡尘俗世的爱与对上帝的爱永远都处于对立的位置；爱是刚毅的泉源，换言之，在遭遇磨难、悲伤痛苦的时候，要克服它们，就必须以爱为凭依；爱是正直的泉源，换言之，要信奉上帝，要对上帝表示尊敬；爱是智慧的泉源，换言之，智慧是一种力量，通过它，人能做出对的抉择。热爱自己、热爱他人的基础是爱上帝。唯有对上帝充满了爱，真正的德性才会归属于异教徒；若是异教徒的德性不以对上帝的爱为推动力，那它就只是"华美且罪恶的德性"。

神之恩赐作用于内心，所以我们爱上帝，它诞生于教会的洗礼之中，受上帝权能之影响，过程非常神秘。道德的转化需经历信仰、希望、仁爱三个阶段，至高的是爱。"唯有以对的方式去爱，才能以对的方式去希冀、去信仰。""爱不存在，信仰将一无所成；希望不存，爱就不存；爱不存，希望也就不存；信仰不存，爱与希望都将不存。"

相比于基督教最初的希冀，这种理论对人类制度所抱持的态度更积极，对凡俗生活所抱持的态度也更积极。在基督教早期，教徒们一直都以消极的态度面对婚姻、国事、战争、司法、商业等制度，但是在基督教成为罗马帝国国教并日益组织化之后，发生改变是必然的，这种变化在出世与入世之间表现得尤为明显。是以苦行为理想，还是以俗世为理性，奥古斯丁一直在踌躇。在中世纪，许多道德学家都以他为代表。比如，他对财产的合理性表示认同，并不赞同老教父们所主张的财产构架在非正义的基础上这一观点，在他看来，每一个人都拥有获得财产的权利，所谓财产就是"最恶劣的劫掠"（安布罗斯这样认为）；在他看来，不仅富有的人能够得到救赎，贫穷的人同样能够得到救赎，但是他也认为，财产私有化会对灵魂产生阻碍，生活清苦贫困则对灵魂有利；在他看来，我们不应该让财产私有化，假如无法做到，就不应该对占有产生钟爱的情绪。在婚姻方面，奥古斯丁抱持着二元的态度，在他看来，单身是一种高尚的行为，结婚则是一种神圣的礼仪。

同样地，在奥古斯丁的国家理论中，也体现了二元论的思想。在他看来，俗世的国家是以蔑视上帝、珍爱自己为基础建立的，上帝的城邦则是以对上帝的爱和对自身的不屑建立的。从伦理学的角度来说，俗世的国家就是一个社团组织，其使命是增进国民之幸福，在国家之中，处于支配地位的是正义。但和教会的目标相比，国家的目标具有相对性，却无绝对性。国家应该成为教会的附属，教会拥有绝对的权威，教会的正确性毋庸置疑，因为它是上帝的城邦在人间的彰显。

总而言之，奥古斯丁的神学理想是具有双重性的。至善是一种完善，它具有超验性，哪怕是基督教的信众，也无法实现这一理想，因为肉欲依旧支配着他们，所以，基督徒以对上帝的爱来自我完善，对善充满了希冀。通过祷告、斋戒、施舍等外在行为，我们也能减轻罪恶，从一定程度上对自身进行完善，也能让自己变得神圣，不过，人要达到的至高目标还是超脱凡俗，人所追求的真正目的还是禁欲，是从凡尘生活中脱离，是对上帝进行仿效。在奥古斯丁看来，基督徒们最理想的生活状态就是生活于修道院中。

奥古斯丁的伦理学说最显著的特征就是唯心主义。物质不是世间最伟大的，精神才是。肉体、感官冲动、对欲望的满足，对人类来说都不是最伟大的，精神才是。

第六节　意志自由

　　裴拉鸠斯倡导意志论，奥古斯丁对此并不赞同。是的，犯不犯罪是以亚当为代表的人类的自由，上帝在创造人类的时候，不仅将自由赋予了人类，还将永生、神圣、正直及从顽固欲望中脱离的超自然禀赋赋予了人类。可是这些禀赋在亚当选择背叛上帝的时候就失落了，整个人类族群也被他腐蚀，变成了"堕落的众生"。整个人类族群以第一个诞生的人为代表，从本性上来说，他就是罪恶的，他犯下罪行就必然会受到惩罚，他的后代遗传了他的犯罪本性，自然也遗传了惩罚，所以，想要让人不犯罪根本就不可能，人可以选择犯不犯罪，但无法选择是否从罪恶之中脱离。亚当是第一个犯罪的人，犯罪由他而始，而且他的罪是原罪，具有遗传的特性。这样造成的直接结果就是，整个人类族群都要承担罪恶。若非上帝格外施恩，人类将永远被惩罚，因为那是人类应得的。除了上帝，没有谁能够将人类从沉沦之中救赎。上帝并不以为善作为施恩的标准，准确地说，背负着罪恶的人类是不可能为善的；只有得到上帝恩赐的人才会为善。"上帝不会因为人类能够自由行动而对其施恩，而是人类因为得到了上帝的恩赐才能够自由行动。"亦即人类灵魂因上帝而改变，在上帝的影响下，灵魂开始再次钟爱善，就像亚当陷入沉沦之前一样。钟爱至善（上帝）、对至善（上帝）进行认知，能够让人重新为善，能够让人趋向上帝，能够让人抛弃感性的生活，换言之，以上种种，就是人之意志，它脱了肉体之桎梏，变得自由。所谓自由，指的就是对善的钟爱，亦即真正自由的唯有充满善意的希冀。

　　一个人若缺乏对善之观念的认知，若不明白何为真正的善，若不对善充满钟爱，他就无法被救赎，这就是隐藏在上述理论背后的思想。有一部分人对善充满希冀，另一部分人则不是。这些现象需要奥古斯丁做出解释，在他看来，这是上帝随机的恩赐。

　　在上帝的安排下，一部分人一直享受幸福，另一部分人一直被惩罚，其中原因太过神秘，不可揣度。可是上帝做出的选择并非有失公允，因为人类虽然曾经拥有被救赎的权利，但现在这种权利已经失落了。这样，命定论不就等同于预定论了吗？这不就意味着上帝早就已经选好了能够被救赎的人和理应陨灭的人？那么，上帝真的是在随机选择吗？对上帝来说，预定等同于决定，具有不朽性，他的恩赐永远都不会出现谬误，得到恩赐的这个人或者那个人能够一直安享生活。预定是一种抉择层面上的先见，可是，这无关乎人之自由。在奥古斯丁看来，要不要一直安享生活，决定权在人的手中，但人没有做出选择，上帝明见了这一点，便提前做出了决定，决定谁该被拯救，谁不该被拯救。奥古斯丁以此为例证，对上帝权力的绝对性进行了证明。他不希望上帝之权能受到制约，哪怕被制约一丝也不行：从古至今人类的命运都决定于上帝，上帝决定怎样对待人类。亚当曾经拥有过选择的权利，但他却选择了滥用，对他的滥用，上帝心知肚明，可是他为恶并不是因为被谁胁迫，只有被上帝选中的人才有抱怨的权利。假如他的意志是神圣的，假如他真的对上帝充满了挚爱，他就能从罪恶中被救赎。

　　上帝城邦中的居民都是被上帝选定的、得到了救赎的人；凡俗城邦中，即罪恶国度的居民则都是被上帝选定的、最终将陨灭的人。人类的历史就是两大城邦的战争史，战争末期，基督教开始建立，基督代表上帝的旨意，将恩惠赐予凡俗。在俗世中，基督教会就是属于上帝的城邦，在基督教会的协助下，这一城邦日益完善。尽管在教会中，不是所有的人都能够从罪恶中得到救赎，但在教会之外，却没有一个人能得到救赎，而且被救赎的究竟是谁，我们也不得而知。正义取胜是善恶之间较力的必然结果，随后，大安息日来临，由此，上帝之城的住民能够一直安享幸福的生活，而那些仍然担负着罪恶的人及其后代则和魔鬼一样一直承受永恒之火的惩戒。

第二篇 经院哲学的开端

第一章 黑暗时期

第一节 新民族

在古典—基督教文明末期，教父哲学经由奥古斯丁哲学登峰造极，它是奄奄一息的古代文明留下的一份遗产，等待后继者的承袭，哪怕后继者十分狂野蛮横。在这一著作被撰写的那个时期，北方某些新兴的民族在政治上占据了支配地位，西罗马帝国则走向了衰亡。西班牙与高卢成了西哥特人的领地，非洲大陆惨遭汪达尔人的蹂躏。公元476年，罗马帝国的王座落入东哥特人手中。彼时，使罗马—基督文明与日耳曼民族的制度及观念相适应成了最主要的问题，要顺利解决这个问题，至少需要千年时光。在这个被冠以中世纪称谓的时期，一种全新的文明自糅合了许多人类因素、各式各样、相互混杂的材料之中脱颖而出，伴随着新文明的出现，新的秩序也应运而生。新秩序笼罩的范围十分广泛，如政治、社会、文化、宗教，等等。欧洲民族大融合带来的改变是多方面的，语言、国家、风俗、律法、宗教、生活方式等，全都除旧布新，由此可见，这的确是一次彻彻底底的革新，我们也在这次革新彻底完成之后，迎来了新的近代纪元。

糅合工作无法一蹴而就，这很正常；对传统旧制度的吸收不宜操之过急，对旧传统的糅合也应该缓缓进行。任何民族都不可能瞬间就将自己过去的生活颠覆，任何民族的革新也不可能真正完全。在罗马—基督教文明被认可与接纳之前，这些荒蛮的民族需要学习的东西还有很多很多；他们接受新文明的唯一途径就是以自己的感官为凭依，由此，当他们的灵魂被新文明渗透的时候，时间肯定已经过去了很久很久。遭到冷落的恰好是旧世界中等级较高的文化，哲学的园地虽然已经被部分基督教徒开垦了出来，但数个世纪以来，这些园地却都处于荒芜状态，这也没什么可奇怪的。在那个时候，形而上学体系也好，神学体系也好，根本就没有被创立的时间，各个领域之中都有一些实际且严重的问题亟待解决。况且，只有成人才会以哲学研究为事业，但这些年轻的新民族还只是孩童。对一个荒蛮狂野的民族来说，在没有掌握最基础的知识及获取知识的工具之前，是没有余力去欣赏那些有教养的民族所创造的、最高等级的成果的。那一时期，教育问题才是当务之急，自奥古斯丁时代到公元9世纪，多数学术文献都是和"七艺"（文法、修辞、逻辑、算术、几何、天文、音乐）有关，或者对基督教教义进行教导的。

由于遭到了基督教神学的桎梏，哲学也只是对曾经的传统进行了保留。东罗马帝国是当时文明等级较高的国度，在那里，神学问题是大众的问题，人们研究它的兴致都很高，可这种兴致导致的也不过是与教条相关的无谓争吵、对教义的系统收集及以百科手册的方式对神学进行撰述，没有任何的实际意义，譬如大马士革人约翰在公元700年前后所做的那般。那个时候，对科学、逻辑、哲学进行撰述及注解的人有：马尔提阿努斯·卡帕拉（公元430年前后），波依修斯（公元480—525年），卡西奥多鲁斯（公元477—570年），塞维尔人伊西多尔（公元636年以前）及贝德（公元674—735年），因为编撰了一些摘要而被盛赞为博学，但他们的著作缺乏创造性，这一点是显而易见的。数个世纪的发展，让中世纪的著作呈现出了两种发展态势，一种倾向于基督教，一种倾向于旧文明的古典文化，两者不相伯仲，但对那些糅杂了太多其他东西、不纯粹的基督教哲学，深具教养的罗马人及希腊人从来都是不屑的。在对希腊哲学思想进行论述的时候，我们已经讲述过古典哲学，即新毕达哥拉斯主义及新柏拉图主义，它们一直都坚定地走在斯多葛学派所开辟的道路上，并一路向前。

第二节　学术研究的开端

伴随着基督教的发展及具有教养的罗马信众日益增多，对文化进行引导的任务渐渐地从哲学家身上转移到了基督教教士的身上，这些教士（僧侣）成了最新的学术监护人。无论是在东罗马帝国还是西罗马帝国，绝大多数的大作家都是教士。到了中世纪，日耳曼民族的勃兴让知识的灯火变得暗淡，基督教教区之中，新近被擢拔的教士大多具有野蛮人的血统，他们根本没有兴趣对希腊哲学、文学、艺术进行研究，也不以此为荣。在西欧文明发展史上，公元7世纪与公元8世纪大概是最黑暗的一段时期了，这一时期是荒蛮的、狂野的、愚昧的。旧古典文化时期取得的艺术硕果与文学硕果通通毁灭殆尽，面临着陨灭。这一时期是荒芜的，也是凄凉的。被修道院庇护的不仅仅是被压榨、被迫害的人，还有被冷落、被轻视和忽略的文学及艺术。但凡是与文学、艺术、科学相关的事物，在修道院中都能被保留，人们手抄稿件进行研究，等级较高的理性与文化愈来愈为人所钟爱。修道院还创办了学校，教授一些课程，尽管这些课程很枯燥，内容也相对贫乏。查理曼时期，希望得以萌芽，查理大帝对教育十分重视，他创办学校，自国外礼聘学者，教授学生七艺。接受礼聘的学者有：基督教执事，著名历史学家，伦巴德人保罗、爱因哈德、安吉伯特以及阿尔克温（公元735—804年）。阿尔克温是盎格鲁—萨克逊人，曾就读于约克修道院，后来接受查理大帝的礼聘，成为其教育顾问；在图尔一座由修道院创办的学校中，他通过努力成功地激发了人们对哲学进行研究的兴致。阿尔克温撰写过文法教科书、论辩术教科书及修辞学教科书，还撰写过一部心理学专著，在这部专著中，他所表述的许多思想明显受到了奥古斯丁神学及柏拉图哲学的影响。腊巴努斯·毛鲁斯（公元776—856年）及《虚无的暧昧》作者弗雷德吉苏斯都是阿尔克温的学生。腊巴努斯·毛鲁斯是一位编纂家，编纂过书籍，还撰写过教科书，而且他还是日耳曼学派的创始人。

这一时期，思想史上始终不曾出现重量级的著作，直到公元9世纪中期，约翰·司各脱·伊里杰纳（或伊留杰纳）出版了一本与教父哲学相关的代表基督思想新纪元的书。接下来，我们要论述的就是这个被称为经院哲学的时代，在那之前，我们还得对中世纪的一些普遍性特征做一些简略的描述。

参考书

《中世纪的开端》，作者丘奇；《教育史》，作者芒罗；《中世纪教育史》1—4 章，作者格拉维斯；《查理大帝时期各派》，作者穆林格；累基，前引书第 4 章；《阿尔克温》，作者加斯科因；《阿尔克温和基督教各派的兴起》，作者韦斯特；《阿尔克温及其世纪》，作者韦讷；《修道主义》，作者费西；《僧侣和修道院简史》，作者威沙特；《英国的修道生活》，作者加斯克；《禁欲主义以及僧侣寺院设备和生活方式》，作者邹克勒尔；《天主教团和教长会》，三卷，作者海姆布歇尔；《修道主义》，作者哈尔纳克，译者克赖特和马尔塞禄。

第二章　中世纪的精神和基督教哲学

第一节　教会的权威

中世纪时期，日常生活中最流行、最重要的词汇无外乎权威、恭顺、服从。教会对包括政治、宗教、道德、教育、哲学、科学、文化、艺术在内的所有人类活动的领域都有着极深、极广泛的影响。在人间，上帝以教会为代理人，所有天启的真理均源于教会，由此，在教育方面，教会被赋予监护之责，在道德方面，教会扮演了检察官的角色，在文化领域与精神领域，教会成了最高裁判所。没错，它掌管着天堂的门户，它是一个组织，文明的组织。既然真理能够被教会直接从上帝之处获取，那么，对真理进行探寻还有什么意义？除了成为神学之仆婢，哲学的存在有何价值？让基督教的教义及天启之真理系统化、通俗化就是人之理性唯一的用处。无论是站在宗教仪式的角度，还是站在宗教信仰的角度，个人都该以教会为臣服的对象，在上帝与个人之间，教会永存；每一件至关重要的事情，不管是生还是死，都无法摆脱十字架的阴影。一个人从尚在襁褓到走进墓穴，一生都被上帝之城守护着，这座城池十分巨大，人在接受它守护的同时，还能从它那里得到一张天国的护照。除非身处上帝之城，否则，无论是谁都无法被救赎。教育之权也执掌于教会之手，事实上，除了位处上帝与个人之间，对上帝的启示进行传达的教会，再没有谁能够将真理传授。除了代表人间正义及公平的至高权威，除了教会，再没有谁有资格对人类的行为进行检视。从教会的角度来看，它认为自身的存在应该凌驾于国家之上，它也一直都致力于将这一理论应用于实践，这样，教会与德意志的几代皇帝发生摩擦也就在所难免。教会与国家就似烈日与明月。1198年到1216年，英诺森三世成为教会大权的执掌者，这一时期，教权发展到了其所能达到的巅峰，英诺森三世甚至产生了统治世界的念头。由此，在面对民众的时候，国家也将自身的权威与教会进行了等同：君权神授，民众要对王权表示臣服，这是神的旨意。个人既然身处国家之中，就要遵纪守法，就要接受社会、政治、经济等各个方面的约束。对普罗大众而言，生活本就应该是驯顺的、服从的，服从规矩，服从包括统治者、君王、行会、师傅、家长在内的某个集团。权威凌驾于舆论之上，传统凌驾于个人良知之上，信仰凌驾于理性之上，团体凌驾于个人之上，等级凌驾于人类之上。

第二节　经院哲学的问题

时代精神被这一时期的哲学思想所映射。第一的位置还被权威与传统占据着，学者们对教会十分信任，对奥古斯丁、柏拉图、亚里士多德及其学派也十分信任，来自修道院的指令，他们也乐于服从。一方面，他们对教会之教义即为真理这一点表示认可，另一方面，他们本身又对思辨充满了欲望，且欲望非常强烈，由此，在对哲学进行诠释的时候，学者们尽量采用基督教的教义；在对基督教教义进行诠释的时候，则尽量采用哲学思想，他们一直都致力于将两者进行调和。可是信仰贯穿了他们的整个工作过程，所有的知识都应该尊奉神学，神学就是科学之至高，甚至，即便某个区域之中，理性尚未通达，知识还是雏形，宗教之真理也已经引起神秘性而为人所信仰，部分人因此更坚定了自己的信仰。以思辨的角度对哲学进行论述，或因毫无用处而遭到嫌弃，或于理性之真理与信仰之真理中孤独地寻求自我安慰。

  过去，人们曾经试图以教父哲学来制定基督的教条，并以唯理为前提，将之发展为一个哲学体系。酝酿的过程在经院哲学家们粉墨登场之前就已经结束，他们拥有属于自己的现成的教义。还有一些教士架构了国家政权，于是，在国家机器与教会机器的双重护卫下，所有抱有不同意见的人都遭到了抵制，教会之真理更得到了捍卫。那一时期最主要的问题就是将教义、科学及信仰相调和，使之成为一个完整的体系。和旧时代的希腊哲学家们一样，经院哲学家们也致力于站在唯理的角度对事物进行解释，但他们却是怀抱着确实的目的来做这些事的，并且他们的目的本就在预料之中，且非常明晰确实。某些最基本的真理已经被哲学家们所认知，救世之格局更是家喻户晓，哲学家们要做的就是联系其他知识对它进行解释，让人们理解它变得更容易。在中世纪，对宗教信仰的合理性，哲学家们表示认可，在他们看来，天启与人之思维之间并不存在矛盾，信仰本就等同于理性。即便宗教的某些真理已凌驾于理性之上，但知识本就以信仰为另一源泉，信仰也为真理做出了担保。如此这般，各种各样不同的方式全都得到了认同。思想家们可以以某种哲学理念或哲学体系为凭依，以基督的世界观为切入点对它进行证明，也可以对一些与神学并无直接关系的问题加以关注，但不管怎样，所有的行动都必须以教会的教义为准则。为了避免给教会之教义造成伤害，经院哲学家们肯定不会在明知这一命题与基督教义相冲突的情况下对其表示认可，最起码，他们也得做出辩解，哪怕两个命题彼此冲突，经院哲学家们依旧会以某种方式对证明两者皆是对的，而不会将基督的教义舍弃。

第三节 经院哲学的特征

  方法决定于目的，这一点同样适用于经院哲学，演绎法肯定是他们最常使用的方法，只要他们仍把对早就被认定为正确的命题进行论证当作主要目的。通过这些命题的属性及对其进行论证的必要性，我们可以了解经院哲学的一些其他的特征。超验之世界、上帝之世界、天使、圣灵是经院哲学家们最感兴趣的。他们的目光一直都集中于精神领域，对表象世界中存在的事物则缺乏关注。这说明经院哲学家不重视精神科学，也不重视自然科学，他们真正推崇的只有神学，还说明即便是在对自己感兴趣的伦理学及心理学进行研究的时候，他们也不曾采用由经验而得到的方法。他们关注灵魂的性质，关注灵魂的复归之地，却不关心它到底是怎样进行活动的；在他们看来，对其内容进行分析对理解并没有什么益处。伦理学中的一些问题也无法以经验为凭依做出解答。至善就是与上帝合一之后安享幸福之生活，这个问题已经有了答案，然而，通过从经验中获取的方法却无法找到安享幸福生活的路途。这种生活只属于得到神恩的人及上帝谕令的执行人。是否对上帝的谕旨表示服从是判定是非的标准。上帝所希冀的，就是神之启迪，这种希冀根本就无法通过对经验进行分析来获得。神学是经院体系下的伦理学必须坚守的阵地。

事实上，经院哲学家们获取知识的途径皆是思维，他们并不关心感官所感知到的那个世界。所以，在他们看来，在所有项目中，与逻辑相关的课题项目才是最重要的，尤其是他们以之对真理进行探寻的逻辑之演绎法及三段论式。位处此领域，经院哲学家们不仅仅对逻辑的过程进行分析，还将那些已经被冠以人类文化遗产标签的概念进行了发挥，在这方面，他们表现出了精益求精的精神。认识论不曾因为他们的研究获得长足的进步，他们也不似以往那般认为知识的界限与可能性是能够被揣度与推测的；他们坚信通过人之理性一定能够对某种真理进行认知。当然，关于知识的确实性，唯名论者的确进行了研究，但是从某种意义上来说，唯名论者实际上并不是真正的经院哲学家。

第四节　经院哲学的阶段

经院哲学的发展，可以以数个重要阶段为分界进行论述。约翰·司各脱·伊里杰纳其人，我们关注已久，尽管他所倡导的思想在经院哲学体系之中算不上典型，但他本人在经院哲学运动中扮演了先锋的角色。从公元9世纪到公元12世纪都隶属这一时期，并且柏拉图的思想在这一时期产生了广泛的影响。在这一时期，在思想界占据着主要地位的哲学流派有柏拉图主义、新柏拉图主义和奥古斯丁主义。这一时期，人们参照柏拉图的学说，认为从本质上来讲事物都是概念（理念）的，且在事物存在之前，概念（理念）就已经存在了。安瑟伦是这种明显带有柏拉图特色的唯实论的代表人物。13世纪以来，基督教教义与亚里士多德哲学相糅合，亚里士多德主义勃兴，这一时期，在人们的认知中，概念本身就是一种实际存在，它包蕴于事物之中，在事物存在之前，它并不存在。这种认知也是唯实论的，不过却带有鲜明的亚里士多德色彩。公元13世纪，西欧的思想体系繁多而广博，渊博且卓有才智的大阿尔伯特及思想家托马斯·阿奎那都是这一时期的代表人物。在经院哲学家看来，历经繁华之后，哲学在14世纪走向了衰亡与败落，在生活于这一时期的人们看来，事物不以概念为本质，概念也并非实际存在，它只是发端于人类内心的一种理念、名称或文字，真正实际存在的只有极个别的一些事物。这种理论被称为唯名论，在约翰·邓·司各脱及奥卡姆人威廉的领导下，唯名论运动摧毁了经院哲学的根基（前提）。和柏拉图及亚里士多德一样，经院哲学家们也坚信唯实论，在他们看来，宇宙本就是一个由理念构成的体系，是理想的国度，在表象的世界中，这些概念总是以事物本质的方式进行映射。宇宙本就是一个与逻辑相契合、与理性相契合的世界，所以，人能够用自身的思维对宇宙进行思索，并且宇宙世界中彰显的理性与人内心深处的理性是同一的。某一类事物之所以具有现在的样子，是因为其形式与人内心的概念同一，是因为其形式与被普遍认可的概念同一。假如被普遍认可的概念仅仅是人脑海中形成的一种思维，在现实世界中并没有与之相对应的真实存在，那么，我们就不能通过思维对这一事物进行认知，也不能掌握与宇宙相关、与普通概念相关且具有唯理性的知识。某种坚信理性一定能通达真理的信念也会被削弱，甚至被摧毁。换种说法就是，经院哲学所坚持的理论在中世纪并没有被一以贯之，14世纪时，经院哲学走向了衰败。

这也证明信仰与理性之间的结合并不紧密，宗教与哲学的结合也并不紧密，渐渐地，将信仰之理论与理性的建议等同起来的观点也发生了改变。在部分人看来，宗教教义中的确存在一些通俗易懂且能够被诠释的教义，但也存在一些明显凌驾于理性之上的教义；还有一部分人认为，宗教的教义本就不适合用哲学的角度进行研究，它是无法被诠释的，理性的领域也无法将宗教之真理涵盖，宗教之真理已经超出了理性探索的极限。在后一种观点中，哲学获得了自由，不再被认为是神学的仆从，经院哲学本身也被摒除与背弃。

第五节　经院哲学的原始文献

　　基督教中与教父哲学相关的文献、希腊哲学典籍、阿拉伯人的哲学思考、犹太人的哲学思考都是早期经院哲学家汲取知识的泉源。从出现伊始到 12 世纪中期，这些拉丁文版本的希腊哲学著作依旧是经院哲学家们的主要参考资料：西塞罗与卡耳西迪乌斯翻译的柏拉图著作《蒂迈欧篇》中的部分内容，波依修斯翻译的《范畴篇》及《解释篇》，两者都是亚里士多德的著作；波依修斯与维克托里努斯翻译的《范畴导论》，该书作者为波尔菲里。12 世纪时，柏拉图的著作《斐多篇》及《曼诺篇》被翻译，11 世纪中期，内梅西乌斯的著作《论人的本性》也完成了翻译工作。被经院哲学家们所认知的拉丁哲学家有波依修斯、马尔提阿努斯·卡帕拉、卡西奥多鲁斯和克劳迪阿努斯·马梅尔图斯、《论定义》的作者维克托里努斯、《论柏拉图的学说》的作者阿普莱乌斯、《阿斯科勒庇俄斯》的作者伪阿普莱乌斯、马克罗比乌斯、伪狄奥尼修和塞维尔人伊西多尔等。1128 年之后，经院哲学家们才对拉丁文版的《分析篇》及《正位篇》有所认知，这两部著作都是亚里士多德撰写的。1200 年前后，经院哲学家们开始接触和物理学及形而上学相关的著作。

参考书

　　参阅《哲学史》第 243 页，作者图讷尔；德文版宇伯威格—海因泽书的第二编；宇伯威格—海因泽书第 19 章和皮卡维《中世纪哲学》都有经院哲学的专门书目。

第三章　约翰·司各脱·伊里杰纳

第一节　传略

　　公元 5 世纪末，一本文集出版，希腊人狄奥尼修被误认为是该书作者。狄奥尼修是一名法官，曾供职于雅典最高法院，在人们的认知中，他还是雅典地区的首个基督教主教；新柏拉图主义之精神是这本文集宣传的主要内容，在中世纪，这本文集对思想的影响极其深远，它也激起了人们对哲学浓厚的兴趣。约翰·司各脱·伊里杰纳就是深受文集中泛神论影响的人之一。伊里杰纳用拉丁文对这一著作进行了翻译，并以它为根基，构建了一个完整的哲学体系。约翰·司各脱·伊里杰纳是爱尔兰人，生于公元810年，他在爱尔兰的学校中接受过正统的教育，还曾受聘于秃头王查理，出面掌管巴黎宫廷学校。他何时逝世的，我们不得而知，尽管有人推测，公元877年，他的生命就走到了尽头。在著作《自然区分论》中，伊里杰纳对自己的哲学思想进行了表述。

参考书

《拉丁教祖遗集》（米格内）CXXⅡ卷中，收录了伊里杰纳的著作。（《希腊教祖遗集》第Ⅲ和第Ⅳ卷中，收录了伪雅典最高法院法官的著作，用希腊文和拉丁文写成，帕克尔将其译成英文。）

《中世纪思想》，作者普尔；《约翰·司各脱》，作者格德纳尔；泰兰弟尔·胡布尔、斯特克尔和闹克的专著。

第二节 信仰与知识

神学与哲学、信仰与知识、理性与权威，被约翰·司各脱·伊里杰纳进行了等同，在他看来，宗教所倡导的真理本就是契合情理的，真正的宗教也等同于真正的哲学，所谓信仰，并不是轻率地认可某一命题，而是以理性为凭依去真正认可这一命题，只有这样，信仰才是明智与合乎情理的。在他看来，真理本就发掘于理性，之后，神父们才会对它进行传播。为了申明自己的确是站在唯理的立场上的，司各脱·伊里杰纳经常用比喻的方法对《圣经》及教会的重要典籍进行解释。

第三节 泛神论

奥古斯丁的神学思想及新柏拉图主义的哲学内涵在当时广为人知，约翰·司各脱的神学体系中也多有涉及。万物以上帝为初始，上帝居于万物之中，万物终将复归于上帝。上帝是万物的泉源，万物在上帝之中存在，或者凭依着上帝而存在，最后又以上帝为归宿。世界是上帝自无中创造的，或者，世界起源于初始因，亦即诞生于无因中的原因，上帝自本身之中将世界创造而出。在司各脱看来，上帝就是自然，他是创造者，且他本身无法被创造，亦即，上帝是一种最基础的基质，他有创造的能力，但没有什么能够将他创造。世界是以存于上帝逻各斯中的计划或不朽之模型为蓝本被上帝创造的，由此，上帝也证明了自身的存在。万物因其智慧而具有形式与秩序，并且会继续受他的智慧影响。在司各脱看来：以逻各斯的身份出现的自然本身就是创造者，而且它也是被创造而出的，但源于逻各斯的万物却只是造物，并不具备创造的能力。所有物质的事物终将复归于上帝并止于上帝，所有精神的事物也终将复归于上帝并止于上帝，因为所有创造的最终目的都是上帝。在司各脱看来，若从这个角度进行论述的话，上帝（自然）不是造物，也不会进行创造。当上帝以存在的形式出现时，他是天父；当上帝以逻各斯或智慧的形式出现时，他是圣子；当上帝以生命的形式出现时，他是圣灵。

宇宙源于上帝，作为表象，它彰显着上帝的本质：上帝是其思想的泉源，是其逻各斯的泉源，也是整个表象世界的泉源，然而，被彰显并不等于被遗弃，所有被彰显的情况都如同上帝之外衣，无法与上帝相脱离。上帝与他所创造的万物既是两个不同的概念又可合二为一，上帝涵盖万物，万物也涵盖上帝，两者是浑然一体的，亦即，上帝在自身的造物之中被彰显。太一无法被目睹，也难以理解，因此，只有上帝本人能够见到，上帝本没有具体的性质与形式，他所表现的形式与性质全都来自自身的赋予。在人类眼中，宇宙是杂多的、繁复的、可以被分割的，宇宙是神明本性的彰显，然而，站在原则的角度上来看，宇宙却是同一的，是一个纯粹的、不可被分割的整体，虽然宇宙内部存在种种对立，但这些对立全部都得到了调和。

上帝具有超验性，且存在于世界内部。宇宙的神性已经被消耗殆尽或者正在逐渐减少，这样的设想与司各脱的意愿是不符的。得到伸展的神性只占据其中很少的一部分，剩余未被伸展的神性没有穷尽。就像人能够看到光线、听到声音且不会被伤害一样，神的存在也能被人们共同享有，且其圆满性并不会因这种分享而遭到破坏，所以，他无法被任何词语形容，也无法被任何语言表述,他的存在早就远远超出了思想所能达到的极限。对上帝做出某种结论,实际上就是在对他进行限制,对一种性质进行肯定就等于对另一种性质进行否定。从本质上来讲,上帝是至高的,凌驾于智慧、真理、不朽、善与神性之上。站在这一角度,我们也可认为上帝是一种最基础的基质,这种质料无法用语言来形容,无法被了解、被认知,也无法被界定,针对他,没有什么结论可以被做出,但从上帝彰显自身的方式以及他的外在表现来看,他又能得到任何结论。

以这种泛神论为凭依,得出人也是某种神圣的、基础的基质的外在彰显这一结论也无可厚非,但司各脱却没有这样做。这一结论之中包含有宿命的成分,并且这种宿命被归咎于上帝。人不单单是一具肉体,具有自我形式,人还是一座小宇宙,是一种洋溢着生命气息的精神,他应该为自己的沉沦负责,应该为自己背离上帝的行为负责,也应该为自己趋向自身的行为负责。罪恶不可能以上帝为因,罪恶的概念在上帝那里并不存在。诚如奥古斯丁所说,所谓罪恶其实就是善之不足。逻各斯为了将人类从罪恶之中救赎,选择了与人性相合,由此,部分人与上帝合二为一,部分人对上帝重新变得敬重。

第四节　神秘主义

上帝是万物之源,万物一直在为复归于上帝而努力;万物因上帝而存在,并以上帝为目的。唯有以精神之狂热玄奥对上帝进行沉思,从感官之中超脱,从理性之中超脱,让凌驾于所有存在之上的、无法被理解的上帝成为我们心中的唯一,上帝才会成为我们的归宿。在这种神秘的状态下,我们混混沌沌,我们浸入最神圣的幽冥之中,早已将自身遗忘。

基督教的教义被约翰·司各脱·伊里杰纳融入了一个广阔的、博大的体系之中,它变得通俗,中世纪的唯实论就萌发于他的哲学体系。站在这个角度,经院哲学都该以他为先驱,但他的思想非常特别,他的理论也与传统截然相悖,因此,他当时并不受基督教学者们的欢迎。由此,司各脱注定无法同奥古斯丁一样,被这些学者仰望与敬慕。帕斯卡西乌斯·腊德伯尔图斯与司各脱·伊里杰纳是同时代的人,虽然他只是对奥古斯丁的思想进行了简明扼要的阐述,但相比于司各脱,他的著作明显与时代更加契合。

第四章 一般的概念问题唯实论与唯名论

第一节 早期经院哲学家

对于一直处于漫漫黑夜之中的中世纪来说，约翰·司各脱·伊里杰纳的出现不过是一点倏忽的灯火，伴随着他生命的终结，文化又进入了漫长的静默期与沉寂期。教师们继续按照很早之前就编制好的课本教授"七艺"和传统的论辩术，在神学建设方面，他们不曾付出任何精力。奥古斯丁是他们最大的依靠，假如他们以泛神论为倾向，就会去研究带着浓厚神秘主义色彩的伪狄奥尼修的泛神论著作，并迷醉其中或者去研究伊里杰纳的著作。那个时候，约翰·司各脱·伊里杰纳已经用拉丁文对伪狄奥尼修的著作进行了翻译。在对逻辑学进行探讨的时候，他们发现了一个问题，这个问题不仅与形而上学有关，而且与认识论有关，在经院哲学的发展史上，这个问题注定重要无比，而且饱受争议。在著作《导论》中，波尔菲里这样表述这一问题：普通的概念，或者说类与种，有没有实际存在的实体，换言之，它们是否只是一种存在于人内心中的事物；假如普通的概念是实际存在的，那么，它是不是物质的？它是存在于具体的、能够被感官所感知的事物的内部，还是与之相脱离？这与柏拉图的理念问题及亚里士多德的形式实体化问题实际上就是一个问题，在希腊哲学史上，与之相关的论断一直都占据着举足轻重的地位。截至中世纪，流传于世的逻辑学著作并非少数，关于这个问题，不同的著作也给出了不同的解答。部分人对柏拉图式的唯实论表示赞同，认为普遍存在的概念就是一种实际存在，并且在事物出现之前就已经存在了；部分人对亚里士多德式的唯实论表示赞同，认为普遍存在的概念就包蕴于事物内部，它是实际存在的；还有一部分人对唯名论表示赞同，认为普遍存在的概念并不是实在的，它只是一个名字，它出现在事物之后，而不是事物之前，它是具体事物的根据。最坚定的唯实论者是波尔菲里，抱持中立态度的是波依修斯、马克罗比乌斯和卡耳西迪乌斯，最坦率、最确实的唯名论者则是马尔提阿努斯·卡帕拉。约翰·司各脱·伊里杰纳也是一位坚定的唯实论者，在他看来，普遍存在的概念在具体的事物存在之前就已经存在了，它包蕴于它们之中；上帝的想法需要通过表象的世界彰显，它与普遍存在的概念是不能相互脱离的。公元9世纪和公元10世纪的人大都如此认为，但不曾对它进行扩展，直到后来，这一理念才被逐渐清晰化与具体化。部分对亚里士多德的著作一知半解的逻辑学家，会对亚里士多德的观点表示赞同，在他们看来，个体才是真正实际存在的事物，他们对它进行解释的时候会以含糊的唯名论为参考，但实际上，唯名论的确切含义是什么，连他们自己都不清楚。

参考书

《洛色林以前的唯名论史》，作者巴腊赫。

生活在9世纪的奥赫雷的埃里克和他的学生雷米吉乌斯应该着重提出；同样生活在9世纪的腊巴努斯·毛鲁斯的学生的著作《超乎波尔菲里》；波普波，赖因哈德，诺特卡·拉彪（1022年前），格伯特（卒于1003年），富尔伯特（1029年），图尔的贝朗热（1088年前）对这方面的兴致越来越多，于是，论辩家妄图让圣书的教导遵从论辩的权威，对此，一些较为保守的神父持反对态度。生于1007年，卒于1072年的彼得·达米安尼认为，逻辑应当是神的婢女。

第二节　洛色林的唯名论

直到11世纪后期，唯名论和唯实论的意义以及两者与形而上学和神学的关系受到了实践的检验，人们这才对二者有所了解。洛色林是一个典型的唯名论者，在对三位一体进行解释的时候，他就以唯名论为凭依。经过论证，他认为，真正存在的只有个体，普遍存在的概念只是人们对个体的一种称呼，它由人来界定，所以，没有哪个实际存在的事物能够与上帝之名相对应；在三位一体方面为我们所应用的所有神性概念其实都不过是一个字眼或名称。上帝的实体不是唯一的，而是有三个，这三个实体所拥有的权力并没有任何差异。

第三节　唯实论的意义

基督教以正统的三位一体学说为最基本的教义，唯名论观点明显与之相对立，因此，遭到了强烈的反对，并引发了强烈的愤慨。1092年，洛色林的三位一体学说被苏瓦松会议要求撤回，并受到了强烈的谴责。唯名论本身倒是没有遭到诘难，但是它的威严却已经不再，等到它再次出现，已经是公元14世纪。整个12世纪，在思想界，柏拉图式的唯实论一直占据着支配地位，经院哲学家们曾经对它进行过多次修正与扩展。基督教会的所有教义都需要这种唯实论来捍卫，当面临诸如洛色林的三位一体一般的理论攻击时，它也能够起到防范的作用。假如普遍存在的概念是一种实际存在，假如普遍存在的概念不仅仅是用以标识对事物进行类别区分的标记，那么，所谓的三位一体就不只是三个位的总和。与普遍存在的概念相关的争论，是一种逻辑层面的诡辩，但也不只是逻辑上的，在形而上学与神学方面，它的答案也具有相当深远的意义。这一观点，即普遍存在的概念、抽象的逻辑思维不单单源自人的主观，还是一种真正的实际存在，能够脱离人的内心而独立存在，蕴含着宇宙是唯理的、宇宙是可以被认知的双层意义。这一观点还意味着真理具有客观性，它不单单是主观的，还是客观的，是确实的，普遍存在的；以概念的思维对真理进行认知，这正是哲学需要完成的任务。它意味着，某些具体的对象存在生灭，某些实际的存在则永生不朽。教会的学者们以普遍存在的概念为地基构建了所有教会的建筑与文化的建筑。上帝的存在本身也是一种普遍性的概念，与纯粹的表象世界相比，它更出色，生命也更悠长；这种普遍存在的实在性，人类也曾经拥有过，只不过在人类还是亚当的时候，这种实在性受到了侵蚀，在基督出现之后，这种实在性又得以补全；教会是一种实际存在，它的存在凌驾于那些有生命、会消亡的信徒们之上，它的存续将是持久的，从本质上来讲，它是理想的，整体之中其他部分的生灭对它的生灭不会造成任何影响。如我们所见，正统的基督教牧师之所以在柏拉图式的唯实论周围集聚，并不是因为他们的灵光闪现，也不是因为某种偶然；他们这样选择，是因为这一理论真的对基督之世界观与生活方式有益。

第三篇　经院哲学的唯实论的发展

第一章　坎特伯雷的安瑟伦

第一节　安瑟伦的哲学

安瑟伦（1033—1109年）是一位大主教，供职于坎特伯雷，他以奥古斯丁及柏拉图的哲学理念为凭依构建了一套属于自己的思想体系，对洛色林的唯名论，安瑟伦一向抱持着反对的态度。和所有具有鲜明经院哲学色彩的哲学家一样，安瑟伦在对教义即为真理的观点表示认可的同时，也对哲学研究充满了浓厚的兴趣，他一直都想要向理性证明，只有得到教权允许的，才是我们所应该接受的。他一直想要从理论的角度上对信仰进行论证，在他的思想体系中，不仅包含了诸如上帝之存在这样的普遍性命题，还包含了救世、三位一体、神的化身和人的救赎等一系列宗教观念。天主教的教义是必须信仰的，这无可厚非，除此之外，安瑟伦还希望人们能够知道自己究竟信仰了什么，希望人们了解自己信仰的真实性源于何处。要时刻铭记，但凡无法被智慧所理解的，都是应该被信仰、被敬慕的。

《独白篇》《论道篇》《上帝因何化身为人？》皆是安瑟伦撰写的著作。迪恩对这些著作进行了翻译，与此同时，他也翻译了教士高尼洛对安瑟伦的本体论论证的批评与反驳。

参考书

《圣安瑟伦》，作者丘奇；《圣安瑟伦》，作者里格；《圣安瑟伦的生平及其时代》，作者鲁尔；《圣安瑟伦传》和《圣安瑟伦大师》，作者腊盖神父；《圣安瑟伦》，作者德·沃尔盖。此外，还有哈斯、雷姆萨特和穆勒翻译的书。

安瑟伦对上帝之存在做出的著名论证是建立在柏拉图的普遍性的概念之上的，这是即便与个别事物相脱离也能够独立存在的一个观点。1070年，安瑟伦完成了著作《独白篇》，在书中，他对宇宙论进行了论证，因为这一论证奥古斯丁过去曾经用过，所以，在这里我们就不一一赘述了。在著作《论道篇》中，安瑟伦以柏拉图式的唯实论为凭依对本体论进行了论证，也正因为这一论证的提出，他得以享誉整个思想史。本体论是经由上帝之形式对上帝之存在的一种推导，是关于上帝之存在就包蕴于其概念之中的一种论证。上帝的理念是宏伟的、完善的、无与伦比的，上帝之理念是关于存在物的理念。假如没有上帝，那么，这个与存在物相关的概念就不是最宏伟、最匪夷所思的，并且还存在着某种更加宏伟的事物。相比于非存在之事物的理念，存在之事物的理念无疑更加完整。上帝肯定是存在的，而且是最完善的。在安瑟伦看来，上帝之存在就隐藏在上帝的完善性之中。

但是这样的结论，通过安瑟伦给出的前提是无法被推导而出的。他的一系列推论只证明了一件事，那就是我们对某件我们认为本就存在的事物进行思索，比对某件我们认为不存在的事物进行思索会更加完善。一个存在着的事物，相比于一个不存在的事物，从概念的角度来说，会更完备，所表现的属性也更多。事实上，安瑟伦并没能对上帝之存在进行证明，他只证明了一个概念，那就是和纯粹源于主观的上帝概念相比，存在着的上帝这一概念更丰盈、更有意义。站在逻辑学的角度上来看，这并没有错，但以一个完美的、具备存在概念的事物为凭依，我们并不能得出这一事物的存在具有必然性这样的结论，然而，我们也需要谨记，在所有对唯名论表示认可，认为普遍性的概念是实在的、是凌驾于精神之上的人来说，本体论的论证就是值得信赖与敬服的。

《反对安瑟伦论道篇中的推论》一书是教士高尼洛的著作，在书中，他对安瑟伦的论证中存在的谬误进行了揭露。该书出版时，高尼洛并没有公布自己的真名。在高尼洛看来，单从被思考的角度来看，上帝与其他任何存在于人内心中的事物都毫无二致。若上帝之存在能以安瑟伦的方式被证明，那么，用相同的方式，我们也能对一个无瑕的岛屿的存在进行论证。托马斯·阿奎那在一百多年后也对这一论证进行了审慎的解析，但是这一论证在现实中依旧被经院哲学家们所引用，比如阿雷斯人亚历山大，比如奥赫雷人威廉。

从 1094 年到 1098 年，安瑟伦安心著述《上帝因何化身为人？》一书。在书中，安瑟伦提出了一种与救赎相关的理论，在他看来，从罪孽中被救赎这一行为本身就是矛盾的产物，它与上帝的正义相悖，又顺应了上帝的仁慈。因为亚当沉沦了，所以整个人类都将背负罪恶。上帝是正义的，所以他要将事物带回正常的轨道，要降下惩罚，要让人类承受苦难，这样，他的正义才能被满足，但这样的做法又与他仁慈的本性相悖。于是，为了满足上帝的正义，为了拯救人类，具有神性的、纯真圣洁的基督选择了自我牺牲。

第二节　安瑟伦的同时代人

由于洛色林的唯名论，与他同时代的人及他的后继者都对普遍存在的概念产生了浓厚的兴趣。安瑟伦则从唯实论的角度对唯名论进行了批判，而且，之前我们就提到过，相比于唯名论，唯实论更符合正统的目的与时代的精神。在他看来，具有普遍性的概念的确是真实存在的，某一类别的无数个体能够组合为一个整体，这一整体是实在的。"同一个种族之中的每一个个体都是这一种属，"安瑟伦曾经这样说，"从三位一体的角度来说，一个神明拥有大量的位，在这些位上均存在一个神，并且这个神是完善的。"那么，问题来了，一般事物与个别事物之间究竟存在怎样的关系？个体在这种情况下又将发挥怎样的作用？来自尚波的威廉（1070—1121 年）认为，每一个个体都能够彰显其所在的种与类的特征，个体之间虽然存在差异，但这种差异具有偶然性，从本质上来讲，同一种属的个体是不存在差异的。阿贝拉则对他说，若事实的确如此，那么，即便实体具有同一性，其性质也会存在差异，甚至自相矛盾。比如说，在同一时间，它能出现于多个不同的地点。假如苏格拉底具有最完整的人性，那么，柏拉图身上就不会有人性，假如柏拉图身上也有人性，那么，他肯定就是苏格拉底，换言之，苏格拉底既是苏格拉底，也是柏拉图。之后，威廉对自己的理论进行了修改，他对个体之间本质的差异进行了肯定，但或许，他一直都没有认识到，用唯实论的观点对逻辑范畴内的观念进行解释有多么困难。

人们普遍认为，《类与种》成书于公元12世纪，书的撰写者已不可考。在这本书中，作者表述了一种观点：事物的普遍性并不单独包蕴于某一个明确的个体之中，而是包蕴于同种类的每一个个体之中。这样，整个种类每一个个体都具有的共性特征被视作物质，造成个体之间差异的则是形式，是个性。

第二章　彼得·阿贝拉和12世纪的经院哲学家

第一节　彼得·阿贝拉

彼得·阿贝拉是经院哲学家们最感兴趣的人物。1079年，他出生在帕累。阿贝拉生前屡次与教会发生矛盾，1142年，他在巴黎辞世。他是一名教师，声名远播，且具有卓越和奇异的才干。无论对哪一种哲学命题进行探讨，彼得·阿贝拉都会列举出同这一命题相对立的另一面的权威观点，然后列出判断的标准，最后让读者根据自己的判断对问题做出解答。同样的方法被他的弟子彼得应用于神学教科书的编撰之中，由此这个伦巴德人编撰的教科书成了整个中世纪同类著作的蓝本与范例。

参考书

《书信集》《神学导论》《伦理学》《是与非》《哲学家、犹太人和基督徒对话》、自传《我的受难史》，这些都是阿贝拉的著作。库赞编辑的著作，两卷；米格内书，第178卷的神学著作。《阿贝拉》，作者马卡贝；《阿贝拉》，两卷，作者雷米萨；《阿贝拉》，作者豪斯拉思；《阿贝拉》，作者刺格勒。（策勒尔纪念集，1884年）。

洛色林与威廉都是阿贝拉的导师，因此，阿贝拉并没有在唯名论与唯实论之间做出取舍，而是采取了折中态度，换言之，对这一问题，他并没有给出任何明确的答案。他并不认同普遍的概念是一种实际存在，且在事物存在之前就已经存在（除非他存于上帝之思维中）这一观点。在他看来，一种事物根本就不能用另一种事物来进行表述，但一个普遍性的概念却能够对大量的事物进行论述，所以，普遍性的概念不可能专指某一具体的事物。这一概念本身并不是纯粹的词汇，但当它被用来对某一类事物进行表述，或者对与某个被指定的对象进行关系方面的表述时，它就是一个纯粹的词汇，所以，一个普遍性的概念并非某个纯粹的文字，而是一个具有普遍性的词。阿贝拉的意思可能是，人们用普遍性的概念来对同一种属的事物所具有的共性进行表述，这一概念存在于人的思维之中，那些被用来对这些共性概念进行表述的词汇，就是所谓的具有普遍性的词汇。这一论点是属于概念论的，但真正完备的概念论却并非创立于阿贝拉之手，他不过是对概念论的意义进行了表述。从本质上来讲，事物是不同的；具有普遍性的概念并不是实体，也不能脱离事物而单独存在；上述问题是阿贝拉关注的焦点问题，虽然这些观点已经被证明是对的，但阿贝拉对此很可能仍心存疑虑。或许，在他看来，亚里士多德与柏拉图都是对的，所以，他对两人都采取了盛赞的态度。思维与事物休戚相关，对思想进行表述是语言的目标，而思想则必须契合事物，一直以来，阿贝拉都在强调这一点。

1140 年，桑会议召开，阿贝拉的著作《神学》在会上被诘难，在书中，阿贝拉特别强调，没有经过检视的信仰都是盲目的信仰，对信仰进行检视是必要的，因此，我们有必要进行一些逻辑方面的训练，也有必要以逻辑的方式对神学进行研究。在信仰之前，我们必须保持理性，我们要弄清楚，信仰是否合乎情理。另外，在他看来，从逻辑的角度是无法对信仰进行严格的论证的，信仰是一种行动，受自由意志的指引，因此，当我们对信仰的根由有了一定的认知之后，来世就会得到一定的报偿。对此，阿贝拉非常确信。由此，我们不难想见，在阿贝拉的思想中经院哲学所形成的桎梏是何其牢固，虽然他也尊重理性，虽然他也有独立进行思考的能力，但归根结底，他还是一个正统的经院派哲学家，他的基本立场并没有发生改变。换言之，你要对教义进行深入的思索，若你还不明白它要表达的意义，那么，就不要轻易将自己的信仰赋予它，然而，当你质疑过，当你深入地探索过，哪怕教义与你的心依旧相背离，你也该信仰它，因为这是你必须做的。

《神学》一书在当时一度被诘难，原因之一就是书中与三位一体相关的一些论断引起了人们强烈的愤慨。在书中，阿贝拉说，从三位一体的角度来看，天父代表善，代表太一；圣子为逻各斯，或者是上帝那深具理性的灵魂；圣灵则是世界之灵魂。在他看来，这一体的三位分别具有权力、智慧、上帝的良好意愿三种特性。

阿贝拉从伦理学的角度对良好意愿的重要性进行强调。在他看来，一种行为是对还是错，其本身并不能成为判定的标准，判定的标准应该是行为人这样做的目的。倾向罪恶是原罪的本性，行动也一样，其本身是无关紧要的。"上帝从不考虑你曾经做过什么，他只会考虑你在做这件事的时候是以何等精神为凭依；做出行动的人即便具有德性与优点，他的德性与优点也不表现于事实本身，而表现于其做事的意图。"所谓犯罪就是我们下意识地去做罪恶的事，在为恶的时候，我们本就知道自己所做的事情是恶的，换言之，我们对不正确的事物存在着向往，即很清楚地知道它是错的。因此，为恶的行动是受到意志指引的，而我们的意志是自由的，亦即，德性与良心休戚相关。只要行为人在做事的时候依从自己的本心，所做的事情在他自己看来是对的，那么，他就不是在为恶，而只是犯了错误。假如他所做的事情不仅在他看来是对的，而且客观上就是对的，也就是说，他的主观想法与客观意义上的正确达成了一致，那么，这个行为人就具备了真正的德性。主观上所谓有德性的行动，与客观上所谓有德性的行动是不同的，阿贝拉意识到了这一点。从广义的角度来看，但凡与正确相悖的，都可被视为为恶；从狭义的角度来看，只有有预谋的、有意识的、明知是错还要坚持去做，才是为恶，才是犯罪。

为什么明知是错还要坚持去做就是犯罪？因为，这是对上帝公开的轻视，是对神圣之意愿明目张胆的违背，是对上帝谕旨的反抗，是最极致的恶。因为对神明充满了敬意，所以人身上善的意愿被激发，他的行动本身就是对神圣谕旨的一种顺从。在阿贝拉看来，发布谕旨的神明是不受束缚的，谕旨的内容也是随机的，不同的时间，神圣的指令自然也有所不同，可是服从谕令却是必需的，是与德性相符的。如我们所见，在这里，阿贝拉彰显了其最纯粹的经院哲学特征，即使他也会对某些偶然的征兆进行思考，即使他具备独立思考的能力。

第二节 夏特勒学派

在1124年到1130年期间逝世的夏特勒人贝纳尔及他的胞弟提艾里（早于1150年）皆是夏特勒派的领袖人物。图尔人贝纳尔、来自康切斯的威廉（早于1154年）、普瓦提埃人济耳贝尔（早于1154年）、蒙特尼厄人瓦尔特（早于1174年）和巴思人阿德拉尔德都是夏特勒派的成员。夏特勒学派一直都致力于研究柏拉图主义并对其进行发扬，某些时候，他们还会援引亚里士多德的观点。1128年，亚里士多德所撰写的《分析篇》《正位篇》及《辩谬篇》第一次以拉丁文的形式出现在经院哲学家的视野中。夏特勒学派的学者不仅精研论辩术，还对天文学、数学、医药学、物理学和心理等学科中出现的问题抱有浓厚的兴趣，相关的书籍大多是阿拉伯原版的。从逻辑的角度对唯实论进行探讨的人对它进行了肯定，事实上，它与柏拉图式的唯实论有着太多的相似之处。在夏特勒学派的学者们看来，在神明的心灵中存在着一种纯净无瑕的概念，这些概念具有普遍性或与类和种相关（图尔人贝纳尔还提出了具体事物的概念）。凭依着普遍性的概念，物质也具有了形式，就像河床中存在水流一样，在普遍性的概念中也有物质存在。在对物质进行解释的时候，他们援引了某种"固定的形式"，存在于神明心中的最纯粹的理念与这种形式之间的关系就好像模型与某一具体事物之间的关系，或许，他们并没有对这种关系的性质进行界定。形式（理念）能够通过物质显化，但这种显化却是模糊的、含混的。以抽象的思维为凭依，物体的共性与形式为智慧所掌握。具体参见宇伯威格—海因则前引本，第二十五页。

第三节 箴言集派

在宣讲与著述的时候，彼得·阿贝拉习惯采用一一陈述各个流派对所探讨命题看法的方式，这一点已经引起过我们的注意，并且这种方法在当时也并不鲜见，许多名为《箴言集》或《箴言摘要》的神学教科书都采用了这一方法。除了正统的基督教神学教科书,以同样的方式在圣维克托人雨果所著的《箴言总述》及罗伯特·普莱恩(早于 1150 年)所著的《箴言八书》中也曾被采用。我们用总述专家来称呼这些书的著者。《箴言四书》的著者彼得·伦巴德对这些著作进行了良好的利用,由此,在之后的数个世纪,他的著作都被当作神学教科书的蓝本与范例,彼得·伦巴德本人也因此获得了箴言大师的赞誉。在《箴言四书》中,作者对上帝之善的绝对性、上帝之造物、神之显化、救赎、各种德性及七圣典进行了探讨。来自默伦的罗伯特,来自鲁昂的雨果(早于 1164 年),来自普瓦提埃的彼得(早于 1205 年)和图尔内的西蒙,都是与伦巴德同时代的总述专家。来自利尔的阿兰(1203 年以前),亦即来自因苏利斯的阿拉努斯(拉丁译名)对《箴言集》中涉及的种种命题进行了论述,在论述的过程中,他运用了一种教条式的论述体系。阿兰曾经以数学演绎法为凭依,尝试着在基本原理的基础上对神学进行构架,这一点,在他的著作《神学规章》及《受教会规条束缚的宗教》之中都有所体现。阿兰的理想带有明显的神秘主义倾向与怀疑主义倾向,即便唯理主义才是他的向往。在他看来,与所有凡间的科学相比,教会的教义更具有确实性,但这种确实性却是相对的。信仰也是有功劳的,若教义的确实性是绝对的,那么,教义的功劳也会随之被抹杀。

第四节　索尔兹伯里的约翰

　　约翰(1115—1180 年)是英国人,出身于索尔兹伯里。若没有他,我们不可能对那个时代的经院哲学家们了解得如此详细。他对经院哲学领域中所有争论了许久却没有得出任何结论的现象进行了批判,在著作《实质逻辑》中,他提出了对逻辑进行改造的要求。在著作《政体革新论》中,他对以实用的态度对教育进行研究这一观点表示赞同,他也主张教会应该确定自身绝对独立的地位,从国家的体制之中脱离出去。在他看来,无论什么知识都应该具有实用性,若是在我履行职责的时候,或者在我对自然施加影响的时候,知识无法给予我必要的帮助,那么,它就是无用的。即使教会的教义无法被证明,但我们依旧应该相信他,相信在虔诚恭敬的生活之中存在着真,也存在着善。

参考书

吉尔斯编的著作，五卷；米格内编的著作，第 CXCIX 卷；维伯编的《政体革新论》，两卷；《索尔兹伯里的约翰》，作者沙尔施米特。

第三章 神秘主义和泛神论

第一节 神秘主义

上文我们提到的所有神学—哲学运动，都是站在唯理的角度对正统的基督教世界所做的诠释，或者说是对基督教信众们假想中的世界所做的诠释。上帝的性质、目的及上帝所施加于事物的作用能够通过理性来进行理解，一个完整的思想体系能够以基督教的教义为基础进行构架，这些全都在它的预料之中。它本就是教会教条唯理主义的体现，这里所说的教会指的是被官方承认的正统的基督教会。然而，虽然经院哲学是教会神学唯理化之后的形式，但在整个基督教世界中，它所具有的支配地位却一直饱受争议。在其内部，总是存在一股理念与它相悖，势力却与它不相上下的反动思潮，这种思潮本身就是一种反动，而导致这种反动的原因，恰恰就是经院哲学过度的唯理化，反对派们希望能够站在较为实际的角度上对宗教生活进行表述。在他们看来，宗教所代表的不仅仅是宗教哲学，单单以理论的形式对信仰进行阐述并不能让它感到满意，它需要的是源自信仰、有实用价值的经验。它最希望的不是对上帝的存在进行界定，也不是对上帝的存在进行证明，而是和上帝建立一种关系，这种关系应该同上帝与理智之间的关系有所差异。这种神秘的思路明显带有浓厚的奥古斯丁特色，实际上，神秘派的早期领导者本就是奥古斯丁修道院中的一位教士，这座修道院位于圣维克托，在巴黎的管辖之下。

神秘主义者认为，除了依靠冥想，包括论辩术和逻辑学在内的所有方式都无法通达上帝，神学最主要的工作就是指导人类进行冥想。源自灵魂的经验及内心深处的信仰是神秘主义者关注的重点，因此，比起那些经常被采用的方法，他们更注重从经验的角度对灵魂进行探究。从本质上来说，神秘主义隶属于应用神学体系，其存在的主要目的就是教导人们进行神秘的冥想。在神秘主义的流派中，也有部分唯理的科学存在，但是神秘主义者却更重视超脱于理性之上的信仰。在不断发展的过程中，神秘派对冥想越来越重视，甚至对它的作用进行了极度夸大。在圣维克托人理查看来，相比于知识，冥想的优越性无疑更明显；在瓦尔特看来，所有的异端邪说都以逻辑为根源。信仰不仅仅凌驾于知识之上，而且与知识存在冲突。在《反对法兰西的四迷津》著作中，济耳贝尔、来自伦巴德的彼得、阿贝拉及来自普瓦提埃的彼得都被瓦尔特指斥为异端。

教会神秘主义的代表人物有：来自克勒尔沃的贝纳尔（1091—1153年），来自圣维克托的雨果（1096—1141年）及他的同乡瓦尔特及理查（早于1173年）。12世纪时，博纳班图拉（1221—1274年）及托马斯·加勒斯（1216年）对神秘主义进行了继承。在所有神秘主义的流派中，有一派因为主张泛神论而被天主教指斥为异端，该学派的代表人物有：埃克哈尔特（1260—1327年）、约翰·卢伊斯布罗埃克（1293—1381年）及约翰·陶勒（1300—1361年）。

参考书

米格内集成中收录了这些人的著作。贝纳尔著作四卷，由伊里斯翻译。

《同神秘派在一起的时刻》，两卷，作者沃恩；《基督教神秘主义导论》，作者格雷果里；《神秘宗教研究》，作者琼斯；《基督教神秘派》，作者斯范森；《宗教的神秘因素》，两卷，作者冯·胡格耳；《神秘主义的历史和心理研究》，作者德拉克鲁瓦。

神秘派以"让灵魂从肉体的故地脱离，以神秘的方式飞升天堂，满怀甜蜜进入精神的领域，回归自我的家园，沉浸在上帝之中，并以其为归宿"为至高目的。在他们看来，要想达成这一目的，就必须超脱于感觉，超脱于对概念的思维，努力凝注精神，去进行神秘的冥想，在冥想的状态下，直接对理想中的对象进行领悟。认知、沉思、凝注精神进入冥想状态是认识知识的三个阶段，最高的阶段比理性更优越，而且凌驾于理性之上，它能够让人之精神在最幽邃、最深沉的神秘宗教之中迷醉。对属于个体的意识而言，能凝注精神，进入神秘的冥想状态，沉默着且一动不动，恰恰是它所能达到的最崇高的境界。人类能够做的就是耐心地等待进入无尽的真理之海，或者做好被以神秘的方式投入无尽真理之海的准备，这本就是神恩，它获得了上帝的特别许可。

第二节　泛神论

12世纪的时候，教会哲学家以逻辑学和形而上学为手段，一直都致力于实现自身的理想：为信仰寻找其本因。他们之所以这样做，是希望能够真正对教会的教导进行理解，希望能够真正对自己的信仰进行理解。以唯实论之预想为基础，正统的神学被构架，由此教会的教义与哲学思想调和在了一起，然而，哪怕在推理的时候以同一个前提为凭依，得出的结论也多有不同，两者所造成的结果很多时候并不同一。这种情况，无论是在早期基督教对教义进行制定的时候，还是在基督教后期，均时有发生。约翰·司各脱·伊里杰纳的思想与正统的基督教官方思想存在差异，洛色林和彼得·阿贝拉也一样。某些异端邪说总是对思想家们有着深深的吸引力，从这个角度来说，泛神论从来都不曾败落，无论是撒博留斯派、伪狄奥尼修，还是约翰·司各脱·伊里杰纳，其思想中都有泛神论的痕迹显露，哪怕是最神秘的神秘派，与它也保持着相当近的距离。12世纪末，泛神论思想再次兴起，并得到了一定程度的发扬与扩展。这一时期，泛神论的代表人物有弗洛里斯人、男修道院院长约阿希姆（1202年以前），常居巴黎的神学教师阿莫里或阿马耳里克（1206年以前）及囊迪人大卫（约在1200年逝世），对于这些泛神论者的生平，我们所知寥寥。他们以柏拉图式的唯实论逻辑进行推导，由此很轻易地便得出了他们所需的结论。假如普遍存在或普遍性的概念是一种实际存在，那么，作为至高的普遍性，上帝也必然是一种实际存在，其他的所有，都不过是上帝最神圣的本质的一种外在彰显，就好比在逻辑的领域中，所有的个体及其种属都被至高的种属所囊括一样。无论是约翰·司各脱·伊里杰纳，还是阿马耳里克似乎都在不约而同地证明着一件事，上帝是表象世界的根源，表象世界能够被分割，且恒常变化，它最后还是要以上帝为归宿。现在，它不过是作为一个恒常静止的个体被留了下来。

泛神论得到了许多人的认可与称赞,阿马耳里克学派的学者甚至将这一学说传播到了阿尔萨斯与瑞士,但这种学说遭到了教会的反驳与指斥。虽然在生命走到尽头之前,阿马耳里克因为受到胁迫所以撤回了自己的泛神论主张,但教会还是掘了他的墓,并强制解散了阿马耳里克学派。1225年,经过审判,教会以异端罪判处了约翰·司各脱·伊里杰纳。那个时候,拉丁文版的亚里士多德物理学已经从阿拉伯流入了西方,但于1210年在巴黎召开的大教区会议上,教会对这些学说同样做出了禁止的决定。以上种种全都表明,独立思考的精神已经勃兴,另外一种倾向已经占据了人类的思想并蠢蠢欲动。

第四章 不安的征兆

第一节 经院哲学的反对者

当12世纪末的钟声敲响的时候,经院哲学虽然依旧在思想界占据着支配地位,但反对它的声音也已经出现。部分相对较为传统的正统基督教徒反对对论辩术的过分推崇,在他们看来,这是一种非常不审慎的行为。还有部分比保守派更激进、思想更独立的哲学家,通过推导得出了另外一种结论,这种结论与正统的基督教义相悖。在他们看来,基督教义实在是严苛得有些过分。此外,对基督教试图从唯理的角度对神学进行系统构建这一做法,一部分人也提出了自己的质疑。因为,在他们看来,理性不可能与信仰组成同盟,信仰处于人心之内,是具有生命的,与理性不符。换言之,在他们看来,当时主流哲学家们所探讨的问题与教会面临的实际问题,其实并不是一回事。由此,想要更深入地对普遍性概念进行了解,想要更透彻地对普遍性概念与具体个体所在的世界之间的关系进行认知,成了许多领域的人们共同的愿望。受这一愿望影响,人们对自然科学产生了浓厚的兴趣，源自阿拉伯的已经被翻译为拉丁文的部分科学书籍也进入了人们的视野。

第二节　组成学校

问题变得繁复，困难也越来越多，人们渐渐发现，教会的教义充满独断的色彩并且难以被证明，甚至就连最普通的神学问题，要证明起来也很难，于是，不安的征兆开始产生。经院哲学家们极富勇气，他们承认，尽管自己得出的结论是确实的，这种确实凌驾于世间所有的知识之上，但却非绝对合理的。并且在研究中，他们也极富勇气，三段论式经常被他们采用。尽管如此，他们从来没有改变过自己最基本的信念，在他们看来，宇宙具有唯理性，至善是上帝活动的倾向，并且上帝是开明的、达观的，真理一直都存在着，只要人们以它为目标，不断地去努力追寻。需要追寻的目标从来都是确定的，随便对教义进行改动是对神明的一种亵渎，这种行为非常危险，不管是在世俗领域，还是在精神领域，教会都是一个非常强大的组织，有着十分可怖的武器，迷失了路途的人，背离了基督教义的人，全都会立即受到惩罚。与此同时，基督教信徒们也开始了进行有组织的文化活动，修道院创办的学校成为大学，隶属于教堂的学校也成了高等教育机构，学者们有组织地对神学、哲学、医药、法律进行研究。部分供职于修道院的牧师还创办了如古希腊学园一样的哲学学园，这些学园最基本的课程就是基督教义，牧师们对其非常推崇，这样的教导一直持续了几个世纪。1208年，经过教会特许，玛利亚（圣母）神学院与圣格讷维厄夫逻辑学院合并成为巴黎大学，这是一座相当宏大的大学。13世纪时，无数教团在民间进行宣讲，其中，影响最大的是弗朗西斯教团与多米尼克教团。那个时候，只要是稍稍有些名气的作家或教师，几乎全都出自教团，区别只在于他们并不是隶属同一教团。在对基督教教义进行捍卫这方面，教会、修道院创办的教团以及学校一直都是通力合作的，而思想家们需要完成的任务只有一个，那就是对理性与信仰进行调和。这其实并不隶属于哲学范畴，这不过是一项工作，这项工作取决于当时的思想，且有被完成的必要，相比于其他的道路，在这条路上走下去遭受的阻力是最小的。

这一时期，人们依旧认为教义应该被保留，他们无法建立一个独立于哲学与宗教的全新的思想体系。他们需要与经验相关的知识，但这种知识却相当缺乏，经验科学在此时显得相当萎靡，流行于现代的一些科学方法还一文不名。这个时代，学者们全都围绕着书籍打转，却没有什么书籍能够将科学的知识赋予他们。保尔森曾经说过，假如希腊人能够得到来自现代的大批科学书籍，这倏忽而至的收获，肯定会让希腊人手足无措。这样的论断同样适用于中世纪，他们需要找到某种方法将自己救赎。

参考书

参见原版第137页列举的大学历史书；图纳尔：前引书第321页；《中世纪教育》，作者格拉夫斯，第八、第九章以及其中所列书目。

第三节　发现亚里士多德

一个全新的世界在我们所论述的年代徐徐地展开于西方基督教世界的面前，由此，人们再次开始对经院哲学进行探究。源于希腊的部分数学著作，天文学著作，医学著作，亚里士多德的著作，阿弗罗迪西阿斯人亚历山大、泰米斯提乌斯等希腊注释家的著作，一些阿拉伯知名哲学家的作品，犹太知名哲学家的著作，以及对亚里士多德的作品进行注释的著作，渐次被翻译成拉丁文，从阿拉伯传入西欧[1]。由此，这些书籍成了学者们全新的研究对象。他们热情高涨，起初在对这些书籍进行注解的时候，大都采用与阿拉伯人相同的方式，注解的时候也一直坚持着新柏拉图主义的精神。

亚里士多德的著作被以一种新的方式解读，教会对这些一直都抱持怀疑的态度。从某种程度上来说，这些阿拉伯的注解者在进行注解的时候，将泛神论的色彩赋予了这些书籍，这一点毋庸置疑。1215年，巴黎大学制定了专门的规章，禁止人们对亚里士多德的形而上学与物理学进行研究；1231年，教皇格雷果里九世发布禁令，禁止未经删改与检视的《物理学》（亚里士多德著）被使用。可是这些禁令起到的效果却十分有限，只在相当短的时间内起到了作用。亚里士多德的书籍依旧在被阅读，彼时最著名的

---

[1] 大约在1150年，约翰·艾文戴思和多米尼克·贡迪萨尔维将亚里士多德的主要作品和犹太人、阿拉伯人的书籍从阿拉伯文翻译成了拉丁文。在1210年至1225年之间，人们通过拉丁文译本，了解到了亚里士多德的几乎全部著作。

学者也开始对其进行注释。13世纪后期，希腊原版的亚里士多德著作出现，由此，人们开始对这位逍遥学派的伟大学者有了真正的认知。渐渐地，人们辨清了亚里士多德本人的著作和那些带着明显阿拉伯式的新柏拉图色彩的伪作，被混淆的两者渐渐被区分开来。

罗伯特·格雷特黑德（1253年以前）是一位基督教主教，曾服务于林肯。他对亚里士多德的作品进行过译注，其中最著名的作品为1250年问世的《尼各马可伦理学》。来自摩尔贝克的威廉（1281年以前）也曾对包括《政治学》在内的亚里士多德的著作进行过译注。1271年，布拉邦特人亨利译注了亚里士多德的部分作品。1254年，曾经明令禁止过亚里士多德《物理学》及《形而上学》的巴黎大学，在四十年后将《物理学》与《形而上学》当作标准课程进行了讲授。人们视亚里士多德为"衡量真理的标准，自然于此彰显出最完善、最高等的人类精神"；人们视亚里士多德为"自然研究领域的先行者，他于自然，就像施洗礼者约翰于洗礼之恩赐一般"。12世纪时，几种以新哲学为基础编纂的大百科全书相继问世，书籍的编纂者分别为来自奥弗涅的威廉（早于1249年），来自博韦、盛名煊赫的万桑（早于1264年），来自赛果维亚的贡迪萨尔维及罗伯特·吉尔沃德拜。

第四篇　经院哲学的鼎盛时期

第一章　阿拉伯哲学

第一节　希腊的资料

起初，西欧学者们对亚里士多德的认知全都来源于传自阿拉伯的译本，这些译本的译著者皆是阿拉伯的学者，他们建立了自己的哲学体系，在他们所译注的亚里士多德著作中充斥着他们崇尚的新柏拉图主义的精神。他们对穆罕默德充满了狂热的崇拜，希望伊斯兰教的教义能够征服所有的异教徒。他们怀抱着让伊斯兰教统御世界的愿望，于公元621年开始了自己的征服之旅，及至公元711年，叙利亚、埃及、波斯、非洲和西班牙全部成了伊斯兰教的统御之地。在叙利亚，新宗教的学者们开始对亚里士多德的哲学进行了解，他们是好战的，而他们所了解的哲学也洋溢着浓厚的新柏拉图主义色彩。几个世纪以来，无论是东方的基督教神学家，还是不同派别的哲学家，全都将它（亚里士多德的哲学）视为最重要的命题。他们不断地探索着，而新学派学者们所接触到的出现于叙利亚的亚里士多德哲学，则传于曾经一度流亡的奈斯托教派。这些传自阿拉伯的译本，最初译自叙利亚文，后来又译自希腊文。除了亚里士多德的著作，柏拉图的《法律篇》（公元876年）、《理想国》、《蒂迈欧篇》，泰米斯提乌斯、安莫纽、波尔菲里、阿弗洛迪西阿斯的亚历山大注释过的亚里士多德著作也都在译注的范围之内。源自希腊的，与数学、天文学、医学和其他自然科学等学科相关的著作也是阿拉伯人研究的重点，而且，在这些领域中，他们也取得了一些卓有价值的成就。在进入阿拉伯学者的视野之前，亚里士多德的著作已经被注释家们蒙上了一层带着浓厚的新柏拉图主义色彩的外衣，因为这个原因，再加上还存在一部分已经被证明不实，由新柏拉图主义者操刀的伪亚里士多德著作，逍遥学派的理论用流射说竟也能轻易诠释了。

参考书

《伊斯兰教哲学史》，作者德伯尔，译者琼斯；《宗教和哲学派别史》，作者沙拉斯坦尼；《哲学通史》中"伊斯兰和犹太哲学"，作者戈耳特威厄，原版第4页提及；《中世纪犹太哲学》，三卷，作者艾斯勒；《对哲学史的贡献》，两卷，作者耶耳；《犹太哲学史》，作者诺伊马克；蒙克和底特雷西的著作。戈耳特威厄和宇伯威格—海因泽本，第Ⅱ编，第28和29章中的书目（里面关于阿拉伯和伊斯兰哲学的论述非常精辟）。

第二节　各种派别

凭依着这些文献，伊斯兰教的学者们以哲学为根基架构了另一种经院哲学体系，这一体系与西方基督教体系非常类似。和基督教的信徒一样，在伊斯兰教的信徒们看来，神之启迪和人类行为与知识之间的关系才是需要研究的最关键的问题。他们创制属于自己的科学，并以对《可兰经》教义及理性进行调和为目的，一直都在找寻某些理由，以便对自己的信仰进行解释。

刚开始的时候，伊斯兰教派的学者们经常发生争论，他们对上帝的属性及其统一性之间的关系进行争论，也对人类自由与神明预决之间的关系进行讨论。正统的伊斯兰教学者们对《可兰经》中论述的种种学说进行了继承，从来都没有对此表示过怀疑，更没有想过去对它进行论证。在他们看来，上帝是存在的，他全知全能，人类的命运全都预决于他，这一点毋庸置疑。穆尔泰齐赖派的自由思想家们对这种传统观念进行了否定，在他们看来，真理的试金石只有一样，那就是理性。这些思想家觉得，哲学是他们所需要的。于是，他们穷究希腊哲学，希望能从中找出所需要的理论根据，但是从始至终都没有构建一个属于自己的哲学体系。公元10世纪，唯理派内部发生分歧，部分人开始认同正统派的观点，对哲学表示反对；在他们看来，无论是亚里士多德的哲学思想、宇宙不朽说、上帝沉思说，还是新柏拉图学派所崇尚的流射学说，都是与伊斯兰教的创世理念相悖的，创造世界的人的确是具有自我意识与人格的，于是，他们开始反对哲学。阿舍里（公元873—935年）是这一派的领袖，因此，反对派又被称为阿舍里派。阿舍里派的学者们对原子论十分推崇，却罔顾原子论的根本原理。在他们看来，具有连续性的原子本就是上帝的造物，为了保证上帝威权的绝对性及其干预自然的可能，反对派的学者们否定了因果说，也摒弃了自然的齐一性。

依旧对哲学抱持着忠诚态度的唯理派的另一部分人，将亚里士多德哲学、新柏拉图主义哲学及新毕达哥拉斯主义哲学按照不同的比例混杂在一起，架构了一个属于自己的哲学体系。这些人中，有一部分偏重于新柏拉图主义学说，重视伦理、宗教与实际，还有一部分则重视对逻辑的研究，认为这种研究是所有哲学的预备，他们偏重于亚里士多德的哲学思想，偏重形而上学，且他们的形而上学是以自己内心深处所认知的自然科学为基础进行架构的。

在阿拉伯，《各种科学的百科全书》总共收录了五十一篇论文，堪称新柏拉图主义的典范。该书成书于公元10世纪，编纂者系宗教—哲学流派真诚兄弟会的成员，在伊斯兰教世界，这本书造成的影响十分广泛。真诚兄弟会，从本质上来说，就是与意大利的毕达哥拉斯社团一样的民间团体。他们以使人之灵魂如上帝之灵魂一样完善为理想，而哲学则是他们实现理想所需借助的手段。新柏拉图主义的流射学说是其宗教—哲学学说构架的基础。通过这一学说，我们知道，上帝具有统一性，这种统一性是绝对的，有部分流射物自这种统一性中流出，然后形成万物。万物源于上帝，也必将复归于上帝。人自身就是一个小宇宙，在被创造的时候是以宇宙为模本的。人应该脱离物质的桎梏，净化己身，然后复归于自己的源出之地。最终，《各种科学的百科全书》以神秘主义收篇，在书的末尾，编纂者对巫术、占星术、末世论、炼金术等进行了细致的论述。

在著作《道德修养》一书中，伊本·米斯卡维希（1030年以前）从伦理学的层面论述了一种哲学体系，柏拉图、亚里士多德、新柏拉图主义的思想全都以一种非常奇异的方式融入了这一体系之中。在伊斯兰教中，还有一个坚持禁欲主义与神秘主义的流派，名为苏菲派，他们偏重新柏拉图主义，尤其是其中神秘的一面。在他们看来，表象的世界本就是一种虚幻的想象，物质是神明的流射物，并且等级最低，灵魂能够以禁欲或者精神的忘我驰骋而看透由虚幻的想象构成的屏帷，相合于上帝。苏菲派主张个人于涅槃世界中的沉浸，认为其具有绝对性，这显然是受到了佛教思想的影响。

第三节　唯理主义者

要对哲学进行研究，就得先对逻辑进行研究，哲学以逻辑学为入门课程。阿拉伯学派的一支一直坚持这一观点，在他们看来，对自然的研究必须以形而上学为基础，这十分必要。阿维森纳（1037年以前）、阿耳法拉比（公元950年以前）和阿尔金迪（公元870年以前）是这一支系在东方的代表人物。可是在自然科学方面，他们的研究十分有限，认识也十分粗陋浅薄。在他们的论断中，充满了迷信的色彩及种种异想天开。他们的理论是神秘的，在他们看来，自然科学本就应该包括炼金术、占星术、自然巫术、妖术及圆梦术。在他们看来，星灵就像是《圣经》中所说的天使，肯定是存在的，这一支系的学者绝大多数都坚信神秘主义。在他们的学说中，唯一没有被迷信沾染的只有数学与逻辑学。他们对真正的亚里士多德缺乏认知，在对他的学说进行诠释的时候，大多采用新柏拉图主义的观点，这没什么可奇怪的。数个世纪以来，新柏拉图学派的学者们对亚里士多德的著作进行了大量的注解，这些注解甚至湮没了原作，由此，想要认识到真正的亚里士多德，本就殊非易事。

从逻辑研究的角度来说，阿拉伯的学者们大多善于给出一个论断，并且对论辩术非常精通。与具有普遍性的概念相关的问题一直是基督教经院哲学家们关注的焦点，阿拉伯的学者们也注意到了这一点。阿耳法拉比认为，普遍性的概念包蕴于事物之中，并不能脱离个别事物而单独存在，哪怕是个体所具有的形式，在心灵的世界中，也必然占据着一定的地位。同样地，在阿维森纳看来，普遍性的概念无法以实体的身份独立存在，在事物出现之前，它也不可能出现，除非它存在于上帝的心灵之中。在人的思维世界中，普遍性概念就是一种抽象，它源于个别的事物，在事物出现之后，它才出现，具有普遍性的概念的确被事物所包蕴，但它也融于事物的偶然。

从形而上学的层面来讲，阿维森纳也好，阿耳法拉比也好，面对伊斯兰教的要求，都选择了妥协与退让。他们试图通过区分潜在的存在与必然存在来对亚里士多德的不朽宇宙说进行削弱。他们对亚里士多德的观点表示赞同，在他们看来，智慧是宇宙最本初的存在物，它是不朽的。换言之，只有智慧直接产生于上帝，它具有本初性，它的形成是自然的，不存在任何前因，它是初始因。剩余的所有事物都源于这一初始因，并受其制约，亦即上帝之中有智慧潜在。从根源上来说，世界的演化本就是一个不断流射的过程。在阿耳法拉比看来，物质产生于流射的某一阶段，而阿维森纳则认为，物质不是一种造物，它是不朽的。不过，他们都认可创造是物质之潜在的势的具现，上帝用某种方法将形式加诸物质，形式本就是一种潜在的势，上帝以其处于活动状态的智慧将其置于物质之中，随后又将其彰显或表现。在阿耳法拉比看来，这一过程存在于时间之中，阿维森纳则认为，这一过程是恒久的，是一种从高等级到低等级的流射，因为因果必然同在，此为不朽，所以宇宙是不朽的。

月球之精灵，或者说是具有创造性的处于活动状态的思想，本就是一种流射物，它根源于上帝，它赋予万物形式，而这些形式，恰恰是万物已经做好了准备，想要认可的。潜在的智慧经由处于活动状态的、普遍的、广泛的智慧具现，亦即知识得以为人类所发扬。在阿耳法拉比看来，经由这种方式转化为现实的属于人类的智慧，本就是永恒的，是一个实体，并且构造十分简单。

对哲学进行研究，最主要的目的就是对上帝进行认知与仿效。在阿维森纳看来，要达到这一目的，接受教导、接受神明的启迪都是不错的方法，而在阿耳法拉比看来，人类能够以某种神秘的方式相合于上帝这种说法本就是无稽之谈。

第四节　东方哲学的衰落

以 11 世纪为转折，阿拉伯的东方哲学趋于没落。出于维护流行宗教的目的，在著作《哲学家的毁灭》中，阿尔·安萨里（1111 年以前）对哲学家们的哲学理论进行了攻击；他不认为通过研究哲学能够对真理进行把握。在各个哲学派系的理论体系中，阿尔没能找到任何与重点学说相关的内容，譬如创世论、人格不朽论、对上帝绝对预见性与神性的确信，也就是说，生活中的每一个细节，上帝都能够提前预知，并随意进行干涉。阿尔·安萨里的著作问世之后，被驳斥的哲学家们无话可说，代表着官方意志的权贵阶层则受其影响，直接对大量的哲学书籍进行了焚毁。

第五节　西班牙学派

可是这并不意味着阿拉伯哲学已经走向了衰亡，事实上，在西班牙的摩尔式宫廷中，阿拉伯哲学依旧十分流行，尤其是在科尔多瓦，这个诞生了某一名校的地方，无论是基督教徒、伊斯兰教徒，还是犹太人，都能够自由地进行研究。在西方世界，部分阿拉伯思想家占据着举足轻重的地位，这些思想家包括阿布巴塞尔（1185年以前）、阿维姆帕赛（早于1138年）和阿威罗伊（伊本·路西德，1126—1198年），他们不仅仅是哲学家，还是医生。其中最伟大的无疑是阿威罗伊，是他将阿拉伯思想带上了巅峰，甚至，基督教的一些思想也受到了阿威罗伊思想的影响。

在阿维姆帕赛看来，灵魂不可能永生，真正能够永生的只有普遍的、广泛的智慧，它经由个别人的思维而被彰显。对神秘主义，他一向抱持着否定的态度。虽然从较低的灵魂层次之中超脱，在自我意识得以彻底完善的前提下，让思想及其思想的对象相合，这是理想，但是理想并不能通过沉浸于某种忘我的状态而实现，它的实现需要依赖思想的自我完善与发展。阿布巴塞尔大体上赞同这些观点，他编撰了不少哲学故事。在故事中，他描述了一个人，这个人独居于某个荒芜的岛屿之上，他的思想因此得以不断演化，这看起来自然而然。最后，通过禁绝欲望和沉醉在忘我之中，他终于相合于上帝。

阿威罗伊对亚里士多德的评价很高，在他看来，亚里士多德的思想代表着人类的智慧，而且这种智慧相当完善。他雄心勃勃，想要将真实的亚里士多德呈现于人们面前，但不得不说，他的这一雄心实在很难实现。他完不成这项工作，原因之一是他在对亚里士多德的哲学进行诠释的时候，先入为主地采用了新柏拉图主义的观念；原因之二是他同所有中世纪的哲学家一样，都希望能够将亚里士多德的理论调和于流行的宗教思想之中。无论如何，他还是接受了伊斯兰教最基本的普泛智慧论及流射说，而这两种学说的存在，本就是对亚里士多德哲学的一种摧残。

在阿威罗伊看来，物质之中有形式潜隐，但形式并不似阿耳法拉比及阿维森纳主张的那样附着于物质，而是在某种等级较高的形式的作用下不断演进与被实现，在所有的形式之中，神圣的智慧是至高的，所以，对我们常说的创造，阿威罗伊抱持的是排斥态度。在他看来，某些个体受到了一种处于活动状态的、普泛的精神的影响，并被转化为知识。阿威罗伊这样解释他的观点：个体之灵魂很容易受这种影响的影响，这自然而然，在处于活动状态的、普泛的精神的作用下，某些很容易被影响的灵魂转变为潜在的精神，由此，它便具有了某种潜在的、包蕴于灵魂本身之中的智慧。具有普泛性的灵魂相合于接纳它的灵魂，灵魂便实现了个体化。在普泛的精神的作用下，某些能够容纳智慧的灵魂渐渐具有自己的个性，这就好像某些能够容纳阳光的事物在被阳光照射之后表现出不同的、个性化的特征一样。在灵魂个体化之后，普泛的精神再次对它施加作用，由此，隐藏于个体化灵魂之中的精神得以凸显。当个体化的灵魂的自我意识提升到最高的程度，它就会相融于普泛的精神，或者，将普泛的精神当作关注的焦点（神秘主义），进而转化为精神的某一方面或因素的时候，它将为人类所共有。从这个角度来看，灵魂是永生的，也唯有从这个角度来看，灵魂才是永生的。这不是说某个具体的人能够永生，而是说普泛的精神能够永生。在阿威罗伊看来，上帝是凡间精神的推动者或者就是这种精神本身，而普泛的精神则是它的流射物。

和阿威罗伊一样，和他同处一个派系的哲学家全都认为真理无法被普通人全部把握。在宗教中，人以象征为凭依对真理进行认知，而这种象征，哲学家用比喻的方式进行解释，一般人则只追求他流于文字表面的意义。所以，哲学意义上的真理，从神学的角度来看，就不是真理；神学意义上的真理，从哲学的角度来看，就不是真理。阿威罗伊对智慧的统一性一定能够经由对理性的推导而得出这一观点表示认可，因为信仰的原因，他却一直都抱持着与之相反的观点。哈里发的官邸位于科尔多瓦，作为宫廷御医的阿威罗伊曾经常居于此，但因为其学说被指控对伊斯兰教有害，暮年时，他从宫廷之中被逐出。

对阿拉伯哲学，基督教会一直抱持着怀疑的态度，这一点很容易就能被看出。其原因自然是基督教不想再接纳异教徒中的异端，尤其是在它与主张泛神论的异教徒斗争得如火如荼的时候。

第六节　犹太哲学

上文所述的，源自阿拉伯的，各种不同流派的哲学思想，对中世纪的犹太哲学产生了深刻的影响，在犹太哲学之中，我们能看到一些阿拉伯哲学的映射。阿维塞布朗，即所罗门·伊本·格比劳勒，是11世纪著名的哲学家，常居于西班牙。在著作《生活的泉源》一书中，他对新柏拉图主义进行了简明扼要的叙述。彼时，该书备受西欧经院哲学家的欢迎，流传范围极广。当时，犹太最著名的哲学家是摩西·本·迈蒙（又译为摩西·迈蒙尼德，1135—1207年），常居西班牙科尔多瓦。他十分推崇亚里士多德的哲学学说，著有《迷途者的指南》。他对亚里士多德是凡间的权威这一观点表示认可，但是在获取与神明相关的知识时，他却以天启为凭依。他一直都坚定地认为世界是从无中创生的。在凡间，有一位上帝存在，并且这位上帝具有完全的智慧。他还宣扬后天的能动智慧，即意志不受拘束及灵魂永生。

第二章　亚里士多德的卓越地位

第一节　亚里士多德与经院哲学

尽管经院哲学以研究亚里士多德哲学为手段将自身存在的时间进行了延长，但是那一时期的哲学思想却并未因此发生大的变革。因为亚里士多德的哲学体系能够强化经院哲学，所以，它才备受经院哲学家的青睐。经院哲学家们一直以对哲学及宗教进行调和为根本目的，而亚里士多德的哲学凝聚着希腊最高的智慧，体系也相当完备，能够为这种调和提供相当的助力。人类各个领域的知识都被这一体系涵盖，亚里士多德已经得出了许多确实性的结论,并且他还用精准而简明的语言对这些结论进行了阐述,再者,他所使用的词汇都是固定的。和其他所有的人一样,经院哲学家们也认可亚里士多德作品的理性与客观性。在论辩术方面,经院哲学家的一些要求也得到了满足,无论是对哪一个命题进行论述,无论是认可还是否定,亚里士多德哲学体系都会给出明确的理由。这就是一位逻辑学大师的著作。

亚里士多德哲学体系之中的许多内容都与教会的教义相契合。哪怕有冲突出现,经院派的哲学家们也能很轻易地对其做出解释,或者为了与教会的观点相契合而对其中一些观点进行修改。在亚里士多德看来,上帝就是一种精神产物,他的存在是纯粹的,他凌驾于宇宙之上,与宇宙有一定的差异性,但是宇宙以他为初始因,也以他为终极因。这种二元论思想与有神论,对基督教的教义有着明显的强化作用。在亚里士多德的自然论中,包蕴着一种完全的目的论,这种论调一向与常识相符,对一个刚刚涉入自然研究领域的时代来说,吸引力亦极为强烈。从人类知识的角度而言,亚里士多德哲学无疑是一个井然有序的体系;而从天启之知识的角度而言,基督教教义也是一个井然有序的体系,两者同样完备。这样,"知识领域的权威"自然而然地就转变成了"自然研究领域的权威",经院派哲学家们以他为凭依对基督教的世界观进行维护,也就不足为怪了。

的确,基督教的哲学体系与亚里士多德的哲学体系之间存在着十分严重的冲突,这一点,在经院哲学的发展史上,表现得尤为明显。亚里士多德认为宇宙是不朽的,基督教教会则认为宇宙是上帝自无中创生而出的。亚里士多德认为个人的灵魂无法获得永生,教会则抱持相反的态度。在伦理学方面,亚里士多德主张自然主义,教会则宣扬超自然主义。不过,存在冲突没什么,遭遇困境也没什么,经院派的哲学家们总能通过修改、补充、调和、相融等方法,让亚里士多德的哲学与经院哲学相契合。以我们目前之所见,(经院哲学家们的努力的)效果非常显著。

第二节 奥古斯丁的神学

12世纪时,亚里士多德的哲学思想盛行于世,但这并不妨碍传统神学运动的衍生和发展。受柏拉图思想的影响,教会的教义得到了一定程度的发展，正统的基督教哲学思想与希腊哲学思想以奥古斯丁神学为基准实现了最初的融合，其影响依旧十分广泛。公元 13 世纪，经院哲学家们将新的素材注入了传统基督教哲学之中，并根据需要对新材料进行了改造。在不断地改造中，基督教哲学本身也渐渐出现了一些改变，可是，部分基督教哲学家依旧对盛行于 12 世纪的基督教正统哲学思想抱持着太多的忠诚，新哲学对他们的影响十分有限。这些学者包括来自阿累斯的亚历山大（1245 年以前）、根特的亨利（1293 年以前）、大阿尔伯特以及阿奎那的托马斯，后两者一直致力于将亚里士多德的思想与传统的基督教哲学进行融合。另外还有一部分人追求在他们看来最为纯粹的亚里士多德主义，譬如来自布拉邦特的西格尔（1282 年以前）。之后不久，将亚里士多德的哲学思想与基督教哲学的旧日成就相融合，成了人们最主要的前进之路。

在箴言著作《神学大全》中，出身弗朗西斯教派、来自阿雷斯的英国哲学家亚历山大（1245 年以前）第一个以全新的学说对教义进行了论证。他自己提出问题，然后引经据典，用三段论式进行推导，并给出最终的答案。在他看来，单就信仰而言，拉丁系的教士们具有绝对的权威，他们包括安布罗斯、奥古斯丁、哲罗姆、贝德、阿尔克温、安瑟伦、维克托教派、伦巴德人彼得、克莱尔沃的贝纳尔；而单就理性而言，最具权威的则是柏拉图、亚里士多德、阿耳法拉比、阿维森纳、阿尔·安萨里、西塞罗、马克罗比乌斯、波依修斯和卡西奥多鲁斯。从亚历山大的神学思想、形而上学思想及心理学思想中，我们不难看出，他对奥古斯丁十分推崇，同时对新运动中诞生的思想，他也没能深入地进行掌握。

第三节　大阿尔伯特

1193 年，博尔斯泰特的阿尔伯特出生于符腾堡的劳因根，在波伦亚及帕多瓦大学求学期间，他对哲学、数学、医学、神学进行了研究。1222 年，他成为多米尼克教团的一员。他是一位哲学教师，曾经在科隆及巴黎授课。他德高望重，世人皆以大阿尔伯特盛赞于他。1280 年，阿尔伯特的生命走到了尽头。他这一生译注过许多作品，其中就包括《圣经》《箴言集》和亚里士多德的部分著作。此外，他还撰写了部分与神学、哲学相关的著作，如《宇宙的起因与过程》《论理智的统一性，反对阿威罗伊主义》《神学撮要》《精神的极乐世界》。

参考书

《大阿尔伯特》，作者席格哈尔特，译者迪克逊；《大阿尔伯特》，作者赫尔特灵；《大阿尔伯特的道德学说》，作者费勒尔。

身为基督教会的长老，阿尔伯特首先以亚里士多德的哲学体系为凭依，构架了一套属于自己的经院哲学体系，但是他的思想还明显地受到了阿拉伯哲学思想的影响。在对所有具有神学意义的命题进行探讨的时候，阿尔伯特都习惯以迈蒙尼德的著作《迷途者的指南》为凭依。在他看来，没有哪部著作比它更契合正统的基督教哲学思想。对自然科学，他抱有极浓厚的研究兴趣，在这一领域，他常常被视为罗吉尔·培根的先驱者。尽管在对自然进行研究的时候，他始终都坚持以经验作为凭据，但作为一位经院哲学家，他也难以避免沾染上了用亚里士多德的眼光来审视自然的习气。人们所津津乐道的一直都是阿尔伯特的博学，而不是他的精深。与他的弟子、声名卓著的阿奎那人托马斯相比，阿尔伯特无论是从领悟的深度上，还是批判的敏锐度上，都要稍逊一筹。

在阿尔伯特看来，对哲学命题进行研究的时候就要采用哲学的方法，对神学问题进行研究的时候就要以神学观点为凭依。双重真理学说以这种双领域截然的区分为先导，这是因为很多经院哲学家的思想理念在进步，他们已经意识到教会的三位一体学说、神之显化学说等站在逻辑的角度根本就无法被论证。比如，从物理学的角度来看，无中不能创生任何事物这一观点是确实的，但从神学的角度来看却不是这样；从个别的、次要的原因来看，它具有确实性，但从终极事物的角度来看却又不是这样。在他看来，从信仰的角度而言，奥古斯丁的学说才是最具权威性的；从自然科学或者唯理主义的角度来看，亚里士多德的学说则最具权威性，尽管在他看来，这位希腊哲学家的学说在很多方面都与带着独断色彩的基督教神学不尽相同。

第三章 托马斯·阿奎那

第一节 托马斯·阿奎那传

1225 年或1227 年，托马斯·阿奎那出生于阿奎那的一座古老城堡中，这座城堡位于那不勒斯附近，城堡的主人是托马斯的父亲朗多尔夫伯爵。托马斯曾就读于蒙特卡西诺修道院，他的启蒙者是本尼迪克特教派的教士们。青年时代，托马斯不顾父亲的激烈反对，毅然加入了多米尼克教团。此后，他一直都在巴黎与科隆从事哲学与神学的研究工作。在科隆学习期间，大阿尔伯特成了他的导师。学成出师之后，托马斯一直辗转于科隆、巴黎、波伦亚、罗马、那不勒斯等地，将一些哲学知识和神学知识传授给人们。那时候，他一直都致力于构建一个伟大的天主教哲学体系，这一体系在他看来将是空前的。1274 年，托马斯的生命走到了尽头。与托马斯同时代的人，一直都以"天使博士"这个名字来称呼他。1323 年，教皇约翰二十二世追认托马斯为基督教圣徒。

托马斯生前对包括亚里士多德的著作在内的许多著作进行过译注；他本人还撰写过大量与哲学及神学相关的论文。《神学大全》《反异教大全》《论基本政体》（一部分是他的）等都是他的著作。

参考书

由教皇列奥十三世出版的著作版本；《神学大全》，译者里卡贝、阿施莱；《阿奎那的圣托马斯》，作者瓦恩；《圣托马斯·阿奎那》，二卷，作者色提朗格斯；《阿奎那的托马斯》，三卷，作者维纳尔；《托马斯·阿奎那的哲学》，作者茹尔丹；史奈德尔的书；《托马斯词典》，作者舒尔茨。

第二节 哲学和神学

在上文所述的思潮之中，托马斯的思想体系堪称典范。该体系以对宇宙因天启而合理这一点进行论证为目的。奥古斯丁在形而上学方面的理念与它十分契合,它以教会的某些教义为指导原则,这些教义基本上都能被视作教会的文化遗产。可是自始至终,它都沿用了亚里士多德的方法与概念,在(对命题进行)诠释的时候,它也采用了纯亚里士多德式的解释方法,如物质与形式,如四种原因,如推动作用,如现实性与潜在性以及其他。它无意对教会的教义及救世思想进行削弱,教会的超自然与亚里士多德的自然思想本就不存在冲突,所以,即便是从最严苛的角度来看,圣托马斯也该是教会正统派的一员,这确凿无疑。

在托马斯看来,神学是由上帝推导出事实,而哲学则是以事实推导出上帝。在对理性与信仰进行区分的时候,托马斯模仿了阿尔伯特的做法。他指出,单纯以理性的概念并不能对三位一体、神之化身、原罪、世界于时间中创生、圣典等教会教义进行解释,教义皆是信仰方面的命题,并不是哲学研究的对象,而是天启之真理,信仰凌驾于理性之上,但与理性并不相悖。对教义,我们无法论证,也没有理由去驳斥,但是对那些异端邪说,我们却能驳斥。比如,我们没有足够的、必然的证据对世界创生于时间之中这一观点进行论证,这是天启之理,若非天启,我们便不得而知,但是(虽然无法被证明),这些教义却是合乎情理的。要理解其合理性,就必须将信任赋予它;要了解其似真性与或然性,也必须先将信任赋予它。假如想要从理论层面对宗教的神秘性进行证明,那么,这种证明本身就是对信仰的一种摧残。只将信任赋予那些能够被理性证明的事物,这毫无益处。信仰只与意志相关,而对信仰表示认可正是来自意志的旨意。在托马斯看来,这种强制实际上不是强制,而是人的本能,源自人内心的本能(我们相信,是因为得到了上帝的指引),或者,这种强制本就出于外力,且以奇迹为泉源。

天启的神学与唯理或自然的神学及唯理或自然的哲学之间存在一定的差异,这种差异得到了巴黎大学官方的认可。在巴黎大学,哲学教师被要求"不再也不许对和神学相关的问题进行思考"。随后,天主教、新教等正统的基督教派也正式对这种差异表示了认可。从哲学的角度来说,托马斯对神学与哲学做出的这种划分委实是有益的,由此,在哲学范畴内,与神学相关的问题终于再也不被提及。在约翰·邓·司各脱及其信奉者的努力下，唯理或自然的神学进一步挣脱了理性的束缚，所有与上帝相关的问题也全部被归结为信仰问题。

第三节 认识论

亚里士多德的方法及认识论绝大部分都被托马斯所承袭，由此，我们也能部分地了解托马斯在这一问题上的态度。在他看来，与概念相关的知识才是真正意义上的知识，可是概念的根基是感官与知觉，感官、知觉是所有能够被智慧把控的事物的初现之地。灵魂本身具有不同的职能，比如感觉、能动之智慧、潜在之智慧等。因为灵魂有各种不同的职能，所以灵魂才能以不同的方式施加作用，类似的必然相合于类似之中。以感觉为凭依，它糅合了具体事物的模本或"能够被感官所知觉的事物的胚种"。潜在之智慧与肉体是完全脱离的，换言之，它凌驾于有机体之上，若要潜在之智慧对某种能被感官所知觉的模本表示认可，这一模本之中就必须再无物质或者再无任何具有形态的事物。这一工作被能动之智慧所完成，它将与它相契合的因素与属性从能被感官所知觉的模本之中抽离，将这一模本重新塑造，使之能够符合理智的认知要求，因为能够与灵魂相融的事物必然有着与其相契合的属性，所以，能够被理智所认知的模本或者如托马斯所说的"能被理智所认知的胚种"，并不是属于某个具体事物的模本，它不占据空间、不占据时间，并非具备全部的偶然属性，而只拥有部分本原的性质；潜在之智慧凭依着这种能被理智所认知的模本，对普遍性的概念进行把握。假如知觉不存，人之认知也就不存；假如自然之中原就不存在某种以感官知觉为凭依构架某种普遍性概念的倾向，那么，人便无法进行认知。在属于自己的体系中，托马斯从认识的角度对我们的感觉与认知进行了指正。在他看来，认识分为两个方面，一为个别，一为普遍。托马斯还指出，人类的思维一直都处于活动状态，它具有主观能动性，或者说，它具有先验的属性。在思维之前，人的内心本就存在一种倾向，这种倾向使我们在活动的时候更趋于使用某种方法，换言之，就是在思维的时候使用具有普遍性的词汇。在人的内心中，知识一直都处于潜隐状态，当人心开始活跃，或者人心被激活，隐性的知识自然就会转变成显性的知识。

当灵魂被外来事物所影响时，组成知识的原材料被人心之中等级较高的能力所接纳，之后，经过加工，原材料转变成了与概念相关的知识。所以，感官知觉及经验才是真正的科学与知识的凭依，我们能够认知的事物必然是我们有相关经验的事物。这样，在（对命题）进行解释的时候，哲学家们肯定要以经验构成的世界为出发点，通过对经验进行分析来推导原理、推导属性、推导实在的事物，与这种存在或实在相关的科学被称为形而上学。我们能够将某种共性从具体事物之中抽离，也可以在思考的时候采用普遍性的概念，所以，只有当某种概念真的有可能具有普遍性的时候，只有当某些具体事物之中真的有共性存在的时候，科学才会存在。所谓精神性的东西，本就自成一体，我们对它缺乏具有普遍性的概念，自然也就不可能获得与之相关的真正的知识。

第四节 形而上学

既然科学研究的对象是具有普遍性的概念，那么，具有普遍性的概念就必然存在，否则，真理就不可能存在。可是从普遍性的概念能够脱离个体而单独存在这一点来说，它又是非存在的：它不是一种已经存在的事物，它没有真正的实体。作为事物的本质、本性，或者托马斯所认为的事物之实质，普遍性概念就仿佛是多中的那个一，只存在于具体的事物之中。与此同时，和阿尔伯特一样，托马斯也对亚里士多德的观点表示认同，在他看来，观念也好、普遍性概念或形式也罢，其实都隐藏在上帝的心中，并且，它还抽离自存在于人心的具体事物之中。

从形而上学的角度来说，普遍性的概念及形式都是一种解释原则，有其存在的必要性，可是在对自然对象的世界进行解释的时候，单有形式与普遍性概念还远远不够。由此，托马斯效仿亚里士多德引进了第二种原则，即物质，在他看来，形式与物质相合，自然随之诞生。物质对象的实体由物质构成，也由形式构成。在托马斯看来，实体就是事物之所以能成为现在的模样所借助的东西，而自然之对象正是借助了形式与物质的力量才变成了现在的模样。以这两种原则为凭依，托马斯不仅想要对自然之秩序及自然之目的进行说明，还想对事物的多样性、事物的复杂性及具体事物的存在进行说明。部分唯实论者主张形式决定了某些具体对象的存在，个体化以形式为原则。但托马斯不这么看，在他看来，个体化的原则应该是物质。因为物体的组织形式有所差异，所以，即便是同一种类的个体也具有多样性。某一个别的对象或者某一自然的对象在被区分开来之后，其所具有的某种物质定量与这种定量所带来的全部偶然性相合，就构成了这一个别对象现在的模样。单拿人来说，因为某些个别的有机体与灵魂相融合，个别的人才会诞生。苏格拉底不是其他人，就是苏格拉底，正是因为他具有某种其他人不具备的特质。

形式不仅仅包蕴于物质之中（固定存在的，或者具有物质属性的形式），还能脱离物质单独存在，它的实在性不需要以物质为依托（这一形式具有持久性）。天使、人类之灵魂及部分仅仅由精神构成的事物都包蕴其中。他们形成时所借助的，亦即他们的属性或实体，不是物质与形式，而只是形式。因为他们本身就具有个体化的属性，所以，他们个体化了。

第五节　神学

上帝具有最素朴的现实性，它就是一种单纯的形式。人在对上帝进行认知的时候可以以信仰为凭依，也可以像我们前面所说的那样，凭依着推理的态度对这种知识进行把握，但是这样获得的知识却是居中的、是间接的。所有的推理都是用已知来对未知进行推导，用结果对原因进行推导，用被束缚的事物对不被束缚的事物进行推导。以上帝之创生推导出上帝的存在，这的确是对上帝存在的一种论证，但这种论证却具有后验性。安瑟伦的本体论论证法为托马斯所摒弃，他运用的论证法有很多，这些论证法大多都源于亚里士多德、奥古斯丁及部分阿拉伯的学者。（甲）一种事物要运动就必然有一种事物对它进行推动，某一结果的产生必然对应着一个使其产生的原因，由此，必然存在着一种原则，它是最本初的，是第一推动者，且它本身处于不动的状态，若不然，我们必将陷入因果的无限循环之中，永远都无法抵达终点。必然存在着一种事物，即便不以任何事物为凭依，它依旧是存在的（亚里士多德这样认为）。（乙）存在于自然之中的具体对象，这个或者那个，其存在都不具有必然性，它们只是有可能存在，其存在具有偶然性，可是定然有某种事物不仅有可能存在，而且就是一种实际存在，它的存在具有必然性。所有偶然存在的事物或者可能存在的事物都以其为根源，它必然存在，且这种必然具有绝对性（阿耳法拉比这样认为)。后来,康德以宇宙论的论证来命名这两种论证。(丙)事物之间存在一个阶梯,这个阶梯是向上的,越往上越优秀,肯定有一种至高的形式或者一种最完善的程度存在,或多或少已经被完善了的事物所处的系列以这种最完善为巅峰。无论任何事物都源于初始因,作为一切原因的初始,初始因的完善程度必然是最高的,它的存在也必然是最完善的,宇宙之中,每一个已经完善的事物都以初始因为根源(奥古斯丁这样认为)。(丁)在自然界中,所有的事物都有一个目标或者愿望需要去实现,其中有一种智慧隐性的引导,宇宙极具目的性,在宇宙中存在着一个通达且明晰的上帝,它是伟大的,所有的目标全都是由它制定的。后两个证明论证的是目的论,这种论证方法多为希腊哲学家或经院哲学家所采用。

所以,上帝具有目的性,它是宇宙的初始因,也是宇宙的终极因。它活力十足,且本身就具有现实性。假如它的存在只是一种潜在,那么,就一定存在某种能够使它转化为现实的事物,它便不可能是初始因。作为最单纯的现实,上帝是纯粹的,也是完善的,且这种单纯与完善具有绝对性;上帝也是意识、意志与智慧,且这种意识、意志及智慧具有绝对性。

世界是上帝自无中创生而出的,物质本就包含于世界之中。假如万物以上帝为初始因,那么,物质与形式也必然以上帝为原因。但上帝是一种单纯的、由精神构成的存在,物质并不是它的涵盖物,因此,物质也不可能是它的流射物,物质也必然是上帝自无中创生而出的。在时间的范畴中,世界究竟有没有开端,我们不得而知,因此,有或者没有,都具有可能性。自无中创生,只是说上帝是整个世界存在的倚仗,也是整个世界存在的必然原因,但这并不代表这种创造就存在于时间之中,也不代表这种创造具有永恒性。所以,靠着神之启迪,我们确信在时间之中,的确存在着世界的开端。(换言之)世界被创生而出之时,时间才开始存在。世界不仅仅是上帝的造物,而且时刻以上帝为倚靠,上帝的创造本就是一种连续不断地创造。在上帝看来,在所有可能存在的世界之中,这个世界是最美好的,所以,他选择了它。上帝之意志取决于善,所以他所希冀的事物必然是最美好的事物。上帝之所以会创造,为的就是以不同的方式来彰显自身,于是,许多不同等级的事物被他创造而出。

第六节　心理学

自然是上帝创造的，人类的灵魂是上帝创造的，天使也是上帝创造的。天使不具备物质性，它由单纯的精神构成，因此，天使一个为一类，天使的数量有多少，其种类就有多少。自然之对象具有物质性，在其物质中有形式潜藏。植物与动物都具有灵魂，但在与物质脱离之后，这些灵魂并不能独立存在。人既具有精神性，又具有物质性，它的人格十分单一，它是两种最基础的基质在实体之中的融合。灵魂是一种形式，它不是物质，却能长久地存在，当人之肉体达到圆满，就会以灵魂为自我实现的方式。它是一种有机体，拥有智慧，具备感官知觉。肉体因它而形成，它是一种基质，它的存在攸关着人的性命，且这种基质是运动的、有知觉的、有智慧的。单一的灵魂拥有各种各样的职能。胎儿的灵魂是一种有机体，具有感官知觉，胎儿降生之后，灵魂便具有了智慧的特性。当肉体做好了容纳灵魂的准备，上帝就会将灵魂创造。从本质上来说，构成灵魂的两种基质是意志与智慧，因为意志与智慧不同，所以，人与人的灵魂也不同。尽管灵魂与有机肉体的融合是紧密的，但有智慧的灵魂却不受肉体的束缚，且完全凌驾于有机体之上。也就是说，精神与肉体相合构成人类，两者的联系非常紧密，但这种紧密又与自然中普遍存在的物质与形式的相合不同，若想将两者分离，其实并不特别困难。灵魂是一种基质，它有智慧、有感觉且与生命紧密相连，三者是三位一体的。在它的作用与推动下，某些能够轻易感受到这种作用的存在（肉体），就会具有感觉、能够思维且拥有意志。

拥有智慧的灵魂具有不死的特性，即便与肉体相脱离，它依旧能履行自己的职能。"肉体分崩离析之后，它依旧能够活动。"阿拉伯人所主张的万能的智慧实际上是不存在的。假如万能的智慧真的存在，那么，人类就不可能兼有理性与道德，人类的意志与思维也将由他人进行塑造。单一的灵魂是由智慧的灵魂、具有感觉的灵魂和有机的灵魂构成的。人的肉体失去生命之后，灵魂依旧会以智慧、有机及感觉的形式存在于人体的各个部分，并且它还会为自己构筑一个全新的肉体，这个肉体与它曾经拥有的肉体毫无二致。

在柏拉图的哲学体系中，就有托马斯所采用的这种灵魂永生的论证，事实上，无论是在基督教世界还是在阿拉伯世界，这种论证已经成了一种人所共有的精神财富。具有普遍性的概念能够被人的灵魂认知，因此，灵魂是一种非物质。这样，即便与肉体相脱离，它也不可能陨灭。它本身就具有现实性，具有形式，是一种有生命迹象的基质，由此，便不可能消亡。所以，具有持续性的存在总是被现实性所涵盖。并且，灵魂之所以能永生，是因为它对永生充满了希冀，因为所有自然产生的欲望都能够被满足。

人对感性的知识有所认知，所以具有感性的欲望；人对理性的知识有所认知，所以也具有理性的欲望。人的行动与欲念并不像兽类一般完全取决于外在的感知，人类具有自我决断的能力，也有权利选择行动还是不行动，可是，意志的选择必须以善之观念为前提。智慧对意志有推动作用，但却不会对意志进行强迫，智慧只会通过让意志明了其目的（意志、意图、对象）的方式来对它进行推动。智慧在意志的敦促下发挥某种作用，感受性也是。因此，从这个层面上来说，在灵魂的国度中，它才是第一推动者，但有机的生活却脱出了它的掌控。在托马斯看来，智慧取决于意志，意志也取决于智慧，其中智慧的决定作用要优先于意志。某些被智慧认可的、善的、合乎情理的目标决定着意志。这种决定与强制不同，因为强制就意味着有外力的参与，意味着决定权在外因手上。人具有理性，所以，人不被束缚。他的行动并不是取决于某种外在的、不被其本身所认可的原因，而完全取决于它自己，他能够自由选择是遵从善的手段，还是源于理性的某些目标。

第七节 伦理学

在伦理学方面，托马斯的理论结合了基督教教义及亚里士多德的思想。他以这一思想为凭依：万物是上帝的造物，在创生万物的时候，上帝怀抱着一种目的，那就是彰显自己的善，万物之属性实际上就是上帝之善的彰显，所有的造物都是对神圣理念的一种实现，万物以自我的真正实现为手段对上帝的善进行彰显。客观地说，上帝等同于至善；主观地说，或者对造物而言，所谓至善就是最高的可能，是最极致的完善，它与上帝相类似。对亚里士多德的观点，托马斯表示赞同，在他看来，亚里士多德所谓的幸福，或者人之至善，实际上就是对真正自我的一种实现。不具备理性的动物只有凭依着上帝所赋予的本能及源自感觉的冲动去实现这一目的，而具有理性的动物则致力于在具备自我意识的情况下自愿去实现这一目的。在所有的思维形式中，沉思为最高，上帝则是人要思维的至高目标，所以，人在对上帝的认知之中，对真正的自我及其完善性或最极致的幸福进行实现。要对上帝进行认知，方法与途径有很多，有一种最直接、最自然、根本无须去思索的与上帝相关的知识，但是人却不能借由它而获得真正完全的幸福，因为这种活动本身就是不完善的。要对上帝进行认知，还可以使用推理的方法，可是，不是每一个人都能借由推理而对与上帝相关的知识有所认知，并且通过这种方法获得的知识也不具备确定性。借由信仰，我们也能对上帝有所认知，可是信仰一向以意志为凭依，且无法对自身进行证明。在与上帝相关的知识中，等级最高的是直觉，它能令人受用无穷，但必须寄之于来世。人类所做的种种努力，人类追求的至高目标，都是它，人类能经由它获得最极致的幸福。那些对上帝的认知就如上帝对他的认知一样的人，与上帝最为相似。

亚里士多德的思想被基督教一以贯之。在亚里士多德看来，至善等同于哲学，它是一种可以被思考与辩论的知识，它还是上帝，是单纯的、处于沉思状态的上帝。归根结底，无论是哲学家，还是那些明晰而达观的人，全都以他为理想。在托马斯看来，与上帝相关的知识本就是一种至善，可是这种知识必须凭依着直觉去获取。这种洞见本身就是一种极致的幸福，它的实现必须依托来世，从这个角度来说，这种善凌驾于自然之上，而所谓凌驾于自然，就是说这是一种恩赐，且这种恩赐超越了自然。既然获取至善就意味着幸福，那么，若无快乐相伴，幸福自然也就不存。除了快乐，与上帝伴生的还有敬爱，人若对上帝缺乏敬爱，那么，上帝自然无法为人所见。

在伦理学方面，托马斯探讨的不止至善一个问题，他还对德性、道德的行动进行了具体详细的阐述。有道德的行为必然是经由思考而做出的选择，亦即这种行为是具备理性且不受束缚的动物的行为。行为的目标决定了行为的善恶，行动者的目的与意图决定了行为的善恶，行动时所处的环境也决定了行为的善恶。它必然要与理性相契合，而人类恰恰以理性为自身的行为标准。道德行为以上帝之理性、《旧约》中的法规、《新约》中的法规或者不朽与神圣的法规为最高标准。在《旧约》中，世俗的目标被以法规的形式进行了界定，这种法规的运行以恐惧为推动力，正直地履行自己的职能是它的基本要求。在《新约》中，神圣的目标被以法规的形式进行了界定，这种法规的运行以仁爱为推动力，意志的神圣性是它的基本要求。上帝之规条并非随意，善的事物才是上帝真正的向往所在。除了不朽之规条，还有写于人心的人类之规条及自然之规条，所以，人之行为必须与理性相符合才能为善，而神圣之规条或自然之规条则是理性的激发者，这一思想一直都在被灌输着。

在对良心进行解释的时候，托马斯采用了中世纪时所采用的方法。智慧具有思辨性及实践性，理性具有实践性，且以某些理论为准则。道德之准则能够被理性所掌控，这一准则是最根本的准则，它与道德相关，是一种先天就存在的知识。三段论式以这种知识为前提：我们应该趋避所有的邪恶，较低级的理性或《圣经》告诉我们通奸是邪恶，由此，我们得出一个结论，具有良知就应该避免通奸。

有一点我们必须铭记，存于外部的、与道德不相符合的属性全都取决于意志，某种行为本身可能没有错误，但是当它趋向某种与道德不相符合的目标时，它就是错误的。一种存在于外部的行为若本身就是邪恶的，那么，即便是受到意志的引导，它的目标也不可能是善，这种行为本身更永远不可能是善的。换言之，托马斯并不认可，也不曾宣扬为了达到某种正当的目的可以采取任意手段这样的主张，而外显于感官的欲念，或者说是表现于灵魂上的冲动，其本身从道德的层面上来说，也并非全都是不好的。事实上，只有那些与理性之规条不相符合的（欲念或冲动），才是不好的。

在对德性进行探讨与区分的时候，托马斯采用了与亚里士多德相似的方法，且以基督教的概念对其进行了部分补充与修订。无论哪一种德性都非一出生就具有的，所有的德性都能够通过道德的行为来获取。通过这种后天攫获的德性，人能够享受幸福的一生，但这种幸福却是不完善的。要想获得不朽的幸福，就必须得到一种凌驾于自然之上的基质，这种基质源自上帝的恩赐，哪怕人有可能具有某种等级较高的形式，比如高级的素质、高级的完善性。上帝将某种凌驾于自然之上的德性灌输给人类，这一德性隶属神学的范畴，比如信仰、仁慈、希望；若无这些，人就无法达成凌驾于自然之上的目标。唯有从上帝那里得到德性的注入，我们才能拥有幸福的生活；后天获取的种种德性对此没有任何作用。在所有被上帝灌输的德性之中，仁爱的等级最高，也是所有德性之中最完善的。

就像我们前面所说的那样，最幸福、最开心、最高等的生活就是沉思的生活。即便是在此世，沉思的境界也有可能被达成。受天启之影响，灵魂能够从肉体的束缚之中脱离，达到一种极致快乐的状态，这种状态表现于行动上，就是一种忘却了自身的纯净（神秘主义）。相比于现实的生活，这种沉思的生活不仅更优越，而且更具赞赏的价值。对上帝的爱是沉思之生活的基础，对人的爱则是现实之生活的凭依。只要我们对外在的活动采取积极追求的态度，那么，在通达沉思之生活的道路上我们就会遇到阻碍；一旦我们选择对感官所知觉的一切都加以控制，那么，我们就更容易进入沉思的生活。

将世俗的钱财全部摒弃，矢志不渝地追求不朽的生活，这是通达幸福的捷径，也是最有保障的、能够通达幸福的路径。想要让人走上这条路，只能采取劝导的方式，而不能去命令。信奉诸如驯顺、单身、清贫等源自福音的忠告，就能被完善，且被完善的等级相对较高。事实上，无论是托马斯、奥古斯丁，还是修道院中的所有教师，都认为最理想的生活就是禁绝了欲念的生活，是在修道院中的生活，但是能够适应这种生活的人毕竟只是少数，大多数生活于此世的人想要过这种生活，仍需跨越某种界限，而这种界限相对较为低级。

在伦理学上，希腊的观点与中世纪的观点形成了鲜明的对照，这一点已经引起了我们的注意，在托马斯·阿奎那的道德哲学中，这一点也显而易见。在希腊哲学家们看来，所谓至善就是人生某一方面收获了快乐或者具备了某种德性，获取至善的方式是自然而然的，或者说，是依靠人类理性与德性的帮助。在中世纪的诸多哲学家看来，凡间的生活就是一段旅途，它让人们更加趋近上帝，在现世，至善是无法实现的，不朽的幸福也只存于来世。出于本能地去从事某种道德行为，并不能达成这一目的，要达成这一目的，必须以上帝凌驾于自然之上的恩赐为凭依。理想中的至善之人是最圣洁的人，他或许并不睿智，但他却对上帝充满了敬慕与热爱，并深受上帝的鼓舞，他做任何事情都以上帝的意志为凭依，不折不扣。修道院远离尘俗，没有扰攘，没有纷争，也没有尘世的各种诱惑，是最适合，也最有可能达到这种圣洁状态的地方。

在奥古斯丁看来，邪恶本身就存在着某种不足，托马斯对他的观点表示认同。只要事物在行动的时候服从自身善的本能，它就不可能导致邪恶。会导致邪恶的行为必然存在着某种不足，这种不足也许表现在形式上，也许表现在原因上，也许表现在物质或结果上。单就道德层面的邪恶而言，其不足之处表现为意志，理性或神圣的规条对意志的指导极少。一切事物都是以善待人，以美为鹄的。假如邪恶由它们而生，那么，这种邪恶显然出乎了它们的预料。对不受束缚的、深具理性的动物来说，更是如此。在他们看来，只要是他们追求的，就都是善的。当然，他们追求的也许本就是邪恶，但他们对这种邪恶进行追求却不是因为它邪恶，而是因为他们将这种邪恶当作了善。

在伦理学体系的末篇，托马斯对救世说进行了论述，他的这一学说继承了奥古斯丁的一些理论，也继承了正统基督教神学的一些理论。在亚里士多德看来，单就形而上学方面而言，对存在来说较为低级的阶段等同于与之相邻的物质的较为高级的阶段，等级较低的阶段以等级较高的阶段为形式，层层递进，直至结束。以这种思想为基础，托马斯指出，自然意义上的人是精神意义上的人发自物质层面的准备；上帝曾经给予过精神意义上的人恩赐，精神意义上的人也受到了这种恩赐的影响，由此，它能达到一种更加完善的境界，这种境界甚至高于亚里士多德曾经的想象。亚当犯下了罪行，人性因而被侵蚀；这种罪恶（原罪）被遗传给了亚当的后裔，要想从罪恶中被救赎，只能依靠上帝的恩赐。上帝以教会之圣礼为工具将恩赐降下，这些恩赐被上帝赋予了那些能够得到救赎的人。托马斯认为，意志之自由并没有因此被剥夺，事实上，神之恩赐要想在人身上发生作用，必须得到意志的协助。上帝不能成为人最后的归宿，其中责任并不在上帝身上。一部分人会凭依着自身所具有的自由权利来做坏事，他们的行为得到了上帝的许可，上帝对此也早有预见，因此，他已先行确定了惩罚这些人的方式。所有的宗教，所有的伦理，若要更进一步，就必须以复苏万物为目标，而肉体自然也在被复苏的范围之内。

第八节　政治学

在自己的国家体系中，托马斯引入了亚里士多德的部分思想，也糅合了奥古斯丁的基督教政体思想。这一思想，奥古斯丁在著作《上帝之城》中曾经进行过描述。人是一种动物，具有政治属性，需要生活于社会之中。公共福利是每一个政府都应实现的目标，而这一目标的实现，又以社会的和平统一、外御敌寇、内享安宁为前提，君主制或中央集权制是所有政体之中最美好的。要组建君主制政权，则有必要对暴政进行预防。哪怕受到了极端酷烈的压迫，都不应该弑杀君主或者进行革命，而应该求助于宪法，希望以立法的手段来进行补救。因为政治秩序本身就具有神圣的特性，哪怕它真的不成立，也应该由上帝来进行处置。

君主应该时刻谨记神圣之目的，将至善赋予王国的子民，可是，人类之至善既然等同于不朽的幸福，那么，上帝在人间的代理人、基督教会的领导者教皇就必然要具有凌驾于世俗之上的威权。在和精神有关的事情上，凡俗权力的掌控者要遵从教士的指示，他们只不过是接受了教会封诰的臣子，若教会驱逐了他们，他们的臣子就再也没有必要将自己的忠诚赋予他们。在《上帝之城》中，国家被描述为源自人类罪恶本性的制度，在托马斯这里不是这样，在这里，国家是神圣的，国家的制度也是神圣的，它建立在神圣之上。

第九节　托马斯的追随者

追随托马斯的人包括：来自累辛斯的阿吉迪斯（1278 年），丰坦斯人高特弗雷德（大约在 1283 年）、阿吉迪斯·科隆纳（早于 1316 年），来自斯特拉斯堡的托马斯（早于 1357 年）、埃尔韦·德·讷德勒克（早于 1323 年）、托马斯·布雷德沃丁（早于 1349 年）、卡普雷欧拉斯（早于 1444 年），佛兰德人多米尼克（早于 1500 年）、卡耶塔努斯（也译为托马斯·德·维奥，早于 1534 年）。在著作《神曲》中，诗人但丁（1265—1321 年）也表现出了对托马斯学说热烈的爱。

对托马斯的学说进行过修订的有隶属于耶稣会的莫利纳，有加布累尔·瓦斯凯斯（早于 1604 年）和弗兰西斯·苏阿雷斯（早于 1617 年）。信奉托马斯原学说的有弗兰西斯·维托里阿（1546年以前）和巴涅斯（1604年以前）。

1286年，托马斯被多米尼克教团的成员奉为"教团之博士"。1534年，隶属于耶稣会的洛约拉创立了属于自己的一套哲学体系，后人以此为根基，对托马斯学说进行了采纳，但后来，耶稣会又摒弃了这一学说。上一任教皇列奥十三世将圣托马斯的哲学体系确定为天主教的官方哲学，发布敕令，要求出版经过修订的新版托马斯著作。时至今日，在天主教之中，托马斯的哲学思想依旧是主流之一，天主教会的许多作家与教师都以托马斯的体系为凭依。

第四章 反经院哲学的倾向：神秘主义、泛神论、自然科学

第一节 神秘主义

公元13世纪时，托马斯和阿尔伯特都建立了属于自己的博大的思想体系，除了隶属于经院学派的他们，当时还存在着种种或与之对立或与之相辅相成的思潮：神秘主义、泛神论及对逻辑和自然科学的研究，在对12世纪的思想进行概要地讲述的时候，我们已经提到过这些思潮，对教会的许多学者来说，这些思潮的诱惑力也的确十分巨大。

人称博纳班图拉的约翰·菲当萨是1221年生人，1274年，他的生命终结。他是弗朗西斯教团的一员，曾师从阿雷斯人亚历山大，那个时候，奥古斯丁的思想在弗朗西斯教团之中颇为流行。菲当萨对许多名人的著作进行过注解，也撰写过《箴言集》，但提到他时，人们最先想到的却是神秘主义者。从本质上来说，菲当萨的神秘主义与圣维克托学派学者们所主张的神秘主义并没有什么不同，他更偏重奥古斯丁—柏拉图式的思想。在神秘主义方面，《精神趋向上帝的旅途指南》是他最主要的作品。

趋向上帝的道路以认识为起点，以凝聚精神进入冥想状态为终点，中

间要经历一个沉思的过程。凝聚精神进入冥想状态也可划分为数个阶段：生活于物质世界时，我们要在内心中静静地观想上帝，并借此得见上帝。当这一阶段达至巅峰时，灵魂就会凌驾于自身之上，而陷入一种混混沌沌、神圣而洁净的状态，借由敬爱，灵魂与神之意志合二为一。无论是过纯净的生活，还是日日祷告，都是在为进入心醉神迷的状态做准备，而这种状态的存在，本身就是上帝对我们的恩赐。博纳班图拉是位于阿西西的圣弗朗西斯托钵教团的一员，在他看来，基督教中等级最高、最完善的形式就是修道院所倡导的禁绝欲念的生活和清贫、驯顺、圣洁的操守。

参考书

参见原版第177页列举的关于神秘主义的著作。

第二节 逻辑

专注于文法研究及逻辑学研究的有威廉、彼得·伊斯帕努斯及拉姆贝尔。威廉，希雷斯伍德人，生卒年不详，约是在1249年之前；拉姆贝尔是奥塞尔人，生卒年在1250年以前；彼得·伊斯帕努斯则极有可能就是1227年逝世的约翰二十一世教皇。彼得·伊斯帕努斯是逻辑学教科书《逻辑简述》的作者，在逻辑学方面，该书的权威性持续了数个世纪，书中的观点，大多源于波依修斯和亚里士多德。真正将文法与逻辑融合在一起的是《逻辑范畴论》，该书作者尼科拉是克洛—布伦诺的一名教师，该书大概成书于1250年到1263年之间。

第三节 自然科学

像前文所说的那样，在中世纪的文化领域中，经院哲学与对自然科学的研究一直都并肩而行。公元13世纪时，在自然科学的研究方面，罗吉尔·培根是当之无愧的领导者，他曾经抱怨，除了牛津，自然科学方面的研究寥寥无几，但尽管如此，这项工作依旧在稳定地进行中。大阿尔伯特与巴斯人阿德拉尔德都对自然科学抱有浓厚的兴趣，对相关的研究也抱持鼓励的态度。在英国，数学与物理学是人们研究的重点。阿尔伯特、博韦人万桑和罗吉尔·培根则一直专注于研究地理学。那时候，科学家们坚信地球是一个球体，这一观点遭到了教会的驳斥。人们假设地球的中心在地中海，从地中海向西，能够直达印度。事实上，直到生命结束，哥伦布一直坚定不移地认为，自己所发现的新大陆就是印度的西部。

曾被列为科学家称号的有亚历山大·内坎（1217年之前）、阿尔弗雷德·萨尔切尔（约1225年，撰写过心脏运动的论文）、约翰·佩克姆（1292年之前）、罗吉尔·培根（1294年之前）、威特娄（约生于1230年）和弗莱贝格的迪特里赫（1265—1269年在巴黎担任教师）。其中，迪特里赫的自然科学中夹杂着部分新柏拉图主义的内容，威特娄也一样。

罗吉尔·培根（1294年以前）是这些科学家中独立思考能力最强且最具创造性的，在他身上既有中世纪学者的特征，又有近代学者的特征，而且二者还实现了某种奇异的糅合。罗吉尔是一名教士，隶属于弗朗西斯教团，他在巴黎与牛津接受过系统的教育，数学与物理学一直都是他研究的重点。在他看来，包括算术、几何、天文、音乐在内的所有科学都要以数学为凭依；透视法、占卜天文学、应用天文学、炼丹术、动物学与植物学（即农学）、医学、占星术、巫术等全都被物理学所涵盖。他还指出，要对神学进行研究就必须对希腊文、希伯来文、阿拉伯文和迦勒底文进行研究。与第一原理相关的形而上学也是一门科学。在著作《大著作》中，罗吉尔对自己的思想进行了详细的论述，这部著作（在当时）堪称是科学领域的百科全书。

参考书

《大著作》，编者泽伯、布里芝斯；布茹尔编辑但是没有发表的著作；斯蒂尔编辑但是没有发表的著作；杜衡编的《第三著作》未经发表的片段；《论文集》，编者瓦特。

《培根》等，作者查尔斯；《培根》，作者西伯特；《培根在哲学史上的地位》，作者弗吕格尔；《培根及其同代人》，作者帕罗；《心理学》和《培根的宇宙论》，作者韦讷；《培根的物理学》，作者福格耳。

相比于论证，在认识事物的方法中，罗吉尔更倾向于经验，"因为若要对某一事物进行充分的认知，就必须具有经验"，可是，经验本身却具有双重特性。和人类相关的经验或者与哲学相关的经验都以外在的感官为凭依。还有一种灵感的经验，它始于天启，是神圣的，借由这双重的经验，我们"不仅能够对与精神相关的知识进行把握，还能对与物质与哲学相关的具体的科学知识进行把握"。以内在的经验为凭依，历经七个不同的阶段，我们的精神也能达到心神迷醉的状态，或者获取到神秘的、"与人文科学或精神相关的"知识，大量无法用言语传达的知识都能够被拥有内在经验的人领会。

由此，我们知道，培根所坚持的科学态度与现代科学之间还隔着非常遥远的一段距离。虽然培根的很多思想都极具现代性，可与此同时，他的思想中还有许多荒唐、怪诞、迷信的内容。他将天文学与占星术相混淆，将力学与巫术相混淆，将化学与炼丹术相混淆；经验具有双重性这一理论为某些可能性打开了大门，而这些可能性并不利于实验科学的发展。可是，在自然科学的研究方面，培根的确一直都孜孜不倦。他指出，在研究自然科学的时候，非常有必要对研究对象进行观察，这一点非常关键，也非常重要。

罗吉尔·培根的哲学思想带有很浓厚的奥古斯丁—柏拉图体系色彩，但在他的哲学中，还包蕴着弗朗西斯教团的正统哲学学说，并且，他将这一学说与阿拉伯人深沉的哲学思想进行了糅合。

第四节　异端

公元 13 世纪时，与经院哲学相对立的除了神秘主义、自然科学的研究，还有一种全盘否定教会哲学的思想倾向。部分受阿威罗伊思想影响的哲学家对哲学层面的真理与神学层面的真理进行了划分，在他们看来，两种不同层面的真理在各自的领域内都没有错误，但两者之间却又存在冲突。由此，大量异端命题被引申而出，1240 年，巴黎的主教对这些异端命题进行了严正的谴责。1247 年，布雷西亚的约翰以哲学层面的真理与神学层面的真理不同为借口，提出了一些明显属于异端的观点。供职于巴黎的埃田讷·汤皮厄主教于 1270 年及 1277 年，分两次表示了其对真理双重性的驳斥。并且，巴黎大学艺术学院所教授的一些命题也受到了他的谴责，这些命题包括对三位一体的否定、对肉体复苏的否定、对灵魂需经受烈火灼烧之厄学说的否定、对心醉神迷的否定、对神的属性凌驾于自然之上这一观点的否定、对世界创生于时间之中这一观点的否定，亦即对只有凭依上帝的恩赐才能获得快乐这一观点的否定。与此同时，来自布拉邦特的西格尔也在尝试着对相反的各种命题进行论证，这些命题有不存在上帝、知识具有不确实性、不存在道德层面的责任、不存在矛盾律、得不到支持的物体即便很重也不会坠落，他希望以此来证明，部分从神学的角度上能够自明的命题其实是无法被论证的。

第五节　拉伊芒德·卢利

著有《大学问》及《简要学问》两书的拉伊芒德·卢利（1235—1351年）对异端的学说一直抱持着否定的态度。这说明，人们还是相信通过理性能够对所有的问题进行解答的。拉伊芒德·卢利指出，经由理性得出的结论不仅不会与基督教的教义相冲突，还能够对所有宗教的神秘性做出确实且绝对的论证。"大技术"的发明者就是他，以这种"大技术"为凭依，人们哪怕"不努力思考，不努力学习，也能够对所有与知识相关的问题进行解答"。所谓"大技术"法就是在七个能够活动的、同心的圆盘之上放置九个连续的概念，然后驭使圆盘，使之对问题做出解答。这种纯机械性的手段根本就没有任何价值可言，但以这种手段为凭依，拉伊芒德·卢利却获得了大量的信奉者，甚至，直到公元 17 世纪，部分人对这种"大技术"仍信赖有加。

参考书

《拉伊芒德·卢利》，作者克尔彻。

第五篇 经院哲学的没落

第一章 约翰·邓·司各脱

第一节 托马斯·阿奎那的反对者

尽管大多米尼克教团以托马斯哲学为官方正统,尽管信奉托马斯哲学的人有很多,但是它无上的地位仍旧遭到了质疑。阿雷斯人亚历山大及博纳班图拉是弗朗西斯教团早期的哲学大师,虽然亚里士多德的思想并没有被他们完全摒弃,但他们所信奉的还是传统的奥古斯丁—柏拉图式学说,对新的哲学体系中所运用的各种论证方法及新体系中的许多结论,他们都抱持着否定的态度。由此,整个基督教在不久之后就分裂成了两个相互对立的阵营。弗朗西斯教派的学者们对虔诚与个人更加偏重一些,他们强调宗教的神秘,强调宗教感情,强调实际应用;在他们看来,意志比智慧更加重要,相比于从理论的角度对基督教信仰进行架构,从伦理及实际的角度对基督教的内容进行架构更加重要。由此,新经院哲学的驳斥者及批判者源源不断地自弗朗西斯教团产生,这不足为奇。抱持着不同意见的人可能会从下面一些具有可能性的方面着手:第一,对占据支配地位的新哲学之中的某些准则进行攻击;第二,对任何基督教义与亚里士多德思想结合而生的理论都抱持否定的态度,认为这些理论全都是失败的;第三,对信仰能够被论证这一观点抱持否定的态度;第四,从根本上对经院哲学的可能性进行否定。约翰·邓·司各脱对前三点意见进行了实践,从而为第四点的实践铺平了道路,这也有益于整个经院哲学体系的倾覆。

除了约翰·邓·司各脱，对托马斯学说抱持否定态度的人如下，这些人中，有些我们在其他的地方已经做过论述：佩克姆、瓦罗、基尔沃德拜（1278年以前）、1284年出版的《纠正托马斯兄弟》一书的作者威廉·拉马雷、来自米德尔顿的理查德（1300年以前）、来自根特的亨利（1217—1293年）、来自布拉邦特的西格尔（1282年以前）、来自阿卡斯帕尔塔的马修（1302年以前）、彼得·约翰·奥利维（1298年以前）、罗吉尔·培根（1294年以前）以及来自圣普尔撒的威廉·杜朗（1332年以前）。

第二节　约翰·邓·司各脱

1265年前后，约翰·邓·司各脱在爱尔兰或者苏格兰降生，他是弗朗西斯教团的一员，他的思想反映出对他托马斯的学说一直抱持着否定的态度。他究竟出生在什么地方，他的具体出生年月是何时，我们不得而知。他曾经就读过牛津大学，在数学方面表现出了卓越的才能，后来，他执教于牛津、巴黎及科隆；1308年，他在科隆逝世。他有极强的创造力，但令其声名卓著的却是他评论的才华及技巧。他曾被冠以"精明的博士"的称号，这一称号也的确实至名归。罗吉尔·培根及阿雷斯人亚历山大的思想对他影响很深，在他看来，奥古斯丁神学及安瑟伦哲学才是教会最权威的哲学。受到同伴的推举，他成了弗朗西斯教派的博士。

约翰·邓·司各脱的著作包括：其弟子出版于巴黎的宣讲笔录《巴黎论学》及《牛津论学》；1639年出版于里昂的二十六卷《问题论丛》及该书1895年于巴黎的再版。

参考书

英译本《教义史》，作者哈根巴赫；《约翰·邓·司各脱》，作者韦讷；《邓·司各脱的神学》，作者塞贝尔格；《奥古斯丁、邓·司各脱和笛卡儿推崇意志的学说》，作者卡耳。

第三节　信仰与知识

下述为邓·司各脱哲学的基本要点及前提：教义不允许被争论，至高的真理以信仰为凭依，最基础的德性是仁慈与爱，意志是信仰的基础也是爱的基础；只有具备了上述条件，上帝才能为人所见，因此，意志应该凌驾于智慧之上。在托马斯看来，信仰层面的真理与理性层面的真理之间并不存在矛盾，邓·司各脱对此表示赞同，并且，他还凭依着哲学方面的知识对自己的理论进行维护，对对方（托马斯）的理论进行抨击。他指出，宗教的神秘性无法经由理性来进行诠释，信仰则可以很好地补充这一点。可是，相比于托马斯，邓·司各脱在对理性的范围进行限定的时候，看得更深，走得更远，借由对数学的探索，他对论证的真正意义有了一定的认识。在他看来，与神圣属性、神圣目的、神圣先知、宿命、灵魂永生等相关的命题，都无法从理论的角度上进行论证，换言之，从理论角度上对这些命题做出的论证是无效或不确定的。他确认能够给人以确实之感的只有信仰，信仰并不能将所有的怀疑全部消弭，但它却能消弭（驳斥）那些在我们看来非常值得信服的疑虑。神学并不以昭示拯救世界的计划为目的；神学之目的具有实用性，并不是空泛的理论。天启之教义一直是神学研究关注的焦点，若没有它，我们就不会知道上帝对人类怀抱着怎样的目的（意图）；不管是何种科学，都不可能指出这一点，更不可能证明这一点。神学研究的最高对象为上帝，神学研究也有其固有的原则，并且，上帝凌驾于每一种科学之上。哲学不是神学的附属，它是一门科学，并具有独立性，它也有自己需要遵循的一些准则。邓·司各脱以这一学说对哲学及天启之神学进行了清晰的划分，假如这种分界一直被持续，那么哲学将彻底从神学之中脱离出来，不再是神学之仆婢。邓·司各脱的这种划分，虽然原本的目的是对信仰进行维护，但从结果上来看，却对哲学有利，它为哲学开辟了一条通往自由的道路。邓·司各脱对天启之神学赋予了完全的信任，因而并不畏惧来自思想层面的各种威胁。他指出，天启之神学皆是真理。在他看来，若理性能够被恰当地运用，其与宗教之间不会存在冲突，两者能够和谐相处且形成一致。的确，从理性的角度无法对教义进行论证，但从理性的角度也无法对教义进行否定。对其他一些思想家来说，选择的可能性还要多一些。因为他们对信仰的忠诚还不够，所以，当从理性的角度推导出某个与教义相矛盾的结论时，他们或是对理性与信仰全都表示认可，或是假装这么做，抑或将教义摒弃。总之，他们所做的选择是不尽相同的。

第四节　共相论

和托马斯一样，约翰·邓·司各脱的共相理论（即与具有普遍性的概念相关的理论）糅合了他那个时代的理论。共相是一种形式，它存于上帝的心中，在事物出现之前，它就已经出现了，它是事物的本质，也是事物所具有的最普遍的属性，它的存在被事物本身所涵盖；它还是一种概念，存于人的心灵之中，它是抽象的，从这个角度来说，它是在事物出现之后才出现的。共相不独是一种概念，与概念相关的知识全部都是真实存在的，或者有实际的存在与概念相对应；若不然，所有的科学都不能再称之为科学，而只能归于简单纯粹的逻辑。邓·司各脱以实际存在与思维相契合为需要遵循的基本原则，认为对逻辑概念进行划分不单单是要从思维角度上，它本身也不只是一种思维活动，在现实中必然还有着某种与概念相对应的实际存在。每一种知识都存在着与之相契合的对象，但两者不一定等同，也不一定会合二为一，并且，后者也不一定会以前者为描摹的对象。若不以具体的对象为开端，就无法进行思维；只要开始思维，就需要以共相的概念来进行思维。从逻辑的角度对类与种进行区分，种必然被类所涵盖，个体也必然被种所涵盖。同一种属的不同个体之间存在着差异，就像我们以种属与种属之间的不同来对种属进行分界一样，一个个体与其他的个体不尽相同，我们也以此来对其进行划分。个体再也不能被分割，所以，区分及此，再也无法向前。所有的个体或者具体的事物都是最后的实际存在，是最终的形式，任何方法都无法让它再有所增益，它是一个统一的整体，不可被分割。个体之所以个别是因为存在差异性；个别的种是类的共性与种的差异性的融合，个别的个体则是种的共性与个体的差异性的融合。这就是共性，是本质，是一种"某物之所以被构成的属性"（guidditas），它被"某物之所以为某物之属性"，即个体所具有的个别属性（信徒们以 haecceitas 称呼它）所补充。从逻辑的角度上来讲，人其实属于动物类，给动物加上人类种属与动物的差异性，即人性，即为人；同理，苏格拉底是人类这一种属之中的一员，在人类的共性之上加上属于苏格拉底的个性（或差异性），苏格拉底就是苏格拉底。在邓·司各脱看来，个体性以差异性为最基础的基质，而不是以托马斯所主张的物质为最基础的基质。具体的个体之所以会成为如今的模样并不是受物质的影响，而是受其个体独有的属性或者说个体性的影响。假如影响它的是物质，那么，同一种属的所有事物将毫无二致。所谓个体之间的差异并不是单单存在于逻辑之中，它也不是某种具体的事物（res）。它不是分离自事物的普遍性特征，也不是一种具有形体的实际存在，它只是与这种普遍的特征相连接，换言之，它被个中的某种属性、形式或性质所涵盖。

通过对共相（具有普遍性的概念）进行分析，我们能推及个体。同样地，我们也可以经由共相一直推及最具普遍性的概念，其中等级最高的概念就是 ens（存在），它凌驾于其他所有的概念之上，利用它，我们可以对其他任何一种事物进行表述。另外，还有部分概念也具有超脱的性质，它们是最普遍的词汇，我们可以对所有事物进行表述，这些词汇包括统一性、善、真、同一和差别、偶然性、必然性、现实性和可能性等。

第五节 神学

在托马斯看来，上帝只能后验地被推导，或者从神明的行动之中被推导，在所有造物的精神之中，都有这样的证据潜藏，在理性的作用下，它能够转为现实；邓·司各脱对这一观点表示认同，但世界是自无中被创造的这一点却无法被证明，神圣的全能性同样也无法被证明。上帝是最单纯的形式，是一种权能，也是一种纯粹的现实，在他身上，所有的事物都显而易见，没有哪一种事物会以潜在的形式存在；若不然，上帝就不可能是完善的，上帝之精神也不可能具有绝对性。上帝之知识就是一种显而易见的现实，是对所有实际存在的事物或者可能存在的事物的一种敏锐的直觉。首要因素（第一因）从世界之现实之中被推导而出，思想需要对它下意识的知识及有目的的思维进行肯定，但是经由上帝神圣的属性，我们无法对他的智慧进行先验的演绎。从理论的角度来说，只有以后验的推导为基础得出的论证才具有确实性，彼时，被经院哲学家们所崇奉的所有其他的思辨方式都受到了邓·司各脱的排斥。遵循相同的因由，我们可以对上帝意志的存在表示肯定；上帝之意志没有限度，且他能够彻底地对它进行运用。以意志力为凭依，上帝能够在某种单一的活动中对所有可能存在的事物进行支配，并且，他还有自由选择的权利，这种权利是绝对的，他能够任意选择是否要这样做。从理性的角度来说，这显然是匪夷所思的，可是这的的确确就是基督教所崇奉的思想。上帝以意志力为凭依行使着对这个世界的支配权，并且，他的行动是恒常的，一直都如此。若上帝在某段时间内不曾以意志力为凭依对这个世界进行支配，那就说明上帝还不够完善，说明上帝是多变的。

其他所有正处于创造之中的事物皆是物质与形式、现实性与潜在性的结合，所有被创造的灵魂或精灵，都是物质的，也都是形式的，天使也不例外。（这一命题是司各脱学派与托马斯学派争论的焦点之一。）邓·司各脱认为物质性被潜在性所涵盖，上帝（精神）只有在被转化为现实，或者本身就是现实的情况下才是纯粹的。我们可以假定，所有的事物都包蕴着同一特征，即物质。

第六节　心理学

和他其他所有的哲学学说一样，邓·司各脱的心理学学说也承袭了大量属于托马斯·阿奎那的哲学观点，可是从实质的角度来说，人本身就是肉体与灵魂的相合，是形式与物质所构成的统一整体。像前文所说的那样，形式与物质相合构成灵魂，作为个别灵魂的个别容器的肉体本身也具有自己的形式。邓·司各脱曾经肯定地说，从形式的角度来看，灵魂各异的职能与灵魂的本质是有所区别的，两者不尽相同，但事实却并非如此。灵魂是一个统一的整体，不同的只是其职能或机能。司各脱学派与托马斯学派争论的焦点还有一个。尽管托马斯并不否定意志对灵魂而言十分重要，但在他的哲学体系中，意志与智慧相比，明显更逊一筹；智慧是一种单一的职能，也是一种极端抽象的职能，它的能力等级较高，所有具有理性的动物都以它为最显著的标志；我们很清楚，在与至善相关的层面，智慧完全决定意志，但在邓·司各脱看来，意志凌驾于智慧。假如意志必然取决于知识，那么，它就不是意志了，意志有自由选择是或否的权利。想象是意志处于活动状态的必要条件，智慧也是使意志处于活动状态的必要条件，但想象与智慧却不是意志的决定因素；意志能够自由选择是否被感官知觉所诱惑，可以自己决定是否对道德法则与法规进行维护；意志是自由的。

假如情况果真如此，那么，即便没有神明的恩赐，即便无法得到神明的帮助，意志也能遵循道德天然的要求，进行自我行动。对这一观点，邓·司各脱抱持肯定的态度，但在他看来，若恩赐不存，若意志无法借由信仰、希望、仁爱等属于上帝的恩赐来行动，若上帝的要求不曾被意志执行，那么，意志之生活就不可能永恒。在托马斯看来，不朽的幸福取决于沉思的上帝；但在司各脱看来，不朽的幸福取决于意志的活动，取决于那些我们能够借由它而直接相合于上帝的职能，即仁慈，即爱，即意志之活动。获得幸福的最重要条件之一就是对上帝进行怀想。知识以意志为目标，意志则以自我为目标，仁爱也以自我为目标。托马斯·阿奎那指出，若是能够在两者之中任选一种，我们应该摒弃意志、选择智慧，而不是摒弃智慧，选择意志；邓·司各脱则抱持与他相反的看法。意志是隶属于灵魂的一种能力，它相对来说较为崇高、较为尊贵，也更具价值，它的行动不受束缚，它拥有绝对的自由，善的观念对它没有决定权，但它可以自由选择自身行动是否要遵从善的观念。

第七节 上帝与道德律

这些理论在邓·司各脱的上帝理论中得到了运用。上帝并不取决于他的理性，他的意志同样凌驾于智慧之上，所以，我们无法借由理论层面做出的推断而对他的目的与活动有所认知，即使这推论以原则为凭依。他完全没有创造世界的必要，哪怕他真的想要创造，他也完全可以创造一个完全不同于现世的世界。他创立的秩序对他没有任何的约束作用，他能够随心所欲地对它进行更改，且不会因此被惩罚。只要是他所向往的，全都是对的，只要是他所创立的，便没有错误。若从这个角度来讲，宇宙的存在与情理不相契合，那么它必然诞生于某种合乎情理的想象；若不然，我们自己就能对所有的事态进行推导并得出结论，我们自己就能遵循上帝的思维方式来对他的思想进行思索。

同理，那些与生活于此世的人类相关的、与人类的生活及人与人之间的关系相关的神圣戒律，本身并不具备必然性。上帝之所以指示我们以某种方法行事，并不是因为有某种必然的规条或者有某种从理论的角度来讲可以不言自明的戒律。那些戒律与规条之所以具有必然性，是因为它的制定者是上帝。上帝可以建立一个这样的社会，在这个社会中，谋杀是合法的，侵占他人的财产是合法的，一夫多妻也是合法的。这些戒律与规条经由绝对的道德律无法被推导而出，经由兄友弟恭的命令也无法推演而出，因为，遵循着绝对的道德律，这些戒律与规条不一定能够被推导而出，并且，与仁慈及爱相关的法规也并非源于自然。对上帝充满敬慕与挚爱是自然而然的规条，这一点我们根本无法去证明。可是在邓·司各脱看来，某些戒律有其存在的必然性，比如摩西十诫中的前四条戒律。诚然，这从原则的角度上来说是对意志独断论的一种摒弃，因为假如最后还是有一些规条能够对上帝进行约束，那么，上帝的自由就不再具有绝对性。对这一与惯例不同的观点，司各脱这样解释：人类世界中只有上帝一个神明，其他任何神明都不存在，对上帝，人类应该满怀崇敬，而不应该对其无动于衷，这些规条全都是不言自明的；这些规条全都以上帝对自己的挚爱为源泉，上帝对自己肯定是充满了爱的；这些规条不独是命令，不独源自意志之专断。

上帝是无所不能的，所以，他的谕令肯定能够被完成。他的谕令无法收回，在这些谕令之中，有对善良之人的奖赏，也有对为恶之人的惩戒，但是上帝还没有决定对谁进行奖赏，也还没有决定对谁进行惩戒。在这里，我们说的不是具有普遍性的规条，而只是某个特殊的决定。这样的情况下，上帝能够对自己的建议进行更改，也可以对其他的一些事物充满向往，毕竟，上帝是自由的，并且，他的自由具有绝对性。上帝之意志肯定是公平的、正直的，因为，只要是上帝所向往的，就是绝对公平、绝对正直的。

约翰·德·巴索利、昂托尼乌斯·昂德雷埃（早于1320年）、弗朗西·德·莫罗尼（早于1325年）、沃尔特·勃利（早于1337年）全都师从邓·司各脱。

第二章 唯名论

第一节 唯理的神学和共相

无论是托马斯·阿奎那,还是约翰·邓·司各脱,他们都划定了一个范围,来对可以得到证明的真理进行界定。在他们之前,某些理论被经院哲学家们认定为可以被论证,现在,这些理论全部被他们划归于信仰与权威的范畴。前文我们已经提到过,在这条路上,司各脱比托马斯走得更深更远。他不仅界定了哲学的范围,还对某些以维护基督教教义、维护自然神学为目的的论证进行了深入的探索与穷究,他批判这些论证,且他的批判极具破坏性。他以相当严苛的态度对经院哲学家们的智慧成果进行了筛查,对他们的推论进行了具体的划分,指出了哪些理论是虚无的,哪些理论是确实的。他对思想进行了界定,在他看来,这种界定是合乎情理的。事实上,他一直都对人类之理性充满了信任,这种信任从来都不曾丧失。他用逻辑的方法来研究哲学,同样地,他也用逻辑的方法研究神学。然而,他也十分清楚地意识到,某些天启的信条一旦掌控于人类之手,就再也无法被论证,再也无法被没有任何助益的自然之理性所攫取,即使从理论上来说,它依旧是可以被探讨的。

部分思想家从这一理论之中得到了启示,思想变得更激进、更超前;他们对经院哲学进行了简单的梳理,所有能够被证明的、神学层面的真理全都遭到了摒弃。他们肯定地说,隶属于神学范畴的所有结论都是不可被论证的,从根本上来讲,神学并不是一种科学;教义不单单无法被论证,还无法被人认知与领悟。致力于将神学理论化没有任何意义,与其如此,倒不如选择信任它、对它保持恭敬。虽然很多教义没有实际意义,虽然教义看上去杂乱无章,但它却是真实的;对无法被论证的事物赋予信任也是一种值得赞美的行为。

托马斯的唯实论及司各脱的唯实论都提示着思想层面的另一条路线。在司各脱看来，假如某些具体的对象就是最后的现实，个体性不仅仅是共相最终极的实现，而且还由无数偶然性架构，那么，具体的对象就是现实，而且最真实、最实在，我们的科学应以其为唯一的研究对象。部分人对此持有异议，他们辩解说，这种研究只能表明一件事，那就是经院哲学所谓的共相（普遍性概念）并非实际存在，而是一种源自具有思维活动的头脑的抽象，是大量个体共性的一种彰显方式。这是发端于经院哲学初期的洛色林唯名论的复苏，同时也是它的结束。

推导出这一理论的新唯名论的奠基者包括：1321年以前的彼得·奥勒欧利，他隶属于弗朗西斯教团；1332年以前，隶属多米尼克教团，曾追随过托马斯的威廉·杜朗及新唯名运动的领袖，被追随者们尊称为"备受尊敬的鼻祖""战无不胜的博士"的威廉·奥卡姆。威廉是奥卡姆人，大约出生于1280年，他是弗朗西斯教团的一员，这一教团扎根于英国。他在牛津大学求学时，可能师从约翰·邓·司各脱，可以确定的是，他曾经执教于巴黎，执教时间大概有数年。彼时，教会与国家之间存在着非常激烈的冲突，而他的选择是支持国家，巴伐利亚的路易四世国王是他的庇护者，1347年，他逝世于宫廷。

《箴言集》《逻辑大全》《论辩集七篇》《神学百谈》都是威廉·奥卡姆的著作，此外，他还撰写过一些与教权和王权相关的书籍。

参考书

《唯实论和唯名论的斗争》等，作者勒韦；《在贝尔路德维希之下的政治和宗教学说》，作者施赖贝尔。

第二节　威廉·奥卡姆

威廉·奥卡姆指出，人类的所有知识都源于具体的事物，唯有具体的事物才是真实存在的，所以，直接的观感与知觉非常重要。经由知觉，我们能对事物的存在有所察觉，并且，在对事物做出判定之后，我们还能凭此进行表述。共性抽绎自具体的对象，由此，概念诞生，共相成型。这一职能不需要智慧来负责，也不需要某种特殊的心智能力来承载；当两个完全一致的对象在我们面前出现的时候，我们自然而然地就会对其进行抽绎。这种共相只是一种思想或观念，只存于人的脑海之中，它能被文字表述，也能被一些常用的符号表述；大量具体的同种类的事物皆以它为标识。科学能够对术语（文字＋意义）及符号进行完整的论述，但是这并不意味着判断只与概念相关，一直以来，判断其实都与事物相关。

　　事物无法涵盖共相，共相在心灵之外也不可能存在。假如我们以唯实论者的思路为凭依进行想象，那么，概念就会转化为实体，抽象也会变成某种实际存在；由此，我们还可能因为受到误导而得出许多荒诞不经的结论。在威廉·奥卡姆看来，除非有必要，否则，实体或最基础的基质根本就没有增加的必要（Entianon multiplicanda praeter necessitatem），即所谓的"奥卡姆剃刀"；同样的思想，彼得·奥勒欧利也进行过表述。在上帝的心目中，共相不是本体，也不是实体，它就是与事物相关的知识。上帝与人类相同，都具有与具体事物相关的知识，都承认只有具体事物的存在才是真实的。

　　直观的知识包括感官知觉，也包括如"智慧活动、意志活动、欢喜、悲哀"一般的与人的内在状态相关的知识，并且，相比于感官知觉，后一种知识更加明确、更加真实，但是我们并不能由此就判定灵魂的属性，我们要做的不过是对它的活动进行观察。在奥卡姆看来，知识包括两种，一种是直观的，一种是抽象的；所谓抽象的知识就是经由三段论式推导而得的确实的知识，或者经由演绎与推理而得的确实的知识。经由归纳，我们可以从经验中得到论证的基础原则。知识源于经验，凌驾于经验之上的所有知识全都可以归纳为信仰。安瑟伦的本体论无法对上帝的存在进行论证，经验也无法对上帝的存在进行论证。哪怕是以经验为凭依，得出的结论也必然具有或然性，原因就在于，它所运用的诸如对无限回溯进行否定的原则，全都是假想，全都不曾被论证过。从唯理的角度来看，上帝的存在具有或然性，凭依着理性，我们无法对信条进行认知。基督教的教义从理论的层面是无法被诠释的，将信任赋予教条，这是我们唯一能做的事情。所以，与神学相关的科学并不存在，宗教真理的确实性全部都以天启为凭依。神学与哲学道不同，自然不相为谋。

　　上帝是一位无所不能的神明，没有任何一种规律能够对他进行束缚；

他的思想是自由的，意志是自由的，行动也是自由的。他可以在原本就由他制定的道德律法之外，为我们制定新的道德律。这些律法根本就不可能不言自明，只因为上帝希望这些律法存在，所以，我们才会被这些律法所约束。无论是在上帝那里，还是在我们这里，意志永远都凌驾于智慧之上。

第三节 唯名论与唯实论

某些作为经院哲学发端的基本准则在上述理论中遭到了摒弃。经院哲学原本是以信仰理论化及宗教与哲学相合为目的的。现在，在上述理论看来，这种工作不仅非常唐突，而且，付出努力之后不会有任何的收益；经院哲学所宣扬的神学观点从本质上来讲就是一种伪科学；任何一种源自信仰的知识都不可能被理性所把握。弗朗西斯教团的奥卡姆及他的追随者们全都是这种思想的传布者，他们对自己的理论有一种顽固的坚守，在神学罹难的时候更是如此，可是还是有一些与他们立场不同的人不愿意放弃从理论的角度对宇宙进行诠释的努力。这个时候，唯名论与唯实论之间的斗争成了司各脱学派与托马斯学派斗争的焦点，并且，这种斗争相当激烈。1339 年，威廉·奥卡姆的书籍遭到巴黎大学的禁用，1340 年，唯名论也开始被巴黎大学排斥，1473 年，巴黎大学又推出新的规定，要求所有的教员都教授唯实论，其间历经一个多世纪。可是，新唯名论还是在其他大学被构架而出，除了巴黎大学，其他很多大学对唯名论者都抱持着友好的态度，他们可以自由地对自己的看法进行表述。1348 年，布拉格大学建校；1365 年，维也纳大学建校；1386 年，海德堡大学建校；1388 年，科隆大学建校。一百多年来，唯实论与唯名论之间的斗争一直在继续。

第四节 奥卡姆的追随者

威廉·奥卡姆的追随者包括：对意志自由进行过探讨、大概逝世于 1350 年的约翰·布里当；在逻辑学与物理学方面都有著作存世的撒克逊人阿尔伯特（1340 年以前）；罗伯特·霍尔科特（1349 年以前），来自里米尼的格雷果里（1358 年以前）；尼古拉·德·奥勒斯姆（1382 年以前），来自因汉的马西利乌斯（1392 年以前）；海因里希·黑姆布赫特（1397 年以前）以及被盛赞为"最后一位经院哲学家"的加布里尔·比尔（1495 年以前），比尔曾对奥卡姆的学说进行过系统的论述。

在皮埃尔·德·阿伊（1425年以前）看来，相比于感官知觉，内在的知觉更明确、更真实，他对以矛盾律为凭依演绎而出的科学的确实性表示了认可，比如应用于数学领域的推理。而在罗伯特·霍尔科特看来，无论哲学对教义造成了怎样的影响，从思想层面上来说，它的发展都是前后一致的。来自奥特雷考特的尼古拉对因果观念进行了批判，他信奉世界轮回学说，崇奉原子论，对亚里士多德的思想则抱持反对的态度。约翰·格尔森（1363—1429年）以唯名论为凭依架构了属于自己的神秘主义学说，在他看来，忏悔十分重要，天启也十分重要。他还强调，要获取知识，必须以信仰为手段。来自萨崩德的雷蒙德尝试将天启与自然调和，或以自然之中的神之启示为参照，对基督教的教义进行论证。

第三章　神秘主义

第一节　正统与异端的神秘派

在对中世纪所具有的典型的思想倾向进行表述的时候，我们常常提到，神秘主义就如同阴影一般，一直与经院哲学伴生。对一种无法距离上帝更近的、与上帝相关的科学，很多人并不感到满足；对他们而言，只有能够让他们相合于上帝、源自经验的、个性化的神学才是有价值的。公元14世纪，爆发了一股神学思潮，这一思潮对这一宗教运动的发展十分有益：在诠释和把控宗教之神秘性方面，理性表现得越无力，情感与意志就越被推崇。

14世纪的神秘主义教派有两个：一是顺着博纳班图拉及圣维克托教派的道路一路前行、对教会相当驯顺的拉丁系神秘主义；二是独立于教会的理论及教权之外的日耳曼神秘主义。拉丁系神秘主义的代表人物有皮埃尔·德·阿伊（1350—1425年），皮埃尔的弟子约翰·格尔森（1363—

1429 年），以及《自然神学或自由创成论》（约成书于 1434 年）的作者、来自萨崩德的雷蒙德。日耳曼神秘主义的代表人物有：埃克哈尔特或埃凯哈尔特（1260—1327 年），海因里希·索伊塞或苏索（1300—1366 年），约翰·陶勒（1300—1361 年）以及《德国神学》一书的匿名撰写者。此外，还有荷兰的神秘主义派别及詹·范·鲁伊斯布洛埃克（1293—1381 年），格尔哈德·德·格鲁特（1384 年以前），共同生活兄弟会，来自肯彭（肯皮）的《效法基督》一书的署名作者托马斯·哈梅尔肯（1380—1471 年）。

参考书

参阅原版第 177 页列举的关于神秘派和神秘主义著作：包括埃克哈尔特及其前驱的著作《14 世纪的德国神秘派》，作者普法伊费尔；埃克哈尔特的著作和布道文，由毕特纳尔编辑；《埃克哈尔特大师》，作者拉松；还有宇伯威格—海因泽前引书，第 38 章中拉松对埃克哈尔特进行了阐述；关于德国神秘派的书目，参阅上书同一节。

第二节　埃克哈尔特大师

埃克哈尔特大师是神秘主义运动史上最伟大的人物，他是一名教师，出身多米尼克教团，卒于多米尼克教团。在被教团囚禁的日子里，他的生命走到了尽头。虽然在形而上学方面，埃克哈尔特以托马斯的哲学体系为凭依，但在他的思想中，新柏拉图主义的元素却显而易见，而这些元素，多半来自伪狄奥尼修的著作。在拉丁文版本的著作中，埃克哈尔特对自己的哲学思想做了专业的陈述，他的思想与传统的经院哲学思想息息相关。在以德文撰写的书册及布道文中，埃克哈尔特的论述则带着明显的感情色彩，个性十足，又通俗易懂。通过后一种方式，他的伦理学学说及心理学说被着重强调，并造成了相当广泛的影响。就像拉松所说的那样，当他布道的对象从自己的学派变成参加礼拜的教众时，他的重要性立即就被凸显。可是，他总是对思辨抱有浓厚的兴趣；不同于 14 世纪的许多神秘主义者，埃克哈尔特并没有着重强调沉浸在上帝之中，而是从理论的角度对基督教倡导的所有生活方式进行了诠释。埃克哈尔特的神秘主义表现出了对智慧的明显偏重。

新柏拉图主义者认为，神明是一种纯粹的精神实体，无法被思考，也无法被界定，它是一种潜能，没有界限，万物于神明之中相互融合。埃克哈尔特对此表示赞同。在他看来，不朽的神性以开始与终结为秘密，这一秘密是神秘的，甚至神明本身对此都毫不知情。上帝是一种无法用语言传续的存在，从超越的角度来看，他也无法自我彰显；他只能于三位一体中彰显自身。经历着不朽，三位从神性中流射而出，又以神性为最终的归宿。神明要想成为上帝，就必须对自己进行思维，而要对自己进行思维，就必须有世界，有三位一体。上帝必须对自己有所认知，必须进行活动，必须彰显自身，必须对美好的事物满怀期待。埃克哈尔特指出，一切都是一个静止的过程，没有起点，也没有终点。过去，他曾用界定人类的标准来对上帝进行界定，但随后，他便意识到，属于人类的标准不能对某种超验的存在进行界定，于是，他选择了放弃。

世界以上帝为根基，就像艺术品存在于艺术家的心灵之中一样，不朽的理念所构建的体系也为上帝所涵盖。世界是一种创造，并且，这种创造永恒不朽。在理念诞生之后，上帝才是上帝，从这个角度来说，万物涵盖上帝，上帝也涵盖万物。层出不穷的变化为有限度的心智所目睹，万事万物为超越了时间与空间的心智所目睹。在上帝的内心中，一切都以当前的形态永恒地呈现着。为了避免陷入泛神论的误区，埃克哈尔特将自无中创生而出的、以另一个世界为蓝本的造物的世界与理想的世界进行了区分；它是神圣本质的流射物，却又为神圣本质所涵盖。上帝与它并不同一，它本身为上帝所涵盖；它是不完善的，但这种不完善并没有传导给上帝。若造物不存，上帝也便难以思议。上帝无法脱离造物，造物也无法脱离上帝，但是在人的心灵中，上帝找到了真正的栖息之地。

灵魂以认识为最高职能，认识则以超理性为最高阶段。它是一种深沉的思索，超越了时间，超越了空间，也超越了自然，上帝是其沉思的对象，与上帝相合是它沉思的目的；它超越了杂多，超越了凡俗，也超越了所有外在的事物。灵魂要想将这一步实现，就必须借助"本初的、自然就如此的火花"的力量。神明的智慧与人的灵魂相互融合，采取行动的不是人类本身，而是存在于人身体之中的上帝。认识是由个别到统一的过程，它不断向前，直到全部的差异都被跨越，直到进入"从来都没有被差异渗入过的、静止的、岑寂的、凌驾于一切冲突与对立之上的荒芜之地"。

道德存在的目的就是让上帝成为灵魂最终的归宿。要完成这一目标，人就要对虚无的、偶然的个性进行否定。"将虚无抛弃，万物自然归于同一。""每一个想要对上帝有所了解、有所感悟的人，都必须沉湎在上帝之中，都必须静止不动、悄然无声，都必须沉湎在从未被彰显的神性的荒地之中，都必须复归于人类诞生之初所具有的状态。""对自我最高程度的疏远是清贫。谁一无所有，谁无欲无求，谁一无所知，谁就是清贫的。只要他在行动的时候还愿意遵从上帝的意志，只要他还对上帝充满渴望，只要他还对不朽充满渴望，只要他还对任意事物充满渴望，他就还不够清贫，他就还不够完善。""以活动为目的而活动，以仁爱为目的而仁爱；即便天堂与地狱皆不存，因上帝之善，也要对上帝充满爱。""道德的关键是素质，而不是所作所为。"所有的德性都以仁爱为准则，它就是上帝，它所追求的一直都是善。通过禁欲、斋戒等流于表象的行动，人是无法得到救赎的。但这样做的精神出发点却是好的。德性并没有等级之分，所有的德性都是一样的。在正当的规则的指引下，行动才会正当。只要你做的事情有一件与上帝的意志相违背，你就不可能拥有上帝的爱。这样理解是不对的，若一个人在沉思中将所有的时间都耗费掉了，那么，这种沉思本就是一种自私。假如一个人在心神迷醉的状态下了解到有某个贫穷的人需要帮助，他最该做的是脱离这种迷醉的状态，去救助那个需要被救助的贫穷的同伴。

借助神恩的力量，人再一次相合于上帝。将自己转变为单独的个体，将上帝的善重新交托于他，要时常这样做，因为，在人的影响下，上帝已经具备了自我彰显的可能性。在灵魂不存的情况下，上帝不可能对自我进行认知。只要上帝的本质将我涵盖，上帝在履行职能的时候就必须通过我；所有被上帝了悟的对象，全都是我。我相合于上帝，又以上帝为最终归宿；为了让我成为上帝，上帝已经化而为人。

对神秘主义中与思辨相关的一面，埃克哈尔特大师非常重视，他的追随者们却不以为然；他们看重的是与宗教相关的、能够应用于实际的一面。埃克哈尔特的神秘主义学说在一本书中得到了完整的复述，这本写于美因河畔法兰克福的著作简明扼要地论述了这位大师的论点。发现这本书的是路德，出版这本书的也是路德，这本书的名字是《德意志神学》。对这位伟大的变革者而言，这本书留给他的印象是相当深刻的。

第四章 自由思想的发展

第一节 中世纪的唯理主义

中世纪时期,最主要的任务就是让新崛起的民族对古典的基督文明进行继承与发扬。这一工作被新民族精神上的庇护者教会所承担,然而,孩童总有长成大人的那一天,他不可能永远都处于庇护者的庇护之下。伴随着这一时期的到来,哲学史也迈入了一个全新的发展阶段。但不应该假定历史出现突兀的断裂,这种断裂是鲜有的。新的阶段不过是旧的阶段长期演进的结果,在它身上还能看到许多属于旧时代的特征。经院哲学诞生的诱因之一就是人们对从理论层面上有所参悟充满了渴望,人们渴望知道自己因何会信仰,也渴望对自己的信仰有所认知。这样的渴望折射出的是一种与希腊黄金时代同样的探索精神与思维精神,过去,受这种精神的影响,希腊人创立了一个伟大的、有关形而上学的体系。固然,信仰决定了经验学派的研究目标,哲学在它看来,也不过是仆婢。然而,在经院哲学所划分的区域之中,哲学依旧有一部分自由发挥的空间。中世纪时,人们对理性所抱持的态度,与基督教早期人们对理性所抱持的态度是迥然而异的。最初的基督教会对人类文明的发展成果并不看重,也没有想过经由思辨之门或理性之门而通达天国。圣保罗曾经这样诘问:"睿智者何在?学者何在?世界的思辨者何在?难道此世之智慧全部转变为愚蠢不是因为上帝的缘故?之后,上帝以自身的智慧指出,人类无法以智慧为凭依来认知上帝。通过祷告,信徒们能够被救赎,上帝也会因此而欢欣鼓舞,哪怕祷告是一种相当愚蠢的行为。"这并不是中世纪时期经院哲学的精神所在。教会的学者对理解非常热衷,神父也一样。他们下定决心要将信仰理论化,他们渴望以智慧为凭依来对上帝进行认知。他们在对世界进行研究的时候,与我们并不相同,与希腊人也有所差异。希腊人具有独立思考的精神,并对真理孜孜以求，他们不是。对他们所倚赖的前提，亦即他们信仰的理论，他们一直都怀抱着绝对信任的态度。在他们看来，这些理论全都是真理，绝对的真理。他们以自己所信仰的理论为论据，又以这些论据对自身的智慧进行锤炼，想要使之相合为一个体系。他们对精神国度与凡俗的关系十分看重，对精神国度与超验世界的关系也十分看重；但对自然现象，他们的态度却十分冷漠，除非他们在其中感受到了神之计划。在他们看来，真正超验的、真正富有价值的真理既然已经被他们自身所掌控，那么，一些微小的细节就再也没有关心的必要。对科学研究，教会并不反对。事实上，它十分确信，只有可以对伟岸的真理或最本原的真理进行论证的论据才可能被发现，所以，它对科学研究采取了忽视的态度。

第二节　国家主义的兴起

虽然很长一段时间以来，站在教权对立面的、独立思索的精神一直都处于沉寂的状态，但它并没有陨灭。这一点我们必须铭记。在政治上，这种精神通过教会与国家的斗争彰显自身，双方的斗争很早以前便已经开始，而且战况一直十分激烈。有的时候，君王被教皇打败，有的时候，教皇被君王打败。1077年，格雷果里七世教皇时代，教权在与王权的斗争中取得了胜利，德国国王亨利四世曾经亲赴卡诺撒对教皇进行朝拜，并在教皇面前真心忏悔。1198年到1126年，教会的权力达到鼎盛，执掌教权的是英诺森三世教皇，但自此之后，教会便盛极而衰。1285年到1314年，博尼法塞八世教皇惜败于法国君主菲利普四世。1309年，教廷搬迁至阿维尼翁，此后，直到1376年，阿维尼翁一直都是教廷的驻地。这一时期，德国的神秘主义得到了极大的发展，唯名论思潮也一样。1378—1415年，教会的权力出现极端分化，一度出现双皇共治甚至三皇共治的场面。巴比伦人曾经以牢笼禁锢过犹太人，教权分裂之后，教皇也被囚禁在了阿维尼翁这一樊笼之中，这是一场灾难，对教会而言，它分外严重。由于内讧，教会在精神领域与俗世同时丧失了至高无上的权威。受这一灾难的影响，国家教会思想诞生于巴黎大学。假如两个教皇能够共存于世，那么，所有的国家为何不能拥有一个属于自己的大主教？也有部分人对教皇对教会的独裁统治抱有异议，由此，他们提出建议，既然教会的权威凌驾于教皇之上，那么，教皇就必须对教会的决议表示服从。

这是教权与国家主义之间的纷争，也是专制与民主之间的纷争。事实上，公元 12 世纪的时候，教会在凡间的支配地位就遭到过反对。反对者是阿诺耳德，这个布雷西亚人曾经在罗马建立过一个共和国，但这个共和国却如昙花一般，存在的时间太过短暂。1155 年，阿诺耳德被送上了教会的绞刑架。一开始的时候，教会的学者全都对教会表示支持，但是渐渐地，教会学者的思想发生了分歧，一部分学者对罗马教廷在凡间的权力开始抱持反对的态度。

老一辈的、正统的经院派哲学家大多对教权的至高无上抱持肯定的态度。这一派的哲学家，在 14 世纪时以奥古斯提努斯·特留牧夫斯（1328 年以前）和阿耳瓦鲁斯·佩拉希乌斯（1352 年以前）为代表。在著作《论君主专政政体》一书中，但丁（1265—1321 年）主张凡间俗事的支配权应归于帝王，凡间精神事务的支配权则应归于教皇。来自弗洛里斯的约阿奇姆、威廉·奥卡姆（1347 年以前）、威克利夫（1327—1384 年）以及来自帕多瓦的马西利乌斯（1343 年之前）全都对俗世之教权抱持否定的态度。其中，马西利乌斯主张契约论、国家论，还宣扬俗世统治权理论。

参考书

《欧洲唯理主义兴起史》中的第五章，作者累基；《中世纪的法律和政治》，作者詹克斯；《中世纪政治理论》，作者吉尔克，译者梅特兰；《神圣罗马帝国》，作者布赖斯；《神权》，作者罗伯逊；《基督教教会的社会学说》，作者特勒耳奇。

第三节 异端倾向

在基督教对其宗教纲领进行宣布的时候，异端主义倾向就已经出现，并一直不曾陨灭，这一点我们必须有所认识。在对教义进行追溯与演绎的过程中，我们有不少机会对站在正统教义对立面的流派进行论述。在新宗教保罗派中，马尔西翁（大概在公元 130 年）是最热忱的信奉者，所有带有彼得色彩和犹太色彩的事物都会受到他的谴责；数个世纪以来，这种思潮一直被延续，虽然其表现形式千差万别，但都以马尔西翁为鼻祖。保罗派的信徒，即马尔西翁（所创立的教派），于公元 5 世纪之后在小亚细亚及亚美尼亚盛行；公元 10 世纪，波哥米尔教派于保加利亚崛起。11 世纪时，卡塔尔派（又译为卡塔里派）在法兰西南部冒头，该教派的思想主张与波哥米尔教派的主张十分相似。数个世纪以来，教会凭依着宗教法庭这一令人恐惧的利器对阿耳比冈瑟教派进行了残酷地打压，并最终致其沦亡。公元 12 世纪时，瓦尔多派于意大利北部崛起，其主张与阿耳比冈瑟派十分相似，这一教派成立于 1170 年，创立者为彼得·瓦尔多；沃杜瓦这一名称被瓦尔多教派使用，并沿传至今。在瓦尔多看来，要想从罪恶之中解脱就必须借助信仰的力量。他主张悔过，对讲道非常推崇，对仪式却不十分看重，对供罪、天命、神圣之遗物、圣人崇拜、实体转移说（即耶稣的血肉化为了圣餐中的红酒与面包）都表示反对。瓦尔多的信仰以《圣经》为原则，为了能让普通人参与到对基督教哲学的研究中，他曾经对《旧约》进行过译注。

公元 14 世纪到 15 世纪，英国爆发了一场声势浩大的改革运动。运动的领导者是生于 1327 年、逝于 1384 年的威克利夫。此后，改革运动在波希米亚一度风行，其推动者为生于 1369 年、逝于 1415 年的约翰·赫斯。威克利夫对教会制度、圣人崇拜、牧师独身、修道院式的生活、弥撒、实体转移说、教士政治、教皇独裁等抱持否定的态度，他希望教会能够重新回归社团的形态。教会独立于国家，国家也独立于教会。伴随着宗教改革的不断推进，人们开始希冀从社会领域与政治领域也进行革新。沃特·泰勒是英国的社会革命领袖，托马斯·闵采尔是德国的社会革命领袖。

第四节 自由探索的精神

那些不愿意对正统的基督教哲学表示认可的人，同样也具有独立思考的精神。先前，我们对约翰·司各脱·伊里杰纳所主张的泛神论进行过论述，那个时候，对教会而言，泛神论者是应该受到诅咒的；除了司各脱·伊里杰纳，其他表现出自由思想的泛神论者还有来自弗洛里斯的约阿奇姆、来自图尔内的西蒙、来自本内斯的阿马尔里克和来自迪囊的大卫。来自圣维克托、坚持神秘主义的教派一直都充满了虔诚，在他们看来，宗教与科学不存在相互结合的可能，理性与信仰也不存在相互结合的可能，经院哲学的根基由此被撼动。12 世纪时，哪怕是最正统的经院哲学家，思想中都不可避免地带有自由主义倾向。实际上，尽管教会存在最正统的教义与规条，但当人们进行思索的时候，所思考的内容与规条之间却极易发生矛盾。和前辈奥古斯丁及司各脱·伊里杰纳一样，虽然安瑟伦以信仰理论化为唯一目的，但他的许多做法却致使他常常陷入近乎违背教义的危境。洛色林对共相进行思索，由此，他成了彻彻底底的异端。在很多人的印象中，彼得·阿贝拉都是一个矛盾的人，他想要留存智慧，还想要抱持对教会的忠诚，由此，他陷入了两难的境地之中，并为此纠结一生。包括夏特勒的贝纳尔、来自康切斯的威廉、来自普瓦提埃的济耳贝尔和来自索尔兹伯里的约翰在内的基督教的每一个主教所撰写的作品中都有独立精神的火花迸射。在著作《摘要》中，彼得·伦巴德对某些命题的探讨让我们看到了其智慧层面的强烈好奇心，这样的好奇心足以对思维光明的前途进行证明。以现在的眼光来看，那个时代的思想家们所探讨的问题不仅愚蠢，而且没有任何意义，但那只是因为我们对人生的态度发生了转变；以中世纪为背景，从宗教的角度进行考量，这些问题无疑都诞生于能够独立思索与探讨的头脑。

  公元 13 世纪，亚里士多德的唯实论取代柏拉图的唯实论成为主流思想。这一时期的人们对亚里士多德抱有浓厚的兴趣，而亚里士多德本人也确实是自由思想的代表人物。他不信奉宗教，并且，他的著作之所以能够传入西方还有赖于被教会认定为异端的阿拉伯人。刚开始的时候，教会对亚里士多德的哲学思想抱持谴责的态度，这理所当然。但不久之后，由于时代的需要，教会不仅接纳了亚里士多德的学说，还将其定为官方正统。13 世纪初，理性与信仰之间的界限已经不太分明，受全新的世界观的影响，二者的联系变得更加紧密。的确，教会采纳亚里士多德的思想，主要目的是对那个时代的自由主义倾向进行纠正，对自由主义思潮进行遏制。但相应地，一些不利于经验哲学却有利于独立思考的元素也被包蕴在了亚里士多德的思想之中。教会有意抬高亚里士多德的地位，为的就是拓展民众的视野，加深民众对古代成就的敬仰之情，哪怕亚里士多德本人并不信教。在亚里士多德哲学的影响下，人们开始对研究自然产生兴趣，这也证明亚里士多德哲学极大地推动了自由探索精神的发展。以亚里士多德哲学为桥梁，柏拉图的唯实论、柏拉图的唯名论、近代科学被联结在了一起。亚里士多德坚持的是自然主义，基督教坚持的则是超自然主义。尽管托马斯·阿奎那希望能用超自然主义对亚里士多德的世界观进行补充，但两者之间的分歧却并未因此而消失。早晚都要暴露的分歧被暴露之后，亚里士多德的异端学说依旧备受欢迎，这和人们对亚里士多德的格外敬重不无关系。

受亚里士多德哲学的影响，经院哲学分崩离析，但归根结底，它也只是来自希腊的赠礼。以亚里士多德哲学为基础，圣托马斯构架了一套全新的哲学体系，这一体系备受教会推崇。托马斯的反对者，约翰·邓·司各脱并没有获得圣徒的封号，他始终都认为自己对托马斯所主张的宿命论、唯实论、唯名论进行否定本就是对亚里士多德哲学的一种贯彻。他着重强调个体的实在性，从本质上来讲，这本就是对作为个体的人的重要性及作为个体的人的良知的价值的肯定。经验主义以他的学说奠基，唯名论也是。假如上帝不是因为理性的决定而对世界进行创造，那么，自然规律的存在就不再具有必然性，那么，自然规律就不能以理性为凭依从上帝的理性中被推导而出。因为上帝是这样创造的，所以，事物现在的模样才这样；原本，它们也可以是其他的模样，只要上帝有意愿去改变，它们的模样就能被改变。所以，只有仔细地对自然进行观察，才能对何为自然及自然的活动方式有所认知；人类的知识以经验为源泉，并且，假如最后且最极致的存在就是具体的事物，那么要对它进行认知，怎能不以经验为手段？

威廉·奥卡姆对某种隐蕴于司各脱学说中的思想进行了勇敢的发挥，经院哲学的基础由此受到了最直接的攻伐。假如共相不是一种实际存在，那么，共相就只能是一种文字。假如神学是一种科学，且这种科学不仅与人无益且异常贫乏，那么，它就该被摒弃。理性应该被信仰所替代。将理性与教会分离，将凡俗与教会分离，让教会复归耶稣时代的单纯，变成一种纯粹的信仰，且还归于民主组织，这才是我们应该做的。

唯理的神学一向是神秘派厌恶的对象。12 世纪时，神秘主义者虽然对唯理主义抱持否定的态度，但对教会已经确定的教义还保有相当的忠诚，13 世纪时也是如此。就像前文我们所说的那样，14 世纪的时候，神秘主义者渐渐转变成泛神论者，且对唯名论抱持肯定的态度，尽管他们是以维护凌驾于世俗之上的宗教为目的而创立学说，但经院哲学却因他们的存在遭到了严重的削弱，教会显赫的威望也受到了沉重的打击，15 世纪时也是如此。

第六篇　文艺复兴时期的哲学

第一章　新启蒙思潮

第一节　理性和教权

上文我们概要叙述的，包括渐次发展的民族主义、盛行的异端学说、神秘主义、反对经院式的哲学与神学相合等在内的诸多思潮，为文艺复兴运动奠定了基础，也成了宗教改革运动的先驱。这一时期，人们开始指斥旧的传统、旧的语言和文学、旧的艺术和神学体系，开始指斥旧的宗教专政，指斥旧的教权与王权之间的政治关系。过去，这种批判的精神与思考的活动一直都在暗中进行，并渐渐活跃，后来由暗转明，转变为对教权与旧传统公开的反对与抗争。国家开始对教权进行反抗，个人开始对来自教会的强制进行反抗，理性也对被界定的真理进行反抗。教会与国家之间始终存在冲突，这一冲突若是得以解决，对国家是有利的。可是，无论是在教会内部，还是在国家内部，都孕育着另外一些要求，如宗教方面的要求、经济方面的要求、文化自由方面的要求。在宗教改革运动与文艺复兴运动中，这些要求有一部分被转化为了现实。之后，在近代哲学领域，这些要求在所有为了文明发展而进行的活动中，在人类为自由而奋斗的种种运动中都有所体现。

渐渐地，在人们心中教会的权威被削弱，被削弱的过程很慢，但教会的权威确实是被削弱了。人们在思考的时候开始坚持独立的精神。在哲学领域中，权威被代之以理性，哲学本身也不再受到神学的监护。这种思想开始盛行，经由自由及恰如其分的探索，人的思想能够通达真理，这种真理是真正的真理，并不是教会教义所界定的真理。中世纪时，超自然的事物是思想家们关注的焦点，在所有的科学中，神学一直都处于第一位。而新时代，人们关注的焦点开始从天上回归人间，自然科学在所有的科学中也渐渐位列前茅。与此同时，在宗教之中，独立精神也有所彰显。个人摆脱了来自教会的束缚，提出了以《圣经》及良知为原则的要求。个人不愿意对位居上帝与人之间的某个中介进行认可，它希望能够直接与自己所信仰的对象从精神的层面进行交流。

参考书

参见原版第4页以下所列哲学通史和专著；原版第252页列举的关于近代哲学史的书目；以及下面列举的书籍：

《近代哲学史》，作者费舍，第一卷，导言，第五、第六章；《伦理学体系》，作者保尔森，第126页以下；《文艺复兴轶事》，作者赫德森；《剑桥近代史》，第一卷；《中世纪教育史》，作者格雷夫斯，第二编，《彼得·拉穆斯》；《教育史》，作者芒罗，第六章；《欧洲唯理主义兴起史》，作者累基；《科学和神学的斗争史》，作者怀特；《意大利的文艺复兴》，七卷，作者西蒙兹；《文艺复兴时期的文化》，两卷，作者布尔克哈特；《古代古典文化的复兴》，两卷，作者沃伊格特；《宗教改革时期的世界观》，作者卡里埃尔；《文艺复兴时期德国的文艺和宗教状况》，作者哈根；《启蒙时代史》，作者佩施耳；《基督教会的社会学说》，作者特勒耳奇。

宇伯威格—海因泽书第三编，第一卷第二章以下的书目。《近代哲学史》，作者法尔肯伯格，第15—63页和《剑桥近代史》第一卷中书目。

第二节 人文主义

新时代，传统的、陈旧的事物被摒弃，人们开始对新鲜的事物充满渴望，要做到这一点，有两条道路可供选择：一是创造出全新的艺术形式、生活方式与思想形式；二是复归古典，以古代的形式为蓝本重新塑造。中世纪时期，教权与传统对人心灵的约束过甚，短时间内开辟出一条全新的道路是不现实的，因此，人们选择了第二条路。在文化领域，改革家们希望从古典文化之中得到启迪，由此，希腊文化与罗马文化得以涅槃重生，这一运动，被称为文艺复兴。在文艺复兴中，人性得以重现，这种被重现的人性，就是人文主义。

公元 15 世纪，觉醒的西方世界开始重新欣赏那些已经被遗忘了很长时间的文化遗产，这是古典文明的遗泽。一百多年前，来自意大利的诗人但丁、彼特拉克（1374 年以前）及薄伽丘（1375 年以前）就对古典文化产生了浓厚的兴趣，在撰写著作的时候，他们使用的全都是自己本国的语言和文字。彼时，教会学者进行著述的时候虽然都使用拉丁文，但使用的方式却非常繁杂。劳兰提乌斯·瓦拉（1406—1457 年）以拉丁版的西塞罗著作与拉丁版的昆提良著作为范本，对其进行了净化。首个在意大利公立学校教授希腊语文课程的希腊籍教师是马努埃尔·克里梭罗拉斯（1415 年以前），对柏拉图的许多著作进行译注的雷奥纳尔杜斯·阿雷提努斯（1444 年以前）就是他的学生，除了柏拉图的著作，雷奥纳尔杜斯还译注了许多亚里士多德的著作，受此影响，许多意大利人都对研究希腊古典文化产生了浓厚的兴趣。1438 年，君士坦丁堡被攻陷，1453 年，君士坦丁堡再次沦亡，许多希腊学者被迫流亡意大利。当哥特式的野蛮让西方人心神迷醉的时候，东罗马帝国将文化领域的许多宝藏进行了留存与珍藏，如今，西方世界的学者们也开始对这些古典文化的宝藏进行研究。教廷、宫廷、大学全都受到了人文主义思潮的影响，甚至某些教皇也对新文化兴趣盎然。尼古拉五世（1447—1455 年）在梵蒂冈兴建了一座图书馆，圣彼得大教堂被尤利乌斯二世（1503—1513 年）下令重建，传说列奥十世教皇（1513—1521 年）对古典文化的研究兴致甚至超过了基督教神学。人类所取得的丰硕成就让人类本身兴趣盎然，人们开始尊重自身，开始推崇人才；人本身所具有的才能不再被轻视，也不再被认为是无关紧要的。所以，在新时代，诗人、演说家和历史学家经常收获各种荣誉。似乎艺术领域与建筑领域也出现了人文化的征兆。彰显自然之人生乐趣的文艺复兴艺术渐渐取代了中世纪的艺术，彼时中世纪艺术经常以苦难、陨灭、厌弃尘世为主题。

第二章 新哲学

第一节 柏拉图主义

在哲学领域中，文艺复兴时期出现的数个表征格外值得关注。刚开始的时候，人们对古希腊的哲学体系进行研究，并以古希腊的哲学体系为蓝本进行效法，经院哲学的所有方法在那时都受到了抨击，在人们看来，经院哲学的论辩有些吹毛求疵，只是一种对文字的穷究，不仅内容空泛，而且毫无意义；他们尝试构建一种全新的逻辑体系。有些时候，他们提出的观点也颇具创造性，但是这些观点往往都是粗浅的、毛糙的，并且，很自然地就会陷入过去对问题进行检视的传统方式之中。渐渐地，他们不再固执地遵循古代哲学的种种模式，不再受经院哲学的束缚，他们的思想变得开放、全新、颖悟，并且极具创造性，哲学也终于走上了近代的发展之路。

那个时候，当务之急就是对古哲学进行研究。1438年，普勒托来到意大利，这位希腊学者出席了在佛罗伦萨召开的大会，大会的议题就是对东方教会与西方教会相互融合的问题进行研究。1440年，在科斯莫·迪·梅迪契的劝说下而常居意大利的普勒托创办了以教授柏拉图哲学与维护柏拉图哲学为目的的佛罗伦萨学园。自那之后，西方世界的学者能够纵览柏拉图的所有著作，哲学领域中，以改革为目的的思想家们也能够建立一个与教会推崇的亚里士多德体系相对立的体系对其进行驳斥。可是，在对柏拉图以唯心主义为核心的哲学体系进行诠释的时候，哲学家们使用的全都是源自东方的逻辑，由此，新柏拉图主义诞生。普勒托本人对希腊的古典文化非常推崇，他希冀能够以新柏拉图主义为依托，用寓言的方式重现古希腊文化备受推崇的盛景。普勒托撰写过一本书，在书中，他从学说的角度，对亚里士多德和柏拉图的哲学思想进行了比较。

普勒托之后，贝萨里昂成了佛罗伦萨学园新的领袖，1469年，他撰写了著作《反对诽谤柏拉图的人》。贝萨里昂对柏拉图十分推崇，对柏拉图的哲学思想也极尽维护，由此，詹纳迪乌斯、泰奥多鲁斯·加扎和来自特雷比宗德的乔尔季乌斯等亚里士多德哲学的推崇者就成了他反对的对象，哪怕他们是同胞。贝萨里昂之后，佛罗伦萨学园被马尔西利乌斯·菲契努斯（1433—1499年）所继承，这个佛罗伦萨人本就是贝萨里昂的弟子。在他看来，柏拉图的哲学体系凝聚了所有智慧的精华，以柏拉图体系为钥匙能够轻易对基督教进行掌控。他编译过大量对教会哲学抱持反对态度的新柏拉图主义者的著作，也编译过大量柏拉图本人的著作，并且，在对这些著作进行编译的同时，他还对这些著作进行了注解。

第二节　库萨的尼古拉

15世纪时，来自库萨的尼古拉（又译为克雷布斯或库埃斯，1401—1464年）是唯一一个极具创造性的教会学者，他并没有在属于经院哲学的陈旧道路上继续前行，而是独创了一套属于自己的思想体系。在留居德万泰尔的日子里，神秘主义组织共同生活兄弟会让尼古拉受益良多；在海德堡和帕多瓦留居的日子里，他系统地学习了数学、法学及神学，后来，尼古拉陆续成为教会的主教与红衣主教。文艺复兴时期，或者更早之前的一段时期里，大多数哲学家的世界观实际上都是近代哲学与中世纪哲学糅合的产物，尼古拉也不例外。德国神秘主义、新柏拉图主义思想及毕达哥拉斯的数论给尼古拉带来了很大的影响，这一点显而易见，尼古拉一生其实都在纠结，纠结于基督教与上帝及凡俗相关的二元论思想及泛神论思想之间，踌躇不定。

参考书

《论天真无邪的学说》，1440年；《论预测》，1440年；《论劝服或相待以诚》，1453年（宗教容忍的精神十分明显。参见《关于中世纪》，《美国历史评论》第XVIII卷，第4号，作者G.L.伯尔）。书目见《近代哲学史》，作者法耳肯伯格和宇伯威格—海因泽前引书，第三编，第一卷第七章。

尼古拉的哲学观点带有唯名论的色彩，在他看来，要想对上帝进行认知，就不能以理性为源泉。神秘派一直都主张人能够通过直觉对上帝进行感知，经由某种心迷神醉、忘却自我的状态，人们能达到一种"不了解却洞见"的状态，对此，尼古拉表示赞同。在他看来，这种思维凌驾于推论之上，是一种纯真、没有邪念、深具学识的状态（docta ignorantia）。上帝是包蕴于事物之中的所有具有现实性的事物的本体，他具有无限性，对上帝而言，现实性等同于潜在性，本质等同于存在。上帝是最单一的现实，也是最无限的现实，他的潜在性是绝对的，他的认识是绝对的，他的善是绝对的，他的意志也是绝对的。所有的冲突都包蕴于上帝之中，所有的对立都在上帝之中相融，我们无法经由概念的思维对他进行把握。诚然，在神学领域中，否定是不合时宜的，只有肯定才具有确实性，才真正适用。不管用何种方式对上帝进行表述，都非尼古拉所愿：真正能够无限接近上帝的人，只有那些很清楚地知道自己根本就不了解上帝的人。

上帝通过世界来自我彰显，它是一个统一的整体，即便已经发生分化，成为杂多；世界以上帝为模仿对象，它是一个整体，具有勃勃的生机，上帝用尽全力将自我在世界的所有局部之中展现。没有什么不被上帝所包容，上帝是无限的，从这个角度来说，上帝大到了极致；在每一种事物之中，上帝都能自我彰显，就这个角度而言，上帝又小到了极致。从这个层面来看，"任意一种具有现实性的事物都是所有事物的缩微影像"，上帝为其所包容，并潜隐其中。这是完完全全的泛神论学说，若是不加改变，就是彻彻底底的异端邪说。为了让自己的理论与教会正统的二元理论相契合，尼古拉曾经尝试将世界与上帝相互割离。他主张，上帝的本原并不同于事物的本原，上帝是无限的，对事物而言，限度却是存在的，神圣的理念还没有被它彻底地完成；事物只是偶然以上帝的本性为源泉，不是必然。

第三节 真正的亚里士多德

真正的亚里士多德渐渐地被部分哲学家所洞见，人们开始下意识地对经院哲学家所认识的亚里士多德和真正的亚里士多德进行区分；阿拉伯人在对亚里士多德进行诠释的时候采用了许多新柏拉图主义的思想，经院派哲学家们也深受其影响。由此,推崇亚里士多德的哲学家之间发生分歧,分裂为以阿威罗伊为领袖及以来自阿弗洛迪西阿斯的亚历山大为领袖的两个不同派别。对教会所推崇的亚里士多德,他们皆抱持着反对的态度,但在表达反对意见的时候,他们却采用了十分巧妙的方式。执教于帕多瓦的皮埃特罗·彭波那齐教授(1462—1524年)于1516年撰写了《论灵魂的不朽》一书,在书中,他主张亚里士多德并没有说过个人能够永生,从物理的角度来说,个人根本就无法获得永生,而从道德的角度来说,追求个人永生又完全没有必要。

除了《论灵魂的不朽》,彭波那齐的著作还有许多,如《论巫术》《论命运》《自由意志》。具体可参见道格拉斯撰写的《彭波那齐的哲学与心理学》一书。

意大利北部重镇帕多瓦是阿威罗伊学派学者的根据地,这一学派的成员大多是自然科学家或者医生,他们在对亚里士多德进行注解的时候援引了阿威罗伊的观点,他们对普泛智慧说抱持肯定的态度,对灵魂永生说则抱持否定的态度。不过,当他们对新的亚里士多德有所认知之后,他们的立场发生了改变,不再信奉阿威罗伊,反而开始信奉来自阿弗洛迪西阿斯的亚历山大。

亚里士多德主义的代表人物,除了彭波那齐及阿威罗伊学派的学者,还包括波尔塔(1555年以前)、斯卡利杰尔(1484—1558年)、克雷莫尼尼(1552—1631年)和鲁道尔夫·阿格里科拉。

还有一部分思想家想要对柏拉图主义和亚里士多德主义进行调和。来自米朗多拉的约翰·皮科一直都偏重于柏拉图主义,安德雷阿斯·凯萨耳皮努斯(1519—1603年)则偏重于亚里士多德主义。那一时期,还有一部分思想家希望能够重现伊壁鸠鲁主义和斯多葛主义,在有文化、有教养的社会阶层中,带着浓厚罗马色彩的斯多葛主义一直备受青睐。

第四节 科学与哲学的改造

路易斯·斐微斯(1492—1540年)是西班牙人,他不仅对整个经院哲学的思想体系抱持着反对的态度,而且,对经院哲学家们将经验替换为权威的系列做法也抱持反对的态度。他的主张大多以唯名主义哲学为导源。在著作《论科学》及对话集《论智慧》中，路易斯对经院哲学的种种科学及诡辩思维进行了严厉的批判。在他看来，在对自然进行探索与研究的时候，应坚持独立思考的精神，不应该让自然科学被亚里士多德主义所束缚；要对现象本身进行观察、思索和实验，而不应该在思辨的形而上学之中沉迷。他还主张在对心灵进行研究的时候采用经验的方法，在他看来，去穷究心灵的本质完全没有必要，只要发掘出心灵的活动轨迹与方式就足够了。斐微斯还创立了一套与经院哲学相类似的形而上学理论体系，这一体系的核心思想是对上帝进行论述。在对一些本初的问题进行解答的时候，斐微斯一直抱持着批评的态度，他的思想受到了唯名主义的影响，这一点显而易见。在他看来，从伦理的角度对灵魂永生学说和对上帝的信仰进行说明，比从理性的角度对二者进行论证更具意义，也更具价值。

第五节　逻辑的改造

斐微斯的思想对彼得·拉穆斯（皮埃尔·德拉·拉梅，1515—1572年）的思维造成了很大的影响，1543年，在新出版的著作《批判亚里士多德的论辩术》一书中，拉穆斯对亚里士多德的逻辑思维方式进行了抨击。他指斥亚里士多德的逻辑对人类固有的逻辑来说是一种破坏。在他看来，当时盛行于大学校园中的论辩方法之所以空洞贫乏、毫无益处，全都是亚里士多德的错。在批判的同时，他还创立了一套全新的逻辑思维体系，在著作《论辩律则》中，他对这一体系进行了详细的阐述。在存在争议的领域，人们常常采用这样的方法，先提出一种原则，然后再对其进行论证。在《论辩律则》一书中，拉穆斯对传说系亚里士多德所撰写的《工具论》抱持排斥的态度，认为此书不实。他还宣称，除了自己，没有任何一个人是真正亚里士多德式的人物。他对经院式的教学方式进行批判，要求进行教育革新。从这个角度来说，包括培根、洛克、笛卡儿在内的所有对经院式教学方式感到不满的近代早期哲学家都应以拉穆斯为先驱。事实上，单就教育方面而言，拉穆斯表现出的人文精神的确比所有的人都要突出。

第三章 自然哲学与自然科学

第一节 神秘主义

就像前面我们所说的那样,启蒙时代,人们饶有兴致地对自然进行研究。但是那时候,有一部分人相当莽撞,他们在对外部世界的秘密进行揭示的时候,不是利用谎言、欺诈,就是运用某些荒唐怪诞的方式。他们在研究自然的时候并不以观察及实验的方法为凭依,而是希望能够用凌驾于感官之上的内在的特殊启迪或者某种玄奥莫测的手段来逼迫自然自陈其秘,他们的耐心严重不足。这一学派的代表人物有来自米朗多拉的约翰·皮科(1494年以前)、他的侄子弗朗西斯(1533年以前)及罗伊希林。罗伊希林撰写过一本著作,名为《论奇异的文字》,该书成书于1494年。他们对研究神秘的流射论及犹太人所主张的神秘哲学非常热衷。自公元9世纪开始,犹太人就开始研究神秘主义哲学,我们能够一直追溯到阿卜拉哈姆。

另外一部分人对这种局限于探究自然之秘的方式并不满足,他们迫切地希望能够对自然的力量进行掌控,迫切地希望自然的力量能与自己的希冀相契合。可是在他们看来,自然也的确是某种神秘力量的外在彰显,他们坚信只要能够从精神的层面上与这些精灵进行交流,就能够对自然现象进行掌控。他们渴望以玄奥的技术、神秘的符号、毕达哥拉斯所主张的用以撰写自然之书的密码或者其他种种神秘的方式为凭依来实现这一目的,这就是所谓的巫术与魔术。精灵掌控着行星,由此,热衷于神秘术法的学者们将占星术列为学说重点。他们还偏重于转化金属时所使用的巫术,或者说是提炼与制造金子的技术,即炼金术。他们将炼金术应用于医药领域,用十分荒唐、十分怪诞的方式把药材合成为某种药剂,并以这种药剂来治疗疾病。简单说来,神秘主义者的全部活动都是为了探索哲学的基石,并以此为凭依对自然进行深入的探索,掌握蕴藏于自然之中的深层奥秘,然后，对自然进行完全的掌控。

这群奇异人物的主要代表有：来自纳特斯海姆的阿格里帕（1487—1535年）和来自霍亨海姆的帕拉塞耳萨斯（即特奥弗拉斯图特1493—1541年）。弗鲁德（1637年以前）、约翰·巴普提斯塔·范·赫耳芒特（1577—1644年）和弗朗西斯·梅尔库里乌斯·范·赫耳芒特（1618—1699年）都是帕拉塞耳萨斯的追随者。

在对与自然相关的哲学概念进行论述的时候，帕拉塞耳萨斯把新柏拉图主义视为根基。在他看来，人本身就是一个微缩的小宇宙，要想对宇宙进行了解，就必须对人进行探究，同样地，要想对人有所了解，就必须对宇宙进行探究。人拥有两个身体，一个身体在地球上，是最基础的，能够被看到；另一个身体（精神）在星界之中，以恒星为根源，无法被看到；另外，人还有一个灵魂，其以上帝为导源。所以，哲学、占星术、神学是最重要的科学。医学赖以为凭的基础就是三者与炼金术的结合，医生必须对所有这些学问都有所认知。土、水、火、气四元素是由最基础的三种实体构成的，这三种实体是作为固体基质的盐、作为液体的水银和能够燃烧的硫黄。所有的元素都受其构成要素所形成的精灵所支配，土元素受地神支配，水元素受水神支配，火元素受火神支配，气元素受风神支配。所有的个体也都受与其生命息息相关的某种基质的支配，那些源于地球或源于星界的力量被疾病所抵制，个体蓬勃的生命力也被疾病所遏制。所谓医药就是要在炼金术与巫术的帮助下，对个体蓬勃的生命力进行捍卫，对站在生命对立面的敌人进行打击。

在著作《浮士德》中，歌德对这种糅合了科学与神秘主义、自然主义及超自然主义的新奇的、特殊的自然观做了相当详细的描述。文艺复兴的精神也因《浮士德》的出现而日益人格化。生活在时代转折的拐点时期的人都具有这样特征：对知识充满了极端迫切的渴望，获取知识的方式十分粗糙素朴，思想中包蕴着中世纪的迷信及某些偏见，由此，怀疑主义诞生，并且，他们还对丰满富足的生活充满了迫切的渴望。

这样，帕拉塞耳萨斯和与他抱持着相似观点的人建立这样的理论，也便没什么好奇怪的了。自然之中充满了奇异玄奥的力量，这一观点，与宗教的信仰如出一辙。奇迹并不鲜见，圣人们陆续将奇迹缔造，他们逝世之后，他们的遗物也被赋予了某种奇特神异的力量。专门对隐秘之力进行研究的人，以魔术的力量驱使魔鬼的人，常常会做出一些令人惊奇讶异的事情。15世纪末，在著作《论魔术的犯罪恶行》一书中，神学家雅科伯斯·斯普兰杰耳站在科学的角度详细论述了魔术的起因、效果及防治方式。

虽然这一思潮充满了迷信与荒诞的色彩，但它的确也是进步的标志。它努力去探索自然，想要对自然进行把控，这都被近代科学引为先驱。虽然忠诚于巫术的人还在中世纪的理论与实际之中无限期地沉迷，但他们朝向的却是未来。时间慢慢地向前推进，存在于这一思潮之中的种种荒唐、怪诞的元素被一一剔除，炼金术被转化为化学，占星术被转化为天文学，巫术被转化为实验科学，受毕达哥拉斯数论的影响，人们对数学也变得兴趣盎然起来。哥白尼之所以对数学的秩序进行探究，为的不过是追溯占星术。有的时候，最曲折、最漫长的弯路却往往就是离家最近的路。

参考书

《唯理主义》，作者累基；《科学同神学的斗争》，作者怀特；《新神秘主义史》，作者基塞韦特尔；《著名物理学家的生活和学说》，作者里赫纳尔和西贝尔；《帕拉塞尔萨斯》，作者斯特龙茨；《迷信和巫术》，作者累曼。

第二节 自然哲学

部分意大利自然科学家虽然还没有从诸如炼金术、占星术一般的迷信思想中完全挣脱，但已经具有了真正意义上的科学精神。著名物理学家、数学家、科学家季罗拉莫·卡尔当（1501—1576年）就曾经尝试着用自然的法则对万物进行诠释。在他看来，世界中只有土、气、水三种元素，而不是四种元素。火是诞生于热的一种偶然的属性，它并不具备实体，而热又是运动的产物。世界之灵魂与光热同一。

《论事物的微妙》《论事物的多样化》《我的生平》《一个饶有趣味的自传》都是卡尔当的著作。

《物性论》的作者，贝尔纳迪诺·特勒肖（1508—1588年）一直都致力于对科学进行改造，亦即，要以观察为基础，使自然科学脱离古代、脱离亚里士多德主义而单独存在。尽管与文艺复兴时代的其他自然哲学相比，贝尔纳迪诺的思想已经非常超前，但他的思想还是难以避免地受到了希腊哲学思想的影响，有着明显的前苏格拉底时代自然哲学家们的色彩以及斯多葛学派形而上学的痕迹。在他看来，上帝创造了物质，从数量的角度来说，物质是恒常不变的。他以对立的冷与热及物质作为诠释的基本原则。在热的作用下，物质发生膨胀，彼此之间变得疏远与稀落，所有的运动都以热为源泉，所有的生命也都以热为源泉；在冷的作用下，物质收缩，进而凝聚，无论何种固定、何种静止都以其为初始因。宇宙之所以能够存在并发生改变，正是因为冷与热的恒常对立。特勒肖还曾经借助机械的方法，混同物质，对灵魂进行解释。在他看来，灵魂是以热为基本单元构建起来的一种精致细密的基质，它位处人的大脑之中，以神经为媒介遍布人的整个身体。有机体的各个部分在灵魂的作用下相互融合并发生运动。人有一个物质属性的灵魂，还有一个永生不死的灵魂，后一个灵魂是上帝加诸人类的。

自我保全是特勒肖哲学在伦理学方面所认可的人类需要努力追逐的目标，且这个目标具有唯一性。在那不勒斯的时候，特勒肖创建了一个自然科学学社，社名特勒肖学园。弗兰西斯·帕特里齐（1529—1597年）将特勒肖学说与新柏拉图主义学说进行了有效的融合。

第三节　科学运动

中世纪时，人们经常以一种十分奇异的方式来彰显自身对自然科学的兴趣，科学研究运动时期，这一兴趣发展到了巅峰；该运动的主要代表有：列奥纳多·达·芬奇（1452—1519年）、哥白尼（1473—1543年）、伽利略（1564—1641年）、刻卜勒（1571—1630年）和牛顿（1642—1727年）。这一时期，带着神秘色彩的巫术已经消殒，人们正尝试着用一种自然而然的方式对自然现象进行诠释。一般的源自亚里士多德的古旧的解释原则早已被摒弃，诸如通过对物质施加作用以实现某种形式的目的或性质或目标或本质，取而代之的是机械论：每一种自然现象都是物体运动的结果，物体遵循着某种自然固有的规律进行运动。行星运动的秘密以数学为凭依被揭示而出：行星的运行轨道被刻卜勒发现，占星术也渐渐地朝着天文学转化。罗伯特·波义耳（1627—1691年）本是一个炼金师，但正是他所倡导的原子理论将炼金术终结。19世纪时，达尔文在对有机体进行解释的时候采用了系统的因果概念和机械概念，包蕴于事物之中的某种目的（生命力）或置身于事物之外的某种目的（生命力）不再被视为着眼点，由此，反对神学的思路达到了登峰造极的程度。

参考书

参阅自然科学史；《唯物主义史》，作者朗格；《近代哲学》，作者许夫定，第一卷，第161页以下；原版235页所列累基、怀特、里赫纳尔和西贝尔的著作。宇伯威格—海因泽书第三编，第一卷，第7章中的书目。

伽利略对德谟克利特的哲学理论非常熟悉，在他看来，单就哲学方面而言，德谟克利特的成就远胜亚里士多德。他指出，变化的发生皆是源于事物各部分之间关系的改变，严格点说，生灭本不存在，万物皆以原子运动为泉源。能够被感官感知到的性质全都具有主观性，它们都是以量为基础构架的，以量为凭依，可以对所有的性质进行解释，所以，以量之关系为主要研究目的的数学才是所有科学中最高级的。"宇宙之书就是以数学为文字撰写的"，能够被我们认识的都是能够被我们度量的；我们无法进行认知的，也往往是我们无法进行度量的。运动的关系可以以数学公式来进行归纳，要对现象进行解释需要以运动及其规律为原则。这些定律为力学研究奠定了根基，而发现这些定律，并将其归纳为公式的人包括列奥纳多、刻卜勒和伽利略。在天文学领域构建太阳中心说（或哥白尼学说）是刻卜勒的工作，也是伽利略的工作。根据哥白尼学说，宇宙不再以地球为中心，地球不再静止，而是如其他所有的行星一样，以太阳为中心进行公转，而太阳本身也围绕着自身的轴心进行自转。开始的时候，教会对哥白尼学说采取的是欢迎与容纳的态度，但此后不久，却又因为该学说"不利于教会之真理"而对其进行谴责；1616年，教会全面禁止了哥白尼学说。1633年，在教会的威逼下，伽利略被迫放弃该学说。自那之后，直到1641年伽利略逝世，宗教裁判所对他的监视一直不曾停止。英国爵士艾萨克·牛顿（1642—1727年）于1682年发现了万有引力定律，哥白尼学说由此得到证实。人们已经清楚地看到，万有引力定律的存在定然会导致另一定律的产生，而这一定律是刻卜勒发现的。

在对科学进行研究的时候，伽利略排斥权威，对所谓神秘的臆测也不以为然。在他看来，所有的命题都应该建立在实验与观察的基础之上。他还主张，知性是经验的必要补充，归纳法本身就凌驾于经验之上，并不隶属经验的范畴。我们以规律为凭依对事实进行把握，以抽象的方式来研究各种偶然出现的情况，然后以此为助力来探寻导致某一事实的纯粹且必然的因由，这就是所谓的思维。以实验、观察、思维为基础创立的论证方法才是最理想的科学研究方法。

比埃尔·伽桑秋（1592—1655年）对伊壁鸠鲁的学说和卢克莱修的学说都十分推崇，对笛卡儿的微粒说却抱持否定的态度。在他看来，运动创生于上帝，他坚持机械论的观点，却又以神学作为机械论的补充。罗伯特·波义耳及神父梅桑（1588—1648年）一直都致力于将伽桑秋所主张的原子论和笛卡儿所坚持的微粒说调和在一起。波义耳将原子论引入化学领域，但在波义耳看来，原子论只不过是一种研究时使用的工具，而不是一种与宇宙相关的哲学思想。以世界为论据，一个深具智慧的创世者的存在早已被论证，运动也创生于他。这是有神论的观点，牛顿对这种观点也表示认同。

第四章 布鲁诺和康帕内拉

第一节 布鲁诺

来自意大利的乔尔丹诺·布鲁诺（1548—1600年）及托姆马索·康帕内拉（1568—1639年）都在其撰写的书中对与形而上学相关的、内容广博的、极具新时代气息的理论进行了论述。

布鲁诺曾经是多米尼克教团的一员，后来，他脱离教团，到处漫游。

在1592年再次身履意大利之前，他漫游的脚步从来都不曾停下，1592年，他遭到教会的囚禁。在宗教裁判所的监狱中，他度过了七年的时光。1600年，因其一直不肯选择放弃自己的理念，他在罗马被处以火刑。

《论原因、本原与统一》《论三种、极小与量度》《论单子、数与形状》《论无限性、宇宙与诸世界》都是他的著作。

克罗齐与金蒂雷将布鲁诺的著作用意大利文进行了翻译；托索将布鲁诺的著作用拉丁文进行了翻译；托索与鲁托斯拉夫斯基还编译了布鲁诺生前不曾出版的一些作品。库伦伯克将布鲁诺作品全集用德文进行了翻译；摩尔海用英文译注了布鲁诺的《趾高气扬的野兽驱逐记》，威廉用英文译注了布鲁诺的《论英雄气概》，托兰用英文译注了《论无限性、宇宙与诸世界》一书的序篇。

参考书

《布鲁诺的生平和著作》，作者普龙普特里；《布鲁诺》，作者黎尔，译者弗赖；《布鲁诺》，作者麦金太尔；《在历史和文化中的布鲁诺》，作者金蒂雷。宇伯威格—海因泽书，第三编，第7章中的书目。

在布鲁诺看来，在全新的天文学领域之中，宇宙是广袤的，它没有边界，恒星与行星系非常类似。活动以上帝为本原，上帝则被无限的宇宙所涵盖；上帝心灵之中的必然催生了宇宙，他借助宇宙来自我彰显。布鲁诺对库萨的观点表示赞同。他也认为所有的对立面都统一于上帝，在上帝这里只存在统一，而不存在对立，上帝既是统一，也是杂多，心智有限的人很难对此进行领会。

然而，在布鲁诺的哲学体系中依旧还留存着旧的亚里士多德主义的痕迹。万物有灵，万物皆具生命，星体在灵魂（形式）的作用下发生运动。形式不能脱离物质而单独存在，形式与物质相合为一个统一的整体，形式诞生于物质，也消亡于物质。所有具体的事物都是变化的，但宇宙却是恒常不变的。而且，宇宙很完善，这种完善具有绝对性。

另外，类似于斯多葛学派胚种论的单子论（单子学说）也是布鲁诺的主张。单子是构成万物的最基本单元，这种单子没有初始因，它是自然形成的，它是最本初、最基础的部分，不会被摧毁，也不会陨灭，它是物质的，也是精神的。灵魂原就是一个具有永恒特性的单子，而单子的单子，即为上帝。

第二节　康帕内拉

托姆马索·康帕内拉（1568—1639年）过去也是多米尼克教团的成员，也被宗教裁判所摧残过；由于坚守着自己的政治理想，他在狱中度过了二十七年的时光，即使他从来都没有想过将自己的理想付诸实践。他是那个时代的产儿，他的思想既是对过往的追溯，也是对未来的展望。在他看来，人们不能依靠书本来对自然进行研究，要研究就要直接研究；所有的哲学知识都是以感官知觉为基础架构的，所有高等的知识不过是感官知觉所感受到的不同的形式。与此同时，他还指出，上帝以自然为凭依彰显自身，神学以信仰为源泉，而信仰则是隶属于认识领域的一种形式。

康帕内拉的著作有《感官实证的哲学》《哲学总论》等，还有《太阳城》。著作的编者是安柯那。

以感官知觉为凭依，我们可以对自身的存在、意识状态及事物影响我们的方式进行认知，却无法对事物本身进行认知。和先哲奥古斯丁及后进学者笛卡儿一样，康帕内拉也以意识为中枢对事物的确实性进行把握。在他看来，我们可以对一切都抱持怀疑的态度，却唯独不能怀疑自身的存在及自己的感官知觉。通过内省，我们知道灵魂具有能力、认识、意志（posses, nosse, velle）三种基础属性，当这三种属性趋于完善之时，就会表现为全能、绝对的善与全智，这样属性等同于上帝。于此，康帕内拉确认，既然所有的事物都以上帝为泉源，人本身就是一个微缩的小宇宙（parvus mundus），那么在人的灵魂中就必然附着着部分神明的属性，哪怕这种属性是有限的。所有实际存在的事物，本原都毫无二致，只是，一些等级较低的存在，因为经常与非实际存在混为一体，所以，其属性就表现为无能、恶念与无知。亦即，康帕内拉对新柏拉图主义的部分观点是抱持肯定态度的，在他看来，世界与万物都源于上帝的流射；天使、理念、精灵、人类不朽的灵魂、空间、物体等全都创生于上帝。人类能够直观地对上帝进行认知，上帝借《圣经》来自我彰显。人类以无限存在物的理念为凭依对上帝的存在进行论证，这种观念无法由人类自主诞生，所以，有一个无限的因由被它蕴含其中。笛卡儿在自己的哲学体系中援引了这一论证，并且，对笛卡儿而言，这一论证在他的体系中占据着十分重要的地位。

在著作《太阳城》中，康帕内拉创建了一种属于自己的社会主义国家学说，这一学说与柏拉图在著作《理想国》中所主张的学说非常相似。太阳城是一个文明的城邦（国度），在这里，人人平等，权力受知识的支配，知识是进行阶级划分的唯一依据，除了知识层面的划分，任何时候都不存在有差异的阶级。占据支配地位的人是神父（哲学家），神父是所有权力的执掌者，宗教实现了一统，教会奉行教皇专政体制，凡俗的国家受教权的支配。公民被强制接受教育，教育得以普及。自然科学与数学是最基础的课程，为了让学生能够适应各种职业的需要，学校应对学生进行训练。对如何教学，康帕内拉也提出了自己的建议，比如通过戏剧、通过实物、通过露天的学校。

第五章　新国家主义、宗教哲学、怀疑主义

第一节　经院哲学的国家论

那一时期，还有一部分人尝试着在亚里士多德哲学和神学之外创立一套新的国家体系。在这方面，它同样彰显了反抗权威、反抗传统的精神特征，这和其他各个思想领域并没有什么不同。正统的基督教会学者们一直都在为教会的统治进行辩护，认为世俗王权应该臣服于教权，并为教权服务。以托马斯·阿奎那为代表的部分学者以经过调和的基督教式亚里士多德思想为前提，对教皇至高无上的权力进行捍卫。在他们看来，所有人类的政权组织都应该以福利为最终目的，假如具有支配地位的统御者能够抱持福利的目标，就是好的，否则，就是不好的，教会就可以对他进行罢免。对民众来说，精神上的福利才是至高的福利，一国的君主若不对基督教的

教义表示认可，甚至反对基督教义，那么，他的存在对民众的利益来说就是一种威胁，民众完全有理由将它颠覆。教会以上帝为源泉，是上帝在人间的代言，所有与信仰相关的事务，最高裁决权都归属于教会，教会的职责就是传播教义，让基督的教义得到普及。因此，归根结底，国家应该臣服于教会，就像哲学一样，政治也应是神学的仆婢。

参考书

参阅原版第5页和第223页所列政治学史；许夫定前引书，第38—58页；法耳肯伯格前引书，第39—48页；《唯理主义》，作者累基，第五章；《阿耳图西乌斯和自然法政治学说的发展》，作者吉尔克；《七大政治家》，作者怀特。

第二节　马基雅维利

像前文所说的那样，世俗的政权不仅对经院哲学的这种政治理论抱持反对的态度，而且对所有为这一理论的实现所做出的尝试与努力也抱持反对的态度，甚至，天主教会的学者们在教权衰微的数个世纪里对此也抱持反对的态度。这种反对的思潮在文艺复兴时期和宗教改革时期愈演愈烈，近代哲学史上至关重要的一种政治理论由此而奠基。尼科洛·马基雅维利（1469—1527年）是这一理论最激烈的抨击者。他是意大利人，著名外交家，还是一名秘书，曾供职于佛罗伦萨十人委员会公署。他对罗马教廷的腐败现状和意大利历届政府的腐败状况非常了解，也因此，对当时的政体深感不满。在写于1532年的著作《佛罗伦萨史》，写于1532年的著作《论李维的罗马史前十卷》及写于1515年的著作《君主论》中，马基雅维利都对自己的观点进行了阐述。

参考书

《剑桥近代史》，第一卷阐述马基雅维利的短论；《马基雅维利及其时代史》，两卷，作者维拉里。

马基雅维利希望将意大利建设成为一个独立自主的统一国度，这个国度，无论是政治、科学还是宗教，都不受缚于教会。他肯定地说公民之所以唯命是从，是因为受到了基督教的桎梏，公民的所有与政治相关的活动也受到了基督教的束缚；古罗马时代的宗教有其可取之处，因为它培养出来的人全都对祖国充满了热爱。共和制是最理想的整体，在斯巴达、罗马和威尼斯，这种政治体制都曾经辉煌过。可是，只有在民众都具有公共思想的地方，共和的体制才能够被实现；若人本身就不纯洁，那么，则完全没有必要将自由赋予人类。在马基雅维利看来，在自己所处的这个政治腐败的时代，要想建立一个独立而强大的国家，就必须采用专制的君主政体，为此，民众付出自己的自由也是正当的。（仔细对意大利文艺复兴时期的各个暴君进行研究，我们不难看出，这个国家的政治恐怖已经严重到了何种程度。）所以，只要这种国家主义的目标能够被完成，不管君主采用何种手段都是正确的；为了完成这一伟大的目标，武力手段被允许使用，欺诈的手段被允许使用，严厉的措施被付诸实践，哪怕是冲破道德的底线也在所不惜。无论是怎样的政治体制都要优于当下政治腐败的状态及无政府的状态。马基雅维利之所以抱持这样的政治理想，是因为他对当时的政府充满了憎恶，对当时的教会也充满了憎恶；他以极度悲观的态度看待人性，在他看来，人只有在饥饿的时候才会奋发，只有受到法律的约束才会为善。由此，他渴望建立一个与情理及法理相适应的共和国。在他看来，面对武力，只能用武力来回应；面对欺诈，就该回之以欺诈；面对恶魔，就该拿起自己的武器与之抗争。除此之外，没有任何其他的方法能够解决政治腐败问题及政治乱象。在对目标的追求过程中，他对所有抱着妥协目的的措施都表示谴责。教会中的部分政治家曾经将他理论中一些正确的观点付诸实践，时至今日，仍然继续实践。马基雅维利之所以认为自己的主张是正确的，不过是因为除了君主专政之路，他看不到任何其他能够拯救这个国家的方法及道路。

第三节　新政治学

这样，建立一个与新的主权国家之理想相契合的、独立于神学、独立于教会的政治体系开始变得十分必要。这不仅仅是理论层面存在的问题，因为基督教之中存在着许多不同的派别，人们自然会对这些派别与国家及君王之间的关系进行联想，事实上，对统治权的源流及意义进行思考是非常有必要的。在对全新的政治哲学进行构架的时候，中世纪许多思想家的理论，如契约论、人民主权、统治者的统治权、天赋人权、自然法等都得到了利用与发扬。在如此鲜明的路线指导下，新的政治哲学渐次朝着两个方向发展，一个是霍布斯的专制主义，另一个是洛克与卢梭的民主政治，并且，这二者都在实践中得到过运用。

在让·博丹（1530—1596年）看来，国家的创立应以社会契约为凭依，在契约的作用下，统治者无条件地永久获得民众的主权，这种主权的转移不可更改也不可逆。约翰·阿耳图西乌斯（1557—1638年）对此并不赞同，在他看来，社会契约的订立应该是有条件的，契约是否履行还要看统治者是否遵循契约。无论何时，民众都不应该将自己的主权转于他人。拥有支配权的官员的权威却是可以被废除的，若君主不履行契约，民众有权利对其进行罢免，甚至对其处以极刑。从某种程度上来说，正是因为受到了宗教的压迫，国家不得干涉民众的信教自由的思想才会产生并渐渐风行；民众拥有进行革命的权利。阿尔贝里科·金蒂雷（1551—1611年）在出版于1588年的著作《论战争法》中对战争法进行了讨论。在写于1516年的著作《乌托邦》中，托马斯·莫尔对自己的社会主义国家理想进行了生动形象的阐述。

荷兰贵族党领导者格劳修斯（1583—1645年）对较为温和的君主专制主义理论进行了继承，同样继承这一理论的还有普芬多尔夫（1632—1694年）。在著作《论战争与和平法》中，格劳修斯对源于罗马法及斯多葛主义的自然权利说进行了阐述。自然（jus naturale，也译为不成文的法规）以人类本性之中唯理的一面为源泉，恒常不变，哪怕是上帝都无法对它进行改动；而成文的法规（jus voluntarium 或 civile）则于历史的发展之中诞生，以实用之准则为凭依，在订立时因循了人的意志。由于人类喜欢聚居的本性，社会诞生，受这一本性的影响，邻人之间相互爱护，人们也履行所有自己应该去履行的职责。因为要顾及社会福利，所以，人的自然权利在社会中受到了一定的限制；并且，对维护社会生活有益的一切都能被归结为自然权利的一种，所以，国家是以人的本性及理性为凭依而创立的。国家是一种自然的制度，而不是上帝的造物。它的存在需要国家之中其他所有成员的许可，换言之，需要契约，因此，个人的权利永远都不可能被废除。民众拥有主权，但总是将主权让渡给某一阶级或者某个帝王。国家之间的战争必须以自然权利被侵害为前提，并且战争时要遵循人道主义。

参考书

《论战争法》，译者惠威尔，三卷。

在政治学领域，留下了相关著作的作家还有：阿亚拉、奥尔登多尔普（1561年以前）、尼古拉·亨明（1513—1600年）、阿尔贝里科·金蒂雷（1551—1611年）、本尼迪克特·温克勒（1648年以前）。普芬多尔夫对格罗特和霍布斯都非常推崇，是他第一个将自然法的概念带入德意志，在他看来，意志的统一为君权所涵盖，所以君权中涵盖了君主的绝对权力。

在正统的基督教作家中，新教的信奉者路德指出国家以神明为源泉，梅兰克通与他抱持同样的观点；耶稣会信徒贝拉明（1542—1621年）则对契约论和人民主权说表示赞同，和贝拉明观点一致的还有胡昂·马里昂纳（1537—1624年）。

第四节　近代国家的演变

以上理论都折射出了中世纪之后政治领域思想与制度的演进过程。在中世纪，国家并不似近代一般具有统治的权力。在中世纪，统治者的统治权从一定程度上来说是受到约束的。封建领主们也拥有属于自己的主权。皇帝、国王、封臣之间爆发冲突是非常平常的事情；统治者要掌握统治权必须以自己的军队及领主的友善为凭依。在德国，中央集权的封建政权及雄踞一方的领主政治分崩离析之后，专制的政权渐渐演变为松散的联邦，意大利也一样。在法国，形势刚好相反，松散的联邦渐渐演变为大一统的王国，国王在王国之中具有绝对的权力。中央集权制在英国依旧存续，但随着民主力量的勃兴，王权早就变得衰微。总而言之，国家层面的主权思想渐渐地开始发展，当一个国家拥有了主权，并随之将自身的职能扩大时，近代国家彻底成型，这是历史发展的必然。近代初期，国家主权思想多以君主专制为倾向，17世纪后期至18世纪前期，即法王路易十四当政之时，君主专制体制达到了巅峰。从理论的角度来看，君主具有无限的权力，民众能够从国家那里获得属于自己的权力，统治者则是国家意志的化身。路易十四就曾豪言："朕即国家。"虽然国家主权的概念从来都不曾改变，但当阿耳图西乌斯、洛克及卢梭在各自的理论中所倡导的反专制主义的思想渐渐成为思想界的主流时，近代君主立宪制及民主制终于得以建立。

第五节　新宗教哲学

前文我们已经讲述过，旧的从超自然的角度对万物进行注解的哲学已经被新的从唯理角度和自然角度对万物进行注解的哲学所替代。这种方法不仅在形而上学领域得到了应用，在政治、宗教等特殊的思想领域也得到了应用。来自切尔伯雷的赫伯特（1583—1648 年）以认识论为凭依构建了一个全新的宗教哲学体系，这一体系完全独立于历史的宗教与独裁的宗教之外。在他看来，每一个宗教都存在一种真理，这种真理是自然的，且具有唯理性，这种真理是：存在着一个我们理应去崇敬的上帝，这种崇敬表现为人的德性及内心的虔诚，人应该对自己的罪恶进行忏悔，在现世，有奖赏与惩罚存在，在来世，也有奖赏与惩罚存在。也就是说，假如一个自然人遵从自己的理性，不受偏见干扰，信仰就会成为他的倾向，这是自然之真理所导致的自然结果。这些真理为部分人所共有，或者说，它是一个具有普遍性的概念，它的源泉是神圣的，这神圣的源泉具有优先、普遍、独立、普遍、现实、实效层面的必然的特征。赫伯特指出，教士们对这种本初的、源于自然的宗教进行了腐化和侵蚀，基督教又重现了它们。天启能够对其进行补充，天启定然是合乎情理的。18 世纪时，自然论盛行，赫伯特就是自然论的推崇者及先驱，他曾经鼓吹过自然或唯理的宗教理论。

赫伯特的著作有写于 1624 年的《论真理》、写于 1645 年的《论异端宗教》，1705 年由刘易斯译注的作品以及 S.李编译的自传。

另外，还有由雷姆萨特和古特勒尔共同编译的相关著作，也可参见雷赫勒撰写的《英国自然神论史》。

第六节　怀疑主义

法国文艺复兴时期，部分哲学家在希腊怀疑主义专著的影响下，产生了怀疑主义的倾向，这种倾向与唯名主义及神秘主义十分相似。在颇具盛名的著作《论文集》中，米舍尔·德·蒙田（1533—1592 年）对存在明确真实的认识这一点产生了怀疑，他之所以会怀疑，因由与希腊怀疑主义者近似。理性让他备感失望，他建议对旧有的，还不曾被腐蚀的本性及神之启示进行复原。然而，他也极力宣扬，尽管我们无法对知识有所认知，但我们仍需履行自己的职责，仍需遵从神的谕令。在比埃尔·沙朗（1541—1603 年）看来，保持怀疑的态度能够让人的钻研精神一直处于活跃的状态，能够让真正的宗教，即基督教为人所信仰。他对基督教在伦理实践方面发挥的作用做了特别强调。弗兰西斯·桑舍（1632 年以前）也指出绝对的知识根本就不存在，换言之，被束缚的人类不可能对事物的内在本质进行把握，或者不可能对宇宙的整体意义进行认知，可是，他也断定，以观察与实验为凭依，人类能够对第二位的原因有所认知。法国的怀疑派代表人物还有拉·莫特·勒·瓦耶尔（1672 年以前），基督教主教比埃尔·于厄（1721 年以前）。另外，从某种意义上来说，约瑟夫·格兰威尔（1636—1680 年），布拉格人希罗尼穆斯·希耳恩海姆（1679 年以前），于 1695 年著就《历史和批评辞典》的比埃尔·培尔（1647—1706 年）也是这股怀疑主义思潮的代表人物（参见原版第 291 页）。

参考书

蒙田的《论文集》，由柯尔贝和罗耶尔编辑，译者福罗里欧；《法国近代哲学》，列维·布留尔；原版第 117 页论怀疑主义的著作；斯塔普贲尔、窦顿和隆得斯所写关于蒙田的专著。

第六章 宗教改革

第一节 宗教改革的精神

兴起于意大利的文化复兴运动从本质上来讲是对经院哲学的一种反对，也是对教权的一种反对，其启发源于古典文化领域的某些艺术作品。那是正遭受文化迫害的人们从思想层面掀起的反抗运动。发端于德国的宗教改革运动则是宗教层面上的一种复苏或者说觉醒：那是面对信仰时，精神纯机械性的一种反抗。古哲学、文学、艺术曾是人文主义的求助对象，而宗教复兴则将求助的目光投向了以圣奥古斯丁为代表的神学家及《圣经》，希冀能够从最单纯的信仰之中寻找到宗教复兴的中流砥柱。在宗教改革运动中，经院哲学家们所坚持的烦琐的宗教礼拜仪式被摒弃，与功德与救赎相关的、复杂无比的宗教制度被摒弃，神学也被摒弃；它对源自精神的崇拜进行了强调，对内在的信仰之生活也进行了强调，在它看来，将与功德相关的活动摒弃，代之以信仰，不仅是正当的，而且合乎情理。无论是宗教改革运动，还是文艺复兴运动，都对空洞且对人毫无助益的经院哲学表示了轻蔑。他们对政权和教权抱持反对的态度，人类的良知则是他们共同推崇的对象。可是，文艺复兴运动对理智进行盛赞，在对待人生时，抱持乐观积极的态度，宗教改革则不然，于是，两者分道扬镳。路德是一个神秘主义者，常常沉湎于唯名主义之中，他一直对理性抱持基督教初始时期表现出的怀疑主义的态度。在他看来，在对灵魂进行救赎这件事上，理性表现得漫无目的。同样一件事情，从哲学的角度来看，也许是虚妄的，但从神学的角度来看，却可能是真实的，而神学以信仰为基础。无论是真正的亚里士多德，还是经院哲学家们所表述的亚里士多德，都是路德轻蔑的对象。

作为宗教改革运动的领导者，路德无疑是强劲有力的。虽然他一直都对唯理主义抱持反对的态度，但独立思考的精神与探究批判的精神却因宗教运动而生，从这一点来看，它一点都不比文艺复兴差。它将《圣经》与良知视为准则，不愿意对基督教信仰仲裁者的身份表示认可，它把对教义进行批判的权力赋予了理性，它推崇个人主义，对唯理主义也抱持鼓励的态度。虽然路德并不以此为追求目标，但既然宗教改革运动对神学的独断及教会的专权都抱持否定的态度，那么，这一结果也便无可避免，这一结论符合绝大多数新教教徒的预期，得出这一结论时，他们没有任何的踟蹰。确实，因为在对基督教的重要教义进行诠释时产生了矛盾，新教很快分裂为数个不同的教派。路德教对圣餐中基督的存在表示认可，最开明的改革派领袖茨文格利则认为圣礼不过是一种具有象征意义的仪式，虽然加尔文对在宗教领域深具影响力的奥古斯丁十分推崇，但他还坚持宣扬曾经被天主教会所摒弃的命定论。

第二节　新教的经院哲学

在路德看来，经院哲学就是空洞的、没有助益的，只在文字方面进行穷究的一种哲学，因此对它抱持排斥的态度，即便如此，新教教会却一致认为建立一套属于新教的经院哲学体系是完全有必要的，亦即要将信仰理论化。他们以最本初的基督教的信仰或《圣经》为参照，于是，相继诞生了许多不同的派别，他们在对基督教的教义进行诠释的时候，全都有一套属于自己的观点，再浸礼派和破坏圣象派就是其中代表。在新教成立之初，就有宗教纲领方面的诉求；以神秘主义为源泉，曾经对宗教抱持否定态度的机械性运动，如今已经将自己那神秘的源泉遗忘，开始对属于自己的教义进行裁定。在德国，神学家梅兰克通（1497—1560年）成了"新教体系"的创立者。在梅兰克通看来，"少有诡辩且具有正确方法"的亚里士多德哲学与他要完成的任务最相匹配，于是，他选择了它。梅兰克通认为伊壁鸠鲁学派的学者对神明缺乏最起码的信仰，斯多葛学派的理论有太过严重的宿命主义倾向，柏拉图哲学含糊不清并且带着浓厚的异端色彩，新柏拉图哲学也一样，而学园中期的思想怀疑主义倾向也太严重，路德也逐渐认识到宗教改革运动需要哲学的捍卫。以亚里士多德的世界观为指导，梅兰克通编写了一套属于新教的教科书，由此，整个德国都以其为导师（proeceptar germanice）。17世纪的德国一直都在使用梅兰克通的教科书。新教曾经尝试着以奥古斯丁的神学体系为基础构建一套属于自己的经院哲学体系，尼克劳斯·陶雷卢斯（欧迟莱恩，1547—1606年）所创立的哲学体系就是这一倾向的明证。这一体系对亚里士多德的思想抱持否定的态度，由此可见，在新教内部，官方正统的教义受到了奥古斯丁神秘派的排斥。在它看来，在整个宇宙中，起支配作用的是规律，不是神明。这一思想，明显是受到了自然科学的影响，隶属于天主教波尔—罗亚尔修道院的詹森派就是如此，加尔文派也转而信奉奥古斯丁，茨文格利则对新柏拉图主义分外推崇。

第三节 亚科布·柏麦的神秘主义

然而，在普罗大众中，神秘主义仍旧占有一席之地，其代表人物有：奥西安德尔（1552年以前）、卡斯帕尔·施文克费耳德（1561年以前）、塞巴斯蒂安·弗兰克（1545年以前）和法伦廷·魏格耳（1594年以前）。他们对经院哲学抱持反对的态度，对宗教改革中的形式主义也抱持反对的态度，这就好比路德对天主教会的怒斥。17世纪初叶，德国哲学家亚科布·柏麦（1575—1624年）在他的著作《曙光》中，再次对这种神秘主义思想进行了论述。亚科布·柏麦本人曾经是一位修鞋匠，并没有接受过系统的学校教育，但他的《曙光》内容却非常丰富。

参考书

施伯勒尔编，柏麦全集；柯拉森编选集，译者W.劳；德森和拉松的专著，译者马滕森。参阅原著第177页论神秘主义的著作。

世界之中仍有罪恶存在，这让柏麦非常忐忑。于是，他尝试着对这种罪恶进行说明，认为它是上帝在彰显自我的时候必定要经历的一个阶段。他清晰地意识到，对立与冲突在现实中无处不在：罪恶不存，善良就不存；黑暗不存，光明就不存；差异不存，属性就不存。既然上帝是万物的泉源，那么，所有的对立肯定就都以他为最初的根源，自然界中存在的每一种对立肯定都为上帝所涵盖。从万物以上帝为源泉这个角度来说，上帝就是一个神明，无法被限制、不曾被分割，也不曾运动：他的沉寂与静默都具有绝对性，他既是虚无，也是所有；他是一切的源泉，他深不可测，他是最本初的意志，漫无目的。这一最原始的基质想要对自身进行认知，想要自我彰显，就必须进行分化，就必须对某种事物进行沉思；就像光明想要自我彰显必须借助黑暗一样，若对象不存，上帝就无法对自己进行认知，也无法对自我进行彰显。这种渴望是神圣的，也是盲目的，世界上所有的对立面，只要是人类曾经遭遇过的，全都根源于它。

　　下列学说全都包含于柏麦世界观的要点之中：矛盾与矛盾相互结合而生宇宙，对立为生命所涵盖，也为进程所涵盖，在精神的基质之中包蕴着所有现实事物的基础（泛神论）；从本质上来说，这一基质就像埃克哈尔特所主张的那样并不是一种智慧，而是一种意志，且这种意志缺乏根基（自由意志论）；存在是一个由黑暗向光明衍化的过程。柏麦曾经尝试着对这一过程进行追踪，他将源于基督教的三位一体思想、天使概念、撒旦沉沦说、人类原罪说、救世说，同源于帕拉塞耳萨斯带有浓重巫术色彩的荒诞不经的自然哲学概念，并将之渗透于发端德国新教的神秘主义思想之中。就如新柏拉图主义所主张的那般，这是一个迂回的过程，最后，它终将以它的发端为归宿；因为撒旦犯下了罪行，所以有具体的物质世界诞生；物质的世界就是以上帝为蓝本的一幅滑稽画，它以上帝为家，以家为最终归宿；剥开附着于事物表面的物质的衣衫，其无瑕的、赤裸的本质就暴露在上帝面前，并供上帝沉思。

第三编
近代哲学

绪论　近代哲学的精神

第一节　近代的特征

在新时代，历史的发展表现为思考精神的觉醒、批评精神的活跃，对权威、传统的反抗，对专制主义、集权主义的反对，对思想自由、情感自由、行动自由的渴求。某种自宗教改革及文艺复兴的过渡时期就促使变化发生的因素在发生作用，在之后的数个世纪，它表现得十分活跃，并且，时至今日，它依旧在发挥着作用。政治领域的矛盾得以解决，解决的结果对国家十分有利，作为文化机构的教会被国家取而代之，教会的权力转移到了国家手中，被国家取代。国家内部，君主立宪与民主政治的呼声越来越高，倾向性也越来越明显，时至今日，这种倾向依旧存在：人人平等、社会正义成为许多国家的诉求。曾经恰如其分地对教会、教权进行过强烈抨击的独立精神，现在又把抨击的目标转移到了国家的大家长式独裁；政治层面上的自由成为个人主义者的理想。经济层面也同样如此：个人从各种羁绊之中挣脱，奴隶制、农奴制和古老的行会制度渐渐消失，独立寻求经济的发展之路成为集体的诉求（放任主义）。

文化领域中，独立精神也呈现勃兴之势，人们对自由充满了渴望，对控制则抱持反对态度。在科学领域和哲学领域，理性成为权威，就像前面我们说过的那样，这种思想盛行不衰，即确认真理并非源自教皇的敕令，也非源自权威的遗传，而是通过不受拘束的研究获取的，这种研究没有任何偏向，具有客观性。人们的注意力从天上回归人间，探索与研究的方向也从凌驾于自然之上的事物回归到了自然之中；神学的王冠已经易主，被让渡给了哲学与科学。人们在对物质世界、精神世界、社会、人类制度及宗教进行诠释的时候开始以自然的因由为凭依。中世纪到近代的过渡阶段，精神领域的特征如下：对理性的能力坚信不疑，对自然事物兴趣盎然，对文明及进步满怀渴望，可是需要特别注意的是，人们渴求知识，看重知识，并不是因为自身的原因，而是出于实用的目的，追求的是知识带来的实际价值：知识就是力量。自弗兰西斯·培根而后，近代每一位伟大的思想家都对科学成果在实际领域的应用满怀兴趣，都抱持乐观的态度，热烈诚挚地对未来机械工艺、技术、医药、政治、社会等方面取得令人叹为观止的革新成果进行展望。

在宗教领域和道德领域，个人已挣脱了教会的桎梏；在与文化相关的问题上，个人对理性满怀尊重；在与信仰与行为相关的问题上，个人开始看重良心、看重信念，这三种趋势齐头并进。对上帝与他之间的中介进行认可是他所不愿的。诚然，与文艺复兴运动的领导人物相比，路德的确有所不同，宗教改革对独立精神在宗教领域、道德领域、文化领域的勃兴的确有促进作用，对人类思想从外部权威的桎梏之中脱离方面也的确卓有贡献。

近代哲学自初始时就彰显着我们曾经竭力进行表述的近代的精神特征。它类似于古希腊的思想，在对真理进行探寻的时候一直都坚持独立的精神。它以理性为最高权威来对知识进行追求，从这个角度来说，它具有唯理主义的特征。它是自然主义的，原因就在于，在对物质现象与精神现象进行诠释的时候，它预先的设想中并不包含任何超脱于自然之外的事物。所以，它是科学的，并且，与自然科学及新科学关系紧密。

尽管近代哲学对陈旧的、腐败的经院哲学一直抱持反对的态度，它也由此勃兴，但与过去从来都不曾决裂，也不可能决裂，这一点我们必须铭记。在之后很漫长的一段时光里，近代哲学的血液中都有经院哲学的印记浮现。近代早期的思想家们对经院哲学使用的种种方法一直都抱持批判的态度，但在批判的同时，他们又彻底地继承了经院哲学所倡导的许多观念。在提出问题与解决问题方面，他们的研究的确受到了经院哲学的影响。基于神学的某些偏颇的意见也没有彻底被杜绝：基督教的基础理论得到了包括培根、笛卡儿、洛克、柏克莱、莱布尼茨在内的许多人的认同。固然，很多时候我们都难以确定在对经院哲学进行反对的时候，这些人是否表现得足够坦率,然而,哪怕他们于此采用了欺骗的手段,也足以表明,他们的的确确是被神学影响到了。

参考书

一般近代哲学史:

除原版第4页以下和第228页所列著作外,参看:《近代哲学精神》:作者罗伊斯;《近代哲学史》:作者法耳肯伯格,译者阿姆斯特朗;《近代哲学简史》:作者许夫定,译者桑德尔斯;《近代哲学史》,两卷,译者迈尔;《哲学中一再发生的问题》:作者卡耳金斯;《近代哲学的发展》:作者亚当森;《近代哲学史》:作者费舍;十卷其中的一些部分由高尔底、马海费和胡夫译;《近代哲学史》两卷:作者文德尔班;《莱布尼茨以后的德国哲学史》:作者策勒尔;《认识的哲学》:作者伦宁格;《十九世纪欧洲思想史》,三卷,作者梅尔茨。

专著:

《唯心主义史》,三卷,作者克朗恩伯格;《原子论史》,两卷,作者拉斯威茨;《原子论史》,作者马比勒;《时空和数学论》,两卷:作者包曼;《自然哲学史》,作者沙勒尔;《因果问题的演进》,三卷,作者克尼格;《生理学史》,作者福斯特;《近代哲学和科学中的认识论问题》,五卷,作者卡西雷尔;《认识问题史》,作者格里姆;《道德、法和政治哲学史》,作者沃尔伦德尔;《伦理学史》,两卷,作者约德耳;《从路德到孟德斯鸠的政治学说》,作者登宁;《基督教教会的社会学说》,作者特勒耳奇,普夫莱德雷尔;《宗教哲学》:作者普夫莱德雷尔,译者斯图尔特和门梓斯,四卷,《基督教的宗教哲学史》:作者平哲尔,译者哈斯蒂,两卷;《欧洲唯理主义精神的兴起及其影响的历史》:作者累基;博克尔、德普、狄安和柯柔梓尔所著文化史,并参阅《剑桥近代史》《大英百科全书》和其他百科全书。兰德所编哲学家著作选。

第二节 经验主义与唯理主义

由于凭依的准则不同,近代哲学被划分为唯理主义与经验主义,前者以理性为泉源(准则),后者以经验为泉源(准则)。出于趋避误解的目的,我们必须对以下几点进行强调:(1)唯理主义标明的实际是一种以理性为衡量知识的准则的态度,在它看来,知识的泉源不应该是权威,也不应该是天启。从这个角度来看,近代所有的哲学体系都具有唯理的特性,因此,我们才把它纳入近代哲学的范畴。的确存在着以情感、信仰、直觉为真理泉源的世界观,但是无论是情感哲学,还是信仰哲学,实际上都抱着让其思想理论化的愿望,一直都希望能够对其获取真理的方法的合理性及信仰对象存在的合理性进行论证。(2)唯理主义一直都抱持这样的理念,全称与具有必然性的判断是架构真正知识的基本单元。之所以要进行思考,就是为了给真理制定一个体系,在这个体系之中,所有的命题之间都存在逻辑之间的联系。这一理念与知识相关,它具有数学式的特征,几乎全部的近代哲学家都视它为理想。不管他们对这一理性的实现有没有信心,他们都坚信,真正的知识必然是与数学模型相契合的。(3)知识究竟源自何处,近代哲学家们给出的答案不尽相同:(a)感官知觉不可能是真正知识的泉源,经验也不可能,真正的知识必然是以理性或思想为基础构建的。真理是理性所固有的,或者是理性本就具有的,是天赋、是先验、是与生俱来的。明确真实的真理必以思想为泉源。尽管很多人将上述观点命名为先验论或直觉主义,但我们依旧要将其划归唯理主义的范畴。(b)天生的真理从来都不存在:每一种知识都以经验或感觉为泉源,所以,那些必然的命题根本就不具备必然性,其本身的确实性也并非绝对,从它那里获得的知识也只能是或然的。这是经验主义的观点或感觉主义的观点。

无论是第一种意义还是第二种意义,经验主义者都不否认其唯理的特性,在他们看来,真正的知识只能是绝对明确、绝对真实的知识,但是除非在数学的范畴中,否则想要获取到真实的知识根本就不可能。假如经验主义者以经验的世界为对象进行研究,经验世界是哲学必须予以解释的对象,那么,近代所有的哲学体系都可以归入经验主义的范畴。假如在经验主义者看来,经验不存,知识就无法被认知,不存在单纯的思想,思想也不能脱离感官知觉而单独存在,那么,近代哲学的体系中有绝大部分都该被划归经验主义的范畴。

铭记上文所表述的观点,我们就能以知识的泉源为标准,根据这一问题的答案,将他们分为先验主义者(唯理主义者)与经验主义者(感觉主义者)。很多哲学家总是将知识的泉源、知识的确实性、知识的可靠性等问题放在一起解答,并肯定这些问题的答案彼此之间存在某种联系。在近代早期,无论是唯理主义者还是经验主义者,都认为感性知识所具备的确实性并不绝对。在唯理主义者看来,只有先验的、具有唯理性的、能够被明确地认知与清晰地了解的知识才是真正确实的知识，而经验主义者则常常对真理的先验性抱持否定的态度，在他们看来，即便是能够被明确认知、清晰了解的真理也不一定具有确实性，也不一定就是必然的真理。所以，我们认定笛卡儿、斯宾诺莎、马勒伯朗士、莱布尼茨及沃尔夫为唯理主义者；培根、霍布斯、洛克、贝克莱、休谟为经验主义者。另外，若以普通的认识论为划分标准，柏拉图、亚里士多德及经院哲学的承继者们都能被认为是唯理主义的，而唯名论的承继者则是经验主义的，可是，有一点我们必须注意，那就是，许多思想家在对自己的思想进行论述的时候，其前后说法并不能保持一致。我们只是以他们在知识泉源方面的总体态度对他们进行了大致的区分。

除了上述哲学流派，在近代还有一些在中世纪时就为人所熟知，并与上述流派相伴生的流派——怀疑主义与信仰哲学（神秘主义）。二者皆以经验主义（或唯理主义）为泉源。经验主义者洛克以怀疑主义者大卫·休谟的结论为前提得出了某些经验主义的结论，唯理主义者笛卡儿在自己的唯理主义理论中也运用了一些得自怀疑主义者比埃尔·培尔的理论。我们很清楚，神秘主义能够同时存在于两个领域之中。中世纪时，大量神秘主义者坚持唯名论；近代时，大多数神秘主义者则以唯理主义为凭依。除了上述思潮，陈旧、腐朽的经院哲学还一直被天主教的学者们运用。

第一篇 英国的经验主义

参考书

关于英国哲学的专门著作：

《英国哲学的开端》，作者索尔累，见《剑桥英国文学史》，第四卷以下；《英国哲学》，作者福尔西思；《英国哲学家》，作者 J. 赛思；《培根及其后继者》，作者费舍，译者奥克森佛尔德；《休谟导论》，作者 T. H. 格林，见格林和格罗斯编休谟著作，第一卷和格林著作第一卷；《苏格兰哲学》，作者麦科希；《论苏格兰哲学》，作者普林格耳—派蒂逊；《英国哲学史》，作者雷木萨；《英国自然神论史》，作者累赫勒；《十八世纪英国思想史》，两卷，《英国功利主义者》和《自由思想与坦率言论文集》，作者 L. 史蒂芬；《十八世纪英国唯心主义》，作者里昂；《英国功利主义史》，作者阿耳比；《英国道德哲学史》，作者惠威尔；《伦理哲学的进展》，作者麦肯塔什等；《英国伦理学家著作选》，作者塞耳比—比格；《从霍布斯到梅恩的英国政治哲学》，作者格雷姆；《培根以来英国哲学对十八世纪德国哲学的影响》，作者察尔特。参考 J. M. 罗伯逊，《人文主义先驱》《自由思想简史》和《国家的演化》。

第一章 弗兰西斯·培根

第一节 科学的改造

弗·培根是新思潮的主要代表，这一点可以从很多方面得到论证。他对古代的权威、亚里士多德哲学及希腊哲学都抱持反对的态度，甚至其反对程度丝毫都不亚于其对空泛且毫无助益的经院哲学的反对。在他看来，思想的专注点不能游离于事物之外，我们要以真实的态度对待对它们的投影。过去一事无成，它运用的方法、凭依的基础、得出的结果都是错的；我们完全有必要重新开始，我们的头脑应该脱离来自因袭的偏见与看法的束缚，不应对文字进行玩弄，也不应随波逐流，我们要对事物本身进行研究——总而言之，我们在进行思考的时候要坚持独立自主的精神。要以自然科学为凭依，要使用归纳的方法，要将创造技术当成研究的目的。两千五百年以来，人类之所以没有取得什么进步，就是因为所遵循的求知方式是错误的。部分人用论证的方法获取知识，但是他们都以某种被他们认为是真实却于仓促之中形成的原则为前提，而这种前提并不具备确实性。另外，有一部分人将信任赋予了感官知觉，但当感官知觉处于孤立状态时，它本身就是不完善的。还有一部分人对所有的知识都倍感失望，这种悲观的态度本身就具有独断性，也不可能让人感到满意，所以，这些工作我们必须重做，我们必须以坚实的基础为凭依，对与科学、技术、人类等相关的所有知识进行重建或新创，这样，才是最伟大的复兴。

　　这些思想都隶属于近代的范畴，培根的自信与乐观态度也被包蕴其中。在过去的不成功的刺激下，培根产生了这样一种信念及希冀，即有无数辉煌成果的新时代就要到来，伟大的事物马上就要出现，当没有任何研究意义与成果的科学被摒弃时，社会的面貌会发生极大改变，大地的面貌也会发生极大改变（参见培根的著作《新大西岛》）。培根一直以来都对应用于实际进行特别强调，"在获得真理之后，要用它为人类谋福祉，这一目标一定要始终铭记于心"。

　　在对自己的自然科学事业进行推进的时候，培根并没有以实验为凭依。他的数学知识的确有些不足，近代伟大的天文学家们所撰写的著作他有很多都不理解。他的方法论在实验科学领域的确没有造成什么影响；相比于他的科学成就，他的方法论无疑要逊色得多。培根的英国同胞威廉·吉尔伯特（1540—1603年）于1600年撰写并出版了《论磁体》一书。那个时候，培根与这一课题相关的著作还没有问世，归纳法已经被威廉应用到了实际的工作中。培根下意识地对新科学精神进行了表述，他视自己为新时代的鼓手，这一头衔对他而言的确实至名归。他对自然科学研究系统中一步步地进行实验的重要性有所认知，并特别进行了强调。在他看来，在自然科学领域，数学是另一个至关重要的方面，它代表着本质。培根并没有将数学理论应用于自己的理论之中，因为他不知道应该如何去运用。

弗兰西斯·培根（1561—1626年）过去一直都在为政治事业与法律事业努力，但是他也曾坦言，自己的兴趣大都集中在非专业的研究工作之上。英王室对他非常器重，伊丽莎白一世与詹姆士一世都曾为他授过勋。他位高权重，身上有无数光环笼罩，曾先后受封维鲁拉姆男爵及圣阿尔班斯子爵，本人又身兼大法官的职司。1621年，时任法院大法官的弗兰西斯·培根被指控收受贿赂，贿赂人为诉讼当事人，对受贿的事实，培根并未否认，但他坚称这次受贿并没有对他的判决造成任何影响。最后，他被判有罪，因而入狱，并被课以重罚，罢官免职。不过，国王最终还是赦免了他的罪行，在辞去官职之后，他选择了隐退。

在英国，能够被培根奉为先驱的人有剑桥大学逻辑学教授埃弗拉尔德·迪格比（1592年以前），他把新柏拉图主义与希伯来的神秘主义结合在一起，有效地激发了英国人对哲学的研究兴趣，威廉·腾普尔爵士（1553—1626年）对迪格比的学说一直都抱持反对的态度。同样被腾普尔反对的还有亚里士多德的哲学，这位爵士一直都是彼得·拉穆斯的坚定拥护者。

1597年，培根的著作《论文集》出版，1625年，《论文集》的增订版本问世，且拉丁版的《论文集》被更名为《忠诚的训诫》。除了《论文集》，培根的著作还有：1605年问世、1623年出版拉丁文增订版的《学术的进展》，该书的拉丁文标题为《学术的价值与进展》；出版于1612年的《思维与力量》及出版于1620年的《新工具》。为了对逻辑进行改造，培根以认识层面的新"工具"对传统的亚里士多德式逻辑进行了抨击。撰写此书时，他采用了格言警句体，但最终没能完稿。

斯佩丁·艾利斯与黑思共同对英文版及拉丁文版的《培根全集》进行了编译，该书共七卷，1870年二版出版；1905年，罗伯逊对培根的一卷哲学著作进行了再刊；同年，S.李也推出了相关的英文著作；另外，培根其他方面的著作还有许多，都被分类进行了归纳。

参考书

《培根的书信及其生平》《培根的生平及其时代》，作者斯佩丁；《培根》，作者彻尔奇；《培根》，作者 E.A. 阿博特；《培报》，作者福勒；《培根》，作者尼袤耳；《十六世纪的英国伟人》，作者 S. 李；《培根》，作者赫斯勒；《培根及其渊源》，作者沃尔夫。

第二节 归纳法

在培根看来，以前的科学研究与哲学研究之所以没有得出任何结果，全都应归咎于方法的错误。得不到双手的帮助，独自进行思考的知性的力量自然很微小，也很薄弱。我们必须找到一种用以求知的新方法，找到一种能够为头脑所用的新的工具或机械，亦即新逻辑或新工具。旧有的逻辑在科学研究与发现方面没有起过任何作用；正是因为它，那些源自粗陋的、浅薄的概念之中的谬误被确定为真实，它根深蒂固，不可动摇，这于追求真理而言是毫无助益的。

在对这种方法进行细致地表述之前，培根坚决要求将存在于头脑之中的所有谬误、偏见及幻象通通清除，在他看来，需要被清楚的幻象有四种：（一）种族之幻象，即人类头脑中所固有的、本质的、包蕴着将自身意志强加给自然之概念及终极因或目的论概念的习惯（或幻象）。（二）洞穴之幻象，即因为个人所受的教育、所交往的人群、性格、所阅的书籍、所推崇的权威等各有不同，而产生的独一无二的个人特征。（三）市场之幻象，即一种十分复杂繁复的幻象，犹如其名，是因名字与词语浮想而来，常常被当作非存在之事物的代称，或者实在之事物的代称，可其本身的定义却非常含混，杂乱无章，虽然也是自事物之中抽绎而出，但抽绎的过程却非常仓促。（四）剧场之幻象，即以谬误的理论、被扭曲却已经得到论证的规律或谬误的哲学学说为泉源的幻象。

人必须将头脑从这些幻象之中挣脱，必须将这些幻象扫除，必须独立完成认识的工作，工作时应该思维纯粹，不受任何干扰。必须牢牢地记住，认识应以发现原则为目的，不应以文字为武器击败对方为目的，要以工作为凭依将自然战胜。若对自然缺乏认知，这个目的就不可能被达成；若要令效果产生，就得对原因进行认知。目前通用的三段论法于此毫无用处，目下所谓的科学不过是以已经被发现的某些事物为对象所进行的个别处理。命题是三段论式的构成要件，语言和词汇是命题的构成要件，而语言和词汇则是概念的一种表达，所以，假如概念本身就源于对事物轻率而粗陋的抽绎，假如与事物相关的概念是含混的、杂乱的——事实也的确如此——从整体上来说，上层建筑的根基就是不牢靠、不稳固的。三段论法中的一些公理、原则、概念全都是以经验为基础构建的——就像所有的公理或原则一样——全都是以谬误与含糊的经验为基础构建的，这是对经验的一种总结概括，且这种概括失之于轻率。我们渴望一种真正的归纳方法的出现。构成命题的要素必须是渐进的、井然的、一步一步连续的，最终得出的公理必须是精准的、确实的、最具普遍性的。换言之，我们需要将理性与实验相合，这非常有必要。

单一的枚举法就像小孩子的游戏，归纳法自然与其并不等同。人类以发现某种属性的形式、真正的差异及诞生它的泉源为认识的目的。培根所说的形式与抽象的理念或形式并不相同，与唯实论者所说的形式也存在差异。在他看来，形式并不是我们应该关注的对象，物质才是；在自然界中，只存在个体事物，不存在其他任何事物，而且，这些个体事物在活动的时候必然遵循着某种固有的规律。从哲学的角度对这一规律进行研究、发掘、诠释，是认识赖以进行的根基，也是各种活动赖以进行的根基。这种固定的规律被培根命名为形式，形式早就变成了大众词汇。热的形式等同于热中存在的固定规律，热以它为根源，无论何种形式、任何地方的热都决定于它且被它制约。对形式有所认知，对表现于不同实验之中的自然的齐一性有所了解，就能对存在于自然界中恒常的、永久的、普遍的事物有所认知，就能为人类广阔道路的开辟提供力量，以人之思想为凭依，我们很难理解这种力量，也很难对这种力量做出预测。在培根看来，热的实体性，或者说是热的形式，本身就一直处于运动的状态，这种运动，是存在于事物之中的某些微小的粒子的运动。恒常不变的原因或形式是形而上学的研究对象；动力因、物质、处于潜在状态的结构和过程是物理学的研究对象。对与形式相关的知识加以运用，或对与自然基础规律相关的知识加以运用，就能进行发明创造，这种至关重要的发明被培根称为魔术，这是对形而上学的一种应用，但培根想的却是炼金术，这一点显而易见。所谓力学或应用物理学，实际上就是对与物质及动力因相关的知识的运用。

所以，形式是科学需要去发掘的最关键的规律或因由，要发现它，则必须以归纳法为凭依：（1）性质总是跟随在形式之后，如热一般的每一种性质都是如此，所以，只要有性质，就一定有形式，性质被形式所包含，性质必有其固有的形式，这种固有具有恒常性。（2）形式也是如此，假如形式被移除，性质便不会存在，所以，形式不存，性质就不存；性质的不存被形式的不存所包含，除了性质，其他任何事物中都没有形式存在。（3）最后，真正的形式应该是，它将性质从某种存在许多性质的固有的泉源之中推导而出，而在自然的序列中，相比于形式，这种固有多种性质的存在能够更清晰地被人类理解与认知。这一切为我们寻找方法提供了线索：（1）当某种性质被给出时，我们首先要做的就是对所有已知的事例进行研究，虽然这些事例所拥有的质料千差万别，但从这一性质上来说却是同一的，所谓确实的事例正是如此。穆勒在契合法中称其为存在表或本质表。（2）我们要对否定的事例，即不含有这种性质的事例进行检查。应该用否定的事例对确实的事例进行补充，在对性质的不存在进行探究的时候，我们应该去寻找那些很像有或者很可能会有的事例。培根把这种方式称为接近中的缺乏表或差异表，穆勒则把这种方式称为差异法。（3）再次，我们要对此种状况进行考察，我们要研究的对象被包蕴其中，但从大小的角度来说，程度却不相同；我们要对它在同一对象中的增多或减少进行比较，也要对它在各异的对象中表现的程度进行比较。这一方法被培根称为比较表或程度表，穆勒则称这一方法为共变法。类似的、能够帮助人通过脑海对形式进行发现的方法，培根还提出了十一种。这十一种，每一种都有名称，比如排拒法、第一次收获、优异事例等，但培根只对其中三种进行了细致的表述。

第三节 哲学的梗概

在培根看来，科学工作必须再次开始。受那个时代的现状限制，培根本人无法创立一套与宇宙相关的完整理论体系也是很自然的；他的工作就是对场地进行划定，对达到新成就的道路进行指明。正因为如此，他开始撰写鸿篇巨制《伟大的复兴》，按照原计划，这部书应该分为六个部分，但是他只完成了《学术的进展》(《百科全书》)和《新工具》两部分。他以记忆、想象、理性等心智的能力为依据，对知识领域（文化领域）进行了划分，将之划分为历史、哲学、诗歌三部分，又将这三部分做了专业细致的划分，将之划分为诸个分支。

哲学是一种深具理性的工作，它以得自感官知觉的抽象概念为研究对象，它的目标是以自然事实及自然规律为依据，对这些抽象的概念进行重组与区分。首要哲学、天启神学、自然神学、形而上学、物理学、力学、魔术、数学、心理学、伦理学都隶属于哲学的范畴。首要哲学以数种不同的科学所共有的规律，即我们现在称之为思维范畴或思维规律的事物为研究对象。对物体恒常不变的形式进行发掘，对终极因、目的及目标进行探索与讨论，是形而上学的两种职能所在。终极因并不在物理学的讨论范围之内，德谟克利特就从来都不曾将时间浪费在对终极因的探讨上。柏拉图和亚里士多德则不然，终极因被他们反复论述了多次。所以，在培根看来，相比于亚里士多德和柏拉图，德谟克利特对自然的探索更深入。与终极因相关的理论从实际的角度来看不存在任何价值，它毫无用处。数学隶属于形而上学，是一门以量为研究对象的科学，物质以量为最抽象、最本初的形式，这一形式具有可分离性。物理学本应是逻辑与数学的服务对象，但事实上，物理学一直被逻辑与数学支配。无论是对形而上学来说，还是对魔术与力学来说，数学都是至关重要的。

第四节　人的哲学

人之哲学包括政治哲学与人类哲学。政治哲学以处于社会中的人为研究对象，人类哲学以个体的人为研究对象。肉体、灵魂及二者之间的关系都在人类哲学的研究范畴之内。人类之苦痛、优异或卓越处、人相学、日常释梦、精神受身体状况的影响（癫狂、神经错乱）、精神对身体的影响、人体内各个与心智相关的官能的适当位置、医药、美容、运动、骄奢淫逸等全都包蕴于此课题之内。

人之灵魂分为理性的部分及非理性的部分。与理性或神圣的灵魂部分相关的所有问题都应该归于宗教。被创生而出的、具备感官知觉的灵魂是物质的，热让它变得稀疏、浅薄、不为人所见；某些已经被完善的动物的脑海是它的长居之地，神经是它的跑道，存在于动脉之中的、元气充盈的血液是它的恢复剂，以血液为凭依，它的精神能够得到提振。知性、理性、想象、记忆、嗜欲、意志、逻辑及所有被伦理学所关注的事物，全都属于灵魂的官能。要对这些官能的泉源进行研究就必须从物质着手。与任意活动相关的问题很有趣，与感官知觉相关的问题也很有趣。灵魂的气息是如此精微，身体的气息是那般坚实与粗糙，前者又是怎样推动后者运动的呢？知觉与感觉有何不同？培根指出，知觉能力为许多物体所拥有，这一点显而易见，物体能够自己做出选择，面对自己喜欢的事物，它会趋近，面对自己厌恶的事物，它会趋避，就像吸铁石能吸引磁铁，水与水之间能相互交流一般。某一事物能够对产生于另一事物的冲力有所感知，当对其有阻碍作用的事物离开的时候，它也会有所感觉；知觉遍布于整个自然界。培根追问，意识在多大程度上能对知觉起诱引作用，但它却满不在乎？如我们所见，这位具有新思维的思想家想要从自然具备生命这一概念之中脱离，委实是一件不易的事情。

知性与理性是逻辑学的讨论对象，意志、嗜欲、情感则是伦理学的讨论对象。前者决定了后者，后者遵从前者的决定而行动。探究发现、考察判断、留存记忆、陈述论辩，这都是属于逻辑学的艺术。对归纳法的研究本就是一种技术，它隶属于判断的范畴。对善的性质进行描述，订立与善相关的规条，这都是伦理学应该做的，在后来的作家们看来，对人起推动作用的除了自私，还有社会的冲动。个人利益（自身利益）与社会利益并不等同，捍卫自我、保卫自身的需要也与社会利益千差万别，尽管部分时候，二者也具有同一性。所谓责任，指的就是社会的利益。对公共利益的泉源及社会正义的泉源进行发掘，这本就是政治科学需要去完成的任务。

第五节 形而上学与神学

从广义的角度进行论述的哲学一直都屹立在知识金字塔的巅峰。对培根提出的很多课题进行正确、纯粹、严谨的研究，正是广义的哲学得以被构建的基础。将这一体系变得包罗万象并不是培根的目的所在，培根只是想"将基础夯得更加坚固结实，将人类力量的界限延伸得更广，并对卓越的界限进行扩展"。在他看来，还没有到建立与宇宙相关的理论的世纪，或许，从本心里，他就不认为人能够对这种知识进行把握。

神学被培根划分为天启神学与自然神学两大类。自然哲学所囊括的知识全都是最基础的或者与上帝相关的，要想获得这方面的知识，可以借助自然之光的力量，也可以以沉思的力量为凭依。以正确的方式对这种知识进行界定之后，它应该足以对无神论进行驳斥，足以让人们相信并确认无神论的错误性，足以提供一些与自然规律相关的信息，但不足以对一个宗教进行构建。培根指出："人的思想受某些肤浅的哲学知识的影响，会对无神论产生亲近，尽管这种知识很少，这种真理也只是人的设想，是以经验为泉源的一种结论，可是，随着研究的深入，人的精神又会不由自主地对宗教产生虔诚。"通过这种研究，人们根本就无法获得与上帝相关的较为完善的知识，也无法经由理性对天国的秘密有所认知。和以感官为凭依的所有科学一样，通过感官知觉获取的知识于此也一无用处。"感官知觉犹如太阳，对大地的风貌进行了展示，却对天国的容颜进行了遮挡"。所以，人们必须向神圣的或者由神的感觉而得的神学求助，"将理性的小舟抛弃，登临隶属于教会的大船，神圣的指针就在这艘大船之上，它能指引航船走上正确的航道。对人类来说，哲学的星光再无用处。我们必须对神圣的规条表示服从，即使这样做会让我们的理性震惊不已。神圣之秘越是荒诞、越是谬误、越是不能被信任，当我们将信任赋予它时，就更能表明我们对上帝的崇敬。眼下，我们已经清楚地意识到，追根究底，认识的价值总是要低于信仰的价值。从认识的角度来说，感官知觉对人的心智会有所影响，感官知觉以物质事物为泉源；从信仰的角度来看，影响精神的只能是精神，相比于其他动因，精神的动因价值更大。所以，神学是神圣的，要获得与它相关的知识，我们必须以上帝的谕令为凭依，而不应以理性的指令为凭依。"这一理论不仅仅在诠释上帝之神秘时适用，在诠释道德规条时同样适用，绝大多数的道德规条都是极崇高的，单单以自然之光为手段，并不能对其进行把控。所以，培根对经院哲学家们希望从哲学的角度对基督真理进行推导的意图一直都抱持反对的态度；在他看来，科学本就不应与信仰相结合，可是，当宗教的准则被规定，当宗教的信条被确认时，我们却能以之为根据进行推导并得出结论。既然对前提表示了认可，那么，就必然要对结果表示认可。

"在类似于下棋的各种比赛中,比赛规则是最基本的设定,它是明晰的,是确定的,是共用的一种设定,每一条都必须被遵守;至于下棋下得好与坏,则要依赖理性,依赖技术。"

中世纪末期,哲学与神学就已经呈现分离的态势,培根对两者的区分,只是这一状况的延续;他以一个单一的领域对教义进行了限定,由此,哲学的阵地被扫清。培根对神学的态度其实是淡漠的。但令我们讶异不已的是,他竟对占星术、梦寐、占卜等十分关注。然而,在他所处的那个时代,很多人都相信这些术法,所以,站在科学的角度对这些东西进行探究也不是什么不恰当的事情。

第六节 经验主义者培根

虽然培根并不是一个完全的经验主义者,他前期的观点与后期也并不一致,但是我们依旧能够将之归入经验主义学派的范畴。在他看来,除了天启的知识,所有的知识都以感官知觉为泉源,只有具体的事物才是真实存在的。源自感官知觉的材料能够被理性或精神所加工,知识既具有实验性,又具有唯理性,但真理之中却并不包括理性。同时,培根在对心智的各种能力进行论述的时候,似乎将之视为了天生的资质。灵魂具有物质性,但是除此之外,却还有深具理性的灵魂存在,对这一灵魂,我们没有任何的了解;与它相关的知识隶属于宗教的范畴。目的论不再隶属于物理学,而是被划归形而上学,而且在形而上学中,也从属于某个一无所用的部分。

第二章 托马斯·霍布斯

第一节 目的与方法

作为近代运动的典型代表，托马斯·霍布斯的勇气和始终如一都令人赞叹。运动之中的每一个革新者都与自己的过去决裂了，托马斯·霍布斯也一样。在他看来，希腊哲学不过是一种"幻想"；对根深蒂固的理论及建议进行驱逐本就是我们要完成并正在完成的任务。培根非常重视哲学（科学）在实际领域的应用，霍布斯也一样：知识以力量为目的。他对神学具有科学性这一点抱持完全否定的态度：没有哪一种科学会与上帝相关，也没有哪一种理论会与天使相关。与灵魂相关的唯灵主义的概念一直是他排斥的对象，而与灵魂相关的唯灵主义概念正是笛卡儿的基本思想，两者位处同一时代，在自己的生理心理学中，他以附录的方式援引了这一思想。伽利略的全新的自然科学观点被他采纳，哥白尼与哈维的全新的自然科学观点也被他采纳，在他看来，哥白尼、伽利略、哈维才是自然科学真正的创始者；在自己的唯物主义哲学中，他对机械的结论进行了大胆的推论。霍布斯曾经研究过数学科学，他断定，唯有以几何学为凭依，我们才能够获得一般的、明确的、真实的知识；所以，自然不隶属于科学的范畴，政治历史也不隶属于科学的范畴；与其相关的知识全都源于经验，并非通过逻辑推理而获得。从唯理主义的角度来说，他的理想与伽利略的理论相一致，与笛卡儿的理论也并无不同，而从知识的泉源方面来看，他又是一个类似于培根的经验主义者。可是，对他来说，要将自己的唯理主义与经验主义调和在一起真的很难，因为这两方面的因素在他的体系之中共存。所以，他的哲学体系中存在诸多的矛盾冲突及不确定。在他看来，在思想方面，他所主张的国家观点才是最具贡献性的。他曾自豪地宣称，在他的著作《论公民》问世之前，公民哲学并不存在。

托马斯·霍布斯（1588—1679 年）曾经在牛津对亚里士多德的哲学和经院哲学进行了研究，他是许多英国贵族青年的家庭教师，也是他们最好的伴侣，他曾和他们一起游历了整个欧洲大陆。在巴黎，他与笛卡儿、伽桑第、梅桑相识。1640 年 11 月，英国长期国会召开，霍布斯被迫流亡法国，1651 年回国，他与克伦威尔和解。

霍布斯的著作，包括写于 1642 年的《论公民的哲学基础》，写于 1655 年的《论物体》，写于 1658 年的《论人》，写于 1651 年、对教会与民主国家的形式、权力、内容进行论述的《利维坦》，写于 1640 年、分《国家》与《论人性》两部分、1888 年被佟尼斯重新编译的《自然和政治法原理》，还有分别写于 1646 年及 1654 年的两篇对自由与必然进行论述的论文。

1839 年到 1845 年期间，莫尔沃斯对霍布斯的著作进行了编译，其中拉丁版著作共五卷，英文版著作共十一卷；1888 年和 1889 年，佟尼斯对霍布斯的《法学原理、巨兽、书信》一书进行了编译；1904 年及之后的数年，佟尼斯还编译了《霍布斯著作摘要》一书。此外，伍德布里吉等人也选择性地对霍布斯的著作进行过编译。G.C. 罗伯逊等人还撰写过部分与霍布斯相关的专业书籍。

第二节　认识论

在霍布斯看来，哲学既是由因及果的知识，又是由果及因的知识，所以，它所运用的方法有一些具有综合性，有一些则具有分析性。换言之，我们能通过经验或者感觉对原则有所认知（分析），或者对最具普遍性的本初的命题及不言自明的原则进行推导，以获得某一结论（综合）。只有从真正的原则出发，才能获取真正的证明与科学，纯粹的经验并不等同于科学。霍布斯以计算的方式对推理进行界定，他主张唯名论：理性不过就是一种计算，亦即，通过加入某些为人认可的一般名称或减去某些人所共承的一般名称，来彰显人的思想或对人的思想进行记录。

所以，对第一真理，即每一种结果所凭依的因由、推理的初始点进行探寻才是真正的问题。霍布斯在运动中对第一真理进行探寻。哲学以所有因果都为我们所知的事物为课题及研究对象，其中包括自然的事物、后天的事物、为人创造的事物（国家）。由此，政治哲学与自然哲学诞生，其中，物理学、心理学为自然哲学所囊括，伦理学、政治学则为政治哲学所囊括。所有的哲学都以第一哲学或本初哲学为基本原则或界定的标准；其他所有的分支都以第一哲学为序论，时间、空间、物体、原因、结果、不同、相同、关系、数量等都是第一哲学的研究对象。通过对具体的事物进行分析，我们终究能够对其最普遍的共性属性进行把控；因为这些原因全都具有自明性，所以，我们能够立即对其进行认知，一切都只具有运动一个共性的、最一般的原因。若对最初的事物缺乏足够的了解，就无法对最终的事物进行论证。所以，哲学是一门科学，它是运动的，一直都处于活动状态，它与自然物体相关，也与政治物体相关。包括人类本性、精神世界、国家、自然现象在内的所有事物都能通过力学或者运动来进行诠释。

这些原则来自何处？人类的知识以什么为泉源？所有的思想都以感官知觉为泉源。知觉是一种处于衰亡退化状态的感觉，它被留存于记忆之中。经验就是对大量事物的记忆。在人的脑海中，感觉的影像与思想相互连接、相互延续。于是，系列思想诞生，它被欲望所束缚，也被计划所束缚。语言以将思想转化为语句为目的，借助这些语句，我们能记录自己的思想，也能对他人传播的思想进行记录。只有学会对语言进行运用，科学才能诞生，首先，对名称的界定一定要正确。在科学领域，被使用的词汇都具有普遍性，但个别的事物本身却不具备普遍性，也没有哪一个人会以普遍性来命名（唯名论）。所以，与事实相关的知识是有条件的知识，其本身并不具备绝对性；与结果相关的知识也是有条件的知识，其本身也不具备绝对性。

培根着重强调过经验的作用和归纳的作用，而霍布斯则注重演绎法和论证。然而，既然在他看来，感官知觉是所有推理原则的泉源，他自然就不认为我们能以任何方法来对绝对的知识进行把握。之后，洛克指出与物体相关的科学并不存在，由此，这种怀疑被更进一步加深了。

知识以感官知觉所感知的印象为泉源。何为感官知觉？它由何而生？借助各异的感官，我们获得了颜色、声音、滋味、气味、触觉等知觉。当存在于外部的对象对某种感官施加作用的时候，知觉诞生。运动诞生于器官，然后经由神经被传达至大脑，再经由大脑入主心脏，之后，人就有了反应，这是一种以外部为朝向的活动，存在于外部的事物因此被彰显，所以，感官知觉只不过是存在于头脑或心智组织之中的、某种最基础的质料所产生的运动。人的脑海在存在于外部的事物的作用下发生变化、进行运动时，人就能感知到知觉、影像或颜色，这些不过是表象，不过是幻象。事物本身并不以感官知觉为属性，感官知觉的运动也只存在于我们内部。既然能够引发运动的只有运动，那么，在外部世界，除了运动便再无其他。所有的感官知觉皆是幻象，但这些幻象却以实际存在的事物为因。感官知觉产生的原因不同于表象，也不同于感官知觉。外部世界的现实一直都处于运动状态，而我们通过感官能够感知到的只有声音与颜色。我们借助感官的能力获取到的与世界相关的图景在现实的世界中其实并不存在。

若这就是事实，我们又要如何对世界的本性进行认知？这个问题，霍布斯没有给出答案，他也从来都没有被这个问题困扰过；和同时代的所有科学家一样，霍布斯也对世界进行了相当武断的假定，他认为世界具有物质性，且一直都处于运动状态。之后，笛卡儿也曾尝试以意识的自我确定性为凭依，通过演绎的方式，对某种广袤的、一直处于运动状态的实际存在的存在进行论证，然而，这位抱持经验主义观念的英国思想家却从来都没有因为他所怀疑的事物本身而被困扰过。

第三节　形而上学

存在这样一个世界，它是真实的，在其空间之内有物体存在；空间，除了处于想象或者受事物诱导的概念，还有真实的存在。以事物真实的大小为依据，一些与空间相关的幻象或概念诞生于人的脑海之中，从这个角度来说，存在于想象之中的空间之所以存在，不过是源于人类头脑之中的某种偶性。我们无法想象，事物竟然不存在形状的偶性，也无法想象事物竟在广袤方面不存在偶性；包括静止、运动、颜色、坚硬等在内的其他每一种偶性都会消亡，然后被代之以另一种偶性，正因为如此，物体恒常不灭。所谓运动，就是在抛弃某一空间的同时，对另一空间进行霸占，这一过程是连续不断的。运动以运动为原因，除了运动，再没有什么原因能够产生运动。某一种运动在另一种运动的作用下产生，并不意味着一种偶性从这一事物转移到了另一事物之中，而意味着一种偶性的消亡及另一种偶性的出现。我们通常所说的某一事物对另一事物施加作用，或者某一事物对另一事物有所作为，实际上指的就是某一事物对另一事物身上的偶性进行破坏，或者创生某种偶性。这种关系被视为因果。所有的运动和变化都以运动为动力因。动力并不是异于所有活动的一种偶性，它之所以被称为动力，不过是因为它之后能够引发另外一种运动。运动以何为开端，这个问题，哲学家们一直没能给出答案，真正能给出答案的只有"被授予法律意义上的命令之权的人"。在对世界进行创造的时候，上帝把在他看来十分美好的、具体的、独特的属性赋予了每一个事物。

经院哲学家们所宣扬的不具备任何形体的实际存在或精灵实际上是不存在的，世界上存在的只有物体。物体等同于实体（实际存在），对不具备任何形体的实际存在进行谈论，就是在对不具备任何形体的物体进行谈论，这是对词语的一种极荒谬的运用。哪怕真的存在精灵或者灵魂，我们也不可能对它有所认知，因为感觉是所有知识的泉源，我们无法想象，精灵竟然也能对感官知觉施加作用。《圣经》中也不曾对不具备任何形体的灵魂或者非物质的灵魂进行过宣扬。实际上，它宁可对那些主张天使与精灵都有实际形体的人的观点表示赞同。这种倾向，在霍布斯身上就存在过。在他看来，上帝本就是一种具有形体的实际存在，我们对上帝的存在有所认知，我们也能用因果关系对上帝的存在进行论证，但我们却始终不清楚，上帝究竟是什么。

第四节　心理学

与精神相关的种种概念，很多都源于霍布斯。精神是存在于头脑内部的一种最基础的质料，是脑海之中的某种运动状态，是一种十分精巧、十分微观的物体。影像（概念）也是一种运动，运动的主体是具有物质性的实际存在，运动诞生于人的心灵或脑海之中。这是完完全全的唯物主义，然而，他又宣称心理作用是存在于精神之中的一种偶然性，是运动所导致的幻象或表象，它不同于运动，由此，他又对自己的唯物主义进行了部分修订。于此，意识状态本身不再与运动等同，而被视为运动所产生的效果。这种主张意识是产生于运动之后的某种现象的观点在近代被学者们称为随附现象论。

精神除了有认知之能，还能够促使运动产生。也就是说，在精神的作用下，肉体会发生肢体运动。运动从头部出发，通达心脏。若运动攸关生命，并对生命起促进作用，人就会产生快乐或欢愉的情绪；相反，若运动成了生命的阻碍，那么人就会感到苦痛。嗜欲、欲望、厌恶等全都源自快乐或苦痛：欲望是某种以外部为朝向的追求，这种追求非常强烈；厌恶则是有意对某种事物进行趋避。有一些厌恶或欲望，如食欲，是天生的，除此之外，其余的欲望与厌恶则全都源自经验。

但凡是为人所钟爱的，他都以善称之；但凡是令人厌恶与憎恨的，他都以恶称之。人与人禀性各异，对善恶的普遍认知也不尽相同。善只有相对性，没有绝对性：上帝的善只有在人类的眼中才是善。所有的快乐、所有的欢愉，不过是对欲望的一种嗜好，唯有继续向前，才能被满足。长久的幸福与快乐无关乎结果，而只关乎获取幸福与快乐的过程。

每一种随意的运动都以想象为最初的开端。所谓考虑就是厌恶与对欲望的嗜好之间不断地交替；在考虑的过程中，最终被留下的厌恶或嗜欲被称为意志：行动的意志、不行动（取消）的意志。其他所有的嗜欲，无论是要行动，还是要放弃，都不是意志，而是意向。人的意志与其他所有动物的意志是相同的，所以，人因何产生厌恶，人因何嗜欲，人就因何拥有意志。感觉、记忆、知性、理性、看法都是意志的决定因素。和考虑过程中的所有倾向及事件一样，意志也必然诞生于某种充足的原因，也必然为这一原因所决定。意志不是自然产生的，它是被诱发的；我们说一个人自由了，其实就是说，他已经做出了最后的考虑。一个人想要行动就行动，想要终止就终止，他是自由的，所有外部的存在都不能成为它的阻碍。一个人能够自由选择要不要行动，却不能自由选择是不是要意志，在他所有的意志中并不存在一种想意志的意志。宣称只要我想要意志，就能够意志，是对理性的一种违背。

第五节　政治学

既然我们已经对人的本性有所了解，自然就能够对法的意义和国家的意义进行掌握。我们可以以原则为出发点，对道德哲学与公民进行综合性的探讨，比如，以对精神活动（人之动机）的认识为出发点，对国家、权力、义务的必要性进行推导。当然，要达到这一目的（原则），我们也能利用归纳或者对自身的动机进行观察的方法。一个人只要是以捍卫自身为目的，无论采取什么手段，无论运用了什么措施，只要是必要的，它就是正当且合乎情理的。人在出生的那一刻就有享有每一种事物的权利，就有去做自己想要做的事情和讨好自己想要讨好的人的权利，就有占有他所能把控的所有事物的权利，就有使用和享受他所能把控的所有事物的权利。自然早就把所有的事物都交托给人类，所以，权利就等同于利益。在自然状态下，所有的人都对这一权利进行着追逐，所有的人都能对他人的权利进行侵犯，所有的人也都会成为他人侵犯的对象，由此，连续的、以人与人之间的对抗为特征的战争诞生了。在战争状态下，所有的一切都是正义的，或者说，根本就不存在对错，不存在正义还是不正义。公共的权利不存，法律就不存，法律不存，正义与非正义就不存。在战争中，暴力与欺诈也能被视为德性，所谓正义，所谓非正义，只是存在于社会状态之中的德性。在孤立状态下，它是不存在的。在亚里士多德看来，作为高等动物的人本就具有社会性，构建社会是人的一种本能。对这一观点，霍布斯一向抱持否定的态度。在他看来，人是一种凶猛恶毒的动物，一个人对待其他的人就像是狼在对待人一样；对财产、名誉、支配地位、权力等的争夺会导致竞争、怨憎与战斗，处于竞争状态下，一个人要想让自己的欲望得到满足，就需要对其他人进行残杀、征服、排挤、拒绝。处于这种战争与相互对立的状态下，没有谁能够寄希望于拥有能够保全自身的足够力量。人在权力斗争中受挫，就会形成一种他无法达成所求的局面；残害与违背正义的行为就变得近乎荒谬，故意不去做他从一开始就想要去做的事情。尽管违背正义与理性不符，违背正义也不合乎理性，但霍布斯还是不愿意相信理性能够支配人的行动，他没有那么乐观，在他看来，人之所以对自己许下的诺言进行实践，不过是因为对不履行的后果充满恐惧罢了。

由此，在和平的状态下，理性的训导才能存在，人们也应该以追求和平为目标。理性对我们的第一重告诫就是人要先对自我进行捍卫与保全；第二重告诫是人要自动弃绝上天赋予人的权利，这样自由应该得到满足。假如，在他看来，对他人的自由进行抵制能够达成捍卫自身或追求和平的目的，他就可以这样做，就像当别人对他的自由进行抵制时，他的态度是允许一样。在弃绝天赋人权之后,他要做的就是让他这出于本心的自愿行动不至于失去它的效果。一个人将自身的权利让渡出去,为的就是互利互惠,就是得到他人让渡的某种权利或利益。所以,我们无法理解,为何诸如自卫权一样的权利也能被让渡。因为想获得更安定、更美好的生活,他让渡了自己的权利。所谓契约就是权利之间的彼此让渡。所以,理性的第三重告诫是在契约订立之后,人要遵照执行。正义以其为泉源,并发端于此。若契约不存,则权利之间的彼此让渡就不存,也就无所谓正义与非正义,然而,契约双方只要有一方拒不履行契约,那么,非正义就无法存在,那么,契约就等同于一纸空文,所以,必然要存在某种能够让契约双方感到恐惧,使契约双方为了不被惩罚而必须履约的强制力量,这样,正义才有其存在的意义,非正义也一样。在国家被创立之前,这种权力并不存在,所以,国家不存,非正义也就不存。另外,还有一些其他的规条与律法存在,不过,这些规条都能以"己所不欲,勿施于人"这句话来进行归纳。

自然规律(理性之训诫)恒常不变;非正义、忘恩负义、骄傲、自负、邪恶、偏袒等是恒常不合法的。原因就在于,生命在战争之中无法得到保全,在和平之中却绝对不会受到伤害。真正的道德哲学只能与这些规条与训诫相关。道德哲学是一门科学,它要研究的命题只有交际中的善恶与社会中的善恶。这些自然规律被称为理性的训诫;因为与人和人之间的态度相关,所以又被称为道德规律;单就规条的制定者而言,这些规条全都是神圣的。

将所有的权力都交托给一个人或者由数人组成的会议是建立国家和保持和平的唯一途径,以投票的方式将多数人的意志同化为一个意志。这是真正的、整体角度上的一致,而不仅仅是意见的一致,亦即,以契约的方式,所有人的人格都被同一为一个人格。当所有民众的人格被合二为一时,国家建立,亦即属于凡俗的上帝,伟大的"利维坦"。元首是整个国家至高无上权力的拥有者,是同一的人格唯一的体现。

臣属与民众没有对政体进行变更的权力,撤销至高的权力也不被允许;没有人能够对确立于民众的共同元首制进行抗议。元首享有立法权、司法权、战争权、议和权,还享有组阁权、赏罚权及选取和任命顾问的权力。另外,人民应该接受何种教育,哪种学说更适合民众,也取决于元首。这些权力不能共享，也不能被割裂。元首可以将类似铸币权的权力授予其他人。相比于独裁统治带来的恶劣影响，内战的惨烈、天灾的恐怖、无政府的散漫状况更加可怕。

政权由一个人或者数个人组成的会议来执掌的政体包括民主政治、君主政治及贵族政治。其中，君主政治是最理性的政治体制：公共利益与个人利益在君主身上得到了最完美、最紧密的结合，相比于一个团体的共同行动，君主的个人行动，更能确保前后的一致性。所有的统治者都具有绝对的统治权。然而，臣民也可以对一些事情拒不执行：当某些权力无法通过契约进行让渡时，单就这一权力而言，臣民不受任何约束；他没有自戮的义务，也没有自残的义务，他没有对罪恶进行坦诚的义务，也没有杀死任何人的义务，如此这般。信教自由并没有被霍布斯归入这特殊的权力范畴之内：国家可以强制臣民对某一宗教进行信仰。眼下，上帝发号施令，全都是靠自己在人间的代理人、神明的附属、君主或者和君主一样掌握统治权力的人。对个人良知的重视是纠纷发生的重要原因，假如要对和平进行捍卫，那么，人的各种行动都该由公共法庭来决定。如我们所见，对民众的诉求，霍布斯一直抱持否定的态度，这一点在他的国家论中显而易见。他的理论从哲学的角度为斯图亚特王朝的君主专制制度做出了辩解。我以君主为代表，因此，不会被君主所伤。我的权威早就被交付于他。他做的事情或许是邪恶的，但从正统的意义上来说，这并不是一种伤害，也不曾与正义相悖。君主有对民众进行保护的权利，民众也有遵从君主命令的义务，两者一直同在。君主以组建一个理想的政府为责任；假如君主的行为对普通民众来说意味着伤害，那么，他的行动本身就是对自然规律（神圣规律）的一种破坏。

第二篇　大陆的唯理主义

第一章　勒奈·笛卡儿

第一节　调和的问题

培根一直对旧权威抱持反对的态度，笛卡儿也一样，他着重强调了所有哲学都具有的实践的特性。"哲学是与能够为人类所认知的每一种事物相关的完善的知识，它既以指导生活、保持健康为目的，又以对各种不同技术的发掘为目的。"但是与抱持经验主义观点的英国人培根不同，笛卡儿视数学为所有哲学方法的典范：在他看来，要对逻辑进行研究，就得通过对数学进行研究来掌握逻辑的运用规律。他不仅为人类提供了知识的纲领，还尝试着构建了一个哲学思想体系，该体系具有与数学一样的确实性。和新时代许多杰出的自然科学家一样，笛卡儿对外在的自然也抱持这样的观点：在对包括生理过程与情绪在内的、与自然相关的一切进行诠释的时候，必须采用机械的方法，不以形式为凭依，也不借助本质的力量。同时，他对很早之前就已经存在并一直都存在的唯心或唯灵主义的基本原则进行了承袭，并一直致力于使它们与新科学相契合：他的主题就是将上帝、灵魂、自由及机械论调和在一起。

勒奈·笛卡儿（1596—1650 年）是一位法国贵族，他在图灵的拉哈耶降生，并在位于拉福雷歇的一所耶稣会学校中接受过（长达八年的）教导，在那里，他学习了古代语言，还学习了经院哲学和数学。这些科目中，能够对他一直追求的明确性与真实性进行满足的只有数学，其他所有的学科都不行，1612 年，在离开学校的时候，他放弃了数学方面的研究，他只想对某种"能够发掘于自身或发掘于社会这部广大的教科书中的"科学进行求索。和上流社会的很多成员一样，他以外出游历作为消遣。1617 年，他加入军队，成为莫里斯将军的部下。1619 年，他所在的队伍被归入提利将军麾下，在这期间，他遇到了各式各样的人，遭遇了各式各样的情况，但是自始至终，他对知识进行求索的欲望（兴致）没有减弱丝毫，人们常常能看到陷入深沉思索中的他，甚至，在司令部中，他依旧这样。通过某种方式让哲学变得如数学一般清晰明确，这是笛卡儿一直都在研究并希望去解决的问题。为了获得神之启迪，他发下誓愿，他在神前祷告，他承诺，只要神能满足他的愿望，他就去洛雷托圣地去拜神。自 1621 年退伍，直到 1625 年，除了旅行，笛卡儿把全部的精力都集中到了对哲学的研究上。1625 年至 1628 年，笛卡儿结束游历，常居于巴黎，和他在一起的还有一些科学界的友人。笛卡儿深觉幽深寂寞的环境才是自己所需要的，由此，他离开他的友人，独自一人隐居于荷兰。从 1629 年到 1649 年，二十年的时间里，他一直都在为撰写著作做准备。受对哲学满怀兴趣的瑞典女王克里斯蒂娜的邀请，笛卡儿于 1649 年动身前往斯德哥尔摩游历，但因为不适应当地的气候，他的健康受到了严重的损害。1650 年，在斯德哥尔摩侨居一年的笛卡儿走到了生命的尽头。

笛卡儿的著作包括：1637 年发表于《哲学论丛》中的《方法论》，同时还有《几何学》《屈光学》《气象学》；发表于 1641 年的《形而上学的沉思》，书中除了笛卡儿本人的自我答辩，还有阿尔诺尔、霍布斯、伽桑第等学者对，其观点的反驳；发表于 1644 年的《哲学原理》；发表于 1650 年的《论心灵的各种情感》。撰写《论心灵的各种情感》及《方法论》时，笛卡儿采用的是法文，撰写《哲学原理》和《形而上学的沉思》时，笛卡儿使用的是拉丁文。《宇宙或论光》一书是笛卡儿 1630 年就开始撰写的作品，但该书没有发表；1632 年，伽利略被宗教裁判所定罪，喜欢清静且有些胆怯的笛卡儿就停止了对这本书的创作。1664 年，《宇宙或论光》与《论人》一同出版；1657 年到 1667 年，笛卡儿的《书札》问世；1701 年，他的其他一些遗作也相继问世。

他人编译的笛卡儿著作包括：1824 年到 1826 年由库赞编译的十一卷法

文原版书籍；1859 年到 1860 年由 F. 德·卡瑞叶编译的两卷作品，其中收录的都是属于笛卡儿的不曾被发表过的作品；1897 年及其后数年，由唐纳瑞与阿德姆编译的十卷笛卡儿著作；1907 年之后，被编译的法文原版文集；魏迟与陶瑞一起译注的《沉思集》《方法论》及魏迟筛选出的、能够为我们所用的《哲学原理》一书的部分内容；还有 G. 柔斯和 E.S. 黑尔德恩共同翻译的笛卡儿著作。

参考书

《笛卡儿及其学派》翻译本，作者 K. 费舍；马黑福等人所写的专著；《笛卡儿哲学研究》，作者 N. 斯密思；《笛卡儿和笛卡儿主义》，作者布特鲁，见《剑桥近代史》，第四卷，第二十七章；《形而上学和道德学评论》，1896 年，7 月号，笛卡儿专号；《笛卡儿的认识论》作者纳托尔普；《笛卡儿的心理学》，作者科赫；《笛卡儿的伦理学》，作者海因泽；《笛卡儿的道德学》，作者土夏尔；《笛卡儿的生平》，作者 E.S. 黑尔德恩。

《法国近代哲学史》，作者列维·布留尔；《十七世纪哲学史》，作者达米隆；《笛卡儿派哲学史》，作者布耶尔；《笛卡儿主义在比利时的历史》，作者芒商；《笛卡儿、斯宾诺莎和新哲学》，作者列维·布留尔；《笛卡儿和斯宾诺莎》，作者沙尔施密特。

第二节 科学的分类

笛卡儿指出，形而上学是哲学的首要部分，它包括知识原理和物理学两部分。知识原理指的是与人类相关的所有纯粹且明晰的概念，是灵魂的非物质特性，是对上帝主要属性的界定。物理学则是以物质事物中所蕴含的真正的原理为凭依，从整体上对世界构造进行进一步的研究。物理学还要对地球的本质，以及存在于地球之上的，诸如气、水、火、磁铁、其他矿物等普遍存在的事物的本质进行研究，亦要对植物、动物、人的本质进行研究，研究的目的是为发现其他对人类有益的科学提供便利。这样，从整体上来说，哲学就等同于一棵树，这棵树以形而上学为根，以物理学为干，以其他所有的科学为分支，医药学、力学、伦理学是分支之中至关重要的三个部分。在所有的科学之中，道德科学完善程度最高，等级也最高，它代表的是至高的智慧，与其他所有科学相关的所有知识都是它构建的前提①。在著作《哲学原理》一书中,笛卡儿在第一部分就对形而上学进行了论述,其次,在后三部分中对"隶属于物理学的所有最普通的事物"进行了探讨。

第三节 知识的方法与标准

笛卡儿以对不言自明的真理及具有确实性的真理进行发掘为目的,所有有常识的人,所有具有推理能力的人,对这些真理都会抱持肯定的态度。这种知识从经院哲学之中是无法获得的;对同一命题,它抱持相互冲突的不同的观点,从这个领域对确实性进行探寻注定徒劳无益。事实上,其他所有的科学都援引了经院哲学的原则作为原则,因此,其基础是极不稳定、极不坚固的,在这个基础上构建的事物自然也不可能是坚守、可倚靠的。所以,我们在荒唐、谬误、怀疑之中沉沦,我们所认可的种种意见都存在谬误,我们无法获得确实的知识。属于哲学范畴的所有问题都处于被争辩的状态,所以,我们要从根本上对科学进行重建,将所有这些通通清扫掉,科学才能恒久,才能坚定。

我们要对世界这本巨大的书籍进行研究,陈旧传统的观念不应为我们所承袭。"即使我们对亚里士多德的所有推理都很熟悉,即使我们对柏拉图的每一个推理都不陌生,但只要我们无法以健全的角度对随意一个命题做出自己的判断,我们就不能被称为哲学家。"对别人的看法有所认知,这不是科学,那只是历史,一个人在思考的时候一直要坚持独立的精神。我们要以什么方式对具有确实性的知识进行认知?要如何按部就班地进行推理?数学为我们提供了榜样。确实的、清晰的、不言自明的命题,唯有数学家才能发现。我们对这样的表述应该抱持肯定的态度,不应存在其他不同的看法:二乘二得四,在三角形中,三个内角相加的结果与两个直角相加的结果相同。假如在哲学领域我们能够发现类似的真理,那么,所有的争议、所有的辩论都将不复存在:我们能对上帝的存在进行证明,能对灵魂不死说进行证明,能对外部世界的确实性进行证明,能赋予科学一个异样牢靠、

---

① 与古典时期的希腊思想家以及后世的很多哲学家一样,笛卡儿非常看重科学的实践、伦理的意义,他曾经说过:"通过研究哲学来调节举止作风,指导生活,比用眼睛来引导我们走路更为迫切。"

异样坚固的基础。

数学以何方法为凭依？数学进行的标准是什么？它以某种不言自明的原则为出发点，以公理为开端，凡是对这些公式有所听闻或有所认知的人，都会对其抱持肯定的态度。我们在对其他命题进行推导的时候，便是以这种原则为出发点。若推理的过程不存在谬误，那么，从逻辑的角度来讲，这一命题就演绎自此原则，并与原则具有同样的确实性。换言之，演绎的方法或者说综合的方法就是以某种简单的、不言自明的命题为出发点对一些较为繁复的命题进行推导。

哲学领域必须采用这一方法。我们在对某些未知的、具有确实性的、全新的真理进行推导的时候，必须以绝对确实的、明晰的、准确的、本初的原理或命题为出发点。这样的真理在传统的经院哲学体系中并不存在，因为经院哲学之中存在大量的冲突与矛盾。我们不能以他人的权威为凭依去获取真理，要获取真理就自己去探寻；凡是自己无法清晰明确地进行认知的事物，就不能对它的确实性进行认可。于此，我们需要特别注意：在我们还年幼的时候，从父母、师长那里获得了许多传统的观念，这些观念有很多都是偏见。以经验为凭依，我们已经对许多谬误观念进行了证明，又或者，这些观念原本就都不正确。因为经常被感官知觉欺骗，所以，我们对感官知觉也缺乏信心。我们要如何知道真的有某些实际存在的事物会与我们的感觉相契合？我们的身体非实体吗？我们的行动非实际吗？错，我们被频繁地欺骗，以至于我们对这些都缺乏确实的认知。我们做梦，我们相信梦中所出现的事物是真实的，但实际上，它们不过是幻象。也许现在，这一小时，这一分钟，我们仍处于梦中，没有一种标志能让我们对梦境与现实进行准确的区分。也许我现在的模样全都源自恶魔的塑造，所以，在我看来，我所描绘的不过是一个处于幻想之中的世界；也许，在我的心灵外部，它本就不存在。与数学相关的问题也是可以被论证的，如我们所见，部分人已经陷入了某些数学的误区；我们认为它不正确，他们却认为它是确实的，且这种确实具有绝对性。另外，上帝是全能的，创生于他的我们也大抵这样，所以，尽管我们自认为对某些事情并不陌生，却依旧被欺骗，而且这种被欺骗的状况经常发生。

所以，我们宣称，所有的观念都是不确实的。笛卡儿说："由此，在我看来，为我所见的每一种事物都是虚假的；我将我的信任赋予了那些源于我欺诈的记忆的事物，记忆将其赋予了我，但它们全都是不实的；我想，我应该是不存在感官知觉的；在我看来，无论是物体、形状、广袤、运动、位置，都不过是源于我心灵的虚构。这样，我还能将什么当真呢？大概就是如此吧，这个世界上，确实本来就不存在。"

然而，我的怀疑，或者我的思维却真的具有确实性，这一点毋庸置疑。在思维者思维的时候，假定他的存在是虚假的，这本就是一种矛盾。于此，在得出"我思，故我在"这一结论的时候，笛卡儿的出发点并不是经验范畴与心理范畴的某些事实，而是逻辑层面的事实：有怀疑出现，就意味着有一个怀疑的人存在；有思维存在，就意味着有一个思考者存在，或者说有一个处于思考状态的事物或者精神实体存在。这样，就能对一个他认为不言自明的、合乎情理的命题进行把握。有怀疑，就意味有思维，有思维，就意味有存在，我思，故我在。"对一个循序渐进地对哲学进行思考的人来说，第一个出现在他面前的、明确真实的知识，就是这个。"我们始终在寻求的原则也是它，形而上学以它为发端，它具有确实性，且不言自明。以这个命题为凭依，我们还获得了检验真理的方法及衡量真理的准则。它是确实的，且这种确实是绝对的，它是真实的、明晰的，人们能够准确地对它进行认知。所以，我们能够对这一原则的存在进行确定，即凡是能够被人明晰且准确地进行认知的，必然是真实的。

第四节 论证上帝的存在

目前，我们已经拥有认识的基本标准与原则。除此之外，我们还能对什么进行认知呢？只要我们坚持认为上帝的存在是对人的一种欺骗，那么，世界上所有的东西便都是不确实的。我们根本就不清楚上帝到底存不存在，更不清楚上帝有没有骗过人。一定要将这一困难克服。我们的观念，有一部分是与生俱来的，有一部分是自己后天创造的，还有一部分是从外部世界获得的，这一部分占据了所有观念的绝大多数。在我们看来，绝大部分的观念都是外部世界的投影或者对外部世界的一种效仿，然而，一切也许只是幻觉。在我的内心中，存在着许多观念，其中之一与上帝相关。所有的事物都有其产生的因由，只要这一事物存在，就肯定有其所以存在的因由，这个命题不言自明。并且，最起码，从大小上来看，原因与结果是等同的，原因中所蕴含的实在的数量等同于结果中所蕴含的实在的数量。本身就更加完善且蕴含着更大的实在的事物不可能以某种不太完善的事物为凭依。因此，上帝不可能以我的存在为因，因为我的存在受到了束缚，且我本身就是不完善的；与上帝相关的概念是一个没有限制的概念，是一个完善的概念。我心中所蕴含的与上帝相关的概念必然是由某个不受限制的事物，或者说是由上帝本身所放置的，因此，上帝肯定是存在的。对上帝存在的这一论证方法与安瑟伦的本体论是不同的，这一论证包蕴着因果关系，是以某种完善的事物的概念为基础进行的论证。这不是说，上帝之所以存在，是因为我们心中存在与上帝相关的概念，而是说，和上帝相关的知识，认知者本身并不具有，具有它的是某种必凌驾于认知者之上的伟大事物，这一概念便以此为凭依。

然而，也有部分人进一步指出，所谓无限的概念不过是一个否定的概念，它的存在，本就是对完善的一种否定。对此，笛卡儿并不认可，在他看来，无限的概念为有限的概念所涵盖，上帝的概念也为有限的概念所涵盖；假如我内心中根本就没有某种比我自身更加完善的事物的观念，那么，我怎么能通过与它做对比来认识自身的不足，又如何去质疑或产生质疑的欲望？真理的标准为怀疑所包含，完善的标准也为不完善所包含。

另外，正因为一个完善的概念为我所拥有，所以，我的存在不能以我为因。假如我自己创造了自己，那么，我会自我保全，也会自我完善，但实际情况并不是这样。假如我是我父母的造物，那么，我也会因他们而变得完善、被保全，但这没有发生的可能。最后，以上帝是某一完善的事物为出发点，我们对他的存在进行了推导。我无法对一个根本就不存在的上帝进行设想，亦即，假定上帝是某种非常完善的事物，但他的完善却不具备绝对性。这是经由本体论而做的论证，采用这一方法进行论证的是奥古斯丁和安瑟伦。

在我假定的神圣的完善之中，竟然也包蕴着上述原因之一，这委实是一件匪夷所思的事情。假如相似的原因不止一个，那么，它本身就是不完善的；假如它是完善的，那么，这样原因就只能存在一个，亦即上帝具有唯一性。上帝的存在必然以自身为本因，因为，假如它以另外一种事物为因，那么，这种事物必然又以另一事物为因，以此类推，以至无穷：向后不停追溯的结果，就是永远都不会有结果的。

上帝的概念是天赋的，它以自身为泉源、为起始因。人类不仅以上帝为本因，还以上帝为原型，上帝在对人类进行创造的时候，参考的是自己的影像。在对人进行创造的时候，上帝将这一观念放置于人的心灵之中，这就和一位工匠在自己创造的产品之上留下标记一样，没有什么可奇怪的。假如没有上帝，那么，就不会有和上帝相关的概念产生，人的模样也不可能一如现在。相比于人类对物质事物的认知，人类对上帝及自身心灵的认知更加清晰、更加明确。通过对与上帝相关的概念进行思索，我们知道上帝是全知的，上帝是全能的，上帝是不朽的，所有的真理、所有的善都以上帝为泉源，所有的事物也都创生于上帝。上帝不是物质的，他和人不一样，他在进行感知的时候，并不以感官为凭依。上帝具有意志，上帝的意志与人的意志不尽相同；上帝具有智慧，上帝的智慧与人的智慧也不尽相同。他不愿意为恶，也不愿意犯罪，因为，对存在来说，罪恶本就是对自身的一种否定。众所周知，经院哲学家们在其有神论中大都坚持这样的立场。对邓·司各脱的这一主张，笛卡儿表示认同，只要神之启示与理性之间不存在冲突，我们就对理性的存在表示认可。同司各脱一样，笛卡儿也认为，上帝本来可以创造一个与现世完全不同的世界。他也认为，因为上帝这样对某个美好的事物进行创造，所以，这个事物才是美好的，而不是因为它是美好的，上帝才这样创造它。

第五节 真理与谬误

截至目前，我们已经对数种不言自明的真理有所认知：我是存在的；凡是能够被人明晰且准确地进行认知的，必然是真实的；每一件事情都有其发生的原因；最起码，原因的实在与完善要与结果相等同；上帝是存在的；上帝绝对完善；上帝不会对我们撒谎。然而，我们因何会被骗？我们又因何犯错？第一个原因是我们得自上帝的、用以对真假进行辨别的能力是一种有限的能力；第二个原因是当知性或者说认识能力及意志或者说选择能力或自由选择的能力同时发生作用的时候，错误才会诞生。仅仅以知性为凭依，我既不能肯定什么，也不能否定什么，只能对构成判断的某些概念进行了解；真正的错误于此并不存在。错误本身也不以意志为泉源，因为，从本质上来说，它十分完善，特别充实。之所以会犯错，是因为我们在尚未完全理解或认知某一事物时，就任由意志对其做出了某种判断。荒谬与邪恶为意志所选择，真实与美好为意志所抛弃，由此，错误与罪恶诞生。

第六节　外在世界

　　与外部世界相关的问题是我们需要思考的另一个问题。我们假定有物体存在于我们的外部。我们如何对事物的实在性进行确认呢？我们能感觉到苦痛，也能感觉到欢愉，我们有感官知觉，也有对欲望的嗜好，出于本能，我们相信这一切都以某些事物为起因。然而，我们常常受骗于物体，我们无法以这些经验为根据来对物体的存在进行论证。这种状态又不可能源于我们自身，所以，导致这种状态的不是上帝，就是存在于外部的物体。假如导致这种状态的原因是上帝，而我们不知道它以上帝为因，我们被骗了，那么，上帝就是欺骗者。可是，通过论证，我们已经确认，上帝不会说谎，他是绝对诚实的，所以，我们的感官知觉必然是以存在于外部的物体为因的。

　　何为物体？物体是一种不以人类思维为凭依的、独立的存在，即便人类不存，物体也是存在的。我们用实体来称呼这些独立存在的事物，其实，实体说白了就是不以任何其他事物为凭依的物体。绝对意义上的实体只有一个，那就是上帝，亦即只有上帝是实际存在的事物。所以，唯一存在的实体是上帝，唯二存在的实体是物体与精神。这唯二的实体彼此独立，并不以对方的存在为依靠，却都以上帝的存在为依靠。它们之间没有任何的相同之处，我们只有通过对它们的属性进行认知来对它们进行认知。实体所固有的，实体一定会具有的，本质的特征或者性质，被称为属性。属性就是这样一种性质，若它不存，实体就不存，实体就不能被假设、不能被设想，然而，属性自我彰显的方式、样态、变化千差万别。我们在对实体与属性进行设想的时候，可以不以样态为参照；在对样态进行设想的时候，我们却无法忽略属性与实体的存在。没有广袤，我们无法对形状进行设想，要对运动进行设想，就必须以广袤的空间为依托；假如不存在可以进行思维的事物，就无法对意志、感觉、想象进行设想。相应地，我们在对广袤进行设想的时候，却能将形状与运动忽略掉；我们在对思维进行设想的时候，也可以将想象与感觉忽略掉。实体无法对自身的属性进行改变，却能对自身的样态进行变更：某一物体一直都是广袤的，但它的形状却不一定非得始终如一。因为上帝不会发生改变，所以，上帝不具备任何形态。

何为事物本身？通过物体，我们能够对其本质的属性进行明晰且确实的认知。但于物体而言，声音、颜色、滋味、气味、热和冷等并不是它的属性，由此，我们就无法对它们进行明晰且确实的思考，它们是含混的、是杂乱的；物体真正的实在根本就无法被我们感知。物体以广袤为属性，除此再无其他：物体等同于广袤。广袤是长宽高，所以，广袤等同于空间。每一个物体都是一个量，具有有限性，也具有广袤性。真空不存在，空洞虚无的空间也不存在：只要空间存在，物体就存在。空间能够被无限分割，所以，并不存在不可被分割的空间的终极部分，亦即不存在原子。哪怕是物体之中小到极致的部分，依旧具有可分割性，它们与原子不同，它们是分子，是现在我们所说的微粒。广袤并不存在边界，物质的世界因此无限。

存在于外部世界的所有历程都不过是广袤的样态或改变，广袤能够被无限分割，被割离的各个部分又可以相互聚合或彼此离散，物质的形式之所以千差万别，正是因为广袤各部分离散与聚集的方式不同。物质的所有变化和各异的形式都以运动为因。运动是以物体为主体的一种活动，是一个物体向另一物体的转移。它并非实体，而只是某一具有活动能力的事物的样态。所有的现象都是运动的转移，是一个空间向另一个空间的转移。"运动是某一物体或部分物质的一种位移，它自某些静止或与其有过直接接触的物体旁边移动到了另外一些物体的旁边。"在物理世界中，人们常常以力学为凭依对它（运动）进行诠释。压力与冲力是所有现象产生的根源，超距作用并不存在，所以，必然存在一种最一般的、能够对天文学中的某些事实进行说明的以太。

被宣告只具有广袤性的物体，是被动的，它不是运动的主体，所以，它必须向上帝求助，所以，世界上所有的运动都以上帝为初始因。"在创造物体的同时，上帝还创造了运动和静止；眼下，全宇宙之所以能够保持与设置等同的运动量全靠上帝的集聚作用。"与第一推动者相关的概念，无论是在笛卡儿所处的时代，还是在笛卡儿之后的时代，都相当普遍。伽利略曾对它表示认可，牛顿也是，这一概念源于古老的亚里士多德。为了防止世界被神明所干预，为了不至于将机械论放弃，为了不重走经院哲学的旧路，笛卡儿主张上帝已经将一部分运动量赋予了世界：运动是恒常的。能量守恒定律由此萌芽。运动不以物体本身为因，也不会被物体所终止，所以，运动无增减，运动的量是不变的，静止的量也是不变的。

物质世界的所有改变之所以一定要以恒常的自然律或规则为凭依，是因为上帝本身恒常不变。自然界中的所有规律都可以被视为运动的规律，物体的千差万别也可以被视作不同部分之间关系的不同：固体是各个静止的部分之间的集聚；液体是各个运动的部分之间的集聚。

第七节　肉体与精神

精神与肉体之间的对立是彻彻底底的。肉体以广袤为属性，本身就具有被动性；精神以思维为属性，本身就具有主动性，且不受任何限制。两者是不同的，且这种不同具有绝对性：精神肯定不具备广袤的属性，思维也不能通过肉体进行。我们不能在不存在思想的情况下对灵魂或精神进行设想：灵魂是一种事物，它具有思维的能力；我是一种事物，有思维的能力，没有广袤的属性，对我自身，我的认知很清晰，也很明确。事实上，我，亦即让我成为现在的我的精神与肉体完全不同，这种不同是直接的，即便与肉体相脱离，我依旧能够单独存在。我能够对我进行明晰准确的设想，我无法想象，我也没有知觉的能力；我在对这一能力进行思考的同时根本就不可能不对我自己进行思考，亦即，不对一个被这一能力所寄居的、深具智慧的实际存在（实体）进行思考，所以，就像事物与样态不尽相同一样，我与知觉、我与想象都存在着差别[①]。我们明确地知道，包括广袤、形状、位移运动等在内的所有隶属于肉体的属性都无关乎本性；真正隶属

[①] 笛卡儿认为意志包含在思想当中，那些不是由肉体和精神结合产生的较为高尚的情操也包含其中。他在《方法论》中指出，一个思维者就是一个可以怀疑、理解、设想、肯定、否定、向往、拒绝、想象与感觉的事物。

于本性的只有我的思想。相比于其他物质的概念,我们所具有的精神概念更出色、更优秀、更确实,因为在我们对所有事物的存在心怀疑虑的时候,就已经对自身的思维能力有所认知了。

这样的二元论自然是极端的,其中笛卡儿关注的焦点是在对自然界进行诠释的时候能够以自然科学为凭依,能够不受束缚地从机械的角度对它进行解释。精神独立于自然界之外,自成领域。物理被允许(脱离自然而)单独存在,所有的终极因、所有的目的都要从中祛除。对精神与肉体进行区分的方式类似于经院哲学的巅峰时代对哲学与神学的区分。这一理论被笛卡儿应用在了整个有机界身上,甚至还应用在了人类自身之上。动物的身体是一台机器,人类的身体也一样。人体以存在于心脏中的热为运动的泉源,以肌肉为运动器官,以神经为感觉器官。在心脏的血液之中,血气通过蒸馏得以净化,然后,它以动脉为通道,直达人的脑域,而后,又从脑域传导到神经与肌肉中。在人体这架机器中,各种职能通过不同的器官发挥作用,就好像所有如钟表一般的自动化的机器都因机轮与摆锤的作用而运动一样。除了血液与血气,人体内再也没有其他能够导致运动的基础质料存在。我们也无须对其进行设想,其他的设备不是,具有知觉能力的灵魂不是,其他所有至关重要的事物也不是。对亚里士多德的活力论,经院哲学家的态度是赞成,笛卡儿的态度则是反对,以有机的自然界为对象,笛卡儿提出了一种机械理论,这种理论相当彻底。

假如这两种实体都将对方当作需要被剔除的对象,那么,它们之间就不会有相互作用产生:肉体无法让精神发生改变,精神也无法让肉体发生改变。但是以他的前提为凭依,笛卡儿得出的结论并非如此。灵与肉的紧密结合被某些事实所证明,比如因饥渴而产生的欲念;精神的情绪不仅被心理影响,还被痛、色、光、声音等感觉所影响。这些都不能单一地以灵魂为归宿或者以肉体为归宿,只有将两者紧密地结合在一起才能对其进行解释。灵与肉的结合与灵魂与领航人的结合并不相同。我的灵与肉相合,并且,这种结合相当牢靠与坚固。上文我们所论述的种种感觉就是这种结合产生的结果,就是意识含混与杂乱的样态,亦即人并非一种纯粹的精神存在。在动物进行运动的时候,与理性相关的因素并没有掺杂其中,人类也一样。在受到外部刺激的情况下，血气会对人的感觉做出某种机械的反应——说到底，动物就是一台机器，然而，人类的感官知觉不是这样的。假如我仅仅具有思维的能力，我的灵与肉结合得并不十分紧密，那么，用一个例子来说明就是，我只知道我饿了、我渴了，却没有饿了或渴了的感觉。这种意识含混与杂乱的样态就不会为我所有。

但是，到底要如何对灵与肉的紧密结合进行理解，笛卡儿并没有做出明确的说明，他只是告诫我们不要把肉体与灵魂相混淆。他宣称，广袤与思维可以以人为载体进行融合，但这种融合是组织层面的同一，而不是本性的同一。这种融合与两个不同物体之间的混合存在很大的差异。在他看来，"器官对思维能起到干扰的作用，但思维却不以器官为源泉"；灵与肉相合之后，人的灵魂之中会出现某种骚动，即人的感觉、欲望与情感。尽管灵与肉已经结合在了一起，但两者之间仍不尽相同；上帝赋予了它们相合的权力，却没有赋予它们相离或摆脱对方单独存在的权力。于此，笛卡儿似乎是要表明，灵与肉的关系并非如此，亦即心理状态不可能由身体状态转化而来，也不可能由身体状态产生或诱发，反之亦然；能够给精神带来困扰的只有器官的作用。在这一点上，笛卡儿的表述很含糊，并且摇摆不定，之所以如此，不过是因为他既想以单一的机械原理为依据对物质的世界进行诠释，又想将部分自由活动的空间赋予精神原则。两者是紧密相合的，这一点已经被经验所证明，但笛卡儿却想把它们彻底地区分开来，由此，两者的结合就变得不可思议起来。

可是，有的时候，笛卡儿又对存在因果联系的某种相互作用毫不犹豫地表示认可。尽管灵与肉已经紧密地结合在了一起，但灵魂要履行的职能依旧有其特殊性与独立性，头部的松果腺体才是它的长居之地。运动被存在于血气中的、可以被感官所知觉的对象引发，而后，松果腺体接收到运动的信号，感觉由是而生。灵魂还能通过不同的方式对松果腺体的运动起促进作用，当运动的信号被传导到血气之中时，血气会对其进行引导，然后，以神经为凭依，向肌肉传递这种运动的信号。在笛卡儿看来，灵与肉之间存在的就是确实的因果关系，两者之间以松果腺体为媒介相互作用。

第八节　情绪

在笛卡儿看来，构成灵魂的不是某些分散且独立的灵魂或职能，而是某一纯粹的原则，这种原则通过各异的方式来自我彰显：这个灵魂既能够通过感官进行知觉，又具有意志，还可以进行推理。笛卡儿将灵魂分为两面：一是主动的活动；二是被动的感受。前者以灵魂本身为因，决定于意志，是意志的活动：我愿意将自己的爱赋予上帝，我愿意对单纯的思想进行思索，我愿意对源于想象的图画进行创作，我愿意推动我的身体，在这些方面，我不会受到任何的限制。后者是一种以外在的对象或身体为因的感觉，或者说它包括感觉及其摹本、欲望、痛苦、热和其他身体感觉。所有主动的、出自自我意愿的情况都归属于灵魂的权利范畴，都可以通过身体诱发某种变化；而被动的情况则以生理为因，只能通过灵魂来对某种变化进行引发，除非灵魂时而会以自身为初始因。然而，其他一些知觉或情状也是存在的，"我们所感知到的它的影响与其在灵魂内部时没有任何的区别"。存在快乐的情绪，也存在愤怒的情绪，严格一点来说，诸如此类的情绪全都能归为激情；我们将它们划入灵魂的范畴，是因为它们本就是灵魂的情绪、知觉与情操；它以血气之运动为原因和支撑，并通过血气之运动对自身进行强化。这些激情最主要的作用就是引导，引导身体去做某些那些在激情的影响下应该去做的事情；譬如，人们想要逃跑、想要趋避，是因为受到了恐惧这一情绪的影响，又譬如，人们想要去战斗，是受到了勇敢这一情绪的影响。对松果腺体有刺激作用的血气的运动是诱发激情的直接原因，然而，有些时候，人们自愿对某种事物进行思索，这时，灵魂的活动才是诱发激情的主因，举例来说，我们可以通过对形式进行分析，来给自己鼓劲。

自然的欲念与意志之间的对立，实际上就是两种运动的相互冲突。两者一是在精神的影响下身体产生的运动，一是在身体的影响下精神产生的运动，两者在对松果腺体进行刺激的时候，要保持同步。所有的人都能够通过认知两者冲突的结果对自身灵魂的强度进行判定。然而灵魂从来都不曾示弱，只要我们对灵魂稍加引导，就能让其把控激情，而且这种把控是绝对的，可是若对真理缺乏认知，灵魂就没有足够的力量担当此任。

通过列举的方式，笛卡儿对六种最基础、最强烈的情感进行了表述，这六种情感分别是惊奇、爱慕、憎恨、欲望、快乐和悲痛，其他所有的情感都能归入这六种基本情感之内。每一种情感都与身体相关，它们天生就有对灵魂进行激发的作用，它们天生就能让灵魂对保全身体、使身体更加完善的活动表示赞同；从这个角度来说，第一个被应用于实际的情感应该是欢愉与悲伤。因为灵魂只有在感觉到痛苦的时候才会对有害的事物进行直接趋避，而痛苦的感觉以悲伤为泉源，之后，人才会对造成痛苦的原因表示怨憎，才会产生摆脱痛苦的欲念。

存在于灵魂之中，以灵魂本身为因的情绪是对善恶进行抉择的主要因素。只要某种存在于灵魂内部的事物能够满足于它，源于外界的种种事物就无法对它造成伤害。要攫获这种源自灵魂本身的满足感，就必须对道德进行严格的遵循，于此，从笛卡儿的哲学中，我们能感觉到斯多葛学派的气息。在文艺复兴时期的伦理学界，斯多葛学派的理论非常流行，直到近代，它依旧备受人们青睐。

以心理状态为对象，培根曾提出过一种机械的理论，霍布斯以机械论为基础构架了他的整个哲学世界观。笛卡儿则尝试着以机械论为凭依对人类绝大多数的心理活动进行详细的表述与说明，然而，这种方法却未被他应用于对所有心理活动的诠释过程中。精神具有意志，精神有理解的能力，精神是一个实体，它非常独特。并且，在笛卡儿看来，包括感觉、欲望、情绪在内的所有"知觉"都不是运动，而是一种精神状态；部分强烈的情绪并不以感官知觉所引发的运动为因，而以纯粹的精神作用为因。意志能够脱离身体独自存在，其本身的意愿能够催生这种状态。意志不受任何束缚；从伦理的角度来说，灵魂的理想就是对主动权进行把控，就是使外部事物无法对自己进行干扰。

第九节　天赋观念理论

对明晰且确定的知识进行把握，这就是笛卡儿的目的所在。当我们断定某件事定然与我们的设想同一时，这件事就是确实的。这种必然的知识存在于数学的论证之中，假如我们使用的方法没有错误，在哲学领域，我们也可以进行同样的论证。明晰且确实的真理是能够被明晰且确实地进行认知的，尽管真正能够看清的也不过是部分人。感官知觉不可能是这种知识诞生的泉源，事物本身的状态无法用感官知觉来说明，感官知觉能够说明的只有事物加诸我们的影响。颜色的拥有者不是物体，声音、味道、气味的拥有者也不是物体。当源自感官知觉的性质被从真实的物体之中剥离时，我们就只能凭依着明晰确实的思维对它的模样进行认知。假如真正的知识无法被我们从源自感官的经验中获得，假如只有以某种基本原则或基础为根据进行推理才能获得真正的知识，那么，作为根据的这些最基础的原则与概念必然是具有先验性的，是头脑中固然存在的，是天赋的。头脑在对真理进行探寻的时候受属于自己的规则或标准引导。与认识相关的原理在刚开始的时候就已经有了，但只有在我们获取经验的时候，或者说是我们思维的时候，它才会被凸显。笛卡儿哲学是以理性的原则是固有的为基础的，但这种原则究竟是怎么来的，他也不清楚，甚至一直都踌躇不定。在对天赋的知识进行定义时，他时而认为那是灵魂发掘于自我之中的真理，是头脑通过感受能获知的观念；时而又认为天赋是以经验为凭依的、灵魂天生的、对这些知识或真理进行孕育的固有的职能或机能。对与天赋观念相关的论辩，洛克一直抱持反对的态度，由此，整个问题变得清晰而明朗，唯理主义者们，如莱布尼茨、康德，在对这一理论进行论述的时候就不得不采用不尽相同的方式。

虽然笛卡儿非常重视唯理主义，他本人更是一个先验主义者，但这对他看重经验的行为并没有形成妨碍。在认识论方面，他没能系统地构建一个体系，他对深入探讨认识论之中的一些课题并没有兴趣，探寻发现真理的方法才是他的兴趣所在。笛卡儿曾经对怀疑主义进行过细致精微的思考，但尽管如此，他还是确定理性有能力对确实的知识进行把握，从这个角度来看，他又是一个独断论者。同时，他也是实在论的坚定支持者，他对外部世界的存在表示认可，但在他看来，要对外部世界确实的本性进行认知，就必须以理性的思维为凭依。

第二章 笛卡儿的后继者

第一节 笛卡儿哲学中的问题

在笛卡儿的哲学体系中,有大量的困难亟待去克服,因为这些困难的存在,还引发了无数的问题,为了解决这些问题,后世的思想家数个世纪以来一直都在忙碌。在部分人看来,假如自然与上帝真像笛卡儿所说的那样是两种实体,且两者截然不同,都能脱离对方而独立存在,那么,两者之间的关系就不具有实在性。上帝无法在人心中将与他相关的观念烙印,人类也不可能知道与上帝相关的任何事情。并且,人类也无法对上帝进行诠释,一个单一的精神实体怎么可能将运动赋予物质。有些时候,笛卡儿还会对灵魂的实体性、上帝的实体性及物质的实体性进行区分,试图用这样的方式来规避三者之间难以调和且令人费解的问题:只有上帝的实体才是实在的,其他一切都以他为凭依,以他为因,其他一切都是他的结果,是他的造物。在笛卡儿的体系中,原本存在固有的二元论,但他徒然地放弃了它,他的放弃也为斯宾诺莎的泛神论思想提供了一条崛起的捷径。在笛卡儿的体系中,人被赋予了意志,且这种意志不受任何束缚,但是,对这种"巨大的玄奥",他本人又无法进行说明,由此,存在于上帝与人之间的二元论思想就变得格外类似。人与自然之间,有一条鸿沟存在;精神与肉体之间,也有一条鸿沟存在。假如肉体与精神毫无相似之处,那么,它们之间的关系又从何而来?笛卡儿曾经假设灵与肉彼此之间不可能发生作用,却又指出两者之间有着明确且真实的相互作用。如此,就产生了双重冲突:肉体是实体,能独立存在,灵魂是实体,能独立存在,上帝是实体,且是唯一确实的实体,上帝创造了灵魂,也创造了肉体;灵魂与肉体都是实体,两者之间相互独立,但两者之间却又有相互作用发生。另外,还有一部分人提出这样的质疑,假如动物的身体是一台机器,那么,作为高等动物的人类因何不以肉体为机器？

笛卡儿一直致力于在自己的新哲学体系中将隶属于近代哲学不容忽视的机械论与以基督教为泉源的神学、唯灵主义、形而上学进行调和。笛卡儿哲学中近乎所有的困难也都因此而生，作为笛卡儿的后继者，就要以发现这种困难及寻找办法解决这种困难为目的。事实上，要对笛卡儿新哲学中的二元论进行规避，方法有很多，比如：（1）对自然是实体且独立存在这一观点进行否定，主张绝对唯心主义（马勒伯朗士）；（2）对精神是实体且独立存在这一观点进行否定，对唯物主义观点进行肯定（霍布斯、拉·美特利及法国的唯物主义哲学家们）；（3）对上帝是实体且是唯一真正的实体这一观点进行肯定，将物质视为上帝或自然的表象（或者说自我彰显），将精神也视为上帝或自然的表象（斯宾诺莎）。还可以在对二元论观点进行保留的同时，坦率地承认两者之间不可能发生相互作用（平行论）。除了形而上学领域的一些问题，笛卡儿的体系中还有很多问题需要去解决，比如知识的源流、知识的属性、获得知识的方法等；单就这方面来说，法国的感觉主义哲学家和英国的经验主义哲学家们做出了卓越的贡献。

在荷兰，耶稣会派对笛卡儿哲学进行了强烈的抵制。1663年，笛卡儿的著作被耶稣会派列为禁书，与耶稣会派一样，对笛卡儿哲学进行强烈抵制的还有加尔文派，在法国的大学校园中，笛卡儿的学说被禁止，德国的大学也一样。然而，在荷兰的新式大学中，笛卡儿吸引了不少追随者，荷兰的很多神学家，也对笛卡儿相当推崇，在法国，一些隶属于天主教的神学团体也对笛卡儿的哲学表示了认可，并对它进行了继承。在形而上学领域，笛卡儿提出了不少疑问，尤其是灵肉关系方面的疑问，让许多人都产生了浓厚的兴趣，如雷吉斯（1632—1707年）、德·拉·福尔盖、科尔德毛伊、克劳贝尔格（1622—1665年）、贝克尔（1634—1698年）。贝克尔与阿·格林克斯（1625—1669年）都曾以笛卡儿的哲学观点为凭依，尝试着对妖魔术、巫术、魔术及其他充满迷信色彩的事物的不存在进行论证。在克劳贝尔格看来，虽然肉体的运动并不以灵魂为因，但灵魂却能对这种运动进行引导，就像是在驾驭马匹。安·阿尔诺与尼科尔撰写了《思维的艺术》或者《波尔—罗亚尔逻辑学》，他信奉詹森主义，对笛卡儿的哲学也一直抱持赞成的态度。

第二节 偶因论

精气流动，或者说灵肉之间相互作用的观点一直备受笛卡儿学派学者的排斥，他们在对灵肉关系进行诠释的时候通常都会以上帝的意志为凭依。精神与肉体之间存在着差别，意志对肉体没有推动作用。在偶因的作用下，外部世界这样改变，它的完成是上帝亲自进行督促的结果。观念的存在并不以自然现象为因，我们之所以会有观念，只是因为上帝将它放置在了我们心中，这种放置具有偶然性。这就是我们所说的偶因论。偶因论是一种平行的理论，在它看来，心理作用与物理作用之间并不存在必然的因果，心理作用与物理作用是相互平行的。对因果关系的批判以此为开端，在休谟的怀疑主义理论中，这种批判达到了极致：肉体根本就不会因为精神层面的原因而受到影响，精神也根本不会因为肉体层面的原因而受影响。

第三节 阿尔诺尔·格林克斯

在对物质进行诠释的时候，格林克斯采用的是完全不同的方式。在他看来，对物质世界，我们的确无法施加影响，但是对我们，物质世界同样无法将它的影响施加。以上帝独特的行为为依据，我们可以看到，运动并不以我们的意志为因，观念也不以运动为因。灵肉之间的和谐并没有被上帝提前构建。尽管我的意志不受任何束缚，但我的意志却为上帝所熟知；那种源自上帝的知识是宇宙赖以自我布置的基础。"上帝凭依着自身无限的智慧，为运动制定了规条，所以，不依赖于我的意志与能力，能够独立存在的运动才是与我不受束缚的意志相契合的运动。"在认识论方面，格林克斯的观点也不同于笛卡儿学派的学者：我们不能对事物本身进行认知；上帝可以对事物本身进行认知，我们只能对我们本身进行认知。

格林克斯的著作包括：写于1653年的《农神节》，写于1662年的《逻辑学》，写于1664年之后的《伦理学》，写于1688年的《真正的物理学》，写于1691年的《形而上学》。兰德编译的三卷格林克斯作品，以及兰德等人撰写的与格林克斯相关的作品。

第四节　唯心主义

尼古拉·马勒伯朗士（1638—1715年）对笛卡儿哲学中的种种疑问，从另一个角度进行了诠释。他隶属于耶稣祈祷派，这个教派，不仅对奥古斯丁的思想十分推崇，对笛卡儿的哲学也抱有浓厚的兴趣。在品阅了笛卡儿撰写的《论人》一书之后，马勒伯朗士开始专注于对整个笛卡儿哲学体系的研究。尽管他以将宗教与哲学、笛卡儿主义与奥古斯丁主义调和在一起为目的，但他的作品仍有许多被列入禁书行列。他的著作主要包括：1675年的《关于真理的研究》，1680年的《论自然与恩赐》，1684年的《论道德》，1688年的《关于宗教与形而上学的探讨》，1697年的《论对上帝的爱》。

马勒伯朗士的著作四卷，编辑为西蒙；马勒伯朗士部分著作的翻译版本；约利等人撰写的与马勒伯朗士相关的专著。可参阅《论文学与哲学文集》（凯尔德著）及《唯心主义的衍化》，即《哲学年卷》丛书第4卷和第5卷。

假如运动与思维没有任何相同之处，假如最真实的广袤真的存在的话，那么，感觉怎么会以运动为因，最真实的广袤又怎会被精神所知觉？马勒伯朗士这样问。这好像不存在任何的可能性。人类只有用精神的方法才能对精神层面的事物进行认知，能够对同类进行认知的只有它的同类。现在，我们目睹的世界或广袤并不具备实在性，它只是一个存在于观念之中的世界、一个唯有以理智为凭依才能进行认知的世界、一个唯有以理智为凭依才能进行认知的具有观念属性的空间。上帝是观念的所在，上帝具有精神方面的属性，或者说，上帝本就是精神的。精神不受实在的事物干扰，也不受被创造的空间的干扰，能够对精神造成影响的，只有关于物质的概念，或者说是具有观念性的物质。我们很清楚，上帝是每一件事物之所在，这个上帝，不是具有广袤性的上帝，而是具有思维能力的上帝；能够被我们认知的不是具有广袤性的物质，而是与此物质对应的观念，到这里，马勒伯朗士所主张的都是泛神论，是唯心主义层面的泛神论。假如他的论断到此为止，那么，哲学史学家以"对基督教满怀信任的斯宾诺莎"来称呼他也不无道理，然而，在他看来，一般意义上的实体并不只有一个，至高的理性将所有的事物都涵盖其中。物质世界是一个领域,它无法被认知,马勒伯朗士也不知道这个世界是存在还是不存在。与物质世界对应的观念才是我的心智直面的最实在的对象,物质世界本身并不是心智直面的对象;若不以超自然的天启或自然的启示为依据,我无法对这一对象的存在进行认可。"假如在毁灭了创生于他的世界之后,上帝对我的影响依旧如故,我仍然能够看到我眼下所见的一切,那么,我会相信,那个创生于上帝的世界具有实在性,因为,它对我的心智没有造成任何影响。"我们坚信有这样一个能够通过天启而认知的世界。假如这个陌生的、不愿意直面我们的、与我们背道而驰的世界被马勒伯朗士剔除掉,那么,他的哲学就是实在的泛神论,但是它不是斯宾诺莎主义的泛神论,而是唯心层面的泛神论。

在对因果进行探讨的时候,马勒伯朗士所持的观点与休谟的批判观点相类似,而休谟对存在于法国的柏拉图主义者所主张的观点进行了检视。在他看来,因果之间联系的必然性无法通过内在的经验获得,也无法通过外在的经验获得;我们之所以能够对这种必然的因果关系进行假定,完全是因为有理性存在。在最一般的存在物的概念中,本就包蕴着因果之间联系的必然性。

第五节 神秘主义

布莱斯·巴斯噶（1623—1662年）著有《外省信札》（1657年出版）、《关于宗教的思考》（1669年出版）等书。他是一位神秘主义者,在数学与物理学方面也卓有建树,他的神秘主义观点中渗透着部分怀疑主义的倾向。他对在奥古斯丁神学思想影响下发生于宗教内部的革新运动,即波尔·罗亚尔的詹森派抱持同情的态度,对笛卡儿的机械自然论及二元论,巴斯噶也抱持赞同的态度。对某些第一位原理的确实性,巴斯噶进行了认可,比如,在他看来,时空、运动、数目和物质都是存在的。然而,他却武断地认定,对某些终极事物进行认知不是人类凭自身的能力能够办到的,人不仅不清楚事物以何为泉源,也不清楚事物以何为目的。人不仅不能对上帝的存在进行论证,也不能对灵魂的永生进行论证。从哲学的层面进行的论证也许能引领人们来到真理之神的身边,却无法引领人们到达爱之神的身边。这样,理性被归入怀疑的范畴,在攸关我们生死利益之时,在最关键的时刻，它弃我们于不顾。然而，以宗教的情感为凭依，我们可以对上帝进行直接的经验，并因此而获得内心的平和与安宁。"有一些道理是人心所独有的，对此，通过理性，根本就无法进行认知。"但是因为诸如人的本性、人类社会等自然事物皆有罪，皆陷入了沉沦，所以，唯有神圣的恩惠、天启与教会的权威才能将我们从罪恶之中救赎。

参考书

博苏特所编巴斯噶著作；1904年布隆施维茨所编《思想》；《思想录》和《外省信札》，译者凯根·保罗；图劳迟等的专著；《巴斯噶的伦理学》，作者科斯特。

神秘主义者柏麦的哲学思想被普瓦雷（1646—1719年）所继承。仅就单子论而言，莱布尼茨应该以黑耳芒特（1618—1699年）为先驱，黑耳芒特同样推崇神秘主义，他的思想受柏拉图的思想影响很深，受犹太神秘派学说的影响也很深。

第六节 怀疑主义

比埃尔·培尔（1647—1706年）的著作有出版于1695年的《历史批判辞典》及出版于1737年的《哲学体系》。他以笛卡儿学派所主张的认识方面的明晰确实的标准为试金石，对哲学与神学中存在的独断主义思想进行了深刻且尖锐的批评。他以辩证的、卓越的技巧为凭依，对存在于宗教教义中的理性与现实的冲突进行了揭露，由此，人们开始关注宗教与科学的对立与冲突，开始关注源自科学的启示。宗教本身应该对理性表示服从，宗教也该以启示为边界对自身进行限定；对被宗教倚之为根据的历史事实，我们应该以批判的态度进行考察。然而，无论是宗教的教义，还是形而上学领域的学说，对人的道德都不会构成影响。

莱布尼茨深受培尔思想的影响，休谟也一样。启蒙运动时期，一位与哥特舍德一样德高望重的领导者用德文对培尔的《辞典》进行了翻译。18世纪时，法国的启蒙思想家们也深受培尔极具破坏性的批判学说的影响。最近，一位学者主张，启蒙思想家们对这位不具名的著作者的伟大的著作进行了大篇幅的引用。1767年，伏尔泰收到了一封来自腓特烈大帝的信件。在信中，大帝这样说："培尔的战争已经开始，许多英国人成了他的战友，这场战争注定要由你来终结。"

参考书

《在培尔著作中的宗教、批判和实证哲学》，作者德尔沃尔夫；1896 年，皮荣在《哲学年刊》上发表的论文；费尔巴哈等的专著。

第三章 斯宾诺莎

第一节 唯理主义

笛卡儿坚信人类能够以理性为凭依对一般的、明确的、实在的知识进行把握，他是一个唯理主义者，他的哲学带有独断的色彩。他以存在于心灵之中的不言自明的原理及观念为凭依，对属于自己的、无所不包的哲学体系进行了构架，这些理论一如数学中的几何命题，理性肯定会对其表示遵从。同样的信心，斯宾诺莎也有。在他看来，哲学必然以获取与事物相关的完全的知识为目的，而要达到这一目的就必须以明晰确实的思维为凭依。假如我们以不言自明的原则为出发点，一步一步地对命题进行证明，那么，我们所构建的真理体系必然如数学一般普遍与确实。在著作《沉思集》中，笛卡儿以附录的形式举例说明了几何方法于哲学中的运用。斯宾诺莎在其研究哲学的初期曾经对笛卡儿的著作进行过论述，在这一论述中，他采用了几何的方法，同样地，在著作《伦理学》中，他也采用了这一方法。他以公理和定义为出发点，对命题进行推导，在推导的过程中，他以几何的顺序为参照，依次对命题进行了论证，论证的过程中，每一个命题都处于自己应该处于的位置。以命题为因，推论产生，命题以推论为必然结果。此外，还有解说，于此可以自由、细致地对命题进行表述。在斯宾诺莎的思想体系中，有着明显的被数学方法影响的痕迹，之后，我们会简要地对其进行论述。

单就哲学的目的及方法而言，笛卡儿就是斯宾诺莎的榜样。他和他的前辈们对同一问题也怀抱着浓厚的兴趣，但是在对问题进行解决的时候，他运用的方法更系统、更严谨。在笛卡儿看来，上帝与自然是截然不同的，灵魂与肉体也没有任何相似之处；精神以思想为属性，肉体以广袤为属性。然而，与此同时，他还主张上帝是实体，而且是唯一的、真正的、独立的实体，其他所有所谓的实体都以上帝为凭依，并且他的独立是相对的，不是绝对的。斯宾诺莎非常郑重地对这一观点表示了认可，还以逻辑的一致性为工具对这一观点进行了修饰与加工。假如除了自身之外，实体无须以任何事物为凭依就能被设定、被想象，就能独立存在；假如此实体即为上帝，其他所有的实体都以上帝为凭依，那么，除了上帝，世界上就不可能再有任何实体存在，这一点显而易见。思维的属性不可能与广袤的属性处于各异的实体之中。存在于宇宙中的所有事物都以上帝为凭依；所有的属性与样态都以上帝为因，都被上帝承载，所有的事物之所以会存在，正是因为有上帝这一基础质料存在。上帝不仅仅具有广袤的属性，还具有思维的能力，上帝是实体，这样，与实体相关的二元论崩解，而与属性相关的二元论却依旧如故。思维与广袤之间没有相互作用存在，精神与肉体之间也没有相互作用存在，他们彼此是平行的，永远都不可能有交集。只要某处有精神现象存在，就肯定有物质现象存在；只要某处有物质现象存在，就肯定有精神现象存在；物质范畴内的秩序同精神范畴内的秩序是一样的，物质范畴内的关系也等同于精神范畴内的关系。二元论观点被一元论观点所取代，有神论观点被泛神论观点所取代，彼此作用的观点也被平行论观点所取代。

巴鲁赫·斯宾诺莎（也译为别涅狄克特·斯宾诺莎）1632年出生于荷兰，1677年，他的生命走到了尽头。斯宾诺莎家境优渥，他的父亲是一位葡萄牙犹太富商。为了成为犹太教的一员，斯宾诺莎曾经对希伯来文献进行过研究。然而，犹太教的哲学思想太过繁复，也太过琐碎，斯宾诺莎无法从中获得满足，这就好像基督教的哲学也无法让笛卡儿和培根感到满足一样。在心怀疑虑的情况下，犹太教被斯宾诺莎放弃，他开始专注于研究笛卡儿的著作。1656年，因为被犹太教会驱逐，斯宾诺莎被迫从阿姆斯特丹离开，之后，他流离于荷兰的市镇之中，直到1669年才在海牙定居。为了维持生计，他不得不从事打磨光学镜片的工作。他对真理充满了热爱，他公正无私，生活十分素朴，在他身上，我总能看到一个哲学家所应具有的所有德性。然而，因为坚持泛神论的思想，仇视他的人有很多，甚至近乎所有的民众都愤恨他，之后的数个世纪，人们都蔑视他，视他为无神论者。出版于1663年的《形而上学的沉思》是斯宾诺莎生前唯一的署名著作，在该书中，斯宾诺莎对笛卡儿的哲学体系进行了系统的阐述。在无署名著作《神学政治论》中，斯宾诺莎对《摩西五经》及其作者摩西做了批判性的论述，在书中，他宣扬思想自由，认为教权与王权应该分离。斯宾诺莎逝世之后，他的《伦理学》《政治学》《知性改进论》《书信集》于1677年相继出版。1850年，他最早的著作《简论》的荷兰文译本被发现，但该书的荷兰原版与拉丁文原版却已经散失。

参考书

1882—1883年，由弗洛顿和兰德所编斯宾诺莎著作最佳版本，两卷；艾惠斯译主要著作，两卷；《伦理学》，译者怀特，第二版；《知性改进论》，作者怀特译；《形而上学的沉思》，译者布里坦；《简论》，译者A.沃尔夫与赖夫；《选集》由弗勒尔顿编，第二版（此书选取了艾惠斯和怀特的译文）。

《斯宾诺莎》，作者凯尔德；《斯宾诺莎研究》，作者马提诺；《斯宾诺莎，他的生平及其哲学》，作者波洛克，第二版；《斯宾诺莎伦理学研究》，作者约阿希姆；《斯宾诺莎》，作者皮克通；《斯宾诺莎的政治和伦理哲学》，作者达夫；K.费舍，前引书，第1、第2卷；《斯宾诺莎传》和《斯宾诺莎生平》，作者弗罗伊登塔耳；《斯宾诺莎及其亲友》，作者曼斯玛；《斯宾诺莎的哲学》，作者艾尔哈尔德特；《斯宾诺莎的伦理学》，作者瓦耳；《青年斯宾诺莎》，作者顿尼—布尔考茨基；《斯宾诺莎的道德学》，作者沃尔姆斯；《斯宾诺莎》，作者布隆施维茨；《斯宾诺莎》，作者库仇得。艾尔哈尔德特书第1—66页载有斯宾诺莎主义史，该书第466页附录中有对斯宾诺莎主义不同理解的研究。

对斯宾诺莎哲学进行研究的学者曾经从各异的角度对斯宾诺莎思想的泉源进行追溯：阿威罗伊的思想，中世纪时盛行的希伯来神秘主义哲学和泛神论文献，犹太哲学家摩西·迈芒尼德和克雷斯卡斯所撰写的著作[①]，乔

[①] 迈尼芒德的观点是，如果将上帝设想为许多属性的负荷者，就会破坏其统一性，而克雷斯卡斯却支持这一观点。

尔丹诺·布鲁诺的思想及犹太哲学家。无论上述学说中的一种或全部对斯宾诺莎的思想造成了何等影响，我们都能肯定，斯宾诺莎的思想是以笛卡儿哲学为基础建立的。他所重视的、他想要去寻求解决之道的问题，皆源于笛卡儿的理论；他倚之为解决问题的办法的泛神论理念，也是以这位伟大的法国唯理主义思想家的上帝实体概念为凭依推导而出的与逻辑相契合的结果。然而，他之所以认为笛卡儿的思想能够朝着泛神论的方向发展，还是受了中世纪犹太哲学家所主张的新柏拉图主义的影响。

第二节 方法

在自身的哲学体系中，斯宾诺莎对待世界的态度与他对待数学中几何问题的态度是一致的。在他看来，所有的事物都应该以宇宙的第一原理为因，这具有必然性，就像要对数学中的几何问题进行推演就必须以逻辑为前提一样。就像数学的几何问题在数学层面的演绎得出的结果肯定不只有时间的特性，还和原理本身一般具有不朽的特性。在时间的范畴内，事物虽也以第一原因为因，但并不在其中演化与前进，从不朽的角度来看，他就是不朽的。时间是一种样态，仅存于思维之中，时间没有先后，皆是不朽。依据与结果等同，原因与缘由等同；逻辑的根据等同于实在的根据等同于合理的根据。思维与存在没有任何区别。在现实的世界中，每一种事物都以另一种事物为因，或者受其诱引；宇宙是一条锁链，各个环节之间因因果而联结，与这一环节相联结的必然是它紧邻的上一个环节，就像在推理的过程中，每一个结论都有其获得的前提一样。并且，就像在数学命题中，这一命题必然以另一命题为因，在自然界中，这一事物也必然以另一事物为因：整个体系的各个部分之间是相互联系的，各个部分应该处于哪个位置也是必然的。亦即斯宾诺莎的哲学体系遵循的是绝对严格的决定论。从另一个角度看来，自然界和数学界一样，都不存在目的与计划。由此，我们可以认为，斯宾诺莎的哲学体系对目的论抱持的是反对的态度。计划怎么可能出现在上帝身上？和思维的能力一样，广袤的属性也是潜在的实体所具有的属性，因此，它不可能存在于后者之前，也不是后者的终极因。假如我们对上帝存在目标这一观点进行认可，那就是对思维能力先于广袤的性质而存在这一观点表示认可，而实际上，作为上帝自我表现的形式或性质，思维能力一直与广袤的属性同在。

第三节　万有实体

在著作《伦理学》中，斯宾诺莎对自己的思想体系做了最详尽的论述，该书共有五部分，探究的命题如下：（1）上帝；（2）心灵以何为泉源，心灵具有什么性质；（3）情绪以何为泉源，情绪具有什么性质；（4）情绪的伟力及人的奴性；（5）人之自由或者源于理智的力量。斯宾诺莎以对实体进行界定为出发点。实体能够脱离事物而单独存在，它的存在不以任何事物为凭依，对它进行认知时，无须借助其他任何事物；若不以对实体进行认可为前提，所有的东西都无法被设想；若不以对任何事物进行认可为前提，实体却能被设想；它是最本初的基础质料，它是独立的，且这种独立具有绝对性。

以对实体的界定为凭依，某些结论定然能够被得出。假如实体是独立的，而且这种独立具有绝对性，那么，它肯定具有无限的性质，若不然，它不可能独立。这样实体必须具有唯一性，若不然，其他的事物就会成为它的桎梏，它的绝对独立性就不成立。它以自身为因；假如它以其他任何事物为因，它就会以这一事物为凭依。所以，它不受任何限制，亦即，除了它自身，没有任何事物能够对它进行决定；能够对它进行决定的只有它自己；它的属性以它的本性为因，它的活动也以它的本性为因，这是必然的，就像三角形的本质决定了它的性质一样。不能将个性或者人格赋予实体，因为这对实体而言，本就是一种桎梏或限定；每一种规定都是对实体本身的否定。由此，实体不可能拥有同人一般的智慧与意志，它本身并不进行思维，也不做计划，不去决定，它的行动也不受某种意识的目的引导，更不被其决定；实体的本性与目的论之间本就是不相容的。在斯宾诺莎看来："坦率地讲，只有以上帝的任意性为凭依才会认为上帝冷漠的意志能对所有事物起决定作用，相比于认为上帝的所有行动都以为善为目的的观点，这一观点距离真理的距离更近。因为他们好像把某个脱离上帝独自存在的事物放在了上帝的范畴之外，认为在上帝工作的时候，它能起模型的作用，他以它为目的，就像它始终存在靠近某一目的的倾向一样。事实上，这一观点不过是想要让上帝屈服于命运，这种与上帝相关的意见非常荒唐，更充满了谬误；我们已经对事物的存在及本质以上帝为因这一点进行过论证，并且，作为原因的上帝本就是唯一的、本初的、自由的。"

上帝（自然）是事物最基础的质料，具有单一性、永恒性与无限性，并且，它一直都以自身为因。上帝并不像笛卡儿所想的那般与世界相脱离，也不是一种存在于世界之外、从外部对世界施加作用的、具有超验性的原因（有神论），而是存在于世界内部或者说是宇宙内部的一种最基础的质料。上帝为世界所涵盖，世界也为上帝所涵盖；所有的事物都以上帝为泉源（泛神论）。世界与上帝之间的关系，既是一而二的，又是二而一的。原因与结果在这里是等同的；上帝并没有对某种能够脱离它而独自存在的事物进行创造；在事物内部，上帝是唯一的实体、本质，且具有不朽的特性。所有实在的活动都以上帝为泉源，斯宾诺莎对旧经院派哲学的专业术语进行了引用，称它为自然诞生的自然泉源。上帝是千差万别的物体，是以本原为因的诞生物，因此，它被称为被自然创生的自然。

第四节 上帝的属性

从另一个角度，我们要如何对上帝（自然）进行界定？何为万有的、实在的属性？在斯宾诺莎看来，属性就是构成实体的某种能够通过理智进行认知的本质的存在。注释家黑格尔及埃尔德曼这样理解斯宾诺莎的观点：人类的知识以属性为形式，上帝对其的占有不具备实在性，是人类以思想为凭依将属性赋予了上帝。以 K. 费舍为代表的另外一部分人则认为不仅人类思维以属性为形式，上帝之本性也通过属性来进行自我彰显，这种表现是真实的，属性是上帝所有的最实在的性质。后者对属性的诠释也许才是对的；斯宾诺莎是一个唯理主义者，他坚持认为思维所具有的、必然的形式是客观的、明确的、真实的：在理性的强制下，我们思索的不仅仅是思维本身所具有的实在性。然而，所有的规条对上帝来说都是一种否定，若要在万物具有无限性的泉源之上强加某种具有确实性的属性，那么，从一定程度上来说，他的确要踌躇。为了对这一困难进行规避，他将无限多的具有无限性的属性赋予了具有无限性的实际存在：从本质上来说，个中的每一种属性都是无限的，个中的每一种属性也全都是不朽的。上帝十分伟大，人们在对他进行设想的时候，赋予了他无限程度上的无限的属性。

以心灵为凭依，人类只能对这无限属性中的两种进行掌握，这两种属性，一是思想性（思维能力），二是广袤性。自然在自我彰显的时候表现为无限的形式，只有思想与广袤才能被人所认知——人这种生物，既具有精神性，又具有物质性。所以，最起码，上帝也存在物质与精神两种属性。空间（物质）所在之地，即灵魂（精神）所在之地；灵魂（精神）所在之地，也即空间（物质）所在之地；对实体而言，精神属性与物质属性是本性之中最本质的性质，只要是实体所在之地，这两种属性就存在。以同种属的角度而言，思想是无限的，广袤也是无限的，然而，这种无限并不具备绝对性，亦即，无论是思想属性，还是广袤属性，都不具备唯一性；因为除了思想与广袤，上帝所具备的属性还有很多很多，其中不存在任何一种具有绝对无限性的属性。这些属性之间无法相互影响，并且相互独立，这种独立具有绝对性；精神不会因为肉体的变化而变化，肉体也不会因为精神的变化而变化。"假如两种事物不存在任何相似（共同）之处，那么，其中一种事物就不能以另一种事物为因。隶属于原因的所有事物都不可能为结果所包含，由此，所有被归于结果范畴中的事物便都创生于无。"于此，斯宾诺莎对马勒伯朗士的理论表示赞同，也对偶因论表示赞同，换言之，在斯宾诺莎看来，同类必然以同类为泉源，精神不以运动为泉源，运动也不以精神为泉源。

唯物主义者以物质为凭依对精神进行解释，唯灵主义以精神为凭依对物质进行解释，我们不应该做与他们一样的事情。无论是精神领域，还是物质领域，无论是思想现象，还是运动现象，都以同一个万有的实体为因，都是这一实体的表象，从地位上来说，两者没有区别；两者不能互为因果，两者又都以同一原因为因，以同一结果为果，以同一实体为泉源。一方面，上帝（自然）具有运动性，它占有空间，且不可被割裂；另一方面，它是一个世界，构成这个世界的基质是观念。这也就是我们目下所主张的心理生理平行主义。一个领域中的秩序等同于另一个领域中的秩序，一个领域中的关系等同于另一个领域中的联系。在自然界中，有一个实在的圆的概念存在，这个概念等同于我的圆的概念。

第五节　样态学说

属性以个别的状况或样态来表现自身。样态的定义是"实体的状况或实体的变化或存在于另一事物之内，以另一事物为凭依而为人所认知的事物"。亦即，样态（变化）一直都以处于变化中的某一事物为主体，若其不以事物的样态的形式而存在，它就无法被设定与想象。广袤的属性通过某一具有特别形状的物体自我彰显，思维的属性则通过某一特别的意志活动或观念自我彰显。单一的、只具有抽象性的思想是不存在的，单一的、只具有抽象性的广袤也不可能存在于什么都没有的空洞思想之中；广袤中所有的一直都是特别的概念或物体。然而，在与属性相分离的情况下，我们不能对后者进行设想。譬如，不能在不具有广袤性的情况下对运动及静止进行设想，不能在不具备思想性（精神）的情况下对意志及理智进行设想。

从这一角度来说，样态具有必然性与无限性；从另一个角度来说，样态又具有短暂性与有限性。举个例子，物种具有不朽的特性，但隶属于此物种之中的个体则存在生灭，个体消亡，但物种依旧恒常地存在。从古至今，智慧、意志、人类一直都存在，未来，它们依旧会恒常地存在，但具体到个人，却有生有死。不朽的、无限的实体总是以某种形式恒常地自我彰显，或是物质（物体）的体系，或是精神（概念）的体系。斯宾诺莎以具有绝对性的无限的理智，来称呼以这一观念的无限性与必然性为凭依所构建的体系，或者说，是集聚了所有观念的体系；他还以静止或运动来称呼以具有广袤性的样态为凭依构建的体系①；两者相合，就是整个宇宙的样态。尽管宇宙内各个部分时常会产生变化，但从整体的角度来说，宇宙却是恒常不变的。从全局的角度来看，我们可以用单一的有机体对自然进行类比，尽管构成有机体的各部分存在生灭，但有机体的形式或者说样态却是恒常不变的。

具体的精神或物质并不以上帝之实体为直接泉源，有限的精神或物质也不以上帝之实体为直接泉源；所有具有有限性的事物都以另一同类事物

---

① 运动和静止是广袤的阳台。在斯诺宾莎看来，没有广袤就不会有运动，广袤是运动的根基。既然广袤是运动的根基，那运动即为广袤的样态。

为动力因，以此类推，以至无穷。具体的事物之间存在着一丝不苟的因果关联，彼此之间相互联结形成链条；具体的概念之间也会形成一个与物质链条相类似的链条。存在于我脑海中的具体的概念要以另一种其他的概念为因，如此这般，一直朝着前方推进；存在于我眼前的具体的事物要以另一种其他的事物为因。假如这一事物不存，那么，另一事物也将不存。然而，对万有的实体而言，这个事物的存在不是必然，另一事物的存在也不是必然；它们不一定会以上帝的本性为泉源。假如无法归于万物，假如所有的事物都不过是它不朽的样态处于潜隐状态下的实际存在，那么，就不会有物体，也不会有思想，哪怕是单一的也没有。斯宾诺莎清楚地意识到，用逻辑的方法，我们无法以实体的概念对具体的事物或有限的样态进行推导；以概念为凭依，永远都无法对个体进行推导。即便是已经对某个具有广袤性与思想性的实体有所认知，我们也无法对具有这样特征的个体的存在进行论证。然而，斯宾诺莎却坚信，只要这一实体是存在的，那么，思想就是存在的，那么，物体就是存在的。就像三角形以定义为所有属性的泉源一样，宇宙也以实体为所有属性的泉源。可是，我们不能以三角形的定义为依据对各个三角形的存在、数量、大小、形状进行推导；同理，我们也不能以上帝或实体的定义为依据对世界上所有个体的存在、数目和性质进行推导，也不能以上帝或实体的定义为依据对实体进行自我彰显的形式或样态进行推导，亦即，我们不能对具体的个人、具体的植物及具体的物体进行推导。这些事物不一定就以实体的概念为诞生的泉源，从上帝的角度来说，它们全都是不确定的，全都具有偶然性。在对这些进行解释的时候，斯宾诺莎采用的似乎是互为因果的观点。在这里，我们只从普通的科学角度对其进行诠释，不进行更深入的探讨；站在不朽的角度，所有的诠释好像都是不合情理的。

　　以不朽之形式为依据，上帝就是其属性，且这一属性具有无限性；以时间的形式为依据，或者以想象为依据，世界等同于上帝。从感觉或想象的角度来看，自然通过彼此没有任何联系的现象来自我彰显，但这种观察方式确实失之抽象、失之浅薄；站在知性的角度来看，自然就是一个实体，而且为万物所共有，它是存在于实体中的特殊的现象，是它的一种形式，这种形式具有有限性，是对实体以之为助力来进行自我彰显的其他所有形式的一种否定。样态只能以实体为凭依才能存在，样态只有以变化为凭依才能存在；实体是一种基础质量，它恒常存在，而样态则转瞬即逝。所以，个别的样态只是实体一种短暂的自我彰显，它并不具备恒常的特性。

斯宾诺莎以唯理主义为前提构建了他的样态学说。以逻辑的方法为凭依，我们无法自上帝的概念中对具体的样态进行推导，所以，样态不具有确实性，也不是本质的。然而，事物以与上帝相关的必然的概念为本质，经院哲学家们也以与上帝相关的必然的概念为共相，并且，通过经验能证明，尽管个体的存在是短暂的，但是个体所隶属的种或类的存在却是恒常的。于是就得出这样的结论：从宇宙样态（面貌）恒常不变的角度而言，样态是不朽的、无限的、必然存在的。然而，既然所有具体的样态都以实体中的某些部分为泉源，既然所有的事物都必然以它为因，那么，我们就无法对实体因何不以具体的样态为必然结果这一问题进行理解了。斯宾诺莎一直想要从逻辑的角度对宇宙进行诠释，这也是它所面临的所有问题的根源。因为受几何观念的影响，斯宾诺莎始终都认为所有的事物都以不朽的、本初的基础质料为因，由此，在他的体系中，变化与演化就成了无法被实现的事情。但是根据经验，他却又相信变化与演化是存在的。抱着不偏不倚地看待逻辑与事实的目的，斯宾诺莎提出了两种样态说，一种是基于偶然的样态，一种是基于必然的样态。

第六节　人的精神

在笛卡儿看来，实体有两种，一种是物质的，一种是精神的，两种实体之间相互影响、相互作用。斯宾诺莎则认为实体（基质）具有唯一性，所有的物质活动及变化都以这唯一的实体为基础，所有的精神活动及变化也都以这唯一的实体为基础，它们的活动与变化就是这唯一实体的活动与变化。所以，灵魂不可能存在，自我也不可能存在，亦即一个具有思维能力、具有感情、具有意志的精神实体是不可能存在的；它的思想、感情、意志构成了整个精神。这种状态并不以肉体为因，也不以肉体的活动及变化为因；精神状态或观念的变化与肉体的活动与变化是相对应的，也是平行的。然而，实际上，它们只不过是同一事物彰显自身活动与变化的不同方式。两者相互独立，彼此之间没有相互作用，也不会相互影响。

物质以所有的事物为样态或形式，精神也以所有的事物为样态或形式：所有的肉体都生机勃勃，所有的灵魂都具备肉体。肉体所在之处，必然有精神现象或观念存在；精神活动之处、精神变化之处，也必然有肉体存在。所以，斯宾诺莎以人的肉体的观念来称呼人的精神；无论是肉体，还是肉体的活动，必然与精神层面的某一观念相对应，是这一观念在空间范畴中的变化、活动或对象。人的肉体与精神都很复杂，肉体由大量不同的部分构成，精神则由大量不同的观念构成。愈是复杂的肉体，它所对应的精神世界中所包含的知识就愈丰富。人之精神不仅是与肉体相对应的一种观念，还是一种自我意识，它能对自身的活动与变化进行感知，所以，斯宾诺莎用"精神之观念"或"肉体观念的观念"来称呼它。然而，唯有当精神对肉体变化的概念彻底掌握之后，它才能对自我进行认知。

观念的秩序等同于事物的秩序，观念的关系等同于事物的关系；肉体赖以活动的规律及联系与精神赖以活动的规律及联系是相互契合的；令肉体感受强烈的规律及联系与令精神感受强烈的规律及联系也是相互契合的。所有的事物都具有物质与精神双重属性；所有的事物在成为观念研究对象的同时，也成为观念本身。宇宙之中所有的思想与观念集聚在一起，构成了一个庞大的精神体系，这一体系从整体上来说是统一的，（物质所构成的庞大的）自然体系与之相对应。所有的灵魂都隶属于智慧，是智慧的一部分，且这种智慧具有无限性，数之不尽的观念与灵魂是构成它的最基本要素，它是上帝思想的样态，这种样态恒常不变。假如事实果真如此，假如从物质的角度来看，规律（秩序）与联系（关系）以因果为属性，那么，因果也必然决定着精神层面上出现的种种事态，且这些事态具有连续性。

精神能够感知到所有于身体内部发生的事情，亦即所有发生于身体内部的事情都与某一精神状态相对应。从这个角度来看，通过精神，人类一定能对发生于身体内部的所有事情进行感知。然而，除非以与变化相对应的概念为凭依，否则，它对身体的存在将一无所知，它也无法对身体本身进行认知。同样地，它之所以对其他事物的存在及其他事物的属性有所认知，全都是因为它通过身体感受到了其他物体施加于它身上的作用（或影响）。然而，所有这些被划归到感性范畴内的知识都是含混的、杂乱的，不具有确实性；通过这些感性的知识，我们无法对我们的身体进行合理的认知，也不能对外部的事物进行合理的认知。只要决定精神的是外在的偶然，那么与它相关的知识就是含混的、杂乱的；只有当内在成为精神的决定因素时，它才能对事物进行明晰确实的思考，才能一次性对数种事物进行明晰确实的认知，它才肯定能对它们之间或对立或同一的关系进行理解。

第七节　认识论

在著作《知性改进论》及著作《伦理学》的第二部分中，斯宾诺莎对认识论进行了细致的探讨，下面，我们将对他的观点一一进行论述：（1）以想象为泉源、以感官知觉为凭依所获得的观念全都是含糊的、不恰当的，事物的变化是感官知觉进行感知的对象。（2）另外，还存在充分的知识、确实的观念及理性的知识。通过理性对事物的本质进行思索，通过思索认识必然存在于它们之间的联系，站在不朽的角度来对它们进行思索；通过对具体事物与所有事物的共性进行认知，它可以对事物的一般本质进行把握；通过对上帝与它的关系进行认知，它能对它必然的、不朽的本性有所了解。与之相关的知识全都是不言自明的，这些知识本就具有自明的属性，从这个角度来说，衡量真理的标准就是真理本身，真理阐述的对象除了其本身，还有谬误，甚至真理就像光明，在自我彰显的同时，还对黑暗进行揭示。（3）在斯宾诺莎看来，以直觉为泉源的知识是所有知识中等级最高的，但是，想要说出它与前一阶段的知识究竟有何不同却很难。以直觉的知识为凭依，我们知道在上帝的存在中，所有的事物都有其之所以存在的、具有必然性的泉源，所有的事物都源于它："它本是与上帝相关的某种客观本质之中某一合适的概念，但随着它的不断前进，它变成了事物的某种合适的本质。"通过想象，我们无法从整体上对事物进行认知，它在细节中沉沦，无法对现象的同一性进行把握，也无法对其意义进行认知。它是一种偏颇的意见，谬误与幻想都以它为泉源；在它的作用下，人们开始相信精灵的存在，相信具有普遍性的概念能够脱离个体而单独存在，相信自然界存在终极因，相信自然界的终极目的，相信上帝的形式与人类似，相信上帝和人一样具有情感，相信意志不受束缚，相信其他一些谬误。直觉的知识对这些源于想象的东西进行指责，理性也对这些源于想象的东西进行指责，在它们看来，这些东西是不恰当的，在它们看来，唯有依靠它们，人类才可以对真理与谬误进行辨别。每一个具有确实观念的人都熟知这一点。

在斯宾诺莎看来，所谓错误不过是知识储备的不足。同为观念，没有谁是真实的，也没有谁是虚假的，它之所以真实，或之所以虚假，不过是因为它对某一实际存在或实际不存在的事物进行了假定，假定它存在。观念就是观念，观念只不过是一种幻想，这样的观点，正是我们需要具备却不具备的。"对某种具有思维能力的存在来说，我们只是其诸多组成部分中的一个，它以它的某些思想从全局的角度对我们的灵魂的本质进行了构架，但是其他的思想却并非全都这样，因此，我们所构架的观念自然是不适当的。"

第八节 理智与意志

单就心灵能够对观念进行认知这个角度而言，心灵等同于理智，心灵等同于智慧；单就它能对真假进行认可或否定这个角度而言，心灵被我们称呼为意志。但精神不以理智（智慧）为机能，也不以意志为机能；不具备机能的心灵之中只适合观念的存在。归根结底，灵魂就是一种观念，一种对应着肉体的观念：它以生理的全过程为映射对象。斯宾诺莎没有对意志、情绪、情感、认识进行区分。所谓意向，其实也是一种观念，它所对应的对象是事物；对意志而言，其活动与观念都与众不同，并且相互统一。所以，从本质上来说，智慧等同于意志：意志是一种观念，它不是在对自己进行肯定，就是在对自己进行否定。笛卡儿认为，这种肯定与否定是自由的，具有任意性，但事实并非如此，无论是对自身进行肯定，还是对自身进行否定，全都决定于观念自身。自由的意志是不存在的，在自然界中，所有的事物都是已经被决定的，所有的事物肯定都以万有实体为诞生的泉源。上帝以人类的心灵为思想的样态，并且，正如我们所知的那样，意志的所有具体活动都决定于另一种样态。灵与肉之间不存在因果方面的联系，亦即，肉体不会为意志所推动。机械的秩序是所有物质的事物必须遵循的。意志的决定、肉体的欲望等同于肉体之中已经被明确的因果联系。从思想的性质方面对其进行考察，我们便以决定来称呼它；从广袤的性质方面对其进行考察，我们则以确定来称呼它。人不清楚它以何为因，所以认为它不受任何束缚。假如朝着下方坠落的石块具有意识，那么，在它看来，它自身也是不受束缚的。因为它对自己的自由表示认可，由此，褒贬、过失、罪恶等概念相继诞生。在斯宾诺莎看来，人类所谓的自由与非决定论或任意论其实是一回事，但从上帝的角度来看，自由就代表它的活动与本性是相互契合的。

所以，意志等同于智慧。包括激情及意志在内的意志的不同发展阶段与包括感觉或想象和理性在内的理智的不同发展阶段是相互契合的。对应生理状态的观念是激情，它是精神的一种被动表现，是含混、杂乱且不恰当的。因为我们无知，因为我们本身就是混乱的，所以，我们产生了诸如爱慕、憎恨、希望和恐惧等种种激情。从明晰确实的观念为精神所具有的角度来说，从认知与理解的角度来说，它具有主动性，并非被动的：它是意志，且这种意志具有唯理的特性。从这个角度来说，人是自由的，机械无法驭使他，只有目的才能支配与掌控他，这一点显而易见。在斯宾诺莎的哲学体系中，怎样使这种情况具备可能性，就是另一个需要探讨的问题。他认为："假如在我们看来某人因为被强迫而行动，就意味着他的行动与他的意志相违背的话，那么，我得坦率地说，我们所做的很多事情并不是出于强迫，并且，就这个范畴而言，我们的不受束缚的意志是存在的。"在自己的哲学体系中，斯宾诺莎主要对具有绝对性的自由及一无所据的意志进行了反对。当心灵对事物的意义有所了解，或者在心灵中存在某种恰当的观念的时候，情绪就不存在，心灵本身也是自由的。在认识方面，一个人表现得愈是含混、愈是无章法，就愈容易成为情绪的奴隶，就愈容易被束缚，就愈容易感觉无力，就愈容易去寻求依靠。相应地，一个人在认识方面表现得愈清晰、愈确实，他就愈容易与理性相契合，亦即，他对宇宙中的种种关系了解得越多，情绪对他的影响就越小。认识代表憎恨和恐惧、愤怒和妒忌、爱慕和希望以及怜悯和忏悔等情绪不会对它造成干扰。每一个对事物真正的原因有所认知的人，都会看到人与上帝之间存在的必然的联系，都会对上帝充满挚爱：这种以上帝为对象的理智的爱等同于上帝对自己的爱，因为，上帝本就以人为样态。上帝爱己，所以爱人，因为人本就是构成上帝的局部要素，换言之，两者是一体的。

激情的出现不应被归咎于人的本性，激情本就是人必然要拥有的一种属性，所以，就像研究物体与点线面一样，我们也应该对激情进行研究。最基础的激情有三种：欲望、欢乐和忧愁。每一种激情都以自我保全的理想为基础。所有的事物都致力于对自身的存在进行捍卫与保持，人也一样，也极力对自己的物质（肉体）生活与精神生活进行维护。人通过精神对自己出于本性的追求有所认知，这种下意识的、只关乎心灵的追求，被称为意志；若这种追求不仅关乎心灵，还关乎肉体，那么，我们就需要以欲望来称呼它。但凡是能够对欲望起增强与促进作用的，就都是美好的；否则，就是不好的。所以，所有的人都在努力让自己的人生更丰富、更有意义，当他生命的意义被强化时，他会感到欢乐；反之，他会忧愁。欢乐是从比较不完善过渡到比较完善，忧愁则是从比较完善过渡到比较不完善。欢乐并不等同于完善。假如人生是完善的，人就不可能感觉到欢乐。人渴望留存欢乐，并以此从忧愁中脱离。我们钟爱的是那些能令我们感觉欢乐的原因，我们憎恨的是那些会对我们造成伤害的原因。对存在于未来的令人欢乐的原因进行想象，就是希望；对存在于未来的令人忧愁的原因进行想象，就是害怕。个人相信他的活动是以自身为因的，当他因自己的活动而欢乐时，他会感到满足，当他因自己的活动而忧愁苦痛时，他会懊恼悔恨。愈是能够带给人欢乐的情感，愈是活跃，情感愈是活跃，我们就愈能对自己的力量进行感知。所以，对我们来说，有一部分情绪是不好的，它会削弱我们对自身力量的感知，削弱我们的生命力，类似的情绪有妒忌和怜悯的情绪，等等。在近代生理心理学领域，笛卡儿是先驱，斯宾诺莎也是。

第九节　伦理学与政治学

伦理学与宗教方面的原因对斯宾诺莎思想的完善起到了促进作用："在精神领域，极致的善就是对上帝进行认知，至高的德性就是对上帝有所了解。"要完成这一目标，就必须以哲学为凭依；形而上学是伦理学进行构架的基础。在伦理学领域，斯宾诺莎的思想体系达到了巅峰：《伦理学》是他所有哲学著作中最主要的。同霍布斯一样，斯宾诺莎也以利己主义为自己伦理学的前提，但对这一前提，他却做出了相应的修改与削弱。在他看来，无论哪一种事物都在为维护自己的生存而努力，这种努力，就能称之为德性，所以，德性等同于力量。但凡是意图对这种力量（德性）进行削弱的就都是不好的，反之则是好的。怜悯是不好的，忧愁是不好的，欢乐是好的。自然制定的规条不会与自身相悖，所以它要求每个人都要爱护自己，每个人都要爱对其本身有所助益的事物，要努力对那些能让自身更完善的事物进行追寻。自然之权等同于上帝之权。所以，至高之权力为每个人所有，无论是谁都有权使用任何手段（武力胁迫、乞求、使用策略等）去获取对自身有所助益的事物。大鱼吃小鱼，这是理所当然的，霸占整个水域，也是大鱼的权力所在。截至此处，所有的理论都充斥着毫不遮掩的利己主义，强权即公理。然而，斯宾诺莎并没有于此止步。具有唯理性的活动等同于有德性的活动。唯有当心灵对自我有所认知，或者当心灵掌握了合适的概念的时候，它才能真真正正地处于实在的活动状态。激情不等同于力量，它只是一种奴性，只是一种虚弱的表现。无论是谁都应该对确实有益于自身的事物进行追求。然而，通过理性，他知道，对心灵而言，只有认识的手段才是有益的。在属于生活范畴的所有事物之中，对知性的完善最有益的就是认识的手段，对理性的完善最有益的也是认识的手段；的确，幸福就是精神层面的一种满足感，它的产生以对上帝的直观认识为因。要对知性进行完善，不过就是对上帝进行了解，对上帝的属性进行了解，对以上帝本性中的必然性为因的活动进行了解。

并且，对每一个想要让自身的存在更加完善的人而言，最有益的事情就是人与人之间形成一个同一的目标，就是所有的人对所有的问题都抱持同一的意见；最卓越的事情就是所有的精神集聚为一个单一的精神，就是所有的肉体集聚为一个单一的肉体。明智达观的人只对于自身真正有所助益的事物进行探寻，这种探寻对其他希望能对自身的实在进行保全的人来说是最有益的，所以，假如所有的人都只是对真正于自身有所助益的事物展开追求，或者所有的人在活动的时候都遵循源于理性的引导，那么，无论对他自己，还是对别人，都是非常有益的。因此，受理性支配的人，本就希冀他人与自己共享自己想要真正追寻的事物，由此，他们的行为本身就是公正的、忠诚的、高尚的。但凡是于别人而言有益的，于我而言也是有益的，所以，用德性回报怨憎是一件美好的事情；憎恶、愤怒、报复、妒忌、轻蔑是不好的，谦恭、自我克制、懊恼、希望也是不好的，即使对意志薄弱的人来说，在它们的敦促下，其生活会更加合乎情理。

每一个人在自然状态下都可以做他力所能及的事情，这是他的权利，强权即公理。然而，这样的状态下，人总是会滥用或过度使用自身的权利，由此，冲突爆发；只有将天赋的权利摒弃，人与人之间才能和平地相处（社会契约论）。国家就能做到这一点。个人的天赋权利因国家而受限，个人的任意性也因国家而受限，公共福利才是国家要维护的目标。正义与非正义，罪恶与功勋，唯有在井然的社会团体之中才具有实际意义，换言之，道德之所以存在，是因为它对社会生活的构建有着促进作用。

斯宾诺莎以个人幸福与完善为根本动机，对自己的伦理学体系进行了构建；从这个角度来说，他是个人主义者。个人追求自身利益，这理所当然，个人以对上帝（宇宙）继续认知为最高利益，这也无可厚非，他的心也会因此安享宁静；抱持这样目标，对别人进行关照对自身也会有所助益。它教导人们，在精神层面，以对上帝进行认知为至善，以对上帝进行了解为至高之德性；这一思想的主旨是所有的人最终都能够得到救赎。当对上帝有切实的、合乎情理的认知之后，对上帝的爱就等同于至善。

对人类而言，至善就是以理性为前提去爱上帝，这种至善同理性一样，都是不朽的。人的肉体不会彻底陨灭，精神也不会，精神之中具有不朽性的部分会恒常存在，就像肉体中具有不朽性的部分会恒常存在一样。通过经验，我们认识到自己是不朽的；通过经验，我们感知到自己是不朽的；通过经验，我们知道时间无法桎梏精神，精神也不以时间的存续来彰显自身。

第十节　上帝的概念

在斯宾诺莎构建的哲学体系中，上帝一词被运用的方式多有不同。上帝与宇宙同一；或者上帝的属性等同于宇宙的属性；或者上帝是绝对的实体，属性无限，且绝对统一；又或者上帝本就是具有统一性的绝对实体，它的存在凌驾于这些属性之上。在他看来，上帝就是宇宙，这个宇宙是统一的、不朽的、必然存在的，是一个有机整体，是多中的一，或许从实在的角度来说，这本就是他的意义。

对上帝有人格、有意识这一观点，斯宾诺莎一直都抱持鲜明且确实的否定态度：上帝没有情感，没有意志，也不存在理智。上帝的行动没有任何目的性，规律是他行动的准则，他的行动也必然以他的本性为因。他的行动没有目的，但其中存有因果。宇宙中所有的观念集聚在一起就形成了属于上帝的思维。上帝的思维能力表现为无限、绝对、不朽的智慧，上帝的思维属性则表现为必然且恒常的思维样态，并且，这种样态又于人日渐消逝的精神领域之中彰显。然而，部分时候，斯宾诺莎也会宣称，上帝有能力对自己的本质进行认知，也有能力对源于自身本质的所有事物进行认知。

第三篇　英国经验主义的发展

第一章　洛克

第一节　洛克的问题

诚如我们所知，从认识的理想角度来说，霍布斯是一个唯理主义者。在他看来，人不能从纯粹的经验中获取到确实的知识，笛卡儿与他抱持同样的观点。与此同时，霍布斯还对同胞培根的知识以感觉为泉源的观点表示赞同。这两种截然不同的思想似乎无法在同一体系中相合；从知识确实性或者有效性的角度而言，以感觉为知识泉源的认知本就是一种伤害。个中困难，霍布斯已有所察觉，所以有些时候在物理学领域他做出的结论都具有怀疑性。在洛克看来，这是一个至关重要的问题。于此，哲学朝着认识论的方向转变，开始对知识的本质、泉源和确实性进行探究——哲学渐渐变成了"人类理智论"。

约翰·洛克（1632—1704 年）曾经就读于牛津，在那里，他对自然科学、哲学和医学进行了研究。在教学方式上，牛津仍沿用经院哲学时期的方式，这让洛克非常不喜，但对笛卡儿的著作，他却相当满意。1666 年到 1683 年，洛克一直以秘书及家庭教师的身份为沙甫慈伯利伯爵及其子孙服务，甚至伯爵流亡荷兰时，洛克也一直随行。詹姆士二世被废黜之后，来自奥伦治的威廉成为大英帝国皇帝。1689 年，洛克重回英国，并数次在政府中出任要职。1700 年到 1704 年，处于暮年的洛克一直留居于弗兰西斯·马沙姆爵士的府邸，而马沙姆爵士夫人的父亲恰是哲学家库德沃尔思。

洛克的著作包括：出版于 1690 年的《人类理智论》；出版于 1690 年的《政府论》；出版于 1689 年或之后的《论宽容的信札》；出版于 1693 年的《有关教育的思想》；出版于 1695 年的《基督教的合理性》；洛克逝世之后才出版的《自然哲学基础》及《论理智活动》。

1853 年，博恩丛书哲学专著板块收录了圣约翰编译的洛克的著作集合，弗莱则还编辑过两卷《论文》，还有署名作者为罗素的《论文》选集。

参考书

《洛克生平》，两卷，作者 F. 鲍恩；弗莱则等的专著；《休谟导论》，作者格林；《洛克〈人类理智论〉关于存在、意义和实在的观点》，作者莫尔；《洛克的伦理哲学》，作者柯蒂斯；《洛克与笛卡儿的关系》《哲学评论》ix, 6，作者梯利；《洛克的哲学》，作者库赞；《洛克哲学总述》，作者奥兰；《洛克：他的政治论》，作者巴斯提德等；《洛克的实体论》，作者德·福雷；《洛克和休谟的意志论》，作者凯泽林；《洛克的宗教哲学论》，作者克罗斯；《洛克和剑桥学派》，作者冯·赫尔特林；哈尔腾斯太恩等论洛克与莱布尼茨的关系专著，并参看原本第 254 页以下所列关于英国哲学总括的著作以及希本著《启蒙哲学》。

第二节　知识的起源

洛克十分肯定地说，与事物相关的真正的知识只能是哲学，对事物的性质进行研究的物理学，对处于主体地位的有意志、有理性的人类所应为之事进行研究的伦理学或实践学，对这种知识的获取方式和传播途径进行研究的评论学或逻辑学都隶属哲学的范畴。在洛克看来，三者之中，认识问题才是最重要的，他主张，在研究开始之前，我们有必要对自己的能力进行检视，确认一下什么是适合我们做的，什么是不适合我们做的。在主要著作《人类理智论》中，洛克对这一问题进行了探讨。然而，在他看来，要对何为确实的知识、何为不确实的知识、何为认识的边界等问题进行说明，就必须先对观念的泉源进行研究。这一问题的决定因素是对知识泉源的发掘，假如人类真的具有笛卡儿及其他许多人所主张的与原则相关的内在的知识，那么知识的确实性就是毋庸置疑的。所以，在著作《人类理智论》的第一卷，这位英国哲学家就对天赋观念进行了探讨，并且，虽然是第一卷，但它被完成的时间却居于最末。

假如真的存在天赋之观念，那么它一定会为心灵所知，因为，只要是存在于心灵之中的事物，心灵就不可能不知道；以此为根据，洛克对天赋真理学说做了进一步的驳斥。理论原则并不存在于人的心灵之中，实践原则也一样，哪怕它们真的存在于心灵中，它们被获取的方式也应与其他真理同一。假如人类对烙印于本心中的原则一无所知，那么就无所谓天赋与非天赋。我们无法断言只要以理性的手段为凭依，就一定能对这一真理进行认知，因为对这一真理一无所知的孩童、文盲、野蛮人在很早之前就已经拥有了理性。并且即便是立即对某一命题表示认同，也无法对其原始性进行论证。道德律并没有天赋属性，因为它不为所有人所共同认可，也非不言自明，对人的行动，它也没有推动作用。部分人引之为罪恶的，另一部分人则视之为义务。假如说这一观念的模糊是受偏见、教育、风俗的影响，那么，它也恰恰证明了这一观念并没有获得普遍的认同。假如说这一观念无法被消磨且不会陨灭，那么它就该为每个人所认可（具有），特别是在孩童与文盲的心灵中它应该更清晰。与上帝相关的、被笛卡儿着重强调的观念不可能具有天赋性，因为还有一些不知道神与神相关的知识的部落存在，或者在这些部落所有的族民心中神的形象一直都是模糊的。哪怕关于上帝的观念充斥于整个人类世界，我们也无法断言关于上帝的观念就具有天赋性。不能因为关于火、热、太阳、数的观念是大众熟知且共用的，就断定这些观念是天赋的。当一个拥有理性的生物对创生于神圣智慧或力量的事物所彰显的表象进行思索的时候，不可能意识不到一位神明的存在。

总而言之，观念不具备天赋性，原则不具备天赋性，科学不具备天赋性，艺术也不具备天赋性。心灵最初就是一块白板、一个空白的板块、一间暗室、一个空无一物的箱子、一张白纸，其中不存在任何观念，也不存在任何文字。那么，问题来了，心灵是以何种方式被武装的呢？理性的材料源自何处？理性的知识源自何处？洛克的回答很简短，经验外在感觉与内在感觉（自省）是人类观念的两大源泉，前者将能够为感官所知觉的性质给予了心灵；后者则让心灵对自身的活动有所认知，这些活动包括知觉、思维、怀疑、信奉、推理、认识和愿望等。让心灵对感官知觉到的印象进行接收是人类理智的第一机能，这里所说的印象，是以外在对象对感官所施加的作用为因的，或者是以心灵自省时的种种活动为因的。在洛克看来，所谓观念就是心灵能够以自身为凭依知觉到的，或者说是知觉的直接对象、思维的直接对象或理智的直接对象。

以这种方式获得的观念全都是简单的，心灵有能力对这些观念进行重复、对比、结合，使其具有近乎无限的变化，因此，心灵可以以简单观念为基础任意对全新的、复杂的观念进行创造。然而，理智却不具备创生或发明一个全新的、简单的观念的能力，也不具备对存在于心灵中的观念进行破坏的能力。像颜色、声音、味道、冷、热和坚硬一样的、简单的观念在进入人心的时候，只需要以一种感官为凭依；像空间或广袤、形状、静止、运动一样的观念在进入人心的时候，则需要以一种以上的感官为凭依，比如运动，在进入心灵时就以视觉与触觉为凭依。还有一些观念以内在感觉为泉源，亦即，这些观念是通过心灵对已知的、与其自身相关的观念进行观察与反省而获得的，譬如，它注意到了自身的种种活动：知觉、保留（沉思和记忆）、分辨、比较、混合、命名、抽象等。最后，还有部分观念以外在感觉与内在感觉为双重源泉，这些观念包括：欢乐、苦痛或不安、能力、存在、统一、相继、持续等。

绝大多数源于感觉的观念都与外界存在的事物并不相似，也不是某个事物所固有的某种属性的精准的描摹或投影。物体可以将某些被我们称之为能力或性质的观念赋予我们。洛克把物体本身所固有的、无法脱离物体而单独存在的性质称之为第一性质或本质；隶属于这一类的有坚硬、广袤、形状、运动、静止、数量等。非物体本身所固有的，需要以第一性为凭依才能为我们所感知的性质，则被称为第二性，颜色、声音、味道等性质都属于第二性质。

所有简单的观念都是经由上述切入点而获得的，简单的观念是整个人类知识被构架的基础，比如，26个英文字母组成了许许多多的英文单词。光线以外在感觉和内在感觉为窗，通达理智的暗室。然而，心灵无须借助任何外力就能自行将攫获的所有观念集聚，并以之对全新的、复杂的观念进行构建，但这种通过组合而得的复杂观念从来都不曾为心灵所感知。出于方便观察的目的，心灵将两种不同的观念放置在一起，并以此法为凭依，获得了与关系相关的所有观念；心灵还具有将这些观念与现实世界中与之相伴而生的其他所有观念进行分离的能力，这种能力被称为抽象。在对所有简单观念进行接纳的时候，心灵一直都处于被动地位，但在上述情况下，它却有能力对简单观念进行统御。所有数之不尽的、复杂的观念通过划分，可归为三类，即样态、实体和关系。

样态观念是复杂观念的一种，它本身并不能被假定为独立的存在，而只是被看作实体的性质或附属，比如三角形，比如感恩，比如谋杀。同一简单观念的不同组合方式或变化被称为简单样态，在简单的样态中，并不包含其他任何观念，举例来说，某些单位的简单相加，比如一打，比如十二个。而混合样态则源于数种不同的简单观念，这些观念以不同的方式组合，从而形成某个复杂观念，譬如颜色与形状以某种方式进行组合形成美丽，这种美丽让所有看到它的人倍觉欢欣。广漠、形状、地点、无限广袤等简单样态全都源于与空间相关的简单概念；小时、日、年、时间和永恒全都是源于持续的简单样态。此外，存在简单样态的还有思维与心灵活动。

在所有复杂观念中，实体也是其中一种，在心灵的作用下，简单观念被以不同的方式组合，复杂观念由此诞生。构成某一实体的复杂观念的是该实体的种种属性观念，换言之，某个特别的具体的事物能够被它所代表，并且该观念虽然含糊，却也同某一性质的赞同者或承载者之观念一样。构成实体铅这一观念的就是一个被设想为含混的承载者的观念，以这一观念为基础，再附加下述其他观念：某种程度的质量、某种程度的硬度、某种晦暗且灰白的色彩、可塑性、可熔性。以外在感觉为源的简单概念时常与以内在感觉（反省）为源的简单概念相合，从而构成同一事物，这一点我们已经注意到；它们以这样的方式相合，我们就得赋予它们一个名字。我们无法做出这些性质能脱离事物独自存在的假定，因此，按照习惯，我们假定其在某一基础质料中存在，并以此基础质料为泉源；所以，我们用实体来称呼这一基础质料。我们有了物质实体观念，有了精神实体观念，也有了上帝的观念，等等。

心灵通过对事物进行对比来获得关系的观念，某一事物似乎被它与另一事物放置在了一起，于是，它能对它们进行由此及彼、由彼及此的观察，亦即将两者进行联系，所有的事物之间都有存在联系的可能，所有关系的观念也都由简单观念构成。在所有存在之间，因果关系是最普遍、最广泛的关系；在所有可能存在的事物之间，因果关系也是最普遍、最广泛的关系，这种关系，以外在感觉及内在感觉为双重泉源。通过感官知觉，我们认知到了事物的变化，由此，有了实体，有了性质，它之存在需要以另一种存在的活动为凭依。我们用原因来称呼所有简单观念的诞生泉源，也用原因来称呼所有复杂观念的诞生泉源，而诞生于原因的存在，我们称之为结果：蜡烛因为热而融化。另一事物，不管是简单观念、样态还是实体，之所以能够开始存在，正是因为原因的存在，而结果，则以其他事物为泉源。创造是原因，产生是原因，制作是原因，变化也是原因，但这些原因千差万别。然而，因果观念一定要具备，只要知道在某种其他事物的作用下，简单观念与实体才得以存在就够了，至于作用方式如何，无须穷究。除了因果关系，还有其他许许多多的关系，比如时间与广袤的关系，比如地点与广袤的关系，比如道德之间的关系，比如同一与差异之间的关系，等等。

第三节　知识的性质与确实性

心灵从内在感觉与外在感觉那里获得与认识相关的素材，然后对这些素材进行加工，从而获得复杂的观念。那问题就产生了：从认识的角度来看，这种观念的价值何在？这种观念想要蜕变成知识需要达成哪些条件？含糊的观念让语言在对其进行表述的时候也变得不确定，所以，观念应该是明晰的、确定的。在自然界中存在着真实观念赖以为基础的实际存在、实体或现实模型。每一种简单观念都具有实在性，原因并非它们都是某种实际存在的表象或投影（唯有物体所具备的第一性或本性是这般），而是它们都以外在的力量为原因。唯有存于人类心灵之中，混合的样态、混合的关系才是实在的，它们本就不是某种事物的摹本，即使这种事物是一种确实的存在；这种观念因而诞生，假如有某种实际存在的事物与它们相契合，那它们的存在就具有真实性。若非有冲突的观念混入，它们就都是真实的，它们的原型本就是自身。然而，与实体相关的所有复杂观念全都被我们用来对外部实体进行真实地描述了，所以，哪怕是简单观念，只要它们在外部世界中能够结合并融洽相处，且这种结合与融洽是实在的，那么，它们本身就是实在的。在心灵看来，能够完全代表心灵的观念是合适的，只能局部代表原型的观念是不合适的，不能完全代表原型的观念也是不合适的。

简单观念是合适的，样态是合适的；与实体相关的所有观念则都是不合适的，因为它们要对存在于外部的事物进行真实的描摹与仿效。但凡存在于心灵中的观念在心灵的要求下对不属于它们的任何事物进行代表，那么，它们就可以用真假来称呼；于此，心灵秘密地对这些观念进行了设定，认为它该与某种事物相契合，而这种设定也许是真的，也许是假的。

由于所有的知识都与观念相关，所以知识只是与观念之联系相关的知觉，只是观念之间是否契合的知觉，只是观念之间相互冲突的知觉。我们很清楚，白与黑不同，白之观念也不契合黑之观念。知识明晰与确实的程度千差万别。部分时候，心灵能够仅仅以观念本身为凭依，不借助其他任何观念，就能判定两者是否相契合。这种知识就是直觉的知识。心灵马上就能辨别出白与黑不同，圆形不是三角形，二小于三。这是人类以自身的弱势为凭依能够获得的最明晰、最准确的知识，这些知识不需要去论证，也无法被论证，它是不言自明且毋庸置疑的；要对所有的知识进行证明，要对所有知识的确实性进行证明，都要以上述认知为凭依。部分时候，心灵无法即时对两个观念的契合度进行判定，它需要将这一观念与其他一个或多个观念进行对比，才能发现彼此是否契合，由此得到的知识就是间接的知识，是可以被论证的知识或推理的知识。要证明这种知识是确实的，必须借助居于中介地位的观念，这种知识的确实性也不够确实，因此，在面对它们时，我们不能像面对直观的知识那样，立即就予以肯定。然而，要确保结论的确实性，在对这种知识进行推理的时候就要对每一步骤的确实性都进行保证。在数学领域中存在着这种论证，在心灵只有以中介观念为凭依才能对观念是否契合进行判定的地方，也存在着这种论证。直觉的知识是确实的，被论证过的知识是确实的，两者缺一，就不能称为知识，而只能称为信仰或看法，起码，从最普遍的真理的角度来说是这样。

然而，我们要怎样看待与外部世界相关的知识呢？与外在对象相对应的观念存在于我们的心灵中，这一点毋庸置疑。但是，除了观念，是否还有其他事物存在于心灵中？我们可以对与外在事物相对应的观念进行确实的推论吗？外部世界具有实在性吗？很多时候，我们都恍若置身梦中，找不到任何与我们的观念相契合的事物。我们也有令人无法置喙的证据，亦即，我们获得的与外部世界某个具体的、有限的事物的存在相关的知识已经凌驾于纯粹的可能之上，虽然这样的知识并非彻底的、直观的，也无法与被论证的知识相提并论，洛克用感性知识来称呼它们。与我们自己的存在相关的知识是不言自明的，与上帝的存在相关的知识也是不言自明的，除此之外，与其他任何实际存在的存在相关的知识都没有自明性；我们以直觉为凭依，直观地认识到了自己的存在；凭依着理性，也对上帝的存在有所认知。而在对外部事物进行认知的时候，我们依靠的却是感官知觉。虽然得自感官的知识不像直观的知识那样确实，也不像以理性为凭依演绎而来的知识那样确实，但它也是有保障的，也可以被归入知识的范畴。然而，感性知识的保障除了感官，还有其他一些与之协作与同一的理由为它提供了证明：唯有以感官知觉为切入点，我们才能对事物的存在进行认知；这种与苦痛伴生的事物与我们记忆中的投影千差万别；它们相互作证，相互对对方的存在进行确定。

第四节　知识的界限

何为知识的范畴？何为知识所能到达的限度？既然知识就是与观念契合与否相关的一种知觉，那么，知识就必须包含于人类观念的范畴之内。观念不存，知识就不存。我们获得的知识大多是含糊的、狭隘的，我们获取知识的渠道也大多是迟钝的、稀少的。相比于我们的观念，我们的知识更加狭隘。我们的知识不仅局限于经验的范畴之内，并且，与我们渴望拥有的观念相关的知识我们一直都没有，在未来也不可能有。我们所经验的并不是我们能够去体验的所有，我们所认知的也不是我们已经认知的所有。我们之所以无知，首要的原因就是我们拥有的观念不足。相比于其他更完善的生物，我们所拥有的简单观念更少，我们的感官知觉更迟钝。单就观察力而言，如行星一般的事物距离我们太遥远，如原子一般的事物对我们来说又太微小。并且，对我们所拥有的很多观念之间联系的必然性，我们缺乏认知：我们不知道事物的形状、大小、颜色、味道、声音与事物之间不可见的某种联系，我们不知道黄金的颜色、重量、延展性、固定性与可熔性之间的联系，因此，当我们对事物的一二属性进行认知的时候，不一定就能对事物的其他属性进行认知，也无法确定其他属性是否存在。知道这是三角形，我们很自然地就能知道它的三个内角之和等于两个直角之和，这一命题本身就具有自明性，不管现在这样的三角形是存在还是不存在，三角形的这一定义肯定适用于所有的三角形。然而，从金子是一种黄色金属及金子具有重量这样的观念之中，我们无法必然地对金子的延展性进行推导。通过观察，我们知道金子具有可延展的属性，但所有的金子都具有延展性却不属于不言自明的真理的范畴。我们需要的是不言自明的真理，是具有一般性的真理。这种真理构成了知识，然而，以经验为泉源，我们却无法获得这种真理。

还有一点我们需要铭记，知识要具有确实性就必须与某种具有实在性的事物以某种手段相契合。对我们来说，这又是对知识的一种限定。所有简单的观念都是存在于外部世界的事物的代表，因为，当外部事物对人的心灵施加作用的时候，简单的观念必然会诞生。在外部事物的作用下，我们有了白的感觉，尽管我们不知道这种感觉由何物引发，不知道它如何被引发，但我们却知道一定存在引发这种感觉的某种事物。从绝大多数复杂的观念中，我们也能获得知识，然而，获得的因由却是截然不同的。复杂的观念没有对任何事物进行过描摹，也不是诞生于任何事物之中；它是心灵的原型，或者说是创生于心灵自身的一种模型。心灵按照自己的意愿对这些观念进行随意的重组，丝毫都不曾考虑过这些观念与自然界可能具有的关系。若这一点能够被我们铭记，我们就能对源自它们的确实的知识进行清晰的认知。数学领域中就存在着这种知识。三角形的定义是数学家于内心中自我创造的，圆的定义也是数学家于内心中自我创造的。以这些定义为依据，从逻辑的角度推导而出的命题都是明晰的、确定的、真实的。假如三角形真的存在，那么不管在哪里，对它而言，这些命题都是适用的。

然而，与实体相关的复杂的观念却与此不同。在人们看来，实体本就是外部世界的原型的复制品或者是外部世界原型的代表。假如在实体的观念中被集聚在一起的属性在自然界中依旧在一起，假如有某种同时具有黄色、延展性、可熔性、固定性的事物存在于自然界中，那么，真实的知识就会以实体之观念为对象。可以这样说，只要是曾经被人发现的、共同存在于某一实体中的简单观念，在现实中肯定还会相合。然而，我们必须注意的是，与实体相关的全称命题并不是我们所能订立的，因为我们无法看到共存于一体的各个观念之间必然存在的联系。通过经验，我们知道在某些不为人所知的基础质料或载体之中，某些性质能够共存，然而，我们却无法对这些性质之间彼此倚靠的关系进行认知（发现）；以我们通过观察而得知的共存的属性为出发点，我们不能对必然与它们共存的另外一些属性进行推导。我们所知的与金子相关的论断没有哪一个是绝对确实的，换言之，没有哪一个论断可以不言自明。假如我们能够确实地知道金子的延展性与金子的重量之间存在着哪种必然的关系，那么，我们就可以以其为凭依，对某一相关的全称命题进行架构，从而指出延展性是所有金子的共性。由此，该命题就和下面要论述的真理具有同样的确实性：三角形的三个内角之和与两个直角之和相等。问题之所以变得复杂，除了上述原因，与实体相关的其他情况也是其中之一。在自然界中，实体不是孤立的存在，它的存在需要以某些我们无法目见的条件为凭依。溪流源于何处，在对这奇特神异的机器进行修补的同时还让它恒常运动，这些机器怎样作业，怎样发生变化，这些我们都无法理解，更无法关注。所以，要对这些进行准确的认知，我们就得对整个宇宙进行认知，然而，我们连个中某个微小部分的大小、形状、组织都无法认知，对其内部受外部事物影响而发生的各异的运动与冲击更一无所知。正因为如此，我们不知道某一事物的第一性必然为另一事物的第一性所包含，我们不知道某一事物在遵循规律的前提下会发生怎样的变化，这些变化又是怎样产生的；我们更不知道我们的观念与感觉以何种事物的哪一个第一性质为泉源（原因）。我们无法看到第一性及以它为因的结果之间存在怎样必然的联系。于此，我们能获得的只有或然，而没有一般意义上的确实。因此，完善的自然科学从来都不存在。对精神，我们更加一无所知。"与自然相关的、完善的自然科学是我们无法获取的，遑论与精神相关的事物，假如我们一定要对其进行追寻，最后的结果肯定是徒劳无功。"

普遍意义上的确实性只存在于观念的契合与否之中。要获得普遍意义上的知识，就必须对我们所拥有的抽象的观念进行深沉的思索。与我们自身的存在相关的命题是不言自明的，与上帝的存在相关的命题也是不言自明的，除此之外，所有与实在的存在相关的命题都不可能不言自明，自然而然地，我们就不能以之为根基对某种科学进行构建。

我们思索的、表述的、推导的、赖以行动的绝大多数命题的确实性都非毋庸置疑的，它们不是绝对确实的知识。然而，其中有一部分命题与确实是那么接近，以至于我们不仅对其毫无怀疑，还对其抱持非常坚定的赞同态度。或然性的程度千差万别，或然性的基础也形形色色：契合于我们自身的经验，并为他人之经验所佐证。但洛克却指出真正至高的确实是源于单一的神之启示的佐证；所谓信仰就是我们对这种佐证抱持的赞同的态度。信仰是一种确凿无疑的原则，它由赞同固定，也由确认与信任固定。在信仰方面，怀疑与踌躇都是不存在的。但是我们必须得确定那是神圣的、是神之启示。所以，只要我们所赞同的观点不凌驾于神之启示能证明的范畴之上，它就是合乎情理的。假如某一命题与我们得自直观的确实的知识存在冲突，那么，它就不是神圣的神之启示；即便是信仰，也不能让我们屈服于某些与我们的知识相冲突的事物。所有旧的神之启示，都无法对自身的神源性进行证明，它运用的词汇不如理性的原则清晰，它为我们所知的意义也不如理性的原则确实，然而，所有超乎我们自然官能的发现范围的事物，所有凌驾于理性之上的事物，只要为神明所启示，就可以被归入信仰的范畴。这样，死亡之后再重新获得生命就是单纯的信仰范畴的观念，与理性没有任何直接的关联。

第五节　形而上学

洛克对知识的起源、知识的确实性和知识的界限问题给出了答案，我们也对他的答案进行了简要的表述，现在，我们再来对他的哲学思想所凭依的普遍意义上的世界观进行一下论述。洛克并没有撰写过与实在之完整理论相关的专业书籍，但从他的主要著作《人类理智论》中，我们还是能清晰地认识到他的哲学是他思想的前提。尽管他对知识进行了许多限制，还经常表现出对知识确实性的疑虑，但他却对笛卡儿哲学体系中形而上学的观点进行了采纳，他也修改了部分内容。

实体构成世界，能力依附于实体，以实体为载体或泉源；性质依附于实体，以实体为载体或泉源；活动也依附于实体，以实体为载体或泉源。物体就是具有广袤性、坚实性或不可入性以及运动性且能够被推动的实体。对这些第一位的性质，我们以感官为凭依就能进行感觉。所以，真空，即单纯的空间，即没有事物的空间是存在的。我们可以对不坚实的空间进行设想，运动本身就能对真空的存在提供证明。实体既包括物质实体，还包括精神实体，或者说灵魂。灵魂是一种实际存在，我们有关于它的明晰确实的观念。灵魂以知觉或思维能力或促使物体运动的意志为属性。以内在感觉或反省为凭依，我们能对这一属性进行认知。然而，灵魂并不以思维为本质，只是以思维为活动。灵魂是实体，却是非物质的。精神实体的观念明晰且确实，物质实体的观念同样明晰与确实。将某些物质的性质集聚并为其设想一个载体（支持者或负荷者），物体的实体观念因此诞生；对心灵的种种活动，如思维、理解、愿望、认识和开始运动的能力等进行思考，并为其设想一个载体（支持者或负荷者），灵魂的实体观念就此诞生。因为若与物质实体相关的明晰确实的观念不存，物质就不存；若与精神实体相关的明晰确实的观念不存，精神就不存，这两者同样合理。"既然存在于心灵中的与思维相关的观念是明晰准确的，存在于心灵中的与坚实性相关的观念也是明细准确的，那么为什么一个具有思维能力的非物质、不坚实的事物的存在不被允许；物质，即一个具有坚实性却不懂得思维的事物的存在又被允许，我弄不清楚这些，尤其是在对非物质的思维的存在进行设想与对物质的无思维的事物的存在进行设想难度等同的情况下。"没错，我对存在于自我内部的可以被看到、可以被闻到的某种精神存在的认知要比存在于我外部的某种物质事物的认知更清晰。并且，思想根本就不可能以不具认识能力的运动或物质为泉源；我们也无法设想在某些具或不具运动能力的物质内部会有感觉、知觉或知识产生；我们也不能设想感觉、知觉或知识竟然产生于某种物质内部，而这种物质可能具有运动，也可能不具。

单一的精神或上帝只具有主动性，物质只具有被动性，人的灵魂则两者兼而有之。以经验为凭依，灵魂对物体的推动力已经被论证，灵魂因外部存在的事物发生改变。我们所拥有的任意观念也的确是源于外部事物对心灵施加的作用。此为相互作用论。事实上，我们对相互作用的成因一无所知，对某一事物何以被另一事物推动也一无所知。相比于存在于物质中的能力，我们对存在于精神中的某种具有主动性的活动能力知道得更清楚。对一个具有广袤性的事物进行设想，难度等同于对一个具有思维能力的事物进行设想。

精神是一种实际存在，物质也是一种实际存在，两者之间相互作用。在物质的作用下，颜色、声音、触觉、坚实、广袤等感觉于心灵内部诞生。其中，位处第二位的属性并不是存在于外部世界的实际事物的真正代表。颜色、声音、芳香、滋味等不存于物质，只存于心灵，是某种具有广袤性的固体存在对心灵施加作用的结果；实在的事物以广袤性、坚实性、运动为摹本。物体就是有运动能力的、坚实的、广袤的事物。然而，从能够为我们所理解的角度来说，物体只能对物体进行撞击，也只能对物体进行影响；从能够为我们的思想所把握的角度来说，只有运动才是运动产生的根源。所以，当我们快乐、痛苦、颜色、声音的观念以运动为泉源的时候，我们应该将理性摒弃，应该从观念的范畴之中越出，应该将这一切都归于创造它的人类的善意与兴致。

在这里，洛克遭逢困境。他的机械论与源于经验的事实之间出现了明显的冲突。假如运动只能以运动为泉源，那么，我们的意识形态又是怎样因它而诞生的？洛克宣称，我们被上帝以附加物的形式附着在运动之上，但我们的出现却不以运动为因。就这样，他沉溺在偶因论中。运动因何会创生于精神，运动因何会以意志为因，这些问题都令人费解。

在另外的章节中，洛克指出，运动怎样自运动中创生，感觉怎样自运动中创生，即运动怎样自运动中创生都是令人费解的，他用这样的方法对困难进行规避。但是通过经验，我们知道，类似的事情无时无刻不在发生。就像对灵魂的非物质性时有疑虑一样，洛克在这方面也时有疑虑。他的论点通常是这样的：心理现象不同于纯粹的物质活动，也不同于不存在感觉的物质活动；非物质、具有思维能力的存在若不存，感觉也就不存。在人的身体内部存在着一种精神层面的事物，它能看到，也能听到。同时，洛克对存在于人体内的具有思维能力的事物的性质又常存疑虑。也许，它是物质的，也许思维的能力也能为某个物质存在所具有。对所有实体实际存在的属性，我们一无所知，既然如此，我们如何能够知晓唯有固体无法进行思维，我们如何能够知晓能够进行思维的只有不具广袤性的事物？也许，我们永远都不可能知道纯粹的物质是具有思维能力，还是不具有思维能力。思维有哪些性质，我们并不清楚；哪些事物被全知全能的存在（上帝）赋予了思维的能力，我们也不清楚；这一能力只能以创造者的善意与恩赐为泉源，而无法在任何造物之中存在。运动在上帝的影响下曾发生过作用，我们对此无法理解；在他看来，上帝因何不能将一定程度上的思想、感觉或知觉赋予那些物质的、被创造的、非常适合组合在一起的体系呢？

在洛克的哲学体系中，这些困难与冲突一直都存在。然而，不可否认的是，他主要的学说还是二元论的：实体有两种，一种是物质实体，一种是精神实体，"无法被认知与能够被认知的"。单就这一方面而言，洛克的观点与笛卡儿的观点存在一致性，但是在洛克看来，物质还以不可入性与坚实性为属性。另外，同笛卡儿一样，洛克在对事实进行诠释的时候，也认为"微粒子论"的假定是最理想的诠释方式。他对小到极致的某种微小原子或物体的存在表示认可，认为它们存在大小、存在形状，且能够运动。在物质之中存在某些处于活动状态的部分，在自然界中存在某种庞然的工具，这就是微粒子。微粒子是不可见的，位于第二位的性质以微粒子为基础，它绝大多数的固有活动也以微粒子为基础。然而，对于其位于第一位的性质，我们的观念却很含糊。所有人都不清楚它们多大多小、形状如何、如何运动、有何运动；所有人也都不清楚是什么将这些性质联结在一起。假如我们能够对任意两个物体的细微组成部分的形状、大小、组织、运动有所认知，那么，即便是不以实验为手段，我们也能弄清楚两者之间存在怎样的相互作用，就像我们清楚三角形的属性，也清楚方形的属性，但我们却不清楚这些微粒子是通过什么进行聚合的，不清楚它们的结合如此紧密与牢固，是因为使用了什么黏合剂；我们不清楚，一个微粒子怎样被另一个微粒子推动，我们也不清楚运动以何种方式进行传导。所以，说到底，我们并没有因为这种与微粒子相关的假设的存在而对与物质实体相关的知识有更深的了解。既然我们无法对物体性质与能力之间存在的必然的联系进行认知，那么我们所拥有的知识定然是不足的。所以，与物体相关的真正的科学并不存在。不管怎样，我们都不能以原子论为宇宙观或世界观。

实体不仅包括物质实体、精神实体，还包括上帝，上帝是一种特殊的精神实体。上天并没有赋予我们与上帝相关的观念，但只要我们以对的方式对我们所固有的能力进行运用，我们就可以对上帝进行认知。两条平行线相交会形成两个对顶角，对顶角的度数相等，这一观点具有确实性，而上帝的存在与它有着相同的确实性。从存在与恒久、知识与能力、欢乐与幸福等经验中获得的观念被我们所采用，每一种观念都以无限的观念为依据被我们放大，由此，与上帝相关的观念诞生；与上帝相关的复杂的观念就是以上种种观念的聚合。然而，对上帝真正的本质，我们仍一无所知。

与上帝的存在相关的目的论的证明为洛克所提供，与上帝的存在相关的因果性的证明也为洛克所提供。人的确对自身的存在有所认知。人还知道所有实际存在的事物都不可能以纯粹的虚无为泉源，所以，假如真的存在实在的事物（人很清楚自身就是一种实在的事物），那么必然存在着某种能够成为这种实际存在的泉源的事物。并且，凡是诞生于另一事物的事物，或者因另一事物的存在而存在的事物，其全部属性必然都以作为其泉源的事物的属性为泉源。所有事物不朽的泉源必然等同于其力量的泉源，所以，它肯定具有全能性，受同一原因影响，它必然也是全智的。具有思维能力的事物不可能以不具思维能力的事物为泉源。假如具有思维能力的事物创生于上帝，那么，存在于宇宙中的那些不够精微细致的事物必然也创生于上帝，这是上帝的全智、能力和意志的代表。不管我们对上帝进行怎样的设定，都不能假想他具有物质性。哪怕真的具有物质性，上帝也依旧是上帝。物质无法与不朽的精神一直同在。假如我们被询问如何能够假定上帝可以以无为泉源创生万物，洛克认为，我们无法对在思想中产生运动的方式进行假定，可我们也必须承认，事实就是如此。

第六节　伦理学

洛克以经验主义为凭依对他的伦理学进行了架构，包蕴于利己主义之中的快乐主义是他伦理学的复归之地，他伦理学方面的主张也与他哲学体系的主旨相契合。在他看来，在理论、实践、道德方面，都不存在天赋的真理。我们可以从道德的角度做出某种判定，但"刻写在人心灵中"的规条却是不存在的。很多人渐渐地认识到了这些规条并愿意遵循它，这与人们认识到其他的事物并愿意对其进行遵循没有任何不同。由于受教育程度、所处环境、所处国家的风俗习惯的不同，其他人对这些规条的认知也与我们不同。实际上，是我们将一些理论灌输给了年幼孩童，这些理论多是我们希望孩子铭记并信任的，由此，孩子长大之后就会发现这些理论（真理）存于他们的良心之内，就会认为这是得自上帝或者得自自然的，而不会认为这些都源于他人的灌输（传授）。良心只是以这样的方式取得的知识为根据，从道德层面上对人类行为的对错发表意见。"行动与规条以道德为联系，道德就是主观的行为与某些规条的契合与否。"

这样问题就产生了：道德的规条是如何构建的？与对错相关的知识源于何处？经验主义者（洛克）肯定地说，道德接受过欢乐的教诲，也接受过苦痛的教诲。趋向幸福、规避悲伤是人的自然本能，人的所有行动也以此为原则或自然倾向，然而这对理智而言，是旨趣，却非本性。我们用善来称呼能够赋予我们欢乐感觉的存在，用恶来称呼能够带给我们苦痛感觉的存在。所有的人都渴望幸福，都对所有幸福的事物充满希冀；人的意志就决定于这种渴望或这种忐忑。极致的幸福是人类可以获得的最大的欢乐；悲伤凄惨则是人类可以获得的最大的苦痛。某些行动不仅对公共福利有促进作用，对社会有捍卫作用，而且对行为人本身也颇有助益。公共幸福被上帝相合于德性，由此，社会实践中就必然有与德性相关的要求。这一行为方式被人类发觉，并对其实践规条的身份表示认可。所有因为恪守道德规条而受益的人都会成为它的推荐人。

然而，一个人为另一个人的行动订立规条是不明智的，也是徒然无益的，假如他无权对遵循规条的人进行善的奖励，也无权对违犯规条的人进行恶的惩戒，那么，无论是这善，还是这恶，都不以行动本身为泉源。假如从自然的角度来讲，行动的结果动力十足，那么，规条就没有必要存在。规条之中存在的奖赏、惩戒、欢乐、苦痛，全都服从于制定者的意志与权力，而规条制定的目的，本就是对人的意志进行决定。存在三种规条，即神法、民法、声誉法（舆论）。神法的制定者是上帝，针对的对象是全人类的行为，不管这种规条是通过自然之光来传布，还是通过神之启示来传布，上帝都有权对来世的人进行奖励或惩罚。这种奖罚不仅至关重要，而且长久存在，上帝在对神法进行推行的时候也借助了这种赏罚的力量。在这里，我们说的是罪恶，是义务。民法的制定者是国家，民法界定的全都是法律意义上的奖与罚。其中有对罪恶的界定，同时，也牵涉到了对无辜的概念的界定。然而，绝大多数人，假如并非仅以风尚与自责来对自己进行统御，也主要以风尚与自责来对自己进行统御。人们以褒扬与贬谪为动力来对源自社会人群的意见进行适应,且这种动力十分强大。假如一个人的行为与他要融入或交往的社团的风尚及意见相悖,那么,他就不可避免地会受到同伴的指责,会被惩罚,会被同伴厌恶。无论在什么地方,德性都是人们称赞的对象,只有被大众所尊崇的,才能以德性称之。人们以这些规条(章法)对自身的行为进行考量,以同一规条为准,与之契合的就是善,与之相悖的就是恶。然而,真正能够对德性进行核定与确定的只有上帝之意志,道德以上帝之意志及规条为试金石,且这一试金石具有唯一性。

从普通意义上来说,德性与邪恶在哪里都没有区别,与上帝不变的神法相契合的就是德性,与上帝不变的神法相悖的就是邪恶。获得公共福利的方式是遵从上帝制定的规条,对公共福利进行促进的方式也是遵从上帝制定的规条。所以,出于对自身利益的维护,深具理性的人也必然要对对的事物进行赞美,对错的事物进行谴责。

古希腊时代的快乐主义者就以这样的方式对道德进行诠释,之后,又用源于基督教神学的、十分狭隘的观念对这一解释进行补充。所谓德性,不过是做一些有益于自身的事情,或者做一些有益于他人的事情。生活中,真正恒常存在的快乐是健康、是声望、是知识、是为善、是希冀来世不朽的幸福。

洛克对我们应该怎样以经验为泉源去获取道德方面知识的方法进行了说明,然而,在他看来,据考证,道德方面的知识也可以通过对某种第一性的原理进行推导而获得。数学是能够被论证的,道德与它一样也是能够被论证的。"存在某一至高无上的生物,他的权力无限,善意无限,智慧也无限,我们都以他为泉源,都因他的存在而存在。假如我们能对这一观念及我们身为有理性、有认知能力的动物所应该有的观念进行充分的思考与探寻,我们就能对行动所凭依的规条有所认知,就能对职责的泉源有所认知,就能进一步让道德成为一门能够被论证的科学。""对权力的占有不存,对权力的侵犯就不存;和欧式几何中所有的命题一样,这一命题具有确实性。""再次,绝对自由的存在是政府无法容许的;政府以制定某些民众应该共同遵守的规条为宗旨,而绝对的自由则代表着每一个人都能做自己想要做的事情。因此就像我对所有数学命题的真理性满怀信心一样,我对这一命题的真理性也满怀信心，认为它是确实的。"

这也就是说，与对错相关的经验知识为人所拥有，与对错相关的天启知识为人所拥有，与对错相关的论证知识也为人所拥有，而且三者之间存在着一致性。上帝这样布置，将对幸福的想望赋予了人类，由此，人类通过引申，获取了与道德相关的规条。上帝还将理性赋予了人类，由此，人能以论证的方法对真理进行认知。在《圣经》中，上帝也对能够以经验与理性为凭依进行把握的规条做了揭示。

第七节 自由意志

洛克指出，自由的观念不等同于意志，也不等同于兴趣，它以心灵为根据做出抉择，人有能力选择是否去做。我们不能说某人的意志是不受束缚的（自由的）。"询问一个人他的意志有没有受到束缚，就像在询问他睡得是不是机敏，或询问他德性与正方形是否等同一样，没有任何意义。"意志是一种能力，也是一种力量，亦即人所具有的对某种行动进行思索的能力，人所具有的自由选择要不要进行某种行动的力量。自由是不同于意志的另外一种能力或力量，就是以他自己的意愿为标准自由选择要不要做某种活动的力量，所以，对意志是不是自由进行询问，就像是对一种力量是不是拥有另一种力量进行询问。这是荒唐的，也是充满谬误的。那么，我们可以这样问，意志是否为实体？意志是否等同于行动者？意志并非实体（官能）。只要某个人能够依从内心的意愿或兴趣或指引，只要某个人具有进行思索或不思索的力量，只要某个人具有活动或不活动的力量，自由就属于他。只要没有任何力量以他心灵的决定为指导，只要没有力量因他的思想而活动或不活动，自由就不属于他，尽管他的活动可能遵循自身的意愿。在忐忑的推动下，我们会按照我们必须遵循的方式行动，在忐忑的推动下，我们会先后对意志进行抉择，这是源自不安的欲念，是由于心灵没有获得某种助益而产生的忐忑。在上帝的影响下，人会因饥饿而忐忑，也会因其他本能的欲念而忐忑。这种忐忑对意志不仅有鼓舞作用，还有决定作用，人类能以忐忑来自我保全，也能因忐忑而使种族传续。给人带来最大压力的忐忑决定着意志。然而，何物对欲念有激励作用呢？答案是唯一的，那就是幸福。

第八节　政治哲学

在著作《政府论》中，洛克对自己的国家学说进行了详细的论述。在《政府论》的开篇中，洛克对逝于1653年的罗伯特·费尔默爵士在《族长制》一书中论述的专制主义进行了驳斥①；在第二篇中，洛克对"公民政权的起源、范围和目的"进行了反对。对下述观点，他一直都抱持反对的态度：所有政权都应采用君主专制的政体，君王拥有对绝对权力进行掌控的神圣特权，不存在天赋人权，也不存在人人平等。在他看来，人本就是自由的，完全不受束缚，只要在他自己看来某种想法是适当的，且这种想法没有超出自然秩序的范畴，人就能不经任何人同意而采取行动，就能不以任何人的意志为凭依对自己的财物进行处理。在自然的秩序中，人人平等，没有谁拥有特权，也没有谁能获得多于其他人的权利，更没有谁能获得对其他人进行裁决的权力。以理性（自然）的秩序为依据，所有的人都是平等的，每个人的存在都具有独立性，没有人可以对他人的生命、自由和财产进行侵犯。② 所有人都要对自我进行保全，而当他自我保全的意志与他人不存在冲突时，他还应该对他人进行保全。在自然的秩序中，无论是谁都有权力对秩序的破坏者进行惩罚，对无辜的人进行维护，对犯罪的人进行制止，都有权因为受到了伤害而要求赔偿。惩戒一定要严厉，只有这样，犯法的人才会为自己的行为感到懊恼与悔恨，只有这样，才能对其他人起到警示的作用。

自然状态是一种和平的、友爱的状态，人与人之间彼此帮助的状态，而不像霍布斯所主张的那般，是一种斗争的状态。人创生于上帝，在上帝的影响下，人产生集聚的倾向，认为社会的出现对自身会有所助益；为了对社会秩序进行维护，为了让人类能安享得自社会的益处，上帝将语言与理智赋予了人类。然而，还有不少事物是处于自然状态中的人所缺少的：

---

① 族长的权力要追溯到亚当，它是神圣而不可改变的权力。阿尔杰农·西德尼（1622—1683年）在所著的《政府论》中对费尔默依据《圣经》的论证进行了驳斥。诗人弥尔顿（1608—1674年）倡导家务、宗教以及政治自由。巴尔克累积极维护绝对君主专制。洛克学说的基础，是理查·胡克在1593年出版的《教会政权的法律》的原则。

② 1669年，洛克为南北卡罗来纳起草了首部宪法，查理二世曾经将这块土地赠送给了一些贵族，洛克的保护人沙甫慈伯利伯爵也在其中。

人所共知的、已经被订立及确认的法律；声名卓著、德高望重、公正无私的法官；彻底执行正确判决的权力。当社会关系被部分人缔结，当部分人将自身履行自然规条的权力交托于社会，换言之，当人们相互聚集，形成民族，形成一个政治社团，且为至高的政府所统辖时，这个社会从契约论的角度来看，就是市民的，是政治的。

所以，市民政治与具有绝对性的君主专制是不能共存的。假如君王既享有立法权，又享有执政权，那么，就不可能存在一个能够公正无私地进行审判的法官，就不存在能够为人们所遵循的既定的规条，民众就会被独夫所奴役。若自己不赞同，那么谁也不可能对他人的政治权威表示服从。在得到所有赞同的情况下，社会形成，并且作为一个整体而存在，它能如一个整体那般行使由多数人的意志构成并决定的权力。然而，在这个作为整体存在的社会成型之后，我们每个人就有遵从其他多数人的共同意见的义务。假如人仍旧像过去处于自然秩序中时一样，自由且不受束缚，那么契约也就不可能存在了。要使所有的人都对某一意见表示赞同根本就做不到。世界上所有诞生于和平环境中的政府的存在都得到了人们的认同。

人的自由具有不稳定性，人享有的权利也具有不稳定性，时常会有人对我们的权利进行侵犯，面对侵犯，我们选择了放弃自己的权利。因为他与其他所有人所处的地位是相同的，他们与他一样都是君主，绝大部分人对平等的权利并不尊重，对相应义务的履行也非常松散，这样，他的财产就处于极端不稳定、不坚固的状态下。假如人类不曾被陷入沉沦的同类所腐化，那么，社会根本就没有必要存在，只要有自然秩序就可以了。人之所以相互集聚形成国家，最主要的目的就是对自身的生命、自由与财产进行保全，因此，社会的权力不能超出公共福利所涵盖的范畴。

对社会进行保全是对立法权进行支配的第一位的、基础的、自然的规则，并且，只要不与社会福利相违背，立法权还需对社会中每一个个体的利益进行保全。所有的共和国成文的律法最基础、第一位的任务就是对立法权进行确立。对人类来说，立法权不仅是至高的权力，而且还是神圣不可更改的规条，当然，前提是社会将立法权赋予了个人；在不经公众所共决的立法权允许的情况下，来自任何人的命令都不具备法律效力，都没有强制性。然而，即便是拥有立法权，掌权者也不能对民众的生命与私产进行绝对的控制，而是应该将权力限定在公共福利的范畴之内。自然的秩序不仅适用于社会，还适用于包括立法者在内的所有的人，自然的秩序是不朽的规条。所以，立法权无权对人民进行奴役，无权对人民进行伤害，也无权有预谋地让人民变得穷困潦倒，并且立法权并不具备以临时的专制命令进行统率的权力，立法需要的是法律，这种法律恒常不变。另外，哪怕是拥有至高的权力，在民众不认同的情况下，也不能剥夺他合法的私人财产；收取税赋的行为需要得到绝大多数人的赞同。最后，不能把立法权赋予其他任何人。

　　法律的制定者不应该是法律的执行者。联邦具有宣战、议和、结盟、协约及外交（即与异国的所有组织和个人交往）的权力。联邦的权力与行政权几近同一，最理想的状态就是集权于一人。执法权应归属于最高行政部门，其他任何部门不能对其进行干预，然而，立法者在具有合理理由的情况下可以将行政权和联邦的基本权力从被委任者的手中收回，立法者也可以对造成执法乱象的人进行惩戒。立法权是所有权力中最高的，但它也是一种信托的权力，是出于某种目的而进行的活动。因此，当民众察觉到立法与自己信托的权力相违背时，他们就有权对立法权进行修改或收回。立法权只有在政府存在的状态下才拥有至高的地位，民众有权对立法者进行选举。在霍布斯看来，国家应以君主为灵魂。洛克不这么认为，在他看来，国家应以立法者为灵魂，立法者是人民的代表。民众有权判定立法者或者君王的行为是否与他们的信托相违背。

第九节　教育理论

　　近代很多伟大的哲学家都看到了沿袭于经院哲学的教学方式的弊端，洛克也一样。由此，他以自己的伦理学及经验心理学为基础对一个全新的教育体系进行了架构。在他看来，人刚刚出生的时候，心灵内部不存在除接受印象、想望快乐之外的其他任何原则；所谓的教育，就是要以经验为凭依来学习和达成幸福。健康的身体、健全的感知力是达成这一目标的必要条件；通过锻炼，体质能够被强化，通过遵循好的习惯，体质也能被强化；所有的人的生活都应该是素朴的，所以，孩子们要进行体育锻炼。

要像个别教授所坚持的那样让孩子的个性按照自然的状态发展。此外，洛克还对实物教学的重要性、以游戏的方式对学生的思维进行激发的重要性做了强调；一定要让学习变成一件快乐的事情。最关键、最重要的是，不要对教育的社会目的，即将青年教育成对社会有用的人这一点漠然视之。

第二章 洛克的后继者

第一节 洛克的影响范围

和笛卡儿一样，洛克的影响也跨越了国界，跨越了整个时代，许多其他的思想体系都以他的学说为发端。席勒曾这样评价某位伟人：他思想中蕴藏的精华能够持续存在数个世纪。这一评价也适用于洛克。在近代哲学史上，他的《人类理智论》开了对一个广博庞大的认识论体系进行构建的先河，他本人则是某一运动的开创者，贝克莱与休谟都是这一运动的代表人物，在康德时期，这一运动达到了巅峰。发端于英国，以布朗、哈特莱为代表人物的联想论，发端于法国，以孔狄亚克、爱尔维修为代表人物的感觉论都受到了洛克经验主义心理学的滋养。沙甫慈伯利、哈奇森、弗格森、休谟、亚当·斯密对他的伦理学学说进行了继承与更正。法国最伟大的教育家卢梭受洛克教育学理论的影响很深，以卢梭为媒介，洛克的教育学思想对整个世界都造成了深远的影响。伏尔泰在自己的著作中对他的政治学思想进行过卓越的论述，孟德斯鸠也在《法意》中对他的政治思想进行过出彩的论述，在著作《契约论》中，卢梭更是对洛克的政治理念进行了全面的继承。他的思想对法国的自然神论运动和英国的自然神论运动都有促进作用。相比于他之前的所有哲学家，洛克的思想中包含着许多与启蒙运动相关的元素，启蒙思想在他的思想体系中也得到了集中的反映。他是近代独立精神、批判精神、个人主义精神、民主精神及在16、17世纪的宗教改革运动中被彰显，在 18 世纪的启蒙运动中达到巅峰的那种精神的代表。洛克的思想对人类精神的影响是最深刻的，对人类制度的影响也是最深刻的，在这方面，无人能出其右。

第二节 自然神论者

自 1695 年，洛克的著作《基督教的合理性》问世，自然神论运动就如火如荼地开展起来。洛克指出启示以理性为最终标准。源于启示的真理具有绝对的确实性，这毋庸置疑，然而启示却以理性为原则。洛克是一位经验主义者，他很伟大，他对自然神学中某些命题的真实性表示认可，在这方面，他与来自切尔布里的赫尔伯特的观点是一致的。但是，在他看来，这种真理的确实性却不是天赋的。洛克的这一理论被自然神论者加以运用，他们在对启示进行衡量的时候坚持以理性为标准，在自然中对上帝之启示进行探寻。由此，基督教的存在就是唯理的，与天地万物同样苍古的基督教也不再带有神秘色彩。1696 年，约翰·托兰德撰写了他那后来备受英国国教斥责的著作《基督教并不神秘》。在写于 1704 年的著作《给塞烈娜的信》和写于 1720 年的著作《泛神论》中，约翰·托兰德对自然宗教的存在进行了肯定，并将这一理论称之为泛神论，泛神论一词也自他开始一直被沿用。在写于 1713 年的著作《自由思想论》中，柯林斯对教会在《圣经》探讨方面所抱持的干涉态度做了反对的论述。因为，人们那个时候多站在批判的角度对《圣经》进行探讨，而教会对人们的这种探讨进行了强制干涉。除此之外，与自然神论相关的著作还包括：丁达尔写于 1730 年的著作《基督教创世时就已存在》，乌尔斯顿写于 1727 年与 1730 年之间的著作《六论救世主的奇迹》，恰布写于 1738 年的著作《耶稣基督福音真传》，摩根写于 1737 年的著作《道德哲学家》。自然神论的反对者有康尼比尔（1732 年）及 J. 巴特尔（1736 年），两者都是天启之宗教最坚定的捍卫者。

参考书

《十八世纪英国思想史》，两卷，作者史蒂芬；《自由思想简史》，两卷，作者罗伯逊；《英国自然神教史》，作者累赫尔。参看《大英百科全书》自然神论条目下的书目。

第三节　心理学

在对知识的泉源进行论述的时候，洛克对内在感觉和外在感觉进行了区分，在他看来，心灵有能力对源自感觉的素材进行加工。洛克的后继者们曾尝试用变相的感觉对包括内在感觉与加工能力在内的所有心智活动进行诠释：将反省化为感觉，将知性的能力也转化为感觉。逝于1735年的科克主教布朗在其写于1728年的著作《知性的活动、范围与界限》一书中就提出了这样的观点，法国神父埃蒂安内·德·孔狄亚克（1715—1780年）在他写于1754年的著作《感觉论》中对这一观点进行了细致的论述。孔狄亚克一直想要证明，一个只具有单一感觉的生物会渐次发展出注意、记忆、对比，有欢乐、苦痛、情绪、欲念及意志。判断、反省、推理、抽象皆以对比为泉源，而对比不过是感觉的一种增殖，而这就是知性。反省与自我不过是我们过去与现在所有感觉的一种集聚。但是，要获得与外在世界相关的观念，如广袤、形式、坚实性、物体等，就必须有触觉的存在。通过触觉，我们能够对客观现实进行认知；通过触觉，我们知道，除了我们自身，还有其他一些事物存在，但是，这些事物的本性是什么，我们却不得而知。

在英国和法国，感觉论的形式有些差异，但同样盛行，其信奉者有：哈尔特莱、普利斯特利、伊腊斯穆斯·达尔文、詹姆斯·穆勒、边沁、爱尔维修、孔多塞、沃尔涅、百科全书学派的学者们和唯物主义者。查尔斯·德·崩内（1720—1793年）一直都是温和的感觉论的信奉者，但在他看来，不管心智的活动是高等的还是低等的，都要以头脑的振动为凭依，而不具备物质性的心灵则会对这种振动产生反应。爱尔维修在伦理学领域对感觉论进行了应用。

亚里士多德和霍布斯都曾经关注过观念联合的规律（即观念在人的心灵中遵循某种规则井然有序地进行联合），洛克对其进行过探讨，盖伊也对其进行过探讨；大卫·哈特莱（1705—1757年）则对观念联合的规律进行发挥，使之成为一个完整的哲学体系。写于1749年的《论人，他的结构、职责与期望》，是哈特莱的著作。休谟、孔狄亚克、普利斯特利、穆勒父子、边沁及部分近代心理学家都信奉经验论，他们把观念联合的规律与所有观念都是感觉的复制品的理论结合在一起,以之对心智活动进行诠释。并且,他们还曾以这一规律为凭依,对道德情操进行过诠释:人学着将自己钟爱的事物与快乐联系在一起。以道德情操为手段,人们能够获得大量令人欣喜的受益,由此,人的情感慢慢从自身获益转变为使他人获益,人们就会因为要有德性所以钟爱德性。

参考书

参看原版第254页以下和洛克名下所列著作;还有《哈特莱和詹姆斯·穆勒》,作者博尔;《哈特莱和普里斯特利:联想论的首创者》,作者朔恩兰克;《联想论》,作者马尔库斯。宇伯威格—海因泽书第三编,第一卷第22章中的书目。

第四节 伦理学

在英国的经验主义者们看来,经验是所有与对错相关的知识的泉源,对幸福的欲望和自我保全的冲动则是道德得以构架的基础。的确,社会本能并没有被培根忽视,但霍布斯与洛克却对利己主义是人最基础的本性这一点进行了肯定,在他们看来,所谓道德,实际上就是开放与明达意义上的一种利己。这种经验主义思想和利己主义论调遭到了包括库德华兹、克拉克、沃拉斯顿在内的许多唯理主义思想家的反对。在克拉克看来,对在相同条件下我会为其他人做他为我做过的事情这一点进行否定,就像是在对"2加3等于5,5却不等于2加3"进行争论一样。1672年撰写了著作《关于自然规律的哲学探讨》的理查·坎伯兰(1632—1719年)堪称英国功利主义的奠基人。对唯理主义者所坚持的与天赋道德相关的知识,坎伯兰一直都抱持否定的态度,但在他看来,视人为彻底的利己主义者,将利己主义片面地诠释为一种自私的冲动,也是不正确的。人不仅仅有利己的情感,也有怜悯与仁爱的情感。公共福利(社会生活)等同于至善,人能以理性与情感为凭依适应这种至善。

洛克之后,英国的道德学家们一直以情感(冲动)为基础对与道德相关的知识进行架构,而不是以源于理性(天赋)的对错概念对与道德相关的知识进行架构。但是在他们看来,人类的本性以这种感情为固有的天资。沙甫慈伯利伯爵(1671—1713年)于1711年完成了《人的特征》一书的撰写工作。在他看来，道德就是人爱自己的情感与社会的情感之间的一种合乎常规的平衡；对道德的感觉能够帮助我们认识到人与人之间的关系是和谐还是不和谐。在写于1725年的著作《美和德性观念研究》及写于1755年的著作《道德哲学体系》中，F.哈奇森（1694—1747年）对这一思想进行了系统的论述。在书中，他第一个对"绝大多数人的极致的幸福"这一概念进行了应用。隶属于这一学派的学者还有：《关于道德原理的研究》（1751年）一书的作者大卫·休谟；《道德哲学原理》（1769年）一书的作者亚当·弗格森；撰写过《原富》（1776年）和《道德情操论》（1759年）的亚当·斯密（1723—1790年），在他看来，道德规律以怜悯为泉源，也以怜悯为标准。这些哲学家全都偏重于人类本性中情感冲动的一面，不认为理性是伦理行动的泉源，也不认为理性是伦理判断的泉源。在他们看来，情感才是伦理行动与判断的泉源。这些哲学家中有很大一部分坚信直觉：或主张以天赋的道德直觉为凭依能够对动机的好坏与行为的好坏进行区分，或主张怜悯是道德判断得以构架的基础。他们都对公共福利等同于至善的观点表示认同。在沙甫慈伯利看来，至善等同于完善，坎伯兰赞同他的观点，而其他一些哲学家则认为至善等同于幸福，但实际上幸福与完善之间从来都不存在明显的界限。

《人类本性论》（著于1726年）、《德性论》及《宗教的类比》（著于1736年）的作者柔斯夫·巴特勒（1692—1752年）对上述理论做了一般意义上的继承，但他对良心更加注重。在他看来，良心并不等同于情感，也不等同于道德感，良心是反省的标准："所有人心中都有一套出色的、赖以自我反省的标准，亦即良心，通过良心，人能对存在于内心中的原则与存在于外部的行动进行区分；能对自己的内在标准进行品评，能对其本身进行品评；能果断地判定哪些行为是公正的、对的、好的，哪些行为是不公正的、错的、坏的；良心在不与人协商、不受人劝导的情况下也能对自身的作用淋漓尽致地进行发挥，从而对行动者做出权威的判断，或赞扬，或指斥。"假如它兼有权力与威力，那么，它就能对世界进行绝对的掌控。在柔斯夫看来，对错虽然不以个人幸福为心理动机进行区分，但个人幸福却是对错最终的具有唯理性的标准。假如我们对真正的幸福有所了解，那么，良心、职责、自爱、利益会将我们引向同一条道路。在这个世界上，它们大多数情况下都相互吻合，但假如我们以未来及全局为着眼点，对它们进行全面的思索，我们就能看到，在所有的事例之中，它们其实都是同一的。对我们而言，幸福的观念至关重要且与我们休戚相关，悲凄的观念也一样，假如幸福的观念与悲惨的观念同秩序的观念、和谐的观念、美好的观念、平衡的观念之间存在冲突，虽然那近乎不可能，但后者还是会被前者战胜，并理应被战胜。当我们静静地端坐，当我们重新恢复冷静时，我们就会意识到，我们没有足够的理由对纯粹的、美好的、对的事物进行追求，除非我们确认它肯定会有益于我们的幸福，或者最起码它不会与我们的幸福相违背。

在写于或出版于1785年的著作《道德哲学与政治哲学原理》一书中，威廉·佩利弃绝了道德感，宣称要以行动的倾向为标准对人的行动进行衡量。但凡是于人有益的事情就都是正确的。"德性就是做与人有益的事情，就是对上帝的意志进行遵循，就是对恒常存在的幸福进行追寻。"

撰写了《发怨言的蜂箱，或恶棍转变的诚实人》（1705年）和《蜜蜂的寓言，或个人劣性即公共利益》（1714年）的贝尔纳德·孟德维尔（1670—1733年）一直抱持着与沙甫慈伯利相反的态度，他一直都致力于证明，站在公共福利的角度来看，个人劣性（自私）做出的贡献要远远大于仁爱。《精神论》（1758年）与《论人》（1772年）的作者、法国人爱尔维修（1715—1771年）对孟德维尔和霍布斯的思想进行了继承。在他看来，人类的活动的动机只有一个，那就是利己，道德的标准也只有一个，那就是开放明达的利己主义。唯有使人在公共福利中察觉到对自身有所助益的地方，人才会具有道德，而要做到这一点就必须以立法为凭依，亦即以合适的奖励与恰当的惩戒为凭依。道德科学等同于立法科学。说到底，这一理论还是洛克的理论，只不过褪去了与神学相关的色彩。

第五节　政治经济学

洛克和佩利都深受个人主义思想的影响，这在他们的著作中有明显的体现，同样受到个人主义思想影响的还有巴特勒及其哲学理论，法国重农学派的学者们及其理论，F.魁奈（1694—1774年）及其经济理论，A.杜尔阁（1727—1781年）及其经济理论，亚当·斯密和他的财富理论（即《原富》中所阐述的理论）。上述所有的学者对渊源于中世纪末的陈旧制度都抱持反对的态度。在这一思想的基础上，全新的政治经济学理论得以被构架，亦即，在经济领域中，个人有天赋的自由活动的权利，社会要尽量避免对此进行干涉（放任主义）。这一思想对自由竞争行为抱持赞同的态度，对垄断权等种种不合情理的特权进行了撤销，在经济领域实行自由交换的交易规则，并对财产和契约进行保护，开放明达的利己不仅是个人利益的一种实现，更是公共福利的一种实现。在天赋人权的总体架构中，放任主义是纲领性的思想，它对人提出了为安享生活、自由和幸福开辟新道路的要求。它指出，社会的正义由此才能形成。亚当·斯密主张："天赋的、简单的、不受束缚的、显而易见的制度以其自身为因被构建。"这一理论的提出对颠覆陈旧的制度是有利的，对贬低斥责旧制度是有利的，对从无益的制度中将人解放而出也是有利的。

参考书

参看原版第 254 页以下所列著作，特别是伦理学史和政治学史；还有《人的特征》，由罗伯逊编，作者是沙甫慈伯利；《沙甫慈伯利和哈奇森》，作者福勒；《沙甫慈伯利的哲学》，作者吉策基；《沙甫慈伯利的生平、信札和哲学体系》，作者兰德；《巴特勒的著作》，编者葛拉斯顿；《巴特勒》，作者柯林斯；《A.斯密》，作者法雷耳。

第三章　贝克莱

第一节　重要的问题

洛克指出，心灵在物质的作用下产生感觉，亦即产生与广袤、坚实性、运动、颜色、滋味、气味、接触等相关的观念（感觉）。其中有一部分性质是事物的第一位性质，也就是事物真正的复制及仿写，还有一部分则是我们在事物的作用下所获得的与事物的切实性质并不相符的表象。心灵以感觉为素材来源，从感觉那里获取所有与知识相关的最本初的信息。心灵以排列、联合、分离、联系等方式对这些信息和素材进行加工，并对自身的活动进行反省。源于经验的事实对我们知识的范畴进行了限定，我们唯一具有的知识就是与观念相关的直接的知识。我们清楚外部世界是存在的，然而，与之相关的知识和观念的知识不尽相同，它需要被论证，而且不具自明性。

在对唯物论及无神论进行驳斥的时候，主教贝克莱援引了洛克哲学的基本思想。假如人类以内在感觉与外在感觉为知识的基础，我们唯一的知识是观念，那么，我们怎么可能知道外部世界的存在呢，我们怎么知道这个存在于外部的世界是物质的呢？在对物质问题进行研究的时候，我们能够清楚地认知的只有自身的意识状态，我们不能将物质的实在与我们本身所具有的观念进行对比，不清楚它们为何物，也不清楚它们的实在。假如洛克的主张是对的，物质是存在的，可是我们对它一无所知，那么，我们就会深陷怀疑主义之中。并且，假如存在类似于物质的单一的空间与具有独立性的实际存在，那么，肯定就存在一个恒常不变的、具有无限性且与上帝同在的存在，上帝被它制约，甚至在它的启示下，我们会否认上帝的存在。所以，只要对物质是存在的这一点表示肯定，就会催生无神论与唯物论。物质世界的存在本就是无神论的根源，是怀疑论的根源，也是对宗教漠然视之的根源。唯有将其倚之为泉源的前提剔除，宗教才不会被漠然视之。换言之，在对世界进行解释的时候，不以物质的存在为前提，而是以精神层面至高无上的上帝及其他元素对所有的事实进行解释。因此，对贝克莱来说，真的存在一个位处心灵之外的世界吗？真的有一个物质的世界吗？这个物质世界是独立的吗？才是最重要的问题。

乔治·贝克莱（1685—1753年）是爱尔兰人，曾就读都柏林三一学院，也曾四处游历。1732年，他带着组建布道团的任务被教会派往罗德岛。1734年入职克罗因，出任克罗因主教。贝克莱的著作包括：1709年的《视觉新论》，1713年的《海拉和菲伦诺的三篇对话》，1710年的《人类知识原理》及1732年的《阿耳西弗朗，或渺小的哲学家》等。

参考书

A.C.弗雷塞编贝克莱著作,四卷,第二版;《贝克莱选集》,编者弗雷塞;《贝克莱》和《贝克莱,唯灵的实在论》,作者费雷塞;《全面的反唯物论》,作者西蒙;《贝克莱的哲学日记》(摘录),作者古尔。

第二节 认识的对象

贝克莱指出,将人类的无知归咎于能力受限是不正确的,假如造物能够以恰当的方法对造物主所赋予的欲念进行利用,那么,一般情况下,他肯定能找到造物主给予的满足这一欲念的方法。可以断定,只要我们以恰当的方式对自己的能力进行运用,就肯定能对自我求知的欲望进行满足;以具有确实性的原则为根据,能够推导出具有确实性的结论。由此,竭尽全力、严格地对人类知识的原理进行探究就是有价值的,从不同的领域与角度对人类知识的原理进行分析与考察也是值得的。

人们之所以认为房屋、山峦、河流等真实存在于外部世界中的事物与感官所知觉的其他状况有差异,是因为这样的理论一直都存在,这种理论认为,抽象的观念能够为心灵所构架。事实并非如此。我们可以对感官所感知的具体事物的观念进行想象(表象),我们可以通过各异的方式将这些观念重组或拆分。然而,譬如,这样的观念在我们的思想中是无法存在的,它就像对三角形观念的一般描述,这个三角形"不是锐角三角形,不是钝角三角形,不是直角三角形,不是等边三角形,不是等腰三角形,也不是不等边三角形,而是每一个这样的三角形,却又不是这些三角形中的任何一种"。的确,我们可以只对某一个别的三角形的图案进行思索,而不去考虑它三条边之间的关系,也不去考虑它的个别属性。人具有抽象的能力,却绝对无法对一个抽象进行构建,也论证不了和三角形相关的、相互冲突又具有普遍意义的观念。同样地,人也不能对这样明晰确实的一种运动观念进行构建,即运动既不是快的,也不是慢的,既不是以直线为轨迹,也不是以曲线为轨迹,且能够脱离作为运动主体的事物而单独存在。诚然,从这个角度来说,的确有具有普遍意义的观念存在:某个观念就其自身而言是具体的,就其作为表象或者同类代表的角度而言,它又是一般的。

人以名字或者符号对分属同类的其他所有个体进行标记，由此，他坚信肯定存在一个与个别观念相对应的抽象观念或一般观念。通过这样的方式被设想而出的抽象的观念不仅于知识的扩展无益，于思想的交互也无益。

存在于心灵之外的世界的观念，或者说是具有物质性的实在的世界的观念，就是通过这种方法抽象而得的观念。人对能够被感知的事物及其他知觉进行了区分，视物质为实际存在但无法被人类认知的存在，这是谬误（不可能）的。若与某个事物相关的感觉不存在，人就无法对这个事物进行感觉，也无法看到它；若感觉（知觉）不存在，人更无法对能够被感官所感知的事物（对象）进行想象。

对洛克的主张，贝克莱一直都抱持肯定的态度。在他看来，人类要进行认知的对象，要么被明晰真实地烙印于感官知觉之上，要么能够通过关注情绪或关注心灵活动的方式被感知，要么可以借助想象与记忆的力量对其观念进行构建。对这种观念，人类能做的不过是将其组合、拆分或表现（表象或想象）。除了观念，还存在能够对观念进行认知（知觉）的事物，它对观念施加各种作用、记忆、想象、希冀。这个能够对观念进行知觉且具有活动性的事物就是心灵、精神、灵魂、自我。它与观念没有任何相同之处，它是观念的载体或观念借以被感知的事物，因为观念正是为了被知觉才存在的。

第三节　物体世界

若心灵不存，人的思想、情绪，构建于想象的图景就不存，这是人所共知且共同认可的；它们皆于心灵之中存在，被心灵认知（知觉）就是它们存在的目的。然而，对感觉来说，这一论断同样适用。为了被知觉才会有存在：存在的意义就是为了被知觉。我说，那张桌子是实际存在的，我在上面写了字，这就是说，它能被我看到，也能被我感觉到。若是我走出室内之后还说那张桌子是实际存在的，那也就是说，假如我在室内，它就能为我所见，或者，它被存在于心灵之中的某一实在看到了。假如说某一事物既是实际存在，又无法被心灵所知觉，那委实匪夷所思。被知觉本就是存在的意义所在，心灵是存在的所在之地。所以，若心灵不存，物体就不存；因为要被知觉或认知，所以它们才会存在。若我无法知觉到它们，我的心灵中没有它们，与我一样的其他精神造物的心灵中也没有它们，那么，它们原本就是不存在的，若不然，它们就是某一不朽的精神的心灵深处的存在。我们说心灵之中有物质存在，这不过是语法上的一种错误。

这样的结果是以洛克的物体论为出发点必然会得到的。物体是一种坚实、有广袤和有形状的实体，具有运动能力，具有一定程度的颜色、重量、滋味、气味、声音。然而，诸如颜色、声音、滋味、气味等属性却不是它所固有的，这些属性诞生于能够被感官所知觉的某一物体（主体）之上，是在我的内部，而非源于物体本身；这就是我们所说的第二位性质。物体与实体本身所固有的性质则被称为第一位性质，广袤、形状、坚实性、运动、静止等都分属此类。在贝克莱看来，这些第一位的性质与别的性质一样其实都是第二位的。以触觉为凭依，广袤的观念、坚实的观念被我获得，这些观念同样是存在于心灵中的一种知觉。我没有能力对广袤的观念与颜色等第二位的观念进行区分，一个只有广袤而没有颜色的事物永远都无法为我所见，如此等等。第一位性质与第二位性质紧密相合、无法被割离；我们不可以将后者从前者之中单独抽绎而出，而只留下一个具有坚实性的广袤的实体，亦即一个只是实体而不是其他任何事物的事物。在我的头脑中，这样的抽象的实体观念是不存在的。然而，在第二位性质之下，必须有某种外部的、起支撑作用的事物存在，这种事物就是实体。在贝克莱看来，那只是抽象，如物质实体一般的词汇根本就没有意义。就算真的有一个具有形状、具有运动能力的坚实的实体存在于我们的心灵之外，我们又要用什么方式去对它进行认知？并且，所有观念都不具备活动能力，所有感觉都不具备活动能力，所有能够被感官所知觉的事物也都不具备活动能力，任何作用都不可能以它们为泉源，所以感觉是不会被广袤、运动、形状等观念引起的。

第四节　精神世界

然而，你一定要断言被感觉与观念引之为原因的原因定然存在于心灵之中，诚然如此，这一原因定然是实体，并且具有活动能力。但是它不能具有物质性，因为这样的物质实体并不存在；它定然是一个实体（精神），具有活动能力，且非物质存在。精神是一种纯粹的、具有活动能力的、无法被分割的事物。当观念为它所知觉时，它被称呼为知性；当它成为观念或者对观念进行摆布的时候，它被称之以意志。精神的观念无法成型，灵魂的观念也无法成型，原因就在于惰性为所有观念所具有，被动性也为所有观念所具有。和具有活动能力的事物相关的观念、影像、图画，我们一无所有。我们无法对精神本身进行感知，只能对精神造成的影响进行感知，但是，对精神的活动、心灵的活动、灵魂的活动，我们还是有一些了解的，比如，我们了解愿望，我们了解爱恋，我们也了解憎恨，最起码，我们可以从字面上对这些活动进行了解。

我的心灵对我的思想有支配的权利，它能任意构架某种观念，也能任意摒弃某种观念，然而，对我的感觉，我却没有支配的权利。当我睁开眼睛时，我不能决定自己是否要看，也不能决定自己要去看的对象。在我的感官之上烙印的观念并非诞生于我的意志，所以，必然存在另一种精神或意志，它是这一观念诞生的基础。相比于源自想象的观念，感官的观念更清晰、更强烈、更生动、更稳定、更连贯、更井然有序，它与创生于人意志的观念有着明显的不同，它不是随意诞生的，而是有序的，它的排列遵循着某种规律，在其中，有许多联系都是可取的，而这也是造物主仁爱与智慧的明证。感官的观念是人赖以为凭依的精神遵循某种固定的规律通过某种确实的方式激发而出的，这种规律是自然规律。以经验为凭依，我们可以对这些规律有所认知，可以知道日常状态下与事物相关的这一观念与其他观念相伴而生。也就是说，在上帝的作用下，某些与规律相关的观念被激发，食物观念与营养观念相联结，睡眠观念与精神恢复的观念相联结，火的观念同身体温暖的观念相联结。假如这种规律与秩序不存于我们的感觉之中，我们便会一直迷茫，手足无措。在规律的作用下，感觉变得前后相继，我们便能根据感觉对自身的行动进行调整，使其对生活更有利。观念之间的联系为我们所注意，由此，我们错将这种联系看成了互为因果：温暖产生于火，睡眠对精神恢复有促进作用，声音是物体相互撞击的必然结果。感官之上为上帝所烙印的观念是实在的事物；不甚规律、不甚生动、不甚常有，激发于想象、又相对较为合理的观念是事物的观念（投影），是事物的表象或复制。然而，存在于心灵之中的感觉仍然是观念，只不过相比于影像，感觉更生动、更强烈、更井然、更连贯。这种观念与那些能够对它们进行感知的具有思维能力的实体并没有多少依赖性，因为激发它们的是源于另一更加有力的精神的意志。

第五节　对反驳的答复

首先，以这样的假设为依据，日月、星辰、房屋、山峦、石头、草木的情况又当如何？难道那只是错觉？只是幻想？唯心主义者对此抱持绝对否定的态度。从上述角度来说，它们的存在是确实的；从我们的感觉被上帝以一以贯之的属于规律的秩序所引发的角度来说，它们也是实际存在的事物。假如物质实体是能够被感官知觉的属性，如广袤、坚实、重量等的结合，那么，从这个角度来说，它的存在也是确实的；假如物质实体指的是存在于心灵之外的，对偶性与性质起支撑作用的存在，那么，它根本就不可能在想象之中存在。这是不是意味我们吃的是观念、喝的是观念、穿的也是观念呢？我们吃的是能够被感官直接感知的对象，喝的、穿的也是能够被感官直接感知的对象，这种对象定然会被心灵所知觉，也定然会存在于心灵之外，所以，我们称呼它为事物，而不称呼它为观念更恰当。然而，存在于外界的、远方的事物能够为我们所见。《视觉新论》就是在对这种困难的思考的促使下诞生的，贝克莱在书中指出，通过视觉，我们无法对远方和外部世界直接进行感知，通过线、角或者其他一些与它存在必然联系的事物，我们也无法对远方和外部世界进行理解与判断。通过视觉的提示，我们能够对某些触觉观念或移动的观念有所认知。通过经验，我们知道，位处远方的对象看上去很小，且模糊不清，想要看到清晰的、较大的图景，就必须走近它。

当我闭上眼睛的时候，一切是不是都不见了？当我们无法对事物进行感知的时候，它就是不存在的。贝克莱指出，对这一观点有异议的人也会被同样的难题困扰。当我闭上眼睛时，颜色就不见了吗？当我堵上耳朵时，声音就不见了吗？我们见到的所有具体的事物都存在颜色、声音、形状、大小，假如这些性质全都不见了，那么，留给整个世界的还有什么？并且，我们能够这样说，当我们闭上眼睛的时候，这些事物能够被其他的心灵所知觉。

其次，所有微粒子的理论在这种唯心主义的观点之前不都变得无用了吗？贝克莱给出的答案是，若某种现象能够用那种假设进行解释，在那种假设不存在的时候，这种现象依旧能够被解释。谁都不知道物质是通过什么方式对精神施加作用的，也没有人知道精神是怎样在物质的影响下产生观念的。并且，在对事物进行诠释的时候，自然科学家们采用的也不是物质实体的观念，而是形状、运动或者其他一些属性。实际上，形状也好，运动也好，其他的属性也好，都不过是观念，事物不可能以它们为因。

再者，若遵从这种全新的理论，我们就得说散发热量的是精神，不是火，这何其荒谬！贝克莱给出的答案是，我们对此进行思考的时候，要像学者，对其进行表述的时候，则要像个普通人。对哥白尼学说抱持肯定态度的人仍在说太阳升起来了，部分人宣称物质为全世界所相信，难道整个世界都错了？但是物质真的为全世界所相信吗？将信任赋予物质，本就是矛盾的。事实上，人们提出的所有与物质相关的意见，都不曾经过思考，并且，被普遍认可也不能作为论据。我们能够对这种偏见进行说明，感觉被人类假定为一种脱离心灵的独立存在，它不可能以自身为泉源。做出这样假定的人即便在梦境中都无法对其中存在的冲突进行认知。根据这一设想，在心灵之外，性质存在。由此，我们需要一个实体，且这个实体不应该具有思维能力。第二性的性质无法在心灵之外存在。既然第一性的性质也无法在心灵之外存在，还要实体干什么呢？假如你说可能会存在某种具有属性的实体，但就像盲人看不到颜色一样，人无法对这种实体进行认知。那么，与对某种不能被认知的性质的不能被认知的支持者进行争论有什么意义？对我们不知道是什么，也不知道它因何存在的事物进行争论，有何益处？并且，假如通过新的感官，这些属性为我们所感知，我们依旧会被同样的难题所困扰。假如我们将物质定义为某种不能被认知、不是实体、不是属性、不是精神、不是观念，而且具有惰性、不能思想、不可分割、无法活动、不广袤、在所有地方都不存在的事物，那么，它就只能是虚无。假如说物质是存在的，它是本质，是实体，所以，它和虚无不尽相同，那么，这实际上就是一种文字游戏，而且，这种文字游戏还令人费解。

第六节　关于观念、精神与关系的知识

精神是一种实体，具有活动能力，且无法被分割；观念无法脱离心灵或精神而独立存在，它存在于心灵或精神之中，并以它们为支撑，它是呆滞的，是有依赖性的，也是会流逝的。我们以内在的感觉（反省）为凭依对自己的存在进行理解，以理性为凭依，对其他精神的存在进行理解。我们拥有部分与心灵相关的知识，拥有部分与精神相关的知识，也拥有部分与具有活动能力的事物相关的知识，但是严格说来，我们却不具有与这些事物相关的观念。同样地，我们对与事物之间的关系相关的概念有所认知，对与观念之间的关系相关的概念也有所认知，但这种概念与相互联结的事物是不同的，与相互联结的观念也是不同的；我们能够对后者进行感知，却不能对前者进行感知。在贝克莱看来，从种属的角度来说，无论是观念、精神还是关系，都是人类知识论述的主题，或者人类知识的对象；若对观念进行不恰当的引申，它就能成为我们所认知的所有事物及我们具有其概念的所有事物的代表。于感官之上烙印的观念是实在的事物，然而，它无法脱离对它们有感知能力的心灵而单独存在，心灵之外所具有的所有原型与其都没有相似之处。从它们不以心灵为泉源这个角度来说，它们全都是外在的。但是，是某种精神将它们烙印于心灵之上的，这种精神与能够对它们进行感知的人是不一样的。能够被感官所知觉的事物也能被认为是存在于心灵之外的，亦即，当我闭上自己的眼睛的时候，事物依旧存在，但是它不再以我的心灵为存在之地，而是以其他心灵为存在之地。

第七节　驳斥二元论、无神论与怀疑论

在贝克莱看来，通过这种唯心主义理论，一些模糊的、令人费解的问题被从哲学的领域剔除了，这些问题有：思维的能力是否能为物质实体所具有？物质是不是可以被无限分割？物质以何种方式施作用于精神？通过这一理论，人类知识被转化为与观念相关的知识和与精神相关的知识。于是它从以理智为凭依进行理解的对象之中脱离了出来，或者说从由心内对象与心外实在所构成的二元论之中脱离了出来。怀疑论以这种二元论为泉

源，原因就在于我们如何知道能够为我们所感知的事物与不能为我们所感知的事物是相契合的呢？假如颜色、形相、运动、广袤等性质被认定存在于心外，那么，为我们所见的就不过是事物的表象而不是其确实的性质，我们就会对感官失去信心，就会深陷怀疑论的旋涡。但若以我们的理论为根据，则所有的怀疑都不会存在。

物质学说也是无神论产生的根源之一；若物质被摒弃，整个建筑将分崩离析。假如所有的事物都以不受束缚的、没有思维能力且无法进行感知的实体为泉源与基础，那么，事物的形成就是受限的、愚蠢的、无序的。若物质被摒弃，霍布斯学派将找不到任何借口，伊壁鸠鲁学派也一样。物质会被颠覆，偶像崇拜也同样会被颠覆。假如感官所知觉的不过是存在于自己心灵中的不同感觉，那么，人不可能委屈自己去对自己的观念表示敬意。并且，只要将物质实体摒弃，以普通人理解物体的方式对物体进行理解，亦即物体就是人们能够看到与感觉到的东西，就是属性或观念的集聚——这样，对复活观点的驳斥就没有任何意义了。

另一个导致错误发生的根源是抽象观念学说。所有人都对具体的时空、个别的运动有所认知，但在被形而上学加工之后，这些知识却变得过于抽象，过于精致，以至于普通人根本就无法对其进行理解。时间不过是源自对存在于人类心灵中的某种具有相继性的观念的抽绎，精神具有有限性，对其延续进行衡量的标准是同一精神或心灵中大量行动与观念的彼此相继，所以，心灵一直都在思维，这一点显而易见。只要广袤存于人的心灵之中，颜色就存于人的心灵之中，其他任一心灵中存在的只是原型；感觉的对象就是感觉的相互混杂、融合与集聚，我们无法设想一种无法为人所知觉的感觉的存在。我们不能对一个将所有事物都摒弃的纯粹的空间观念进行构建。所谓纯粹的空间，就是我的四肢能够无障碍地移动到任何地方。

在自然哲学领域中，胜利最终为怀疑论者所获取。在他们看来，我们无法对事物真正的本质进行认知，也无法对事物的结构和内在属性进行认知。凭借自身的理解能力，人类无法对一滴水中的某些东西进行认知与理解，也无法对一粒沙中的某些东西进行认知与理解。如此抱怨完全是无据的。并不存在这样的、存在于事物内部的本质，能够被辨别与认知的事物性质也不以其为泉源,不是从它之中流射而出。譬如,在对现象或性质、声色的产生进行解释的时候,运用形状、重量、运动,不能为人所见的微粒子等性质,徒劳无益。精神是唯一的动力因与行动者,其他所有的观念都徒劳无用,运动也一样。

眼下,引力原理相当盛行,但这个词指代的不过是引力的结果,通过它,我们根本就无法知道被引力引为泉源的活动的属性,或者,引力作用的泉源。很多人主张,引力作用是普遍存在的:吸引是所有事物固有的本性,被其他事物吸引也是所有事物固有的本性。这一状况不具有必要性,也不是根本,而是完全以具有支配作用的精神意志为凭依的,精神意志以这种规律为依据,使物体集聚并相互吸引。所以,对有异于精神或心灵的动力因进行探索是徒劳的,即使这种原因是自然的。造物主完成了所有的创造工作,他是善良的,也是睿智的,因此,哲学家们应该以自己的思想为凭依对事物产生的终极因进行探索。指出事物被创造的目的,指出为事物所适应的目的,是一条理想的道路。我们有充足的理由去发现、去探索、去实验。对人来说,观察是有益的,实验也是有益的,它能让人获得常识,但这不是因为事物的特性恒常不变,而是因为在对世界进行管理时,上帝将仁爱与善良赋予了人类。以对现象努力地观察为手段,我们能够发现存在于自然中的普遍规律,还能以此为依据对其他现象进行推导。"证明这个词我从来都不用,因为诸如此类的演绎全都以下述假定为基础,即自然的支配者是恒常运动(活动)的。并且,它在运动的时候一直都遵循被人类认为是规律的规则:我们无法对这些规则进行认知,这一点显而易见。"然而,在贝克莱看来,道德律肯定能对人类福利起促进作用,肯定能够被证明,它和所有的几何学命题意义一样,都是真理,都是恒常不变的。

参考书

阿·柯立尔在他的《万全的线索》(1713年)中,着眼于马勒伯朗士的哲学,尝试着以唯理主义的观点为依据,来对外界不存在进行证实;《万全的线索》,由布曼编;参看里昂,《一个英国唯心主义者》,载《哲学评论》(1880年);《阿·柯立尔的〈万全的线索〉评析》,作者科瓦洛斯基。

第四章 休谟

第一节 休谟的问题

在洛克看来，人拥有与观念相关的明晰确实的知识，拥有与上帝相关的论证的知识，拥有与道德相关的论证的知识，以及与外在的、具有物质性的实在世界相关的明晰确实的知识。贝克莱则对物质世界的存在抱持否定的态度，认为知识不能超出观念、关系与精神的范畴。大卫·休谟对洛克的知识以经验为泉源观点进行了承袭，同时也继承了贝克莱存在是为了被感知的观点，并以此为前提，得出了系列结论。假如能够为人类所认知的只有人类自己的印象，那么，人就没有权利对物质实体是否实在进行判定，也没有权利对精神实体是否实在进行判定。不存在某种可以让人类有理由对任何实体进行假定的印象。通过经验，人们也无法发现一种能够让人对因果与必然联系的合理性进行明辨的事物。观念井然的前后相继被表现为因果。普遍的、必然的知识不可能得自形而上学，也不可能得自自然科学与神学；和理论科学一样，上帝科学、宇宙科学、灵魂科学都像洛克所主张的那样是不可能存在的。我们只能对所经验者有所认知，也只能对受限的盖然性进行把握。笛卡儿、霍布斯、洛克都抱持这样的观点，休谟对此也表示赞同，这个观点就是只有具有自明性的知识才是真正的知识。但在他看来，不言自明的知识只能获自数学领域，因为只有数学是在对自己本身的概念进行解析。

休谟抱持经验主义的观点：知识以经验为泉源；休谟抱持实证主义的观点：现象界对知识形成了桎梏；休谟抱持不可知论的观点：我们不知道最后本体，不知道实体，不知道原因，不知道灵魂，不知道自我，不知道宇宙，也不知道不朽的世界；休谟还抱持人文主义的观点：真正能够作为我们研究对象的只有人的精神。

1711年，大卫·休谟在爱丁堡降生，他是法律专业毕业；1752年到1757年，休谟供职于爱丁堡法学院，是该院图书馆的馆长；1763年到1766年，他历任圣克莱尔将军的秘书及赫尔特福尔德勋爵的秘书；1767年到1769年，他出任副国务大臣一职；1734年到1737年，初次赴法游学的休谟完成了著作《人性论》的撰写工作，该书一共有三卷，然而，书籍问世后，在民间反应平平，休谟戏称："出版之后就成了刚刚降生的婴儿，但这个婴儿却失去了生命。"后来，休谟对《人性论》进行了通俗化处理，于1748年、1751年、1757年分三次出版了三卷著作。休谟生前卓有声望，但他显赫的声望全都源于他在历史学领域的研究成功，而非得益于他的哲学著作。第二次旅居巴黎时，作为英国大使馆成员的休谟认识了卢梭、狄德罗、霍尔巴赫、杜尔阁和达兰贝尔。在他的劝勉和诱导下，卢梭决定访问英国。1776年，大卫·休谟逝世。

休谟的著作包括：出版于1739年与1740年之间的《人性论》；五卷论文集之一，出版于1741年与1742年之间的《道德、政治和文学概论》；五卷论文集之二，出版于1748年的《人类理智研究》，该书实际上是《人性论》第一卷的修订本；五卷论文集之三，出版于1751年，为《人性论》第三卷修订本的《道德原则研究》；五卷论文集之四，出版于1752年的《政治论谈》；五卷论文集之五，出版于1757年的《四篇论文》，《人性论》第二卷《论情感》《自然宗教史》是该书的一部分。大卫·休谟逝世之后出版的作品有：1777年出版的《我的人生》，出版人为亚当·斯密；1779年出版的《关于自然宗教的对话》；1783年出版的《灵魂不死》《自杀》。另外，1754年到1762年，休谟的著作《英国史》也得以出版。

1874年，格林与格柔斯对休谟的著作进行了编辑，全书共四卷，1909年再版更新；1894年，席尔拜·比格斯编辑了《道德原理》和《论文集》；1888年，比·希耳编辑了《书信集》；艾肯斯编辑了《人性论》选集；希斯洛普编辑了休谟伦理著作选集。

参考书

赫胥黎等所撰专著；《休谟著作导论》，作者格林，并见格林著作；《休谟的人性论和人类理智研究》，作者伊耳凯恩；《休谟的生平及其哲学》，作者约德耳；《休谟哲学中的经验论和怀疑论》，作者 E.普夫雷德尔；《康德、休谟和贝克莱》，作者斯皮克；《休谟研究》，作者迈农，两卷；《休谟的伦理学》，作者吉泽基；《休谟的认识论》，作者赫德法耳；《休谟：道德学家和社会学家》，作者累哈尔提尔；《苏格兰哲学》，作者麦科希；《论苏格兰哲学》，作者普林格耳—派蒂逊，以及原版第 254 页以下所列有关英国哲学的著作。

第二节　人性的科学

休谟指出，所有的科学都关乎人性。逻辑学只具有一个目的，那就是对推理原理、推理活动、人类观念的属性进行解释。评论与伦理学都是对人类兴趣与情操的检视，政治学对社会中的人的相互联系及倚靠关系进行研究。甚至，以人的能力（机能）为凭依，我们能对数学、自然哲学和自然宗教进行判断，所以，我们应该以人类本身为研究对象，以便发现制约人理智的原则，以便发现刺激人情绪的事物，以便发现人类行动的原则及人们赖以对他人进行褒扬或贬斥的标准。我们要问，我们以何为泉源对真假进行辨别，我们以何为泉源对善恶进行区分，我们以何为泉源对美丑进行识别？其他科学能够从人这里得到的唯一的、具有坚实性的基础是休谟以道德哲学或人性科学来称呼的科学。人性科学定然以经验与观察为构建的基础，哲学必须对"推理的实验方法"进行引用。在著作《人性论》中，休谟就做过类似的尝试。在书的第一卷，他对知性进行了论述；第二卷，他对情感进行了论述；第三卷，他对道德进行了论述。相同的课题，在他其他的著作，如《人类理智研究》《论情感》和《道德原则研究》中也被论述过。

对人类知性的属性进行研究，对知性的能力或力量进行分析，证明旧哲学强加给知性的迂腐、遥远、玄奇、奥妙的命题并不适合它研究，就是我们或者说休谟最重要的目标。这也就是说，我们要对与知性相关的、真正的形而上学进行构架，对那些试图对那些人力所不能及的领域进行探索的、含混的、杂乱的、虚伪的形而上学进行摧毁。哪怕最后构建的只是心灵层面上的地理学，只是对存在于人心中的各个部分及能力进行了划分，最起码，它会如对行星系统进行探究一般让人满意。然而，我们因何不能对那些对心灵活动起促进作用的泉源与秘密进行探索，因何不能希冀有一个正在对心灵进行研究的牛顿，也许他真的能够发现一些与心灵相关的具有普遍意义的原则呢？

第三节　知识的起源

休谟着重对知识的性质与起源进行了研究。知识以何为泉源？知识以何为界？知识涵盖哪些范畴？知识的确实性如何？部分认识形式，如实体，部分范畴，如因果，究竟有何研究意义？要对这些问题进行解答，首先就得对知识的起源问题进行解答。所有能够为人类思维的材料都以内在印象或外在印象为泉源。印象是一种鲜明的知觉，它以人的见闻、感觉、爱恋或憎恨、要求或希冀为因，亦即出现于人类心灵中的最原始的感觉、情绪与感情。人的思想观念是比较模糊的知觉，是印象的复制，或者说是不太明显的印象，是人在对上述的感觉或运动进行反省时意识到的一些东西。人的心灵中因何会存在外在印象或感觉，我们不得而知，但存在于人心灵中的内在印象却大都以观念为因：举个例子，当印象与感官相接触时，冷热为我们所认知，欢乐为我们所认知，痛苦也为我们所认知。观念就是被保留下来的印象的复制品。以欢乐或苦痛的观念为因，全新的印象诞生：趋避、渴望、希冀、害怕都是源于自我反省的印象。通过记忆或想象，这些印象又被复刻；通过对感官和经验素材进行混合、调整、增减，可以对印象之知识进行构建。印象是心灵与意志的混杂与重组；通过分析，我们知道所有被我们考察的观念其实都源于与它相同的印象，是对与它相同的印象的复刻。并且，印象不存，观念就不存；颜色的观念无法为盲人所具有，声音的观念也无法为失聪者所具有。所以，在对哲学名词的意义进行检视的时候，我们应该经常问自己：是哪一种印象衍生了这个被我们认为是真实的观念？

然而，我们的观念与思想也不是全然杂乱与无序的，也不是随机联结的。它们遵循某种秩序，在某种程度上彼此吸引，总有一条条的线将它们串联，这一条被那一条唤起。在看到某幅画作时，我们自然会对它的原型进行联想（相似），说卧室旁边的另一间房实际上就暗示了相邻的另一间的存在（接近），因为想到了受伤，所以感觉到了痛苦（原因与结果）。这一方法叫作观念联想法。因果、时间与空间上的接近、相似性是进行联想的基本规律与准则。也就是说，某种思想能够被与它相似的事物的观念唤醒，能够被在时间与空间上与它接近的观念唤醒，也能被与它存在因果关联的观念唤醒。所有复杂的观念实际上都是以这种联想法为准则而进行的重组或结合。

因果关系是所有与事实相关的推理得以建立的基础，亦即，我们常常对当前的事实与另一事实之间的关系进行探寻。一只表被一个人发现于荒岛之上，由果及因，他断定肯定还有至少一个人到过这座荒岛。人类以对因果的探索为凭依进行思考，也以对因果的探究为凭依进行实践，所以，对这种关系进行研究是至关重要的。因果知识要如何去获取？因果知识以何为确实性？因果已经被论证的属性为何？

人不可能以具有先验性的推论为凭依去获取与因果关系相关的知识。亚当无法以火的光芒与热量为凭依，在经验诞生之前就先验地推断出火能将他化为飞灰。心灵无法凭依被设想的原因对结果进行推导，不管推理的方式与方法是什么，我们都不可能先验地对火药会发生爆炸、磁铁相互吸引这样的事实进行推导。因为因果没有任何的相同之处，在原因之中，我们永远都不可能发现结果。我们无法证明某一结果肯定以某一原因为因，也无法证明同一原因肯定能导致同一结果；我们可以以道理为依据对数学命题进行证明，却不能用同样的方法对面包具有营养、热产生于火、面包与营养在性质方面的联系不具必然性等进行证明，换言之，我们无法用同样的方法证明某一概念肯定为另一概念所包含；假如它真的存在，那么无须以经验为凭依，我们也能在这些性质首次出现的时候，就对它的结果进行推导，就像根据三角形的性质，我们能够对三角形的内角和等于两个直角的和这一必然结果进行推导一样。从逻辑的角度来说，对热并非产生于火、面包没有营养、火药不会发生爆炸进行设想，完全是合理的。

经验与观察是与因果关系相关的知识构建的基础。通过观察，我们知道同类时常相互联结，对象前后相继，热产生于火，寒冷的天气会下雪，一个台球的运动会引发另一个台球的运动。若两个对象在很多情况下都在一起，我们就能对两者之间的因果关系进行推导，其中一个以另一个为因。受此引导，当这对对象中的一个出现时，我们就会对另一个的出现满怀希冀；在习惯或习俗的影响下，心灵相信这对对象必然存在着联系，且一直都会并存。我们知道火与热、重量与坚固性时常一起出现，所以，受习惯的影响，当两者中的其中一个出现时，我们就会对另一个的出现满怀期待。亦即，通过经验知道对象时常一起出现，就相信它们之间肯定存在某种联系。灵魂以信仰为作用，灵魂以信仰为自然本能，在得到恩赐之后，我们总会对恩赐者产生爱恋或仰慕的感情，这无可避免，同样地，信仰也是无可避免的。因为信仰的存在能为所有人所感知，所以，我们只能将它定义为人所共知其意的某种情感。在《人性论》中，休谟并没有确定自身对信仰的态度究竟是什么。他主张信仰就是一种想象，然而，他又觉得这样的解释是含糊的，并因此深觉不满。所以，天性并没有于心灵的层面以相似或完全相反的原因对相似的结果进行推导，也没有把心灵委托于以理性为根源的不可靠的推论，而是以机械的倾向或者本能为凭依，对这种作用进行促进。

我们能够将原因界定为某种必然为某种事物所追随的，通过它，人们定然能对另一事物产生联想的事物。对这一界定，很多形而上学家表示不满，在他们看来，它并没有对存在于其中的某种事物进行指明。他们指出，原因是某种事物，另一事物以它为因，在它的内部，包含着一种对结果的产生起决定作用的神秘能力、效果或力量。因果之间有一条相互联结的纽带，因果之间存在着某种必然的关联：假如我们能对这种力量进行认知，那么，即便经验不存，我们也能对结果进行预判，也能通过思维或者推理，对结果进行确定。事实若真的如此，我们就能从原因入手，对结果进行推导，知其因就一定能知其果：不以经验为凭依，就能对某种事物的活动进行认知。

力量是什么意思？效力是什么意思？能力是什么意思？必然的关联又是什么意思？我们使用这些词汇凭依的是什么权利？要对这几个问题进行解答，就得先对力量的观念和必然联系的观念进行分析。人无法对他从来不曾以外在感觉或内在感觉为凭依而感受的对象进行思维，那么，力量的观念又以什么印象为泉源呢？这个观念是如何被获取的？当我们将目光投注在外在对象身上时，当我们对原因的作用进行思考时，我们从来都没有发现任何联结因果，让因果的一方必然会与另一方相伴的性质或者力量。我们只注意到因果的一方的确会在其中一方出现的时候相随而起。一个台球被撞击，另一个台球会随之运动，通过外在的感官，我们只能看到这些。

某一对象第一次出现的时候,我们定然无法对它会导致的结果进行准确推断。宇宙这架机器一直被一种完全处于隐蔽状态的力量所推动。我们很清楚,火焰出现的时候,热也相伴而生,但我们却无法对两者之间存在的必然的关联进行想象。我们无法通过对自我心灵进行反省的手段来获知力量的观念,这个观念也不以对内在印象或经验的复制为泉源。然而,一部分人可能会说,这种内在的力量不是无时无刻都能为我们所感知吗?我们不是一直认为仅凭意志的力量就能对心灵的机能进行指导、对身体的器官进行推动吗?四肢以意志的活动为因进行运动,或者,人于想象中以意志的活动为因对一种全新的观念进行构建。以意识为凭依,我们对意志的作用有所认知。这样,能力(力量)的观念为我们所得,我们的确清楚地认识到力量为我们所拥有,也清楚地认识到力量为其他所有的智慧生物所拥有。

在休谟看来,我们应对这一观点进行检视。的确,人以意志为凭依对身体施加作用,然而,我们永远都不知道这种结果因何而生,也不能对意志工作的直接机理进行认知。在自然状态下,我们完全无法对这一隐秘的力量进行感知,于此也一样。从经验那里,我们只能获知,身体在接受意志的指令之后会运动,至于这一作用究竟是怎样发生的,我们却一无所知,它对我们来说太神秘。通过经验,我们无法获知意志与活动之间的联系,不知道这让两者无法割离的联结之力究竟是什么。灵与肉之间的所有联系都是玄奥的,对其中的因果,我们一无所知。原因表之于外的某种力量将因果相互联结,并使其中之一永远以另一个为因,百试不爽,于此,我们根本就看不出精神到底是如何对肉体施加作用的。同样地,我们也不知道思维以何种方式为意志所掌控,不知道观念诞生于灵魂的何种力量。这样的力量,我们一个都没发现,我们只知道,观念被意志支配,事件随后诞生。

总之,没有哪种力量能被我们发现,一个事件出现之后,另一事件紧跟着出现,这是我们唯一能看到的。我们不能对联结意志与运动的纽带进行观察与思索,也不能对精神赖以使这一结果产生的力量进行观察与思索。自然发生的事件也是这般。某一事件为另一事件所跟随,两者之间存在的关系纽带我们却永远观察不到。它们好像相互联结着,又好像不存在任何关联。对这一纽带、力量、关联,我们没有任何经验,自然也就无法获得相应的印象，更无法获得相应的观念。从这些词现在被使用的方式来看，它们好像不存在任何意义。然而，若使用的方式正确，它们就会变得有意义：当我们说两个对象之间存在关联时，我们指的是两者在我们的思想中存在关联。就像前面我们所说的那样，习惯推动心灵，当某一事件出现时，我们会对与它相伴的另一存在物的出现充满期待，并坚信另一存在物肯定会出现，所以，这种存在于我们心灵之中的、能够被感知的联系，就是对某一对象惯常的以另一伴随物为方向的移动进行想象，我们便以此感受（印象）为凭依，对某种力量的观念或必然关联的观念进行构建。

休谟指出，对象之间的联系并不是必然的，存在于脑海中的观念之间的联系全都以联想为凭依。重复、习俗、习惯是这一联系诞生的泉源。这些观念经常发生集聚，某一个出现，就等于对另一个的出现做出了提示。从逻辑的角度来看，这不具必然性，从心理的角度来看它却是必然的，经验是这种心理层面的必然性赖以存在的泉源；这一过程不会因对象的不同而变得不同，无论对象是动物、孩子、普通人，还是哲学家，这一过程都是相同的。

另一个构筑于哲学家的概念是实体。人们忍不住视物体的颜色、声音、味道、形状或别的属性为实在，它们是同一主体的附属，不能脱离主体而单独存在，主体对它们有支撑作用。某种不能为人类所知、不能被分割的事物实际上是想象的虚构，在想象看来，它是所有变化中恒常不变的那一个。这种不能为人所知的事物就是实体，实体的属性是偶然性。哲学家们还对某种玄奥的属性及实在的形式进行过设想，然而，这一切就仿佛黑夜中的幽灵，全都是虚假的。人只有与知觉相关的某种完善的观念。实体与知觉没有任何相同之处，所以，实体的观念并不能为人所有。某种性质与另一种性质定然是不同的，它能被假定为某种具有独立性的存在，它不仅能脱离其他所有的属性而独立存在，还能脱离匪夷所思的、关于实体的虚妄想象而独立存在。

第四节 知识的确定性

人的所有观念和所有思想都是印象的复制品，所有的知识也都以经验为泉源，那么，我们要问，这种知识因何是确实的？这种知识有哪些已经被证明的属性？观念的关系与事实的情况是理性研究的两大对象。只要是确实性得到论证的，只要是具有直觉的确实性的所有论断都能被归于第一类，即观念的关系，几何学、代数、算术都分属此类。勾方加股方等于弦方是形状之间关系的一种表述。三十是三与五的乘积的二倍是对数之间关系的一种表述。诸如此类的命题不必以宇宙间的任何其他事物为凭依，仅通过大脑的运算就能获得。虽然圆形与三角形在自然界中并不存在，但这些已经被欧几里得证明过的不言自明的真理依旧是确实的。

只要是对不能被记忆或感官验证的事实情况进行证明，就得以因果关系为凭依。我们很清楚，经验是因果知识的泉源：通过经验，我们知道有些对象时常一起出现，由此，我们就习惯性地对其进行推导，认为它们永远都会共存，但我们赖以为凭依的习惯实际上是一种本能，而本能并不是所有时候都是正确的。对事实情况的确实性进行证明和对数学命题的确实性进行证明是不一样的。任一事实的相反面依旧具有可能性，因为相反并不代表相冲突。太阳明天不会升起与太阳明天会升起都是可以被理解的命题，两者之间也不存在什么冲突。于此，我们不是在对具有确实性的、不言自明的知识进行探讨，而是在对知识的盖然性进行探讨。

所有与实体相关的观念都不会为我们所有，实体知识也不在知识涵盖的范围之内。然而，有些人大概会质疑，在原因问题上被信赖的想象因何在实体问题上就不能被信任？休谟给出的答案是，我们必须对永久的、牢固的、普遍的原则和恒常变化的、杂乱的、弱小的原则进行区分。在习惯的作用下，原因以结果为方向进行的移动就是永久、牢固、普遍的原则，而实体、实体的形式、偶性、神秘属性则是恒常变化的、弱小的、杂乱的原则。人类的思想及行动均以前者为根基，前者若不存，人类就会消逝与陨灭。对人类来说，后者却不是不可或缺的，其对生活的指引也非必不可少，对生活而言，也非全然有作用。

与事实情况相关的、绝对的、确实的、不言自明的知识，人类不具有，以人为拥有者的知识也不可能是绝对确实的。人以经验为凭依对结论进行构建，人相信未来与过去没有什么不同，然而，人类无法绝对确定事物的变化不会发生，因此，也无法确定这一观点的确实性就是绝对的。假如人在行动的时候不信任自然规律，也不信任自然的齐一性，人就根本无法生活。从实际的角度来说，怀疑论无法带给我们任何助益，所有充满了怀疑的思想都该以实践为良药。

第五节 对外在世界的知识

人可以信任感官，但这种信任不能是盲目的，已经被感官证明过的，也需要进行矫正，矫正的手段就是理性。将信任赋予感官，这是人的自然本能。很多时候，人根本就不对外在宇宙的存在进行推导，也不以理性为手段对外在宇宙进行认知，就盲目地假定它是存在的，就盲目地假定即便所有的生物都不存在，宇宙也是存在的。但只要从哲学的角度稍稍思考一下，人的所有意见都将分崩离析（被毁灭）。存在于心灵中的只是投影或知觉。人们无法对知觉以外部事物为因这一观点进行证明，即便它与知觉真的非常类似（假如这种可能性存在的话），但它与知觉真的是不同的。在这里，经验不能给我们带来任何助力，因为只有知觉才能为人的心灵所感知。通过观察，我们能够发现知觉与知觉之间的因果关系，却无法发现知觉与物体之间存在同样的关系，所以，我们不能因为知觉这个结果的存在，就断言它以物质为因。假如印象只以剔除了第一性与第二性，只保留了不为人知性且无法被人所理解的物体为因，那么这种认知的不完善就是显而易见的，怀疑论者甚至都不屑对其进行反驳。物自体是否存在，我们不得而知。印象的观念是所有知识的对象。我们无法证明这些印象是以我们自身为因，我们无法证明这些印象是以存在于外部的事物或者某种无法被人类认知的事物为因，我们也无法证明这些印象以上帝为因。感觉诞生于心灵之中，诞生原因不明。以经验、印象、观念为界对知识进行限定，是人类唯一能做的。人可以对观念进行对比，可以对观念之间的联系进行观察（关注），可以对这些联系进行推导，然后，以此为凭依，得出某种被证明的知识。人还可以对感觉所依从的秩序进行观察，然后在习惯或习俗的作用下认定某一对象与另一对象之间存在关联，并将这种关联命名为因果。

人的知性能力有限，处于知性能力范围之内的课题才是我们应该进行研究的对象。哲学的观点不过是对日常生活中的思索的一种归纳与矫正。在考虑到他们没有足够完善的运用能力，没有足够广博的知识范围，没有足够精准的发挥能力的情况下，哲学家们永远不会尝试让哲学的论断超乎生活的范畴。在世界的起源方面，无论过去还是现在，人类得出的结论都不可能令人满意，在自然情况方面，也是如此。

第六节 心灵实体

所以，形而上学的知识不是与宇宙终极泉源及性质相关的知识，甚至，理论层面的宇宙论本就是不存在的。同样地，理论层面的心理学，即与心灵的本质相关的科学也是不存在的，人对非物质的、不可分割的、不朽的心灵实体实际上一无所知。无论是在物质层面，还是在精神层面，实体观念的存在都没有意义。和一个具有思维能力、不可被分割、纯粹的实体相关的理论是真正的无神论；在休谟看来，我们若是对这种无神论表示认可，就得对斯宾诺莎主义表示认可。很多哲学家认为，我们具有纯粹且同一的自我观念，事实并非如此，某种纯粹的、具有连续性的基础质料在我们之中并不存在。"当我细致地对自我进行观察的时候，我总能与某些具体的知觉相遇，如冷热、光暗、爱恨、苦乐。无论何时，我都没觉得自我已经被我把握，能够成为我观察对象的也仅有知觉。"精神就是一团或一束束存在差异的知觉，它们彼此相继的速度快得匪夷所思，它们是恒常流动的，也是恒常运动的。精神是知觉的舞台，知觉于此相继现身，往返不断，倏忽即逝，相互集聚、混杂，并处于不断的变化中。在同一时间段内，真正的单纯性在其中并不存在，在不同的时间段内，真正的同一性也不存在。休谟之所以用舞台来类比，只是不想使我们产生误解。精神是前后相继的精神构成的，也只能被前后相继的精神所构成。对于这些情景被展现的场所，我们一无所知，也没有相应的观念；对组成精神的深奥素材我们也不甚了解，也没有对应的观念。所有具体的知觉都具有独立性，都与后续的或与它同时出现的知觉有所差异，我们可以对其进行区分。我们所拥有的部分知觉是不是以这种同一的关系作为联结呢，还是这种知觉观念的联合只存在于想象之中？当我们确认那的确是同一个人的时候，是否就是说我们意识到了作为实体的他与我们知觉中的他存在某种必然的联系，还是说这种关系只存在于这种与知觉相关的观念之间？通过对对象进行观察，知性一直都没有发现其中存在的任何一种具有实在性的联系，甚至因果的联结也不过是习惯的使然。所以，这些各异的知觉并不具有实在的同一性，那么，又是何物将这些感觉联结在了一起？还是说，这种联结只是人们在对知觉进行思索的时候，通过想象，施加于观念的一种相互联结的性质？精神就是一团并存的、各异的知觉，它因某种未知的关系而集聚。人们对它进行设想，认为它是纯粹的、同一的，即使这种设想并不正确。

第七节　自由与必然

通过对自然活动中的齐一性进行观察，我们获得了必然的观念，也获得了因果的观念。具有相似性的某些事物往往并存在一起，在习惯影响下，心灵以其中一个的出现对另一个的出现进行推论。除了具有相似性的事物时常联结并能由其中一个对另一个进行推论，我们找不到任何其他与必然相关的观念或者与关联相关的观念。在人的意志（下意识）的行为中，必然的观念也发挥了作用。对这一点，人们一直都抱持肯定的态度。自然与必然之间的争端实际上不过是一个误会，只要对其中部分通俗且明晰的概念进行梳理，就能将种种争议排除。无论在什么时代，无论在什么地方，人类的行为大多都是齐一的。下意识的行为总与动机相互联结，就像位处自然各处的因果一样，遵循一定的规则，且是齐一的，这一点大众是赞同的。若不对与必然相关的理论进行认可，若不对由因及果的推论及由品性到行为的推论进行认可，似乎科学研究就无法继续，人类的所有行动也无法付诸实践。然而，人类因何在言谈之间对这一理论抱持否定的态度呢？原因就在于人关于必然的观念的知识是错误的。他们对自己知觉于自然的某种好似必然的关系进行认可，但当他们对自己的心灵进行思索的时候，却未曾在动机与行动之间感受到这一关系的存在，但是必然本就与行动的强制性不同，它与行动的齐一性是一致的，是恒常存在于动因与结果之间的一种关联。所谓自由，就是决定于意志的，任意选择是否行动的能力，亦即想要静止就静止，想要运动就运动。一个人完全可以不用必然性来称呼人类行动中的这种属性，然而，只要对这个词的意义做了真正地了解并使用它，也有益无害，这种理论并不是谬误的。

按照这一解释，自由等同于道德，必然性也等同于道德，并且，二者对道德有着绝对的支撑作用。必然是具有相似性的事物之间恒常不变的一种联结，或者说，必然是知性以某一事物为凭依对另一事物做出的推论。

人类的行动是人类进行推论的依据，人经历过的具有相似性的活动或动机之间的联结是人进行推论的泉源。假如行为人的品性或气质中蕴含的某些东西不是其行动的原因，那么，它就无须为这一行动负责。假如自由不存，人类所有的行动就全部无关乎道德，也不能进行褒贬。所谓有德性的行动，肯定以存在于人心灵中的情绪、兴趣或者人的品性为泉源，从这个角度来说，它具有自由性；假如有德性的行为完全以存在于外部的事物为泉源，那么，它就不能被褒奖，也无法被贬斥：它不是自由的。

第八节　上帝

虽然我们依旧相信世界的存在具有独立性，但我们无法证明，不可能存在理论上的宇宙论。心灵的实体性，我们无法证明，灵魂的永生，我们也无法证明，不可能存在理论上的心理学。最后，上帝的本性、性质，我们无法证明，上帝的指令及深远的计划，我们也无法证明。这些问题凭借人类单薄、盲目且能力十分有限的理性是无法解决的，不可能存在理论上的神学。构成石头的各个部分发生集聚、相互组合，形成了石头广袤的特性，这很常见，却使人无法理解，与其有所牵涉的情况又是相互冲突且无法调和的，由此，我们又怎能信心十足地对世界的起源进行探讨，又怎能以遥远的上古与无穷的来世为凭依，对它们的历史进行追溯呢？假如要对存在于时间中的两个无限进行思考，假如要对现今存在的事物的前后状况进行思考，亦即对宇宙的创生、构造、宇宙精神的力量、宇宙精神的作用进行思考，亦即对精灵的属性与存在进行思考，亦即对他的全能全智、恒常不变、无限及无法被人所理解的特性进行思考，单凭我们自身的能力是远远不够的。

对上帝的存在进行论述不是问题，对上帝的属性进行论述才是问题。上帝是一种十分确实的存在。人类以上帝为所有希望的泉源，以上帝为道德能够倚赖的根基，以上帝为整个社会最坚固、牢靠的支撑。事物只要存在，就有其存在的因由，宇宙（不管它究竟为何）的初始因被我们称之为上帝，我们满怀虔诚，将所有完善的属性都赋予了上帝。然而，我们对这一神圣存在的属性还是无法理解，更不能想象他完善的属性与人类的属性有何相似之处，有何对比的意义。对以意向为凭依的论证和对目的论的论证，休谟一直抱持反对的态度，这一论证是以宇宙的井然、美好、善良为依据来对上帝的睿智与仁慈进行推论。若其中情况存在一丝差异，我们就应该对类比式的推理抱持怀疑的态度。宇宙本身与房屋、船舶、家具、机器是完全不同的，我们没有理由从一个相似性极低的结果对一个相似的原因进行推论。的确，智慧这一原因具有积极性，我们看到，在智慧的作用下，自然中的某个部分使另一部分发生了改变，然而，人的思想、意向、智慧只是宇宙万千泉源与基础质料中的一种，其他动物的思想、智慧、意向也一样，冷热、引斥及许多日常现象也并无不同。从部分到整体的推论方式是不恰当的。哪怕存在于我们头脑中的微弱、细小、被我们称为思想的振动真的具有什么特权，我们就一定要以其为整个宇宙的蓝本吗？自然在无限广大的宇宙中不断地进行复制（描摹），这本身就是不可思议的。若我们看到的是一所房子，我们完全可以根据经验推断它定然是出于某个建筑师或者营造师之手，但是宇宙不是房子，我们不能用相同的方法对它进行相似的因果推论，或者通过推导证明类比的方式是完善的。它们之间的差异是显而易见的，在这里，我们最多也就是能够对某种与相似原因相关的假设、猜想进行肯定。

我们不能做出神心与人心相似这种表述，不然，我们就会深陷于神人同形同性论之中。人心是恒常变化的，神心则被认为是恒常不变且纯粹的，两者无法进行类比。再者，我们因何不在物质世界停留？宣称神是至高无上的，是由种种不同的理性观念以自身的本性为凭依井然地构成的，这和说物质是由种种不同的物质部分以自身的本性为凭依井然地构成一样，没有什么意义。通过经验，我们能对物质的这些活动进行认知，也能对精神的这些活动进行认知。

想要以宇宙的本性为出发点对神的本性进行推论，最终的结果肯定是惨败。以神人同形同性论为方法对神明进行推论，就会剥夺神明的无限性与完善性，因为按照这一方法进行推论，得出的结果是有限的，并且，宇宙本身就是不完善的。哪怕宇宙是完善的，把所有贡献与卓越的任务都归于造物主是否恰当也有待确定。在遥远苍茫的上古时代，或许许许多多粗糙拙劣的世界曾被创生而出，劳动力被极大地浪费，大量毫无实效的实验被不断进行；经过无数年缓慢却不断的琢磨修改，人构建世界的技艺愈发纯熟，于是，眼下的体系被构建而出。并且，以这个论证为依据，也无法对神的统一性与唯一性进行证明，或许世界是许多神明合力创造的。再者，个人会死亡，并且以生育的方式进行种族延续，若以此为根据进行类比式推理，神因何就不具备这些人身上普遍存在的情况？因何不对神人同形同性论进行完善，将身体也赋予那唯一的或者大量存在的神明？

休谟指出，将宇宙视作动物，神明视作宇宙灵魂，宇宙与神明之间互为推动力的推论比神人同形同性论更加合理。相比于表或织布机，宇宙与动物或植物更加相似，这是显而易见的。宇宙的根源与动植物的根源十分类似。动植物以生长或繁育为根源，由此我们推论，宇宙也以类似生长与繁育的东西为根源。

这些实际上都是以宇宙为对象所进行的幻想，我们没有任何能够赖以对宇宙论进行构建的材料。以人类有限且不够完善的经验为凭依，根本就无法对每一种事物都进行推测。将宇宙类比为动物，和将宇宙类比成人都有其合理性，但相比于前者，后者无疑更具趣味。

在休谟看来，人无法以宇宙为出发点，对某个具有人之德性的存在物进行推导。保全种族、进行种族延续才是自然的意向与目的，将快乐赋予它们不是自然的意向与目的。苦痛事实的存在表明，上帝既不是仁慈的，也不是全能的。自然界中存在着一些糟糕的事情，社会中也存在部分道德败坏的事情，以此为根据，我们得不出上帝是善良的这种结论。或许，部分人会认为，以人类赢弱的理性，根本就无法对宇宙的目的进行认知，然而，以此为依据，我们也得不出上帝是善良的这种结论。一个人要进行推论，必然要以他自己知道的事物为依据，而不应该以自己根本就不知道的事物为依据。

在对神明的存在进行论证的时候，我们不能先验地认为它就是必然的，只要其不存，就会导致冲突的事物是不存在的。我们无法对"神的存在是以其本性为因的结果，且这种结果具有必然性"这一点进行论证，因为对神的本性为何我们一无所知。单就已经为我们所认知的知识的角度来说，这样性质可能是物质宇宙所具有的，亦即有它们存在，没有宇宙这一观点就是匪夷所思的。

在对宗教的起源进行论述的时候，休谟宣称人不是因为思考、好奇或对真理最纯粹的爱而去信仰上帝的，人是因为钟爱快乐、畏惧来生的悲伤与苦痛、恐惧死亡、希冀复仇、嗜好食物或者需要其他必需的东西才信仰上帝。最本初、最古老的宗教主张的肯定是多神论，是偶像崇拜，而不是有神论。

虽然休谟对上帝进行思考的时候是站在怀疑论的角度上的，但他还是认为，一个知性的、健康的人在获得与上帝相关的观念之后，应该不会不愿意接受它。每一种事物都有其存在的目的、意向与计划，这一点显而易见，当我们以被扩展的理解力对物质世界的初始因进行思索的时候，我们信心十足，肯定会联想到某一造物主或者某一深具智慧的泉源。这种信心是所有有智慧的力量所共有的一般倾向，但它却是不可见的，假如它并非固有的本能，那最起码也是人性之中普遍存在的事物，我们可以将之视为神圣的造物主在他的造物身上所烙印的痕迹或标志。有鉴于休谟之前的言论，它的这种论调应该怎样被看待，决定权还在读者自己手中。

第九节　反理智主义

神学是一门无法被论证的科学，人无法对上帝的存在进行证明，也无法对上帝的属性进行论证。目的论的论证有待完善，神人同形同性论则完全是偏见。休谟比较青睐有机的宇宙观，单就这一方面而言，他对18世纪的理想所抱持的是否定态度。在对宗教起源进行论述的时候，休谟的观点与18世纪存在的思想也存在诸多冲突。18世纪时，人们认为宗教以人类的理性活动能力为泉源，或者，宗教就是诡谲狡诈的教士的创造物，休谟对所有这些理论都抱持反对的态度。在他看来，从思辨的角度对上帝进行推论，根本就不可能让人信仰上帝，人类对上帝的信仰其实是以人的情感或冲动的本性为基础的。唯理主义（理智主义）的观点渐渐被唯意志论所取代：宗教深深地扎根于意志中，以意志为根。并且，宗教不是造物，而是自然生成的；多神论经过发展会演变为有神论。这种观点被休谟引入了他自己的国家学说之中，他弃绝了18世纪时烜赫一时的契约论，弃绝了神学思想，主张没有哪一种明晰确实的契约能够让所有人一致遵从，以野蛮人的理解力，肯定无法对这一学说进行理解。一开始的时候，酋长肯定只是在非常紧急的状况下，或者在非常偶然的情况下，才行使自己的威权。然后，因为行使威权进行干涉之后获得的益处显而易见，由此，他对威权的运用日益频繁，于是，无论民众愿意与否，在习惯的作用下，都默认了这种威权的存在。假如在森林或沙漠中对政府的起源进行追溯，那么所有的权力都该属于民众，司法权也应属于民众；出于和平和维护秩序的目的，民众自愿放弃了自己固有的自由，并对制定于同伴的法律表示了默认。于此，唯理主义思想被历史的、发生的观点所替代。

第五章　英国唯理主义反对派

第一节　剑桥学派

从罗吉尔·培根时代、威廉·奥卡姆时代到现在，在英国思想界，虽然经验主义的统治地位不曾被动摇，但反对的声音却也一直都没有消失。在神学家中间，在大学校园里，因袭了经院哲学传统的唯理主义依然是主流，唯灵主义体系也勃然兴起，从而形成了一股抵制霍布斯理论、洛克理论和休谟理论的风潮或力量。在出版于1678年的著作《真正理智的宇宙体系》中，剑桥教授拉·库德华兹（1617—1688年）以基督教的柏拉图主义思想为依据对霍布斯的唯物主义学说和无神论进行了驳斥。他对笛卡儿的唯理主义理论表示认可，却又对所有能够被无神论引之为根源的机械的自然观表示反对。在他看来，根本的观念（范畴）是人所共有的，但凡是人类能够明晰确实地认知到的都是真的。这些概念都是先验的，一般的理性、上帝的心灵都是它的反映对象。天赋的真理中包括道德律，就像数学公理必须被遵循一样，道德律也是上帝应该遵从的。在出版于1731年的遗作《永恒和不变的道德论》及出版于1838年的遗作《自由意志论》中，库德华兹从伦理的角度对自己的哲学思想进行了论述。

在剑桥学派中，坚持柏拉图主义，反对英国经验主义的还包括：出版于1668年的《伦理学手册》与《形而上学手册》的作者亨利·莫尔

（1614—1687年），《宇宙哲学》的作者梯欧菲拉斯·盖耳（1628—1677年），还有《论理想或有智慧的宇宙》（1701年，1704年）的作者约翰·诺里斯（1657—1711年）。

参考书

参看原版第254页以下所列有关英国哲学的著作；《理论神学》，作者塔勒克等，第二卷；《伦理理论类型》，作者马提诺，第二卷，第二章；《伦理学史》，作者约德耳；《库德华兹学说导论》，作者斯科特；《库德华兹》，作者胡布施；《约翰·诺里斯的哲学》，作者马金囊。

在唯理主义者看来，无论是在理论上，还是在实践上，必然存在的一般性的真理都不以经验为泉源，这种思想在18世纪的英国非常流行。在出版于1708年的著作《论自然宗教不可改变的义务》中，斯·克拉克（1675—1729年）指出，事物存在必然的不同与恒常的联系，人之理性或神圣都能对其真实的状况进行知觉；所有人都愿意对正确的道德真理与数学论证进行认可。这一观点得到了威廉·沃拉斯汤（1659—1724年）和理查德·普赖斯（1723—1791年）的认同。1722年，沃拉斯汤出版了著作《自然宗教概论》，1758年普赖斯出版了著作《道德主要问题评述》，1778年又出版了著作《关于威武之一哲学上的必然性的信札》。之后，雷德的苏格兰学派也援引并采纳了这一观点。

第二节 苏格兰常识派

以托马斯·雷德（1710—1796年）为领袖的苏格兰学派对贝克莱的唯心主义理论和休谟的怀疑论都抱持反对的态度。经验主义思想最后甚至沦落到对人类常识进行否定的程度。它对最确实的知识中的确实的知识表示否定，不承认外部世界的存在，也不承认永生的灵魂的存在；对真理存在的可能性，它诚然是怀疑的。假如实体只是虚幻，因果不过是妄想，物体只是存在于人脑海中的观念，那么实在的灵魂就不可能存在，上帝的存在就无法被论证，哲学就会趋于破灭。哲学不能与人类共知的常识相悖。通过感觉，人能够更直观地对物体的实在性进行确认，这种直观的感受也为真理提供了确实的标准。所有的知识都应以这种直观的知识为基础进行构建，都应该以这种不言自明的、无法更深入地进行论证的原理为基础进行构建。与这些原理与真理标准相关的知识，被称为常识。以观察的方法为凭依，人发现的原理要么是具有必然性的真理赖以形成的基础，要么是因事物的不同而不同的真理赖以形成的基础，要么就是对事实进行表述的真理赖以形成的基础。在雷德看来，前一类包括：逻辑、数学公理、语法、旨趣、道德原理和形而上学的原理；后一类包括：能够为人所知觉的所有事物的存在，被人称之为自身思想、心灵与人格的思想，人同一的人格，人的延续；通过感官，人能够对事物进行明晰确实的感知，被人感知的事物具有实在性，并且，它在现实中的模样同于人类所知觉的模样。从某种程度上来说，人能对自己的行动进行掌控，可以对自己的意志进行支配；人类赖以对真理与谬误进行区分的能力不会出错，且这种能力是人固有的；人的同伴是有智慧、有生命的，若条件相同，过去的状况与未来的状况可能极为相似。

苏格兰常识派的成员还包括：J.贝阿提（1735—1803年）、J.奥斯瓦尔德（1793年以前）、D.斯图尔特（1753—1828年）。1854年到1858年，哈密尔顿对斯图尔特的著作进行了编辑。在出版于1803年的著作《因果关系论》中，托马斯·布朗（1778—1820年）对休谟的怀疑学说和苏格兰常识派的学说进行了调和。康德的批判哲学对威廉·哈密尔顿爵士的思想影响极深。苏格兰常识派的学说引起了德国启蒙学者的强烈兴趣，两者的观点多有相似之处，后者对前者的著作进行了大量译注。对常识哲学，法国学者鲁瓦埃·库拉尔一直都抱持维护的态度，T.H.儒弗鲁瓦也一样，而感觉论、唯物主义和实证主义则是二者反对的对象。（参见原版第380页及以下、504页、513页等。）

参考书

1764年，《按照常识原则而探索人类精神》，作者雷德；1785年，1788年，《论人类精神力量》；1872年，哈密尔顿全集，第7版；司尼斯编《探索》的选集；《雷德》，作者弗雷塞；《作为休谟的评论者的雷德》，作者佩特尔斯；关于全部思潮，特别要参考原版第254页以下所列有关苏格兰和英国哲学。

第四篇　德国唯理主义的发展

第一章　莱布尼茨

第一节　德意志文化的兴起

　　数个世纪以来，德国的哲学都没有什么发展，直到18世纪，才稍有建树。宗教改革运动之后关于神学的无意义的争论，以及1618年到1648年长达三十年的战争，给德国科学和哲学的发展带来了严重的阻碍。在路德的故国文化处于低迷状态的时候，英国涌现了莎士比亚、培根、弥尔顿和洛克，法国也相继出现了蒙田、高乃依、拉辛、莫里哀、巴斯噶、笛卡儿等卓越人物。在学术方面，德语似乎已经失去了它本应有的作用。学者们在撰写著作的时候习惯性地使用拉丁文，上层阶级则以法语为通用语，作为德国母语的德语却只有普通民众才会使用。辗转于各个宫廷之中的法国文化几经周折传入德国，法国繁复的礼节在这些宫廷之中成了一种时尚，贵族们通通对法国风格进行效仿。纷飞的战火之后是国家分裂，诸侯割据，民族主义精神渐次衰落，甚至在德国民众的眼中，德国这个词汇本就代表着耻辱。有教养的阶层对新哲学与新科学抱持鼓励的态度，但和英国、法国一样，在德国的大学校园也没有承担起传播近代思想的任务，近代科学、哲学全都成长并勃兴于校园之外。德国新文化兴起的初期，主要代表人物有：萨姆艾尔·普芬多尔夫（1632—1694年），他倡导的是自然论思想；克里斯钦·托曼济厄斯（1655—1728年），他率先刊印了德文版的周刊，并第一个在莱比锡大学的课堂上用德文进行教学；莱布尼茨则因在数学领域、法学领域、哲学领域成就卓然而盛名卓著。特席尔思豪森（1651—1708 年）对莱布尼茨的理论与斯宾诺莎的理论都进行了应和，对数学方法，他一向抱持肯定的态度，然而在他看来，所有的演绎都应该以源自经验的事实为出发点，并以经验为凭依对其确实性进行论证。在近代德国，上述思想家不仅是启蒙运动的先驱，还是近代思想的主要传播者，在英国与法国萌发的启蒙之种，注定要在德国收获累累硕果，毕竟这里是莱辛、歌德与康德的故乡。

第二节 思考的问题

笛卡儿将物质与精神设想为诠释的两大原则，其中，物质以广袤为本性，精神以思想为本性。普遍的实体观念则构建于斯宾诺莎，在他看来，这一实体兼具广袤与思想两种性质。无论是斯宾诺莎，还是笛卡儿，都认为精神领域是绝对封闭的，物质领域也是绝对封闭的，两者唯一的不同是：笛卡儿确认在人脑海的某一点上，精神与物质会相互作用。所有归属于物质的事物都能以物理学的观点进行解释，两者都认为，物质宇宙等同于一台机器。这种机械的解释为近代自然科学家与哲学家所承袭。但是，带有哲学—神学色彩的经院哲学依旧是绝大多数大学中的主流思想，经院哲学家们对这一机械的论点抱持强烈的反对态度，并指斥其为无神论，认为宇宙最神圣的目标在这一理论中未曾被明确论证。和前辈们一样，大学时期的莱布尼茨对经院派的形而上学思想非常熟悉，年轻时，还曾对源于新教的传统的经院派宇宙观进行过追捧。然而，在对近代哲学与科学，尤其是微积分进行过研究之后，莱布尼茨的观点发生了鲜明的变化，他的思想取得了很大的进步，这一点显而易见。由此意识到必须建立一套能够兼容近代科学观点、近代哲学观点和传统经院哲学精华的体系，总而言之，必须建立一套能够将机械论和目的论调和在一起，将自然科学、神学与近代哲学、古代哲学调和在一起的体系。受导师魏格耳的影响，莱布尼茨最终对这一思想的真理性进行了确认，也是在这位耶拿的数学家的影响下，他以这一思想为原则及根基，努力对毕达哥拉斯—柏拉图式的和谐宇宙观进行了构建。这一观点从未被他弃绝：宇宙是一个和谐的统一体，数学原则与逻辑原则在宇宙中占据支配地位，所以，所有的科学都应以数学及形而上学为基础，哲学以论证的方法为真正的方法。

哥特弗利德·威廉·莱布尼茨（1646—1716年）是莱比锡人，他曾先后就读于莱比锡大学、耶拿大学、阿尔特多夫大学，攻读法律、哲学与数学。在阿尔特多夫大学，莱布尼茨获得了法学博士学位，时年只有二十岁。魏格耳与雅科伯·托曼济厄斯都是他的导师。其中，雅科伯正是声名卓著的克里斯钦·托曼济厄斯的父亲。1670年到1672年，莱布尼茨旅居马延塞，以律师的身份主持修订当地的贵族（帝王与侯爵）选举法；1672年到1676年，他又以外交大使的身份前往巴黎。后来，他应召入宫，成为汉诺威宫廷的图书馆馆长及宫廷顾问，1716年，他于任上逝世。

莱布尼茨的著作大多都是私人信札，或者刊载于学术刊物上的论文，篇幅较短，且多为拉丁文、法文或德文撰写的，其中包括：出版于1684年的《论认识、真理和思想》；写于1691年的《论物体的本质是否在于有广袤的书信》；写于1695年的《新的自然体系》；写于1704年的《人类理智新论》该书实际上是对洛克在著作《人类理智论》中的一些观点进行的答辩，1765年，该文第一次被刊载，写于1698年的《论真正的自然》，还有写于1710年的《神正论》及写于1714年的《单子论》《自然和恩赐的原则》。

1840年，J.E.埃尔德曼对他的哲学著作集进行了编辑；1859年及其后数年，F.德·卡雷尔也编辑了他的著作；1886年，詹奈特编辑了两卷莱布尼茨的作品；1875年到1890年，格尔哈德特编辑的作品，全书共七卷；1838年到1840年，古饶尔编辑了他的德文著作。相关的新材料还有：库图拉的《未出版的著作和片段》，卡比茨的《青年莱布尼茨》，P.利特尔的《新莱布尼茨资料》及巴茹兹的《莱布尼茨以及大批未出版的手稿》。

莱布尼茨被翻译的作品有：《哲学著作》第二版，译者为敦堪；《新论》，译者朗格莱；《单子论》及其他，译者拉塔；《单子论》《和阿尔诺的通讯》，译者蒙特高莫里。

参考书

《莱布尼茨》，作者梅尔茨；《莱布尼茨的人类理智新论》，作者杜威；《莱布尼茨哲学评述》，作者B.罗素；《莱布尼茨》，作者顾赫劳尔，两卷，译者马其；《莱布尼茨》，作者K.费舍;《莱布尼茨的体系》,作者卡西雷尔;《莱布尼茨的逻辑》和《论莱布尼茨的形而上学》(《形而上学和道德学评论》,X,第1—23页),作者库屠腊;《新单子论》,作者朗努韦;《莱布尼茨、笛卡儿和斯宾诺莎》,作者德·卡雷伊;《莱布尼茨和格林克斯》,作者E.普夫莱德雷尔;《莱布尼茨和斯宾诺莎》,作者斯太因;哈尔腾斯太恩等论莱布尼茨和洛克认识论专著;《莱布尼茨和康德的时空观》,作者比玛;《莱布尼茨以来的德国哲学》,作者策勒尔;《近代思想》(从路德到莱布尼茨),作者法尔伯尔;《从莱布尼茨到黑格尔》,作者默拉。

第三节 力的理论

莱布尼茨对新科学构建的前提进行了考察,他认为,这是一种不当的前提。他注意到,哪怕是单纯的物理事实,单凭仅具广袤性的运动与物体的假设,做出的解释也无法令人满意。在笛卡儿看来,动量守恒,然而,物体倏忽静止、倏忽运动;运动好像不时会出现,不时又会消失。这违反连续性原则,即自然不搞飞跃。运动终止的时候,肯定还有某种事物,即运动的泉源,还不曾消失,一直都存在,这一泉源就是力、努力、物体持续运动的愿望,或者物体的运动;从量的角度来说,力是守恒的。所以,所有的实体都会活动,所有的实体的活动都是力的表现,不活动的物体根本就不可能存在;真正实在的物体是活动的物体。所以,物体以力为本性,而不以广袤为本性。运动永续的规律肯定会被力也许能永续的规则所取代。物体不可能以广袤为本质属性,这一点,从广袤的合成性上便能被论证。构成事物的每一局部的因素,都不可能是最本初的基础质料。肯定存在一种纯粹的事物,比如说力,力是一种纯粹的实在,且具有不可分割性。

在莱布尼茨构建的哲学体系中,静态(几何学)的自然观被动态(能量)的自然观取而代之。物体的存在不以广袤为凭依,广袤的存在却以物体(或力)为凭依;力不存,动态的事物就不存,广袤就不存。在笛卡儿看来,广袤的存在是物体存在的前提,莱布尼茨则认为,物体的存在以广袤的存在为必要条件。机械世界以力为泉源(根源),力能对机械世界进行感知。"在广袤的属性出现之前,物体必须先具有另一种自我延展、扩张、延续的属性或特性或本性。"在物体中的所有广袤出现之前,力就已经存在了。正是因为物体中阻力的存在,物体才会外显为物质,才会受限,才会具有不可入的属性。每一单位的力都是主动与被动的结合，都是精神与物质的结合，且这种结合具有不可分割性。力具有组织性、目的性及自我决断性，力对自身来说也许是一种桎梏，也许它还有对阻碍进行抵抗的能力。

在莱布尼茨看来，所有的力并存在一起，且相处融洽，空间才会诞生，所以，空间肯定是存在的，但这种存在不是绝对的。不可能有脱离事物而独自存在的绝对空间，空间与事物是相对的，有事物存在，空间就存在，若没有事物，事物存在的空间也会跟着消失。力不以空间为凭依，空间却以力为凭依。无论是在事物与事物之间，还是在事物外部，都不可能存在空洞虚无的空间。假如力的活动不再，那么，整个宇宙也会归于寂灭。

第四节　单子论

纯粹的力集聚在一起构成了物体。因为存在很多事物，所以，在自然界中，纯粹的力根本就不存在，但还是有力存在，且数量无限，其中每一种力都是一种特殊（具体）的实体。力具有不可分割性，或者，力也是纯粹的，由此，力不具有物质性，也不以广袤为属性。莱布尼茨将纯粹的力或实体称为形而上学的点、根本的原子、本质的形式、实体的形式或单子。它们只是物体被压缩后的一种形式，因而不是物理的点；它们也不是数学的点，因为虽然它们是真的，却不是实在的，它们只存在于思量之中。真正确实的唯有形而上学的点，形而上学的点不存，实体就不存，因为复合体存在的基础是单体。并且，力的这种原点定然是不朽的，除非奇迹发生，否则它不可能被摧毁。同时，它也不是源于创造：单子不存生灭。原来只流行于大学校园中的属于经院哲学的个别活动的实体形式被莱布尼茨转变为个别力的学说，并带出了校园。

如我们所知，力的不具物质性与广袤性的纯粹单体，或者说动态的单体是构成物体世界的基本单位。这一基础物质还有什么可以被我们论述的呢？要从何处入手对它进行研究？以我们自己为切入点。我们发现，有一种不具物质性的纯粹的实体存在于我们的内在活动中：这一实体就是心灵。从某种程度上来说，心灵的属性就是单子的属性。通过类比的方法，莱布尼茨对单子进行了推理，认为它就是存在于精神或心灵中的力。在这种力的内部，存在某种与人类的愿望（倾向、要求）及感觉极为相似的东西；

它们能够去感知，也存在欲念。显现于人类灵魂中的某种基础质料，对物体、动物、植物同样起作用。力无处不在，真空不可能存在；组成物质的所有局部都像是植物遍布的花园，所有的物质，哪怕是其中最微小、最细弱的部分，都具有活动性，都生机勃勃。

然而，石头真的有精神吗？植物真的会有精神吗？在莱布尼茨看来，石头的精神、植物的精神与人的精神是有差异的。笛卡儿指出所有的精神都具有思维（意识），所有的物质都具有广表性。存在于物理领域的事实却表明，从本质上来说，自然并不具备物质性；存在于心理学领域的事实也表明，从本质上来说，精神也不具备思维性。物体并不等同于广表，精神也并不等同于思维。知觉与倾向是构成精神的基本单位。知觉明晰确实的程度随单子的变化而变化；诚然，人类精神本身对知觉明晰程度的揭示就有所差异。当某一对象成为我关注的焦点时，被我关注的对象会变得明晰、会鲜明地凸显，而存在于它旁侧的一些事物则会渐渐变得模糊，直到无法被辨认。与被关注的对象距离愈远，它就愈小、愈模糊不清，所以，知觉有明晰与模糊之别，而后者则被称为"微弱的知觉"。在大海愤怒的嘶吼声中，我们不能通过感觉对以任一浪花的波动为因的细微感觉及各异的因素进行区分，但这些具体的声音却一直都为感觉所涵盖。就像单子的明晰度不同一样，单子对它们知觉的明晰度也有所差异。在等级最低的单子的知觉中，一切都是模糊的、杂乱的，就譬如睡眠时的状况；它们全都处于昏沉的睡眠状态之中，就像植物，它们就一直在休眠。动物能够以记忆对知觉进行留存，亦即，动物具有意识（思维能力）；被称为统觉的人之意识（思维）比动物更清晰，它是"与内部情况相关的反省的知识"，或者说是自我意识。

知觉的能力（表征的能力）是所有单子共有的能力，它能对全宇宙进行知觉或表现或表征。从这个角度来说，它就是一个微缩的小宇宙；它是一面镜子，鲜活的宇宙被映照其中；它是处于集聚状态的宇宙，是自为的宇宙。然而，所有单子对宇宙进行表现的时候都遵循着属于自己的方式，表现的清晰度自然也就千差万别；它是个体，它被限制，除它之外，还存在另外的个体。愈是高等的单子，所表征或表现或知觉的宇宙部分就愈明晰；被表征或表现或知觉的对象与单子的距离愈近，其表征或表现或知觉就愈明晰，单子对自身的表征或表现或知觉是最明晰的。这一理论造成的结果是"任一物体都能对宇宙中的所有事物进行感知，所以，每一个人都能被察觉；能够通过某一具体事件见到已经发生于别处的或者即将于别处发生的所有事件；能够以当前的知觉为凭依，对时空无限远处的事物进行知觉"。

单子的体系是循序渐进的，从最低级到最高级逐级递进。无限多的单子是构成宇宙的基本单位，从明晰度来看，这些单子呈逐渐上升的趋势，不存在完全一致的两个单子；假如存在两个相同的单子，就不可能对两者进行区分（不可辨原则）。飞跃在自然界中是不存在的，由低到高的链条是连续的；上帝与最痴傻的无机质之间存在着一根链条，这一链条不存在中断，且差别无限小。完全空无的事物在宇宙中根本就不可能存在，所有的事物都会导致某种结果，所有的事物都不是死寂的。上帝也是一种单子，在所有的单子之中，它的等级与完善度最高，它是最本初的单子，是单纯的活动（Actus Purus），是单子中的单子。这一至高单子的存在恰恰是对连续性原则的一种遵循。

在斯宾诺莎看来，一定存在一个一般性的实体，在莱布尼茨看来，实体的数量无限多，笛卡儿认同莱布尼茨的假设，但是从本质上来说，笛卡儿的实体在精神与物质上存在对立，而莱布尼茨所主张的实体（力）从本质上来讲却具有同一性。原子论者对多种物质实体具有相同的本质这一点表示赞同，在他们看来，这种事物具有物质性，但是莱布尼茨却认为，它是精神的。在柏拉图看来，这种存在于事物中的原则是不朽的目标，莱布尼茨对此表示赞同；亚里士多德认为，单子是一种"隐德来希"（即圆满实现）。莱布尼茨则主张，"你要对我进行了解，就必须先对德谟克利特、柏拉图和亚里士多德进行了解"。青年时代的莱布尼茨认为唯有具体的事物才是真正的实在，在具体的事物中存在共相的泉源，除非共相与上帝的精神同在，否则，在脱离具体事物的情况下，它无法单独存在。莱布尼茨一直都坚信这种具体和多元的理论，事实上，整个宇宙也的确被他分割成了无数个具体的存在，而且他认为这些具体存在都是非物质的精神实体。

所有的单子一直都在演化，它的本性以内在的必然性为因被实现。外部世界对它没有决定作用，有一扇窗存在于它内部，但没有什么能进入这扇窗，也没有什么能通过这扇窗；它未来的模样一直都蕴藏在它的身体中，并且为它本身所涵盖。这一结果是连续性的必然：过去始终不曾存在的事物，现在也不可能存在于单子之中。原本就已经在单子内部成型的事物会随着单子的不断演化被慢慢展露。逐渐成长起来的个体在尚处于胚种状态的时候就已经成型了，只不过原先存在于胚胎中的是个体的缩小版。单子中存在的事物不可能消失，在单子的后续发展阶段中，它一直都会存在；未来如何发展早就已经被初期的发展决定。所以，所有的单子都将过去携带，都把未来孕育。在莱布尼茨所处的时代，这种预成论（套装论）在生物学界非常常见，雷汶胡克、斯万墨丹都是这一理论的支持者。1759 年，渐成论被卡斯帕尔·弗·沃尔夫提出，他对预成论抱持反对的态度，在他看来，所有的器官都以同质的胚胎为基质，是渐次形成、渐次分化的。然而，在出版于 1859 年，由达尔文撰写的《物种起源》一书问世之前，渐成论一直都不曾获得大众的普遍认可。

有机体不同于无机体，两者差异如下：两者均以单子或力的中心为基本单位进行构建，但是在有机体内部，存在着一个核心单子、一个"皇后单子"、一个心灵。全景能够为这一单子预知，这一单子也是全景的一种表征或表现或知觉；它周围的单子都以它为指导标准。无机体内部并非中央集权，而是单子的一种散漫的集聚。愈是高级的物体，组织性愈强。在等级较高的有机物中，单子的结构是优秀且井然的。

由此，人们不由联想到了精神与肉体。核心单子怎样对肉体施加作用？可以对灵肉之间的彼此作用进行设想，然而，在莱布尼茨看来，在单子之上，并没有一扇可供外界进入的窗，所以，外部世界无法对它造成影响，也无法将作用施加于它。偶因论主张精神与肉体都创生于上帝，钟表匠人会校准钟表，上帝也会对精神与肉体的活动进行校准，令两者彼此契合。对这一学说，莱布尼茨一直都抱持排斥的态度。他这样解释，在对精神和肉体进行创造时，上帝就预先做好了安排，二者始终都齐头并进。上帝已经将灵与肉的关系提前设定为和谐，因果的彼此作用问题根本就不存在。心理与物理始终相伴而生、齐头并进，从这个角度来说，肉体不过是表现于物质领域的心灵。然而，必须记住，构成肉体的基本单位是单子或心力，所有的单子或心力都以其本性预设的规律为原则进行活动，都是有机的。

"心灵以目的、欲念、手段为凭依，以终极因的规律为原则进行活动，都是有机的。而肉体则以动力因的规律或运动的规律为原则进行活动，两者之间的关系相当和谐。"亦即上帝提前设定好了有机体及其最细致部分的构造：它们是神圣的机器，是自动的机器。

这一理论被不断扩充、延展，最后推及宇宙。就像同一有机体的不同组成部分一样，所有单子的行动都具有统一性，而任一单子又都有着自己需要去完成的目标。所有事物都是彼此联结的，然而，所谓的因果无非就是同一时间发生的改变，无非就是被上帝提前设定好的存在于各个部分之间的融洽行动。换言之，上帝早就对宇宙做好了安排，令它这样独自运转而不加以强制，所有单子的所有状态都以自身的前一种状态为因，其活动也与其他所有的单子从整体上保持一致。宇宙是完全和谐的。在物质世界中，存在规律，存在秩序，存在齐一性，从这个角度来说，我们能够用机械的观点对所有的事物进行诠释。然而，整体性的计划必然以高等级的理性为指向，所有的现象都以上帝为终极因。"形而上学是力学的导源。"在莱布尼茨的哲学体系中，这一箴言一直被放置于第一位。

我们不能对运动规律的必然性进行证明，也不能对自然规律的必然性进行证明；逻辑的规律具有必然性，算术与几何学的规律也具有必然性，但自然与运动的规律与它们不同：其之所以存在，是因为有被使用的价值；在上帝的智慧之中能够将自然与运动规律的根源寻获。这些规律被上帝选择，成为上帝达成目标的手段，由此，宇宙的存在以存在于上帝心灵中的目的为因。上帝是终极因，位处次位的原因和动力因都是上帝运用的手段。

这样，目的论与机械论还是存在被调和的可能的。无须以目的的概念对自然进行解释，但是在机械哲学的指引下，人却走到了上帝面前，由于神圣的目的不存，所以无法对存在于物理学中的普遍原则和存在于力学中的普遍原则进行解释。这样，理性与宗教被调和。沐浴神恩的道德领域与源自自然的物理领域被调和了，换言之，属于上帝的国度与理性的灵魂被调和了。灵魂对上帝进行仿效，在灵魂的领域中，其本身就是神明，即使这个神明很弱小；虽然理性表现出的程度存在差异，但人类的理性的确酷似上帝的理性。人与上帝的目的也存在一致性。由此，精神互融，灵魂也被调和了。莱布尼茨用神恩界来称呼道德界，道德界与物理界相互对立。然而，虽然上帝既是宇宙这架机器的建造者又是精神国度的至高掌权人，但这两种身份在上帝这里并不存在冲突，也是被调和的。

第五节　神学

受这一理论的引导，我们开始对莱布尼茨的神学学说进行考察。上帝是单子中的单子，是所有单子中等级最高的存在，他的存在可以从数个角度进行论证。存在一个等级最高的单子是连续性的要求，在力的体系中，他位处巅峰。并且，从充足理由律的角度来说，也必须有一个原因对单子本身的存在进行解释，这是从因果论或宇宙论方面进行的论证。最后，一个和谐者的出现也符合自然秩序与自然和谐的要求，这是从物理—神学方面进行的论证。宇宙定然以自身之外的某种原因为原因，且这一原因必然是唯一的，因为宇宙本身就是唯一的；因为秩序存在于宇宙之中，所以宇宙的原因必然深具理性。再者，还有一个证明被提出，这一证明应该被归于认识论的范畴。存在逻辑层面的真理，也存在几何学层面的真理，换言之，存在不朽且必然的真理，存在于这种真理之中的不朽的智慧是这种真理存在的前提。

作为单子的上帝是具体的个体，是一个人格，然而，他却又是凌驾于所有单子、理性及自然之上的，他的完善程度最高，确实度也最高。一个完整的、明晰的、关于上帝的观念是人所无法具有的，因为在所有的单子之中上帝的等级最高，而人的等级却是有限的。能够对完善的心灵进行认知的唯有它的同类，但是，从某种程度上来说，所有单子的所有属性都被人为地提升到了最高的地步，上帝被人类赋予了全智、全能及至善的属性。于是，对上帝，我们就有了这样的认知：他凌驾于理性之上，却并不与理性相对立。关于上帝，人还有其他杂乱含糊的认知，并对上帝充满了向往与追寻，所以宗教的发展程度各异，它随着人们对上帝认知程度的变化而变化。

不同于其他所有的单子，上帝是完善的，它不会发展，且恒常不变。上帝是圆满的，与他相关的知识也是圆满的；他能一眼看尽并看透所有的事物。他是实在，且早已被完成。在对世界进行创造的时候，他预先做好了计划，因为在所有可能存在的世界中，这个世界最理想，所以，它最终为上帝所选择。上帝的选择不是全无所依，道德的必然性，或者说至善的原则就是他选择的依据。同样地，逻辑的必然性也是上帝进行选择的依据，换言之，思想规律不仅是人类需要遵循的规律，也是上帝需要遵循的规律。

然而，以这一理论为凭依，世界上存在的所有邪恶又该如何解释呢？既然这个世界是所有可能存在的世界中最理想的，那么，它必然是改变最大且最和谐的。然而，它有不足，它欠完善；上帝无法在不受限制、不遇阻碍的情况下以有限的形式为凭依对自己的本能进行彰显。形而上学层面上的邪恶就是这种桎梏，物理上的恶被以苦痛与忍耐归结，道德上的恶被以罪恶归结，并且，就像图画中的阴影能让美好的事物更好地被凸显一样，邪恶的存在本就是为了对美和善进行衬托。在和邪恶战斗的过程中，德性的力量被不断强化，正因为有邪恶，受到邪恶刺激的人类才会趋向美好。在中世纪时期，神学便将其这一理论作为财富与人共享，并且不断上溯的话，这一论证可以上达新柏拉图主义与斯多葛主义。

第六节　伦理学

伦理学是隶属于理论范畴的一种科学。在人的心灵中，存在部分固有的道德原则，这些原则无法被论证，却又是其他所有道德真理必然的泉源。这些类似本能的道德原则完全是下意识地于心灵中产生影响，然而，这种影响却是人能够知觉到的。比如，趋向快乐、躲避痛苦的真理就是建立在追求幸福的本能、杂乱含混的知识及存在于内心中的经验之上的。另外的原则都能以这一原则为凭依进行推导，这些原则全都以不言自明为特性，甚至，匪寇们正是因为遵循了这些原则，才得以结成团伙。

在不经考虑的情况下，道德就能以本能直观地影响人类，但这种影响却不是无法抵抗的，因为糟糕的情绪、恶劣的习惯都是道德本能的腐化剂。正义的原则，哪怕是在野蛮人之中也是存在的，正义的原则原就是他们的本能。虽然以传统、习俗、教育为手段，能够使存在于心灵中的类似倾向渐次成长，但说到底，在人性之中，这种倾向本就已经扎下了深深的根系。

的确，对天赋的道德律条，人总是不愿意去遵守，但是不遵守却不代表不知道这些律条的存在。我们不能因为某一道德原则不被人承认而否定它的天赋属性，也不能因为某一道德为公众所悖而否定它是天赋的；如果是这样，只能证明我们对这一道德原则一无所知。人们对这些道德法则的认知往往很模糊，需要去论证，就好比我们需要对几何学命题的真实性进行证明一样。甚至，就算是学者，对这些道德原则的认知也非常有限，需要借助一些方法才能让它变得明显。

如我们所见，从本质上来讲，精神生活就是知觉与嗜欲，或者说是认识和愿望。欲望或冲动就是嗜欲与知觉的结合。有意识的冲动或欲念被称为意志，而明晰的概念则是冲动所由产生的原因，所以，意志不可能是寡淡的，也不可能是肆意的，意志通常决定于观念。因为单子之上不存在任何窗子，不能被进入或通过，也就不可能被强行控制，所以，外部世界对人无法起决定作用，从这个角度来说，人不会受到束缚。在人之内部，起决定作用的是人的冲动与观念，换言之，人在自身内部会对自己的本性进行放纵。渴望可以不受束缚的决定这样做而不是那样做，就是渴望自己成为一个愚蠢的人。

第七节　逻辑与认识论

莱布尼茨以自身的形而上学思想为前提对认识论进行了构架。唯物主义的思想为他所因袭，在他看来，只有具有普遍性、必然性、不以经验为泉源的知识才是真正的知识。唯有以理性为凭依才能对数学—逻辑的宇宙体系进行阐述与证明。由于心灵单子具有独立性，外部原因无法对它施加作用，知识必然于心灵内部诞生，不可能自外部世界获得。所以心灵并不是一张白纸，也不像洛克所宣称的那样可以任由外部事物进行书写。所有的知识都隐秘地包含于心灵之中：感觉是这样，知性也是这样。知识无法创生于经验，但经验对知识有导引和澄清作用，在经验的作用下，隐性的知识会被凸显。唯有先存于感觉，才能后存于理智。莱布尼茨对此进行了补充说明，事实的确如此，但理智本身并不包括在内。在莱布尼茨看来，哪怕我们不以单子论为凭依，也可以对感觉不是知识的泉源这一点进行证明。假如知识以感觉为泉源，那么，一般性的知识根本就不可能存在，因为经验的真理本就不是必然的，而是偶然的，因为发生了某件事，就判定这件事永远都会以同样的方式发生，是不对的。一般且必然的命题不可能以感觉为泉源，它们位于心灵之中，并以心灵为泉源。

洛克辩解说，人之所以认为内在的知识和先验的知识不存在，是因为人从来都没有知觉到它们。假如心灵无法知觉它们，存在于心灵中的某些固有的东西就会消失，那么，洛克的说法并没有错。假如精神生活在笛卡儿学派的学者们看来与意识并无不同，那么，经验主义的证明就不是无效的。然而，通常情况下，这些观念并不曾被知觉：观念与原则都以人心为处所，人类对此却一无所觉。哪怕可以通过论证证明感觉是所有真理的泉源，哪怕洛克的观点能够被修正，对人来说，也没有什么意义。更何况，它根本就不可能被论证。以经验为泉源的命题不是一般且必然的，通过归纳的方法得出的命题也不是一般且必然的；以这种命题为凭依，真正的知识不可能为人类所有：不管有多少例子能够对这一现象进行说明，我们都不能以此断定这一事件会恒常发生且具有必然性。一般且必然的命题，如数学命题，根本无须以感觉进行论证。在这种情况下，感觉所不具备的东西得到了心灵的填补，这一点显而易见。逻辑命题是一般且必然的命题，伦理学命题是一般且必然的命题，法学命题、神学命题、形而上学命题也是一般且必然的命题，以心灵为导源的某些原则是这些命题得以建立的基础。诚然，不依靠感觉经验，人们根本就不可能对这些选择有所认知；因为有感觉，人才有机会对这些原则进行认知，然而，这些原则却并不以感觉为泉源。这些原则不存，科学就不存，存在的也不过是一些细枝末节。"具有必然性的真理只能通过自明来自我论证，其他的真理则以经验及对感官的观察为泉源。无论多少与一般真理相关的具体经验为我们所具有，若不能以理性为凭依，对它的必然性进行认知，我们就不能通过归纳对这一一般真理进行最后绝对性的确认。""这种真理能够被感觉唤醒、能够通过感觉进行论证，也可以以感觉来核实，却不能以感觉对其不朽的、必然的确实性进行证明。"

这种真理是心灵之中一种固有的存在，它之所以存在于心灵之中，并不是因为它被心灵知觉到了："我们能通过阅读条文对执政官的命令进行了解，却不能通过阅读这种不朽的理性规律而对它进行了解，但是当源自感觉的机会为我们所注意，这种存在于心灵中的规律就会被我们发现。"真理不是行动，而是素质，是自然存在的潜能，是固有的倾向，观念也一样，

"尽管这种潜能往往被作为反应，很难被知觉的行动伴生。"从这个角度来说，算术与几何学一直都潜在于人心之中，哪怕不倚靠经验，人类也能直接将它们提取出来。洛克认为，相比于构成真理的观念，真理的发展要稍微晚一些，但是这并不能作为对它们的泉源进行否定的理由；人第一个要学习的是符号，第二个要学习的是观念，其后才能对真理进行学习，这是事实，但这同样不能作为对它们的泉源进行否定的理由。像同一律一样的普遍意义上的真理对人类的思维来说十分重要；心灵无时无刻不以它们为倚靠，尽管要想知觉到它们，我们必须特别专注。虽然我们一直都不曾知觉到逻辑规律，但在日常推理中，出于本能，我们却时常运用它。如我们所见，类似的天赋原则在伦理学领域同样存在。

所以，纯粹地对观念进行认可的力量是不实的，经院哲学家们所主张的纯粹力量也是抽象的、不实的。无论在什么地方，我们都不曾见过这种故步自封、一无所成的能力；心灵在进行活动的时候总是希望采用一种特别的方式，是这种方式，而不是那种，换言之，心灵也是具有倾向性的。以经验对心灵进行激励很有必要，但观念的确无法创生于经验。心灵不是蜡块，不能将印象随意刻印于心灵之上，所有视心灵为蜡块的人，事实上全都将心灵当作了实体，并赋予了它物质性。经验主义者辩称，唯有先存于感觉，才能后存于理智。莱布尼茨认为这种观点并不存在错误，但还需要补充一点，那就是理智除外。存在、实体、统一、同一、原因、知觉、推理、量等全都为心灵所涵盖，而通过感觉，我们永远都不可能有这样的概念。

莱布尼茨之所以这样主张，最主要的目的就是对先验论和经验论进行调和。莱布尼茨之后，康德也在这方面付出了极大努力，做了大量工作。他也认为心灵以空间为形式，康德的思想由此也被部分揭示。感觉与理智全都是单子的职能，两者是同类，但表现的程度不同且不可分割。感觉的观念是杂乱的、含混的，知性的对象则是明晰的、确实的。事物最真实的属性、事物本身都无法被感觉所认知，换言之，感觉并不知道事物本就是处于活动状态的单子，也不知道它是精神实体；感觉只能对事物进行模糊的认知，认为它是一种表象且占据着空间。对概念思维进行准确的运用，视单子共存为精神实体之间融洽的秩序，把感觉当作表象的世界，且认为这一表象的世界具有广袤性。亦即有知觉能力的主体对精神秩序进行想象与观察的时候,是站在空间的角度之上的。莱布尼茨认为:"知觉的汇总或心灵是空间、形状、运动、静止等观念所由产生的根源,由于它们是知性的观念且十分纯粹,但外部世界与它们之间也存在着关联。"同康德一样,莱布尼茨于此也主张空间观念为心灵本身所固有。然而,如我们所见,空间的观念不独是对事物存在形式的一种观察,也不独是因单子的和谐共存而觉醒的某一观念;具有客观性的物质世界就是以单子共存为基础进行构架的。然而,空间与力不同,它非实在;对力来说,空间只是其显现或表现或表象。

唯有以先验的原则为基础才能进行推理,唯有通过确实的推理才能获得唯理的知识。同一律是先验的原则,矛盾律也是先验的原则,在单一的思想领域中,两者就是界定真理的标准;而在经验领域,对真理进行界定的标准则是充足理由律。莱布尼茨认为,充足理由律不仅在逻辑的层面有价值,亦即做出每一步判断时,都必须对其真理性进行证明。而且,从形而上学的角度来说,它也有价值,亦即所有事物的存在都需要有充足的理由。逻辑的根据(Ratio Cognoscendi)与实在的根据(Ratio Essendi)都为充足理由律所涵盖。物理学、伦理学、形而上学、神学也全都是以充足理由律为基础进行构架的。"假如不对充足理由律的存在表示认可,那么,上帝的存在就无法被证明,大量哲学理论也会濒临崩溃。"宇宙体系具有唯理的特性,存在于宇宙中的所有事物都必然有存在的充足理由。在人们看来,宇宙体系与逻辑体系十分相似,从理论上来说,存在于该体系中的命题都互有关联。发现认识以哲学为基本原则,实在也是以此为前提建立的。逻辑体系具有必然性,实在的宇宙具有与它相同的必然性。莱布尼茨的形而上学思想深受他的逻辑体系影响,相应地,它的形而上学思想也对他的逻辑造成了一定的影响:如我们所知,莱布尼茨认为存在于心灵中、为心灵固有的原则发展之后就会成为知识,这一理论是以他隶属于唯灵论的单子论为根基构建的。以他与宇宙相关的逻辑理论为凭依不一定能推导出他个体论的观点;独立的个体要想对自身存在的合理性进行证明要找的理由定然是不能与逻辑相契合的。然而,莱布尼茨在对个体进行解释的时候运用了目的论的观点;神圣的创造的意志以个体为目的,这一目的从最本初的时候就为宇宙的根基所包含。于此，莱布尼茨对宇宙的逻辑依据做了人文角度的审视。

有明晰确实的知识，也有含混杂乱的知识。这样，譬如，只有按照一定的比例去构建，才会产生美与和谐。学者们很容易就能认清这一点，然而，他们没必要这样。和谐与美于审美的情感之中自我彰显，这种审美的情感原便是人类对和谐的知觉（形式），即使很模糊。所以，即便没有明晰确实的知识，人也能以心灵对事物的秩序、宇宙的谐和进行知觉；于此，它诞生了与上帝相关的情感，这种情感还很模糊。于此，模糊的知识终会变得明晰确实。

第二章　莱布尼茨的后继者

第一节　常识哲学

德国的常识派哲学存在于德国莱布尼茨哲学之后。在近代德国，莱布尼茨是首个尝试着对形而上学体系进行构建的思想家，但他的著作近乎全都是以拉丁文或法文撰写的，刊载出来的也只有一些论文与私人信札。莱布尼茨的理论需要被系统化，需要与常识相适应，也需要被译注为德文，克里斯钦·沃尔夫（1679—1754 年）承担了这一工作。克里斯钦因袭了笛卡儿、斯宾诺莎与莱布尼茨的唯理主义思想，认为哲学与数学从方法上来说是存在一致性。与此同时，他还指出，经验的事实与理性的演绎是相互契合的，认识以理性为正常机能，也以感觉为正常机能。笛卡儿的心物二元论被克里斯钦采纳，但在他看来，肉体以力为本性，灵与肉之间的彼此作用本就是一种被提前安排好的和谐（莱布尼茨这样认为）。和斯宾诺莎一样，他认为宇宙以因果为秩序，但他对莱布尼茨的目的论也表示认同。在自己的哲学体系中，克里斯钦也对发展的观点进行了援引。

认识与嗜欲是灵魂的两大机能，克里斯钦以此为依据，对科学做了应用科学与理论科学的划分。本体论、心理学、神学都是形而上学，也都隶属于理论科学的范畴；而伦理学、政治学、经济学则被归入了应用科学的范畴。以命题的泉源为根据，科学又可以分为以理性为泉源的理论科学和以经验为泉源的经验科学。譬如，理论的宇宙论和经验的物理学，理论的心理学和经验的心理学，等等。所有的科学都以逻辑学为导论。

德国的许多大学多年来一直沿用克里斯钦用德文和拉丁文撰写的教科书，这些教科书囊括了许多学科；现在仍旧被使用的德文哲学术语也是克里斯钦创造的。尽管从整体上来说，克里斯钦的哲学理论缺乏创造性，事实上，它对莱布尼茨的哲学依旧起到了削弱的作用，但在启蒙运动中，他卓有贡献，他本身也对德国哲学的研究发展起到了推动的作用。

莱布尼茨—沃尔夫学派的追随者包括：比耳芬格尔（1693—1750年），A.鲍姆加登（1714—1762年），德国美学就是他一手创建的，青年时代的康德。随着发展，克里斯钦的哲学在思想界渐渐转变成一股折中主义的潮流，对经验主义和唯理主义进行调和是这一思潮的主流，也是在这一思潮的影响下，康德撰写了著作《纯粹理性批判》。康德的导师M.克努岑（1751年以前）；与康德时有书信往来的J. H.兰伯尔特（1728—1777年）及对康德思想的形成多有影响的N.特滕斯（1736—1805年）都是这一思潮的代表人物。除了他们，这股折中主义思潮的代表人物还有部分通俗哲学家（即以通俗的语言对占据支配地位的哲学进行论述的学者）：M.门德耳松（1729—1786年）、弗格森、A.斯密著作的译者C.加尔维（1742—1798年）、J. J.恩格耳（1741—1802年）、普拉特奈耳（1744—1818年）、F.尼寇莱（1733—1811年）。《圣经》的严厉批判者，自然神论者S.雷马鲁斯（1694—1768年）也深受英国自然神论及这一折中主义思潮的影响。在18世纪的德国启蒙运动中，上述所有的思想家全都是代表人物。

参考书

策勒尔，前引书；《莱布尼茨》，作者K.费舍；《沃尔夫的定义论》，作者包曼；《兰伯尔特：康德的先驱》，作者齐梅尔曼；《特腾斯的认识论》，作者斯特伦。

第二节 神秘主义

并不是所有的思想家都满足于莱布尼茨和沃尔夫的唯理主义。部分思想家并不认为以理性为凭依能够对真理进行把握，但他们同样不认同经验主义与怀疑主义。他们是神秘主义的苗裔，在他们看来，内在的经验、情感、本能才是确实性的泉源，至高的真理只能去感受，无法去论证。这一理论在莱布尼茨的体系中能够找到部分根据，它肯定地说认识以感情、冲动或追求为另一发展阶段，认识是本能的形式，唯有通过它才能对真理进行把握。在莱布尼茨看来这种认识形式是含混的、杂乱的、低等的，而对情感与信仰充满信任的哲学家们则认为认识以信仰（情感）为较高阶段，通过宗教、审美、道德的情感能够对有限的理性无法探究的事物进行感知与预测。这一派的哲学家包括：J. G. 哈曼（1788 年以前）、J. G. 赫尔德（1744—1803 年）。在著作《对批判的批判》中，赫尔德对康德的著作《纯粹理性批判》进行了批评。此外，F. H. 雅科比（1743—1819 年）也是神秘主义的追随者，他以直觉哲学为凭依，对唯理主义的形而上学进行了批判（参见原版第 428 页及以下）。

在德国的新教教会中，还产生过与神秘主义相类似的虔敬主义运动，对新教理论化的神学，虔敬主义者一向抱持反对的态度，基督教神学是内心信仰的皈依之地，而不是为教授们的思辨需要而存在的一种学说。虔敬主义运动的代表人物有：P. J. 斯宾讷（1635—1705 年）、A. H. 弗兰克（1663—1727 年）和 J. J. 朗格（1670—1744 年）；因为弗兰克和朗格的原因，哈雷大学教授 C. 沃尔夫被解职。

第五篇　启蒙运动哲学

第一章　启蒙运动的进展

第一节　18世纪

就像我们前文所说的那样，近代精神的主旨就是对中世纪的社会形态、社会制度、社会思想进行反抗，或者说是人类理性在思想领域和行动领域的自我伸张。这一活动以文艺复兴运动为发端，文艺复兴运动16、17世纪时依旧在延续；这一变化以宗教改革、三十年战争、英法（福隆德运动）的政治变革及社会革命为征兆。诞生它的火焰在英国经验主义流派及大陆思想体系的帮助下愈燃愈旺；在独立探索精神的影响下，人们的生活的确发生了变化，尽管这种变化相当缓慢。然而，全新的观点必须以通俗的方式在人类各个范围广阔的领域中进行传播；这一运动被勃兴于18世纪的启蒙运动所承担，由此，18世纪也被称为启蒙运动时代：在这一时期，启蒙运动达到了巅峰。这一时代，原理与世界观并存；这一时代，人们坚信以精神为凭依能够对它的问题进行解答。它也尝试着对国家、宗教、道德、语言等人类活动进行阐述与证明，甚至，它还曾试图对全宇宙进行阐述与证明。在这一时代，哲学的信条为人们所拥有；在这一时代，人们敢于去书写，比如，沃尔夫写成了《关于上帝、世界和人的灵魂亦即万物的合理的思想》。这一时代，自由精神勃兴；这一时代，人们能够独立进行思考，尤其是在法国，人们敢于无畏地对自己的见解进行表述，也敢于依据自己的思想标准得出各种不同的结论。

18世纪的启蒙哲学不独是那个时代奋斗状态的一种彰显，对人类的行动也影响至深。同苏格拉底时代一样，哲学从书斋之中走出，走进了市场，并与民众相融。经院哲学家们特有的哲学语言被摒弃，人们开始用普通人可以理解的通俗化的语言对哲学进行表述。在社会压迫、政治压迫和宗教压迫都极为严重的法国，启蒙运动的影响范围最广，表现得也最为激烈，革命运动随着新思想的传播而不断爆发。所有近代思想都以尊重理性、尊重人权为基本特征，而这些恰恰从18世纪开始盛行；人性、善良、天赋人权、自由、平等、博爱等思想在18世纪时广为人知。甚至，一些信奉温情的政府还以增进公共福利与人民幸福为己任。在对中世纪思想的持续反抗之中，伟大的政治变革与社会变革相继发生，18世纪也由此结束，旧制度被新制度取而代之。许多与近代精神相契合的诉求，如凭良心做事、信仰自由、机会均等、经济自由、代议制、法律面前人人平等等，也有相当一部分被实现。

参考书

《启蒙思想哲学》，作者希本；《法国近代哲学史》，作者累维·布鲁耳；《法国关于伏尔泰和卢梭的研究》，作者麦克唐纳耳德；约翰·摩莱论伏尔泰、狄德罗、卢梭和孔多塞的著作；《十八世纪英国思想》，作者史蒂芬；《革命的先锋（从培尔到孔多塞）》，作者法尔伯；《十八世纪法国哲学史资料》，作者达米隆，三卷；《十八世纪文学史》，作者赫特纳；《天赋人权》，作者里奇；《政治史》。

第二节 伏尔泰

在新精神的觉醒及新思维的传播方面，伏尔泰（1694—1778年）和孟德斯鸠（1685—1755年）都是代表人物，他们的影响不仅遍及法国，甚至遍及整个欧洲。二人都出访过英国，对英国的制度十分艳羡。伏尔泰是一位出色的宣传家，也是一位卓越的演讲者，他是启蒙运动的领导者及代表人物。他把牛顿的自然科学理论、洛克的哲学思想及盛行于英国的自然神论全都带回了故国。在写于1728年的著作《英国通信》中，伏尔泰对洛克的思想进行了宣传与运用，后来，该书由检察官下令焚毁。伏尔泰信奉自然神论，信仰上帝："自然中的所有都蕴含着人类对上帝存在的高声呼唤。"在伏尔泰的早期著作中,意志自由说和灵魂永生说都曾被肯定,后来,他对人逝世之后的生活产生了质疑,思想也开始趋近决定论:"当我做的事情是我所渴盼做的事情的时候,自由属于我;然而,我定然对我所渴盼的充满渴盼。"不过,对教会的权威和迷信思想,他一直都抱持无情批判的态度,在他看来,所谓天启的宗教就是一个谎言,它的出现源于无知;它就是狡诈聪敏的教士出于统御人的目的,利用人的偏见和愚蠢创造的一种东西。伏尔泰以恒常不变的道德原则为根基对宗教进行构架,他指出,从本质上来说,哲学家的思想始终都以这一原则为基准。所有的压迫都是他反对的对象,他为文化、政治、宗教自由奋斗,为出版自由、选举自由、议会自由奋斗;伴随着工商业的繁荣,第三阶级即资产阶级兴起,新兴的资产阶级急切地要求政治权利,伏尔泰就是他们的代言人。尽管对自由思想伏尔泰一直都抱持肯定的态度,但他却反对民主,对社会底层人民的自制力全无信心,他表示:"肯定有愚蠢暴躁的家伙存在,只要他们有异议,一切便都徒劳无功。"这个时代以理性为主导,它给予人们祝福,但这并不代表这种祝福已经泛滥到连"仆人、补鞋匠、女仆"都能拥有。

在伏尔泰的理论中,彰显最多的还是洛克的学说,当然,我们也不否认培尔的《辞典》对他也深具影响,毕竟18世纪时,在法国的文化界近乎全部的领袖全都受了《辞典》的影响。在法国的自由进程与革命进程中,来自英国思想的影响是深远的。

伏尔泰的著作,除了已经被指出的,其他可参见卡莱尔论伏尔泰的专著。

在英国经验哲学于法国的传播过程中,做出卓越贡献的还包括:孔狄亚克、爱尔维修、孔多塞、卡巴尼斯、沃尔涅、崩内、代斯屠·德·特腊基、拉·美特利、霍尔巴赫,其中,百科全书派的学者功勋最为卓著,狄德罗与达兰贝尔都是百科全书派的领袖。

第三节 英国启蒙运动

法国启蒙运动发展迅速,在很短的一段时间内就达到了顶峰,造成的影响也极其深刻与广大,英国的启蒙运动则不同。这完全是因为两国的社会条件存在着极大差异，在启蒙运动爆发前，新的观念和思想就已经逐步将人们的生活渗透。每一个洛克思想的追随者差不多都是英国思想界的启蒙者。许多自然神论者、道德学家、休谟、哈特莱、普利斯特利、伊拉斯穆斯·达尔文、威廉·葛德文、托马斯·潘恩都是独立思考精神的鼓舞者；其中，威廉·葛德文于1793年撰写了《政治正义》一书，托马斯·潘恩则于1791年到1792年撰写了《人权》一书，并于1794年完成了《理性时代》一书的撰写工作。

第四节　德国启蒙运动

直到18世纪中期，莱布尼茨—沃尔夫的形而上学体系依旧在德国思想界占据着支配地位；那个时候，英国的哲学思想已经通过沙甫慈伯利、哈奇森、弗格森等道德哲学家及洛克、休谟等盛名卓著的人物的著作对德国产生了潜移默化的影响。受此影响，经验主义与唯理主义在德国被调和，折中主义思潮和常识哲学由此诞生；按照这一理论，宇宙的进程与人类的历史都是一种有目的的秩序，都具有唯理性，因为理性本就以这一秩序为表征来彰显自我，因此，通过理性，完全能够对它进行认知和理解。扫除神秘、清扫迷信、使万物在理性的光辉之下被区分与明辨，正是这一哲学要完成的任务。它希望以理论神学（自然神学）为凭依，对所有宗教共有的基础知识进行认知，并对这些知识进行论证，譬如对上帝的存在进行认知与论证，又譬如对灵魂永生说及意志自由说进行认知与论证。对启蒙运动中形而上学方面的领导者，我们已经做过论述。在对历史进行研究的时候，唯理主义的方法同样得到了运用：理性是语言、法律、国家、道德、宗教的泉源；譬如，人创造语言是为了方便交流，人建立国家是为了保障公共利益。既然一切都以理性为泉源，那么让事物日趋合理，扫除历史发展过程中混杂的与理性相悖的、偶然的因素，自然就成了人们的愿望。在德国政治理论的演变过程中，这种唯物主义的思维方式起到了极大的促进作用，受这种思维方式的影响，天赋人权学说及平等学说甚至一度风行于腓特烈大帝及约瑟夫大帝的宫廷，社会分化既是对自然的悖逆，也是对理性的悖逆。

受启蒙运动影响，美学领域也出现了明晰且功利的原则；在诗歌的创作中，唯理主义原则被标榜，在雕刻、建筑与绘画中，唯理主义原则同样被标榜，格勒特的作品曾被誉为"以诗歌撰写的道德哲学"，格勒特的宗教赞美诗更被称作"理论神学的押韵"。在著作《诗的艺术》中，哥特舍德对诗歌的创作方式进行了阐述，通过他的阐述，人们明白了应该如何借助诗歌对人类进行启发，也明白了如何让诗歌服务于人类道德化。

一百多年前的英国，类似的思潮于洛克的哲学中同样有所显露。18世纪末期，尤其是最后的二十五年，德国文化领域众星辉映，无论是哲学领域还是文学领域，都出现了足以光耀整个时代的领袖人物，但对这一思潮，这些领袖人物却都抱持反对的态度。启蒙运动中兴起的理论神学成了康德的抨击对象，启蒙运动中以唯理主义对历史进行诠释的方式成了赫尔德的抨击对象，启蒙运动中产生的标榜唯理主义的美学则成了文克耳曼、莱辛、歌德及席勒的抨击对象。

第五节 唯物主义与进化论

如我们所见，马勒伯朗士的客观唯心主义渊源于笛卡儿的哲学体系，在贝克莱的体系中，英国的经验主义被转化为唯心主义。18世纪时，唯物主义则成了这些伟大思潮共同的转折倾向。对有机界进行机械论述的是笛卡儿，在他看来所有的动物都是一台完整的机器。得此提示，人们开始意识到人也是一台完整的机器，心灵是实体，但无法脱离肉体独自存在，并且肉体以心灵为机能。孔狄亚克、哈特莱等洛克学说的追随者则尝试着将所有心理活动都归入感觉的导源范畴之内，于是，心理以大脑的作用为基础状态的观点应运而生。在莱布尼茨看来，物质就是力，精神生活与物质相类似；其他人的看法则刚好与莱布尼茨相反，他们认为精神活动就是物理层面的力。在亚里士多德的形而上学体系中，宇宙被认为是由一种原始的、古老的、精神的元质构成。而在近代，这一观点已经被摒弃。在哲学的作用下，它重新归于它应该复归的独立世界，此时，部分思想家彻底摒弃精神元质，以处于运动状态的物质对所有的现象进行诠释，也就没什么可奇怪的了。

18世纪的英国，唯物主义的世界观得到了发展，法国也一样；18世纪末期，唯物主义世界观已经成为法国文化界最盛行的思想。在写于1720年的著作《泛神论者的神像》一书中，已进入晚年的约翰·托兰德（1670—1721年）宣称，脑髓以思维为机能，就像人们以舌头为味觉器官来感知味觉一样，思维也具有自己的器官，这个器官就是脑髓，思维是脑髓正在进行的某种运动。大卫·哈特莱（1704—1757年）则宣称，脑髓在某种机械规律的作用下会发生颤动，所有的心理活动都以这种颤抖为凭依，生理与心理的联合是相伴而生的。然而，在他看来，意识并不应该被纳入运动的范畴。他也未曾对这种关系到底是不是因果关系进行明确。约瑟夫·普利斯特利（1733—1804年）不仅第一个发现了氧，还对心理活动与运动的一致性进行了确认，由此，唯物主义在解决精神和肉体问题上的作用被大胆地明确。然而，普利斯特利对上帝的存在及灵魂永生说却又抱持肯定的态度；继霍布斯之后，他再次宣称人的灵魂与神的灵魂一样都是物质的，这种观点与基督教神学的观点实际上并非不同。

法国哲学家拉·美特利（1709—1751年）于1745年撰写了《心灵自然史》，1748年撰写了《人是机器》与《人是植物》，他的思想深受笛卡儿思想的影响，他的唯物论也是以笛卡儿对动物的机械解释为基础构建的，假如动物是机器，人因何非机器？在出版于1770年、署名米拉波的著作《自然体系》中，出身德国的霍尔巴赫男爵（1789年以前）对这一观点进行了扩展，使之发展为形而上学领域的广泛而博大的体系。所有的事物都能以物质及运动进行诠释，都以必然的规律为泉源。不存在灵魂，物质是永恒不灭的，脑髓以思维为机能。人的意志受到了十分严格的限定，自然界内外都不可能有计划、目的存在，更不可能有上帝存在。

还有一些倡导唯物主义的人，但他们的观点大多前后矛盾，这些人包括：主持编撰了《百科全书》的德尼·狄德罗（1713—1784年），唯物主义是狄德罗暮年时倡导的理论；卡巴尼斯（1757—1808年），在他看来，就像胃以消化为机能，肝脏以胆汁的分泌为机能一样，脑髓也以思维为机能；代斯屠·德·特腊基（1754—1836年）；写于1749年之后的《自然史》的作者，法国生物学家毕丰；《自然论》（1763年以后）的作者罗比耐等；罗比耐与毕丰虽然也坚持唯物主义，但他们的唯物主义却有些变化，或者说其实是物活论。在毕丰看来，存在着一种分子，这种分子是有生命的；罗比耐断言构成物质的所有粒子都是有感觉的，他的这种观点显然是深受莱布尼茨思想的影响。这一时期，进化论的思想在许多哲学家的著作中都有所体现，譬如，拉·美特利于1748年写成的《人是植物》《伊壁鸠鲁的体系》，崩内于1769年写成的《哲学的复兴》，狄德罗于1763年后写成的《自然论》。上述人物都堪称拉马克和达尔文的先驱。

虽然在细枝末节上法国思想家们的思想有些差异，但总的来说，他们都肯定规律制约着自然现象，不管是物理现象还是精神现象。人类的精神生活以自然为泉源，道德生活也是。以这种观点为凭依，爱尔维修（1771年以前）对人类道德进行了诠释，经济学家杜尔阁和孔多塞（1743—1794年）一起对历史哲学进行了开拓，在写于1748年的著作《法意》中，孟德斯鸠（1689—1755年）则对人类的律法与制度进行了研究。

参考书

《启蒙思想哲学》，作者希本，第五章；维伯尔，前引书，第399—417页；近代哲学史，作者许夫定，第一卷，第五篇；《唯物论史》，作者朗格；《洛克的哲学》，作者库赞；宇伯威格—海因泽，前引书，第18章；《十八世纪法国哲学史资料》，作者达米隆。

第六节　科学中的进步

启蒙运动时期，数个世纪之前的普遍观念虽然也在宣传的范围之内，但这不是人们的兴趣所在，人们热衷的是对自然科学与人文科学进行研究。在这期间，许多卓越的人物涌现，无论如何，这些人物都不可能令整个启蒙时代蒙羞：数学领域出现了欧拉、拉格朗日和拉普拉斯；天文学领域出现了赫舍尔，以及《天体力学论》的作者拉普拉斯；物理学领域出现了伏打和伽伐尼；化学领域出现了拉瓦锡、普利斯特利、戴维、阿羽伊和伯泽利乌斯；生物领域出现了林奈、哈勒、比夏和卡·弗·沃尔夫；亚历山大·冯·洪保耳特在许多科学领域都卓有建树。孟德斯鸠是政治学与法学领域的代表人物；魁奈、杜尔阁、亚当·斯密则是新政治经济学的开创者。美学领域，鲍姆加登是当之无愧的领袖，更遑论过去我们曾经论述过的诸多道德学家和心理学家了。

第七节　让·雅克·卢梭

知识、科学、文明、艺术、进步一向为启蒙运动所推崇，人类的成就更是其褒扬的对象。但让·雅克·卢梭（1712—1778 年）却视科学与艺术为道德腐朽的根源，认为科学与艺术都是奢侈品，以怠慢为泉源，他以非常粗糙且暴力的方式对启蒙思想的信心与骄傲进行了动摇，在他看来，人的思想应该复归于最自然的无瑕状态。写于 1750 年的《论科学和艺术》及写于 1753 年的《论人类不平等的起源和基础》都是他的著作。在他看来，天真纯善是人的本性，人有自我发展与自我捍卫的冲动，人会因为对其他人的怜悯而被推动，宗教信仰、感恩、崇拜对人也有激励作用。在推理思维的范畴内不包括道德，也不包括宗教，宗教问题和道德问题其实都应隶属于情感的范畴。人之所以具有价值，不是因为人深具智慧，而是因为人以道德为本性，从本质上来说，这种本性本就是一种情感：只有善良的渴盼才是绝对有价值的。卢梭对情操在精神生活中的重要作用进行了强调，他并不认为人能够通过理性的发展而渐次完善。人与人之间原本是平等的，但伴随着私有制的出现，这种平等消失了，有了主人，有了奴仆，有了富人，有了穷人，有了有教养的人，也有了野蛮人。我们的自然倾向被文明败坏，也被以文明为泉源的文化及不平等关系所腐化。一方面，它是卑躬屈膝、作威作福、奴颜婢膝、妒忌、憎恶的泉源；另一方面，它又是轻侮、傲慢、残酷的源泉，让生活变得矫揉造作、呆滞。卢梭的这一观点与近代以社会条件为出发点对道德与罪恶的泉源进行发掘，希望以改造的方式使人类得以完善的社会理论非常相似。

在政治上，卢梭坚持代议政体应该为人民直接参政（创制权与复决权）的政体所代替，瑞士共和国的体制就是他这一理论的典型代表，就好比英国的君主立宪体制也以洛克的政治理论为基础一样，而洛克的思想又多为伏尔泰所遵循。在卢梭的政治理论中，第三等级或新兴的资产阶级和他出身的第四等级或农民阶级与劳动阶级都应该隶属于人民的范畴；伏尔泰出身中产阶级，由此，他是中产阶级的政治代表，为中产阶级寻求思想自由权与信仰自由权；卢梭出身第四等级，其政治理论中自然充斥着第四等级的政治诉求：摆脱社会束缚，人人平等。对洛克的民主理想，卢梭一向非常重视。在他看来，假如人生而平等，生而具有同等的天赋权利，生而自由，那么，便没有任何一个阶级有理由获得进行统治或剥夺他人祖产的特权，不管拥有特权的这个阶层是工业资产阶级，还是贵族。卢梭的政治理想在1789年和1793年的《人权宣言》中被鲜明地凸显，即使是现在，卢梭思想对很多国家法律的订立仍深具影响。

　　复归自然可以让人从这种矫饰与腐坏的状态中脱离，而这一目标的实现只能以自然的教育方式及创造自然的社会条件为凭依（1762年，《社会契约论》；1762年，《爱弥儿》）。自然社会是以契约为基础进行构建的，在契约社会中，人民以放弃个人自由为代价获取了公民权，人民的意志或公共意志对公民权进行了限制。所谓自由，就是按照自己制定的律法行事。人民是主权的所有者；人民以公共福利为谋求目标的意志就是公共意志，是至高法。政府是人民命令的执行者，政府的权力得自人民，人民有权对其进行限制或者收回。

　　在教育方面，卢梭主张要遵循自然的方式，认为孩子的发展应该遵循还未曾被腐坏的天性或冲动。教育的首要任务是让学生产生渴求知识的欲望。所以，绝大多数的教育都不积极，亦即是对各种不利条件的清扫，从事这一工作时，要格外注意。对好与坏的区分一定要建立在对孩童个性的研究之上，要顺从孩童的本性，因此，最佳的方式是让孩子在家庭教师的引导下按照天性进行发展，脱离腐坏的社会环境。近代教育思想深受卢梭理论的影响，有部分人还将这种理论付诸实践，如巴斯窦、裴斯泰洛齐、福禄培尔。

　　卢梭的理论与洛克的原则并不存在冲突。假如心灵原就是一块白板，那么，人与人就本应具有平等的地位，就像爱尔维修所主张的那般，差别之所以产生，原因全都源于外部。人类要完善，社会环境与教育是至关重要的手段。

　　和伏尔泰一样，卢梭肯定自然宗教，对唯物主义和无神论则抱持反对的态度，从这个角度来说，卢梭就是一个自然神论者。在他看来，情感是宗教的扎根之地，宗教在情感之中扎下了深深的根系，尽管可以用理性对宗教的真理进行论证，但宗教却无关乎理智，它只是一个情感方面的问题。灵魂永生，不受束缚，且非物质；有鉴于邪恶在今生的猖獗，来生的存在还是非常有必要的。

德国哲学家康德、赫尔德、歌德和席勒的思想都深受卢梭的影响。这种影响之深重，从康德的这段话中能明显地感知："我对研究非常热衷，我的求知欲十分强烈，我迫不及待地想要对知识进行认知，每向前走一步我都会深感满足。有一段时间，我坚信自己的研究能够对人类的繁荣起促进作用，对没有知识的卑贱民众，我充满了轻蔑。由于卢梭，我被矫正。我的优越感没有了，我的骄傲不见了，我渐渐学会了尊重人类。假如我不是从这种思考中看到了所有其他职业存在的意义，亦即通过这种思考，人类的权力被重新界定，我想，我肯定不知道，一个普通人居然具有如此巨大的价值。"

参考书

除原版第383页论启蒙运动的著作以外，参看约翰·摩莱等论卢梭的专著；《社会科学总论丛书》中一卷的编纂者是诸多法国学者；《卢梭的社会契约论及其政治思想》，作者罗代；《在法国从卢梭到圣培尔论自然感情》，作者莫尔内；《卢梭的社会哲学》，作者哈格曼；《卢梭和德国历史哲学》，作者费斯特尔。

第六篇　康德的批判哲学

第一章　伊曼努尔·康德

第一节　近代哲学的发展

近代哲学以确信知识以心灵为泉源为出发点，它的问题在于在获取知识的时候采用何等方法，又怎样去获取知识，还有，知识的界限究竟能被延伸到何等遥远的地步。在休谟之前，经验主义者和唯理主义者都主张唯有具有普遍性与必然性的知识才是真正的知识，某些领域的命题具有不言自明的特性。形而上学的思想体系被笛卡儿、霍布斯、斯宾诺莎和莱布尼茨所构建，在他们看来，形而上学与欧式几何一样，都是逻辑的明证。培根没有对宇宙论进行构建，这一工作只有在以全新的方法对事实进行确定之后才能展开，然而在他看来，上帝的存在却是能够被证明的，存在于事物中的不朽的本性与自然规律也是可以被发掘的。但是，最终极的问题能否以人类的智慧为倚靠进行解答，甚至，一些小范围内的问题能否以人类的智慧为倚靠进行解答，培根都不能确定。对笛卡儿的观点，霍布斯一向抱持肯定的态度，他肯定人无法从经验中获取确实性，且人类所有的知识都以感觉为泉源，由此我们看到，有些时候，霍布斯对真正的物理学也有些怀疑。洛克注意到对知识进行比过去更彻底的检视非常有必要，由此，他做出总结，与观念之间是否相契合相关的知识是确实的，伦理学知识是确实的，数学知识是确实的，和上帝的存在相关的知识是确实的，和人类自身的存在相关的知识也是确实的。然而，他又指出，与事物属性必然关联的知识，人类无法具有；与外部世界的存在有关的知识，人类也无法具有：真正的知识不可能存在于自然科学之中。在贝克莱看来，存在于外部的物质世界不存在任何需要我们去认知的知识，但人却能对存在于心灵中的观念之间的关联，对心灵、对观念本身进行认知。神学与形而上学遭到了培尔激烈的攻击，在他看来，它们不仅超乎理性的范围之内，而且与理性相悖。休谟从认识论的角度得出了一些结论，但在他自己看来，这些结论却是属于感觉论的，假如人只能对通过感觉所经验的一切进行认知，那么，理论神学、理论宇宙论、理论心理学就都无法存在，单凭人类本身的能力，是无法对与上帝、宇宙及灵魂相关的知识进行认知的。诚然，哪怕是与事实相关的知识也不是绝对确实的，而只是具有盖然性。人无法对必然联系、实体、自我进行认知，甚至，我们也无法断言我们的观念肯定会以曾为我们所经验的、在我们看来一定会重复出现的规律秩序为遵循的标准。通过对自身拥有的观念进行对比，通过对观念之间的关系进行关注，并以观念之间的联系为凭依进行推论，论证的知识能够被我们获得，仅此而已。

第二节 神秘主义

过去，批判精神以理性为崇拜对象，对教会的权威进行抨击与冲撞，如今，它开始审视理性，对理性的权威也开始抱持否定的态度。对唯理主义进行考量，并发现其不足的，非独经验主义者；一群坚信信仰的神秘主义哲学家也对唯理主义的虚假结论及刚愎浮夸的风格抱持反对的态度，他们完全不信任源于理智的论断，为了找到获取确实性的方法，他们求助于心灵的其他机能或者方面。他们指出，实在的帷幕不会被思辨的知性透入；情感、信仰及某种玄奥的洞彻才是真理的泉源；理性无法对最深邃的实在进行构架与设想，唯有心灵才能对其进行感知。随着近代机械论世界观与决定论世界观的兴起与发展，反唯理主义的思潮终于被激发，机械与决定论的世界观是唯理主义或科学必然会导致的结果，无可规避。在这一世界观中，人类遭到贬斥，被视作傀儡。于大多数人而言，这种天然的智慧若不被归入怀疑论的阴郁或绝望之中，就该被归入宿命论的悲戚之中，人类强烈的希冀，一直都是宿命论嘲笑与讽刺的对象，由此，这种强烈的渴望所带来的崇高的意义与价值也终将化为乌有。

第三节 康德的问题

理智对自身的能力进行了破坏性极大的批判，意志希望隶属于它的宗教与道德的价值被认可，对这些，现代的哲学不得不做出解答。这一工作的担负者是康德，他一直都致力于尽量以公平的态度看待包括启蒙运动、经验主义、怀疑论及神秘主义在内的，属于自己那个时代的思潮。诚如与康德同处一个时代的伙伴所宣称的那样，康德的问题是"在对休谟的怀疑主义理论进行限制的同时，对古老的独断论进行限制，并对唯物论、宿命论、无神论、唯情论、迷信进行驳斥与毁灭"。康德是沃尔夫唯理主义学派的成员之一，他对英国的经验主义和卢梭的思想也有着浓厚的兴趣。"他曾沉浸于独断的幻梦之中，唤醒他的那个人是休谟。"他意识到当务之急就是对人类的理性进行批判与检视，这就仿佛要以审问的方式剔除存在于理性中的滑稽要求，从而对理性的正当权益进行保障；亦即他需要紧急构建一种认识论，以厘清一般且必然的知识存在的可能性、界限、范畴及起源。在他看来，迄今为止，哲学都是一门独断的学问，它不断前行，却没有能力提前进行自我批判。如今，批判已势在必行，或者说该对理性的普遍能力进行公正的检视了。怀抱着这样的目标，康德写了"批判三部曲"，即《纯粹理性批判》《实践理性批判》和《判断力批判》，通过这三部著作，康德分别对理论的理性（科学）、实践的理性（道德）、艺术及目的论的判断或美学及自然中的目标进行了检视。

在康德看来，只有一般且必然的知识才是真正的知识。对唯理主义者的观点，他表示赞同，他也认为真正的知识存在于物理学和数学中。对经验主义者的观点，他也表示赞同。在他看来，真正的知识是与观念性质相关的知识，是与现象相关的知识，或者说是能够为感官所感知的、与事物相关的知识，而不是与事物的本质相关的知识。所以，包括理论宇宙观、理论神学、理论心理学在内的理论形而上学是不可能存在的。经验主义者主张，唯有经验的知识才能为人类所认知，知识以感觉为素材，康德对此表示赞同；同样被康德赞同的还有唯理主义者的主张。在他们看来，真正具有普遍性与必然性的真理并不以经验为泉源，知识的素材源自感觉，心灵以形成于它本性中的某种必然的方式对这些材料进行加工整理。所以，与观念的秩序相关的一般且必然的知识为我们所具有（唯理主义），这种知识无关乎自在之物（怀疑论）。知识以经验为泉源（经验主义），然而，心灵对经验进行思维，心灵以某种唯理的、先验的、固有的方式对经验进行思维（唯理主义）。但是，的确存在自在之物，我们也可以对其进行思维，却无法像对经验世界进行认知那样，对自在之物进行认知。假如实践的理性或道德的意识不存，这样的问题就无法被解答，甚至根本就没法找到探讨的方向，这样的问题包括与存在因果的时空秩序有差异的另一世界的存在、上帝的存在、自由及永生。

伊曼努尔·康德是哥尼斯堡人，1724年出生，父亲是一位马具师，母亲与父亲一样都是虔信派的忠实追随者，康德自幼就受到浓厚的宗教氛围的熏陶。康德一生都居住在哥尼斯堡，并一直扮演着导师、学者和学生的角色。1732年到1740年，康德就读于弗雷德里夏学院。在学院中，他为自己即将到来的大学生活做了充分的准备，罗马的经典是他的兴趣所在。1740年到1746年，康德入读哥尼斯堡大学，其间，他对物理学、数学、哲学和神学做了细致的研究。1746年到1755年，他以家庭教师的身份在哥尼斯堡附近的几户人家寓居过一段时间。1755年，他接到邀请，拿起教鞭，成为一位大学讲师，开始对数学、物理学、逻辑学、形而上学、伦理学、自然地理、人类学、自然神学和哲学百科全书等学科进行教授。1766年到1772年，康德以大学讲师的身份兼任皇家图书馆副馆长。1770年之后，他升任教授，专门讲授逻辑学与形而上学，此后的27年时间里，康德一直都担任教授职务。1797年，衰老的身体让他不得不走下讲台。1804年，伊曼努尔·康德辞世。

青年时代的康德曾经对风靡德国大学校园、在学术界也备受青睐的莱布尼茨—沃尔夫哲学十分推崇。1760年到1770年间，英国的经验主义者，如洛克、沙甫慈伯利、休谟的哲学思想对他的思想产生了极深的影响，诚如他自己所说，他一直都沉浸于独断的幻梦之中，是休谟将他唤醒了。1770年，他用拉丁文撰写了《可感觉和可理解的世界的形式和原则》一文，在这篇论文中，他对自己后来赖以成名的哲学观点进行了论述。此后十年，他的工作就是对这篇论文进行发扬与拓展。1781年，他的主要著作

《纯粹理性批判》出版（1787年，该书经修订之后再版），此后，康德还于1783年出版了《任何未来的形而上学的绪论》，1785年出版了《伦理学的形而上学的基本原理》，1786年出版了《自然科学的形而上学的原理》，1788年出版了《实践理性批判》，1790年出版了《判断力批判》，1793年出版了《纯粹理性界限以内的宗教》，1797年出版了包括他的法学哲学思想在内的《伦理学的形而上学》，1795年出版了《保卫永久和平》及1803年出版了《论教育》。

1838年后，哈尔滕斯太恩编辑的十卷康德的著作；1838年后，柔森克朗兹编辑的十二卷康德作品；《万有藏书》，锐克拉姆出版，克尔巴哈编辑；卡西雷尔编辑的十二卷著作；沃尔兰德编辑的九卷康德著作。还可参看1882年后问世的B.埃尔德曼撰写的《康德关于批判哲学的见解》；1889年后，赖克撰写的《康德遗著的零散篇章》。克尔巴哈根据康德《纯粹理性批判》原版初版编辑的《纯粹理性批判》及埃尔德曼、埃底克斯根据康德原著的二次修订版编辑的《纯粹理性批判》。

康德著作的译本包括：1854年，翻译的原版第二版的《纯粹理性批判》，译者迈克尔炯；1881年，翻译的《纯粹理性批判》的第一、第二版增补版，译者马克司·穆勒尔；马海夫、贝尔纳德的译注版本；1770年翻译的《论文》，译者埃考夫；《导论》的翻译版，译者马海夫、贝尔纳德；《道德的形而上学》原版中的部分篇章与宗教篇章合为一卷的译本、《实践理性批判》的译本、《道德的形而上学的基础》的译本，译者阿伯特；《宗教》的译本，译者森普尔；《自然科学的形而上学的基础》的译本，译者贝克斯；《宇宙进化论》的译本，译者哈斯蒂；《判断力批判》的译本，译者贝尔纳德；《法哲学》的译本、《永恒的和平》的译本、《政治学原理》的译本，译者哈斯蒂；《永恒的和平》的译本，译者M.C.斯密；《教育学》译本，译者车尔顿；《幽灵占卜者》的译本，译者格尔维茨；《选集》译本，译者瓦岑；《纯粹理性批判》的译注版本，译者弗格尔、惠特内。此外，在对康德的哲学进行论述的时候，也援引了一些穆勒尔译文中的内容。

参考书

《康德》，作者保尔森，译者克雷顿和勒斐弗尔；《康德及其革命》，作者温累；《康德》，作者 W.华莱士；《康德哲学》，作者亚当森；《康德哲学解说》，作者瓦岑；《康德简介》，作者韦尔；《康德哲学讲义》，作者格林，见其著作第二卷；《康德哲学讲义》，作者西季威克；《康德的批判哲学》，作者 E.凯尔德，两卷；《康德》，作者费舍，两卷；克朗恩伯格等最新近所撰写的德国专著；《康德的纯粹理性批判》，作者摩里斯；《康德的认识论》，作者普里查德；《哲学的批判主义》，作者黎尔，第一卷；《康德课本》，作者斯提存林；《康德关于时间和空间的主观性的学说》，作者 K.拉斯威茨；《康德的认识论》，作者沃耳克耳特；《康德论经验》，作者柯亨；《康德纯粹理性评注》，作者魏欣格，两卷；《康德的批判主义和英国哲学》，作者 E.普夫莱德雷尔；《康德的因果论》，作者瓦尔腾伯格；《康德的伦理学评论》，作者 F.阿德勒，见《纪念 W.詹姆斯论文集》；《康德的伦理学》，作者波特尔；《康德的伦理学和进化的伦理学》，作者舒尔曼；《康德的伦理学》，作者梅塞勒；《康德的伦理学基础》，作者柯亨，第二版；《康德的伦理学》，作者克雷松；《康德的实践哲学》，作者德耳博；《康德伦理学中的心理学》，作者黑格勒；《康德伦理学的发展》，作者弗斯特尔；《康德伦理学的发展》，作者施米特；《康德和目的论的伦理学》，作者梯利，见《康德研究》，第八卷第一册；《康德关于信仰的学说》，作者塞格尔；《康德的宗教学说》，作者平亚尔；《康德的目的论》，作者塔夫茨；《康德的判断力批判》，作者梅雷狄思；《康德的目的论》，作者斯塔德勒；《康德的美学基础》，作者柯亨；《康德和斯宾塞》，作者波温；《康德和英国柏拉图主义者》，作者拉夫焦伊，见《纪念 W.詹姆斯论文集》；《康德和他的先驱》，作者乌普修斯；《路德和康德》，作者包赫；《赫尔德和康德》，作者麦耶—本法伊；《艾奈西狄姆、巴斯噶和康德》，作者塞瑟；《康德、休谟和贝克莱》，作者斯皮克；《康德哲学评注》，作者西多。

关于德国全部唯心主义运动的著作有：《近代哲学精神》，作者罗伊斯；《从康德到黑格尔》，作者普林格耳—派蒂逊；《德国唯心主义史》，作者克隆恩伯格，三卷，第一卷论述康德以前的唯心主义；《康德及其后继者》，作者李普曼；查理伯斯等所撰写的著作。参看《康德以来理论神学的发展》，作者普夫莱德雷尔；埃底克斯在《哲学评论》第Ⅱ卷中所列关于康德的书目。

第四节　知识问题

对康德而言，知识问题才是最基础的问题：何为知识？知识因何能够存在？人类理性以何为界限？要想对这些问题进行解答，就得先对人类的理性进行审视检查，要对人类的理性进行评判。一直以来，知识都以判断为形式，在判断中进行肯定或有所否定。然而，并不是所有的判断都能称为知识。在一般的分析判断中，宾语只是对主语所蕴含的东西的一种阐述、表明，比如，物体具有广袤性。除此之外，还有一种综合性的判断，它能对人类的知识进行拓展，能对宾语进行阐明，还会有益于宾语，譬如，比重存在于所有物体之中。然而，也不是每一个综合性的判断都能将知识赋予人类，其中还有部分判断以经验为泉源。譬如，通过这种判断，我们知道某一事物拥有这样或那样的特性及活动，但这并不是说这一事物就肯定有这样或那样的特性及活动，亦即这种判断并不具有必然性：对数学命题，理性会断然使人去认可，不认可不行，但对这些判断，理性却没有这么做。而且，这种判断也不具有普遍性：我们不可能由于这一特性为某类事物中的某些个体所具有就断定这类事物的所有个体都具有这一特性。不具有必然性和普遍性的判断不隶属科学的范畴，或者说，后验的判断并不科学。只有具有必然性的综合性判断才能被称为知识，换言之，处于它对立面的命题定然是匪夷所思的；另外，普遍性也是这一判断必然要具有的，换言之，就是不能有任何例外出现。普遍性不以感觉为泉源，必然性也不以感觉（知觉）为泉源，两者的泉源都是理性或知性。不以经验为凭依，甚至从这个角度来说，要先于经验而存在，如我们所知，三角形的内角和肯定等于两个直角的和，这一判断有必然性，而且恒常不变。所以，要以判断为知识，先验性也是它必然要具备的。

于是，结论昭然若揭：在具有先验性的综合性判断中存在着知识。分析判断时，不能以经验为凭依，要恒常地具有先验性，譬如，我们肯定所有广袤的事物都具有广袤性；这种判断全都是以矛盾律与同一律为基础得出的，人无法从其中获得更多的知识。从具有后验性的综合性判断中，我们可以获得知识，但这种知识却是不牢固、不坚实的；由此而得的知识不仅含糊、缺乏确定性，而且会令人产生疑虑。从科学的角度来说，我们要求知识一定要具有必然的确实性，而这种确实性唯有在具有先验性的综合判断中才有可能存在。

对这些判断，康德一直确信不疑，他肯定这种判断定然存在于物理学、数学和形而上学之中。在他看来，具有普遍性、必然性的知识肯定是存在的，所以，完全没必要对具有先验性的综合判断是否存在进行探寻，只要对先验的综合性判断怎样才有可能存在进行探寻就够了。这些知识以何为条件？从逻辑的角度来看，这种知识以何为存在的必要条件，或者说，什么肯定会为这种知识所涵盖？所以，诚如康德自己所言，他（获取知识的方式）具有独断性：在这位出身德国的批判家看来，认识论是一门先验的科学，是一门严格意义上的论证的科学，是一门纯粹的科学，是以先验的必然原则为基础对真理进行构建的一门科学。他使用的方法是逻辑的、是先验的，而不是心理学的。康德并不希望人们于自己的内心之中对知识的条件进行考察，也不希望人们以心灵为载体去探究知识的泉源与诞生方式，他要人们对如物理命题、数学命题那样真正的知识进行探究，要人们自行去探问，从逻辑的角度来看，这一命题以什么为存在的必要条件。譬如，终究是可以进行判断的，亦即与空间联系相关的判断，或者对因果关系进行肯定的判断，以这一事实为出发点进行推导，定然能得出什么结论？综合的心灵不存，综合的判断也就不存；能够对空间进行感知的心灵不存，与空间相关的判断就不存；以因果为凭依进行思维的心灵不存，与因果相关的判断就不存。康德在人类理性所囊括的全部范围内对这一方法做了运用。在他看来，必然性定然为知识所有，确实性也定然为知识所有，亦即康德始终坚持的都是独断论。然而，他并未因此深觉忐忑，诚如他自己所说，假如休谟对知识存在的可能性进行否定是对的，那这无异于耻辱。假如必须先对理性自我检视的能力进行确认，再让它去自我检视，那肯定是得不到任何结果的。

但是问题又来了，在物理学中，具有先验性的综合性判断因何有存在的可能？在形而上学与数学中，具有先验性的综合性判断又因何有存在的可能？或者说纯粹的物理学因何有存在的可能，纯粹的形而上学与数学又因何有存在的可能？在这些领域中，我们因何能获得真正的知识，我们又该如何自这些领域中将真正的知识攫取？要对这些问题进行解答，就必须先对认识的器官进行考察，必须对它的作用、界限、能力和可能性进行思考。心灵的存在是认识进行的必要条件。思维的对象不存，思维就不存。若以感官为凭依无法感知到任何对象，若心灵不具知觉，也无法进行感受，那么，就不会有任何对象能够被我们思维。直观（或经验的直观，知觉，或感受）为人类提供可思维的对象。知性必然要对这些对象进行思维、理解、思考；概念以知性为泉源。思维或知觉或感觉或理解不存，知识就不存。两者都是知识存在的必要条件，虽全无共同之处，却能形成互补。"为人所拥有的所有知识都以概念和知觉为构成要素。"概念不存，知觉将漫无目的；知觉不存，概念将空洞不实。对源于感受的材料进行加工是理智的职责。或许，两者同出一源，但这个源头究竟是什么，我们却不得而知。

知识因何具有存在的可能性？这一问题可以一分为二，感官知觉因何具有存在的可能性？知性因何具有存在的可能性？知觉能力论（先验感性论）对第一个问题进行了解答，概念与判断论（先验逻辑论）对第二个问题进行了解答，而先验原理论则是两者的相合。

第五节 感官知觉理论

首先，我们来对先验感性论进行探讨。从逻辑的角度来看，感性（感官知觉）能力以何为存在的先决条件？知觉以感觉为先决条件，颜色、声音、硬度等都属于感觉。然而，仅仅具有感觉，并不能成为知识；所谓感觉，不过是意识之改变，不过是发生于意识中的某种改变，不过是意识在某一对象的作用下出现的一种主观的状态。感觉定然关乎时空，关乎存于时空时所具有的地位；一定要将感觉视作某种源于外部世界的东西，它存于其他事物旁侧，在其之前或之后，或者与某些事物同在。在时空的秩序中，感觉全部在列，井然有序，所以，知觉以感觉（内容与材料）和时空（形式）为存在的必要条件。原料（颜色、声音、重量等）以感觉为基本的构成单元，经由感性，这些原料被以井然的秩序于时空之中陈列，由此，知觉诞生。因为心灵拥有直观、注视、考察的能力，所以，它不但能对感觉进行接纳，还能对感觉进行知觉；它能于时空之中、于自身之外，听闻其声，目睹其物。感性对时空进行知觉的能力是一种先验的能力；诚然，这样心灵的结构，哪怕物体并不在视野之内呈现，它也能对时空进行知觉，它非独能对存在于时空中的物体进行知觉，还能对时空进行知觉。从这个角度来说，我们可以宣称纯粹的知觉是存在的。

感觉并非以自身之形式（形态）将自身陈列于时空之中。这种形式不具经验性、不具后验性，也非直观，它以心灵的本性为泉源，是先验的，换言之，是心灵所固有的。时间以内在感觉为形式：我们必须以时间层面不曾中断的相继来对人类的心理状态进行理解。空间以外在感觉为形式：以空间为范畴，我们只能对人类感官有所影响的事物进行认知。既然意识能够对于感官中呈现的所有事物进行修正,那它就该被归入内在感觉的范畴,那么所有的现象或观念就必然以时间为存在的必要条件。

时间非实在,无法独立存在,非事物真正的本性;空间非实在,无法独立存在,也非事物真正的本性。感性以时空为方法对事物进行理解,时空是感觉的形态或形式。假如世界上不存在能对时空进行知觉(直观)的人,那么,时空属性就不可能于世界之中存在。"脱离思维的主体,物质世界无法独立存在,因为其本就是思维主体所知觉或感受的表象或现象。"尽管我们能够对空无一物的时空进行设想,却不能对时空不存进行设想。亦即我们要进行想象,要去知觉,必须以空间为凭依。现象以空间为存在的先决条件和必要条件,所以,空间的概念具有必要性,且是先验的。在康德先验的或形而上学的方式中,这是例证之一。空间不存,事物就无法为我们所思考;事物不存,空间就无法为我们所思考。所以,要具有与事物、现象世界相关的观念,我们就必须以空间为必要的先决条件。所有必要的先决条件,必然是具有先验性的心灵的形式。上述论断,对时间也一样适用。

这样,纯粹的数学因何具有存在的可能这个问题就得到了解答,因为心灵以时空为形式,因为从本质上来说,心灵要知觉或想象,就必须以时空为凭依,因此真正的知识或具有先验性的综合性判断或具有自明性的真理必然存在于数学领域之中。

然而,必须铭记,时空不过是感官进行知觉的一种形式,是感性存在的必要条件,是人类赖以对事物进行知觉的一种手段。所以,唯有被应用于可被知觉的事物或外在的表象时,时空才是有效的;若被作用于自在之物,作用于即便是与我们的知觉相脱离依旧能独立存在的事物,时空就不会有效果,亦即时空的方法或形式只能在观念世界内部进行应用。然而,对经验知识的确实性而言,这并不会造成什么伤害;不管时空是自在之物所固有的一种属性,或者就是对事物进行知觉的一种必要形式,经由时空获得的知识都是确实的。在我们看来,能够为我们所知觉的事物就是自在之物,但事实并非如此。在我们看来,能够为我们所知觉的关系就是存于自在之物之间的关系,事实也不是这样。诚然,若舍弃了主体,或者只是舍弃了感性,包括时空在内、所有存在于时空之中的事物的属性与关联都会消失。这一属性或关系便再不能被归入自在现象的范畴——亦即感觉再不能以存在于其外的世界为因——而只能是存在于人心中的感觉,只能是人之意识的改变。与感性相脱离的自在之物为何,我们不得而知;我们的感觉以何物为泉源,我们不得而知;即便是不以人类的感官为依托依旧能独立存在的是什么,我们也不得而知。当眼睛对某一事物产生知觉时,颜色就能为我们所见;当耳朵对某一事物产生知觉时,声音就能为我们所闻;诸如此类,等等。这是我们能拥有的所有的感觉,那能够不为意识所影响、所感知的自在之物究竟为何,我们不得而知,但我们却知道应该以何等特别的方法对这些事物进行知觉,即使对人来说这很有必要,但对所有的生物来说,却不尽然。从这个角度来看,时空以观念为属性,或者说时间和空间都具有主观性。但是,从能够为我们所知觉的所有事物都于时空之中有序地排列这一角度来说,时间与空间又是客观的,或者说时空就是实体,所有的事物都只有以时间为依托才能为人所经验;所有以外在现象的形式存在于空间中的事物都将并存并有序地排列在一起。

总而言之,若不是在下列情况下,人类是不可能获得确实的知识的:必须将某种事物呈于心灵面前,它一定要能够对印象进行容纳,或者对影响有所感受。然而,假如对印象,我们只停留在容纳的阶段,对意识的改变,我们也仅停留在经验的阶段,那么,我们定然会被桎梏于自己的主观世界之中,无法对客观世界进行认知。我们的感觉定然要以外界为因,要具有客观性,换言之,要以空间为载体,亦即在时间与空间中被井然地排列。正是由于有部分知觉的方式存于我们的心灵之中,一个被我们所知觉的客观世界才会存在。

第六节 知性论

然而,仅有这些远远不足。知识并不是无关系、无联系的知觉。单凭对存在于时空中的对象进行知觉并不能得到知识。只知觉到了太阳、知觉到了发烫的石头,和对石头被太阳晒热这一点进行认知是不同的。唯有从思想层面上将两者以某种方式联结起来,才能判断出石头发烫是因为太阳的照射。将对象联结在一起,对其进行思索或思考是必需的。若知性(有思维能力的、具有综合性的心灵)或理智不存,判断或知识也就不存。非独感受性是理性的属性,自发性、确实性也是理性的属性。知觉与直观有所关联，知性与概念也有所牵涉，知性以概念为凭依进行思维。我们必须让概念位处知觉之上，或者，换言之，必须让知觉能够被我们所理解，与此同时，还要将感性与概念相互联结，或者将能够被知觉的对象赋予概念。脱离了感觉，知性无法对任何事物进行知觉或直观；脱离了知性，感觉则无法对任何事物进行思维。唯有两者相合，才能获取到知识。与感性规律相关的科学是感性论，与知性规律相关的科学是逻辑。

知觉为知性以多种不同且具有先验性的形式进行思考或联结或联系，这种种形式均不以经验为泉源，因此，它们被称之为知性的纯粹范畴或知性的单纯概念。知性以判断来自我彰显，事实上，知性就等同于判断力：思维等同于判断。所以，思考方式等同于判断方式，要找到这种判断的方式，我们就必须先对判断进行分析，先对判断的表现形式进行考察。由于这项工作已经被普遍的逻辑所完成，我们要获知，就得自行去那里查阅，这种查阅对我们而言是十分有益的。以逻辑层面的判断表为引导，我们能够对范畴进行发现。心灵究竟能收获多少纯粹的概念或范畴，完全取决于判断表中的判断有多少是可能的。为逻辑学所包蕴的先验分析论就是对这一课题进行论述的理论。

在康德看来，判断可以分为十二种：（1）像每一种金属都是元素这样的全称判断；（2）像隐花植物是植物中的一部分这样的特称判断；（3）像法兰西皇帝是拿破仑这样的单称判断，在单称判断中，我们以量的范畴为凭依，如总计、大部分、单一等对事物进行思考；（4）像运动以热为形式这样的肯定判断；（5）像广袤的属性不可能为心灵所有这样的否定判断；（6）像非广袤是心灵的属性这样的无限判断，这类判断涵盖的多为质的范畴，判断中多见实在、否定、限制等；（7）像物体具有重量这样的直言判断；（8）像若天气很暖和，寒暑表上的度数就会上升这样的假言判断；（9）像实体是固态的还是液态的这样的选言判断，这类判断还包括实体与性质（存在与固有）、原因与结果（原因及附属）、主动与被动的彼此作用（相互关系）等，是对关系范畴进行表示的一类判断；（10）像毒药可能是这个这样的或然判断；（11）像毒药就是这个这样的断然判断；（12）像只要有原因就肯定存在结果这样的必然判断。这类判断包括可能、不可能、存在、不存在、偶然、必然等，是对程式范畴进行表示的一类判断。

第七节　判断的有效性

那么，问题来了：我们因何有权以事物为对象对心灵的形式进行应用？其因何客观有效？它们以心灵为最纯粹的泉源，却在经验中被运用。我们将并不以隶属于经验的范畴添加到经验之中，将独立于经验之外的东西添加到物体世界之中，这怎么可能办到？这样的事，我们有何权利去做？在法律处置中与权利及要求相关的论证被法学家称之为推演。于此，我们需要对范畴进行先验的证明、辨明、推演。以证明为依据，康德想要表明的是，范畴不存，井然的经验就不存。本初的、具有先验性的思维活动不存，统一的自我意识或意识就不存，康德所主张的统一综合的统觉（它以范畴为凭依进行活动）就不存，知识也就不可能存在，彼此关联的经验世界也不可能存在。知性是存在于统觉的统一之内的行动，是大量被心灵被知觉的对象的集聚，它等同于判断。若以某种空间与时间的形式进行知觉的心灵不存，若以某种形式（范畴）为依据进行判断的心灵不存，若具有思维能力的心灵不存，若具有理性的心灵不存，若以先验的或自然的基质构架的心灵不存，若心灵不再如现在这般进行知觉与判断，那么，与所经验的对象相关的一般且必然的知识也就不存。知识是在源于感觉、为知觉所占有的时空对象上对纯粹的知性概念或范畴进行应用。经验之所以能够成立，正是因为范畴的存在，范畴唯有以经验为表象方能证明自己的用途。

譬如说，心灵若不能对液体与固体于时间中的关联进行认知，并在思维中将两者进行关联，那么，它就无法对水与冰进行知觉，哪怕那很简单。判断由具有综合性的统觉的统一所构成，它在判断中很有必要，在知觉产生、对事物进行理解方面同样非常有必要。认识、回忆、想象等在人进行思维的时候会主动发生作用，在人进行感觉或经验时一样会发生作用；它会作用于隶属于同一范畴的两个不同的方面。只有以范畴为凭依，经验的世界才有存在的可能；自然以理智的形式为凭依，能够为人类所知觉，现象的秩序同样以理智的形式为凭依；经验主义者的观点与此恰恰相反。康德将哥白尼革命援引入哲学之中，认为自然的规律源于知性的赋予，这就是他的本意。

既然自然规律是源于心灵的赋予，那么，我们就可以对自然的一般形式先验地进行认知。我们可以认知到，处于人知觉范围内的世界一直以来都存在着某种关联，这种关联非常清晰；人类经验的对象从来都是按照固定的秩序对时空进行占有的某些事物，是被称为实体或偶性的事物，是作为原因或结果的事物，是彼此关联、相互作用的事物。这样，我们在感觉的世界中对范畴进行应用就是正确的。然而切记，唯有在现实的领域或者经验或许存在的领域，这些方法被运用才是合理的，亦即这些范畴只能在现象界中被运用；在现象界之外对范畴进行应用不会产生任何效果；我们无法凌驾于经验之上，或者说，超越了感觉的范畴、与自在之物相关的知识是我们无法具有的。以这一理论为依据，我们能够确定，我们无法对经验的内容或材料先验地进行认知，也无法对那些特殊的感觉，如颜色、声音、重量等先验地进行认知；我们可以确定的是，不管是何感觉，心灵都一定能以必然的规律为凭依对其进行组织。

然而，属于理智的范畴因何可以被运用知觉之上，运用到可被感觉的现象上？康德认为，感官知觉与单纯的概念没有任何相同之处，或者说，两者的本质本就相异，既然如此，我们如何才能将它们相合在一起？必须存在一个中介观念，必须有一个第三者，它应该位于单纯的概念与感官知觉之间，不仅一无经验（单纯），而且能够感觉。康德以它对人类的经验进行联结，并以先验的模式称呼它。对这一模式的运用，就是知性将概念活动施加于感觉内容之上。时间的模式与被设定的要求是相符的：它兼具可感觉与纯粹两大特性。时间的形式能够制约人类的所有观念，亦即所有的经验都被我们井然地于时间之中排列：经验在时间的范畴内发生。所以，假如感性定然要受到理智的影响，假如理智要对感觉经验进行联结，或者与感觉经验相联系，时间的形式就是它必然要运用的。它曾尝试着向单纯的时间形式借力来对它的概念、范畴、联结或联系的统一方式进行联想，亦即它在对它们进行联想的时候运用了某种时间范畴内的关系。举例来说，它将一不断地叠加，或者，以同质的片刻来看待时间，由此便能获得数目。这种不断将一进行叠加的运算模式应归属于量的范畴，在时间的形式中，这一范畴有所体现。一单位或片刻时间代表单一，数个单位的时间代表多数，全部单位或者说片刻的全部集聚代表一般或普遍。在时间系列的模式中，量的范畴有所表现。理智还对存于时间中的感觉、内容或某样事物进行联想，或者设想时间中不存在任何事物。理智就以这种方式对质的范畴进行联想，从时间的角度审视内容就是质的范畴在时间中的表现模式。在理智看来，虽然其他的所有都在改变，但实际存在于时间中的内容却是恒常不变的。它就是以这种方式对实体范畴进行联想。在它看来，实际存在于时间中的定然是某种事物，这一事物出现之后，另一事物会随后出现，这种相伴相随，恒常不变，人就是用这样的方式对因果的范畴进行知觉。或者说它将时间中两个实体的性质同时出现这一现象看作是恒常不变的，它就是用这种方式对相互作用的范畴进行联想。在时间—秩序模式中，实体、因果及相互作用的范畴以永恒、相继、并存的方式表现着，或者说它对任一时间内存在的事物进行思考（可能性的范畴），对于某一确定时间内存在的事物进行思考（现实性），对于所有时间内都存在的事物进行思考（必然性）。从时间上进行理解的模式是可能性、必然性、现实性范畴的一种表现。

第八节 关于自在之物的知识

就像前文我们已经说过的那样，我们的认知不能凌驾于经验之上，或者说我们不可能具有与超脱感性范畴外的事物相关的知识，不可能有与本然存在、不受意志影响的事物相关的知识，不可能有与自在之物相关的知识。知觉为知识所涵盖，通过感官，无法对自在之物进行知觉：我们以感官知觉为凭依认识到的只是自在之物于意识之前的一种显现方式。以理智为凭依，也无法对自在之物进行知觉或直观；从理智本身来说，它并不具直观性，不能像心灵拥有了眼睛一样，只是一瞥，就能与事物直面；理智并不具有直观性，它是推论的。假如我们以这样的自在之物为对象对范畴进行应用，委实是不妥当的；譬如说，我们无法对存在于秩序井然的世界中的所有事物都是实体这一点进行论证。然而，我们能对一个这样的自在之物进行思维，所有隶属于感官知觉范畴的宾语都无法对这一自在之物进行形容；它恒常不变，它不存于时空之中，如此这般，等等。但是，对它来说，所有的范畴都是不适用的，因为我们无法确定是否存在着与这一范畴相呼应的事物。假如实体不把它能够被应用的范畴告诉我们，我们永远都不知道与实体这一概念相对应的事物是存在还是不存在。从自在之物的角度来说，人因知觉而陷入困境。

自在之物的概念根本就无法被认知。然而，这一概念并不存在矛盾，因为我们的确无法确定能够被知觉的只有现象界。与可以被感知的事物相关的知识能为人所有，与自在之物相关的知识不能为人所有；感官无法断言定然能对所有理智的思维对象进行认知。某种东西，以感官为凭依无法进行认知，然而，以理智的直观为凭依却有认知的可能，它是自在之物，与它相关的概念或本体本就具有极限性，感官听到它在说话：对你来说，这就是边界，是你辖区的尽头，不能逾越。唯有现象才是你能认知的对象，现象界不是你能认知的对象，换言之，为理智所思维的世界、本体界以你的能力也是无法去认知的。

我无法对事物本身如实地进行认知，只能对被事物呈现于我面前的情况进行认知。同样地，我无法如实地对自己的本来面貌进行认知，只能对我自己显示给自己的情况进行认知。我能够对自身的存在、活动、自发性进行感受或意识，但关于自己的意识与自我意识完全不同。认识需要以知觉为凭依。我无法对自身、对自我进行知觉，对自身的理智，我也无法知觉或直观；以时间的形式，或者说知觉的眼睛为凭依，我视这相继的状态为我自身。虽然从知觉的角度我无法对自我进行认知，但我却能对自我进行思维。诚然，康德便是以这种自我思想为基础对他的认识论体系进行了构架：综合的统觉的统一就是自我意识中的自我。自我意识不存，统一的自我不存，知识就不存。然而，从被直观知觉的角度来说，人是无法对这种自我本身进行认知的。

我们无法具有与所有不曾被知觉的事物相关的一般且必然的知识，这一点显而易见。所以，凌驾于经验之上的形而上学不可能存在，与自在之物相关的形而上学不可能存在，与能够将永生、上帝、自由意志等相关的非现象世界的知识提供给我们的形而上学也不可能存在。然而，以上述原因为根据，与现象界相关的、具有先验性的科学却是确定存在的。数学之所以具有必然性，是因为它以时空为形式；在具有先验性的对空间的知觉上，几何学被构架；在具有先验性的对时间知觉的数的概念上，算术被构架。以范畴为根基，自然科学被构架，在自然科学中，我们对实体进行表述，对偶性进行表述，也对原因、结果、相互作用等进行表述。休谟不正确，经验论者也不正确。我们的确能从数学及物理领域获得一般且必然的知识，但这些知识却只关乎现象，只是与现象的排列及形式相关的知识。休谟指出，我们无法对自在之物进行认知，在这一点上，他是正确的。但的确存在着自在之物，自在之物的存在具有必然性，若它不存，我们就无法对感觉的存在进行解释。对应现象，必然存在某种位于心灵之外的事物，某种昭然的事物，它能对我们的感官造成影响，也能为知识素材的提供者造成影响。无论什么时候，康德对这一自然之物的存在都抱持尽心不已的态度。甚至，在第二版的《批判》中，在对唯心主义进行驳斥的时候，康德对它的存在也做了论证。然而，虽然康德坚信它存在的确实性，坚信人类的感觉是以它为基础构建的，但受限于其体系本身的性质，他对这一存在的表示却是模糊不清的。感性知识的权利受它限制，它诚然变成了一种极限的观念，我们无法以感官为凭依对超乎感性范围之外的事物进行认知。我们得知，尽管我们不能对它进行认知，却能对它进行思维，和它相关的范畴，我们可以摒弃。或者说，我们也可以用一个范畴来限定它，但这样一来，被运用的这一范畴就会失去客观层面的有效性。这一问题必须得到解答，于此，康德也做了更深层次的关注；康德的追随者与后继者们也十分热衷于对这一问题进行钻研，在后文中，我们将会看到。

第九节　否定形而上学

康德最首要的目的就是对他眼中的怀疑论者休谟进行反对，证明从数学领域和物理学领域人可以获得真正的知识；康德的次要目的是对坚持"独断论"的莱布尼茨—沃尔夫学派进行反对，以表明与超出感性范围内的事物相关的知识无法从形而上学领域被人获得，从这个角度来看，形而上学就是一门伪科学[①]。现在，我们开始对他的第二部分进行论述。通过知性，我们只能对为人所经验的事物进行认知；然而，理性却致力于将界限

[①] 在康德看来，在如下几种意义上，形而上学才有可能：（1）研究认识论；（2）有关自然的形式和规律的绝对认识；（3）关于意志的规律或形式的绝对知识，也就是道德哲学；（4）以道德规律为基础的关于精神世界的知识；（5）具有一定的概然性的关于宇宙的假设。

拓展到知性之外，尝试对超乎感性范围的事物进行思考，尝试对无对象存在于知觉中的事物进行思考，尝试对只能为人所思维的事物进行思考。它把纯粹的思维和知觉两个概念弄混了，这样，就难以避免地进入含糊暧昧、模棱两可、不正确的推论、冲突之中。这就是形而上学领域出现的与超乎经验范畴之外的事物相关的情况。在经验世界中有价值的问题，在现象界之外毫无意义。就比如，在现象界中，运用实体、偶然、原因、结果等概念完全是合理的，但若将这些概念应用于本体界，就毫无意义与价值。这一点也常常被形而上学遗忘，它混淆了本体与现象，于是，在对超验的事物进行论述的时候使用了只适用于感觉世界的概念。它深陷于谬误的幻梦与想象之中，知性的原则被牵涉其中，康德以先验的幻想来称呼它。他用内在原则称呼那被应用于经验可能存在的范畴之内的原则，用超验原则或观念或理性概念称呼那些超出这一范畴的原则。他还用客观原则来称呼那些于感觉之上被应用的、具有主观性的原则，并将这一原则于自在之物之上应用，显然这是错误的，这种幻想也是理性无法趋避的。找出具有判断性的超验的幻想，以防我们为其所骗，正是先验的辩证论的任务所在。但是，这种幻想却无法被摧毁，因为这种幻想连自然都无法趋避。我们可以不被它蒙骗，可以将它看透，却无法将它甩开。

认真地对形而上学的论证进行一番检查，就会发现其中有很多逻辑的谬误、错误的推论、矛盾及含糊的定义存在。如我们先前所知，人类将知性的能力赋予了心灵，或者说知性等同于普遍意义上的理性，它遵循某种一致的规律与原则对人类的经验进行联结，然后将大量的判断给予人类。这一判断本身就为先验的概念所涵盖，相比于它，先验的概念包含的范围更广泛。理性是心灵的一种能力，这一工作由它执行，知性的规律经由它能够被归于等级更高的原则之下。从这个角度来说，理性以对知性的判断进行统一为目的。然而，这种等级更高的原则，对知性而言，只是主观上的、从属于经济范畴的法则，它竭尽全力，希望对概念进行最少的应用。物体不曾被等级最高的理性以规律桎梏，人类也不曾以理性对与这一物体相关的知识进行诠释。

这样，理论心理学致力于将所有的心理活动都归入心灵的观念之中，或者使其受普遍的条目辖制；理论宇宙论将所有的物理事件都归入了自然的观念之中；理论神学，则以上帝的观念为最高的统一、最高的观念，将所有普通的现象都归入其中，认为上帝是绝对的总体，没有什么是他不包含的，但这种观念明显已经脱离了经验的范畴，是超验的：从经验的角度来看，不具有任何意义或作用。无论什么时候，我们在对绝对总体的观念进行表述的时候都不能采用影像的形式；这一问题永远都无法被解答。然而，从对知性进行引导这个角度来说，它又是有意义与存在价值的，在它的导引下，知性能够更好地向前，能够更好地对知识进行追寻。

一、理论心理学。若不存在一个自我、一个进行认知的主体，若不存在一个集聚了所有思想的单独意识，若不存在一个从判断的角度来说思维的主语与宾语统一的存在，知识就不可能存在；这一结论并没有错。然而，我们却没有权利对认知者进行推论，并得出其为恒常变化中不变的实体，是自我、纯粹、自我同一、无法被割裂的灵魂实体的结论。理论心理学得出的这一结论，以此前提是无法进行保证的；自我、主体、心灵等被它于不同的意义下进行应用，这本就是谬误的，在康德看来，这一推论就是谬误的推论。从理论的角度，我们无法对灵魂永生进行证明，也无法对自由意志的存在进行证明。尽管从理论心理学中，我们没有收获任何知识，但正因为有它存在，无情的唯物论与没有任何实际依据的唯灵论才会遭到人们的拒绝。于此，理性已经给予了我们放弃思辨，在道德方面对自知进行应用的暗示，因为，思辨根本就不可能有任何结果。相比于对存在于世界上的别的所有事物的尊重，我们更应该尊重纯粹正义的意识，这是道德的教诲。只有这样，人才能成为世界上相对良好的民众，毕竟，这个世界其实只在他的观念之中存在。

二、理论宇宙论。理性曾经尝试以某一至高的、终极的、无条件的境地作为所有现象存在的客观条件。自然的全局观、宇宙观都为我们所构建，我们视这一原则为所有现象的凭依，或者说，我们于现象本身之中对某种无条件的境地进行探寻。不管情况如何，只要我们形成了宇宙论观念，就等同于将自己深陷于重重对立之中，康德用二律背反来称呼它。这种命题存在诡辩的可能，我们无法对它进行论证，也无法通过经验对它进行反驳。正面命题中不存在冲突，并且已经在理性的必然之中深深地扎下了根系，不巧的是，反面命题同样可以以必然的、切实的、极有力的论据为自己的确实做出证明。

正题被论证，反题也被论证的二律背反命题存在四种。可被论证的有：（1）在时间范畴内，世界有开端；在时间的范畴内，世界不存在开端，或者说是不朽的。在空间的范畴内，世界是有限的；在空间的范畴内，世界是无限的。（2）物体能够被无限地割裂；物体无法无限割裂，物体存在不可被分割的纯粹的部分，即原子。（3）自由存在于世界之上；世界上所有事物的诞生都依从着自然本身的规律。（4）有一位神明，也仅有一位神明存在于世界中，他的存在有必然性，他的存在是绝对的，他是世界的一部分，或者它以他为因；在世界内外，从来都不存在一个能成为它的原因的神明。某种论旨被参与者钟爱，另一种论旨就会为参与者不喜，他们不从逻辑的角度对真理的标准进行思考，而只是以自己的爱好为标准进行偏移。所有思想健全的人，在对自身真正的利益有所认知之后，都会对独断论或者说是正题产生一定的兴趣，这种兴趣是真实的、实在的。在时间的范畴内，世界存在着开端；属于我的，具有思维能力的自我纯粹且不灭；自然无法桎梏它，自由属于它；世界上所有事物的所有秩序都以最本初的神明为导源，从它那里，每一种事物都能被统一，每一种事物都能找到目标明确的某种关联——伦理以此为支柱，宗教也以此为支柱。看上去，所有这些支柱都可能被经验主义，或者说被反题所剥夺。假如有异于世界的神明并不存在，假如世界不存在开端，则造物主不存，假如自由并不能为人之意志所有，假如同物质一样，人之灵魂也能被割裂、被陨灭，属于人的所有原则就会失效，属于人的所有道德观念也将一无用处，会衰败，就像先验观念的衰败一样，而它们理论上的支柱正是由先验的观念构成的。

纯理论的旨趣问题也被牵涉其中。假如我们对存在于正题中的、具有先验性的观念进行肯定，我们就能对连续的所有条件进行思索，就能以无条件的境地为出发点对有条件的事物进行推导。这一点，反题无法做到。假如经验主义者能够放下自己的鲁莽，不再盛气凌人，他就会知道，在何为自己力所能及的事情方面，要抱持足够的谦逊，这是他的原则对他的教诲。属于我们的理智的信念与推论不应该被剥夺，它能对我们的实际旨趣造成影响。这一推论或信念不过是无法以科学及理性的洞见来骄傲地自称，因为真正的、只包含于理论范畴内的知识永远都不会以不在经验之内的事物为对象。然而，经验主义大胆地朝着独断转变了，它对不在直观知识范畴之内的所有事物都进行了否定，属于理性的、实际的旨趣因它受到了极大的伤害，而且这种伤害是无法弥补的。

在康德看来，现象界与反题相契合，本体界则与正题相契合，由此，以二律背反为因所产生的种种难题就都能得到解决。人类通过感官可以知觉的世界，占有空间，也占有时间，从时间的角度来说，它不存在开端，从空间的角度来说，它不存在最终的边界，通过经验，我们永远都不可能对它的边界有所认知；在对时间进行追溯的过程中，我们无处停留，在对空间进行拓展的过程中，我们也无处停留。然而，也许存在着一个不是空间的世界，一个精灵的实体的世界，在这个世界中，有一些绝对纯粹的事物存在。我们不能以某一世界是无限的为依据就推导出其他世界也是无限的。虽然，据我们所知，也许真正的世界的确存在开端，创生于上帝的世界也的确可能是有限的，然而，我们并没有在空间中对属于精灵的事物进行探寻的权利，也没有在感觉之外的领域对占据空间的事物进行探寻的权利。

以相同的方式，因果的二律背反问题也能得到解答。在现象的范畴中，所有的事物都为与它自身相似的事物所桎梏，所有的结果都以存在于现象中的某些事物为因，因果的联结是完满的，缺口根本就不会存在。我们的目的就是对这一链条无限地进行追溯。然而，能够想象，以理智为凭依能够把握的情境、现象或本体的情境中，存在着一种被现象桎梏的事物引为泉源的、超脱于现象之外的事物。理智已经被明确的属性，是自由的根源永远不可能被我们发现于感性的世界之中，所以通过经验，自由的观念无法被获得。在与经验相脱离之后，理性对自由的观念进行了创造，因此自由的观念具有超验性。但是不难看到，假如存在于感性世界中的所有原因都是自然的，任一事件都决定于另一事件，那么，存在于自然中的某一现象就会以所有活动为自然结果，这是必然的。对自发性或先验的自由进行否定肯定会对实践的自由或道德的自由造成破坏。这一情况是实践的自由存在的先决条件，亦即，尽管某一事物未曾出现，但它的出现却是理所当然的。所以，它于现象之中存在的因由虽然具有决定作用，但这种作用却不是绝对的，人类的意志能够与它的自然本因相脱离，甚至能够悖逆自然本因，无视自然力量的作用去做某件事情。假如的确有可能存在先验的自由，那么，就有可能存在实践的自由；动物的意志完全被感性的冲动所决定，但感性的冲动却无法对人的意志进行胁迫。

这样，自然的必然性与自由就能被调和在一起。我们可以将自在之物视作现象产生的因由，作为原因的自在之物能够为人的理智所把握，但人却无法对它察觉，然而，人却能对作为自在之物的活动的现象进行察觉，并将其置于毫无间断的因果链条之中。现象同一，当其以因果链条中某一环的身份存在时，它就隶属于占据了时空的世界，是这个世界的局部；当现象被当作自在之物的活动时，虽然人无法对自在之物进行察觉，但它仍等同于自由原因的活动，自由的原因在感性世界中的结果完全创生于它自己。自然以事件为结果，自由也以事件为结果。换句话说，现象就是结果，而现象必然以存在于经验中的某一原因为因，而这存在于经验之中的原因又以某种非经验的事物为因。并且，这非经验的原因，或者说是自由的原因，抑或理智能够进行把握的原因，与自然原因之间，最起码还存在某种关联。

当这一理论以人为应用对象时，得出的结果如下。以感性的角度来看，人隶属于自然，是自然的局部，从知性的角度来看，也是如此；从这个角度来看，他的品格存在于经验之中，他本就是因果链条中的一环。然而，作为生物的人其实是有灵魂、有理智的。感性的形式对如人一样的生物并不适用，人可以对活动进行创造。人不会推卸自己的责任，正因为他意识到了自身这种能力的存在。无论何时，当我们以看待现象的目光来看待某一活动时，我们都不能认为它创生于自身，它的存在是有原因的，但这个原因不是它自己。但是，我们不能像对待现象那般对待理性，我们不能断言，在理性对意志进行决定之前，还有另一种活动存在于理性之前，如此类推。因为理性与现象完全不同，所以时间、空间、因果等制约感性的条件无法对它形成桎梏。在对其因果关系进行解释时，我们不能采用自然的观点，也不能从自然中寻获导致它全部行动的因由。他所有自发的行动都以理性、本质的人或具备理性的生物为条件，且这种条件是恒常的。具备理智的品格在感性上表现为经验的品格，亦即我们能以经验的品格对人进行想象，使人现象化。

康德的思想被清晰地阐明了，纯粹的理性或深具理性的品格以所有自发的活动为直接结果，所以，人具有主观能动性，是自由的，在自然的因果链条中，人并不是其中一环。然而，当活动被视为现象时，它定然是被决定的。从本质上来说，人具有主观能动性，是自由的，人能对活动进行创造；然而，在这种活动为心灵所知觉后，它就陷入了因果的罗网，在它之前或之后，会被放置某一事物，由此，它们就形成了某种结果，这种结果具有特殊性，可以是观念，可以是冲动，可以是天赋气质，也可以是教育，等等。但实际上，理性才是活动的根源或本因，我们将有理智的品格视作行动的原因，恰恰说明，在我们看来感觉无法对理性造成任何影响，理性是恒常不变的。

然而，康德之所以创作《纯粹理性批判》，不是为了对自由的现实性进行确定，也不是为了对自由存在的可能性进行证明，而是想要告诉我们，这一观念创生于理性，即所有因果都以它为绝对的泉源，与此同时，因果规律又被理性赋予了知性，或者说理性之所以深陷二律背反之中，全都是它自己造成的；他只是想要证明，自由的因果观念与自然的因果观念之间是调和的。

另一个二律背反的例子是，偶然存在的神与必然存在的神，对这一问题，康德给出了这样的解答。在理智看来，所有存在于现象序列中的事物都不具备独立性与必然性；所有的事物都是偶然的，或者偶发的，换言之，它们都以某种事物为倚靠。然而，通过这些，并不能对整个现象世界都以某个神明为倚靠这一点进行否定，这被倚靠的神明深具理智，不受束缚，能脱离所有的经验条件单独存在，这所有的现象之所以有存在的可能，全都是因为以它为凭依。整个感性世界都可以被视为某一神明的表征，这一神明深具理智；所有事物都因它而存在，它是实体，它的存在具有必然性，它的存在也别无所求。理智不能因为具有理智的神明在对现象进行解释方面没有作用就对它的存在进行否定。或许并不存在这样一位神明，然而，我们却不能以在知性看来是正确的情况为依据断定不存在这样一位神明。我们必须以感觉为出发点对现象进行论述，但是，观察事物时，却不以此为唯一方式；我们可以对另一存在的情境进行设想，亦即自在之物，它不是感性的，不通过感官自我呈现，也不会以这种方式让人进行思维。我们必须对可以为理智所理解的某种作为现象根源的存在进行肯定，然而，我们却不能对这种现象进行认知。我们可以做的就是形成与这一现象对应的观念，通过与经验概念类比的方式，对这一对象进行思考。

三、理论神学。我们对经验的总体进行构建，对所有经验的观念进行梳理，视这一对象的体系，或者这一事物的现象或宇宙为脱离我们且单独存在的某种事物。那是我们的观念，我们没记住这一点这样，才把它当作实体。我们视它为具体的事物，它自身所涵盖的实在性就十分完善：它是最确实的实体，是纯粹的、自足的，是所有现实之中等级最高的，是不朽的。康德认为这就是神学具有先验性的理想。但是，虽然神的这一理想非常实在，但它终归不过就是个观念。刚开始的时候，我们把它当成了现象领域的某一对象，之后又把它视为实体，紧接着，它被我们人格化。

与上帝的存在相关的论证只有物理—神学的、宇宙论的、本体论的三种，这三种论证都没有任何意义。现在，我们对本体论的证明进行论述：存在的概念并不为极为完善的现实的神明的概念所包含。以某种最实在的事物为依据，无法对存在进行推导。于此，人们随便选择了一个概念，然后编造了一个对应它的对象。在对宇宙论进行论证的时候，人们从所有有可能存在的经验概念（即宇宙或世界）中进行推导，从而得出了神明必然存在的结论。符合这种条件的神明只有一个，那就是上帝。但是，我们没有因为自己认为有一个绝对的神明存在，就断言肯定有这样一个神明存在的权利。事实上，这种论证还是得归属于对本体论的论证，并且，这是以偶然性或偶发性为出发点对原因进行推断的一种论证。在现象界之外，这种论证毫无价值，然而，在对宇宙论进行证明的过程中，它不仅被应用了，而且还被用于非现象界之内的领域，这是被禁止的。在康德看来，有一套完整的辩证意义上的假想被涵盖于这一论证之中：假定所有也许存在的结果都以上帝为因，假定上帝确实存在，这样，理性就能在它的帮助下对原因的统一性进行探寻，这样做是被容许的。然而，对这一神明的存在进行假定，它不是谦逊合理的，而是唐突独断的，它以一种唐突的方式对上帝存在的确实性提供了保证。对人类的理智来说，我们所需的可以成为所有事物终极支柱的无条件的必然性才是真正的深渊。

物理—神学的论证是以世界的属性与布置为依据，对至高神明的存在进行推论，它也没有成功。通过它，我们知道了世界很美好，知道了世界的井然，知道了世界的丰富多彩，在它的导引下，人们开始对它的泉源、它永续的原因进行推论。相比于人类所经验者，这一原因的完善程度无疑会更高。由此，我们肯定会假定在某个至高的原因中包含着所有可能存在的完善性，就仿佛所有的完善性都以某一纯粹的实体为载体。这是最令人敬佩的一种论证，它最明晰、最确实、经历的岁月最悠久，与人类的理性也最契合。它对人类通过观察永远都无法知觉到的自然的目的与意向进行了揭示，然而，对它认为它存在的确实性具有绝对性这一点，我们无法认同。这种论证是以类比的方式进行的，它以船只、钟表、房屋等人类工艺的造物与自然的造物进行对比，通过两者之间的相似，对某一相似的原因进行推断，即自然以理智或意志为泉源。假如找出一个原因是我们必须做的，能够成为我们类比对象的就只有创生于人类工艺的这些产品，因为我们对它们了解得非常彻底。假如理性摒弃了为它所知的因由，选择了自己一无所知的、模糊不清且无法被论证的因由，那它不可能被谅解。然而，通过这种方法被确定的，至多也就是一个宇宙的建筑师，并且，用来构建宇宙的各种材料的属性给它带来了极大的桎梏；它无法对宇宙的创造者进行确定，一切都决定于他的观念。物理—神学以经验为出发点对宇宙论进行证明，实际上，这不过是本体论证明的一种伪装。假如本体论的证明有可能是正确的话，那么唯一存在成立可能的证明就只有它了。

因果关系的原则无法被应用于除经验之外的范畴之内，即便应用了也毫无意义。所以，我们若不以道德规律为基础对理论神学进行构建，或者，理论神学若不是在道德规律的指导下建立的，那么，它就不可能存在。因为，唯有在现象界，或者说只有在内在之中，知性的综合原则才能被应用；要想获得与至高的神明相关的知识，就必须对这些原则进行先验的运用，而这单凭人类知性本身的能力根本无法做到。哪怕在我们的默许下，因果关系的应用范畴不再只局限于经验世界，我们也无法对一个至高的神的概念进行把握，因为，所有结果中最大的那一个永远都不可能为我们所经验，我们更不能借此对至高的原因进行推论。但是，从消极的角度来讲，具有超验性的神学的确有至关重要的用途，它能常常对我们的理性进行检视，能将所有的自然神论剔除，能将所有的无神论剔除，也能将所有的神人同形同性论观点剔除。

第十节　形而上学在经验中的用途

尽管源自先验的观念的幻想让我们很难拒绝，但对理性而言，知性的范畴是自然的，先验的观念的范畴也是自然的。然而，后者表述的却是真理，或者说，后者表述的概念有着与其相对应的对象。假如我们能找准某一手段被应用的方向，那么，这一手段就是有价值的。在内在世界中，先验的观念有其价值所在。若是它们被错误地理解为与实在的事物相对应的概念，它就可以于超验的领域被应用，这样可以达到一定的欺骗效果。构成作用是它们无法具有的，亦即它们永远都不可能是与物体相对应的概念；它们有调节之能，换言之，在它们的导引下，知性会朝着某一目的趋近：杂多的概念因它们而统一，这就像杂多的对象在范畴的作用下实现统一一样。理性希望以观念为凭依将知识系统化，它想要凭借某种原则将知识联结在一起。知识的这种系统化，这种统一，事实上只是逻辑层面的统一，统一的工作，理性还能继续完成；系统化是一种方式，从逻辑的角度来看，这种方式具有必然性，从主观的角度来讲，这种方式也具有必然性，但从客观的角度来看，却不尽然。有很大一部分被冠以科学原理称呼的原理实际上是观念，它们不是绝对的真理，只是在被假设方面有着一定的价值或意义。对实在的形式，我们唯有以先验性才能进行知觉。譬如，空间为实在所占据，时间为实在所占据，又譬如，因果联系存在于事物之间，然而，部分与之相关的力量、实际存在、基础原因，甚至这一力量或实体或原因本身的存在，都只存在于假设之中。我们无法对这一具有统一性的实在的存在进行确定，但是我们必须时时刻刻对它进行追寻，这对理性是有益的，知识也能因此更具条理性。哲学家们说："在没有必要的情况下，不要随便对原则进行添加。"他们这样说的时候，实际上就已经肯定自然中存在着这样一种统一性。

在对自然进行研究的学者当中，有一部分学者对纯理论特别偏重，自然也就对自然的统一性特别偏重，专注于从不同中寻找相似之处；还有一部分学者，对经验特别看重，将自然分化为种一直是他们的探求目标。后面的这一种倾向是以对系统、逻辑、完善的原理的追求为基础确立的。许多种被类包含，许多亚种又被种包含，以此类推。所有的种都不应被视作等级最低的，这是理性的要求。所以，虽然从经验中无法获取，但我们依旧获得了同质的规律及区分的规律。并且，通常情况下，种和亚种之间都可能存在部分处于中介地位的种。这种规律被称为连续性，一种到另一种的过渡，不是飞跃，也不曾超越等级，不过是以某种差异度极小的种为中介。先验的自然规律是这一规律的先决条件，这种先验的自然规律就是自然连续性规律，若这一规律不存，知性或许会走上迷途，或许会与自然规律相悖。然而，在经验的范畴内，并没有与它相对应的实际存在，它也不过是一种观念，一种形式上的连续性观念；事实上，存在于自然界中的种是能够被划分的。这一规律无关乎任何具体对象，只是对知性所做的普遍性的导引。统一的原则与差异的原则相互结合并不困难；将它们视作客观知识，不过是我们的误解，这样，在通往真理的路途上，阻碍会形成，混乱也难以避免。

从某种程度上来说，这一观念也确实有客观实在性，但这并不意味着在经验的范畴内，我们就能找到与这一观念相契合的对象；无论在何地，至高的类、至低的种、数之不尽的处于过渡地位的种都无法为我们所见。从这个角度来说，它们是客观的、实际的，它们以知性为对象，命令知性。知性所需依照与遵循的规章、方法、律条全都制定于它们。它们号令，要不断地对至高的类进行探寻，要不断地对至低的种进行探寻，如此这般，等等。这样，经验范畴内的对象就会间接地受到它们的影响；知性的职能因它们而前后统一，毫无差别。

最高的神的观念唯一的用途，是要在使用理性于经验方面时，保持最大的有系统的统一性。关于人类经验的对象的根源或原因的观念，帮助人组织知识。心理的、宇宙论的和神学的观念不直接关涉到同它们相应的对象及其属性，可是，在观念上假定这一对象，就会引导人组织和扩大知识而永远不会同它相矛盾。因此，遵循这样的观念前进是理性必要的准则。在心理学中，我们必须联系一切内在的现象，好像灵魂是一个永恒存在的单纯的实体，而且有人格的同一性（至少在此生），以便把人的经历统一起来。在宇宙论中，我们从事于永远不能完成的研究，必须探索一切自然现象的条件（内在的和外在的），好像这个系列是无限的，没有最初和最高的环节。在神学中，我们必须这样考虑可能的经验的联系的一切事物，好像那种经验形成一绝对的统一体（而在感性世界中这样的统一体绝对有所依赖，总是被制约的）。与此同时，我们又必须这样看待一切事物，好像所有的现象（感性世界）的总体，在它以外有一个最高而完全自足的根源，即一个独立、原始和有创造性的理性。这并不是说，从一个单纯能思维的实体中推得心灵的内在的现象，而是说，根据一单纯存在物的观念，从相互关系上推得这些现象：即根据通常的科学方法来对待这种现象，但是要在头脑中保持这一观念，即在现象总体中有统一性。这不是说，从最高的智慧中推得宇宙的秩序和宇宙的秩序中的系统的统一，而是说，为了满足理性本身，用一最高的聪明的原因的观念作指导，以便尽量使理性来联结这世界中的原因和结果。

这些观念或原则不是头脑的单纯的虚构，而是非常有用，的确是十分必要的。不赋予观念以对象，好像是不让它对象化或使它实现，我们就不能思维有系统的统一。但有没有这样的对象曾经为人所经验，它是由人以提出问题的方式、即作为一个问题而被假定的。我们假定一个上帝，这样，我们就有在那上面固定系统的统一的根基，就有从那里前进和向那里归拢的焦点。这同样的思想对灵魂实体的观念也适用。不要把灵魂实体看作是自在之物，即我们对它能够有所认识的实体，而是要把它看作是我们的思想所依据的某种东西，是一切意识状态起源的焦点。如果我们如实地看待观念，即把观念当作单纯的观念来看，我们就不会把物质现象的经验的规律（这是完全不同的），同那属于内在感觉的解释混淆起来，就不会承认关于灵魂生长、消灭和轮回的毫无根据的假设。

人类知识从知觉开始，前进到概念，归结为观念。就这三种因素而言，人类知识都有知识的先验的来源。圆满的批判表明，关涉到这三种因素，理性在它纯理论方面的应用上，永远不能超出可能的经验的范围。

第十一节 目的论在自然中的用途

理性在对自然进行思索的时候采用了目的论的观念或者说是有目的的观念。在专著《判断力批判》中，康德对这一观念进行了精微细致的论述，也对美学判断的属性做了探讨。从知性的角度来看，存在于自然中的所有整体其实都是一种结果，是构成整体的各个部分在同一时刻达成统一的结果。但是，单从有机体的角度来看，部分好像是要以整体为凭依，整体的计划或形式或观念对部分有决定作用。所有作为部分的存在都兼具目的与手段双重性质，并且，在对整体进行构架的时候，它们相互协作，整体的观念对它们起决定作用。于此，辩证法与二律背反问题再次出现了：正题为，以机械规律为凭依，所有的物质事物都存在被创造的可能；反题为，以机械规律为凭依，存在部分无法被创造的事物。如果这些原则被我们视作限制原则而不是构成原则，冲突就能够被解决。从后一角度来看，让我们竭尽所能在物质自然中对机械原因进行探寻才是正题的目的所在；若在某种情况下，甚或在整个自然界，单单从机械的角度进行解释已经无法满足需要，我们就需要按照反题对终极因或终极目的进行探索。我们这样解释，但这些原则却不能被当作推论的依据，从机械的角度无法对某些源于自然的事物进行解释，也无法通过推论获得唯有以机械的因果关系为依据才能对它们进行解释的结论。对机械的原因进行探寻，永远都不可能令理性察觉到自然的目的所在。同理，在人类无法去认知的自然的内在根基中，目的论与物理—机械理论也许能够合二为一，成为一个原则。康德以反省的判断、理性的结构，让人们不得不以有目的的观点来看待有机世界。然而，这一目的却永远都不可能通过感觉经验来发现，我们也不具有察觉这一目的的理智的直观。我们不能秉持物活论的观点，对一个无意识的、充满盲目性的目的进行设想，否则就代表所有自然哲学的陨灭，并且如此充满盲目性的目的，在经验的领域中，我们也无法寻获。人类有意识的目的是我们所知的唯一的目的。活力论为康德所拒斥。我们要么不再对有机体统一的因由进行探寻，就是将这一因由归结为某个深具理性的神明。引导学者对自然进行研究是目的论存在的价值所在；在它的帮助下，人能察觉到什么是与身体器官相符合的目标，能察觉到什么是与身体中最细微的部分相符合的目标，能察觉到以何动力为凭依才能实现这一目的。所以，从目的论的角度对自然进行解释，可通过对某些对象进行思索而激发，是理性必然的态度，无可趋避。然而在经验领域，除了有导引的作用或者以作业的身份被设想，这种解释毫无用途。

第十二节　理性与道德神学的实践用途

依照自然的安排，人类当以道德目的为终极目标。不管是从纯理论的理性角度来看，还是从实践的理性角度来看，什么是我可以认知的，什么是我理应去做的，什么是我能够渴盼的，都是关注的焦点所在。从科学的角度出发，我们永远都无法获取与上帝的存在、自由、永生相关的知识，不过，从纯理论的角度来说，这些问题也的确没有多少意义。哪怕这些问题全都可以被论证，在自然科学领域，我们也不可能取得任何进展。从知识的角度来说，它们对人类也一无助益，唯有在伦理的范畴或实践的领域中，它才真正具备价值。换言之，道德规律为人类理性所支配。道德规律的存在具有必然性。假如这种必然性是确实的，那么，我们就能以之为前提，从理论的层面推导它们。通过规律，我们知道要想获得福报应怎样行事，这是隶属于实践范畴的必然规律。因为来自理性的命令就是如此，以理性的必然为凭依，我们就能从理论的角度去希冀对幸福的获得。虽然只是在观念的领域有所联系，但道德与幸福之间的联系却是不可被割裂的。假如自然秩序以上帝为掌权人，那么道德的规律就有可能等同于自然的秩序，或者说，可以去希冀道德与幸福存在于自然秩序之中。我们之所以认为自己是道德秩序的附属，认为幸福关乎道德，全都是因为受到了理性的胁迫。然而，在感性世界中唯有表象才能被表现，在那里，这种关联并无显现。所以，我们就需要对来世进行设想，这种关联在来世定然是存在的。以纯理性的原则为凭依，在理性的强迫下，我们对自己的义务，即道德规律有了一定的感知，而这义务与作为先决条件的上帝及来世生活存在无法被割裂的联系。

一位完善的、深具理性的、具有唯一性的、本初的神明的概念是以道德神学为泉源必然会导致的结果。这位神明肯定具有全能性，可以对整个自然进行掌控，也可以对道德与自然之间的关系进行掌控。这位神明定然具有全智性，能够对位于最深处的倾向进行认知，还能够对这一倾向在道德领域的价值进行认知；这位神明定然是无处不在的，只要世界的至善有所需求，就能立即被满足；这位神明必然是不朽的，所以，自然与自由肯定能变得和谐。假如人类理性的道德用途与世界的要求相一致，那么，就必须对世界以至善的观念为泉源这一点进行认可。依照实践理性的要求，除非在我们看来，有某种道德层面的目的存在于世界中，或者说肯定存在一位完成这一目标的有德性的神明，否则德性与幸福必然会相合在一起。这样，实践的理性便相合于纯理论的理性，并且，唯有以目的论体系的形式为手段才能对自然进行研究，或者说，令其朝着物理—神学的方向转变。换句话说，在道德规律的引导下，我们来到了上帝与目的论身边。

所以，当理性被应用于实践领域，成为道德理性时，知识与至高实践的利益就会因它而被联结，通过纯粹的思索，我们只能揣度这种知识，而无法为其提供保障。在这里，哪怕是以理性为凭依，它也不可能变成某种已经被证明的信条，然而它的基础目的却能以之为前提，而且这种前提是必要的、绝对的。

第十三节　伦理学

在著作《道德的形而上学的基础》《实践理性批判》《道德的形而上学》中，康德对他的道德哲学进行了表述，这些表述可以被视为他在对唯心论与快乐论的争端及经验论与直觉论的分歧进行探讨时所做的一种尝试。发掘善的意义、义务的意义、道德的意义、对与错的意义是他要面临的最基础的问题；我们怎样对义务进行界定？以人的道德性为根基又有何结果会被引发？

过去，卢梭这样教诲康德，除了对善良的希冀，世界内外，从来都不存在绝对的善。若决定这一希冀的是义务意识或对道德规律的尊重，那么它就是善良的。以珍爱自我、怜悯等倾向为泉源而进行的行动，并不隶属于道德的范畴；唯有无视这一冲动，为了对道德的尊重而行动，行动才是有德性的。并且，无论某一行为造成的后果或结果如何，都不会影响对其对错的判定；只要行为人的出发点充满了善意，哪怕结果不完善、不幸福也没关系。至高准则就是对道德毫无瑕疵的敬重。康德憎恶功利伦理学，同样也憎恶"自愿履行义务的人"偏重于情感的道德理论。道德规律等同于绝对命令，这种命令是绝对的，需要无条件地去遵循。这并非是假如你想获得成功或完善或欢乐，你就得这样做；而是因为要履行义务所以去履行义务或你有义务这样做，所以才这样做。道德规律与普通的法规无关，与个别的行为也无关，它不过是对最基础的原则进行了制定，一直这样做，你的行为准则或者决定原则就有可能转变为一般规律；这样做，你就可以渴盼你的行为准则成为每一个人都应该遵循的准则。何为是非，从这一规则中得到的体验才是最确实的。譬如，你不能渴盼所有的人都作假承诺，若真的如此，那么，人与人之间就不会再有信任，则假承诺本身也不可能获得成功。一个深具理性的人不会对存在自我冲突的事物真正渴盼，渴盼假诺言的存在，本就是一种自我冲突。这样的人肯定会对他人的幸福有所顾忌，因为，假如这一行为成为大众的做法，那么他自己也会有被冷漠相待的一天，让他对融入一个冷漠的社会充满渴盼，这是不可能的。

这一规律或绝对命令为理性所固有，具有先验性，是一般且必然的规律。在普通人的心灵中它一直都存在。尽管他对它的认识可能很模糊，但他对道德的判定却受它支配，他以它为判定是非的规范或标准。有另一规律与此规律一致，且为此规律所涵盖：要这样做，不管是对你自己，还是对别人，你都该视其为目的，而不应视其为工具。在所有人看来，自身的存在都是兼具意义与目的的，所以他在对待所有具有理性的生物时都需要保持同样的态度。斯多葛学派所主张的人道理想正是如此，原始基督教也一样，18 世纪时，这一理想在伦理与政治领域起到的作用极其重要。

所以，具有唯理性的意志对自己提出了要求，要求自己遵循那为所有人所认可且适用于所有人的一般规律。假如理性的规律成为所有人的行为规范，整个社会就会变得理性，康德用目的的王国来称呼它，这样的社会是以唯理的目的为基础进行构架的。换言之，具有唯理性的、隶属于精神领域的理想定然为一个完善的社会所涵盖，这一社会以绝对命令为统帅。所以，所有具有理性的人都应当这样做，仿佛以他的原则、他的一般原则为依据，他隶属于某个具有一般目的的国度，是该国度的合法居民。他既是君，也是臣，他是道德规律的制定者，也是道德规律的执行者（认同者）。他之所以被视为精神王国的国民，是因为道德的本性为他所有；他受道德规律的统辖，也对它的权威表示认可，在他看来，理想世界等同于至善。

一个自由的人是私欲、冲动、嗜欲无法支配的，能够支配他的只有道德规律。动物受本能的支配，受冲动的摆布；通过对存在于心灵中的道德规律进行认知，源自感觉、只以自我欢乐为目的的嗜欲会被克制。因为他是自由的，他可以对感觉的本性进行压制，他觉得压制是他应该做的，因此他可以去压制。人最实在的自我，人身为人的本质都以道德规律为原则进行彰显。人内心之中最真实的自我通过道德规律被彰显，他以道德规律为指令，所有具有理性的人都会遵从它的指令。人的自律就是要求自己以道德规律为行为标准。

与道德指令相关的事实，是对意志自由的一种表明。假如人没有实践理性、没有道德本性，意志自由就无法被证明。一般情况下，人们掌握的科学知识只与事物的表象及时空秩序相关。于此，所有的事物都以特定的规律被排列，如我们所知，存在于现象世界中的现象必然是被决定的对象。假如时空秩序、因果秩序是一种实在，那么自由就无法存在。然而，在康德看来，为人类感官所感知的世界肯定不具有实在性。所以，自由仍有存在的可能。但是，若不是因为道德规律的存在，若不是因为它引导我们对一个广袤的、无限的世界进行认知，若不是它对一个理性的、属于自由人的世界做出了指引，有没有自由我们根本就不可能了解。换句话说，人之所以能够洞察感官所感知到的物质世界，是因为存在与对错相关的知识及道德意识。

意志自由为道德意识所涵盖。上帝的存在及灵魂永生也为道德意识所涵盖。在《纯粹理性批判》一书中，这一观念并不是以已经被证明却又被摧毁的科学真理的身份出现的，而是以可能存在的知识的身份出现的。以下，就是从道德层面对上帝的存在所做的论证。通过理性，我们知道，以这样的意志为凭依可以获取幸福；幸福应该为好人所拥有；所以，安享幸福与具有道德就等同于至善，幸福不存，作为善的德性就是残缺的。然而，德性与幸福在现实世界中并非全然匹配，幸福不一定就为有德性的人所拥有。通过理性，我们知道，存在一位以果报为标准对幸福进行分配的神明。要想做到这些，这位神明定然是全智的，或者说拥有绝对意义上的智慧，他一定能将人类洞察；他一定是全善的，换言之，人类的道德理念一定为他所有；出于便于将德性与幸福相连接的目的，他一定是全能的，或者说具有绝对意义上的权力。上帝就是这样一位全智、全能、全善的神明。灵魂永生以同一前提为基础被构建，这一点已经被证明，绝对意义上的善良意志为道德所支配，神圣性也为道德所支配。由于道德规律以理性为泉源，所以它责令完成的事情定然是能够被完成的，然而，在我们存在的每一时刻，我们都无法实现这种神圣性，只有以无尽的时间为依托，我们才能趋近这一不朽的、完善的进程。换句话说，灵魂定然永生。

在著作《纯粹理性批判》中，康德对以前所有的与上帝的存在相关、与灵魂永生相关、与意志自由相关的论证进行了排斥，从这个角度来说，得自于《纯粹理性批判》的结论本就具有否定的意义。在著作《实践理性批判》中，康德以道德规律为基础对这些概念进行了重新构建。人不受任何束缚，人永生不灭，的确存在上帝，存在于人心灵中的具有唯理性的道德规律都以这些真理为要素，并且，这种涵盖具有必然性。自由、灵魂、上帝都以道德规律为保障；宗教应以道德规律为基础进行构架。

诚如康德所言，这一理论与基督教的理念存在着十分紧密的关联：（1）神圣性、绝对善良的意志、完善全都是道德的要求。（2）然而，这一理想单凭人类的能力是无法完全实现的。真正神圣、完善的唯有上帝；因为人存在十分强烈的欲望，所以，人会趋于犯罪、为恶；人可以做的，不过是对道德规律进行遵循，不过是以此养成恪尽职守的习惯。（3）唯有在来世，至善才有实现的可能。（4）一个具有完善的德性的人，一个言行与道德律法同一的人，应该享有所有的福禄，并且，他本身就具有无法衡量的巨大价值。（5）然而，遵循了道德规律不一定就能得到福报；无论我们获没获得幸福，只要这件事是正义妥当的，我们都该去做；以道德规律为行事原则并不能确保一定得到幸福。（6）但是，通过理性，我们知道，一个有德性的人理应得到幸福，所以，我们可以合理地进行假定，存在一位神明，他以每个人应得的回报为标准，将幸福分配给了有德性的好人；上帝的国度就遵循着这样的分配标准。（7）做有德性的事情永远都不应以获得幸福为动机；我们做正义的事，做妥当的事，不是因为能够由此获得幸福，而是因为它是正义的、妥当的；仰仗这一理论，康德得享"新教哲学家"的盛誉。

第二章　康德的后继者

第一节　康德要解决的问题

由于新哲学，人们开始对某些问题进行思索。第一，也许这一任务的难度不是最低的，那就是对"哥白尼式的革命"的属性进行了解。根据当时的文献，我们知道，做出初步努力，想要对其进行认知的人有很多，但成功的人却一个都没有。康德被哈曼称为"普鲁士的休谟"，康德的学说在加尔维看来等同于贝克莱的唯心主义。在部分人看来，康德的学说是以对宗教的历史根基进行破坏，对自然主义进行证明为目的而运用得非常微妙的计策；还有一部分人认为康德的学说是颓势日现的信仰哲学寻找的一根全新的支柱。为了让人们对这一问题进行更清晰的认知，康德于 1783 年撰写了著作《绪论》，舒尔策于 1784 年出版了著作《解说》，伦霍耳德于 1786 年或 1787 年出版了他的著作《论康德哲学的书札》，许茨和胡费兰德一起于 1785 年创办了一直被引为批判思潮的机关报的《耶拿文学评论通报》。新哲学以耶拿大学为根据地，在耶拿教授黑格尔及伦霍耳德、席勒、谢林、费希特等人的努力下，成了德国最受尊重的研究学科之一。

继承了康德理论的后来人需要面对的任务包括：康德认识论理论的成长；康德哲学原则上的一致性；对由其二元论（表象的世界与理性的世界）引发的如机械论、知识、自由、形式、信仰、实践理性、原料、理论理性、形式等问题的解答，还要对自在之物观念中存在的，以及由它引起的各个前后冲突的地方进行梳理与清除。除此之外，康德的后继者们要做的还有以康德的批判哲学为基础对一个完整的哲学体系进行构架，费希特、黑格尔、谢林等极负盛名的康德后继者都以此为主要事业。

第二节 唯心主义与自在之物

过去，康德曾对数学、自然科学、形而上学、道德学和美学、目的论的判断进行过检视，并对这些判断赖以凭依的前提、先决条件和原则做了阐明。于是，问题来了：这些原则是否以同一根基为泉源，或者说，这些原则是否导出于同一泉源，康德经常这样问自己。那个时候的部分思想家对与判断相关的最佳体系进行了思考，也对相互联结的知识的体系进行了思考，在这一体系中部分基础的原则与部分绝对意义上的确实的原则彼此相合，由是，他们便产生了构建一个唯心主义层面的、包罗万象的形而上学体系的想法，然而，在达到这种程度之前，他们最先要做的还是解决掉在《纯粹理性批判》中由康德提出的种种难题，他们也的确为此付出了许多努力。

在著作《人的表象能力和新的理论研究》（1789 年）中，K. L. 伦霍耳德（1758—1832 年）以单一的表象能力为凭依对感性的能力、范畴及知性的能力、范畴进行了推导，这种表象能力兼具能动性或自发性和感受性：它容纳原料且对形式进行创造。唯有自在之物能够脱离表象独自存在，人无法对自在之物进行认知。在出版于 1792 年的著作《艾奈西狄姆》中，C. E. 舒尔策对康德的新批判哲学及伦霍耳德的新批判哲学进行了批判；在他看来，这一哲学让哲学重归于休谟所安排的情形，它不是对怀疑论的弃绝，而是对怀疑论的复归。它既对自在之物的存在进行假定，又宣称人不可能对自在之物进行认知；它主张唯有在经验领域中对范畴进行应用才有效果，却又把范畴应用在自在之物上。在出版于 1790 年的《先验的哲学研究》一书中，S. 迈蒙指出，唯有将匪夷所思的没有任何存在可能性的自在之物弃绝，才是克服怀疑论、克服存在于自在之物概念中的种种冲突的唯一办法。在他看来就像是不尽根与无理数一样，对存在于意识之内或现象之内的具有后验性的元素赖以凭依的根源与因由，我们无法进行认知，这一问题也永远无法被解决，所以，与经验相关的完全的知识是我们无法获取的。我们不能为经验制造对象，却能对思维的对象进行创造，正因为如此，人类知识以它为唯一的对象。在对《纯粹理性批判》的批判思潮的影响下，S. 贝克以唯心主义的观点对自在之物进行解释：我们并非一定要对自在之物进行排斥，自相矛盾的只是《纯粹理性批判》，在贝克出版于1796年的《从唯一可能的观点来评论批判哲学》一书中可见此评论。康德所构建的哲学体系自然不是自相矛盾的。只有这一观点才有成立的可能性，亦即所有出现于意识之内的存在全都以意识为泉源。若唯心主义不存，《纯粹理性批判》也不可能存在。

第三节　新哲学的评论家

诗人 J. G. 赫德尔（1744—1803年）著有《批判后论》（1799年），《关于人类历史哲学的思想》（1784—1791年）。他反对康德的心智能力的二元论，强调心灵生活的统一性，思想、意志、知性和感觉都发源于一共同的根基。所有这些因素都在认识上协作。他认为唯理主义用它的着重概念的方法（即阐明）不能如实地把握"活生生的实在"，他有机地和历史地解释自然和心灵。上帝显现于自然和人类中，特别是显现于宗教、艺术和各民族生活中（泛神论）。人类的历史是向人道理想演化的过程，那就是同环境有关的一切人类能力的和谐的发展。人类唯理的能力应该受到训练，使之形成为理性，使精微的感觉形成为艺术，使冲动形成为真正的自由和美，使动机形成为对人类的爱。

F. H. 雅科比（1743—1819年）宣称，《纯粹理性批判》必然归结为主观唯心主义，他否定它的结论。在他看来，这样一种"绝对主观性的体系"，他称之为虚无主义，不能把握心灵寄托在上面的终极的实在即上帝和自由。批判哲学认为物体是现象、观念、梦觉和"彻头彻尾的幽灵"，它把自己编织于观念之网中，永远不能从中摆脱出来，不能发现事物真正的本质。雅科比断定，另一方面，独断的唯理主义同样不能达到真理，斯宾诺莎的数学方法为这种唯理主义提供了最前后一致的例证。据独断的唯理主义来看，一切事物都是被决定的，凡是没有根据的，都无法解释，都是不合理和不存在的。它达到极点，则成为无神论和宿命论。它凭借普遍的抽象而思考，必然不能把握自由和上帝活生生的活动的自发性。唯理主义夸大一般，漠视个体，夸大演绎推理，轻蔑直接的确实性，夸大唯理性，反对信仰，弄窄了经验的概念，使经验仅限于感觉经验。雅科比依赖感情、信念或信仰，认为其中有天然的真理，借以避免被称为唯心主义的怀疑论和唯理主义的宿命论和无神论。我们直截了当地确信自在之物存在,这种信仰之所以可能,只是由于自在之物直接显现,由于我们直接知觉物体。我们所面临的是实在,不像唯心主义所说的那样仅仅是观念;观念不过是我们所直接知觉的原物的摹本。理性从来不能用它的抽象的原则证明任何一种存在。正如我们直接经验到外在的物体一样,我们经验到我们自己的存在、自我、真、善、美、自由的因果关系和上帝。康德和雅科比都反对自然主义及其无神论和宿命论,力图保全上帝、自由和不死。他们怀有这个目的,都不相信能作推论的知性是终极真理的泉源,在这个意义上,二者都是反理智主义者,认为人不能"认识"自在之物。可是,二人都谋求公平地对待自然主义,康德是让自然主义掌管全部现象界,而雅科比则靠建立起一个实在物体的世界,这个世界却不完全受制于决定论。康德努力推导出上帝、自由和不死,视之为唯理的道德规律所涵蕴者,在这方面,他仍然是一个唯理主义者,而雅科比则认为它们的实在性直接由某种内在的经验所保证,这种经验含有直接感受的确实性或信仰。康德所说的信仰是唯理的信仰,立足于实践或道德的确实性,即人关于是非的认识上。雅科比所谓信仰则建立在超感觉世界的直接经验上:终极的实在直接显示于人类意识中;在这里,人直接面对精神、自由和神圣的神:因为我们直接经验这些事物,所以我们相信它们。同哈曼和赫尔德一样,雅科比扩大了经验的概念,使之包括洞见实在,批判哲学断定这种实在是人类知性所不能达到的。

雅科比著有《论斯宾诺莎学说信札》(1785 年)和《D. 休论信仰》(1787 年);休谎著作《导论》全集,六卷,1812 - 1825。

康德所主张的信仰是以道德或实践的确实性为立足点的信仰,是具有唯理性的信仰,是以人的是非观为基础构建的信仰。雅科比所主张的信仰则是以超乎感觉世界之外的、直观的经验为基础的信仰,在人的意识中,终极的实在会自然、直观地凸显。于此,人能与神圣的神明面对面,能与精神面对面,能与自由面对面,由于这些事物都为我们直接经验过,所以,我们对它们充满了信任。哈曼对经验的概念进行了扩大,赫尔德对经验的概念进行了扩大,雅科比同样对经验的概念进行了扩大,他将洞见的实在也归入了经验的范畴之中,而批判哲学家们曾断言,单凭人类的知性,根本就无法触碰到这种实在。

雅科比的著作包括：1785 年撰写的《论斯宾诺莎学说信札》，1787 年撰写的《D. 休谟论信仰》，1812 年到 1825 年撰写的六卷休谟著作导论全集。

参考书

《雅科比》，作者威尔德；《雅科比的哲学》，作者克劳福德；《论雅科比的学说》，作者哈尔姆斯；《雅科比的哲学》，作者累维·布鲁耳；《F. H. 雅科比的认识论》，作者库尔曼；《雅科比》，作者施密特。

在写于 1807 年的著作《纯粹理性新的或心理的批判》一书中，雅科比·弗里斯（1773—1843 年）对康德的学说及雅科比的学说进行了调和。他以心理学为基础对批判哲学进行了构建，并用自我检视法取代了先验法。弗里斯指出，所有存在于意识中的、康德努力以先验的方法为凭依去进行证明的方法实际上都能够直接进行认知，于内在中，人能对这些原则的确实性直接进行知觉。唯有以感官为凭依可以被知觉的事物才是人类能够认知的事物，超乎感觉之外的事物无法为人所认知，自在之物无法为人所认知，或者说，自在之物的存在本就是人对自身内心需求的一种满足，是隶属信仰范畴的对象。

对弗里斯进行论述的文章陆续被刊印，刊印者多是以 L. 纳尔逊为代表的新弗里斯学派的学者（参见艾尔森汉斯撰写的《弗里斯与康德》）。

第七篇　德国唯心主义

第一章　费希特

第一节　后康德的哲学

如我们所知,直接因袭了康德哲学的思想家及与康德同时代的人对这样一些问题皆抱有浓厚的兴致:知识的体系怎样才能达成一致,自然科学、道德哲学、美学、目的论原则究竟以何为共同泉源,与自在之物之间的关系如何,怎样对上帝、自由、永生的观念进行诠释。当代存在的繁多的倾向都被这一统一体系容纳与涵盖,这些倾向包括:批判的唯心主义、斯宾诺莎主义、唯理主义、信仰哲学、发展概念;其中发展概念在赫尔德的著作及法国思想中都占有相当重要的地位,与当时的要求也比较契合。

所有自然主义的世界观、机械论、宿命论、无神论、利己主义、快乐论都是康德反对的对象,他将具有推论能力的知性以现象的范畴做了限定,并借此为站在唯理的角度去认定人之价值留下了转圜的余地。自然科学以规律为对象,规律在感觉经验的世界中是至高的,占据着支配地位;所有的事件都为因果链条所涵盖,人类活动也不例外。科学知识只存于这一领域之中,单从《纯粹理性批判》的观点来说,自在之物并不在人类能够认知的范畴之内。然而,通过对别的《批判》进行精细地研读,我们发现,伴随着批判体系的深入发展,自在之物的概念也在不断地深入发展。刚开始的时候,自在之物被视作思维的对象,纯粹的抽象,倏忽之间就转变成了为理性所需的具有必要性的观念,成为桎梏的准则,这一准则以唯理层面的统一性（灵魂、世界、上帝）为要求。所有的事物都以自由的观念为可能存在或者说可以想象的根基，这一观念的实在性已经得到了道德规律的论证，并且道德规律还能为上帝的存在、精神国度的存在和永生提供保障。最初，自在之物被认为是抽象的，后来被以实践理性、自由、意志进行解释，并得到认可，成为理论理性构建的根基。这样，一种比源于科学的智慧的真理等级更高的真理出现了。存在于人心灵中的道德规律是超越感觉世界的某种存在的最明确实际的保证，以数学一物理方法为凭依，知性无法对这个世界进行探索。然而，在面对实践的可能性问题时，康德表现得十分审慎，即使这种可能性得自于绝对意义上的命令的提示；对经验之外的世界，他常犹疑不决，他也不愿意将他的继承者们引入这个境界，哪怕它有希望存在。以理论理性为凭依，无法通达这一境界；以直接经验为门户通达其中，以他之见也是不可能的。他指出，经验愈是直接，混乱程度就愈高，与真理之间的距离就愈遥远，概念不存，知觉就漫无目的。理智的直观不存，自在之物就无法为人所直面。在通往实在核心的道路上，他的头脑一直非常清醒，这位批判家并不打算以神秘主义或重情主义为助力；对哲学中这一荒谬的理论他的确非常不屑，在他看来，那一理论委实荒谬。然而，虽然他对唯理主义非常重视，但在他的方法中还是无可避免地掺入了一些信仰因素；只要对道德指令充满信仰，人就不会陷入不可知论、唯物主义与决定论之中；因为我们将自己的信仰赋予了道德规律，所以我们能对它进行认知。若非存在这样的情境，我们不但不会知道理想界和自由，还将深陷自然的机械性中无法挣脱；我们以道德真理为凭依获得了自由，这种自由也为道德真理所论证。新一代对新哲学的这一观点产生了深深的共鸣；在不对认识上的合理要求做出牺牲的前提下，由它，存在因果关系的世界为我们所规避。18世纪后期，斯宾诺莎主义盛行于德国，大量的思想家，包括反斯宾诺莎主义者在内，都认为在所有独断的体系中，它是前后一致性最高的体系，在思辨的形而上学领域，它也的确代表着至高的成就，赫尔德、歌德、莱辛过去都对它产生过浓厚的兴趣，在认知到批判哲学之前，因为认为那无可趋避，费希特对严格的决定论表示了接纳，他是相当勇敢的。由康德提出的心灵与头脑之间的争端得以解决，唯心主义世界观也为这一解决途径所确定，并盛行于德国哲学界。后康德时代的唯心主义由此发端，费希特、黑格尔、谢林就是这种唯心主义的主要领袖。

通过对道德、形而上学及科学方面的知识进行批判的检视，康德建立了自己的观点，他的继承者们则以心智可以去认知的、道德规律所指向的自由或世界为起点进行思索，超越了感觉范畴的世界或理想的世界是真实的，心灵的世界或精神的世界也是真实的。他们尝试着以这一自我决定的精神活动为凭依，对所有的哲学问题进行诠释，对知识与经验进行论证，对自然、历史、人类制度进行诠释。在他们看来，人类知识、范畴、实践理性、理论都因这一理想原则的存在而被统一，存在于目的论与机械论中的二元论理论因它而被克服，康德自在之物理念中存在的种种冲突也因它而被清除。唯有当实在被以决定于自我的理性所诠释时，我们才能对其进行理解；由是，唯有理性对自身有所了解时，整个世界才能被了解。所以，被费希特命名为认识论的与认识科学相关的理论，在后康德学派的理论体系中占据着十分重要的位置，只要对的认识方法被发现，形而上学的问题就能被解决，确实，哲学与认识论等同。从绝对意义上来说，哲学就是科学，哲学能够对所有的一切进行解释，也唯有它才能对所有的一切进行解释，仅与事实经验相关的知识并不是实在的知识，仅与自然历史经验相关的科学也不是实在的科学。假如对意识的能动、活动、综合、精神历程进行了解就代表着认识，那么，以因果与时空所存在的现象界来自我限制的方式就不是认识，这一观点得到了费希特、谢林、黑格尔、施莱尔马赫和黑格尔的赞同。他们全都主张，实在是一个过程，这一过程处于不断的演化之中，该以历史与有机的观点来看待所有的事物，莱辛、赫尔德、歌德、文克耳曼对此也表示赞同。然而，以何方式对实在进行认知方面，他们的观点却不尽相同，这些在后文中能为我们所见。

第二节　费希特的原则

自由的概念被费希特视作批判哲学的主旨与自身体系的基础，这一思想是意志或自我并不仅仅是因果链条的一环，也并非某种事物，而是决定于自我的活动。其他所有的活动都是被动的、沉寂的、死气沉沉的，唯有这一活动是确实实在的，生活、心灵、知识、行为都以这一活动为泉源，人类所有的经验世界也都以这一活动为确实的泉源，所有的文明、所有的进步，也全都以这一活动为动力。理性以它为根基，理论与知性以它为统一的准则，康德对这一准则做过提示，伦霍耳德则一直在对这一准则进行追寻；理论以它为泉源，实践理性也以它为泉源。所以，在哲学研究中最关键的科目就是对认识进行研究，费希特孜孜不倦地追求着它，并以它为事业。所有知识都以认识论为关键，在那里，他全面而细致地对实践理性及理论的条件、原则、前提进行了论述。

约翰·哥特利勃·费希特是撒克逊人，1762年出生，父亲是一位纺织工人，家境穷困。因为受到某位贵族的赏识与资助，费希特得以在舒耳普弗尔塔及迈生的学校中学习。1780年到1784年，他先后在耶拿大学、莱比锡大学及维滕堡大学深造，专注于神学学习，1784年到1793年，他成为一位私人家庭教师，勉强糊口度日，他的大学学业一度中断了很长一段时间。1790年，在学生的请求下，他开始对康德的新批判哲学进行研究，他的思想与生活方向也因此被改变。1794年，费希特受聘于耶拿大学，成为该校教授，而彼时，整个德国都以耶拿为文化中心；费希特是新唯心主义的领袖，像改造哲学与科学那样对生活进行改造是这一唯心主义理论的根本目的。1794年到1799年，供职于耶拿大学的费希特撰写了部分对关于认识的科学、天赋人权、伦理学进行论述的著作。1798年，费希特的著作《论人们相信神圣世界秩序的根据》出版，在书中，费希特宣称道德世界的规范就等同于上帝，由是遭到了无神论的指控。他辞去工作，离开耶拿，去了柏林。在柏林，他的哲学得到了发展，他以非常通俗的语言通过演讲或著作的方式对这一哲学进行了论述。1807年到1808年，柏林还是拿破仑铁军的占领区，费希特却毅然发表了那闻名于世、激发了德国民众拳拳爱国心的《对德意志民族的讲演集》。1809年，他应邀前往柏林大学，成了这座新创办的大学的教授。他的教学工作非常卓越，对柏林大学也满怀热忱，在1814年生命终结之前，他一直尽心尽力地为该校服务。

费希特的著作包括：出版于1792年的《一切启示的批判》、出版于1794年的《科学认识论的基础》、出版于1796年的《天赋人权的基础》、出版于1798年的《伦理学体系》、出版于1800年的《人的使命》、出版于1801年的《达到幸福生活的途径》、出版于1808年的《对德意志民族的讲演集》。

出版于费希特逝后的作品有：1834 年，J. H. 费希特编辑的三卷费希特作品集；1845 年到 1846 年，J. H. 费希特编辑的八卷费希特作品全集；梅迪柯斯编辑的费希特作品选集；1862 年，万霍尔德编辑的费希特《书信集》；1830 年，J. H. 费希特编辑的作品。费希特逝世后，他的作品有不少被翻译，包括：斯密编译的《费希特的通俗著作》（即《论学者的使命》）《人的使命》《宗教》和《当代的特征》；柯柔格尔编译的《知识学》《人权学》和《伦理学体系》，其中《知识学》一书中不仅精选了《全部知识学》和《论知识学》中的一些内容，还收录了费希特写于 1795 年的《随笔》及一些篇幅较短的论文；此外，柯柔格尔还对费希特在《思辨哲学》杂志上发表的一些著作进行了编译；在《德国古典著作》第五卷中费希特的作品《人的使命》及《对德意志民族的讲演》被收录。

参考书

阿达姆逊等所撰写的专著；《费希特认识论的统一性》，作者汤普森；《费希特哲学的基本原理》，作者塔耳博特；《费希特：他的伦理学等等》，作者雷赫；《费希特的宗教哲学》，作者齐默尔；《费希特的唯心主义和历史》，作者拉斯克；《费希特认识论的发展史》，作者卡比茨；并参看原版第 396 页所列参考书最后一段；《三位思想家的发展：费希特、谢林和施莱尔马赫》，作者符赫斯；《费希特、谢林和施莱尔马赫》，作者梯利，见《德国典籍》，第五卷；《浪漫主义和唯理主义》，见《哲学评论》，1913 年，3 月号。

第三节 认识论的方法与目的

费希特指出，通过抽绎的方法，康德从经验中获得了范畴的概念。然而，他却没有对范畴为理智的必要规律这一点进行论证，换言之，他没有对他的原则进行论证。在费希特看来，唯有以同一泉源为凭依对范畴进行推导，亦即以严格的科学程序为凭依，才能对其进行论证。无论是什么科学，想要称之为科学就需要一个一以贯之、彼此相融的命题体系。这些命题中存在一个第一重要的原则，以这一原则为中心，所有的原则彼此联结形成一个具有有机性的整体。任一命题在整体中都占据一定位置，和整个体系也存在着某种程度的联系。所以，几何学以空间概念为核心，自然科学以因果概念为核心。一门包含每一种科学的科学或认识论是每一种科学所必需的，每一种科学赖以凭依的基础原则都需要这一总的科学来论证。其他所有科学都以这一一般性的哲学或者科学为泉源，这一科学必然以具有自明性或必然性的命题为泉源，必然以绝对意义上最先也最重要的原则为泉源，以这一原则为凭依，它方能做出科学的判断，与此同时也保证在对其他各个领域进行研究的时候能做出确实的判断。

然而这一核心科学与立法者并不等同，它只是历史的编辑与撰写者，它编纂的对象是认识心灵活动必然存在的体系已经被它认知，其具有必然性的创造也正被它关注与检视。对已经发生的事情，它在记录，但不只是记录，尽管有些时候，在费希特看来，它就是这样的记录者；它尝试着对这些活动的必然性进行了解，尝试着对认识的各种不同形式的逻辑根源或者基础前提进行发掘。"假如只有一个与下一环节毫无联系的环节存在于以唯心主义为材料所锻造的长长的链条中，那么究竟有什么被科学所论证，我们根本无法断言。"假设心灵本就是一个具有唯理性的体系，它以具有有机性的理性的身份进行活动，理智各异的职能都以同一目标为趋向，这些活动并非既无联系也无价值；若非如此，自我意识就无法成长，而自我意识的成长正是理性的目的所在。所以，哲学家应该先对所有意识的价值或目的进行了解，再去推导。就像一只钟表，假如我们对它的整体目的、结构、大小了如指掌，就可以对它的各个部分的本来模样做出判断；同理，假如我们对意识体系的整体目标有所了解，亦即对自我意识有了清晰的认知或者令其成长了，我们就能对意识的各个部分有所认知。通过认识论的方法，我们知道，自我意识以理智各异的活动为成长手段，假如理智与众不同的活动不存，心灵的自由与自觉也就不存。费希特在自己的早期著作中以这一基本原则为凭依，对其认识体系进行了发展；在他一些相对易懂的著作里，他将对认识的检视提升到了原则的高度。然而，从始至终他对认识的有机统一性进行阐明这一目的却从来都没有改变过。部分时候，他用发生学的方法来称呼自己的方法，这种方法并不以对心理层面认识的泉源进行表述为目的，而以对这些原则何以于必然的前提中诞生，及怎样自理性中引申而出进行论证为目的。

哲学家要对理性思维的诞生进行研究，就必须以意志活动为推动力对思想进行推动，所以，事实不是哲学的起点，活动才是。认识是源于自我决定的一段经历，并非全然是对世界被动的反映，也并非只是意见，亦即它是在创业，而不是在抢占。真正的知识唯有以自由的活动为凭依才有可能获得。唯有创生于我思维之中的事物才能被我认知，非由思维创生的事物，我无法认知。在对意识进行解释的时候不能以意识之外的事物为凭依，外在的事物不可能是它的泉源，它是创造，是活动，它具有能动性，在进行创造时它能知觉到自己的存在。换句话说，单纯的、决于自我的活动是认识的根据与前提；毋庸置疑，它就是这样的活动。认识是自由的，思维是自由的，理智也是自由的。这样的活动不存，感觉、思维、经验就不存，所以，它就是人类正探索与寻找的最基础的原则。认识论以单纯的自我、自我活动的理性或自我原则为起点，所有认识也因以它们为先决条件而有了自明性；这种科学以它为目的或目标，因为只要完全的自我意识被认识论所掌控，所有认识的含义就能为意识所领会。

就像我们前面所说的那样，心灵活动以意志活动为前提；活动发生之后，定然会依循某种特定的轨迹。从这个角度来说，必然以自由为泉源。我进行思维并不是因为我受到了强迫；但是，假如我思维了，思维的时候就必须遵循某种规律，从感性的角度来解释就是，以时空的形式为凭依，以充足理由原则为凭依，如此这般，等等。然而一个处于活动状态的自我不存，意识就不存。举个例子，A 等于 A，虽然它非常简单，但若具有综合性的心灵不存，它也无法被意识。假如自我并不像费希特所主张的那样对自己进行制定，或者自我无起点、无活动，那么，主体、经验世界、客体就不会存在。因为经验世界与现象世界的存在都必须以自我的存在为条件，所以无法假定自我为一环节，存在于物体链条中；若不然，本末就会被倒置。

第四节　关于自我的知识

这样，问题就来了！自我原则何以达成？通过推导我们可以将它视作思维的形式与经验的根基，将它视为理论与实践理性的相合。然而舒尔采却告诫我们这与《批判》的精神相悖，不能这样推论；部分时候，费希特也无法看出从纯理论的角度来说假定精神是其泉源比假定物质是其泉源那里更有保证性。出于对唯心主义进行维护的目的，其他一些论证被他提出。

在这些论证中，有一种与康德的伦理哲学成就有着相当的关联，是以道德规律为凭依来实现这一原则的。对康德的理论，费希特表示肯定，他确信理智什么都做不到，人无法以可推论的知性、时空概念及因果概念为凭依，对鲜活的实在进行把握；唯有透彻地了解了日常认识的属性、浅薄，相对性之后才能对隐藏于其后的，包括自由、世界的道德秩序、上帝等鲜活的实在进行把握。假如我们以科学的认识将自我禁锢，就永远都无法从残酷的因果秩序之中跃出，也永远无法从自然的机械性之中脱离。然而，还是有办法的。理智具有直观性的活动本就是意志的一种自由活动，一般性的目标、职责的规条都得自于这种活动，在目标的导引下我们想做一个不受拘束的人，想从具有决定作用的自然之中挣脱，不愿意以某一单一环节的身份存在于因果的链条之中。对职责表示认可，对为职责所包含的自由规条表示认可，人才能过上真正有意义、有价值的生活，才能对某一一般性的目标以世界为工具这一点有所了解，才能从实现目的的茫然工具转变成实现目标的能动的助力。如今我们已清晰地意识到，以日常知觉为泉源的知识是对自由进行获取时最实在有用的工具，它予人以阻力，使人之意志得到锤炼，我们若不努力，自由就不会属于我们。所以，一个能够成为它的战斗对象且能将其征服的世界正是我们所需要的。假如命令发布者获取自由的指令无法被完成，世界的存在也便没有了价值；从源于道德意识的某些判断来看，我们完全可以对这世界进行理解。

　　正是因为这一思想的存在，费希特的理论被以伦理唯心主义命名，亦即以道德信仰为基础构架的世界观。一个不受束缚的、能对自我进行决定的人的超然地位是无法以理论理性为凭依去论证的，因为理论理性一直都在对根据进行探寻；然而这一原则的终极性我们必须表示认可，因为人类道德的本质唯有它才能满足，人的生活也因它才具有意义及价值。正是以这一观点为凭依，费希特断言："一个人会选择何等哲学全部取决于他是什么样的人。"一个无法脱出自然的机械性的桎梏的人，一个不具有伦理学方面的愿望的人，对自由的自我自然意兴阑珊，只会视自己为物、为被创生：他对自己不曾经验过的人之自由一无所知、不加珍视；因为这种自由从来都不曾为他所获取，所以，这种自由也无法被他经验。脱离了感觉桎梏的人能够主动对自我做决定，他不甘于以物来看待自己。在他看来，自己是一股力量，凌驾于所有能够被知觉的事物之上。

还有另外一条线索存在于费希特的体系中，以之为凭依，自我能够对自身的活动直接进行认知。相比于唯物主义及独断论，唯心主义的优势在于，它以自我为对象，而自我以意识为载体，无法被经验，它就是它本身，不是因果链条中的一环，也不是现象体系中的一环，它是某种凌驾于所有经验之上的实在的事物。在心智的自由活动中存在自我的直接意识。然而，这一意识是人以自由活动为因而于心灵中自主诞生的，并非被强加。假如我们无法活动，就无法对唯心主义哲学进行了解，就无法目睹心灵具有实在性的世界。与自由相关的设想及独立的自我都是独断论者否定的对象，因为它无法被他发现于他自己的世界；假如他前后无差异，那么可以肯定的是他不是宿命论者就是唯物主义者。我们无法从概念的角度对直观的理智活动进行论证，更无法对其为何物进行论证。这一活动肯定能被所有人于自身之中直接发觉，若不然，他就永远都无法对它进行理解。我们渴望能对这种理智的直观进行论证就好似尝试以解释的方式让天生眼盲的人去认知颜色，然而，我们能够告诉所有人，有一种理智的直观存在于其意识之中。所有将自身视为行动之因的人隐隐地都以这一直观为指向。于此，费希特肯定地说，在精神活动出现的所有地方，这一活动的意识都会存在，尽管这一点从来都不曾被独断论者注意到。

在费希特看来，以经验为凭依可以对唯心主义的真理性进行论证。假如作为前提的唯心主义不存在错误，推论的过程也不存在错误，那么它定然会以所有的经验或所有必然的观念为结果。假如某一哲学得出的结论与经验相悖，它肯定不正确,因为它没有信守诺言，没有以理智的活动为凭依对所有经验进行推导与诠释。然而，经验并不是唯心主义的着眼点，经验也非唯心主义的目标；它对经验毫不在意。唯心主义以基本观点为凭依，在其活动中对命题进行推演，不管结果是什么。费希特这样说，实际上他却对经验十分重视；他要我们对理智的活动与心灵的操作多注意、留心观察。他的意思是，哲学与纯粹的观察活动并不等同，对这一活动进行理解是观察的要求，而唯有以逻辑思维为凭依，才能真正理解它的目标与泉源。

第五节　外在的世界

费希特以自我为基础对所有的实在进行了构建。既然万物为我，那外部世界就不存在任何事物，亦即不存在任意一个能够脱离心灵而独立存在于心灵之外的自在之物。所以，唯心主义要解决的问题是：对人何以会肯定客观实在性存在于那些只具主观性的事物之上进行解释，对人何以断言存在的确实，或肯定站在生命、行动、精神对立面的存在进行解释。在费希特看来，这一存在是隶属于本原的、想自我限制的本性的附属：本原在降生为某种存在之时就已经在对自身进行限制，并且它肯定要对自己进行限制，如果它定然要成为本原的话。我对自身的局限性有所经验，在我所知觉到的红色的、甜蜜的、寒冷的感觉里；这些感觉将我是有限的感觉强加于我并令我有所感知。独断论者尝试着以自在之物为原因对最本初的感觉或感受进行解释，然而于此，费希特指出所有具有先验性的诠释皆会被阻碍。客观世界创生于自我，是为了自身，亦即，意识完全主观的改变被精神投映于空间之中，物体由是形成。假如自我感觉不存，假如因果、时空等必要的技能不存，可以被我们知觉的现象世界就永远都不可能出现。何物将感觉引发，我们不了解，但这并不代表我们所知的与现象世界相关的知识不客观、不确实。我们面前有事物呈现，这是仅有的真理，而非空幻的想象。唯有当我们断言自在之物存在，即有脱离我们独立存在于我们之外的事物存在时，才是空幻的想象。这一概念从不隶属于常识的范畴，指出这一虚幻概念的哲学是谬误的。审视世界的时候要以自己的所见为依照，要力图对它进行了解并影响它。这一观点属于批判唯心主义，我们无法以理论为凭依而凌驾于意识之上。可以为我们所知的是，我无法决定自我，自我决定了自我；它这样做，从理论的角度上无法做出诠释。但是，这一问题被费希特从实际方面着手解决了，对这一界限赖以凭依的根源我们无法用唯理的观点进行解释；然而界限的意义十分清晰，伦理的价值也确实无疑，人以界限为标志来表明在事物的道德秩序中自己所占的位置。我们以事物为凭依而知觉到的事物是实在的，这也是能够为我们所知觉的与我们相关的唯一实在的存在。世界是质料，是人类职责的一种感性化，以此为凭依，我们的道德理想应该也必然能被实现。人类以世界为完成目标的手段，所以它是现象还是实在都无关紧要。一个对立的世界是自我所需要的，它是自我活动的产物，它希望能有一个奋斗之地，在那里它可以对自身、对自由进行认知，还可以拥有自由。一个被决定的、遵从规律而形成的世界是它所需要的，拥有自由的自我能够以这一规律为凭依达成自身的目的。合乎情理的具有目的性的行动若存在，则自我必然要明白什么才是自己所渴求的。

第六节　客观唯心主义

很多人通过这一观点都联想到了主观唯心主义，和费希特同处一个时代的哲学家们也大都这样诠释。然而，被费希特引以为自身哲学体系根基的自我，他所主张的自我，并非通常意义上的个体的自我，而是单纯的活动、单纯的自我、宇宙的理性、本初的智慧。费希特指出个体性与自我性或自我或绝对意义上的自我是全无任何相同之处的两个概念。从逻辑的角度来说，个体的自我诞生于本初的理性之后，个体的自我以本初的理性为逻辑基础或条件。不对所有个体都具有同样的理性与一般意义上的思维活动这一点进行肯定，个体的自我就是不可思议的。但是，费希特并没有令逻辑本原止步于它自身；如我们所见，结果就是自我性，并非一种单纯的抽象。事实上，它凌驾于所有人、所有个体的人之上；它是处于活动状态的理性，是一般的理性，对每个人来说都没有差别，任意一人，只要希冀它，就能洞察它。在所有的自我意识中，哲学家的自我意识等同于理智的直观，是等级最高的，自我于其中对自身活动进行认知并以自身为归宿。于此，它凌驾于时空之上，不再以包蕴于现象之中的因果关系为关注点，而是关注与认识自身，以自身为归宿。费希特指出，他的哲学体系因它而确实；通过至高的自我意识不仅能对某种凭逻辑抽象才能通达的基础质料进行推论，还能对它进行经验，在这里，经验所涵盖的范围比被康德所认可的范围还要广阔。在早期的著作中，费希特以活动于每个人心中的一般的理性来表述这一基础质料，亦即属于人类的这一面。意思就是说，它用一般的词汇进行思维，对一般的真理进行认知，拥有通常意义上的愿望或目标。他想对与实在相关的决定论及机械论概念、自然主义进行驳斥，所以对属于经验的所有唯心主义的特征都做了强调。他没有对自我概念进行界定也没有细致地对其进行阐述。由是再加上他的自我事实观，他的体系被人们错误地当作了他自始至终就强烈抨击的主观唯心主义。之后，这一问题得到了解答，他对此进行了愈加明确清晰的表述。这样，那对他的观点抱持极端激烈的反对态度的人以个人主观的自我元质来诠释的存在最终发展为上帝。

然而这一元质就是对所有个人意识起统治作用的一般的生命历程，不管它是被称为绝对自我、宇宙理性，还是上帝。除了人类，还有其他具备理智的生物存在，现象界受他们的影响，被他们以相同的形式进行表征；这说明在所有的自我活动中存在着毫无二致的生命力量与一般元质。自然并非创生于个别的自我，而是存在于主体中的一般元质于现象领域的表征或映射。真正实在的是一般的生命，个体的自我以它为泉源；它对他们起统辖作用，就如同自然规律。费希特既对个体意识的存在抱持肯定的态度，也对一般实在的元质的存在抱持肯定的态度。所以，从这个角度来说，他可被视作实在论者的一员。然而，在他看来，无论这种元质是物质的，还是精神的，它都不是实体，也非静止，它是一段精神历程，鲜活，处于流动状态，决定于自我，是个体的自我彰显的一种，像是个体的自我的本性规条，其思维、感觉、现象生活具有必然性的规条必以它为根基。它是一般的理性、一般的生命，它思维、活动、生存于人体内部，人也思维、活动、生存于它内部。费希特肯定心灵外部之世界的存在，亦即，肯定除了个体的个人意识，还存在其他实在；诚然，他尝试着去证明，假如一般的生命历程不存，这一意识就不存，人就不存。然而，这一世界不是满是死寂的事物的世界，也非以时空、因果关系来布置；时空秩序、因果秩序都以绝对意义上的元质的身份显现于人之意识之中，假如一般的自我不存，它就不存。客观意义上的唯心主义或者说是形而上学的唯心主义对费希特的主观唯心主义做了补充；他自己用实在唯心主义来称呼它。自然无处不在，人以自然为泉源，在自然中进行表征；存在于自然中的一般规律以人为媒介而获得意识、进行思维；诚然，正因为如此，自然不可能是别的存在，只能是精神、心灵或心神。

为了对一般且无限的生命元质在数之不尽的个体的自我中的分布进行说明，费希特用光来打比方。光在遭遇阻碍时会以折射、反射、散射的方式复归于光源，一般的活动定然也会因遭遇某种阻碍而以反射或折射的方式复归于本身。无限的活动若不受阻碍，意识、决定自我的知识、决定自我的思维、自我意识就不可能存在，所以唯有在受制于对立面的自我中，在有限的形式中，它才能对自身进行认知。既然一般的生命具有无限性，有限的形式就无法令其消耗殆尽；它肯定会无限地向前，对个体的自我进行塑造，在这种个体化或者说分化的历程中对自身进行认知。意识以一般的自我对自身的桎梏为泉源，以在意识存在之前就已经存在的活动为泉源，我们无法对这一活动进行认知。绝对意义上的自我在无意识的状态下对个体的自我进行塑造，而个体的自我则对自身的创生一无所知。

然而，生命因何要存在，这些生命因何在数之不尽的意识形态中彰显？我们无法对无目的的单纯活动或者一般的生命历程进行设想；若它不以通达道德为目的，它就无价值。自然的目的、非我的目的也是这般，自我以它们为实现手段。在自然中彰显的绝对意义上的自我与在个体的自我及非我中彰显的绝对意义上的自我其实是同一个。终极的道德目标以存在于世界中的个人与生命为表征，我们唯有这样诠释；唯有以实现道德目的的方法的身份存在时，它们才是实在的。然而以纯粹的现象的形式存在的个体的自我可以以意志的活动为凭依将自身提升到可以对凌驾于感觉之上的事物进行认知的高度，并以此使自身的目标与一般道德的目标同一。

这样，独立的、绝对意义上的自我与个体的、具有意识、以某种存在为凭依的自我就是不同的。个体的自我涵盖了绝对的自我，绝对的自我是对行动有促进作用的单纯的冲动，是与职责相关的意识，被道德引为目的；为了实现绝对意义上的自我所探寻与追求的自由的理想，它对个体的自我发号施令，令其将存在于感觉世界中的对立克服。当存在于自身中的单纯的活动为我们所知觉时，实在的本质就为我们所认知；当我们以道德目的为实现目标时，宇宙的意义及绝对自我的目标就成了我们实现的目标。绝对意义上的希望是个体的自我发觉于自身的目标，亦即存在于物质世界中的绝对意义上的同一个自我的目标。我们可以做到本性迫使我们或者督促我们去做的事情，一般的意志对行动有激励之效，同时外部世界就会发生改变。

那么，问题来了：在这样的格局中，自由还能为个体的自我所拥有吗？

绝对意义上的活动以个体的自我为表征，从理论的角度而言它决定于思想具有必然性的规律及感官知觉，从实践的角度而言它决定于一般的目的。不管个人愿意还是不愿意，在此世，一般的目标肯定要自我完成；它的规律，感觉世界必定要遵循，却未顾及个人。然而个人有选择思维还是不思维的权利——唯有以意志活动为凭依，实在的思维才有存在的可能——一般的目的能否成为他的目的，全都以他的选择为凭依，这种选择是自由的。我们可以自主选择是以盲目的状态为一般目的的服务，还是在有意识且心甘情愿的情况下服务于善，只要我们自由地做出了履行职责、以一般目的为目的的决定，自由就再也不属于我们；当我们成为绝对意义上的工具时，我们的道德生命便已经被确定。

从这方面来说，自由代表的就是一种自由的选择，这种选择无法诠释，亦即意志的倏忽行动、无关紧要的自由。以这一观点为凭依，费希特肯定地说，一个人是好还是不好，全都取决于他的选择，是依从感觉，做其机器上的单纯的齿轮，还是以善为标准去行动，唯有好人才可永生。他还说，阻碍永远都存在，道德道路上的奋斗永不止息，一般的道德目的根本就不可能被完成，道德生活始终向前行进，不断趋近它根本就无法实现的善，所以，宇宙常新。

第七节　道德哲学

费希特的哲学体系从总体上来说带着浓厚的伦理色彩，康德绝对意义上的指令是它的起点，上帝的一般道德目标是它的终点。我们对他怎样以道德规律为凭依对经验世界进行推断已经有所了解，人因道德规律的存在而不被感觉所统辖。若没有某种需要脱离的事物，没有受到束缚，没有一个受制于世界的存在于自然之中的自我，就不存在挣脱感觉的问题。自由为道德规律所包含，清除阻碍为自由所包含，某一感觉世界为阻碍所包含。连续的奋进的生活为道德规律所包含，所以永恒为它所包含；一般的目的或者说上帝也为它所包含。道德规律以这一点为前提，个人通过对职责的忠诚所追寻求索的，事实上早已获得或完成。那是秩序，是一种决于为人所有的意志的道德的秩序，这一事物的存在凌驾于人自身意志的道德范畴之上。然而，必须对这一事物进行设想，否则道德便会失去意义与目标。

换句话说，宗教信仰为道德规律所包含，宗教信仰不存，对道德秩序及道德世界秩序的制定者的信仰不存，道德规律也便毫无意义。那些也许只是单纯地存在于幻想中的虚幻的事物，因为信仰而变得确实且为人所信服，意志决定信仰，我相信是出于自愿。所有的真理、所有的信任都以良心为试金石。

伦理以在世界中自我实现为目的；人和自然都是工具，服务于善。所以，人以完成自己的义务为天职，出于自愿且下意识地去对至善进行完善，以一般的道德目标为关注的焦点。脱离感觉的桎梏是良心对他发出的指令，要为人而不为物。然而，知识不存，他就无法从自然的支配中脱离，就无法对自然施加影响，所以，为了实现道德的目标，而非出于纯粹的好奇，他必须对知识进行追寻。明白自己做何事是他的职责，若不明白，便不行动。他行动的时候总会以信心为凭依，永远不受制于权威。人通过对理性进行运用、对良心进行了解，确定了其与自然偕行的使命与目标。人以职责为目标而去履行职责，这是良心的指令，需要完成的目标就包含于这指令之中，良心对他的目标做了明示。我之所以这样做，不是因为我以某种事物为目的，而是因为我这样做，才以这一事物为目的。无论在什么状况下良心都会告诉我们理当如何行动，它永远是对的；这也就意味着，假如我们慢慢地对这件事进行琢磨，透彻地思考它，就会知道它本就该如此。

在费希特看来，道德的关键不在于美好的渴盼，仅仅对道德规律表示尊重还不够，还必须以实际行动对美好的渴盼进行表征，应该努力去征服存在于道德之内与道德之外的障碍，道德便是战斗。但是，以自然为斗争对象，不是为了令其陨灭，而是为了让它与人类的道德目的相契合；人理应也有能力将自然变为与理性之目的相契合的工具，各行业的从业者、各种产业行为、自然财产、私人财产等都可以具有道德层面的意义，可以服务于一般的道德目的。道德生活是社会生活，不可能脱离社会而独立存在，因此，所有人都应该以劳动社会的一员来看待自己，应该付出自己的私产以成全公共利益，终极目标唯有以公共利益为凭依才能实现。所有人的行动范畴都应该以良心的指令为依据进行划定，但唯有以教育为凭依，在做选择的时候才会妥当，没错，只有接受教育，良心才会诞生于人心中；从未被教导过，就不会明白何为职责，也不会明白职责代表着什么。

在劳动社会中，每一个服务于全体的人都有着与众不同的地位。同样地，在文明范畴内，每一个民族也都有着属于自己的位置，都需要在以自由为目的的战斗中奉献自己的一份力量。在含着浓厚爱国情怀的著作《对德意志民族的讲演集》中，费希特将德国统一的理想向所有德国人宣讲；他说，复苏德意志民族，从文明的角度承担哲学领袖的责任，构建以个人自由为根基的真正正义的国度是德意志的使命，在地球上，这样的国度从未有过，它以实现以人人平等为根基的自由为目的。人类应以团结于联邦，即具有唯一性的统一体为天职，历朝历代、无数民族所提供的文化将在这里远播世界。

然而，人不应以凡俗中的目标为最高目标，人之所以促成凡俗目标的实现，不过是因为它是一般目的赖以实现的手段。精神国度的实现才是人的最高目标，现象界唯有以精神国度为凭依才有意义与作用。在两个世界中，人类都拥有公民的身份，假如人不甘于以这一世界为服务对象，他就不可能服务于另一世界。渴盼因人的作用而善良，以此为凭依而服务于另一世界；上帝会为所有与这一渴盼相契合的行动而感动，以上帝为桥梁，其他的精灵也会被感动。存在于人心中的天命即良知；以良知为凭依，精神世界降于人身，人以渴盼为手段通达上天，并对它做出一定的反应。人以上帝为自身与精神世界的媒介。唯有以良知为凭依，你的工作才可能被我认可，对你的服务表示尊重是良知给我的指令，这一良知等同于天命。人之所以会对存于感觉世界的真理信任有加，只是因为信仰的存在，亦即人会以忠实无私地于感觉世界中履职为起点，对自由与道德的生活加以促进，并不断向前演进，永不停歇。

人对自然的绝对支配及四海升平的凡俗世界并非人为了自己而需要去占据的事物；人应当对一个有德性的、自由、伟大的社会进行造就，所有人都应当如此，这是全民之祈望。包含着人当下生活的伟大道德国度以此为基础规律：对个人而言，唯有以自身的道德企盼为凭依，才能拥有更美好或者更新的事物；对社会而言，唯有以社会的道德企盼为凭依，才能拥有更美好或者更新的事物。

"我所有的天赋职责并不为我所知，我本就无法想象我应当如何做及我未来会转变为何。我的确知道在生命的时时刻刻，我理应做什么：我理应对知识进行学习，理应拓展自身的智慧，并以此对自身的职责范畴进行延展。我理应视自己的身心为以履职为目标而采用的手段。在理性的国度中具有理性的人以德性及理性为促进目标，出于前行的目的而前行，这才是我所关心的。我视自身为工具，以某一合理的目标为服务对象，只因为自己为工具，所以爱自己，对自己表示尊重。这一目的是我对世间所有事情进行衡量的标准。我全神贯注地对这一目标进行思索。我是至善与极度明朗睿智的世界的一员，世界的计划被它自身无误地执行着，这一信念让我感到安心，我安享幸福。"

第二章 谢林

第一节 新唯心主义与浪漫主义

在哲学层面上，费希特对存在于他那个时代的所有思潮都进行了思索，努力尝试将这些思潮融汇于一体。启蒙运动对传统与权威一直都抱持反对的态度，费希特也一样。他努力尝试着以唯理主义的观点对世界进行诠释。自由人格、人权、文明、进步为他所推崇，他要求对科学、哲学、宗教、教育进行改造。总的来说，他要求对人类的生活进行改造，这样，存在于近代的所有精神都为他所表征。他热爱祖国，为德国一统奔走呼号。他以平等正义为根基对自身的国家理想进行构建，他是专制政体与拿破仑战争双重压迫下的人民的利益代言人。他将精神或心灵视为实在的核心规则，人们因他而从机械的重重负累之中摆脱，在这里他将对能够以理性进行认知、对人类理想充满怜悯的宇宙的渴慕淋漓尽致地表达了出来。在他看来，存在就是一个演化过程，是动态的，受道德目标的导引，这与他对唯心主义的诠释没有任何出入，与莱辛、赫尔德、歌德等煊赫于德国文坛的领袖的观点也是一致的。他对同时代偏重信仰的哲学家、浪漫主义诗人及古典主义诗人的观点表示赞同；对康德的观点也表示赞同，主张遍布于整个宇宙的鲜活的整体无法通过科学的范畴进行把握；他对歌德的观点表示赞同，主张必须视宇宙为于差异中统一的有机整体；对雅科比的观点他也表示赞同，主张唯有以存在于有自由行动能力的人的内心中的直观的经验与感觉为凭依才能对宇宙进行认知，换言之，精神在责任感、对真理的钟爱及不受束缚的行动中与精神沟通。费希特的哲学不仅逻辑严谨，而且是对唯理主义的一种反动，这让施勒格尔兄弟、提克、诺瓦利斯产生了极其浓厚的兴趣。他们对新唯心主义哲学的其他很多方面也赞赏有加，它诉诸表面的主观、它在历史方面的看法、它与德国文化相关的优越的理念。然而，这些特征全都被他们有倾向地进行了夸大，理性被情感或重视感情的理论取而代之；他们以诗人天生多才的预判及怜悯的洞见代替了费希特所主张的知觉；浪漫的自我、神秘的自我、易冲动甚至古怪荒诞被划归个人主义范畴的自我、有理性的自我及伦理的自我而代之。他们通过与这种自我做类比的方法来对自然进行解释，视自然为某种具有人格的神秘力量的常居之地，并且出于对传统进行维护的目的援引历史，让过去的一切更具有权威性，用过去对现在进行支配。

参考书

关于浪漫派诗学和它同哲学的关系，参考阅读各种德国文学史；《浪漫派》，作者哈伊；《德国浪漫派》，作者瓦耳策耳；《谢林》，作者 K. 费舍；《谢林和浪漫派哲学》，作者诺阿克；《十九世纪的思想和社会潮流》，作者 T. 齐格勒；《十九世纪德国精神生活中的哲学》，作者文德尔班。

这些倾向，尤其是其中的浪漫主义倾向及新唯心主义倾向对谢林造成了很大影响。德国在批判哲学的推动下不断前行的自然科学思潮和斯宾诺莎主义都是他的兴趣所在。青年时代的谢林十分擅长对费希特哲学进行阐述，因此他还在图宾根神学院学习的时候就已经声名卓著；数年后，他对费希特的哲学做了自然科学的补充，浪漫主义诗人歌德对这一新的自然哲学赞誉有加，德国的自然科学家对它也非常钟爱。

1775 年，弗里德里希·威廉·约瑟夫·谢林出生，在图宾根大学神学院就读期间（1790—1795 年），他对神学与哲学进行了学习和研究。在莱比锡大学就读期间他做过两年家庭教师，教导过两名学生，其间一直在对数学、物理学、医学进行研究。1798 年，他接受耶拿大学的聘请，成为该校教授。在那里，他对以奥古斯特、卡柔林·施累格耳为领袖的浪漫主义学派非常倾慕，也就是在那时，他撰写了他最负盛名的著作。1803 年到 1806 年，他供职于维尔茨堡，其间他做过很多工作；1806 年到 1820 年，他出任慕尼黑美术学院院长；1820 年到 1827 年他成为埃尔兰根大学教授；1827 年到 1841 年，他回到慕尼黑，以教授的身份供职于一座新创办的大学；后来，他应召前往柏林，担负起对盛行于德国的黑格尔哲学进行遏制的任务，然而他失败了。1854 年，谢林逝世。

早些年，为了令这一哲学延续，谢林将费希特的精神贯彻到底，并对费希特哲学进行了重新论述。这一时期谢林的著作包括：出版于 1797 年的《关于自然哲学的一些观念》，出版于 1798 年的《论宇宙精神》，出版于 1800 年的《先验的唯心主义体系》。在斯宾诺莎主义和布鲁诺哲学的影响下，谢林在第二时期主张存在一个等级较高的元质，心灵与自然就是这一元质的两个方面，这一思想在他出版于 1802 年的著作《学术研究法》和《布鲁诺》中都有表现。第三阶段，谢林发展了被他称为实证主义的天启或神话哲学或者说是通神学，这一哲学体系非常近似于雅科伯·柏麦的哲学体系。他视宇宙为与上帝相脱离的沉沦。他以天启或神话的混沌为起点对宇宙历史的意义进行探寻，主张我们可以在那里得到与人最初与上帝脱离相关的启迪。他这一时期撰写的著作都出版于他逝世之后，除一部分对人类自由进行论述的文章之外。

参考书

全集，其子编，1856 年以后，十四卷；选集，魏斯编，1908 年，翻译载《思辨哲学杂志》；瓦岑等所撰写的专著；《谢林、黑格尔和费希特》，作者博兰德；《谢林的实证哲学》，作者弗兰茨；原版第 396、第 435 页所列的著作。

第二节　自然哲学

谢林十分积极地对新唯心主义进行论述，他对以心灵为凭依阐释世界十分热衷。然而，从谢林在哲学领域崭露头角时，费希特早已构建完成的自然观角度来说，那种观点并不令他满意，亦即主张自然以绝对的自我为泉源，绝对的自我存于个体的意识之内，自然的作用就是对意志进行阻碍或刺激："人类以自然为自身职责的素材。"如费希特一般，谢林的哲学也朝着泛神论与客观唯心主义靠拢，单纯的认识论层面的自我被转变成了绝对的形而上学层面的自我。假如穷究到底，实在就是与人类精神相类似的一个鲜活的、对自我起支配作用的历程，将自然视作存在于意志外部的障碍或者沉寂且死气沉沉的机械界就不可以。自然之所以能够为人所认知，是因为它有理性、有目标，同人类相类似，是某一处于活动状态的精神的表征。然而，理性是智慧，却不一定要具有意识，同信仰哲学家及浪漫主义者一样，谢林也对理性的概念、心灵和精神的概念做了扩展，以便于某种在有机界、无机界中彰显的，有目的性、有本能，以至高的自我意识为演进方向的无意识的力被包含其中。心灵是有意识的，自然是无意识的，两者都拥有自己对自己进行支配的能及单纯的活动；实在是完完全全的活动、生命及意志。绝对意义上的自我或意志或者具有创造力的能是所有事物绝对意义上的泉源、基础或根基，是宇宙遍及各处的精神；所有具有现实性的事物都以它为泉源，所有的事物都潜隐其中。理想与实在同源，思想与存在也同源；在拥有自我意识的心灵中显现的能同样具有创造力，这一创造力无意识地于感官知觉、动物本能、有机物的发展历程、化学反应、化学结晶、电的表征、万有引力之中发挥着作用，这些事物中的每一种都兼具理性与生命。构成身体本原的冲动漫无目的、没有意识，本原为它无意识地推动，之后，它知觉到了自身的存在，就仿佛从无意识的工作状态（漫无目的的奋进状态）中脱离，转变成了单纯的自我意识和精神。在我与其他全部自我中具有一般性的自我彰显，它于灵魂中知觉并意识到了它自己。唯有以一般性的自我为根基，实在性才属于我们；若作为个体的我们处于孤立状态或者无所凭依，实在性就不属于我们：处于绝对意义上的孤立状态的自我是虚无空幻的。

谢林把自然当作可以被目见的精神，把精神当作不可以被目见的自然，浪漫主义的联想因这一思想而被促进，它对新时代的诗人进行鼓舞，使他们在审视世界的时候满怀怜悯与热爱，并将精神与生命赋予世界，这是他们在呆板滞涩的机器面前所无法感受到的。

然而，存在与思想并不是斯宾诺莎所主张的两个处于绝对平行状态的方面，而是绝对意义上的精神在演化前进的历程中所表现出的各异的阶段或时期或步骤，精神与自然也如此。绝对有历史性，是一段进程，可以自我延展，以自我意识为至高目的。就像我们在同一个自我中不断演变，从无意识到半意识再到有确实明晰的自我意识，同样地，具有一般性的自我也自黑暗中升腾直达光明。这一创造力的存在已经在无生物界到以人为代表的有机界的渐次演化中被证明，这一创造力是自由的，处于渐次演化的状态。存在于自然中的无意识或沉寂且死气沉沉的事物不过是自然在对自我进行彰显时的失败的尝试。将自然视作沉寂且死寂沉沉的智慧是不成熟的，然而，理性的线索在它的表征中无意识地被显现。在人这里，以自我意识为至高目标的自然达成了它的目标，在这里，精神与自然同源的启示为人所获。所以，最完善的自然观应该是这样，存在于其中的所有自然规律都能为知觉与思维所用，所有的自然都可以以智慧来归纳总结。

不管是以自然或自然哲学为起点，还是以精神或具有先验性的唯心主义哲学为起点；不管是追溯探问无意识的自然怎样从自有意识的智慧演化而来，或者有意识的智慧怎样自无意识的智慧演化而来，全都不重要。认识与实在遵循着同一原则，必须以相同的规律或条件对认识何以会存在及世界何以会存在的问题做出解答。结果毫无二致。以本初的感觉为起点沿着自我意识的历史轨迹不断向上追溯，同时就是对在自然中现象的具有绝对意义的本原的演化历程进行追溯。"所有的属性皆为感觉，所有的物体皆为与自然相关的知觉；自然及附属于它的所有知觉和感觉都是智慧的凝结。"

相同的规律为所有事物所具有，所有的事物皆同源，皆以自然的齐一性为活动准则，所有的事物在跃动时都以同一节拍为应和。收缩的过程与膨胀的过程构成了它的活动，本原通过将自身中隐含的事物舒展来实现自我客观化的目的。可以说它就是它自己的泉源，在被扩展及充盈之后，它又将自身当作了归宿，自然状态的自我以主体与客体的形式于自我意识中彰显。它在这一阶段发生分化，并知觉到了自身的存在。如同源但处于不同阶段的有机界与无机界一样，存在于自然中的，包括热、光、磁、电在内的所有力也都是同源却处于不同阶段的。所有有机形态都具有一致性，它们以同一组织原则为根源，遵循同一计划被创建，一条渐进的阶梯被它们塑造。自然的每一种造物都以相合的有创造力的精神为泉源；自然中的每一个局部对整体都有促进作用。在整体中，人是等级最高的造物，人以完成自我意识为其存于整体中的目标。

就如费希特曾经尝试着从逻辑的角度对精神发展的阶段进行论证一样，谢林也尝试着对自然演进历程中必须经历的阶段进行推论，并先验地对自然进行构建。谢林与先行者费希特、赫尔德，后来者黑格尔一样，都主张世界受到了辩证历程的影响，有正反两种相互对立的活动存在于这一历程之中，两者可以于一个等级较高的合中被调和或变得和谐。他以三重法来称呼它：反作用紧随作用；合或和谐以对立为泉源；时间恒常运动，合因此而被分解。所以，不可能有沉寂且死气沉沉的实体或者处于静止状态的实体或者恒常不变的原子存在于自然之中，自然也不可能处于彻底的变化状态中。譬如，不存在绝对意义上的固体与液体，只存在两者相合的物体。在有机界的细节与无机界的细微处，谢林都对这一思想进行了应用；如我们所见，在以下体系中，表现了那一规律：吸引、排斥、万有引力、磁、电、化学性；感觉、刺激、生殖。在他看来，科学与诗歌彼此相合、彼此交错，逻辑与想象互帮互助，对这些，我们不再进行论述；只需告诉读者，在当代自然科学中，谢林所主张的视自然为最基础的、处于活动与演化状态的思想十分盛行就足矣了。

由于自然具有活动性，有规律、理性、目标含蕴于其中，所以我们可以对它进行认知，能看见它丰盈的内涵。我们的血肉与它的血肉相互联结。费希特对传统意义上的实体恒常不变且处于静止状态的观点抱持排斥的态度，谢林也一样。他用动态的观念取代了静止的观念，主张一般性的生命观念，主张本原是鲜活的、处于演化状态并极富创造力，原本无意识，后来渐次发展出了意识，它以人之自我意识的理性为终极目标。他对数学—物理的自然观表示反对，对目的论的自然观表示赞同，并用后者取代了前者，或者说，机械论与传统的目的论被他以无意识的目的观念进行了调和。具有绝对意义的活动在低阶段时好像抱持某种有意识的目的；它尽管处于活动状态却无意向，它的活动也非受到了存在于外部的机械的压迫。假如观察者可以在内部对它进行观察，而不是仅仅对它存在于外的各异的形态、阶段或表征进行观察；假如它可以等同于运动和冲动对自身有所知觉，它就会明白，这一行动的发生并非以外部的压迫为因，而是内部推动的结果，那外向的活动本就是它自身意志的彰显，它要到何处它自己很清楚。

许多荒唐怪诞的思想被包蕴于谢林的自然哲学体系中，他的论断通常都很大胆，比喻也充满了幻想，但那华美的词句却不曾对事实进行阐述，也不曾做出任何证明。他忽略细节，想要以逻辑程式将自然容纳，然而，是它激发了人们对自然的兴趣及对自然进行研究的兴趣，是它对偏颇的机械论的影响进行了抵制，甚至它使那被德国思想界引为地标的哲学本能或者说对一致性的探寻再次于大科学家的圈子中活跃；它对动态的概念与演化的概念做了强调，而现在，这一概念再次风行。

第三节　精神哲学

谢林在著作《先验的唯心主义体系》中对精神哲学做了详细的论述，我们在此不再论列，《先验的唯心主义体系》中阐述的许多观点都以费希特哲学为凭依，这一点显而易见。自我意识被谢林的精神哲学以历史的轨迹向上追溯，从本初的感觉到创造性的想象到反省再到具有绝对意义的意志的活动。既然对所有生命的形式施加影响的原则是同一个，因此我们可以认为精神活动与自然活动彼此契合；在人的意识之中，源于自然的各种不同的力仍旧在发挥作用。他采用了与费希特一样的方法：若不存在一个可以对无限的活动进行限制且被现象界引为泉源的绝对意义上的自我或者活力，有限的自我就不存在；若这样的现象界不存，自我就无法对自我意识进行知觉，也无法获得自由。客观世界以绝对意义上的理性为泉源，个体的自我意识、感官知觉、思想的必然范畴也以绝对意义上的理性为泉源。生活于社会中或者生活于有组织的国家中是自由与自我意识诞生的另一个必要条件。与实在世界相关的思维不可能为一个处于孤立状态的自我所有，由此，自由的意识也不可能为它所有。国家是具有一般性的无意识的理性的表征，一般性的意志决定着人与生俱来的自私的冲动；在无意识的状态下，个人社会化了，并以等级较高的伦理阶段为趋向，在这一阶段，他们做正当的事情完全是因为自己愿意去做而非被强制。自我意识在艺术领域达到巅峰，有独创性的艺术家以自然为模仿对象进行创造并对它有所知觉，亦即，他对具有绝对意义的活动有所知觉；绝对确实从艺术家的创造中知觉到了属于自己的创造力。

人类以艺术，而非费希特所主张的道德为最高尚的职能，在德国文学繁盛的黄金时代和政治颓败的无情时代，这一理论都非常盛行。

第四节　逻辑与直觉

将谢林的哲学理论舒展开来得到的是一个泛神论的体系，这一泛神论主张宇宙是有机的整体，是处于演化状态的鲜活的体系，有机整体的每一部分都对整体有促进作用，都各得其所。从这个角度上来说，主体等同于客体，形式等同于质料，理想等同于实在，它们聚合为一体不可分割；一等同于多，多等同于一；就像我们无法把构成整体的部分从整体中剥离，在与整体相脱离的情况下我们无法对部分进行了解，在与部分相脱离的情况下我们也无法对整体进行了解。我们发现杂多或差异中的统一在精神生活之中同样存在，认知的主体在认知活动中等同于被认知的对象。

那么，问题来了，这一体系的真理性如何去相信与确定，又怎样去证明呢？谢林认为事物以行动、生命、意志为本质，他又以何对他所表述的演化作保？他给出的答案前后并不一致。有部分时候他主张，既然绝对意义上的唯理性为世界所有，这种唯理性不证自明，理性就应当对它有所了解，我们也应当可以在思想领域再次将它构建。并且，既然逻辑存在于历史中，它必然的演化阶段就可以被我们在思想领域中模仿。于此，他以理想为基础架构了整个有机的知识体系，在这一体系中所有的判断都各得其位，整个有机体系以及另外的判断都是其真理性的凭依。他对几何方法进行运用，他以对斯宾诺莎进行仿效的方式构建了自己的逻辑—论证哲学。然而，虽然他曾尝试着以绝对的目标与概念为出发点，从唯理的角度对自然前进的阶段和精神前进的阶段进行推导，但他却并非始终都坚信可以在具有先验性的一般且必然的公设的基础上对自己的体系进行构建。在他看来，独断论、唯物主义、唯心主义都无法以哲学为凭依进行证明；人可以自由地对自己的世界观进行选择。唯一能够对自由的实在性及创造本源的实在性进行证明的就是可以自由地对自己进行支配的人类自身。当自由被我们当作理想时，实际上就等于我们隐性地对绝对的实在性、极富创造力的精神的实在性表示了肯定；若世界只具有物质性，努力获取自由就完全无意义；对理想的信任中涵盖着对一个精神世界的信任。自由是意志所需，它在审视世界的时候采用的是唯心主义的形式。另一个论证过去曾被费希特使用过，拥有自由的个人可以对自由为何进行认知，也可以对唯心主义进行了解。自由或绝对唯有在理智的直觉即理智主观的自愿行为或者独为哲学家所有的资质中才能为人所认知。以隶属于科学的知性、时空意义、因果范畴为凭依无法对存在于自然中的实在的内涵，亦即鲜活的、处于运动状态的因素进行把握。在谢林看来，"唯有处于静止状态的存在才能用概念进行描述，所以概念只能为有限、事物及感官可以知觉到的存在所有。运动的概念与运动本身并不相同，直觉不存，我们始终不能对运动为何有所认知。只有自由才能对自由进行理解，只有能动性才能对能动性进行理解"。自然科学以静止的态度看待事物，只不过对其存在做了了解，常识也一样；以哲学为凭依可以对事物的变化进行认知，可以对存在于其中的处于运动状态的鲜活的因素进行关注。在对事物进行观察的时候，自然科学也好，常识也好，都只看到了其表面，只是看到了被割裂的事物；从内在的角度对事物、对自在之物、对自为之物进行认知，才是我们必须做的，而要做到这些，我们首先要对自己进行认知。本质或基础条件以对直觉的宣告为手段为我们所把握，也许人们可以以此为凭依建立一个具有唯理性质的宇宙观，也许可以以此为凭依将谢林的唯理主义与直觉主义调和在一起。

谢林所处的时代是一个属于诗歌的伟大时代，在时代艺术氛围的熏染下，他将这一直觉当作了属于艺术的直觉。刚开始的时候，他视自我意识或单纯的自我反思为绝对目的、生命、精神的最高演化成果；在他看来，这一情境唯有在哲学家的直觉之中才能被经验到。之后，他用艺术作品来对宇宙进行诠释，在宇宙创造的过程中，绝对将自身的目的实现。所以，人类以艺术而非哲学为至高职能。在艺术作品里，主体等同于客体，形式等同于质料，自由等同于必然，理想等同于实在，精神等同于自然，或者说它们之间彼此渗透。于此，被哲学引为追求目标的谐和被完成，谐和在人面前呈现，能够被人看见、被人听闻、被人触摸。自然本就是一首伟大的诗歌，它的隐秘被艺术揭示。从理想被极富创造力的艺术家所实现的角度来看，艺术家的创造与自然的创造存在一致性，因此，自然怎样工作为他所知。这样，直觉的宇宙定然能以艺术为绝对意义上的模型，哲学以艺术为真正意义上的组织。哲学家就像是极具艺术天分的人才，必然可以对宇宙的同一与谐和进行知觉，绝对意义上的认识等同于审美层面的直觉。审美方面的概念与有机的概念十分相似，部分时候，谢林就以有机的概念来对理智的直觉进行描述，亦即对事物由具体之中看到普遍，由杂多之中看到统一，由差异之中看到同一的能力进行审视。他明确指出，这并不是一种神秘的职能。然而，一个人若无从零散孤立的经验材料中超脱的能力，若无透过现象看到实在的本质的能力，他就没有成为哲学家的希望。

唯心主义哲学对这一处于科学的数学—逻辑方法对立面的思想抱持反对的态度，德国文学也是。以目的论或有机概念为基础，歌德对自己所有的艺术观、人生观、自然观进行了构建。他也主张能够透过局部认识整体，能够透过个别的实在认识形式或理念的能力，这是上天赋予思想家与诗人的等级最高的天赋，是某种潜在的指出人类与上帝相似的意识的启迪或一抹余光。这一天赋，即高度的直觉，遭到了麦裴斯托的讥讽与嘲笑，却又为浮士德所希冀。

在哲学成长的最后阶段，谢林对宗教的神秘主义理论进行了构建。在他看来，复归于上帝必然是源自上帝的沉沦的世界的目的，这一目的通过神秘主义的直觉可以被完成。在那里，灵魂将存在于自身之中的自我性剥离，以绝对性代之。然而，综合全部情况来看，绝对被定义为无限与有限的统一、自然与精神的相合，理想则被定义为以某种直观的感觉为凭依对近乎本原的存在的认知，不管这一直观的感觉是存于宗教情感中，意志的自由活动中，还是存在于艺术创造或思想家的自我意识之中。

第三章　施莱尔马赫

第一节　宗教哲学

对宗教，施莱尔马赫怀有浓厚的感情，他具有特殊的智慧与才华。他的思想体系是以宗教为核心构建的。对可以满足理性的心灵的实在观念进行发展是这位声名卓著的人物需要去解决的问题。作为一名思想家，他无法对源于康德、雅科比、费希特、谢林的伟大的哲学思潮不重视，也无法对当时盛行于德国的亲斯宾诺莎主义进行趋避。他还必须关注浪漫主义，许多浪漫主义的领袖人物都与他交情甚笃，他们带着神秘色彩的气质也与他的宗教气质相契。他对希腊的唯心主义，尤其是柏拉图的唯心主义进行研究，还用德文对其著作进行了翻译。从柏拉图这里，他获得不少与世界观相关的素材。施莱尔马赫以哲学爱好者自称，他乐于接受所有思潮的熏染，在他的体系中存在诸多前后矛盾之处，但对一个切切实实的折中派来说，这样的不一致也没什么可奇怪的。不过，在汲取了同时代所有与自己的宗教与伦理需要相契合的文化元素之后，他构建的与自己的基本目的相符合的体系也确实是折中主义中最独立且满怀创造性的，亦即他对一个庞大的、隶属于新教的神学体系进行了构建。因为对自身所处的时代充满了赞赏之情，因为深悉时代的文化，施莱尔马赫才能在宗教思想方面具有如此深远的影响，才会被盛赞为"新神学的创始人"。

弗里德里希·丹尼尔·艾尔恩斯特·施莱尔马赫是布拉斯劳人，1768年出生，曾经就读于摩拉维亚兄弟派创办的学校，该教派为虔信派。1787年到1790年，施莱尔马赫入读哈勒大学。大学期间，他对神学与哲学做了进一步的研究。毕业后，他成了一名家庭教师。1794年，他改行做了牧师。1809年，他加入了柏林三一教会，成了一名传教士。1810年，受聘于柏林大学，成为该校的神学教授。二十多年来，他一直都以传教士与神学教授的身份活跃于社会之上，直到1834年，他的生命终结。在常居柏林的日子里，浪漫派的一位领导者对施莱尔马赫的思想产生了一定的影响。但浪漫派的主张过于极端，施莱尔马赫并不能完全认同，最终也未曾表示追随。尽管他是一位神学家，但在哲学史资料研究方面，他的成就也是斐然的。

施莱尔马赫的著作包括：写于1799年由欧曼译注的《论宗教》；写于1800年的《独白》；写于1803年的《批判迄今为止的伦理学说》；写于1821年到1822年的《基督教的信仰》；译注于1804年到1828年期间的柏拉图的《对话》，书中有施莱尔马赫的注解，他还为该书做了引言；1834年到1864年间，布饶思主持编辑了施莱尔马赫作品选集。

参考书

《施莱尔马赫》，作者塞耳比；《施莱尔马赫的神学》，作者克罗斯；前引书，作者弗赫斯；《施莱尔马赫的生平》，作者狄尔泰，第一卷；《施莱尔马赫的宗教哲学》，作者克朗莫塞耳；原版第396、第435、第450页所列著作。

第二节　知识与信仰

对费希特的唯心主义学说，施莱尔马赫一直都抱持排斥的态度，原因在于它试图以自我为凭依对所有的实在进行推演，且对实在世界的存在进行了肯定。由此，人们被迫对所有存在及思想具有先验性的基础进行推论；所有具体的事物都以同一存在为泉源，这一同一的泉源是本原同一性及所有差异与矛盾消逝这两者的统一。人可以对事物本身的属性进行认知，并不是如康德所主张的那样，只能对现象进行认知。然而，因为知觉的属性为人类的思维所具有，人无法对事物的本原进行适当的认知；思想永远无法对绝对意义上的同一进行领悟，它的运动一直存于对立之中。问题是要认识绝对的本原，即思维和存在的同一、上帝，然而，以唯理的知识为凭依根本就无法对本原的真实属性进行把握。要实现它根本就不可能，唯有无限地去接近，差异与对立于概念的思维之中恒常存在，但差异与对立却不存于终极的泉源之中。所以，哲学不等同于科学，它是认识论，是与认识相关的科学，它是辩证法，是与思维相关的艺术；它以社会思想或协作思想为泉源，将靠近目标的方法授予人类。以康德的方式，即凭依着实践的理性也无法对上帝进行适当的认知。实际上，上帝的概念早已被施莱尔马赫当成了真理的准则，他还以它为基础对知识的概念进行了构建；以人之智慧无法对神性的统一与本质进行了解，以人将事物割离的习惯也无法对神性的统一与本质进行了解。

唯有在有预见性的直观知觉或者宗教的情感中，人才能对理性进行领悟；人能借由情感直接与上帝进行交流；以概念的术语无法对思维和存在进行界定，它们是绝对意义上的同一或统一，人可以在自我意识中直接对它们进行经验。宗教是一种情感，与对世界绝对泉源的绝对凭依相关；所有有限的事物都具有无限性，且以无限为存在的凭依，它很平易地知觉到了这一点；所有倏忽而逝的事物都是不朽的，并将复归于不朽。对启蒙运动中兴起的浅薄的神学即唯理主义，施莱尔马赫一直抱持反对的态度，对将上帝视为赏善罚恶者的功利的旧观念，他也抱持反对的态度；他在对宗教进行构建的时候凭依的基础并不是具有确实性的道德，即便康德与费希特都曾这样做。他指出，礼拜活动、道德行为、理论教义、唯理的论证都不是宗教（的关键）所在。由于人类无法对上帝进行认知，神学理论必然与宗教情感相关；对宗教情感的含义进行清晰的表述，使人对其有一个明确的认知，这才是它的职责。

第三节　上帝、世界与个人

施莱尔马赫在自身的神学体系中从事的就是这一工作，他的神学标志着斯宾诺莎主义与唯心主义的融合，而在 19 世纪初，这种融合在德国相当普遍。他在审视绝对的时候采用的是有机的观点，并以人类精神与绝对相类比，将这些都视为思维与存在的同一及于差异中显现的统一。对斯宾诺莎的观点，施莱尔马赫并没有一以贯之，他曾努力将二元论融入自己的泛神论之中。世界是真实的，上帝是真实的，世界与上帝具有同一性；然而，事物的形式并非单一的，也非没有本质；从相对的角度来说，世界是独立的。恰当的宇宙论定然会对世界与上帝的不可分割性进行认可，亦即世界永远都不可能脱离上帝而单独存在，上帝也永远都不可能脱离世界而单独存在。然而，世界与上帝的观念却又不尽相同：上帝是一，没有时空属性；世界是杂多，有时空属性。

我们无法就上帝存在人格这一点进行肯定，因为那本就是对他的桎梏。我们也无法认定上帝的思想无限、意志无限，因为这些词语本身就存在冲突，从本质上来说，思维与意志都具有有限性，这是必然。所有生命都以上帝为泉源，它是一般意义上的创造力，在对斯宾诺莎的实体观念进行解释的时候，赫尔德、歌德、费希特、谢林都采用了这一观点。

施莱尔马赫以某种程度上保证个人的自由与独立为出发点对个人与绝对之间的关系进行思考。自我的决定以个体的自我为原则，如莱布尼茨所主张的那样，自由就是天赋自然的演化，是个人能力的演化。然而，个体的自我与一般的实体都是宇宙的一员，两者彼此联系，前者嵌于后者之中，所以，个体的本性与宇宙必然是相契合的。任一具体或个别的自我都有与众不同的能力或资质，在整个事物的体系中他所占的地位也是绝对必要的。所以，他必须对自身的个性进行彰显，只有这样，整个体系的个性才能被实现。人格被施莱尔马赫赋予了非常崇高的价值，他坚信自我表现，认可自我成长。在德国思想界，浪漫主义倾向便以此为特征。虽然从绝对意义上来说，这种个人主义的倾向以某种情感为凭依，却也防止了人之灵魂在一般实体中的沉浸，他的个人主义伦理学也由此被构建。他不同情康德严苛的道德哲学，也不同情自然的二元论和理性的二元论；唯有主观与客观的意志在自然意志中相融，这一二元论才能被融合。

人有理性与意志，自然同样有；在存在于自然中的某种事物的等级较高的形式成长起来之前道德就以等级较低的形式存在着。自我意识的主体中存在的理性等同于自然的理性，这种理性为自然所固有，没有任何无法被调和的冲突存在于道德与自然的规律之间。理想并非是对较低等级的冲动的摧毁，而是在和谐的整体氛围中将自我的本性舒张。从伦理角度来说，人的活动之所以有价值正是因为其有着与众不同的属性。所以，一个与众不同的人在行动的时候必然会以独属于自己的本性为凭依。甚至是在宗教中，自由也该属于个人，个人可以以自己熟悉的、与众不同的方式来自我彰显。不可以用自私的个人主义对这一学说进行解释，因为施莱尔马赫主张，只要一个人对自我人格的价值有所认知，就会对其他人的价值进行欣赏。对个人而言，完善的至高境界就是天下为一家。所以，伦理生活的成员是一个个独特的人，他们组成社会。他们的生活也就是社会生活的一种，这些人不仅会尊重人类的个性，还会尊重自身或他人的个性。"一个人与宇宙越相似，其与他人的沟通就愈充分，所有人的同一就愈完善……超越自身、克服自身，就能以此为路径通达真正的永生不朽。"然而，是宗教情感将一个人生活的方方面面照亮，并使之同一。通过虔诚的情感，人们意识到了自身对独立人格的渴盼，这种渴盼与宇宙的活动有统一性；"宗教将世间所有的事情都视作上帝之事业。"个人不可能永生；宗教所主张的永生实际上是与无限的相融；永生就是"每时每刻都不朽"。

第四章 黑格尔

第一节 黑格尔及其前辈

康德的先决条件是费希特哲学的起点，也是谢林哲学的起点，知识以精神为泉源；追本溯源，所有的哲学都与精神相关，其中至关重要的是范畴与形式。两者都以动态的观点看待实在，因为他们都肯定理想以一鲜活的、处于活动状态的历程为泉源。虽然他们思想的倾向偏于浪漫主义，却依旧致力于以逻辑的方式揭示经验被架构的基础，并以此对经验世界进行诠释。我们非常清楚费希特早期的哲学观点被谢林进行了怎样的修正，被加工的数个领域都至关重要，且这是最起码的。可以这么说，哲学在谢林的体系中再次转变为形而上学，自然被视作绝对意义上的本原向前演化的历程，精神也是；在无机界和有机界、个人生活中、社会生活中、历史中、科学中、艺术中，这一本原都有所体现。在本体论的范畴中批判的认识论被应用；存在的必然形式被等同于思维的必然形式。在谢林的思想中，自然占据了至关重要的地位，无意识的活动不仅对非生物施加了影响，还对历史、社会及人类精神施加了影响。在早期的部分著作中，逻辑的方法一直为谢林所遵循，并渐次被填充与替代，认识以审美的直觉为器官，费希特的伦理学被审美的愿望取代，人类更以审美的愿望为进步的目的。

黑格尔的哲学是以费希特哲学和谢林哲学为基础构建的。他坚持使用逻辑的方式，对费希特的理论表示赞同，致力于以唯理的科学为基础对其好友谢林的世界观进行重新构建；他对谢林的理论表示赞同，认为逻辑、形而上学和本体论是同一的；他还对费希特与谢林的共同观点表示赞同，主张实在是一个历程，很鲜活且正在成长。他还视理性、精神与自然为同一；不过自然被他视为理性的附庸了。诚然，在他看来，所有的实在都等同于理性，同样作用于理性的历程无处不在。所以，所有现实的都合乎情理，所有合乎情理的都具有现实性。所以，历史与自然中都存在逻辑，追本溯源，宇宙本身就是一个具有逻辑性的整体。绝对并不意味着不存在任何差异，"每一头在其中的牛都是黑牛"，就像（在黑格尔看来）谢林曾指出的那样，而是理性本身。在斯宾诺莎看来，绝对为主体，而非实体，这也就是说它是历程，是演化，是生命，是认识，是意识。所有运动、所有活动、所有生命都只是思维，无意识的思维，依循着思维的规律，所以存在于自然中的规条越多，其活动的唯理性就越强。最后，处于成长状态的绝对活动以自我意识为目标或趋向；在至高的成长中，亦即在真与善被完善的过程中，在把宇宙的目的与自身目的相等同的精神对宇宙的目的与意义进行认知的过程中，所有历程的意义都被涵盖。

乔治·威廉·弗里德里希·黑格尔是斯图加特人，1770年生人，1788年到1793年，他在图宾根专注于对哲学与神学的研究。1794年到1801年，他辗转于法兰克福与瑞士，以为私人授课来维生。1801年，他在耶拿定居。1805年受聘于耶拿大学，成为该校教授。1806年耶拿爆发战争，他不得不辞去工作。1806年到1808年，他出任班堡报编辑。1808年到1816年，他以校长的身份就职于纽伦堡大学预科学校。之后，他受聘于海德堡大学，以教授的身份教授哲学，后来又到柏林，在那里，有许多人追随他，他的思想也造成了极大的影响。1831年，黑格尔病逝，死因为霍乱。

黑格尔的著作包括：出版于1807年的《精神现象学》；出版于1812年到1816年期间的《大逻辑》；出版于1817年的《哲学全书》；出版于1821年的《法哲学原理》。他逝世之后，他的学生将他生前留下的与哲学史、美学、宗教哲学、法哲学、历史哲学等相关的演讲稿汇总在一起，于1832年以十九卷《全集》的形式发表。1906年，他的遗作《耶稣传》出版，该书成书于1795年；1893年，《道德体系》一书出版。拉松、博兰德、竹斯编译的新版单行本，可参见《哲学目录》。黑格尔被翻译的著作包括：哈瑞斯翻译的《逻辑》一书的第二卷，华莱士翻译的包括《逻辑》与《精神哲学》的《百科全书》，贝利翻译的《精神现象学》，底德翻译的《法哲学原理》，哈尔顿翻译的《哲学史》，席布雷翻译的《历史哲学》，司皮尔斯翻译的《宗教哲学》，博赞克翻译的《艺术哲学》导论，哈斯蒂翻译的节译本，布瑞安特翻译的第二编《思辨哲学》。

参考书

《黑格尔》，作者 E.凯尔德；《黑格尔的逻辑》，作者希本；《黑格尔哲学研究导论》，作者 W.华莱士；《黑格尔的秘密》，作者斯梯林，共两卷；《黑格尔逻辑的起源和意义》，作者贝利；《黑格尔的逻辑》，作者哈里斯；《黑格尔逻辑集注》《黑格尔辩证法研究》《宇宙论》，作者麦克塔加尔特；《黑格尔主义和人格》，作者 A.塞瑟；《黑格尔体系中的思想和实在》，作者 G.W.肯宁汉；《黑格尔的教育理论和实践》，作者麦肯齐；《黑格尔及其时代》，作者哈伊姆；《黑格尔》，作者 K.费舍；《黑格尔哲学中的原理和方法》，作者乌尔里齐；《黑格尔哲学中的活东西和死东西》（德译本），作者柯罗齐；《黑格尔的逻辑》，作者诺埃耳；《黑格尔的青年时代》，作者狄尔泰；《黑格尔早期的神学著作》，作者诺耳；《黑格尔的历史哲学》，作者 P.巴特；《黑格尔的法哲学》《宗教哲学》，作者博兰德；《黑格尔的国家和历史哲学》，作者莫里斯；关于后起康德派著作，见原版第 396、第 450 页。

第二节 哲学问题

黑格尔指出，对整个经验世界及自然如实地进行认知，对包蕴于其中的理性进行理解与探究正是哲学的任务所在。须知，哲学中的理性并不是一种偶然的、短暂的、浅薄的形式，而是不朽的规律、本质与恒常的和谐。所有的事物都有存在的价值，世界上存在的所有历程也都深具理性，太阳系的秩序是理性的，有机体是理性的，充满价值、目标明确。既然实在归根到底是具有理性的，实在是一个逻辑的过程，一个必然存于概念与思维中的过程，那么，就唯有人的思想才能对它进行认知；哲学以对理性赖以活动的必然形式或认识进行了解为职能。所以，逻辑就等同于形而上学，二者具有一致性。然而，世界是动态的，不是静态的，它一直以前方为方向进行着运动；思想这样，理性也这样。真正的概念是运动或演化的过程，等同于活动。所谓演化的过程就是过去没有成长、没有分化、没有割裂、本质相同的某一事物，或者说是抽象的事物，以各种截然不同的形式成长了、分化了、割裂了；虽然它们演化的形式不同，各种形式之间还存在冲突与对立，但到最后，它们终究会达成一致，会变得统一，成为具体且个性化的事物，换言之，就是于差异之中达成了统一。被我们当作切入点的抽象的、非确定的泉源或基础朝着具体的、确定的实在转变，包含于其中的对立彼此调和或与整体相合。低级的演化阶段以高级的演化阶段为自我实现,事实上,低级阶段的目标就是高级阶段;从这个角度来说,低级阶段以它为真理、目的、意义。在低级形式中隐性的存在,在高级形式中转变为显性或者说变得明确清晰。在整个演化进程中,任一阶段都是未来某一阶段的预示,也都涵盖了之前所有的阶段;任一存于世界中的阶段都兼具预示与诞生物双重身份。在高级的形式中,低级的形式不再是原来的样子,被否定了;然而高级的形式却也对低级形式做了保留,使它以升华的方式延续。这一思想被黑格尔表征为扬弃,事物以对立面为朝向而发生的过渡则被黑格尔称之为辩证的过程。

在黑格尔看来,所有的运动与生命都以矛盾为泉源,整个世界都被矛盾的规则支配,所有的事物都具有矛盾性,前文所表述的种种实际上都是对黑格尔这一主张的诠释。一切都会以自身的对立面为朝向进行转化。种子中有自相矛盾的冲动,有变成另一种事物的意愿,它想要凌驾于自身之上。矛盾不存,生命、运动、成长、发展就不存;所有事物都会变成沉寂且死气沉沉的存在,世界也会变得静止不动。然而矛盾却不是全部,矛盾是自然界克服的对象而非驻留的对象。的确,事物以其对立面为朝向不断发生转变,但运动却始终在前行,被调和或者克服之后,对立面就会融入整体,成为具有统一性的整体的局部。单从相互关系的角度来说,对立就是对立,但从同为整体的组成单元的角度来说,对立面之间也非对立。用孤立的眼光对对立面进行审视,很难发现它的意义与价值。但从整体的角度而言,作为有关联、有计划的局部,它却有着自身的意义与价值。事物的观念、理性及目的都以它们为表征。事物要完成其目标,实现其概念,就必须对存在于其概念与存在之间的矛盾、它的现状、存在于为它所包含的实质之间的矛盾进行克服。譬如,自然界中的所有事物都致力于对自身的物质性进行克服、扫除存在于其现象中的阻碍、对它的真正属性进行解释,对永生的特性进行彰显。

并且,宇宙本就处于不断演化的目的,其理性的目标或目的在自身的演化过程中就可以被实现。这一观点隶属于有机论或目的论范畴。诚如黑格尔所言,有机体以有机的全部为真理,其目的、观念、形态都以有机的全部为实现。在整个演化进程中,至关重要的除了初始时存在何物,还有结束时发生何事，或者有何事理被揭示。整体中包蕴着真理，但唯有整个演化历程完完全全，整体才能被实现；在结束的时候，存在会对自身的实质进行揭示。我们能够这样说，从本质上来讲绝对就是结果，但这样的结果并不等同于完全的整体；真正意义上的整体不仅包括结果还包括整体的整个发展历程；在实现目的时，事物不会穷尽，真正能使事物穷尽的，唯有功业被完全实现的时候。

所以，结果为哲学所偏重；它必须对某种结果因何以另一种结果为因，又因何必然以另一种结果为因做出说明。谢林认为，在自然界或历史中，这一运动一直以无意识的状态进行着。然而，这一历程可以为思想家所认知，他能够对它进行表述，能够再次对概念进行思考。假如世界的观念早已被他把握，它的意义已经被他认知，与动态的、一般意义上的理性的活动相关的概念已再次被他追溯，他就可以通达认识的至高阶段。存在于他脑海中的概念的性质与一般概念的性质同一，存在于哲学家脑海中的具有辩证意义的演化进程与客观世界中的演化进程彼此契合；宇宙以主观思想的范畴为范畴，思维等同于存在。

第三节　辩证方法

假如哲学以对事物的属性进行探索，对实在的因由、根据、实质做明示，对事物的本质、根基、存在、目标做明示为目的，那么，它的目的与方法必须彼此契合。通过这一方法必须能够对世界的理性演化进程或唯理的进程进行重现。这一目的以谢林或者别的人所设想的神秘的属于天才的艺术直觉的方式或者与之类似的方式无法达成；没有任何其他的方法，除了严格进行思维。就像康德所主张的那样，哲学是概念的科学。然而在黑格尔看来我们无法以抽象的概念为凭依对实在进行全面细致的阐述；实在始终处于运动状态，是辩证的、动态的历程，以抽象的概念无法如实地对它进行表述，能够为抽象的概念所阐明的只有很小的一部分。实在有时候这样，有时候那样；从这个角度来说，实在中满是冲突、对立、否定，植物萌发、开花、萎谢、消亡，人年少、成年、老年。唯有对存在于事物中的所有真理进行揭示，对存在于事物中的所有冲突进行论述，对其如何在事物和谐同一的生命整体中留存并调和做明示，才能正确地对它进行审视。

存在于日常生活中的抽象的思维对事物的理解是孤立的，它将这一事物视作确实的实在，只对其与众不同的对立与阶段进行思考。唯有区分、关联、对立才是理智力所能及的事，它无法对对立中的统一进行思索，无法对内蕴于事物与生命中的目标进行理解，譬如，动物的活动令它讶异，动物的本质也令它讶异。对思辨的方法，理智一向不屑，但它却一直无法对生命的真谛进行把握。事物之间的冲突若割裂来看或者孤立地看根本就不具备任何意义；这类冲突唯有从和谐统一的整体的有机局部的角度进行理解；或者如黑格尔所言，理念中包含着所有与存在物相关的真理，因为真正的、具有唯一性的实体只有理念。每一个理念都遍布整体及整体的各部之中；在这统一体中包含着所有事物的实在性。心灵具有从整体的角度审视事物的活动或者从对立统一的角度审视事物活动的高级职能，然而，我们必须铭记，心灵与理智并行，心灵无法将理智抛弃。

所以，思维以抽象、空无、简易的概念为起点逐渐前进，变得丰富、具体、反复，变为总念。康德曾对这一方法进行过揭示，费希特运用过这种方法，谢林也是，黑格尔则用辩证法来称呼它；黑格尔与他们并无不同，也从三个角度对这一方法做了区分。以具有抽象性的普遍概念为起点（正），这一概念引起冲突出现（反），冲突的概念在第三种概念中被调和，所以，其他两个概念相合形成了这一概念（合）。举例来说，在巴门尼德看来存在是不朽的，在赫拉克利特看来存在恒常变化，原子论者否定了这两种观点，认为存在既是不朽的，也恒常变化；存在部分不朽的事物，也存在部分变化的事物。然而新的冲突与问题也于新的概念中诞生，这些冲突与问题必将为另外一种概念所调和、消弭。辩证的历程以总念或终极的概念为目标，紧跟实在的演化历程，不断前进，在那里，所有的对立都将留存或消弭。然而，不存在某个可以单独表征所有真理的概念，哪怕是至高的概念也不行，每一个概念都代表着真理的一部分；所有的概念构成真理或知识，其中任一概念都以另一概念为基础演化而来。真理是鲜活的逻辑历程，具有唯理性的实在也是，二者是同一的。

换一种说法就是：一种思想肯定以另一种思想为因，一对立的思想必产生于一思想，另一种思想是这一思想与对立或冲突的思想相合的产物。从逻辑的角度来说，思想的自我舒展就是辩证。如黑格尔所言，就仿佛思想或概念在自己对自己进行思索，它们恍如处于成长状态的有机体，存在内在的必然性，将自身的成长能力舒展，成长为一个具体的共相及有机整体。所以，思想家只需要让它以自身的逻辑进程为依照如上述一般发展；既然这一过程若按照对的方式前进就等同于世界的演化历程，那么，它便是事物固定的发展历程的再现。这样，人便可以像上帝一样对他的思想进行思维。

第四节　思维与存在

辩证的或思辨的思想是一段历程，它尝试着以无误的态度对有机的生命和运动进行审视，它是这样一段历程，在那里，差别被同化，有区分，但区分早被涵盖。哲学概念就是有机统一的区别、是不同部分的全部，亦即是于差异中统一的整体。在黑格尔看来，对立面的彼此融合形成了个体的共相的概念，他是要对思想及实在的属性进行表述。存在与精神及生命相类似，是处于流动状态的实在，就像浪漫主义者经常说的那样。并且，具有抽象性的理智无法对实在进行把握，它只是可以将实在割裂，见到实在或者实在最普遍的一面，而实在的有机属性则被它视而不见，这样，浪漫主义者又不存在错误。然而要对实在进行领会却不能以审美的直观感觉、玄奥的情感、抱有侥幸心理的猜测为凭依，实在的过程具有唯理性、有价值且必然能够为人所思维。实在并非癫狂的潮流，也并非自由的、绝对不存在任何价值的现象，而是一种向前的发展，一种井然的演化。借助它的结果，我们可以对它进行认知；从它要完成的目标而言，存于其表象中的所有冲突与对立都是可以调和、可以理解的。尝试着对实在进行分割，将其割裂为本性与现象、内与外、实体与性质、力与力的表征、有限与无限、精神与物质、上帝与世界，只会导致独断的抽象与不正确的区分的结果产生。核心与外壳都非自然界所有，现象等同于本性，内部等同于外部，肉体等同于精神，上帝等同于宇宙，如此这般，等等。

实在是逻辑层面上的一种演化进程，是与精神相关的进程。所以，只要我们以自身为凭依能够对它进行经验，就能够对它进行理解。然而，我们必须铭记，我们之所以这样认为并不是由于存在于我们自身中的某些具体概念、心理观念或者经验。具有唯理性的必然存在于所有的思想之中，人定然能够使之再次出现。人思维的演化与发展具有唯理性，它的运动是逻辑的、处于发生状态且具有辩证性；从这个角度来看，诚如黑格尔所言，它凌驾于经验之上，具有先验性，是一般的，是形而上学的。真理于种族中自我表征，而不在这个或那个具体的人身上自我表征，在种族的活动中，真理得以成长。在人类历史的演进过程中，在种族意识的发展中，理性或者说是具有神圣性的这一精神被表征。然而，永远不要忘记，唯有当人类历史兼具唯理性、必然性与逻辑性时，我们才以它为神圣理性的表征。

上帝被黑格尔称之为理念，意即隐性的宇宙，亦即演化所存在的所有可能不具时间属性的整体。理念以精神或心灵为实现。存在于世界中的所有被展开的逻辑—辩证历程都被理念以观念的形式隐然地涵盖；用客观存在的方式对自身规律进行表征的梗概为理念所涵盖。理念等同于理性，等同于具有创造性的逻各斯；活动的范畴与方法是事物本质得以构建的精神力量与客观意义上的思想，而非空泛的外表或死气沉沉的观念。逻辑以具有创造性的逻各斯的具有必然性的演化历程为研究对象。这一学说并不意味着作为逻辑理念或者单纯思想的上帝出现于世界被创生之前，因为黑格尔主张，在亘古之时世界就已经被创造。具有神圣性的精神定然要自我彰显，世界以上帝为处于运动状态的鲜活的理性，世界、历史、自然都是他的自我彰显之地；上帝必然要以历史及自然为必然进程朝着自我意识演化。（演化进程并不在时间的范畴之内，亦即，并不存在不曾演化的一段时间。演化成长的进程以绝对永恒为归宿；范畴为其隐性包含直到永远，空无不可能成为它演化的根源。但是，范畴的成长具有相继性，彼此相连，另一个是某一个的条件。）世界与上帝无法相互兼容，世界若不存，上帝也就不是上帝；世界不被创生，不在其存在中对自身进行认知，就没有上帝。对立与统一必然为绝对所包含，上帝与世界无法分离。理念不存，具有有限性的世界就不存，它并非孤立的存在；上帝不存，实在就不存，它的全部真理性都以上帝为凭依。就像存在于人脑海中的思想与情感无论如何波动都无法令脑海穷尽，神圣的精神也不可能因为自然现象的生灭而穷尽。就像思想与经验使人的精神变得充盈，人的精神为思想及经验所涵盖，并以思想及经验为凭依升格为愈发充盈的自我意识。同样地，以自身于自然中的自我彰显及在历史中的自我彰显为凭依，神圣的理念也变得充盈起来，并以这种自我彰显为凭依升格为自我意识，将过去的自在转化成了自为。宇宙精神的命运在有规律的自我舒展及异化过程中被实现，以对象为载体对自身进行思维，从而对其本质进行认知。绝对唯有在演化的历程中，特别是人类的演化历程中方能对自身进行认知。所以，黑格尔并不认为上帝就是逻辑层面的自我意识的历程，也不认为逻辑概念或者说上帝在世界被创生之前就已经存在——世界不存，上帝的意识就不存；上帝处于成长状态，唯有以人类精神为凭依才能充分地对自身进行认知，为一般的绝对理性所涵盖的隐性的逻辑—辩证过程唯有以人类为凭依才会变得明显起来。

第五节　逻辑与形而上学

以所有这些表述为依据，对具有神圣性的思想及本性十分重视的逻辑学必然是一门基础科学。宇宙精神实质中最深刻的一种为辩证思维所表征，以这一思维为凭依，宇宙精神对自身的本性进行认知；在这里，思维等同于存在，主体等同于客体，形式等同于内容。展开于逻辑之中的思维的范畴与方法等同于实在的方法或形式，这一形式兼具形而上学的、逻辑的、本体论的内涵。就像通过镜子可照见自身一样，思想能够通过事物的本质对自己的本质进行认知。无论在什么地方，理性都是同一的，无论在什么地方，神圣的理性都会将自己的作用发挥，以上帝的思想为因的事物在宇宙中实在且不朽。所以，我们在形而上学或宇宙的范畴或逻辑或自我的范畴中对理性和辩证的历程进行研究，以何处为起点都无关紧要，最后的结果总是相同的。从逻辑思维的角度而言，单纯的思想是在对自身进行研究，思维的主体等同于思维对象；并且，从逻辑思维的角度而言，思维的主体会随着思维本身的成长而成长。其他所有的科学都是逻辑的一种运用：自然哲学以宇宙理性的自我客观化、自我异化、他在或者绝对为研究对象；精神哲学对客观自然为理性所征服的过程进行明示，似乎它以自身为归宿或者通过演化而转变为自我意识。

一定要留心的是，不管是作为精神还是自然，在理性所有的表征中，都显露出了形式上无限短暂或者转眼就消失的改变。哲学并不以这些显露于外的、具有偶然性的形式为对象。哲学的目标是对为事物所涵盖的理性、不朽的秩序与融洽、自然的本质或精神的实质、为自然所固有的本性及规律、人类制度的理论根基及历史价值、具有偶然性的事物与短暂的事物之中含蕴的不朽的因素、在显之于外的形态中跃动的内部的波动进行了解。并且，唯有以概念为载体，以概念、逻辑思维或辩证为手段，我们方可对事物所包含的理性进行认知；所以，只有哲学知识或者具有先验性的知识，亦即法哲学知识、自然哲学知识、历史哲学知识才是真正名实相符的知识。

第六节　自然哲学与精神哲学

概念为逻辑所研究，对一个概念怎样以另一概念为泉源或者必然存在一种思维中的演化进行论证，亦即假如我们的思想没有谬误，我们就一定可以在阶段间相继，直达至高的阶段，直达这一过程的终极或巅峰，成为所有其他过程的集中表征。当这一概念为我们所思维时，我们正处于宇宙无法陨灭的不朽历程，即真正实在的世界之中。事物以存在于我们逻辑中的思维对象的总体为基础构建了一个代表其本质的有机整体。这一事物不止单纯地存在于人的脑海中，在世界历程、自然和精神、个人精神和社会精神、世界历史和人类制度中它都有所显现。然而，我们从逻辑的层面对理性的单纯状态进行思考就仿佛是在对它的赤裸状态进行思考一样；从这个角度来说，理性等同于逻辑理念，是投影的世界，没有任何实质的形式，是世界被创造之前就已经存在的上帝。由于它是纯粹的思想，没有实质的身体，不曾以宇宙为外衣，所以它是投影的世界。在黑格尔看来，逻辑不存于现实，若非以人的思维为载体，它便永远不现实；不存在于思维范畴之内的宇宙理性就不再是单纯的思想。黑格尔就是要这么说。逻辑不以其自然、历史、社会显露为研究对象，而以真理的体系、观念世界的本性为研究对象。然而，我们也可以将它的表征作为研究对象，可以看到血肉如何被附着于这一骨架之上，或者说定然可以看到其血肉的状态。理性在自然界的他在、外在性、相继性及时空中自我彰显。我们无法断言自然是逻辑理念的过渡方向，因为自然等同于逻辑理念，逻辑理念以自然为形式，逻辑理念有时间属性也有空间属性。自然等同于理性，有概念性，是存在于广袤及并列中的概念。黑格尔以无意识的、顽固不化的理智来称呼它，这可以被视为概念的自我舒展。并且，逻辑理念在以心灵或精神为目标进行演化的历程中将自然当作了过渡。亦即，在自然之中显露并进行表征的自然以精神的形式复归于它自己，理念在精神领域中以自己为对象自我彰显。

　　在以辩证的形式不断演化的过程中，精神或心灵以主观精神、客观精神、绝对精神的形式自我显现。主观精神以自然精神为凭依的灵魂；处于自然对立面的精神，即意识；在认识中与自然相互调和的精神，即精神为表征。这些阶段被黑格尔以人类学、现象学、心理学与之相对应。存在于有机的动物体内的灵魂是由宇宙理性或者理念转化而成。它自我彰显，对一个供自己使用的肉体进行创造，它转变为个体的、具体的灵魂，这一灵魂以其与众不同的个体特性，亦即无意识的创生为职责或使命。灵魂创造了一个供自己使用的有机体，对自己的存在有所知觉，将自身与躯体做了区分；意识以本原的演化为泉源，本原以肉体为表征。意识以认知为职能。在单纯的客观阶段，能够被知觉的对象被意识视为最真实、最实在的事物，以这一阶段为起点它上升到另一阶段，在这一阶段，自我意识与客观实在以理性为最幽邃深远的本质。这两种职能被位居至高处的心灵或精神相合为具有创生能力的认识。事实上，人只能对自身的造物进行认知。精神也以它自身的造物为对象，所以从本质上来说，能够进行认知才是精神，尤其是理论精神的作用。当认知对象被精神或理性贯注时，知觉产生。不生活在精神之中，不直接对对象进行知觉，就无法对对象进行明晰的说明，在单纯的、具有构思能力的理性思维中认识被完成。居于理性与知觉之间的是记忆、联想、想象、表征。概念在理性的作用下舒展并被引申，亦即，概念的自我成长以单纯的思维为凭依。所谓理性与知性的判断实际上就是将概念的因素进行区分；将概念的因素相合就导致理性的结果。在单纯的思维的成长过程中，理论的理智洞见了自身，对自身有所认知；它化身为理性对自己进行认知。

　　它以理性或理智为成长的唯一基础，所以，这一认识就是它对自我进行认知的结果，亦即它以实践精神、意志或自己对自己的支配为本质。意志好像是自然或具体的个体为了对它的要求进行满足而做的努力，或者是努力从不幸中脱离。沉溺于冲动之中的意志不可能拥有自由。

第七节　法哲学

宇宙理性或理念不仅在个人与自然之中彰显，还在人类制度、人类历史、权力或法（财产、契约和惩罚）、道德良知、习惯、伦理之职责（家庭、市民社会和国家）中彰显。理性于这一历史进程或者制度中自我实现或者转化为现实，亦即，以外在的形式自我彰显；从这个角度上来说，它被以客观理性来称呼。被人类制度引为泉源的理性等同于希望对人类制度进行认知的理性，法之理性、习惯之理性、国家之理性被无意识地引申而出，这一过程为法哲学所知觉。法哲学不以明示国家当如何为目标，而以对其实质，即固有的理性进行认知为目标；唯有以辩证的思维为凭依才能完成这一目标。哲学的任务是要表明，合理的制度如何渊源于公理或正义的理念或性质。对这一制度进行研究，就能够从历史的角度对其进行解释，就可以对其存在所凭依的环境、条件等进行说明。然而，真正从哲学角度上所做的诠释与从因果的角度上所做的这种诠释并不相同。从历史的角度对制度的演化过程进行追溯，对构建制度所必需的事件、情境需要做出明示与对其合理性及唯理的必然性进行论证完全是两码事。唯有先对事物的概念进行了解，我们才可以对法之道理、权利之道理、国家与习惯之道理进行了解。

在不受束缚的个人社会中客观理性得以实现，在那里，个人对民族的习俗与规条充满希冀。在这样的社会环境中，个人的道德（主观意义上的良知）以宇宙理性为原则；他目睹了于民族习俗及伦理义务中显现的其真正的、具有一般性的自我；他知觉到其自我意识在律法中有所显现，其自我意识中也有律法个性化的表征存在。具有主观性的理性以从伦理精神演化而来的具有自我意识的个人社会为演化结果。伴随着社会经验的日益丰盈，个人开始对公共事业充满渴望，开始对自由与自己的理想充满渴望。在这里，理想等同于实在，宇宙理性被个人理性视为自己所拥有的，个人将自身的能动性放弃，以宇宙理性来支配自身的理性，在民族精神、民众意识、民族心智中，宇宙理性均被彰显，此即为德性。世界历史以塑造具有完善自由的完善的国度为目标，自由意识的成长以进步为表征。宇宙精神以历史上存在的伟人及诸多民族为实现其目的的工具，唯有站在神圣的演化历程的全局角度来看，我们才可以理解为何所有伟大的民族都有需要被完成的目标。当它将自身的位置让渡于另一个更加强大的民族时，就意味着它的使命已经被完成。一个民族征服另一个民族就代表着被征服的民族的理念被取得胜利的民族的理念所取代，这样，强权变为公理，物质力量等同于合乎情理的正义。在黑格尔的假定中，弱者会被强者击败、物质与道德之间的相互矛盾推动着人类的进步，以此为凭依，他主张作为观念之间彼此斗争的形式，战争的存在并无不妥：世界以世界历史为仲裁。个人与众不同的兴致或情绪被宇宙理性或天道用来对其一般性的目标进行实现，理念以此为战略，战略的执行人就是那些伟大的人物。在著作《历史哲学》中黑格尔试图表明宇宙精神如何实现由它本质的辩证的演化所规定的目的。

第八节　艺术、宗教与哲学

在之前所有的精神成长阶段，宇宙精神都不曾对其本质进行过认知，也不曾登临自由与自我意识的巅峰。在每一个那样的成长阶段，思维不等同于存在，客体也不等同于主体，或者说所有的对立还不曾被彻底地调和。绝对精神是逻辑理念最高的演化阶段，它的唯一目的与全部工作就是将自己的本性呈现在自己面前，所以绝对精神具有无限性且不被束缚。所有可以对自身进行认知的个别的主体都具有绝对性。绝对精神一样要经历在艺术中显现、在宗教和人类精神中显现、在哲学中显现三个阶段。在艺术领域，绝对精神以非常直观的方式对自己的真理或者本性进行彰显；在宗教领域，绝对精神以表征或者想象来自我彰显；在哲学领域，绝对精神以逻辑角度的单纯思维或者概念的方式来自我彰显。艺术是精神于绝对自由的状态下对其内在本性的知觉；宗教是精神对其内在本质充满虔敬与诚信的想象；哲学是精神从思想的角度对其内在本质进行思考与认知。"上帝是哲学唯一的研究对象，所以从本质上来说哲学就是具有唯理性的神学，亦是一种因对真理的探寻而对上帝永远不变的敬慕。"所有的形式都在具有辩证性的演化历程中被实现，均具有属于其本身的历史，亦即艺术史、宗教史和哲学史。

在哲学史上，所有伟大的体系都是必然存在的某一逻辑成长阶段的代表，有必然属于它的位置。任一体系都有与其对立的体系存在，这一体系被它引发；在等级更高的综合体系之中，它们的矛盾被调和，之后，新的矛盾再次产生，以此类推，以至于无穷。终极的综合以黑格尔的哲学为代表，在那里，绝对精神对自己进行了知觉；它对自身在历史发展历程中的内涵有所认知，它经历了这一历史阶段。黑格尔便是如此宣称的。

第九节 黑格尔学派

1820—1840年，德国哲学界为黑格尔哲学所统治。在普鲁士帝国的支持下，德国所有的大学都以黑格尔哲学为代表。它的逻辑方法受到了大量思想家的关注，似乎以这一方法为凭依，唯理主义硬邦邦的抽象及神秘派失之草率的想象都能被规避；它自负地认为绝对的确实性是可以被他达到的，在人文科学领域他的确取得了很大成就，解决并克服了遍布于人文科学所有领域的一些困难与问题。黑格尔逝世之后，其学派发生分裂，出现了自由和保守两大支系。在与上帝、基督、永生相关的神学问题上，黑格尔并没有给出明确的意见，两派的分歧由此而生。以欣里赫斯、戈舍尔、加布累尔为代表的保守派以传统的超自然理论为凭依对黑格尔的哲学体系进行诠释，认为它主张个人永生、有神论及人形的上帝。青年黑格尔派，即自由派则坚持唯灵主义的泛神论，认为上帝是实体，具有普遍性，以人类为载体时才具有意识。单一的精神属于宇宙而非个人，且它是不朽的。上帝化而为基督，被其以上帝于人类中的自我彰显进行解释。这一学派的学者有李希特尔、卢格，同时期的还有B.鲍威尔、D.施特劳斯和费尔巴哈。部分站在自由立场上的黑格尔学派学者最终转变立场站在了自然主义的一边，这一派的代表有B.鲍威尔、D.施特劳斯和费尔巴哈。部分人在对右翼有神论学者心怀怜悯的同时，又对黑格尔思想抱持敌对的态度，这些人有C.H.魏塞、J.H.费希特及H.M.查利巴奥伊斯。

以马克思与拉萨尔为首的早期社会主义者，以黑格尔的哲学前提为凭依构建了自身的理论及经济史观。他们主张，是演化让原本合乎情理的变得与情理相悖，在社会主义社会，本来合乎情理的、正当的私有制将被视为历史进程中辩证的逻辑的结果而遭到废黜与颠覆。

在对哲学史和宗教史进行研究方面，黑格尔哲学起到了促进作用，由是诞生了一批伟大的哲学史学家和宗教史学家。前者包括特伦德伦堡、利特尔、勃兰迪斯、J.E.埃尔德曼、E.策勒尔、K.费舍、W.文德尔班，后者则以 O.普夫莱德雷尔为代表。在包括历史哲学、法理学研究、政治学在内的所有人文科学领域，他的影响力都相当深远。

参考书

关于黑格尔以后的时期，参看《黑格尔以后的德国新哲学》，作者西贝尔特；宇伯成格—海因泽前引书，第三编，第一卷；《德国目前的哲学》，作者库耳佩，译者 G.培吹克；原版第 396 页所列著作。

第八篇　黑格尔以后的德国哲学

第一章　赫尔巴特的实在论

第一节　反对黑格尔哲学

然而，对黑格尔的哲学抱持反对态度的同样大有人在，支持者与反对者彼此对立，甚至引发了一场浩大的反黑格尔运动。其中一些极端主义者甚至认为形而上学毫无用处，对所有的形而上学都抱持否定与排斥的态度，包括唯心主义、泛神论、唯理主义、先验的方法等各个隶属于新德国哲学的领域都受到了抨击。部分思想家在研究时一直坚持严谨的科学态度，但他们因此得出的结论却与新哲学存在冲突：多元论与实在论。还有一部分思想家不愿意对世界的合理性表示认可，在他们看来，哲学就是要对存在于实在之中的与真理不相符合的元素进行论证。另外一部分思想家则走上了直觉主义者、神秘派及信仰哲学的旧路，希望在超乎理性的范畴之外的领域，在心灵的其他职能之中，找到能够对宇宙之谜进行解答的方法或答案。赫尔巴特与叔本华对思辨哲学的反对最为激烈，他们都以康德的真正后继者自居，都对自然科学非常重视，都以经验的事实为思想的泉源。二人都对属于自己的形而上学体系进行了构架：赫尔巴特构架的是多元的实在论，这一理论实际上是对莱布尼茨理论的一种复归；叔本华的体系则糅合了费希特哲学、谢林自然哲学及暮年哲学，其观点与谢林的泛神论的唯心主义及费希特及谢林的唯意志论都有相似之处。

赫尔巴特的著作包括：1813 年的《哲学导论》；1824 年到 1825 年的

《心理学是科学》；1806年的《普通教育学》；1828年到1829年的《普通形而上学》；1808年的《普通实践哲学》；1883年到1893年，哈尔滕斯太恩编辑的第二版赫尔巴特作品全集；1887年之后，克尔巴哈编辑的十五卷赫尔巴特作品；1880年，威尔曼编译的第二版两卷赫尔巴特的哲学著作，M.K.斯密翻译的赫尔巴特的《心理学教科书》。

参考书

肯克尔等所撰写的有关赫尔巴特的著作，参看《当代德国心理学》，作者里博特，译者鲍尔德温。心理学史。

第二节　实在论哲学的理想

思想家约翰·弗里德里希·赫尔巴特（1776—1841年）擅长批评，且极富创造精神，他对后康德时代发展起来的整个唯心主义体系都抱持反对的态度。在未到达耶拿之前，他对康德及康德之前的唯理派进行研究；1794年他来到耶拿大学，聆听费希特的演说，1802年到1809年间，他成为耶拿大学没有编制的讲师与教授。在他看来，新哲学与来自哥尼斯堡的伟大批评家的原则相互背离，1809年，他受聘继承费希特的讲座，某一次，他曾以1828年的康德派自称。他对它的结论与形式进行抨击，用自己的结论对在所有领域都占据支配地位的学派的结论进行反驳。在他看来，人无法以某一原则为根据对实在进行推断，这样的哲学不在哲学之首，而在哲学之末。我们无法将存在归结为某个纯粹的基础，所以，泛神论不成立，一元论也不成立。诚然，不可能存在与自在之物，亦即事物的终极本质相关的认识，被黑格尔所主张的形而上学只是幻梦。然而，自在之物不是统一，而是杂多，它的确存在；世界之上不仅仅只有个人纯粹的观念存在。对唯理论的形式、先验论、一元论、泛神论、主观唯心论、自由意志，赫尔巴特全都抱持反对的态度，他以经验论、多元论、实在论、决定论取而代之。

在他看来，只有在经验的范畴之内，认识才有发展的可能。哲学的目标是以具有普遍性的科学概念或经验概念为起点，以无意识地被民族舒展的思想为起点。我们必须以形式逻辑为凭依对这一概念进行检视，形式逻辑以让这一概念明朗化为职能，假如存在冲突，就对冲突进行揭示。所以，通常来说哲学要把时间花费在概念上，对概念进行分析、对比并尝试着将其调和在一起。概念之中最简单、最确实、最明晰的，无外就是与事物、变化、成长、物质、自我意识相类似的概念，在此，却依旧有冲突、难题、差异为逻辑所发现，有大量的冲突存在于它们之中。举例来说，属性相互叠加之后形成了存在于我们思想中的日常事物：金子有熔解性，且质量很大；某一事物等同于大量的事物，杂多等同于统一。赫尔巴特肯定地说，所有存在冲突的事物都是非实在的，于是逻辑的矛盾律在哲学中重现了昔日的荣光。实在只能被以绝对意义上的自己与自己相互统一的体系来看待。从这个角度上来说，赫尔巴特终究是一位充满了严谨的唯理派学者，概念自身相互统一的体系才是真正意义上的知识。所以，假如我们通过经验获得的世界观充满了矛盾，（那么）这个世界观肯定是不成立的。形而上学对矛盾进行调和、清理、转移的工作由此开始；我们必须对常识中的概念与科学中的概念进行修正，使它们相互统一，以对存在于实在中的和谐的蓝图进行构建，使人们可以对经验的世界进行认知。

第三节　形而上学

在其形而上学领域中，赫尔巴特已经开始在准备做这些工作。他对康德的观点表示赞同，主张经验只能对现象进行揭示，但他也肯定地说从始至终现象都以同一事物为泉源，实在为现象所包含；现象以同等的程度暗示存在。于此，这位康德学派的学者又表露出了唯理主义的倾向，他以最源头的概念作为根基，以观念为凭依对自在之物进行推导。我们不能遵循唯心主义的方式，以心灵为泉源的纯粹产物对感觉进行解释；虽然观念具有主观性，但通过它，人们却能对存在于观念之外的自在之物的世界进行联想。问题就在于真正的实在，也就是这个世界到底是怎么构建的？

显之于外的由现象架构的世界满是冲突，有诸多属性，诸多变化。举例来说，我们可以说诸多属性为同一事物所拥有，某一事物的属性发生了改变。某一事物如何能成为诸多事物？某一事物为什么会是白色的，会是甜的，会是香甜的，会是坚硬的？为什么可以时而是此事物，时而又是彼事物？这不成立，因为存在冲突。任何一种事物对自己而言都是绝对意上的一，它与自己保持一致，对其变化与共存数种属性表示认可，在语言上就会出现冲突。任一感觉都以某一单一的存在或实在为指向。任一事物都是纯粹、恒常不变、恒常存在的，在时间与空间中不舒展，具有绝对性，无法被分割。一个纯粹的、具有绝对性的事物不可以被视作具有连续性的整体。从这个角度上来说，赫尔巴特是以同一律为基础对其实在论进行构建的。

假如某一事物就是它现在所展现的恒常不变的简单实体，我们要如何对其多变且多样化的幻觉进行说明？我们通过经验所认识的事物的属性因何会有如此多的变化？唯有以这一设想，即存在许多恒常不变的简单的基础质料、实体或者赫尔巴特所主张的实粒，为根据才能对这一情况进行解释。所有具体的、将简单显于外的事物事实上并不是拥有诸多属性的简单的事物，而是无数简单的、时常相合为一的事物或者实粒的叠加或集聚。由于事物拥有诸多的属性，我们就必须对诸多实粒的存在进行设想；这样的组合恰恰为这样的实粒所构成，这样的现象必然产生于这样的关联。我们用实粒的来与去对变化进行诠释；称某一事物的属性发生了改变，就是说构成该事物的单子或实粒之间的关系发生了改变；构成事物的实粒本身依旧如初，并未发生改变；改变的只是实粒之间的相互关系，是实粒数量的增减。正因为如此，我们才以事物"偶发的概念"来称呼现象。作为半径的直线与作为切线的直线可以是同一条，同理，在本质不变的前提下，某一实粒也能与另外的实粒发生各异的关联。根据为我们所采用的单纯偶然性的观点，不管实粒之间究竟有何关联，其实质或本质都不会因此而改变。

由实粒构成的世界中所有的一切恒常的维持原状，不会改变，不会发展，没有现象，是绝对的。然而，人将某一事物与另一个或部分事物或实粒相关联；可以被人看到的只有其外表及多变、多样的变化与冲突现象；所有的属性都是第二位的属性。根据这一理论，所有的改变与不同全都以人为因；新的事物不会存在于处于绝对意义上的静止状态的实在世界之中；所有存在于意识中的事件都是其表征。

然而，从实粒的表征来看，它是存在变化的，对此我们做如下解释。所有的实粒都致力于抵抗别的实粒的干涉，维护自己的存在。所以，相同的实粒为了维护自己的存在，抵抗别的实粒的干涉会采用不同的方法。从实在的角度来说，实粒并不存在变化，它对所有的干涉都抱持抵抗的态度，它维护自己的本质，或者说维护自己的属性，而它对自己的维护程度则完全取决于干涉它的存在的程度与属性。哪怕对立并不存在，假如它具有独立性，它也会对自己的属性进行维护。实粒对自己的维护始终保持在同一水平线上，从它所展现的面貌而言，它是恒常不变的。然而，为了保持自身的稳定，它需要视对立面属性与程度的不同而做出相应的调整。从实粒之间彼此不干涉的表述的角度而言，问题来了，一切如何存在可能性？实粒之间的确彼此作用；任何实粒都不会因为另外的实粒的出现而发生属性或状态上的改变，但是可以让其因要维护自身而做出不同程度的反应（活动）。以相同的方式对运动、时空、物质进行审视，它们是实粒在客观角度的表征，而非实粒本身。

第四节　心理学

被赫尔巴特所构建的心理学是唯理主义的心理学，这一心理学为形而上学所涵盖。哲学不可以以经验心理学为基础；心理学的前提是形而上学，形而上学的心理学不存，与理性批判相关的问题就无法被解答，甚至不能完全地进行讨论。心理学以数学、经验、形而上学为凭依。灵魂具有实在性，非常简单，不具有时空属性，它是我们在科学的强制下设想的首个实体。所以，心理学家所主张的种种能力与机能，灵魂其实并不具备。赫尔巴特以自己的形而上学体系为出发的前提，对机能心理学进行了抨击。由于作为实体的灵魂非常简单，除了维护自身的存在，它无法做其他任何运动。灵肉彼此相连，实粒集聚构成肉体；脑海是灵魂的存在之地。从本质上来说，所有灵魂都十分相似，灵魂的不同、灵魂成长过程中出现的差异全都以外部条件为因，如身体的结构。原本灵魂并不存在机能或者进行认知的能力；也不具备情感、冲动及观念；它无形式、无范畴、无直觉、无先验的行动规律或渴盼，它无法对自己进行任何认知。感觉是在灵魂为了保全自己而对其他的实体进行抵制时产生的；灵魂以感觉为自我保全的表征。处于成长状态的所有灵魂都以感觉的联结或重现的结果为内涵。心理学是与灵魂相关的力学及静力学。赫尔巴特以构建一门平行于物理力学的科学为目标。传统物理学以力为凭依对一切进行解释，新物理学则将一切都划归运动的范畴；传统物理学以机能与能力为凭依对一切进行解释，新物理学则必须以观念的运动为凭依对一切进行解释，观念以保全为倾向，感觉也以保全为倾向，别的心理状态则是它们要斗争的对象，由此，作用与反作用产生。赫尔巴特曾经尝试着以数学公理对它们的关系进行明示。它以观念之间的混杂、对立、融合来对心理活动进行解释；观念的改变引发冲动、情感、努力。心理活动不只包括意识活动，在意识的范畴之外，也有活动存在于无意识的范畴中。凭数学的方法可以对心理过程进行明确，所有存在于心灵中的活动都以某些固定的规律为准则，自由意志并不存在。

以认识主体的身份存在的自我、与自身具有同一性的自我、具备自我意识的认识都不是精神生活的根基，灵魂实体才是精神生活恒常不变的根基。当然，认为主体存在自我意识这本身自相矛盾。既是主体，又如何可能成为客体？自己如何能够对自己进行知觉或表征？主张被认知的对象与认知者同一，主体与客体同一，本就是矛盾的。并且我们永远都不可以对自我进行认知，因为它会将自己的根基偏移，一旦我们尝试着去捕获它，唯有客体才能为我们所得，亦即以客体的形式出现的自我被我们所认知。我们无法用眼睛看到自己，能为自我所见的不过是自身的画像，能够被关注、被眼见的自我与可以被观察、被知觉的自我不同，我们永远都无法对后者进行把握。具有自我意识的自我并非泉源而是某一泉源引发的结果；精神生活不会以它为天然的根基或核心，它自己却又以灵魂的一般活动为因。在客体被知觉之后，自我意识才产生，诸多与自我相关的概念被它倚之为前提。费希特所主张的单纯的自我不过是一个抽象的概念；经验的自我意识是可以为我们所知的唯一的自我意识，从始至终，这一意识都以客体为复归。

赫尔巴特的心理学理论以对机能论的排斥为特征，在他看来，灵魂具有唯一性的基础职能是表象，他的理论与统觉论、无意识、决定论、联想论及自我是产物而非泉源的观点相关。心灵并不以时空、范畴为先验的方式，它们以灵魂的一般活动为因，亦即以心理因素之间的彼此作用为因。

第五节 价值论

实在是形而上学必须进行探讨的对象。科学之中存在一门不以实在为探讨对象，而以价值为探讨对象，从审美的角度做出评判的学科，即美学。两者绝对没有任何相同之处，对一直以来存在的将两者相合的努力，赫尔巴特表示反对。判断不仅包括理论层面的判断，还有是与否的判断，我们以美丽或丑陋、应被责难还是应被赞美来对事物进行表述。美学的问题便是对判断的这些对象进行检视，对其中使人快乐或不快乐的因素进行发掘。在赫尔巴特看来这类对象是形式，而非内容；事物之中存在的某种十分简单的关联激发了我们认可与否的情感。

对道德美进行研究的实用哲学为美学所涵盖。我们对存在于意志中的某种关联认可或不认可。通过经验，我们知道伦理判断有五种类型或理念。我们对以个人信念与意志相契合为表征的内在的自由理念表示赞同；对以意志与种种拼搏的念头于同一主体中相调和的完善的理念表示赞同；对他人的意志进行满足为目的的仁爱的理念表示赞同。对彼此之间一直冲突、阻碍、倾轧的关系，我们并不赞同。我们对以所有意志都对另一意志的干涉进行包容为表征的正义的理念表示赞同。故意做善事或做恶事而不被报应的报应观念并不为我们所赞同。五种社会秩序以倒序与五种理论相对应：法律关系、劳资关系、行政关系、文化关系；在对与存在于社会内部的自由理念进行实现的时候，这些体系被结合在了一起。社会成员不相互倾轧，意志相合于理性，这是社会的至高理想。

以教育理论为凭依，赫尔巴特所造成的影响是相当巨大的。在他看来，教育的目的决于伦理，它本身则隶属于应用心理学的范畴。他以观念的彼此作用为因对精神生活做了机械的解释，这足以对他重视教育、重视兴趣、重视统觉价值的原因进行说明。

F. H. 贝尼克（1798—1854年）受英国经验主义的影响很深，受弗里斯与赫尔巴特的影响也很深，1833年，他出版了著作《心理学是自然科学教科书》，1837年，他发表了著作《实用哲学体系》。对赫尔巴特的观点，贝尼克一向抱持认同的态度。在他看来，心理学必须以经验为基础进行构架，而不是以形而上学或数学为凭依。心理学是一门科学，与内在经验相关，在人类的所有知识中，心理学是最确实的，形而上学、认识论、伦理学、教育学都该以它为根基。

第二章　唯意志哲学：叔本华与哈特曼

第一节　叔本华

阿图尔·叔本华是但泽（今属波兰，已更名为格但斯克）人，1788年出生，他的父亲是银行家，母亲是通俗小说作家，家境富裕。这位年轻人也经商，但对商业毫无兴趣，于是，他离开会计室，去往大学深造。1809年到1811年，他入读格丁根大学，1811年到1813年，他入读柏林大学，在校期间，他一直都专注于自然科学、哲学及梵文的研究。柏拉图与康德是叔本华最推崇与敬慕的哲学家。在柏林时，叔本华也去听过费希特的课，虽然在他看来黑格尔、费希特和谢林都是"哲学的空谈家"，但他的思想依旧受到了费希特的影响，这一点毋庸置疑。1820年到1831年，叔本华以编外教师的身份任教于柏林大学，那个时候黑格尔的声望正隆，他断断续续在柏林大学授过一些课程，但很显然，他并不是一位成功的教师。1831年，他退休离开柏林大学，历经沉浮，对每一个"哲学教授"都满怀愤恨，美因河畔的法兰克福成了他的长居之地，在那里他专注于思考与创作。叔本华大器晚成，但日渐盛隆的声誉也的确给暮年的他带来了许多欢乐。1860年，叔本华逝世。

他的著作包括：出版于1813年的《充足理由律的四种根源》；出版于1819年的《作为意志和表象的世界》；出版于1836年的《论自然中的意志》；出版于1841年的《伦理学中两个根本问题》；出版于1851年的《附录和补遗》；出版于1877年由弗绕恩斯德编辑的第二版六卷叔本华作品全集；1890年后，格雷席巴哈编辑的全集，新版可见锐克拉姆版，全书共六卷；1894年斯太内尔编辑的十三卷著作；1911年后，德森编辑的著作，瓦格内尔编辑的《索引》。

被翻译的著作有：1884年后被翻译的三卷《作为意志和表象的世界》，译者哈尔德恩、凯莫普；1891年第二版翻译的《自然中的意志》及《四种根源》，译者希耳布兰德；布洛克翻译的《道德的基础》；T.B.松德尔斯翻译的《论文选》。

参考书

W.华莱士等所撰写的专著；《叔本华、哈姆雷特和麦斐斯托斐利》，作者保尔森；《叔本华和尼采》，作者齐美尔；《叔本华对康德的评论》，作者粲诺夫；《叔本华形而上学的发展史》，作者T.H.洛伦兹；参看《悲观主义》，作者祖利。

第二节 作为意志和表象的世界

康德在《纯粹理性批判》中表述的思想为叔本华所承袭，在他看来，经验世界受制于人类理性，等同于现象界。心灵以时间与空间为知觉形式且又属于自己的认识范畴；后者被叔本华归入了纯粹的因果范畴里。过去，康德曾主张，我们无法，永远都无法对与理智相脱离的世界进行认知，永远都无法像认识现象那样对它进行认知；它是庞大的、无法被认知，能够被知觉的世界被它引为现象之本体。在理智的直觉中，我们无法与自在之物直面，因此，我们无法对其进行其他任何方面的认知，除了对它的存在有所认知；包括时空、因果或其他在内的所有灵魂的形式与它都不契合。

从这个角度上来说，叔本华的理论不同于他导师的理论。在叔本华看来，若我不过是一个对外部世界进行检视的主体，不过是一个具备理智的动物，的确，能够为我所知觉的便仅仅是已经在时间、空间、因果关联中被排布好的现象。然而，我在自己的心灵深处与最真实的自我直面，我能对活动进行知觉，就能对自在之物进行认知。自在之物等同于意志，是一种最本初的活动，没有时空属性，也没有因果属性，它存在于我的心灵之中，以本能的要求、冲动、希冀、奋发的要求为表征。我还了解到我就是被自然所涵盖的一种现象；我将自己设想为某一具有广袤属性的有机体。在对自己进行认知的时候我从肉体与意志两个方面着手。然而，存在于自我意识中的以活动意识为表征的意志与存在于知觉中的以物质与肉体为表征的意志是同一的。真实的自我等同于意志，意志以肉体为表征。

第三节 自然与人类的意志

所有形而上学领域的问题要想被解答都应以这一思想为核心。叔本华以同人之概念相类比的方式对所有的事物进行了解释。意志与表征即为世界：从表征一直向上追溯，可直达理智，但事实上，它是意志。这一唯意志论的宇宙观已经从实际的角度被论证。当我从内部对自己进行检视时，我与意志面对面；当我对外部进行检视时，我对作为肉体的我的意志有所知觉。在意志的作用下，我的意志发生客观化的转变，肉体乃成，以具备生命的有机体为表征。所以，我们完全有理由以类比的方式对另外的肉体进行推导，确认它们都是意志显于外界的表象，都与我的肉体并无不同。从石头的角度来看，意志就是一种漫无目的的力；从人的角度来看，通过意志可以对自己进行知觉。所有的事物都垂直下落，指南针总是指示南北，被别的实体施加了作用的实体会转变为晶体；这种种的表象都为有一股与人类意志相似的力的作用存在于自然界中提供了证明。无意识的冲动的痕迹或者无意识的拼搏的痕迹在植物的世界中还有存留。树木发奋地向上生长是因为它对阳光充满了渴望；树木将根系深深地扎入土壤则是因为潮湿是它的必需。动物的发展受意志或冲动的导引，它的所有活动都决于意志或冲动。需要以猎物为食的野兽着重发展自己的力量与爪牙；意志以自身为对象所创造的有机体与自身的需要非常契合；在组织出现之前，机能就已经出现，之所以会长出角是因为其对冲撞充满了渴望。生命以求生欲为最基础的准则。

从人或者其他等级较高的动物的角度来说，这类最本初的冲动属于有意识的范畴；智慧以工具或器官的身份被它创造，在世界之中行走的意志以智慧为指路明灯。为了自己，脑髓被意志创造，智慧便栖居于此；脑髓以意识及智慧为机能，从这个角度来说，叔本华的观点与唯物主义者并无不同。意志处于低级阶段时只有漫无目的的希冀与活动，没有意识；自人开始，意识为意志所拥有；与意志相互联结的智慧是人类维护自身的最有力的工具。然而，它始终以意志为服务对象，是意志的仆从，它以意志为主。

知觉、记忆、想象、判断、推理都为意志所统率；我们对自身愿意去知觉、记忆、想象的事物进行知觉、记忆、想象；我们以为意志辩驳为论证的目的。从人类开始对整个存在的阶梯依次向下做检视，直到矿物，我们看到智慧渐渐地退隐到幕后；然而，意志却连续且恒常地保持着。对野蛮人和孩子而言，智慧决于冲动；对动物们来说，无意识渐次取代了本能；意识原就不曾为植物所有；在矿物中，连智慧都不曾留下一丝痕迹。

在人类及矿物之中自我彰显的最基本的意志并非具有理智的上帝，也不是一个具体的人。它是一种以求生为目的的无意识、无目的的力。它在占据时空的个体之中自我彰显，却没有时空属性，亦即它这样活动，我们的心灵以它具有时空属性的具体形式为凭依，对它进行知觉。柏拉图将它恒常不变的自我彰显形式命名为理念。举例来说，对有机物而言，种是恒常不变的，种不会发生改变；具体的个体是种的附属，存在生命，种或意志的类型则延绵不绝。一个渐次向上的阶梯在这一类型之中成型，它是一个系列，由等级最低的物质逐渐向人演变（亚里士多德这样认为）。个人有生灭，意志则恒常前进。所以，人类以意志为根本，意志永生；被它当作表象的个体的形式或个别的形式则会消逝。

第四节 恻隐之心的伦理学

存于世的所有斗争、悲伤、罪恶都以求存与求生的意志为根本原因。求存的各异的意志在这个"大鱼吃小鱼"的世界中漫无目的地争斗、奋战、搏杀，永不休止，这个世界不好，它是罪恶的，的确是所有可能存在的世界中最糟糕的一个（悲观主义）。为灾难所充斥的人生没有保留的意义：受意志本性的影响，人生多灾多难。生活中有着太多漫无目的的希冀，希冀未被实现时，人会感到苦痛，被实现后，又会有全新的、会引发新的苦痛的欲念或希冀诞生，以此类推，直到人类为此作呕。所有的花枝上都有虫，人的欲念永远都不可能被满足。就像遇难船只上的幸存者一样，人为了将已经疲惫不堪的自己从狂涛之中拯救出来不停地在战斗，但最终还是失陷于旋涡之中。"绝大多数人都在为生存而战，亦即为了一场注定失败的战争而战。人时时刻刻都在与死亡对抗，每呼吸一次都是与死亡的抗争。然而，最终的胜利者依旧是死亡，因为从人出生的那一刻起，其支配权就掌握在死亡手中，只不过在将猎物吞噬之前，死亡戏弄了他片刻。人竭尽所能将生命延长，就像是吹肥皂泡，总是试图让它变得更大更长，虽然我们清楚地知道到最后它绝对会陨灭消亡。"

意志会在一个个体的生命凋萎之后重新进入另一个个体，继续做它过去所做的事情。"绝大多数人都生活在为人所嫌恶的苦痛与希冀之中，在历经四个阶段之后，他以死亡为目标不断地蹒跚前进，如梦如痴，它的前后有思想相伴，即使这思想相当浅薄。就仿佛一座钟，只要上了发条就会运转却不明白因何要运转；当一个人以胎儿的形式再次降生于世，他的人生之钟就会再次上紧发条，谱出与过去并没有任何不同的陈旧腐朽的曲调，这样的情形在过去不知道上演了多少回，冤冤相报，彼此不让，变化则微乎其微。"

人生充满罪恶的另一原因是它本就卑微自私；人生这样是取决于意志的本性。人性本恶，很冷漠、很畏怯、很懦弱，完全利己，他诚实是因为他害怕，他适应群体是因为他虚荣；唯有如他人一般贪婪狡诈才能获得成功。知识的进步与文明的进步于此毫无助益，它们不过是新需求的泉源，而新的需求又是新的苦痛、自私、败德行为的起点。像勤劳、坚强、克己、节约等美德不过是利己主义的美化与漂白。"获得的知识愈多，就愈悲伤苦痛；知识的增广不过是在自寻烦恼。""历史就是连续不断且永远都不会终结的谋杀、抢劫、阴谋、欺骗；假如你对历史的一页有所认知，你就认知了它的所有。"

在叔本华看来，道德以恻隐之心或同情为根基，民族的利己是非道德的。只有单纯的怜悯之心才能促成善良的行动；假如以为自己谋利为动机，那么，这样的行径便无任何道德价值可言；假如以损人为动机，则这种行为与道德相悖。经验领域中属于人的性质完全不能自我决定，然而令人懊恼的事实却告诉我们意志不受束缚，所以，追根究底我们的性质全都决于意志，经验领域的自我为理性的自我所塑造。

由于所有的烦恼与罪恶都以自私的意志为泉源，人必须对意志进行否定，对私欲进行抑制，以利于安享福禄，或者最起码要收获宁静与坦然。以这几种办法为凭依，它变得可能。哲学天才或艺术天才能够以沉醉于艺术中或沉醉于哲学沉思中的方式来摆脱自私的意志；虽然人的确能以此方式获得解脱，但这种解脱却是短暂的。个人也可以以对世界之邪恶进行思索，对欲望的害处进行思索，对人生的虚幻进行思索的方式来摆脱意志。假如他对这些事情进行思索，铭记所有造物从本质上来说是同一的，都源于同一个本初的意志，它就会对所有造物充满恻隐之心或怜悯；他会推己及人，在对他人的烦恼进行感知的时候就像是自己也碰到了烦恼。这是有德性的办法，但由之而得的解脱依旧是暂时的。像基督教徒那般禁绝欲望或者像佛教徒那样在禁绝了所有欲望的生活中将意志彻底摒弃才是最好的办法。之后灭绝欲念，从世间隐遁，让意志陨灭，圣人便可摆脱自身意志的束缚，摆脱尘世的冲动对人的桎梏；只要意志以认知生活的方式认知到了令人苦痛的道路究竟通向哪里，它就会陨灭消亡。

第五节　无意识哲学

E. V. 哈特曼（1842—1906 年）一直致力于将黑格尔的唯理智论和叔本华的唯意志论调和在一起，在谢林、黑格尔、叔本华等人的影响下，他以科学的归纳法为思考方式，构建了一种与谢林的哲学相类似的自然哲学。在他看来，机械论本身存在不当之处，必须以唯心主义理论对其进行补充。不对意志在自然中的作用表示认可，就无法对事实进行说明；一定要假定目的观念对这一无意识的意志起决定作用。举个例子，动物的本能很聪敏，以某一目的为趋向，但其自身却无法对这一意识进行知觉。对本能而言，机械条件不是决定因素，心理条件也不是，它要对自己的器官进行改组，使自身与环境相契合，以便于对需要进行满足。包括物质在内的所有事物都以无人格、有理性、无意识的意志为指导原则，亦即观念与意志相合，唯有在人的脑海中，意识才能为它所具有。代表着某种一般的、具有绝对性精神的、无意识活动的、无意识意志的冲动与力的中心构成了物质。刚开始的时候，那具有绝对性的精神仅隐性地存在于意志或理性之中，并不活动，然而无所依的意志却将它推动。因为逻辑层面的理性为绝对精神所具有，具有唯理性的目的才能对宇宙无意识的意志进行支配，宇宙无意识的意志才会于唯理的演化历程中彰显。可是，从本质上来说，所有的愿望都是愁苦的因由，都是邪恶的。这一过程的终极目标就是绝对意志的涅槃，亦即绝对意志脱离自身复归于宁和平静。这一目的唯有在人类决定不存在时才能被实现。同时，人当以对求生之意志尽力维护为职责，不崇尚遁世，也不奉行禁欲主义。

哈特曼的著作包括：出版于1869年的《无意识的哲学》，库普兰德译；出版于1879年的《道德意识的现象学》；出版于1890年的《认识论的基本问题》；1881年开始出版的《宗教哲学》；1896年出版的《范畴论》；还有1907年后出版的《哲学体系大纲》。

参考书

《悲观主义》，作者祖利，第五章；《哈特曼的哲学体系》，作者A.德列福斯；《E.V.哈特曼》，作者O.布劳恩；《哈特曼、杜林和朗格》，作者魏欣格。

第三章　新康德主义

第一节　对思辨哲学

过去，康德曾努力去对数学及自然科学的确实性进行确认，他对休谟的怀疑论进行驳斥，却又不承认具有先验性的、关乎自在之物的形而上学的科学存在的可能。在他看来，心理学不具备科学意义，理论神学与宇宙论也是：我们不能以理论理性为凭依对上帝的存在、意志自由及灵魂永生进行论证；在这里，经验并不以理论的知识为对象，它也无法成为经验的对象，它根本就不成立。的确，我们能够对多少都有些盖然性的形而上学的设想进行架构，然而通过这种设想，我们却无法对一般且必然的知识进行把握。然而，以道德直观为凭依，我们好像可以更好地对上帝、永生和自由进行认知，这一真理的确实性被实践理性所保证，虽然我们无法对其感性内容进行列举，也就无法从科学的角度上对其进行认知。

就像我们前面所说的那样，承袭了康德哲学的谢林、费希特、黑格尔都不曾如康德一般因形而上学而忘忑。黑格尔从逻辑的角度从各个领域对宇宙进行了诠释，直到1840年，在德国他的哲学思想依旧占据着支配地位。然而，在后康德学派的理论范畴之外，对唯理主义的形而上学的批判一直未绝，以赫尔巴特、弗里斯、叔本华、贝尼克为代表的大量哲人的著作中都明显地体现了这一点。对哲学以黑格尔的辩证过程、谢林的艺术直觉为凭依而拥有的与众不同的认识方法，人们也抱持反对的态度；将科学视为对哲学进行研究的单纯的准备工作，人们也抱持反对的态度，甚至当作错误的方法。思辨哲学的名誉受到严重损害，人们指责它对事实进行忽视，甚或尝试着以自身的内在意识为依据对事实进行编造。随着自然科学的不断进步，对经验的研究也愈发深入，于是形而上学与实证论愈来愈被轻视。后康德学派的思辨思想被等同于形而上学。能量守恒定律于1842年为罗伯特·迈尔所发现，1859年，达尔文的著作《根据自然选择的物种起源》出版，该书是一部划时代的著作。自然科学的兴起、哲学的衰败促进了唯物主义的发展。19世纪50年代，唯物主义的战争在德国打响；在卡尔·福格特（1817—1895年），H.裘尔伯（1819—1873年），J.摩莱肖特（1822—1893年）和于1855年出版《力和物质》一书的L.毕希纳（1824—1899年）的领导下，各领域的力量汇聚，一起对唯心主义体系进行反对。在这一运动中，思辨哲学的浮夸与神学的反动观念都受到了批判；唯物主义的形而上学、人道主义、唯心主义的伦理学被糅合为一体。当然，他们提出的唯物主义理论前后之间依旧不存在一致性，不过是大量观点的汇总。部分时候思想被视作运动；部分时候思想被视作与运动并存的事物，且这种并存具有必然性；部分时候思想被视为运动的结果；部分时候思想被视为某种隐性的、无法被认知的基础质料的一部分，这一基础质料与运动的表现是平行的。从19世纪50年代开始，毕希纳的著作一直盛行不衰，再版超过了20次。如今，它被海克尔出版于1899年的著作《宇宙之谜》取而代之，许多矛盾于毕希纳的著作中被暴露，海克尔的著作也一样。

威廉·奥斯特瓦尔德（1853—1932年）是一位化学家，他于1895年和1902年先后出版了著作《克服科学的唯物主义》和《自然哲学》。他对唯动力论或唯能论表示认可，对唯物主义及机械论则抱持否定的态度。在他看来，物质的种种属性都能以能来表示，比如化学能、动能、磁能、热能等。其中某一种能不会归于另一种能，也不会转化为另一种能。心理能包蕴于另一种神经能之中，可能具有意识，也可能没有意识。人们以能由无意识到有意识的推移或逆反变化对相互作用进行解释。

第二节　批判主义的复苏

在这样的情况下，哲学家们自然会对康德过去精心研究过的认识问题进行重新思考，也会对存于当代的种种思潮以批判的态度进行检视。对那些对黑格尔的哲学、唯物主义抱持反对态度的人及对所有的形而上学都表示质疑的人而言，批判哲学领域就是他们复起的地方。李普曼于1865年呼吁人们回归康德。《康德及其追随者》是李普曼的著作。魏塞、策勒尔、福尔特拉格、哈伊姆、K.费舍都是李普曼的支持者，F.A.朗格出版了著作《唯物论史》。最近这些年，新康德主义运动得到了长足的发展，近乎全部的哲学家都从某个角度上隶属于新康德学派。该学派的每一个人都强调对认识论的钻研，认为那是必要的，甚至有一部分人还认为应该从语言学的角度对以《纯粹理性批判》为首的康德著作进行研究，这些人包括魏欣格尔、B.埃尔德曼、赖克、克尔巴哈、阿迪克斯、E.阿诺耳德。部分新康德学派的思想家以认识论的范畴对哲学做了限定，对得自实证论的结论表示认同，认为人只能对现象进行认知，不管是唯物主义的形而上学，还是唯心主义的形而上学，凡不在人类知识范畴内的形而上学都该被摒弃。朗格（1828—1875年）的影响很大。他指出，唯物主义不适合作为世界观，但作为一种方法却并无不妥，因为通过唯物主义，我们无法对物理对象的基本属性进行诠释，也无法对人类内在的自我的属性进行诠释。他肯定地说宗教的玄秘幻想以"极具创造性的本能"为泉源，不存在任何理论上的意义，形而上学也一样，我们无法对理性世界的实际存在进行论证，但在人类生活中，这一概念却极具实践意义。马堡学派以H.柯亨（1842—1918年）为领袖，他以康德的方法为凭依对批判哲学进行了发展，并在此基础上对自己的体系进行了构建。1902年后，他出版了著作《哲学体系》。1899年出版的《社会教育学》一书的作者P.那托尔卜和1902年出版的《关于正当权利的学说》一书的作者R.什塔姆列尔都师从于他。

第三节 内在哲学

在康德思想、休谟思想及贝克莱思想的影响下，还形成了另一个以意识状态的分析范畴对哲学进行限定的思想家派别。人们以内在哲学来称呼他们的理论，舒佩、雷姆克、舒贝特—索尔登都是这一学派的领袖。有一部分成员将唯我论视为复归之地，大部分人则主张客观唯心主义，认为认识的必要前提是一般的意识。

新康德学派中的神学家对康德的伦理哲学非常重视，主张宗教以伦理—宗教经验及具有唯理性的道德信仰为基础。A.里奇耳是这一学派的成员，他的追随者是这一学派的成员。W.赫尔曼、J.卡夫坦、H.舒尔茨、K.克斯特林、A.多尔内耳、R.利普济乌斯也是这一学派的成员。

第四章 新唯心主义

第一节 形而上学与自然科学

伴随着黑格尔学派的日渐衰败，整个哲学领域也出现了短暂的衰颓，自然科学与唯物主义则蓬勃兴起。所有无法对自然科学与哲学真正的形式、方法、结果进行认知与理解的人绝不会希冀哲学尊崇的地位被再次确立。大批思想家涌现于德国，其中一部分出身于自然科学界；在他们的努力下，在科学的体系中，哲学的地位变得尊荣。洛采、费希纳、哈特曼、冯特和保尔森是这些人中最出色的。他们每一个人都对包括实证主义、唯物主义、批判主义、后康德学派的唯心主义在内的各种思潮进行研究，并从中获益。在他们看来，以传统学派具有唯理性的方式，挣脱自然科学的束缚而构建的形而上学体系本就是浪费时间、毫无益处。尽管具有先验性的辩证法及主观唯心主义被他们摒弃了，但他们依旧可以被视作德国唯心主义的后继者。就像在《纯粹理性批判》中康德所主张的那样，他们断言，经验不存，科学知识与哲学知识就不存；同实证主义一样，他们也认为形而上学领域的所有体系都不可能是绝对确实的。

第二节　赫尔曼·洛采

因为气质及教育背景，洛采是哲学重建任务最适合的完成者，他将斯宾诺莎的泛神论与莱布尼茨的单子论相合，构建了一种体系，努力对机械论与目的论、有神论与泛神论、多元论与一元论进行调和；这一理论被他命名为目的论的唯心论。他以公平地审视费希特的宗教—伦理的唯心论理论及科学严谨地对自然现象进行诠释为目的。

洛采（1817—1881 年）曾就读于莱比锡大学，对哲学与医学进行学习，并于 1839 年成为莱比锡大学的哲学与生理学教授。1844 年，他入职格丁根大学，以教授的身份教授哲学，自此他一直从事此项工作，直到 1881 年接受柏林大学的聘请。

洛采的著作包括：出版于 1841 年的《形而上学》，出版于 1842 年的《普通病理学和治疗法是机械的自然科学》，出版于 1843 年的《逻辑学》，出版于 1851 年的《生理学》，出版于 1852 年的《医疗心理学》，于 1856 年到 1864 年期间相继出版的三卷《小宇宙》，出版于 1874 年的《哲学体系》《逻辑学》和出版于 1879 年的《形而上学》。

参考书

《小宇宙》，译者哈密尔顿和琼斯，1884 年；《逻辑学》，译者 B. 鲍桑葵，两卷，1884 年；《形而上学》，译者 B. 鲍桑葵，两卷，1884 年；《洛采的大纲》（讲演），译者赖德。关于洛采，参看《洛采的哲学》，作者琼斯；《洛采的哲学》，作者哈特曼；《洛采》，作者法耳肯伯格；《洛采的哲学世界观》，作者 E. 普夫莱德雷尔；《洛采认识论的一些问题》，作者 V. 罗宾斯；《洛采形而上学中的伦理学》，作者 V. 莫尔；《洛采和冯特》，作者利希汤斯坦；《洛采》，作者 M. 温特舍尔。

第三节　机械论与目的论

人不止如镜子般映照事实，人在伦理与宗教方面的兴致也无法被机械的宇宙满足。然而，机械原子论却是整个物理世界构建的根基，所有的生命都为这一世界所涵盖，对它进行诠释时，人们以物理及化学的规律为凭依。有机物与无机物之间并非生命力存在差异，而是各部分的排列组合存在差异，各部分的物理映射体系、演化、方向、形式都取决于其排列的方式。具有生命的物体是凌驾于所有人造机器之上的自动机。看似人的愿望与目的全都在这一观点下被磨灭，然而，对机械论所凭依的前提进行检视，却发现情况不是这样。外部世界在知觉中形成的图景并不似朴素实在论所主张的那般，是实在的复制品，而是外界刺激所引发的人的意识的反应，是心灵于心灵中的创生。现象界具有时空属性，是感官所直觉的世界，以意识为根源。主体以知觉、感觉及逻辑规律为职能，人以逻辑规律为凭依对现实的感觉进行诠释。这样，何为外部实在的本质？何为自在之物的本质？要对这一问题进行解答，我们必须采用类比的方法进行推理，但形而上学的唯心主义又以类比的推理方式为因。自在之物肯定有变化、影响，被影响的性质与职能，在位处所有的变化之中却恒常不变。具有这一属性的事物，即心灵决定自我的统一原则，唯有在自身之中才能直接被认知。我们因心灵在意识的统一中糅合了杂多，即意识的统一而不得不对无法割裂、凌驾于心灵之上的某种存在表示认可，它与肉体存在差异。杂多中的统一，变化中的发展及常在只存在于心灵之中：只要是被人经历过的就会成为人类当下存在的精神活动的一部分，不再消亡。所以，在对实在的宇宙进行解释的时候，必须按照精神及人能够直接认知的实在进行解释。原子是科学概念，是非物质的本质，存在于心灵中为人所经验的存在，则类似于莱布尼茨所主张的力的中心或单子。空间并非不具备形体的实在，而是处于活动状态的原子的可以被知觉的表征，恒常地以知觉为泉源。哪怕是等级最低的物质也并非滞涩、呆板的质量，而是生机勃勃、组织良好、具备活动能力的体系。实在存在不同的等级，在精神的阶梯上，具有自我意识的人类精神是至高的，然而，在某些存在含糊的意识中，甚或在比较粗陋低微的物质形式中也一样有精神生活的存在。

洛采以伦理或实践为凭依，对形而上学的唯心主义进行了肯定。在他看来，为了实现于具有感知能力的心灵中描绘一幅声色俱全的美好幻象的目的而假定存在一种无情的具有物质属性的原子机制，实在令人忍无可忍。这样的宇宙不仅不再有意义，而且也丧失了伦理层面的价值。我们可以以我们绝对会认可的某种事物，亦即某种绝对美好的事物来对实在进行解释，所以，我们不能将现象世界视为没有任何意义的虚幻图景，而必须将它视作在伦理方面存在井然的规条的精神世界的表征。从这方面来说，伦理学是洛采形而上学及逻辑学的根基。我们不应对某种本就不该存在的事物进行设想；我们的逻辑思维以善的要求为根基，实在则以至善或者说绝对意义上的善为根基。

精神与肉体彼此作用。肉体怎样引起精神的变化，精神又怎样引发肉体的变化，都无法被诠释，然而这一难题的难度并不大于其他难题。所谓的因果作用不过就是这样的情况，亦即某一物体因另一物体的变化而变化，它究竟是如何发生的，我们不了解。以能量守恒定律为依据无法对肉体与精神之间彼此作用的关系进行反驳，唯有从本质上来说肉体与精神全无不同，才有发生的可能。莱布尼茨主张精神力或单子构成了肉体，精神在其本身所居住的脑海中与肉体发生关联，洛采也一样。只要肉体没有死亡，就肯定受灵魂支配；肉体陨灭后灵魂是什么状态则一直都是个谜题。然而，因为信仰的原因，在洛采看来，所有的事物最后总能找到属于自己的归宿。

第四节　泛神论

如我们所见，机械论于洛采的理论中被转变成了与彼此关联的精神实体相关的体系。无法假定一个具有统一职能的宇宙实体不存在于这样多元化的世界中，这一实体以所有的现象为表征。哪怕世界观是机械的，如它一般对存在于世界上小到极致的原子的运动和别的原子运动的相互协调进行肯定，也必须具有这样一个无限性的实体的概念：诚然，绝对意义上的意志以自然的机制自我彰显，自然的机制将存在于外部的有限的形式赋予了自身，且这种赋予是绝对的。假如我们不以具有同一性的包罗全部实体的情况来看待自然繁复杂乱的历程，我们就无法对相互作用进行了解，就无法对因果关系，亦即事物之间彼此作用的可能性进行了解。在这里，融入了斯宾诺莎思想与莱布尼茨理论的洛采哲学发展成了唯心主义层面的泛神论。人之心灵被迫以为它所知的等级最高的实在对宇宙实体进行解释，亦即用人物来对它进行诠释；我们一定要相信这一具有神圣性的人是一种绝对意义上的实在的至善，是仁慈博爱的上帝。

第五节　费希纳

谷斯塔夫·席欧德尔·费希纳（1801—1887年）是物理心理学的创始者之一，供职于莱比锡大学，是该校物理系的知名教授，曾参加新唯心主义运动，并成为运动中的代表人物之一。

费希纳的著作有：写于1836年的《逝后生活手册》，写于1846年的《至善》，写于1848年的《南娜或论植物灵魂生活》，写于1851年的《扎拉斯图拉信徒的经典》，写于1861年的《关于灵魂问题》，写于1860年的《心理—物理学原理》及写于1876年的《美学入门》。拉斯维茨、冯特、帕施托尔都著有和费希纳相关的著作《费希纳》，可以为我们研究费希纳提供参考。

以类比的方式为手段，以肉体之上的精神表象及精神的内在活动为凭依，费希纳推论出心灵活动为所有动植物所具有，也为所有以原子为力之核心的无机物所具有。不过，在这些生物体内，心灵活动的清晰度在逐层递减。全宇宙都充满了勃勃生机（泛心灵论）。灵魂为地球所拥有，也为别的行星所拥有，在人类的心灵活动之上还存在一种等级更高的心灵活动，和其他所有拥有灵魂的存在的灵魂一样，地球的灵魂、行星的灵魂也为世界（上帝）的灵魂所涵盖，上帝的灵魂或者说世界的灵魂是所有灵魂中等级最高的。上帝与宇宙之间的关系形同人的灵魂与肉体的关系；上帝以自然为肉体，亦即宇宙的灵魂以自然为客观表现，它本身凌驾于自然之上，就像人的灵魂凌驾于肉体之上一样。

在畅销于德美的著作《哲学导论》中，弗里德里希·保尔森（1846—1908年）提供了一种与洛采的唯心主义及费希纳的唯心主义十分类似的世界观。（参见刊载于《国际伦理学杂志》，XIX，2，由梯利所著的《保尔森的伦理学著作》）

第六节　冯特

威廉·冯特（1832—1920年）的著作表明，斯宾诺莎的思想、近代的进化论思想、费希纳的学说、德国的唯心主义、洛采的学说及赫尔巴特的学说对他的思想都产生过影响；1864年到1873年，冯特受聘于海德堡大学，以教授的身份教授生理学；1873年，他受聘于苏黎世大学，以教授的身份教授哲学；1875年，他接受了莱比锡大学的聘书。他是近代实验心理学的创始者。他的学生们分布世界各地，有很多都在从事近代实验心理学的教学工作。

他的著作包括：出版于1864年的《生理学教程》；1863年，由克雷顿与铁钦那主持翻译的《人类及动物心理学讲演录》，该书1911年第五次再版；1874年被翻译，1908年到1911年第六版的《生理心理学》；1912年被翻译的《心理学导论》，译者频特；1880年到1883年初译，1906年到1908年第三版出版的三卷《逻辑学》；1886年初次译注，1912年第四版出版的《伦理学》，译者古利威尔、瓦士伯恩；1907年第三版出版的《哲学体系》；1909年第五版出版的《哲学导论》；1900年后出版的五卷《民族心理学》。

参考书

《冯特是心理学家和哲学家》，作者康尼格；《冯特的哲学和心理学》，作者艾斯勒；《冯特的伦理学》，作者康拉德；《近代哲学》，作者许夫定。

冯特对哲学进行了界定，认为哲学是以糅合得自其他专门科学的普遍真理来架构自身体系为职能的普遍的科学。人类所有的知识都以存在于意识中的事实为根基，与外部世界相关的知觉，即外部经验，从属于内部经验；人类的每一种经验都具有精神属性。然而，对这些，从主观唯心主义的角度无法进行诠释，不能说意识以世界为反映；我们必须对存在于外部的实在进行推论（批判的实在论）。在客观世界不与之协作的情况下，以心灵为泉源的因果、时空、实在都无法显现于人心。存在于外部的原因与概念的形式不存，与自然相关的知识就没有存在的可能。假如我们以精神事实的范畴自我禁锢，就会被划归为唯心主义。然而，我们不可以用没有内在生活的世界来对外部世界进行解释，在宇宙机制的表面之后有精神的创造潜藏，有与存在于我们心中的具有知觉能力的、能够为我们所经验的发愤前行的实在相似的实在潜藏。从认识论的这一结果来说，心理因素的位置不仅靠前而且优越，知识必然以内在的经验为原始素材。从本质上来讲，精神生活就是意志与活动，这一点已经被心理学表明，精神的核心因素由它构成，注意、意志、联想、统觉都是它的表征（唯意志论）。

不要像唯物主义者那样视心灵为实体，要视心灵为单一的精神活动。必须将实在假定为具有意志力且奋发向前的实在事物的整体，这一实在的事物以物质的形式为表征，决定于内在目标、具有独立性的实在物构成了实在（目的论）。因为某些伦理方面的原因，我们以绝对意义上的宇宙意志将个体的意志涵盖，对宇宙意志的属性，在这里我们无法做进一步的界定。世界是彼此联结、具有目的性的精神形式向前发展的结果，是精神的一种演化。

第七节　价值哲学

被我们检视的部分哲学是以价值判断为基础构建的，这些哲学在对实在进行解释的时候采用了至善的观点。追本溯源，世界定然是以理想的身份存在的，为伦理意识、美学意识、重视逻辑的意识所希求的世界。在康德看来，从本质上来说道德意识中包含着宇宙，亦即这个宇宙应该这样：本体界肯定是由目的构成的国度，是精神的领域，是一个合乎情理且不受束缚的社会，所有居于其中的人都乐于这样相合。费希特有着与此类似的世界观。洛采的思想为善念所导引，在他看来，我们唯一能够进行设想的便是以善之原则为基础构建的世界。很多人认为将这一观点注入形而上学中是对其科学性的剥夺。在他们看来，理论理智才是哲学工作真正的承担者：它的目标是摆脱美学、宗教、人类道德本性需求的桎梏而对实在进行说明。对世界进行审视，不应以人类的需求为出发点，不应以它该怎样为出发点，而应以其实际状况为出发点。这一科学的唯理主义观点遭到了重视价值的思想家的反对，他们主张对真理的合理性充满向往，要求事物从逻辑上同一或者具有统一性，本就是对事物应当怎样充满了热切的向往，在这里，理想就成了推动我们的力量；假如我们视实在为一团混乱，那么，人类对谐和与秩序的兴致就会受挫，人类对美的希冀、人类完备健全的理想就会受到伤害。所以，他们辩称重视逻辑的冲动不能超出人的本性的要求的范畴，所有以不公正的态度对这些要求进行审视的哲学体系都有失妥当。

1907 年第三版出版的《序曲》的作者，W. 文德尔班（1848—1915 年）

的著作还包括 1904 年第三版出版的《历史和自然科学》，1905 年第二版出版的《意志自由》和 1909 年出版的《趋向真理的意志》。康德的思想与费希特的思想对他有所影响，他以批判哲学为基础构建了自己的理论。他指出，哲学是与普遍价值相关的科学，以逻辑、美学、伦理学等绝对价值判断原则为研究对象；其他科学课题的判断则皆属于理论的范畴。这两类命题没有任何相同之处，举例来说，这一事物是白色的，这一事物是好的。前者叙述的是客观呈现的内容的某种属性，后者叙述的则是对某种有目的的意识进行界定的关系。我们无法对逻辑公式、道德与美学规律的确实性进行证明，它们的真理都以某一目标为基础进行构建，人类必然以这一目标为思想、情感、理想的必然前提。亦即假如你对真理充满了向往，你就必须对思维原则的确实性表示认可；假如你坚信对错以某种绝对的准则为标准，就必须对某种道德原则的确实性表示认可；假如美非独是主观角度上的一种自我满足，就必须对美的普遍原则表示认可。每一种公理皆为准则，它们以这一前提为基础对自身的确实性进行构建，亦即思维以完成追求真理的目标为目标，意志以完成为善的目标为目标，情感以完成对美的认知为目标——其形式通常都能够被容纳。批判的形式以对一般目的的确信为必要条件，这一条件不成立，批判哲学也就失去了意义。

所以，意志以逻辑规律为其对真理进行探寻时所必需的工具。然而，在对其进行理解的时候，我们却不能站在实用主义的角度认为有用就是真理；意志并非真理的泉源，任何独断的事件都非真理，真理以事物本身为泉源。文德尔班对自然和纪实科学做了区分。自然科学以一般的、抽象的、具有恒常性的事物及规律为研究对象；"对科学公理进行制定"。纪实科学则对具体的、个别的，尤其是全新的与众不同的事物进行记录，"对特殊的事件进行陈述"。

相关的著作有 1913 年第二版出版的 H. 李凯尔特的《自然科学概念构成的界限》，1910 年第二版出版的 H. 李凯尔特的《文化科学和自然科学》，H. 闵斯特贝尔格于 1899 年出版的《心理学和生活》，1905 年出版的《永恒的生命》，1906 年出版的《科学和唯心主义》，1909 年出版的《永恒的价值》，W. 狄尔泰于 1883 年出版的《人文科学导论》。在《人文科学导论》中，狄尔泰对人文科学的独特性，亦即它与自然科学的不同之处做了强调。

我们必须对人文科学领域的各种方法、关系、前提进行研究；通过对精神于心理学及历史中的表象进行思考，我们获得了与实在、原则、目的、价值相关的人文科学知识。然而，目的、实在、价值在逻辑方面的体系，即形而上学却没有存在的可能。人文科学以描述—分析心理学及目的论为基础进行构建，这也就是我们所说的一般心理学、社会历史心理学及比较心理学。

第八节　奥伊肯

鲁道尔夫·奥伊肯（1846—1926 年）从形而上学的角度构建了一种理论，他尝试以公正的态度对人的价值和逻辑理性进行审视，受他影响，伦理唯心主义成了学术圈子之外的人和许多国家的人的兴趣所在。

奥伊肯的著作包括：1909 年被布斯以《现代思潮的主要流派》为名翻译出版的《现代思潮》，该书初版于 1878 年，当时名为《现代基本概念的历史和批判》；1890 年被胡夫、博伊斯·吉伯森以《生活问题》为名翻译出版的《伟大思想家的人生观》；1896 年出版的《为精神生活的内容而奋斗》；1907 年被博伊斯·吉伯森以《生活的价值和意义》为名翻译出版的《生活的意义和价值》；1907 年被威芝瑞以《生活的基础和生活的理想》为名翻译出版的《一种新世界观的原则》；1908 年被博格松以《精神生活》为名翻译出版的《精神生活哲学导论》；1913 年出版的《伦理学和现代思想》。

他指出以自然主义为凭依无法对实在进行充分的解释，以理智主义为凭依也一样；自然主义一直都对精神世界的存在隐性地进行设想，却又从原则上对这一设想进行否定；理智主义从未将经验契合于逻辑思维。精神对无限怀抱着热烈的希冀，在人类历史中自我彰显，在精神领域中存在宇宙的进程、存在一个井然的超自然的独立世界，这一点已被表明，且个体精神以其为根源。这般自由且能够对自我活动起支配作用的精神为我们于自身中经验：我们唯有以直观的方式对其进行领会，却不能对其进行推论，因为这一活动或事实具有不证自明性。从人的本质的角度来说，他凌驾于历史之上；唯有从人类本身不完善且努力对完善进行追求的角度来看，人类才具有历史性。精神生活要么是具有物质性的自然界的附属，要么就是宇宙的全部，自我存在的整体，所有存在都以其为泉源。假如在自然界中人类的生活具有偶发性，那么它就毫无意义，所有美好的事物、崇高的事物也不过是虚无与空幻，宇宙的存在也与理性相悖。人的欢愉并非宗教一力追寻的目标，宗教追求的是人本主义，是对真正精神生活的维护。人事实上的地位与人在精神方面的天赋存在鲜明的对照性，他受此鼓舞而心怀这样深远恳切的信念，有自发的崇高的力量存在于他的心灵之中。我们无法将存在于内心中的对真理的希冀、对爱的希冀、对真正精神生活的希冀、对不受现象影响而随波逐流的希冀陨灭。人心中要没有一无限的力量的活动，人的不断追求，自我活动的冲动，直接领悟和无限性，就不可思议。人持续地探寻与追逐、直观地领会、无限自我活动的冲动就全都是匪夷所思的。假如超验的世界不存，人的精神生活必将分崩离析，丧失存在于其内的真谛。以对较为崇高的世界的希冀为起点，唯心主义的泛神论诞生。

人类历史以万物（宇宙生命）为根基，自然以万物为根基，人类意识也以万物为根基。宇宙的演化是从无机物到有机物的过程，是从自然到精神的过程，是从纯粹自然的心灵生活到精神生活的过程；这一过程以自我完成及独立为趋向，世界也由此对自己有所认知。然而宇宙的精神并没有湮没人的人格，当然，也唯有于万物之中对万物进行分享，人的个性才有成长的可能。

参考书

关于奥伊肯，参见博伊思。《奥伊肯的人生哲学》，作者吉伯森；《奥伊肯：他的哲学和影响》，作者布斯；《奥伊肯的世界观和人生观》，作者西伯特；《奥伊肯：人生哲学》，作者 A.J. 琼斯。

第九篇　法国哲学与英国哲学

第一章　法国实证主义及其反对者

第一节　对感觉主义的反动

在以自然主义哲学为凭依的启蒙运动的敦促下，法国爆发了大革命，社会生活与政治生活也出现了变迁。18 世纪后期，为孔狄亚克、百科全书学派、霍尔巴赫所推崇的唯物主义及感觉主义曾家喻户晓，这一盛况随着大革命的爆发而消逝，随之站上前台的则是新哲学。自由主义思想与批判主义思想愈发极端，被保守派强烈反对也是必然；部分重视权威的思想家对自由主义思想及其诉求表示反对，出于将整个时代从忐忑与纷扰中救拔而出的目的，他们构建了一种凌驾于自然主义之上的哲学体系，这也没什么可奇怪的。约瑟·德·梅斯太（1754—1821 年）认为理性无法对人进行约束，这一点已经显露出来，可以对人进行约束，使社会变得稳定的唯有权威、信仰及传统。从心理学那里，反唯物主义者找到了看似最理想的论证依据，在所有的研究领域中，心理学的前途看似最为广大。甚至孔狄亚克的感觉主义理论也遭到了同学派学者的质疑。卡巴尼斯是一位唯物主义学者，感觉的反应及本能的反应，亦即那很难解释或单纯产生于外在感官的有意识的生活的因素，它们非常重要。芒·德·毕朗（1766—1824 年）最初是卡巴尼斯和孔狄亚克的追随者，他主张意识以奋发的感觉为核心元素，认识以奋发的感觉为基础原则，他断言以这种存在于内部的经验为凭依，人可以对心灵的活动及物质世界的存在进行直接的认知。人以努力奋发的感觉为基础，对与力、统一性、同一性、因果相关的概念进行构建。

在唯物主义的反对者中，核心人物有：罗亚—库拉尔（1763—1845年），维克托·库赞（1792—1867年），T.乔弗罗（1796—1842年）。罗亚—库拉尔是托马斯·雷德常识哲学的继承者，他是索尔崩的一位哲学导师，善于演讲与辩论。库赞以唯灵主义为基础构建了一套折中主义哲学，雷德、库拉尔、毕朗、谢林、黑格尔的思想对他都有影响，这一点显而易见。在法国教育界，他是当之无愧的领袖。

参考书

有关19世纪前半期的法国哲学，参看《法国现代哲学史》，作者列维·布留尔；《十九世纪欧洲思辨哲学》，第二版（1847年），作者莫雷耳；《法国哲学史》，作者弗林特；《十九世纪法国哲学史》，作者达米隆，第三版（1834年）；泰恩、腊韦松和费拉兹的著作；宇伯威格—海因泽，前引书，第三编，第二卷，第35—40页，书目见宇伯威格—海因泽前引书。

第二节　圣西门

上述这些缺乏生机的力量显然无法满足那一时代的人们所关注的自由、平等、博爱等方面的需要。法国绝大多数的思想家还活在对人类社会进行改造的幻梦之中，相比于折中派的哲学家，他们对实际问题的重视程度更高。诚然，幸福并未因政治领域的革命而被普及，底层阶级的愚昧与凄惨境况并未因人权宣言的出现而有所改善。于是部分人认为，唯有以教育及启蒙运动的成就为凭依，以社会的演化为依靠，以渐次的社会改造来实现这一目标。克劳德·昂利·圣西门（1760—1825年）断言，文化、财产、幸福、权利方面的分配不公可以通过一门全新的社会科学来消弭。他指出，从经济和文化方面对劳动者进行解放才是重中之重，政体根本就无足轻重。他主张全新的以对世界的钟爱为主旨而非以克己为主旨的基督教是必需的；他对爱的支配地位做了强调，强调对卑微贫苦者的挚爱。以对社会规律进行认知为前提来对世界进行改造，所以，这与对科学的改造及对世界观的改造相关。在他看来，那个时代是批判的时代、是精神紊乱的时代，是具有批判精神的时代，是分裂与否定的时代，是缺乏组织性的时代。在精神领域与社会领域都深具组织性与建设性的时代是中古时代；我们必须复归于这一时代。一种全新的、以科学及经验为根基进行构建的实证哲学体系是人们所需要的思想体系。

第三节 孔德

圣西门并不是一位有条理的思想家，他满怀热忱、胸中充溢着怜悯，是一位幻想家。他并没有对实证哲学体系进行构建。这一体系真正的构建者是奥古斯特·孔德，受圣西门的委托，孔德开始对《实业家问答》（1823—1824年）一书的教育部分进行撰写；然而在圣西门看来，孔德对教育情感问题及教育宗教问题的处理却有欠妥当。孔德是蒙彼利埃人，1789年出生，是最纯正的天主教后裔。1814年到1816年，他入读巴黎工艺学院，并于此系统地学习了严谨的科学知识，并汲取了盛行于该校的圣西门学说。离校后，他对生物学及历史做了研究；以教导数学为生。孔德与圣西门是相交多年的挚友，但两人的哲学观点却存在分歧；孔德竭尽所能以做家庭教师和写作为生，独自地对自己的理论进行了发挥。尽管他数次为了获得教授的职称而努力，但最后都失败了。1857年，孔德逝世。

他的著作包括：出版于1822年的《为重新组织社会的必要的科学工作计划》；出版于1824年的《实证政治》；于1830年到1842年间相继出版、H.马提纽节翻译的六卷《实证哲学教程》；1851年到1854年间出版的四卷《实证哲学体系或建立人道宗教的社会学论文》，《计划》被此书收录，此书还有英文译本；出版于1853年、由康格雷夫翻译的《实证主义问答或广泛宗教解说撮要》。还包括出版于1877年的孔德致瓦雷的书信和致穆勒的书信。

参考书

《孔德和实证主义》，作者 J. S. 穆勒；《社会哲学和孔德的宗教》，作者 E. 凯尔德；《孔德、穆勒和斯宾塞》，作者瓦苓；《孔德和穆勒》，作者惠特克；《孔德的实证哲学》，作者利特雷；《孔德的哲学》，作者列维·布留尔；《孔德及其著作》，作者杜尔姆；《孔德的实证主义》，作者杜皮；《实证主义社会学》，作者德富尼。

第四节　社会与科学的改造

就像孔德在著作的标题中所明示的那般，他与圣西门一样，都以对社会进行改造为理想。要完成这一任务就必须对社会规律进行认知，就必须存在一种以其他科学及某种哲学学说为前提的社会科学。所以，要对社会进行改造，就要对哲学、政治、社会科学进行改造，就需要一种全新的社会哲学，孔德穷极一生都在为创建这一哲学而努力。中世纪的神学体系中有代表其本初思想的与宇宙及人生相关的共相的概念，即世界观。在近代，尤其是近代法国，自然科学的进步显而易见，由是人们联想到新的目标必然要以科学方法为凭依。科学以对自然规律进行发掘或者说对事实与事实之间恒常存在的关联进行发掘为唯一目标，而这唯有通过经验或观察才能实现。这样获取的知识是实证的知识，在人类所有的实践领域中唯有被实证科学所证实的知识才能被运用。在所有不曾对这类知识进行把握的地方，我们的目标就是通过对等级较高的自然科学所运用的方式进行仿效来获得这类知识。如我们所见，他是以休谟与狄德罗为领袖的经验派思想家中的一员。

第五节　知识的演进

孔德以实证知识为理想，历史的演化以实证知识为结果。精神有三阶段规律，孔德说人可以运用对神学、形而上学、实证方法进行思考的方式，其中的所有方式在实践领域都有其价值，在社会领域都有与其相对应的制度。在人的童年时代，即神学阶段，人以神人同形同性论对事物进行审视，视事物为凌驾于自然之上的表征，以拜物教为起点先发展为多神教再发展为一神教。这一时代，教士是领袖，具有绝对权威，政治上采用的是君主政体。在青年时代，亦即形而上学阶段，具有人格的神明被实体或者抽象的力量取代，所有的事物都被认定为固有这一本质或力量，通过对事物进行观察而获得的现象以这一本质或力量为必然原因。据说，以对这一原因的认知为前提，可以对其结果进行推导。刚开始的时候，人们假定存在包括化学力、生命力、精神力等在内的各种各样的力，并以之对各异的现象进行解释，然而，和过去所有时期一样，以向上的方向对这一倾向进行追溯必使其达到某一唯一的力量。形而上学的时代以法学家为领袖，是人民自主的时代，是国家主义的时代。无论是神学还是形而上学，都确信绝对意义上的知识可以被获取，事物内在的本质亦可以被解释。在实证主义盛行的时期，因为对事物内在的本质进行探究被认为是白费时间且没有任何益处，所以它遭到了摒弃，并被对存在于现象之间的一致性的追寻所取代。被提出的问题再也不是为何，而是如何。绝对的原因被自然规律取代；于是目的变成了借助观察的方法对事实之间恒常不变的关系进行确定。实证科学体系为刻卜勒、伽利略、牛顿所建立。人无法对热、光、电本身进行认知，却可以对其产生的原因和这些原因共同的表征进行认知，亦即对这些原因起制约作用的一般规律进行认知。举例来说，对光进行解释就是将光归入运动规律的范畴。从对实践进行适应的角度来说，这些知识足够了，实证主义者的座右铭是以预见而见。

人之心灵主观地想要将一切都纳入统一的范畴。我们无法用一个包罗了所有规律的、具有唯一性的规律来代表诸多各有差异的自然规律，通过经验，我们也知道有很多分歧是不能被一体同化的。孔德指出，实证是否定的对立面，意指实在、严谨、确凿无疑、有用处，亦即否定的知识、批判的知识并不是实证知识的全部。

第六节　科学分类

然而实证哲学必须被构建，它将从各种不同科学中搜集而来的普遍规律进行组合排列，将能够于科学的各个门类中通用的方法赋予人类，对这些科学彼此之间的关联进行明示，这样就将科学进行了分类。这一综合不仅有教育方面的意义，而且可以对专业的弊端进行克服。各种不同的科学进入实证阶段的次序不同，孔德就按照这一次序对科学进行了排列，包括算术、力学和几何学在内的数学、天文学、物理学、化学、生物学、社会学（作为所有科学巅峰的伦理学是孔德后来添加的）。这一次序还依从了由简而繁的渐进规律：位居首位的数学所包含的命题最抽象、最简单、最普遍，其他所有的科学都以数学为根基；社会学最繁复，位列其前的所有科学都是它的前提。因此这样排列的原因是，愈是简单、普遍的规律，被应用的领域就愈广博。静力学主张所有具有广袤的现象都适用几何学的真理；

动力学主张所有被视作运动现象的现象都适用力学真理。尽管位处这一渐次上升的序列中的所有科学都将位于其前的科学当作根基，但这并不意味着对它的研究对象以简单的现象为泉源（譬如，生命现象以运动现象为泉源）这一点表示肯定。若不然，它就会被归入唯物主义，而孔德对唯物主义一向抱持排斥的态度，在他看来，在对有机现象进行解释的时候不能以化学或机械学为凭依。科学领域的这六种科学，无论是哪一种，都有着其他科学所不具备的全新的元素。所有科学的内部现象同样适用于这一点：热不同于光，植物不同于动物，不同的有机物之间也存在差异。

孔德在对科学进行分类的时候，不曾采用任何与伦理学、逻辑学及心理学相关的词汇。相比于数学，与理智职能相关的逻辑学的可靠性好像更强，然而它却被法国的哲学家们归入了心理学的范畴。孔德指出，在科学领域内心理学并非与众不同。因为无法内省，我们也无法对心理活动进行主观的检视，我们可以办到的就是从客观的角度对心理活动进行研究，亦即对与这种活动相关的有机现象和被这种活动引之为表象的人类制度进行研究。所以，有部分心理学内容为生物学所涵盖，还有部分心理学的范畴为社会学所涵盖。实际上，孔德若是想要将心理学归入这一分类体系中，所面临的难题绝对不小；在如心理这种与众不同的现象中，几何学与力学都不适用，整个科学分类也会随之崩溃。然而若被认为非常特殊的有机现象无法以力学的观点进行解释，却又在科学体系中占有一席之地，那么，科学对心理学的排斥就会变得不可思议。对这一观点孔德的思考还不够完善，其观点前后也缺乏一致性；他对所有的唯灵主义心理学都充满憎恶，对加尔的骨相学却兴致勃勃，受此引导，所有的心理活动都被他当作了大脑的机能。

第七节　社会科学

社会学是科学阶梯中最繁杂的科学，也是最后一个进入实证阶段的科学。其他所有的科学，尤其是生物学是社会学的凭依，因为构成社会的是有机的个体；经济学、伦理学、历史哲学及绝大多数的心理学都为社会学所涵盖。社会学之名得自孔德，孔德也以社会学的创立者自诩。在他看来，不对历史哲学与社会科学进行研究，就无法对心理学、伦理学和经济学进行研究；这些科学以与社会及社会的演化有所关联的现象为探讨对象。社会静力学以社会秩序、社会事实及社会存在的规律为研究对象；社会动力学隶属于历史哲学的范畴，以社会演化为研究对象，以对社会的进步进行探索为目的。

社会生活以社会冲动为泉源，不以自利为泉源。对社会而言，人利己的冲动不可或缺。理智对高尚的利他的冲动进行激励，对自利的天性进行限制；刚开始的时候，相比于利他主义（该词汇的创造者为孔德），利己的冲动更强烈，社会要想自我保全，就必须对这种冲动进行限制。社会以家庭为基本单位，是大规模社会生活的前提。进步以理智为指导原则。人之所以为人，是因为人具有与兽不同的职能，这些职能的成长或者理性或者较为崇高的冲动的前进就是进步。社会演化的三个阶段等同于理智演化的三个阶段。军国主义以秩序、训练、武力为特征，进步以组织为第一条件。随后革命时代来临，即带有否定意味的、具有政治性的过渡时期来临。"为人类所明确的"工业制度的阶段正是实证阶段，政治与个人问题不再是被强调的关键，在这一时期，社会问题才是关键。这是一个专家的时代，他们的职能有两方面：一是对科学研究进行指导，对公共教学进行监督，对舆论进行鼓吹；一是对社会生产活动进行调节。人民代表制度是孔德的反对对象，在他看来，这样一来，愚蠢无知的人就会成为专家的主人。在罪恶的政治体系中，舆论一直被当作解毒剂。他确信从根本上来说社会问题就等同于道德问题，对观念与习俗进行改变的确对有利于人的国家的诞生有促进作用。

就像我们开始时所说的那样，孔德以社会改革思想为其体系的中心思想，这一思想必定是以伦理理想为基础构建的。他以自己的理想为凭依对历史进行解释：人在社会之中的完善、人类理想的实现都以进步为表征。历史以这一理想为导向不断前行，实证主义，亦即为人类所明确的阶段，是伦理、理智、社会演化的永恒的目标。实证主义被纳入独断论的范畴，归于形而上学，这一点很容易为我们所见。

第八节　伦理学与人道教

暮年的孔德对存在于日常生活中的实践、情感，尤其是伦理的理想非常重视。过去在他看来，理智是对社会进行改革的最重要因素，现在他却以端正的态度对理性与科学及情感与实用的关系进行审视。主观的形式将被客观的形式而代之，主观的意思是说，这种方法把知识同满足主观的需求和追求世界观的统一和单纯性的愿望联系起来。伦理学被孔德以巅峰科学与第七科学的身份加入了科学的六种分类之中，它是目标，其他所有的科学都为它所涵盖。对人类而言，竭尽全力让社会性统率个性才是最重要的；人道与每一种事物之间都存在着必然的联系，在所有的冲动中，仁爱位居主要地位，绝对意义上的需求是以利他为目标而生活。人道是值得人崇敬的庞然的神明。

第九节　唯心主义与实证主义的对立

库赞的唯灵主义的折中思想并不曾为实证主义所消弭，相反，在其学派内部却掀起了一股反动的风潮，以波尔达—德莫兰、腊韦松、塞克雷汤、瓦歇罗为代表的一批颇具创造性的哲学家以科学的理论为依据，其他部分哲学家则以德国唯心主义理论为依据，对折中主义展开了攻击。在以拉芒内（1782—1854年）为代表的法国天主教教士圈子中新柏拉图式的基督教思潮兴起；托马斯哲学也在以比利时鲁汶大学为代表的各地渐渐复苏，特别是鲁汶大学中，直到今天，它依旧是哲学研究的中心。以利特雷、勒南、泰恩为代表的信奉实证主义的人有很多，这从对形而上学进行研究的角度来说是无益的，却又让以 T. H. 利鲍为代表心理学家及以 G. 塔尔德及 E. 杜尔克姆为代表的社会学研究者们深受鼓舞。对进化论进行研究，一样可以起到削弱唯灵主义的作用。

C. 雷诺维叶（1818—1903年）是《哲学批判》的主编，是某个将康德的批判哲学当作基础的哲学学派的领袖，无论是实证主义，还是唯灵主义，都是他反对的对象。雷诺维叶以新批判主义来定义自己的哲学，然而他的哲学却渐渐地转变成了唯心论的形而上学，和莱布尼茨的单子论非常相像，多元论、人格论是其最明显的表征。在他看来，不存在自在之物与本体界，从呈现的角度来说，事物等同于现象；从人的角度来看，其他所有的一切都不存在，唯有观念存在。一个无限的、实在的概念有着逻辑与经验的双重矛盾。有限的事物以宇宙为有限的总结。所以，无限的过渡在现象中并不存在，突变性理论为其所需。没有原因而自我成就的起点、意志自由存在的可能都为突变性所涵盖。如是，知识就有了相对性，只有事物之间存在着的关联才能被我们发现。

雷诺维叶的部分思想在 A.库尔诺（1807—1877 年）的理论中提前有所表露，在库尔诺看来，有机遇存在于自然与历史中，自然与历史中也存在偶然。自然规律不过是与真实十分相似。具有独立性的事件之间的彼此集聚或调和构成机遇。雷诺维叶的思想对 F.皮荣、E.布特鲁、H.柏格森和威廉·詹姆斯都有影响。

库尔诺的著作包括：出版于 1843 年的《机遇和概率论》；出版于 1851 年的《论认识的基础》；出版于 1861 年的《论科学和历史中基本观念的联系》。雷诺维叶的著作包括：于 1854—1864 年期间出版的四卷《一般批判论文》，该书于 1875 年到 1896 年期间第二版再次出版；出版于 1899 年，与 L.普拉一同撰写的《新单子论》；出版于 1902 年的《人格主义》；出版于 1905 年的《最后的谈话》。身为年鉴编辑的皮荣在《哲学年鉴》上发表的不少评论文章都极具价值。布特鲁的著作包括：出版于 1874 年的《论自然规律的偶然性》，该书于 1902 年第四版出版；于 1901 年第二版出版、茹斯维尔翻译的《哲学史研究》；出版于 1908 年，译者为尼尔德的《科学和宗教》；出版于 1896 年，茹斯维尔翻译的《道德和教学问题》。柏格森与詹姆斯的著作可参见原版第 566 页和 577 页。

参考书

关于 19 世纪后半期的哲学，参看《法国近代哲学》，作者列维—布留尔；《1867 年以来的法国哲学》，作者布特鲁；宇伯威格—海因泽，前引书，第 40—60 章。有关这思潮的书目，见宇伯威格—海因泽书。《近代哲学》，作者许夫定（法译：《现代哲学》）；塞伊、冉森和阿舍尔关于雷诺维叶的专著；《法国新批判主义》，作者费格尔；关于库尔诺，参看《形而上学和道德学评论》，1905 年，五月号；《库尔诺》，作者博廷内利。

在与观念力相关的演化哲学和唯意志论哲学中，A. 富耶（1838—1912年）曾尝试着对唯心主义及唯物主义进行调和。在他看来，排斥其他，只对运动进行强调的唯物主义是片面的；排斥其他，只对思想进行强调的唯心主义也是片面的。意识与生命、精神与物质应该以统一体的身份去施加影响。唯有精神与物质才是两种全部都具有实在性的抽象，它们是对同一事物进行审视时采用的两种不同的方式。冲动与嗜欲以每一种心理现象为表征。可以直接为人知觉的实在只有心理活动，所以，我们在对世界进行诠释的时候完全可以以观念力或自发的精神来打比方。

在下述著作中，富耶对自己的观点进行了表述，这些书是：出版于1872年的《自由和决定论》；出版于1890年的富耶的主要著作《观念力的演化论》；出版于1893年的《观念力心理学》；出版于1908年的《观念力伦理学》；出版于1912年的《思想》；出版于1913年的《伦理学解说大纲》。A. 居伊约撰写的《富耶的哲学和社会学》以及雷诺维叶的部分著作也可以作为参考。

让·居伊约（1854—1888年）是富耶所有学生之中最出色的，他对以统一为趋向的存在于宇宙中的生命冲动进行强调，认为在人类的利他思想中，这一思想的表现并不亚于其在自然之中的表现。道德、宗教、艺术以由社会性及团结性演化而来的道德为共相。居伊约的著作包括：出版于1885年的《既无义务又无制裁的伦理学大纲》，该书于1903年第五版再次出版；出版于1887年的《论未来无视宗教》，该书于1904年第七版出版；出版于1889年的《教育和遗传》，该书于1900年第五版再版；出版于1884年的《现代美学问题》，该书于1901年第六版再版。富耶出版于1889年的《居伊约以后的道德、艺术和宗教》可作为参考。前三类书的译本已经问世。

第二章 苏格兰的唯理主义哲学

第一节 威廉·惠威尔

尽管自威廉·奥卡姆时代开始，唯名论与经验主义就是整个英国哲学界的倾向，但与这一对形而上学无比冷漠的哲学倾向对立的哲学学派从来都不曾陨灭。过去，17世纪兴起于剑桥大学的柏拉图学派、18世纪末19世纪初兴起的以托马斯·雷德及其学派为代表的反休谟运动，都曾被我们所提及。那个时候，在苏格兰的所有大学中，常识哲学都占据着支配地位。反休谟运动的价值在于批判经验主义，而不在于其正统的理论，在其推动下英国人开始更彻底地对当时盛行的理论进行考察。随后受康德批判哲学影响的苏格兰常识哲学兴起；威廉·惠威尔（1795—1866年）和威廉·哈密尔顿爵士（1788—1856年）是该学派的代表。《归纳科学史》《归纳科学的哲学》《道德哲学原理》均是惠威尔的著作。在他看来，部分为经验所涵盖的因素被归纳法忽略了，亦即在对现象进行认知的时候，经验的内容构建和统一的一些原则与观点源于心灵。早在这些原则与观念为我们初次认知好久以前，我们在对自然进行解释的时候就已经以其为凭依，事实的素材被我们做了译注，转变成了我们自己的话。它们的推断是在无意识的情况下进行的，但结果却是必然的，亦即对立的情况是匪夷所思的。

这些原则与观念在简单的诠释中同样能发挥作用；我们的确无法对不被其影响的心灵活动进行想象。尽管经验并非它们的泉源，但它们的成长与萌发却以经验为凭依。它们并非心灵中已经被完成的事物，而只是心灵活动的伴生；它们为心灵所有，是心灵对素材施加的一种影响。被惠威尔提及的原则有：空间、时间、原因和目的，还有人应当做正当的事的道德法则。同常识哲学一样，惠威尔对认识范畴内的部分原则非常关注，然而他并不曾对这些概念做过认真细致的分析从而令其统一。在归纳科学领域，惠威尔的著作是颇有助益的，约翰·斯图亚特·穆勒曾经说过，若无这些著作，他在归纳推论领域的目标根本就无法实现。

第二节　哈密尔顿

因循着康德批判哲学的轨迹，威廉·哈密尔顿爵士一路前行，将常识哲学超越。相比于惠威尔，哈密尔顿的思想更加深刻，逻辑与辩证更加敏锐，相比于他的前辈，他在哲学史方面的知识更加渊博。他的著作包括出版于1852年后的《关于哲学和文学的探讨》及出版于1859年的《形而上学和逻辑讲演录》。宗教与道德是他的兴趣所在，他以批判哲学为根基对自己的神学体系进行了构建。

在哈密尔顿看来必然存在着不证自明的简单真理或者说是具有先验性的真理，绝对意义上的确实性为这些真理所有；对这些真理进行衡量时一般且必然不过是最后的标准。举例来说，每一个人都确信空间不可能由两条线围成，他们也的确无法想象空间竟是由两条线围成的。但是，从包括因果律、同一律、拒中律、矛盾律、实体律在内的部分必然的真理的角度来说，断言得自意识的结论是不真实的，同样匪夷所思；从诸如外部世界是存在的一般的部分具有偶然性的真理的角度来说，它又是可思议的，在实践领域我们也无法相信它是错的。某一具有不可思议的对立面的命题本就无法对真理进行检验，因为如是的命题本身也不可思议。自由活动不可思议，完全被支配的活动同样不可思议。一个命题定然要具有必然性，它本身可以被设想，它的对立面却是不可思议的，才会如此。"所有明确且真实的思想都居于两个极端之间，我们视所有的极端为不可能，但当两者发生冲突时，我们必须对其中一方的必然性进行肯定。"哈密尔顿在对有条件者进行论述时提出了这一规律。他在因果原则上也对这一规律进行了运用。我们无法对存在的绝对意义上的起点进行想象，也无法对其绝对意义上的终点进行想象。"对那些以如是的起点为表征，事实上也的确如是开端的对象从思想的层面上进行必然的否定；我们要视其过去与现在为必然的同一。""我们必须予对象（亦即我们曾经看见的自现象上升腾并存在的一定的数量与属性）以信任，相信在升腾之前它就已经存在，只不过存在的形式有所不同。然而，主张某一事物之前存在的形式有所不同，不过是事物必有因的另一种说法。"但是，我们也无法对一个具有无限性的起点或具有无限性的终点进行想象。所以，我们无法对绝对意义上的因果律的确实表示认可；因果律的对立面匪夷所思，这是它得以构建的基础，就像前面我们所说的那样，真理不会以匪夷所思为检验的标准。假如规律的必然性是确实的，那么自由意志就不可能存在。然而这一规律并不具备确实性，所以可能存在自由意志。证据决定着意志的自由；在意识方面我们有直观的证据及间接的证据，可以对自由的事实进行证明。

我们只能对有限的、有条件的事物进行认知，我们无法对存在本身进行绝对意义上的认知，只能对我们的机能及与它相关联的独特的形态进行认知。如果真的如此，我们就无法对上帝或者终极的神明进行认知，因为所有终极的事物都具有无条件性。无条件的事物要么是无限的，要么就是完善或完备（绝对）的，然而两种属性它只能拥有一种，因为绝对与无限彼此冲突，是对立的两面。既然其中一种属性定然为上帝所有，而我们又无法对上帝拥有哪一种属性进行决定，那么，就不可能存在理论神学。我们无法先验地对上帝进行认知。尽管很多人都对上帝做了界定，主张它兼具绝对与无限两种属性，但这本就是自相矛盾的，所有鼓吹思辨神学理论的人都无法对上帝的绝对性或者无限性进行证明。哈密尔顿没有对绝对或无限下过断言，也不曾断言无条件的概念自身会发生冲突。将信任赋予上帝，认为上帝是绝对的，或者认为上帝是无限的，这有可能，不可能的是主张上帝既是绝对的又是无限的。我们无法先验地对为上帝所有的那一种性质进行证明。

无条件的规律的另一种运用方式就是运用于与现象和实体相关的原理之中。我们所有的精神的知识及物质的知识都是有条件的，都存在相对性；我们只能对有条件这一点进行知觉。在存在于本性中的必然性的推动下，我视现象为无法被认知的实体的可以被认知的表征。我无法对这种相对的绝对性进行确认，亦即这一现象未曾掺杂任何其他的事物，只是纯粹的现象。我可以将其假定为某种事物不曾被显露的表征；可以视它为某一主体的偶性或实体的偶性。

哈密尔顿的自然实在论理论中有着明显的苏格兰常识哲学的痕迹，这一实在论主张人可以直接对实在的世界进行认知。因为我们可以对世界的存在进行认知、知觉、感觉，所以对它的存在我们充满了信任。然而我们无法直接对物质实体或精神实体进行知觉。我们可以直接对现象、对现象的并协性、对现象的集聚、对现象的系列、对以并存为表征的现象进行知觉。我们不得不视这一属性或现象是某种事物的表征，广袤、坚实、形状等种种属性都为这一事物所具有。人唯有从属性、表征、相对、外表等方面才能对这一事物的存在进行思考与认知。在思想规律的胁迫下，我们不得不对具有相对性，或者可以为人认知的存在，以某种具有绝对性的、无法被认知的事物为基础或条件这一点进行思索。物质如是，精神也如是。精神是可以被认知的，物质也是，从这个角度来说，两者之间的差异，不过是体系的差异，是性质与现象的差异；精神是无法被认知的，物质也是，从这个角度来说，两者均是实体，都具有固有的属性，但这些固有的属性却不尽相同。所以，我们可以直接对性质、现象、属性进行知觉，而不能直接对实体进行知觉。

参考书

《哈密尔顿》，作者威特奇；《哈密尔顿》，作者芒克；《威廉·哈密尔顿爵士的哲学研究》，作者穆勒；关于哈密尔顿及其学派，可以参考有关苏格兰哲学的著作，作者是麦科希和普伦格尔—帕蒂逊，还可以参考有关英国哲学的著作（原版第254页以下），作者是福尔西思和塞思；《英国哲学》，作者许夫定，译者库瑞拉德；宇伯威格—海因泽，前引书；第57章，书目见此书。

第三章 穆勒的经验主义

第一节 经验主义与实证主义

休谟最终结论的得出是以经验主义为前提的。假如人类的知识被印象和微小薄弱的观念或复制品局限于一定的范围之内，以一团感觉为自我，那么，一般且必然的知识就不可能为人类所具有。原因的概念被归于具有时间上的相继性的概念，与原因伴生的、具有必然性的意识被归入信仰或习惯的范畴；若感觉以某一物质或精神的实体为因，则被认为是虚妄的。休谟的思想最后归于不可知论、唯现象论、偏颇的怀疑论是必然的，就像我们前面所说的那样，休谟的思想招致大量的反对，且这些反对者态度极为激烈，也正因为如此，苏格兰常识派的哲学才得以产生并成长。然而，因为实证主义在法国的勃兴及自然科学的深入发展，19世纪中期，英国思想界再次出现了以经验主义为主流的局面。休谟、哈特莱的理论都是这一观点构建的根基，而约翰·斯图亚特·穆勒撰写的《逻辑》则将这种观点带到了顶峰。穆勒对奥古斯特·孔德非常推崇，他的思想也难以避免地受到了孔德的影响。但与此同时，他的思想也受到了英国传统学派的影响，比如詹姆斯·穆勒（1773—1836年）和耶利米·边沁（1748—1832年）等都在思想上对他进行了引导，其中，詹姆斯·穆勒是约翰·斯图亚特·穆勒的父亲。所以，实际上，在《逻辑》问世之前，约翰·斯图亚特·穆勒就有了一定的思想倾向性。诚然，晚近的英国经验主义哲学与法国的实证主义哲学存在很多相同的地方，于是部分历史学家便有足够理由认定经验主义是孔德主义的分支。两者的思想倾向是相同的：科学方法与事实的价值是它们共同的强调对象，从原则上来说，它们对形而上学都抱持反对的态度；它们都以社会改革为目的，在伦理层面坚持为人类谋发展、谋福祉的理想。然而实证主义者力图将人类知识系统化，对知识分门别类，注重科学的研究方法与结果；英国人则以逻辑学与心理学为起点，遵循其派别（经验主义）的旧俗，去寻求解决问题的方法，而这些，恰恰是法国人所忽略的。

约翰·斯图亚特·穆勒（1806—1873年）曾任东印度公司的秘书，为詹姆斯·穆勒之子，其著作涵盖了社会学、哲学、经济学、政治学领域。在穆勒还小的时候，他的父亲在精心照顾他的同时还对他进行文化方面的教导。在父亲的引导下，小穆勒开始对18世纪的哲学进行研究；对童年时代的穆勒来说，记忆最深的便是边沁的伦理学及哈特莱的观念联想说。对小穆勒而言，父亲的理论和哈特莱的观念联想说就是心理学类所有科目的指导原则，而他本人也说过，他之所以能够统一对事物的看法，完全是受了边沁功利主义学说的影响，他也因此对自己的愿望进行了确认。他游历过许多地方，还花费了数年时间对法律进行研究。1823 年，他入职东印度公司，直到 1858 年公司被国会解散他一直都担任着秘书职务。1865 年，身为自由党党员的他通过选举成为国会的一员，任期三年，但他之所以对国家的政治生活产生莫大的影响，却还得归功于他的著作。

约翰·斯图亚特·穆勒的著作包括：出版于 1843 年的《逻辑》；出版于 1848 年的《政治经济学原理》；出版于 1859 年的《论自由》和《关于国会改革的意见》；出版于 1860 年的《论代议政体》；出版于 1861 年的《论妇女受压迫》和《功利主义》；出版于 1865 年的《奥古斯特·孔德的实证主义》和《威廉·哈密尔顿爵士的哲学研究》。1869 年，他编辑出版了父亲的著作《人类精神分析》；他还对自己在《论说和探讨》上发表的部分文章做了编辑，编辑出版的时间大概在 1859 年到 1874 年期间。他逝世后，他的传记及包括《论自然》《有神论》《宗教的效用》在内的部分宗教论文被刊发。穆勒与孔德往来的书信被雷维—布鲁尔编辑出版，穆勒与艾希塔尔之间也有书信往来；埃利奥特编辑了两卷《书信集》，该书的新版被《新万有丛书》收录。

参考书

道格拉斯等关于穆勒所撰写的专著；《约·斯·穆勒的伦理学》，作者道格拉斯；《英国哲学》，作者许夫定；《六位激进的思想家》，作者麦克孔；《现代英国心理学》，作者利鲍，译者鲍尔德温；《现代英国伦理学》，作者居伊约，并参看原版第 506 页有关孔德的著作以及原版第 254 页以下有关英国哲学的著作。

第二节 科学与社会改革

穆勒的学术活动受到了社会改革理想与政治改革理想的引导。他对 18 世纪的启蒙思想充满了热情，他坚信教育的作用是无上的。在他看来，所有的自然冲动都会因教育而改变或者被教育所消除，当人的思想发生改变的时候，性格也会随之改变。要完成改革的目标就必须具有与正确目的及与其实现方式相关的知识。然而，唯有以对的方式才能获取知识，在著作《逻辑》中，穆勒专门对这一方法进行了研究。自然科学的迅猛发展使人们意识到应该对科学方法进行研究，还应将这一方法应用于包括心理学、政治学、伦理学、历史学、经济学等在内的所有道德科学学科及心理科学学科上。不过，对认识论的普遍原理进行思考就不能对认识方法进行成功的研究，《逻辑》便是对普遍原理进行研究的，它被视作最深刻地阐述了经验主义认识论的著作。

第三节　逻辑

在休谟看来，一般且必然的知识是人类无法获取的，亦即人无法对事物与事物之间必然存在的关联进行经验；判断的必然性备受直觉主义者重视，其原因却是习惯。能够为人所认知的是观念，观念按照一定的顺序，在时间层面上以因果、相似、相邻的联想规律为凭依相互追随。哈特莱将休谟的三大规律归结于相邻的规律并对联想论进行了构建：过去就存在于意识之中的与观念相关的关联被观念唤起；他致力于将所有心理现象都当作这一规律的例证来对其进行诠释。从这一理论来看，知识只是观念的关联，始终如一且十分牢固，这种牢固性就是思想所谓的必然性。所以，所谓认识就是对观念之间的关联进行研究，将暂时的、偶发的关联清理掉，发现对且牢固的关联，即不朽、连续、反复显现、恒常不变的观念，它的实现需要借助归纳法，穆勒曾对它进行过描述，并被应用于近代实验研究的方法中。所以，归纳法及其注解构成了所有非自明的真理即所有推论与证明，所有不包含于直觉范畴内的知识都以它为泉源。

第四节　归纳推论

穆勒以联想律为基础对他所有的理论进行了构建。孩子会因为火与烧伤曾经相互联结而推论火能烧伤；这一状态下的推论并非是从一般到个别，并非是从个别到一般，而是从个别到个别。所有的推论都以其为最基础的形式。通过彼得的死亡，我们能不能对保罗的死亡和所有人的死亡进行推断，这毫无关联，在后一种状态下，我并非将它当作一种状态，而是将它扩展到了无尽的个体状态。不管在何种状态下，我的蜕变都是已知到未知的蜕变，相同的推理过程被涵盖其中。归纳的结论中涵盖的内容多于前面的过程所涵盖的内容。

三段式并不是从已知到未知的转变过程，所以，它不是推论的过程。

譬如所有人类都会死亡，保罗是人类，因此保罗会死亡。从三段论式的结论被证明的过程来看，所有三段论式的论据都是某种还没有被证实的设想：在所有人都会死亡这一设想中，保罗会死亡这一命题就已经被涵盖其中、被设想好了。以三段论式的大前提为凭依无法对其结论进行证明。当我们断言所有的人类都会死亡时，这个推论其实就已经完结了。个别的例子能够对大前提进行论证：它是一种表现形式，简明扼要，以多次检视与观察获得的结果为源；它是一种指导形式，以未知的情况为前提，对无数结论进行推论。事实上，通过它我们知道什么已然被发现，我们将已然得出的推论结果记录下来，将事实与某些事件的相合记录下来，从而将它们相互连缀；未来的归纳推论被它指导。

第五节　归纳推论的保证

问题马上就来了！这样的归纳推论以何为保证？这一假定包含于所有的归纳推论之中，即只要曾经发生过一次，在相似程度足够高的情况下，还会再次发生，并且不止一次，而是在相同的情境被不断再现的情况下，多次重复地发生。这样的假定以何为保证？从经验的角度来说，存在保证，如人所知，宇宙就是这样形成的，不管何时，在某一情况下是真实的，在同类的所有情况下便都是真实的；这是一般意义上的事实。这一原则，即归纳法的基本原则在自然进程中始终如一。然而，归纳法的例证中原就包含着这一原则，它隶属于归纳推论的范畴，其严格意义上的哲学准确性在最后才被确定。如果是这样，其他所有的归纳推论因何以它为保证？穆勒于此所做的莫不是循环论证？以自然的齐一性为凭依对某一具体的归纳推论进行论证，又以这种推论为凭依对自然的齐一性进行证明。穆勒给出的解答是，并非如此，自然的齐一性与归纳推论的关系就像是三段论式中结论与大前提的关系；他并非对证明结论有所助益，而是证明结论的必要条件，亦即若这一规律为假，结论就无法被论证。适用于约翰与彼得的就肯定适用于每一个人，这一论断唯有如此对实在性进行论证，亦即自然为我们所知的齐一性与另一种设想不相符合。在穆勒看来人类王国的所有经验都以这一规律为总结或概要，它只对过去被检视的进行记录。它只能对某种归纳推论的确实性进行强化却不能对其进行证明。这样，穆勒固然不会再被斥为循环论证,却也无法从逻辑的角度为他的归纳理论寻找到一个适当的基础,这一点显而易见。他的理想不曾被实现,他本人也没有意识到他那充满了怀疑论的论点所导致的后果。

穆勒还宣称,从严格意义上来说,正在被我们探讨的齐一性不是一种而是各种。某一事实的发生必然以某一情况的出现为前提,该情况不出现,这一事实就不会发生;其他所有的事实也都如此,以此类推。这类于自然现象中存在的齐一性被称为自然规律。对逻辑问题进行归纳实际上就是在对这一规律进行探索与确认。其以确定何种齐一性在自然界中无处不在、恒常不变为目的;何种齐一性随着时间、地点,或其他为人所知的可以变化的情况的变化而变化。任意一种人类的目标都需要被确认,从这个角度来说,部分齐一性可被视作非常一般、非常确实。以这类齐一性为凭依,其他的归纳推论可以被我们提升到与归纳阶梯齐平的高度。假如我们无法对某一归纳推论的绝对真实性进行证明,也就是说,这些一般且确实的归纳推论之中例外是被允许存在的,那么,在被限定的范围内前者的总结的确实性同后者一样。

第六节　因果律

存在前后相继的齐一性,也存在同时发生的并列的齐一性。我们孜孜以求的严格意义上的普遍性在数的规律与空间的秩序中能够被确凿无疑地认知。然而,在所有与现象相关的真理中,于我们而言,与前后相继的现象秩序相关的真理才是最有价值的。我们发现只有一条真理是这些真理中不会随着环境的改变而被摒弃不用的,它就是因果律。每一个存在前后相继的现象的秩序的领域都存在因果律,所有存在前后相继关系的事例都能对它进行证明,从这个角度来说,这是一个一般性的规律。只要是存在起点的事实必然有起因,这一真理与经验同在。

所有的归纳推论都以原因的概念为基础,所以,对某一明晰确实的因果概念进行把握是有必要的。以经验为泉源的因果概念是唯一被归纳推论学说所需要的概念。人们对作为真理的因果规律十分熟悉,亦即通过观察而察觉的某一自然的事实与另一存在于它之前的事实之间的恒常不变的前后相继。我们确信某些事实将连续不断地相互接续。原因的意义并非存在于事物之间的最具力量的神秘关联，或者另一事物的真实泉源的某种本性。恒常不变的前提即为原因，恒常不变的后果即为结果。从哲学的角度来说，起促进作用与起阻碍作用的所有条件汇集在一起就是原因。

一部分人并不同意对原因的这种界定，指出它不曾对十分重要的必然关联的概念或者必然性的概念进行论述。假如原因就是处于前方的恒常不变的事情，那么，白昼与黑夜就互为原因。出于趋避这些反驳意见的目的，穆勒这样补充，原因的意义不仅在于总是出现于尾随而至的后果之前，而且在于只要如今存在的事情的架构一直不变更，情况就一直如此。无条件性才是必然的意义。只要是必然的，只要是肯定这样的，也就意味着将来它依旧会这样。所以，现象以一件发生在之前的事情或者多件同时发生在之前的事情为因，现象必然于其后无条件地尾随出现。尾随出现的事情是无条件的，我们如何得知？他给出的解答是：以经验为凭依。部分情况下，我们无法确定到现在为止不变的在前面发生的事情就一定恒常不变。然而，存在一定意义上的恒常的、本初的原因，所有的现象都以这一原因或者这一类原因的某种相互结合的后果为因，这类原因全都是无条件的。假如存于当下的所有动力因及其特性、分布情况为某人所知，换句话说，它们发生作用的规律为人所知，那么就可以对之后的宇宙提前进行判断。无论是谁，只要熟悉自然的所有动力因前后相继的秩序及最初的分布状况，就可以对宇宙中过去发生或将来要发生的所有事情先验地进行构建。

如我们所见，穆勒对宇宙中占支配地位的严峻秩序与规律进行肯定，对前后相继的、恒常不变的、无条件的秩序的存在进行肯定，要确定这些，就必须以归纳、证实、演绎等构成科学方法的方法为凭依。假如这一学说一以贯之（不曾做到），一门具有唯理性的科学就会诞生，最起码可以从理论的角度对某一具有绝对意义的知识体系的构建起促进作用。然而这有悖于他的归纳推论学说，以这一学说为凭依，所谓因果不过是对存在于现象之中的前后相继关系的一种确信，这种确信以存在于意识中的前后相继的观念为凭依。穆勒在唯理主义的因果观念和经验主义的因果观念之间游移不定，亦即在因果有某种必然的关联的观点和因果只是时间层面上恒常不变的一种前后相继的关系的观点之间游移不定。以后一种假定为凭依，我们能够确定的只是，伴随着与前后相继关系相关的经验的增多，对因果关系的信赖会增强。穆勒对我们的这一权利进行检验，即假定因果律在所有归纳方法中普遍存在，诚然，他现在就抱持这样的观点。在他看来，我们不能以心灵对这一倾向的信赖而对其合理性进行说明，因为确信与证明不同，并且所有出于本能的确信都缺乏必然性。甚至直到现在还有大量的哲学家坚信因果律无法对意志进行支配。在这个问题上，穆勒的态度与他在自然齐一性问题上的态度相同。诚然，在自然前后相继的齐一的秩序中，普遍存在的因果律只是例证之一。靠着对存在于部分中的前后秩序的齐一性的总结，我们可以对一般性的因果律进行把握。的确，在获取这一规律时我们采用的归纳法很简单，是枚举，这种归纳法既不确实，也不严谨，乍一看，这一被科学引为根基的原则好像既不充分也不坚实。然而这一归纳法究竟有多不坚实与总结的范围有多广泛却是成反比关系；从现象共同存在并前后相继的角度来说，在能够被经验确保的所有概括中因果律的内容是最广泛的。从确实的角度来说，在所有来自观察的齐一性中因果律位处巅峰，这个齐一性因它而被证明，相同的证明也可以被它从中获取。批评者则认为因果律既是归纳推论的根基，又是归纳推论的例证，这本就自相矛盾。对这些，穆勒做出了答复，他答复的方式与他对驳斥自然齐一性的看法的答复方式一致。只要我们真的明白，若不是怀疑所有的事情都有产生的原因，具体的结果就不允许质疑，这样，对那些批评的看法，我们所能做的就都已经做了。

我们无须具有绝对意义的证据，也得不到具有绝对意义的证据。只要是被数之不尽的事例证实是真实的，且通过检视，不曾发现其中有哪怕一个事例是虚假的，在确定不曾忽略任何例外状况且例外也不曾真正出现的情况下，我们可以心安理得地视它为一般真理而有所行动。然而我们无法确定当这种普遍性的规律超出我们的经验所能涵盖的最大范围之后，在遥远的星体空间中是不是还有效果。这样的规律并非就是宇宙的规律，而只是以我们的观察力所能认知到的部分宇宙规律，相邻的情景被它以合乎情理的力度渗透。

第七节　先验的真理

自然的齐一性以经验为泉源，一般的因果律也以经验为泉源。这些规律不具有先验性，也不是必然存在的真理；的确不存在这样的真理。甚至逻辑的标准及数学的总结也都以经验为泉源。一个空间不可能由两条直线环围而成，这一命题就是一种归纳推论，它的获得便是以我们的所有经验为凭依。另外，数学命题只不过是与真实非常相似而已。我们无法对一条无宽度的线进行设想。真正的圆所有的半径都等长，但根本就没有这样的圆形。与几何定义相契合的圆、线、点根本就不存在；与几何定义相契合的圆、线、点皆是假想，皆具有抽象性，皆是以我们的经验为泉源的圆、线、点等的理想化。所以，唯有在设想的情境下，数学命题才具有确实性。以经验为凭依，无法对命题进行推论，其对立面也无法思议，更没有被证明的价值。我们不能因为某事物无法被思议为论据对其不以经验为泉源进行证明。演绎而来的真理之所以被认为具有必然性，是因为它必然以被命名为公理的首要原则为泉源，亦即假如这一公理或定义是确实的，它们就是确实的。定义是实验的真理，以充足且显而易见的证据为构建的基础，而公理则以经验为泉源，是源于内在意识和感官的最简易的归纳，是最具普遍性的归纳推论。毋庸置疑，论证科学全都隶属于归纳科学的范畴，它们以源于经验的论据为论据，由于它们以某种设想为凭依才能得出真实的结论，并且这一设想应当趋近真理或者与真理相近，哪怕有彻底为真的，数量也寥寥无几，因此论证科学全都是设想的科学。

第八节　外界与自我

批判唯心主义者认为我们无法对自在之物进行认知，只能对现象进行认知，穆勒也一样。我们不知道物质有何隐蔽秘密的属性，也不知道思维原则有何隐蔽秘密的属性。并且，虽然我们拥有的机能无数，但我们肯定会一直无知下去。就像物体借助感觉在我面前自我彰显，我便认为感觉以物体为泉源一般，存在于我本性中的心灵或思维原则只有借助于为我所知觉的感受才能被我认知。然而，假如所有为我们所知的存在都是感觉，所有的感觉都以我们无法认知的某种外部存在为因，我们又如何相信会存在脱离我们而独立的事物呢？穆勒利用联想律、记忆和渴望从心理学的角度对我们的信念做了诠释。我看到了放在桌子上的那张白色的纸，我把眼睛闭上或者走进其他的屋子，这张白色的纸再也无法为我所见。然而，它被我记住了，并且，假如条件与情境相同，我渴望也确信它依旧能为我所见。与某种事物对应的连续的、恒常的概念被我塑造，存在于外部的事物只存在这一可能，亦即，某种曾经出现过的感觉再次出现时会以与前次相同的秩序出现。对感觉来说，曾经为我所有的感觉就是一种恒常存在的可能性，亦即，它们终究存在再次出现的可能；外部世界就是感觉恒常存在的可能性。这样，我们才确信恒常存在的可能性等同于真实的实在，而转瞬即逝的感觉则是这一可能性偶发的表征或表象。对外部事物表示信任就等同于对感觉的再次出现表示信任。这一信念非天赋、非固有，获得于后天，以经验为泉源，以对观念的联想为因。于此并未尝试证明物体不在人之内，而只是对这一事实进行了明示，亦即尽管仅有观念的前后相继能够为我们所经验，但我们却能以此为凭依对存于意识之外的长久居留的物质世界的图景进行构建。

然而，自在之物存在于穆勒的哲学体系之中，某种无法为人类认知的事物的概念或者外因的概念也存在于穆勒的哲学体系之中，在我们看来，这一原因就是感觉的泉源。虽然唯心主义才是穆勒的坚持，但感觉的因由与超出经验之外的实体也不曾被他忽视。人类可以对现象界进行认知，另外，还存在本体界，存在一个人类无法认知也无法知觉的属于自在之物的世界。在这里，穆勒不曾对以他的前提为凭依，这样的世界及与这个世界相关的概念可不可能存在这一问题进行思考。他对自在之物多有提及，认为它是实体是原因，却没有穷究以他对实体和原因的定义为前提，这样的观点有没有存在的可能。假如实体被定义为感觉的相互叠加，原因是现象世界中恒常处于前面的事件，我们怎么可以说有某种作为实体与原因的事物存在于感觉之外呢？

在与心灵和自我思维相关的理论方面，穆勒一直游移不定。休谟和詹姆斯都认为心灵是一串连续的感觉，穆勒也一样。他尝试着如对外界信念进行解释时那般对与自我相关的恒常的信念进行解释，亦即与感觉相关的恒常的可能性的信念，有现实的感觉存于这一信念中。然而他已经意识到了视心灵为前后相继的感觉的联想论观点存在问题，并且他也率然地对这一事实进行了肯定。他说："假如我们认为连续的感觉构成了心灵，那么，这一论断要保持完整，就必须以这一连串的感觉能够对其过去与未来进行知觉为前提。并且这两种办法，我们只能二选一，不认可心灵或自我或连续的感觉，或不认同某种可以被知觉的事物的存在，就必须对这一自相矛盾的理论进行认可，亦即假定它是某种纯粹的连续的感觉，可以对自身连续的感觉进行认知。……在我看来我们可以做的最明达睿智的事情就是对这一无法去理解的事实进行认可，而非指出它是怎样出现的；假如我们在对它进行陈述的时候必须运用对某一学说进行肯定的词汇，那么，在对待每一个词的时候我们都需采取审慎保守的态度。"①

第九节　心理科学与道德科学

就像前文所说的那样，穆勒对人类的福祉和社会的改革非常关心。他坚信政治领域的知识与社会领域的知识都会取得进步，都会产生与自然科学相同的效果。他断言，只有运用在生理学、物理学、解剖学中取得了显著成功的方式才能对这种知识进行获取。他坚定地认为必须要对道德科学和心理学进行改造。

然而，要从科学的角度对人性进行研究，就必须以认可存在于精神范畴内的齐一性、规律、秩序、前后之间恒常不变的相继关系为前提。由此，问题马上就来了，这样的科学真的存在吗？规律可以对人类的行动进行支配吗？部分人提出反对意见，认为规律对人的行动没有支配作用，人的行动是自由的，不会被决定。休谟主张反必然论的理论全都源于误解，穆勒也一样。人们能够无误地进行认知的决定论指的不是强制、束缚，不是强行将某种现象塑造为另一现象，不是某一结果必然以某一动机为因，而是前后之间无条件的、明确真实的、恒常不变的相继关系。也就是说，根据被提供的环境、动机、性格，我们可以提前对未来的行动做出判断。以一定的条件为因，行动不一定会出现；可能因为另外的条件的出现导致情况

---

① 穆勒坚守父亲遗传下来的英国联想心理学，又接受或者至少是赏识他生活的时代的很多唯理主义思想家的学说，因此其思想有很多自相矛盾之处。

发生改变，于是产生了各异的结果。所谓的必然性指的是某一结果因某一原因而产生，其他的原因完全可以对其进行抵销；并非意味着原因就无法被抵销。宿命论误认为，（他人）出于为我的目的而替我塑造了性格，而不是我自己对性格进行了塑造，事实上，对我的性格进行塑造的渴盼就是原因所在。假如性格的改变是我所渴盼的，我就可以去改变；假如对习惯与诱惑进行抵制是我所渴盼的，我就可以进行抵制。存在若我愿意，我就可以去做这样的意识正是道德自由的意义所在。另一种谬误的理解是主张我的行动恒常地以被预知的痛苦和快乐为动机。从联想论的观点来看，无论是苦痛还是快乐都无法成为动机；我希冀的习惯与渴盼的习惯之所以被塑造，并不是因为受到了苦痛或快乐观念的激励。

唯有事实以规律为依从彼此相继，科学才会产生。然而，或许我们还不曾发现这一规律，诚然，以如今我们所具有的手段为凭依也的确可能无法发现。由于为我们所知的情况是不完全的，每个人的性格无法为我们所知，因此在人性科学领域我们无法提前做出判断。但是诸多结构都以普遍的原因为因，取决于人所共有的属性与状态。我们所做的所有与这些结果相关的预判几乎全部可以被证实，并且我们也可以对近乎全部真实的普遍性命题进行架构。从演绎的角度来说，这些以自然规律为泉源的相似的总结与自然规律之间定然有所关联；具有普遍性的自然规律是它们所以产生的必然原因，我们必须对这一点进行证明。换句话说，一种与人性相关的演绎科学为我们所需。然而，我们只需对心灵的情绪、感觉规律、决心和思想进行追溯与探究，而无须对其本质进行追溯与探究。并且与以神经兴奋为研究对象的生理学不同，心理学以心理现象为研究对象。以一般的实验方法为凭依，我们发现了属于心灵的最基本、最简单的规律。联想律与再现（记忆）律都为这些规律所包含：人性哲学中一般的部分与抽象的部分都由它构成。所有上了年纪的人足智多谋，年轻的人果敢坚毅这样为人所共知的经验的真理都以这些规律为泉源。然而，从经验的这一规律的角度来说，我们无法确定当它们不在我们的观察范围之内时仍具有真实性，因为像智慧一般随后出现的事件并不一定就真的以如年老一般先出现的事件为因，并且我们也有理由确信前后之间这种相继的次序可以变得更简单。对经验进行解释的因果律才是科学范畴内真正的真理；这一观点已经被经验所证实。除了在像天文学一般纯粹的科学中，经验规律肯定不具有绝对的真实性；力或者原因在天文学范畴中很少，原因愈少，规则性就愈强。

第十节　人性学

心理学是实验的科学，是观察的科学，存在于心灵中的纯粹的规律为它所确定。对这一纯粹的规律于复杂情况下的运用进行追溯，可见其彻底的推演性，它是人性学或者与性格的塑造相关的科学。这一具有推演性质的人性学还等待着被构建，对它而言，最关键的问题是以心理学普遍的规律为凭依对居中的准则进行推导，是存在于心灵中的普遍的规律与人在宇宙中普遍位置相合而决定相合的可能与实际条件，可以促进或阻止为我们所关注的性格的属性或人性的诞生。教育学科与之相对应并以其为根基。当然，必须将具有后验性的证明和具有先验性的推导彼此相合。没有被观察证实过的理论的结果不值得相信；通过对某一具体情境或者人性规律的严谨细密的分析推导得出无法观察的结果，于是即便它与理论有所关联，也不值得相信。

第十一节　社会科学

再者，在对人性学做了探讨之后，还要对社会科学，亦即与聚众生活的人类及各种组成了社会生活的现象相关的科学进行探讨。对政治现象与社会现象的研究能经由我们而变为科学吗？所有的社会现象都是人类族群在外部环境的作用下而诞生的人性的表征；所以，社会现象必然遵循着某种固定的规律。因为资料太多，且时时变化，因由又多到凭我们自身的能力根本就无法全部进行考量的程度，提前做出判断也就不可能。在对政体与社会进行说明的时候有两种理论方式，即化学或实验方式和几何学或抽象方式，这都是错误的。演绎的方式才是最正确的方式，但这种演绎却必须在有许多如几何学一般的本初前提为前提的情况下进行，而不能仅有一种或寥寥几种前提；它视诸多原因的汇集为所有结果或实际状况的原因，这些原因有的时候以同一心理活动为凭依发生作用，有的时候以人性的规律或者各异的心理活动为凭依发挥作用。几何学并非社会科学的蓝本，被作为演绎科学的社会科学引为蓝本的是更加繁复杂乱的物理科学。诚然，以各种彼此冲突的倾向为因的结果很难预先被推测而出，在某个社会的某一刹那，这一倾向发挥了自己的作用，作用的方向各有不同，由此，产生了各种不同的改变。然而，证实才是进行补救的最好方式，亦即以具体的现象为我们的结论的对比对象，或者在经验规律被允许提及的情况下，以经验规律为我们的结论的对比对象。

然而，具有先验性的社会学本就是一种演绎科学，它不可能从肯定的角度去提前做出预判，它不过是与倾向相关的科学。所以，社会学中所有的普通命题都源于设想，某些不具真实性的设想是这些命题构建的基础，它主张若非相合于其他原因，某些原因在这种状态下不可能发生作用。穆勒还认为，因为造成社会事实的原因，如希冀富裕等各有不同，所以，在对分属不同种类的社会事实进行研究的时候必须分门别类，于是许多虽然不具有独立性但非常独特的相对独立的支系却于社会学研究之中产生了。譬如，这一假定，即唯有获取财富、消耗财富，对束缚着各种活动的规律进行研究才是人类应该做的工作，就是对政治经济学进行研究的依据。假如别的欲望与追求财富的欲望无碍，在它的推动下将有何行动产生？然而，出于实践的目的，所有相对独立的科学所做的结论日后必然会因为其他科学的变化而被调整。

然而，政治既是因也是果，它与具体的时代特性及具体的民族相互交织，所以它不可能分化而独立。它定然会为社会学所涵盖。这样普遍的社会科学唯有以倒置的演绎法为凭依，才能具有真正属于科学的属性。亦即它不对某一原因在某一社会状态下会产生神秘结果进行追溯与探究，它只对社会状态产生的普遍原因和被社会引为标志性特征的现象进行追溯与探究。发现规律是最基本的任务，以规律为凭依，某一社会状态产生继之而起和取代它的状态，人类进步与社会进步的问题由此而生。外部环境在向前推进，人的特性也在向前推进。对历史进行精细准确地研究就能找到与社会相关的经验的规律。这一规律是社会学必须明确认定的，它必须将其与人性的规律相联结，演绎法是其必需的倚仗。它要明示的是，人们对存在于自然中的这一规律充满希冀，这一规律以终极规律为因，源自终极规律的派生。唯有以心理学规律与人性规律为凭依，才能对这一经验的规律进行修正与检视。经验规律等同于齐一性的前后相继与并存，社会静力学与动力学由是产生。社会动力学是站在以前方为趋向的运动的角度对社会进行研究；社会静力学则以当下的制度、社会现象间的彼此作用、反作用及两者的调和为研究对象。对政治稳定的必要条件进行研究是社会静力学的主要任务，在穆勒看来，教育制度、怜悯心、忠贞的情感都包含于其中。

考虑到各种因素前进的变化以及每一因素当时的条件，将与社会现象相关的动态观点与静态观点相合是必须做的，于是就可以得出存在于这些因素并存状态之间的规律及共变状态之间的规律。若对这些规律的真实性进行先验的核定，它就会转变为人类成长及事物发展的真正科学规律的派生规律。通过历史的素材及与人性相关的素材，我们知道社会以人类包括对与自身及周边世界恒常达到的属性的思辨在内的思辨能力为进步的最主要动力。社会的进步主要取决于思辨的作用；人性之中对进步有所助益的其他倾向能否完成工作全都决于思辨。人类思想信念进步的等级和次序决定了人类其他各个领域进步的等级及次序，亦即它受人类舆论相继转化规律的支配。然而，刚开始的时候，这一规律因为历史的原因而被明确地认定为经验规律。之后，因为以人性原理为凭依可以对其先验地进行推导，让它转化为科学定理。若要这样做，必须对包括现当代及上一代的重要史实在内的所有历史进行思索。科学领域的真正思想家都以从理论的角度将宇宙史实进行关联为目的。

第十二节　伦理学

穆勒以因袭于英国快乐主义学派的学说为凭依对自己的伦理学说进行了构建，洛克、休谟、哈奇森及 J. 边沁（1748—1832 年）是这一学派的代表人物。在著作《立法论》中，杜蒙对边沁的主要学说做了详细的阐述，穆勒通读了这本书。在他看来，他的生活由此而进入了一个全新的纪元，整个学术思想也由此发生了重大的转折。在著作《功利主义》中，穆勒对边沁的观点表示赞同，主张对绝大多数人而言最庞然的福祉或者说幸福就是道德标准，是至善。然而他与他的导师在部分关键点上存在分歧。在边沁看来，衡量快乐价值的标准是快乐确实与否、远近如何、强度、充盈、持久以及能够对快乐进行知觉的人数（快乐最纯粹的范围）。在属性上，边沁并没有对其进行区分；在同等条件下，"诗歌与孩子们玩的图钉游戏不存在高低之分"。在穆勒看来，从属性上来说，快乐与快乐是不同的，相比于感觉上的快乐，思维上的快乐更崇高、更美好；同时对两种快乐都有所经验的人总是偏爱更崇高的快乐。所有才华横溢的人都不愿意被视为蠢货，所有的受教育者都不是傻瓜，所有有良知、有感情的人都不甘于平庸或自利。即使你的确相信相比于你自己，傻瓜、蠢货、流氓更满足于自己的命运，你也不愿意与他置换命运。身为人而不知足比身为猪而知足更好；身为苏格拉底而不知足，比身为蠢货而无比满足更好。或许，猪与蠢货的想法并不同一，但那不过是由于它们只对问题中能够为猪和蠢货所认知的那一面进行了认知。边沁和穆勒都主张，人当以绝大多数人的最庞然的福祉为追求目标，但边沁却是在利己的前提下对这一点进行认同的，而穆勒则是以人类的社会感情，即与伙伴和谐相处的渴盼为基础对其进行构建的。从穆勒那里，我们知道，在功利主义的要求下，他必须如一个公正、平等、仁慈、友爱的旁观者一般站在不偏不倚的立场上对别人的幸福和行为人本身的幸福进行审视。"功利伦理学的所有精神在拿撒勒人耶稣的箴言中全都有所体现。自己所希望的，赠予他人，像爱自己一样爱邻居，功利主义以此为其道德完善的理想。"若对种类进行适度的考虑，若以个人的幸福从某种程度上被视作与他人的幸福等重，诚然，最大的幸福的原则只是空无不实际的语言，从理性的角度来说，没有任何意义。边沁以"人人平等，谁也不能凌驾于其他人之上"为格言，这一格言可以以注解的形式于功利原则之下书写。

在其他的学说中，穆勒一直在彼此对立的两种观点之间徘徊，在功利主义方面也一样。他的学说不仅以心理学、快乐论、经验主义的联想论、决定论、唯我论为倾向，还以至善论、自由意志、直觉论、利他主义为倾向。但是，很多人之所以对功利主义兴致盎然恰恰是因为它的前后不一致；即便是两个彼此对立的学派，也可以同时对这一学说中的许多观点表示肯定。诚如格林所说，在实践领域，它的价值很大，无目的、无质疑的应和被它以明晰的、批判的应和取代。人的性格与行动会因为绝大多数人的最庞然的福祉这一观念而有所改善。在它的帮助下，人们可以以更广泛的利他的方式对自己的理想进行丰富。我们对此的补充如下，这一点之所以能为这一学说完成，并不是因为快乐主义的因素为它所涵盖，而是因为它对大同主义做了强调，因为让生活变得更加美好、人人平等，谁也不能凌驾于其他人之上才是功利主义者追求的目标。尤其是穆勒，作为英国自由主义哲学的领袖，他一直在思想领域为民主主义而战斗。在著作《论妇女受压制》与《论自由》中，他主张个人要享有能够享有的最丰富的权利，因为在他看来，社会福祉与个人福祉必然有着十分密切的关联。他宣称"从社会与人的角度来说，性格类型的极大不同非常重要，从数之不尽的彼此对立的方向上给人性以足够的自由成长空间也非常重要"，并且在他看来相比于对妇女的压制给妇女带来的损失，对妇女进行压制给社会带来的损失更大。在1848年初次出版的著作《政治经济学》中，穆勒主张应该在经济领域推崇个人主义，然而最终因为"民主的范畴无法囊括他彻底对社会进行改良的理想"，他的理论开始以社会主义为趋向。在《自传》中，他和我们说："我们对视大多数社会主义制度是社会对个人的暴虐统治的看法表示强烈的反对，但如是的时刻依旧为我们所渴盼，社会之上再也没有勤劳的人和懒人的分别。不工作就没有食物的律法不该只对贫穷的人适用，它应该对每一个人都适用，这才是大公无私的；眼下劳动产品的分配法则从很大程度上受到了偶然的出身的影响，这是不应该的，劳动产品的分配应该遵循为公众所认可的标准，应该以协商的方式开展；人们不再不可能或被认为不可能去竭力取得那不完全为他们所有而要和他们所从属的社会共同分享的利益。在我们看来，未来社会要解决的问题是怎样让个人最大程度上享有行动自由，所有人共享地球资源，共同劳动所获得的收益为每一个人平等地共享相结合。"对人性中存在的种种可能，穆勒信心十足；"就像一个人可以为了祖国去织布、去采掘一样，在教育、修养、情操、习惯的影响下，一个普通人也可以为了国家毫不踟蹰地走上战场。"

　　生于1838年、逝于1900年的亨利·西季威克也是一位功利主义者。他的著作包括1901年第六版出版的《伦理学方法》，1902年第五版出版的《伦理学史》，还有1897年第二版出版的《政治学原理》。在他的伦理学著作中，有着明显的康德哲学与伯特勒哲学的痕迹。他是伦理主义的快乐主义的追随者，而非穆勒的心理学的快乐主义的追随者，亦即他主张至善等同于一般的幸福，或者是非以一般的幸福为最根本的衡量标准。在诸如合乎理性的自我热爱、仁慈审慎的公正与职责等不证自明的实践原则导引下，这一目标能够被人类完成。

参考书

有关快乐学派，可参考《伦理学导论》第六章和第八章，作者梯利。

第四章　斯宾塞的进化论

第一节　关于知识的理想

在斯宾塞看来，知识以一个彻底统一的思想体系为理想。一般人所拥有的知识是不一致、不连续也不统一的；每一个部分之间并未彼此相连。从科学那里，我们可以获取到一些具有统一性的知识。而哲学则是一个有机的系统，哲学知识也具有同一性和完全性，察觉至高真理并以其为根据对力学、物理学、生物学、社会学、伦理学等学科的原理进行推导正是它需要去解决的问题。每一个这样的命题都要相互调和。在著作《第一原理》中，斯宾塞对最基础的原理进行了阐述，并以之为基础对整个哲学体系进行了构建，这一原理在他后续的著作《生物学原理》《心理学原理》《社会学原理》《伦理学原理》中被应用。其中《伦理学原理》一书实际上就是对过去所有著作观点的集中归纳，因此，其他所有领域的知识全都是伦理学真理构架的基础。在经验的领域可以对这种科学的归纳进行确认，它也可以以第一原理为凭依被推导而出。

斯宾塞以综合哲学来命名自己的学说，对冯特的观点他一直都抱持赞同的态度。在他看来，将得自具体科学的真理于一个统一的整体中进行融合正是普通科学的职能所在。从这个方面来说，他的观点与穆勒及哈密尔顿都不同。哈密尔顿并没有构建任何相关的哲学体系，并且在他看来，它的不可认知性是绝对的，单凭人类的能力也无法对这一体系进行构建。穆勒则试图通过对孔德的信仰哲学进行批判来达到对科学进行统一的目的。的确，在道德科学中穆勒仍从逻辑角度认可将所有普遍真理相连以对真理体系进行构架的理想，还对与自然相关的、具有先验性的科学存在的可能性做了提示，然而他并未为这一思想系统化的实现做过任何努力。诚然，就如作为前辈的休谟曾经看到的那样，以他的总立场为出发点根本就不可能实现普遍的综合。斯宾塞曾尝试着在康德所主张的具有先验性的心灵形式的基础上对知识进行构建，并以最简易的准则为这一职能的归宿，所以，他的观点与经验主义者并不相同。于此，批判哲学对他有所影响，他对这一哲学的了解大多都来自哈密尔顿撰写的著作。他断言，思维最本初的活动是所有知识的根基，虽然怀疑论者极力对知识存在的可能性进行否定，但也对思维的基本职能提前做出了设想。若不是由于逻辑一致性是心灵的要求，若不是因为心灵有察觉差别与相似的能力，知识就不可能存在。任何一种职能都不以个人经验为因。斯宾塞尝试着在对进化进行应用的基础上以种族经验为因对这一职能做解释，从而可以从经验的角度对直觉主义与经验主义进行调和。思想绝对意义上的齐一性以经验绝对意义上的齐一性为泉源。外在的齐一性被一代又一代千百次地重复，因此形成了思想上的必然形式和观念上的固定联想。如今若具有先验性的综合的心灵不存，这样的关联也就不存，但在知识第一次为人类获取时，它究竟是怎样构成的，斯宾塞却并未给出明确的答复。他也不曾以其为基础对知识的确实性体系进行构架，因为具有必然性的原理只是人类无数代知识的积累，但这并不代表着这些原理就等同于绝对意义上的真理。

赫伯特·斯宾塞是英国人，1820年出生，故乡为达比，他的父亲是一位教师。据说，他的父亲是一个具有独立思考精神、极富教养的人，他似乎因袭了父亲的才能与智慧，在教导学生的时候，他并不提倡记忆而教导其学会思维，父亲的教育观直接影响了赫伯特的教育观。幼年时期的斯宾塞的身体非常孱弱，有鉴于此，他的父亲在学习上并没有对他进行敦促，据说，他在校期间十分顽皮、怠慢、懒惰，还不遵守纪律。在父亲的引导下，他以自然为导师，去采集，去做物理实验和化学实验。受父亲的引导，在课堂外，他取得了较大的进步。1833年到1836年，他的叔叔托马斯·斯宾塞开始对他进行教导。托马斯·斯宾塞供职于英国国教，是一位牧师，一心为公，且具有民主主义的祈望；他要求赫伯特·斯宾塞做好入读剑桥大学的准备，却遭到了赫伯特的拒绝，对剑桥传授的种种知识，赫伯特·斯宾塞都提不起兴致。赫伯特善于总结，能够对原理进行精准的把握，他在力学与数学方面天赋卓绝，能力远胜其他同学，然而，对背单词，或记忆文法规则，他却十分厌恶。通过他的著作，我们知道他所受的教育对他的思想产生了极大的影响，他率真自然，有独立思考的精神，且极富创造性。1837年，他成了身为教育学家的父亲的助手，后来，又对土木工程学进行了学习。在1846年成为一个新闻人之前，赫伯特做过不少工作，却断断续续。业余时间，他专心于地质学及其他学科的研究。1848年到1850年，他完成了巨著《社会静力学》的撰写工作，这本书引起的关注并不多，但关注它的却都是当时赫赫有名的思想家。1852年，时任《经济学家》编辑的赫伯特选择辞职，辞职后，他没有再寻找任何工作，而是致力于构建一个新的、具有综合性的哲学体系，该体系的大纲成型于1860年，同年被刊载。因为出版著作，赫伯特损失了不少钱财，在一位对他格外仰慕的美国人对他的出版进行资助之前，他的著作一直反响平平。1903年，赫伯特·斯宾塞的生命走到了尽头。

赫伯特的著作包括：出版于1842年的《政府的本分》；出版于1850年的《社会静力学》；出版于1855年的《心理学原理》；1858年到1859年的《论教育》；1860年到1862年的《第一原理》；1864年到1867年的《生物学原理》；1876年到1896年的《社会学原理》；1879年到1893年的《伦理学原理》；1891年的第五版三卷《论文集》《个人对国家》；1902年的《事实和评论》；1904年的两卷《自传》。

参考书

《斯宾塞哲学摘要》（斯宾塞写有前言，对他的哲学进行了概述），作者柯林斯，第五版（1905年）；《H.斯宾塞哲学导论》《斯宾塞》，作者W.H.赫德逊；《国家干预的原理》，作者里奇；《格林、斯宾塞和马提诺的伦理学》，作者西季威克；《康德和斯宾塞》，作者波温；《自然主义和不可知论》，作者沃德，第一卷；《斯宾塞》，作者高普；《斯宾塞的生平和信札》，作者邓坎；罗伊斯等所撰写的书；宇伯威格—海因泽，前引书，第59章，还可以把原版第254页以下所列关于英国哲学的著作和关于穆勒的著作作为参考。

第二节　知识的相对性

不仅哈密尔顿发现了知识的相对性，斯宾塞也发现了。在他看来，这种相对性能够以对思维进行考察或者对思维的结果进行分析来推导。能够为人所认知的最普遍的认知不可能转变为较为普遍的认知，所以，人无法对其进行诠释、理解与明示。能够为人认知的最深刻的真理肯定不能进行阐述，解释与表述的人最后肯定会遇到无法解释与表述的存在。并且关联、近似、差异本就为思维的过程所涵盖；人对所有无此可能的事物都无法进行认知。思维与联结等同，从始至终，它只能表述关系。以思维的第一要务为凭依，近似与差异为我们所注意，我们的所有推论和知觉，亦即我们的每一种知识都以其为根基。近似与差异不存，知觉与推论就不存，所以，我们必须对这为心灵所有的第一职能的确定性进行认可。

哲学以对以意识为根基的观念体系进行构建、对属于人类的最基础的直觉的内涵进行发掘、对命题与命题之间彼此关联的体系进行构建为任务。思维在衡量其确实性时有两重标准：一是其必然性，亦即对真理进行证明的关键是对其对立面的匪夷所思性的证明；一是通过思维获得的结论要契合实际经验。

若从上述角度来说，知识具有相对性，自然而然地便只有有限的事物或者局部的事物能够为我们所认知。我们无法对绝对、无限、初始因进行认知，因为它与其他所有的东西都不近似或存在差异。不过我们总能把事物同绝对联系起来，的确我们必须有一个绝对，以便把事物同它相联系——除非一相对事物同一实在的非相对事物相联系，否则它本身就不可思议——相对事物以绝对为前提。所以，我们可以以事物与绝对或与其他事物之间的关联为凭依，对事物进行认知。若事物无法被我们与绝对联结在一起，我们就无法对其进行认知；当然，它们本就具有绝对性。一个处于所有现象幕后的实体为我们所知觉。我们无法从与现象幕后的实在相关的意识之中脱离，因为这种不可能，我们与实在相关的信念才无法被阻灭（实在论）。然而，其他所有的事物都无法与绝对相联结，我们无法将绝对划归任何范畴之中，所以，我们无法对它进行认知。绝对的不可知性不仅在智慧的本性方面，即演绎领域已经被证明，而且在科学事实方面，亦即归纳领域，也已经被证明：我们无法对时空、物质、力、心灵、自我、运动等科学的终极概念进行理解。

虽然我们无法对与绝对相应的概念进行构建是事实，但这并不意味着我们就可以以此为凭依对绝对进行否定。这一点科学表示认可，宗教也表示认可，亦即有一个绝对的实在存在于所有的现象幕后。宗教尝试对这个一般的实体进行诠释，这一实体被它做了种种的界定，然而随着宗教的不断前行，它对绝对的神秘性认识得愈发清晰与彻底。思想总是想要对与绝对相应的观念进行构建，总是想要对绝对进行界定；只要记住我们对绝对进行表征的所有形式都不过是符号，这毋庸置疑。我们必须从含糊的角度对它进行设想，设想它是与活动或肌肉收缩相关的主观感觉在客观方面的关联存在，亦即力或力量。在对现象进行审视时，我们必须将其真实性与本体等同，因为两者其实就是以同一种变化为泉源的两个不同的方面。

第三节　力的持久性

与力相关的主观感觉必然与这一客观层面的力量有所关联，我们必须对它的持久性表示认可。居然存在可以化归虚无的事物，这委实匪夷所思；当我们说存在某种可以化归虚无的事物时，其实是在对两种观念之间的关联进行构建，两者之中有其一是不存在的。力的持久性指的就是某种不在我们的概念与知识的范畴内的原因的持久性。断言此原因的存在就等于断言有一个无始无终无条件的实在存在。力的持久性是唯一能够凌驾于经验之上、位于经验幕后的真理。经验以它为基础，因此，所有构成经验的科学都以它为科学基础。通过完全的分析，我们认识到，唯理主义的综合的构建必然以其为根基。

我们所谓的物质永生指的就是物质以之为凭依将影响施加于我们的力的永生。无论是对先验的知识进行分析，还是对后验的知识进行分析，都可以对这一真理进行证明。运动的连续性是另一个具有普遍性的真理。我们无法想象，某种如运动一般的存在竟然消失得无影无踪。然而运动的消弭却非常常见。事实是这样，在空间中平行移动的并不是存在本身，所以，若仅仅将运动的不动视作平行移动，非存在的不动，而是某种存在于这种存在中的标志的不动。亦即运动范畴内的空间原就不是某种事物。位置的改变与存在不同，它不过是存在的一种表征。它可以用平行移动来表征自己的不动，然而，唯有以应变为表征，方可令其变为现实。有的时候，这一运动以应变为表征，有的时候，这一运动以不动为表征，很多时候更以不动与应变为双重表征，它无法被看见。呈现于运动中的活动准则是人类主观奋发的感觉的客观的相关者。站在力的角度上，人类可以真正地对运动的连续性进行认知。

存在两种力，亦即物质为了彰显自身的存在而借助的力和它为了彰显其活动而借助的力，也就是能。存在于分子运动或者大块物质的运动中的动力以能为一般性的表征。力的所有表征都以某种先行的力为因，不管这先行的力是思维，是动物行为，是情感，还是无机行为。精神的能与物质的能并无不同之处，从消耗的量的角度来说，它们与被它们引为泉源的某种能之间有关联，与某种以它们为泉源的能也有关联，若不然就肯定是从无中创生，或存在变成了不存在。我们不对力的持久性表示反对，就必须对所有物理变化和心理变化都以先行的力为泉源这一点表示认可，以定量的这样的力为泉源只能产生等量的物理变化或心理变化。

这样，能量守恒定律便成了科学的根基，能无法被创造，也无法被消殒。斯宾塞不曾从实验的角度对这一原理进行证明，他指出，这是所有实验中理所当然的前提与设想。这是公设，是存在于思想中的必然。我们无法对有创生于无或者存在转变为不存在进行设想；原因的概念涵盖了这一原理，或者说这一原理与原因的概念存在一致性。我们必须对某种事物的持久性进行认可。

第四节　精神与物质

在处于对立面的两种事实，如主观与客观、精神与物质、自我与非我中，无法被认知的存在或者说绝对自我彰显。但是那是力或力量于两个面的彰显；我们思维的力与思维对象的力不尽相同。同一经验规律决定着物理的事物和心理的事物。假如物质被认为有绝对性且不可削减，精神也被认为有绝对性且不可削减，那么，物质就无法对精神进行派生，也无法如运动转变成热量那般，转变为精神。在早期的数版《心理学》与《第一原理》中，斯宾塞主张这种变化是可以实现的；但是后来他意识到用物理上加以解释的能量守恒原理来说明意识。然而他在对进化公式进行表述的时候依旧采用物质、力、运动等词汇,并将进化公式应用到了包括精神现象、生命现象、社会现象在内的所有现象之中。这样他的哲学体系便酷肖唯物主义,经常被抨击,尽管他已经提醒人们不要用唯物主义的观点来对他的体系进行诠释。我们可以从唯物主义或唯灵主义的角度对无法被认知的绝对进行解释;不论是何种状态,我们所应用的也不过是符号。对作用于我们身上的某种力量的属性我们一直无法理解,对它在时间或空间上的有限性我们并不表示认可。它被我们以物质、力、运动归结为普遍作用,有某种相似的关联存在于这些影响之中,其中最恒常、确实度最高的被我们视为规律。

第五节 进化的规律

我们只能对绝对的内在表征、外在表征和相对的现象进行认知。对所有现象的共性或对事物的一般规律进行发掘是哲学家,即我们的职责。进化的规律就为这种规律涵盖。演化历程中的所有方面都为我们所关注:(1) 聚集,如我们在沙堆、社会、有机体、原始星云、云彩的形成过程中所看到的那般;(2) 分化,一团物质与环境相分离,许多与众不同的物质块在同一团物质之中形成;(3) 确定,亦即不同的各个部分达成一致,成为有机整体,构成整体的各个部分尽管有区别,却又相互联结。进化与分解的不同正在于此,在分解的过程中不会有构成发生,只存在分化。各部分在确定中分化的同时又集聚为同一整体。从这个角度来说,进化是一种同质状态向异质状态的过渡,同质状态无关联、不确定,异质状态确定、有关联性。以归纳法为凭依进行推导或者以第一原理为凭依对力的持久性进行演绎都能得出这一规律。如我们所知,在斯宾塞看来,力的持久性与因果律是等同的。以因果律为依据可以知道:物质永生,力之间持久的相互关联,包括社会力与精神力在内的力之间的转化与守恒,运动实在与潜在的连续性,运动永不止歇的节拍,与运动方向相关的规律。物质与精神连续的重新分配的规律是一般的规律、综合的规律。进化以运动的耗费、物质的集聚为关键;分解以运动的汲取、物质的分散为关键。演化以分散和集中的平衡状态为巅峰。因为受外部世界的影响,这种状态很快就会被打破,无法长久。换句话说，所有的过程会再度开始，真正具有必然性的是分散。这些状态于整体的宇宙来说皆不适用，唯存在于人类经验中的个别的整体才适用。

得自《第一原理》的普遍原理被斯宾塞应用在了存在包括精神、行为、生命、社会在内的各种形式之上。这些普遍性的原理被视为真理，存在于生物学、社会学、心理学、伦理学领域的具体或个别的真理都需要以它为凭依进行论证，前者以后者为例证；个别的真理需要以普遍的真理为凭依来说明与阐述。所以，所有的现象都适用进化的规律；在所有其他研究领域中被发现的具体规律都是普遍规律的附属，或者说普遍的规律以具体的规律为表征。若某一真理或者经验的规律被证明是普遍真理的一种具体情况，那么，它就可以从演绎的角度被证明。

第六节　生物学

内部关系或生理关系以生命为表征恒常地对外部关系进行适应。有机体不但可以对影响进行感知，而且还能在感知之后进行相应的改变，以这一改变为凭依，它可以以一种与众不同的方式对外部世界随后发生的改变进行映射。亦即为了对外部关系进行适应，有机体的内部发生了改变：内部事件与外部事件彼此影响。有机体要生存下去就必须演化为内部关系与外部关系相适应的体系。两者的适应度愈高，有机体的发展程度就愈高。内部关系完全适应于内部关系或者说两者和谐统一，方是生命最完善的形态。

无机物并非有机物的泉源，有机物以起初并无结构的有机质或者质量相同的原生质为泉源，外部原因在其诞生过程中发挥了作用。受演化的一般规律的影响，分化在有机组织之中产生，亦即原本的异质物质出现了分化。物种以外因与有机体的相互影响为泉源。在外因的作用下有机体在生理与形态上发生分化。天文、气象、地质的变化非常缓慢，但不知道多少百万年来却一直延绵不绝。在外因的作用下，有机体出现变异，假如这一变异适应了环境，自然而然地就会被保留。由于有机体的不同部分不停歇地履行着职能（结构后于职能），有机体的构成单元也出现了变化，通过遗传，这一变化被其后代获得（获得性遗传）。所以，斯宾塞认为，单单以自然选择为依据无法对物种起源进行解释，这种间接的演化形式的作用被达尔文夸大了。外因的作用为有机体所适应，一种全新的平衡状态也以这种适应为因于有机体之中诞生。

第七节 心理学

物理学只以外在现象为研究对象，心理学仅以内在现象为研究对象，生理学则以内在现象与外在现象之间的关联为研究对象。主观心理学是自我反省的学科，它以观念、意志、感受、情感等因内部关系（对外因进行）的适应而产生的显著的对象为研究对象；它对意识所由产生的根源及彼此之间的关联进行探索。同一变化以神经活动与心理现象为外在及内在的表征。站在客观的角度上，它是神经活动的改变，站在主观的角度上，它就是意识表象。客观心理学的研究对象不仅仅包括心理现象，还包括心理现象与人的活动及动物的活动之间的关联。被生物学涵盖的它视心理现象为内在关系对外在关系进行适应的方式，并对其进行了研究。

意识以没有被井然排布的繁复杂多的感受为泉源，亦即未依照次序进行排布的有机体无法对环境进行适应，而此时意识诞生。所以意识被界定为内部状态对外部状态的一种适应，是内部状态的一种井然的排布。然而意识并非纯粹的观念与情感的集聚，在其之后还有某种实在的事物或者相合的媒介存在，但是同理，亦即所有极致的事物都无法被认知，这一事物也是无法被认知的。然而我们能够对显现于其中的实体的改变或状况或变更进行研究。心理学以对构成意识的因素，即意识的基本单元进行发掘为任务。对意识的现象进行分析，以对终极的单元进行揭示。在斯宾塞看来，这种单元"是与被以神经震惊来称呼的事物位处同一等级与次序的事物，"亦即与心理学上的神经震惊等同的事物。就像同一单位可以对不同的感觉进行构架一样，感受的原子或单位对知觉进行了构架。心理范畴中的原子或单位无法转化为物质范畴内的原子或单位。通过与自己的拼搏的感觉进行类比的方式，我们确定物质原子是一种阻力，亦即我们以自身的活动意识为凭依对物质原子进行解释。同理，我们在对心理现象进行解释的时候也采用了与物质相关的学术用语。在斯宾塞看来，在所有相对的实在中，有意识的生活均以集聚、确定、分化为特征。意识是一个演化的过程，我们只能以反射活动为起点，理性、记忆、本能为终点的成长过程来对它进行理解，亦即，它是一个存在着等级的不间断的序列。这不过是有差异的智慧的阶段或者级序，这一阶段与外部日渐增广的分化及繁复性相适应，并以非常细微的程度彼此推动着。举例来说，记忆与理性都以本能为泉源或起因。刚开始的时候，进行推论的时候完全以本能为凭依，因为情况变得越来越繁杂，意志便代替了多有不便的无意识的活动。我们也已清晰地看到，斯宾塞是怎样以种族经验为凭依对认识的原理进行获取的。相同的演化过程被他因循，并用以对情感进行解释，在与环境持续战斗的过程中，愤怒、怜悯、正义等情感渐渐地为先民所拥有。

第八节　外界

起初我们只对自己的感觉有所知觉，对外在事物的存在进行推论，这一说法是谬误的。对语言而言，唯心主义是一种病态，它也只能于语言之中存在，在思想领域根本就没有它的一席之地。理性对知觉的真实性进行伤害就等同于对自己的权威进行摧毁。因理性的普遍设想、意识的基本规律，我们不得不对实在论进行认可。在我们知觉与看见之时，居然说物体不存在，这是匪夷所思的。我们必须对存在于心灵之外的实在进行思考，必须对这一实在作为力、作为与肌肉张力相关的感觉在客观层面上的关联物、作为与力相关的主观层面的感觉进行思考，而我们可以对这一感觉进行经验，它是某种恒常存在的事物或者某种无法被认知的客观层面的存在的具有普遍性的符号。这种无法被认知的实在也以我们与时间、空间、运动、物质相关的观念为标志。

粗陋朴实的实在论被斯宾塞的变形的实在论取而代之。在他看来，于我们意识中呈现的事物是一种符号，而非某种具有客观性的实在的投影、复制品或图景，就像用以表述心理状态的文字与心理状态本身截然不同一样，这种符号与被他表述的实在也截然不同。然而必然有某种事物存在于意识之外；不这样想，就是对无先在者而产生的改变进行思考。"为我们所认知的空间层面的现象的秩序以某种本体的秩序为泉源；为我们所认知的时间层面的现象的秩序以某种本体的秩序为泉源；为我们所认知的差异的现象的关联以某种本体的关联为泉源。"与外界相关的此类知识十分有限，但于我们而言，唯一有用的还是这类知识。我们要去认知的不是施加作用的外因本身，而是存在于它们之间的恒常不变的关联；此类知识为我们所有。与真实的存在相关的感觉一直都存在，以此为根基我们的智慧乃成。恒常存在的、与条件相脱离且可以独立存在的事物一直能够为我们所知觉，构建于我们的所有概念都是完全的自我冲突。现象幕后存在的某种具有现实性的意识是我们无法摆脱的，于是，这一现实无法磨灭的信念乃生。

第九节　伦理学

在著作《伦理学资料》中，斯宾塞表示身为综合哲学家，他过去所做的所有工作都是在为《道德原理》做准备。出版于1842年的《政府的本分》是斯宾塞的首部著作，该书问世之后，他就一直以从科学的角度为普遍的行为对错寻找一个标准为目标。在他看来，只有从整体的角度，亦即，所有生物行为及其演化的角度，对行为进行了解，才能对道德行为的意义进行了解；我们一定要从物理、生物、心理、社会方面对行为进行考察，亦即，以其他所有科学的成就为基础对它进行研究。

在这一研究的导引下，我们会以活动对目的的适应或与目的相适应的活动来对行为进行界定；它对我们明示，基于进化，从伦理的角度来说，所有最理想的行为的执行者、其后代及其所生活的族群的生活皆会因其行动而变得悠远而充盈。在长期和平的社会环境下，进化可以达到巅峰，身在其中的所有成员在对自己的目标进行实现的时候都不会成为他人对自身目标进行实现的障碍（公正），所有成员以互助的方式完成目标（仁爱）。只要其对社会中任一成员的适应有所增益，对整个社会的适应就有所增益，所有人的生活的完善程度都会因其而增高。唯有以这一假想，即生活中的快乐多于苦痛为凭依，对生活有所助益的行为才会被我们称为善，对生活有所妨碍的行为才会被我们称为恶（乐观主义）。通常来说，人会因善而愉悦（快乐论）。行动唯有在不仅能够对未来的幸福、普遍的幸福、与众不同的幸福起促进作用，还能立即让人快乐的时候，才是彻底正确的。因为在人类绝大多数的行为中都有苦痛包含，所以这些行为的正确性不是绝对的，而是相对的。从绝对伦理学的角度来说，最理想的原则是对人的行为进行界定使其彻底与演化到巅峰的社会相适应。以这一原则为凭依，我们可以对过渡时期因为不适应而存在于现实社会中的悲苦的现状进行解释，做出关于不正常的性质和最趋向正常的进程，接近正确的结论。

斯宾塞一直都坚持认为在道德终极的目标中不仅包含社会福利，还包括社会成员的生活。社会成员以健全的社会为获得福利的手段，所以所有有害于这种健全性的必然对社会成员有害。刚开始的时候，利己主义思想很强大，利他主义则非常弱小，所以，道德准则就相应地对同胞之间的和谐共处做了强调，对社会成员的行为做了限制。侵犯的行为被它禁绝，它教诲人们要以促进社会福利为目的自发地奋斗（仁爱），又教导人们出于合作的目的对自己的行为进行制约（公正）。公正与仁爱以怜悯为泉源。既然个人以理想为至高的幸福与至高的完善，相比于利他主义，利己主义定然更加优越，所有的生物都会因为自己来自遗传的天性或者后天形成的性格而受益或受害。然而生活的发展以利他主义为必要条件，幸福的增广也以利他主义为必要条件，并且自古而今一直存在的不仅有自我保全还有自我牺牲。无论是哪一个社会的哪一个成员，要想满足自身的利益，就必须以公正的利他主义行为为倚靠，要伸张正义，要对正义的行为进行鼓励，要改变与增进正义的动力，要从文化、道德、体质等各个方面促进他人的成长。单纯的利己主义与理性相悖，单纯的利他主义也与理性相悖。于社会中不断被锤炼之后，人会自发地对源于怜悯的愉悦感进行追求，以最大限度地使他人与集体受益。最终利己主义会被所有的人摒弃，同样的气质为所有人所具有，会导致他很大程度上会如此。

英国传统的功利主义理论与全新的演化论被斯宾塞糅合在一起并以之为基础对进化主义的快乐论进行了构建。从他的观点来看，这是可能的，因为他认为极其高度演化的行为能产生最大的幸福。他根据那建立在各个科学之上的伦理学体系，从这种科学所提供的基本原则中推导出道德规律，还把他的唯理的功利主义和他前辈的经验的功利主义区别开来。

第十节 政治学

幸福且完善的个人由伦理层面的理想造就，能够存活下来的个人是最适宜生存的，能够流传下来的变异是最适合流传的。这一目的唯有在任意一人因本性或以本性为因的行为受益或受害时才能被实现。然而，既然从适者生存的角度来说集体生活有存在的必要，那么所有人都应该为社会生活所桎梏，亦即不会对进行相同行动的他人造成大的阻碍。个人在防守战中被桎梏的程度要更深一些，甚至可以达到放弃生命的程度，所以，假如他不对他人所具有的相同的自由进行侵犯，所有成熟的人都可以按照自己的意愿自由行事正是正义的要求。真正的权利应以平等自由的规律为前提，是平等与自由的必然，所有人都能获得权利，但这个权利却是有限度的，这一限度不能被逾越。

斯宾塞以这一前提为凭依对现代的社会主义国家进行抨击。在他看来，只有等级很低的社会才会以国家总揽所有职能的形式存在，当它摒弃这些职能，就可以等级较高的社会形态为目标前进。所有人都可以在不侵犯其他人生活的丰富性的同时享受最丰富的生活，集聚在一起的民众定要保持住这种状态。国家的职责是防止外敌的入侵、杜绝内部的相互攻伐，不在这一范围内，便是与正义相悖。除了以公平的立法为考量的国家职能的扩张被归于成功，其他所有的国家职能扩张都是灾难，这一点已经被证明。并且许多非政府组织在竞争的环境下取得的成效非常显著。在竞争的压力下它们利用最理想的人、最完善的设备改善自身。这样普遍的社会需求便可以被满足。最后，国家的干预对个人性格的发展是不利的。我们的本性因袭于曾经的不文明，却依旧在对如今的半文明状态进行适应，假如任其发展，它将与未来的文明的要求相契合。在几千年的岁月中，许多工作在社会生活的锤炼中被完成，它应该做的事情也终究会去做。自然的陶冶可以完成的事情，人为的陶冶不能完成。对社会主义，斯宾塞一直都抱持激烈反对的态度。在他看来，对人类而言，即将到来的社会主义就是一种大不幸，但这种不幸存在的时间不可能长久。对彼此互助、自愿协作他并不像我们所以为的那样持仇恨态度，诚然，他坚信作为工业制度特征的自愿协作必将占据支配地位。通过协作，全部职员都会被陶冶，且对集体目标更加适应。这种陶冶的获得具有主观能动性，是人们在对自愿协作的适应中自主完成的。对放任主义学说，他抱持肯定的态度，因为他坚信全员的幸福唯有以国家不干预为前提，让各人独立自救才能实现。

第五章　英美的新唯心主义

第一节　德国唯心主义的影响

19世纪初，在柯勒律治、华兹华斯、卡莱尔、罗斯金等文学大师著作的影响下，以康德为代表的德国唯心主义思想进入英国，惠威尔、约翰·斯图亚特·穆勒、哈密尔顿及许多直觉主义和经验主义者都开始受其影响。然而，英国人真正认真地对新德国哲学进行研究却是在1865年J.H.斯梯林的著作《黑格尔的秘密》被发表之后。自那以后，一批批精力饱满且深受黑格尔哲学、康德哲学，或者说是整个德国唯心主义哲学影响的思想家成了英国思想界的领袖人物。这些人包括：托马斯·希耳·格林、约翰·凯尔德、B.鲍桑葵、爱德华·凯尔德和F.H.布拉德雷。

1875年，格林的著作《休谟导论》出版，该书被誉为新黑格尔学派的首部鸿篇巨制，及后，爱·凯尔德于1877年出版了著作《康德哲学评述》，该书是他于1889年出版的另一鸿篇巨制两卷《康德批判哲学》的预热；德国哲学的注释版本与译本也日益增多。类似于洛采的唯心主义者詹姆斯·沃德（1843—1925年），1907年他的著作《自然主义和不可知论》第三版出版，1912年他的著作《目的王国》出版；他是唯心主义者，与洛采相似；他主张多元论，以上帝具有创生能力的概念为世界之同一，取代绝对意义上的一元论。他的唯心主义哲学有一部分是直接对德国思想的研究，有一部分以黑格尔哲学在英国的新形式为媒介，他在美国也拥有大量拥趸，其中很多都是大学中教授哲学的教授，这部分人以柔西亚·罗伊斯是为首。

这一学派的学者们都对与心灵及知识相关的有机思想非常推崇和重视，对英国联想论中最显著的原子论理论抱持反对的态度，以善变对机械论进行反驳与指责；主张哲学以经验世界为题材。德国导师那具有先验性的辩证的方法并没有被英国的思想家们所采用，他们在对其思想进行因袭的时候采用的也是批判的态度。然而，受格林的启迪，他们对所有德国唯心主义的素材进行了再加工，这种加工却以康德的理论为根基。

参考书

关于这学派的整体形象，参看原版第254页以下所列福尔西思和塞恩所撰写的书；最新德文版《近代哲学史》，作者法耳肯伯格；宇伯威格—海因泽，前引书，第61章；宇伯威格—海因泽书中的书目；关于现代英国哲学，参看《大不列颠哲学》，作者麦肯齐，载《形而上学和道德学评论》，第XVI卷，第5期；关于现代一般的唯心主义，参看《哲学评论》，作者柴培里；《从批判到唯心主义》，作者柴培里；关于现代哲学，参看培里《现代哲学的趋向》，并参看原版第563页以下所列书目。

第二节 格林

托马斯·希耳·格林是英国约克郡人，1836年出生于比尔金，他的父亲是一位教区长官。从腊格比毕业后，他入读牛津巴利奥尔学院，起初，作为学生的他陆续成为会员、助教、讲师、教授，并终老于斯。他先后讲授过古代史、近代史、古代哲学、近代哲学，1878年，他开始以教授的身份教授道德哲学，并一直担任此职务，直到1882年生命终结。格林对学术很热衷，对应用教育、社会实践、政治也很热衷，他协助学院进行改革，以参议员的身份参与市里的活动，他关注道德运动、慈善事业及节约运动。他还是英国民众教育改革皇家委员会的成员。自始至终，他对底层民众都充满了同情，对民主政治坚信不疑。布莱斯在对他进行论述的时候这样说："他纯粹、热忱、忠于理想、中正、刚直、有崇高的责任感，人们为此倍加敬重他，这种敬重凌驾于人们对他才华的倾慕之上。"

格林的著作包括：1874年出版的收录于格林与格罗塞共同编辑的休谟专著中的《休谟哲学导论》；出版于1883年的《伦理学绪论》；出版于1895年的《政治义务原理讲演录》。除了《绪论》，在内特尔编辑的三卷格林著作中收录了格林所有的作品。

参考书

内特尔希普写的回忆，载格林著作第一卷（也有单行本）；《格林的哲学》，作者费尔布罗塞；《知识的形而上学，关于 F.H.格林实在理论的考察》，作者 R.B.C.约翰逊；《关于格林、斯宾塞和马提诺的讲演录》，作者西季威克；《格林哲学的精神原理》，作者格雷夫；《格林和功利主义》，作者格·弗·詹姆斯；《国家的公务、关于格林政治学说的四篇讲演录》，作者谬尔赫德；《国家干预的原则》，作者里奇；《黑格尔主义和人格》，作者普林格尔—派蒂逊；《六位激进的思想家》，作者麦孔。并参看《心灵》《哲学评论》和《国际伦理学杂志》中的文章。

第三节　形而上学

受德国唯心主义的影响，格林在哲学上坚持并发展了客观唯心主义观点，对英国与世界、人生相关的旧的观点抱持反对的态度。他凭依着康德的批判哲学及其后继者的形而上学层面的唯心主义，对休谟的经验哲学、斯宾塞的进化论及穆勒的快乐主义哲学进行抨击，希望用形而上学层面的唯灵主义对自然科学进行补充。他从哲学的角度尝试着以公平的态度审视当时存在的相互对立的倾向，即以公正的态度审视宗教与科学，希腊文化与基督教，经验主义与唯理主义，有神论与泛神论，功利主义与完善论，个人主义的大同及自由主义的决定论。格林指出，人不单以自然为泉源：一个以自然力量为单一泉源的生物怎么可能制定对自身力量进行阐释的学说？人被归入精神生物的范畴，所以不属于自然现象。他的基础质料中有非自然的质料，这一质料以变知识为职能，这一职能与众不同。这一赋予了知识存在可能性的基础质料还有另一表征，亦即与道德理想相关的意识及以其为泉源的与人类行动相关的决定。不对这一精神自我的存在表示肯定，知识与道德就没有存在的可能。

自然科学以自然，占据着时间与空间的事物、现象为研究对象，亦即以确定于经验和观察的事实为研究对象。形而上学或哲学则以精神或本体事物为研究对象，这类事物的基础质料以事实为表征。进化论者与经验主义者错误地将现象界的泉源当作了以现象界为泉源的事物。具有统一性、组织性，隶属于精神范畴的基础质料不存，与自然相关的知识就不存，截至此处，康德的批判哲学与格林的哲学都存在一致性。然而，在结论上，他却对后康德学派的唯心主义观点表示赞同，主张这样的基础质料不存，自然就不存，这便逾越了批判的边界。自然具有杂多的属性，但杂多中也包含着统一，所以，我们以同自我意识相类比的方法对自然进行诠释，视它为以某一不朽的智慧为泉源的彼此联结的事实的系统，一个精神的宇宙。在世界中就涵盖着这样一个将一切联结为一体的意识。我们唯有借助它施加于我们的影响来对它是什么进行认知，与世界相关、与道德理想相关的知识才为我们所有。

第四节 人在自然中的地位

这样，问题来了。在这样的宇宙中，人处于什么位置？人是一种具有认识能力与自我意识的生物，以自由活动的形式存在，这一活动不属于时间的范畴，也不是某一自然的、不断变化的链条的一环；在它之前，没有任何事物存在。自我意识无起点、无泉源，恒常存在。宇宙意识对包括从历史角度而言的人的心灵前后相继的表征在内的生命与感觉的所有机能，大脑、组织、神经的所有活动起决定作用。最起码从人类意识的综合性及独创性的角度来说，它是宇宙意识的一种再生。宇宙意识对承担着它的自我传导职能的事物有决定作用，但我们不同。在格林看来，进化论对这一观点无法造成影响。也许有机的人类是从动物演化而来，也许有机的动物发生了改变，就这样历经无数代，一种以自身机能为凭依的不朽意识完成了自己、让自己涅槃。

在格林看来，知识并非感觉或印象单一的彼此相继，具有知觉能力，且能对感觉进行组织的自我不存，知识就不存。在他看来，人类的行动并非由单一的冲动、嗜欲及兽欲的彼此相继构成，这与确实存在这一欲望的主体不尽相同。嗜欲与兽欲皆出于自然，并非真正的动机。若非这一欲望为某一具有自我意识的主体所明确，换句话说，若非这一欲望或冲动是他故意赋予自己的，他有意识地容纳它，有意识地沉浸其中，并致力于完成以这一欲望或冲动为导源的理想图景，人类就不会因为它而将某种行动明确。单纯以兽欲为推动力的行动不是人类的活动或行为。当某人将某种情绪、偏爱、作用、欲望、冲动贯注于各异的事物中时，他定然有所希冀。他以欲望为希冀，因为存在这种欲望，人自己对自己进行限定，这与将作用施加于他的存在有差异。的确，人可以对善进行感知，这种善取决于他曾经的情绪、行为、环境，取决于过去在他内心中存在过的历史的善（决定论）。然而，在他所拥有的过往的经验中，他自己也曾是被经验的对象，由是他的行动为他自己所支配，所以，他可以以彼时对他起鼓舞作用的善为因而行动。另外，他可以以自己为对象对一种更好的情境进行假定，然后依此改变，使未来的自己与现在的自己不一样，且变得更好（自由意志论）。

第五节　伦理学

由于人可以以自己为对象对一种更好的情境进行设想，可以想办法实现这一情境，可以有所希冀，因此道德为他所支配。他可以这样做，由于他是主体，具有自我意识，是不朽的自我意识的重生。与一种更好的情境相关的概念，是存在于上帝心灵中的愿望或者处于萌芽状态的终极目的的感召。这一观念当着人的面订立了一个在他看来绝对有必要存在的目标，并以之为凭依对人施加影响。在人生中，德性一直都以它为启迪的动力。

何为道德意义上的善？满足了道德支配者欲望的就是善。真正意义上的善是道德支配者的奋斗，是可以以其为复归之地的目标；这一目标是这样的，他被实在的意志与基础的自我视为无条件的善，视为某种绝对必须且拥有绝对意义的事物，与自身绝对需要的某种事物相关的概念为人类所有。这一自我会被他人的注意影响，也会被许许多多的利益影响。对我而言，他人就是目的，或者说他们为目的所涵盖，是这一目的的构成单元，或者说它为我以自己为目的的生活所涵盖。亦即在我看来至善就是对属于人的人格进行完善，对属于人的灵魂去完成及对其能力进行拓展；在试图对这一目标进行探寻的同时我还要给予他人帮助；一个绝对意义上的具有共享性的善，亦即无论是对我而言还是对别人而言都是善的概念，必然会对我的心灵造成影响。无论它的范围多么狭小，只要这一概念存在于其中，它就有希望和潜能去实现这一理想，亦即道德以它的完成为完善；亦即是这样的社会理想，所有的人都以他人为邻，对所有具有唯理性的行动者来说，在那里所有其他如他一样的行动者生活的完善与幸福是他自身生活完善的一部分。

部分人认为，若非我们的先辈被法律及具有权威性的习俗所影响，从道德的角度来说，我们现在不会如此。这一观点没有错误。然而，这样具有权威性的习俗与律法本就以唯理的动物或者说具有理想的动物为泉源。

另外，对这一习俗与律法表示服从的人对得自其中的助益表示认可，也对要求他们对自身的快乐主义倾向进行束缚的行为方式的意义表示认可。

刚开始的时候，道德理想不过是一种需求，它所有的属性并不曾全部为人所认知，然而它与追求享乐的欲望明显不一致。最低等的道德是对某种幸福生活的希冀，所有对幸福生活怀抱向往的个人和他人都能够享有它。家庭、国家、社会的制度由此被需求的道德而生，又进一步对个人道德进行了限定。制度按照天性成长成为行为习惯，它对这一制度进行思索，以保全这一制度为目的，又以这一制度为泉源，这些对与目或需求相关的更妥当的观念的构成有益。就这样与人相关的范围的概念愈来愈大，所有人类并存的大同社会的理性也得到了发展。

与完善的生活相关的恰当的概念不曾为我们所有，然而我们却以每一个人及所有处于社会中的人的完善为理想。这样的生活必然受到了某一谐和的意志的支配——每一个人的意志等于全体的意志——这一谐和的意志就是仁爱。格林所主张的仁爱的意志并不抽象，而是所有受仁爱的意志支配且被其调和的所有仁爱的行动。并且在他看来，某一行动的动机或品质从道德层面决定着其价值，这种认知的前提是有德性的行为总以真正的德性为动机。

格林推崇改革家类型，亦即因为善而以自我为牺牲的类型，在他看来，时代的精神为这一类型所彰显。然而，他更加推崇的好像还是中世纪完善的类型、善的宗教及圣人。他宣称，道德以某种超脱人心而对上帝充满向往的精神行动为努力的最高形式，从总体上来说，人通常以个人的神圣纯洁的理想为内在的精神追求。从内在的角度来说，它是有价值的，这种价值并非源于存在于其外的任何被精神生活所促成的结果的派生。社会理想（善意）具有内在的价值，这一精神行动也具有内在的价值，两者的不同之处在于以手段的形式存在的善意在现实中的表征也具有价值，因为人类社会能够以其为凭依进行改良。然而，追本溯源，成就一颗这样神圣的心灵是每一种改革共有的目的。追本溯源，对人而言本身的完善才是至高的价值。所以，善的现实类型、对上帝下意识的追求、对自我更深入的探索全都有其内在的价值，因为所有的这些类型都以意志、品格及心灵为凭依。所有的类型都有属于自己的影响力，只不过改革家造成的影响显而易见但又倏忽即逝，圣人造成的影响则更加细致、更加深刻。

事实上，格林的思想是这样的：追本溯源，人类改造社会、贡献社会的目的就是对自我的精神进行完善，就是有理想、有德性的人的一种自我成长。在对这一思想进行表述的时候，格林的用语带着明显的宗教色彩。他指出这种完善以神圣性为恒常不变的形态；他指出对神圣的理想而言，精神的自我谦恭是其最高价值的体现。对存在于灵魂中的某一状态和对存在于人格中的高尚意识的某种形态的实现是所有道德共同追求的至高目标。对社会进行改造不是坏事，然而对社会进行改造时定然不能单单以满足肉体的物质需求与舒适度为目的。社会足以满足人的吃住要求，可是位于第一位的问题一直都是，在这具肉体之中居留的是怎样的灵魂？

从道德行为在为人类谋福祉方面的作用被理论视为标准的角度来说，受康德、格林及功利派学者影响的近代伦理派学者包括：出版于 1892 年的《伦理学手册》的作者 J. S. 麦肯齐；出版于 1892 年的《伦理学原理》的作者 J. H. 缪尔赫德；出版于 1907 年的《善恶论》和出版于 1913 年的《伦理学》的作者腊什达耳；出版于 1908 年的《伦理学》的作者 J. 杜威，该书是杜威与 J. H. 塔弗茨共同撰写的。关于唯心主义伦理学的其他领袖人物，还可参见《伦理学导论》的第七章，该书的撰写者是梯利。

第六节　布拉德雷的形而上学

在现代英国，最难以捉摸、最富盛名的唯心主义哲学家正是生于 1846 年的 F. H. 布拉德雷，他自诩为近代哲学界的芝诺。在深思熟虑之后，他在著作《现象和实在》中对他的形而上学体系进行了表述。

布拉德雷的著作包括：出版于 1874 年的《批评史的前提》；出版于 1877 年的《伦理学研究》；出版于 1883 年的两卷《逻辑原理》；出版于 1893 年的《现象和实在》；发表于《心灵》上的文章。原版第 550 页列出的与布拉德雷相关的参考书也可以作为参照。

参考书

《布拉德雷的形而上学》，作者腊什达耳；哲学杂志中的文章；《近代哲学》，作者许夫定；参看《个性和价值原理》（1911 年），作者鲍桑葵。

布拉德雷与德国唯心主义者抱持相同的观点，都主张形而上学，尝试对存在于单一现象与实在之间的对立进行了解，尝试对终极真理或者首要原理进行研究，或者尝试着对宇宙进行认知，并且这种认知是以全局为着眼点的认知，而非散乱的、七零八落的认知。虽然与绝对相关的知识不完全，但它的确是实在的，的确为我们所有。因为从本能的角度来说，人有对终极真理进行思索的渴望，我们竭尽自身所能对实在进行思索与认知，这非常好。费希特、黑格尔、谢林，浪漫主义者们都认为具有推论能力的知性无法对世界进行认知，布拉德雷也一样。对诸多审视实在的方法（如时空、原因与活动、第一性属性与第二性属性、运动与变化、自在之物与自我等观念）进行检视，获得的结果是否定的，亦即它们全都自相矛盾：于现象之中我们不能在现实中发现统一，于是所有的事物都被归于现象，但是从绝对意义上来说现象确实是存在的。尽管现象因无法将自己融会贯通而与实在有所差异，但它却无法与实在相脱离。由此，问题来了，这一被现象依附的实在以何为本性？除可以对其存在进行论述之外，我们还能对它的其他方面进行论述吗？莫非它只是康德所主张的自在之物或者斯宾塞所主张的无法为人类所认知的事物？在布拉德雷看来，终极的实在是一个整体，它自我相合并协作，它以一个包容全部的谐和的整体将所有的差异涵盖，一团让人感到困惑且无法理解的纷乱的现象必然是自我谐和且具有统一性的；因为它在其他所有的地方都无法存在，只能存在于实在之中。它还仅以感觉经验为内涵；所有的存在都以意志、思想、情感为素材，除此之外，再没有其他具有现实性或者可能存在的素材了。如此完备且具有绝对意义的生活不是作为有限的生物的我们可以创造的，构成绝对生活的与众不同的经验不可能为我们所具有，然而我们却能对属于我们经验范畴之内的、与绝对生活的特征相关的观念进行获取，所以我们完全可以对由这些特征相合而产生的观念进行了解。

第七节　直接的感情与思想

从这个角度上来说，布拉德雷与这些人的观点并无不同，他们为了对与宇宙相关的问题进行解答而向超出了理智范畴的存在于心灵中的其他的机能求助。然而，他在直面绝对的时候并不以玄奥的直觉为凭依，而是以日常经验为基础对终极的实在意义进行启迪性的认知。单靠感觉的表征及直接的表征，与整体相关的经验就能为我们所得。和谐与差异并存于这一整体之中。它可以将与总体经验相关的具有普遍性的观念提示于我们，意志、情感与思想在总体经验中再次和谐相融。绝对意义上的普遍观念可以被我们构建，在绝对的经验中，表征之间的差异被忽略。所以布拉德雷断言，与绝对相关的实在的知识为我们所有，实证的知识以经验为基础进行构建，并且若我们的思维前后保持一致，则它就具有必然性。

因此，我们无法通过纯粹的思维达到我们想要达到的境地。思想是推论与发现关联的手段，被它明示的不是现实的生活，而是分解。若它不这样做，它就会自动陨灭；但是若它以维持这一状态为目标，直观的表象又怎么可能被它接受？思维以对某一独立的、直观的，涵盖所有的个体性进行把握为目的，然而要对这一个体性进行把握，它的本性就会遗失。在布拉德雷看来，一种与理解相关的观念可以被思维构建，这一理解与直观的感情有些类似，它为了寻找与探究关联所做的所有尝试的特性都为它所涵盖，于是它满足了；以此为凭依，它从进退两难的状况中脱离。以纯粹的直观的情感或者进行推论的思维为凭依，我们无法对绝对进行认知；然而，若我们竭尽所能努力地去趋近直观的感情，或者说，若绝对的观念被我们构建出来，我们就可以对绝对进行了解。纯粹的思想全神贯注地去彻底思索的所有实在为对象。被彻底满足的情感与这种实在存在一致性。矛盾在两种情况下无法强制我们进入无限的历程中，彼时纯粹直观的力量或理解力会为我们所有，而所谓的无限指的就是我们恒常地分化，恒常地彼此关联，却无法目睹事物的整体。这样，特别坚决的意志对我们而言就是绝对，于是观念又被我们等同于实在，我们又在差异中找到了统一。确实，我们无法对这种直观的经验的梗概细节上的丰盈过程进行设想，然而我们却能对这些直观经验的实在性进行确定，它在某一无法从割裂的角度进行理解的鲜活的体系中将部分普遍的特征联结在了一起。

第八节　绝对

从上文所叙述的方式的角度来看，我们可以对绝对进行认知。事物不以它为总体，但它却是一个融洽调和的体系；它是一个统一的整体，相合于其中的事物全都发生了改变，虽然改变的程度并不相同。孤立的关系、对立的关系在这一体系中全都得到了认可并被融合吸纳。从本质上来讲，谬误、罪恶、丑陋都为绝对所涵盖，属于绝对，它们的改变为这一体系所汲取。不存在一种可以被其他所有形态依附的形态，其他所有形态也不可能以某种形态的属性的形式存在，更不可能化归于它。从第一性性质的单纯的架构而言，自然不是美好且应该被颂扬的，而是沉寂且充满死气的。被这样理解的自然根本就不存在任何实在性，被科学所需的观念以它为造物，它是一种有用处、有必要去构架的虚构。我们必须将诸如苦恼、愉快、感受、受它刺激而产生的美好或情绪等第二性性质赋予我们的自然概念。虚构是所有专业科学，即心理学与物理学的探讨对象；抽象、表象、实在都以灵魂于肉体为独特的一面；唯心主义是真理的二分之一，唯物主义也是。

实在等同于经验。唯有情感、意志、思想、情绪或者其他同类的事物才能被我们于实在之中发现。这不应当划入唯心主义的范畴吗？布拉德雷认为不应当，无论有限的经验表现为何种形式，单凭一堵墙也无法将它彻底封闭。在为我们所直接经验的最一开始的经验中存在着整体，这种整体有实在性，这种实在性在它的所有属性中都有所体现。有限的经验为宇宙所包含，但不是宇宙的全部，如果是，也不过就是这种经验本身的完善与圆满。从一个角度来看，为我所经验的不过是我自己的精神与状况。然而这些不可能仅仅包含我的性质。自我以实在为泉源，是一种表征，那么，经验怎么可能以它为泉源呢？

实在不仅仅是与我相关的经验，也并非为自我或精神所架构。个人无法拥有绝对，因为绝对比这要多一部分，它的拥有者凌驾于个人之上。绝对只是经验，所有可以被我们认知与知觉的高妙超然的事物都为它所涵盖，它是一个统一的整体，无数细微的事物浸润其中，为它所包含。从这个角度上来说，它又能为个人所有。然而这是一个极容易被错误解读的词汇，从内在的差异的角度而言，绝对在其上，而非在其下，这种差异为它所涵盖，是它达成圆满的条件之一。

虽然被绝对涵盖的历史数之不尽，但它却没有真正属于自己的历史。在凡俗的现象范畴中，这些历史不过是局部。对道德会因宇宙的发展而停滞的观点，它抱持否定的态度。至于永生，个人的存在有被延续的可能，不过是永生的内涵变得更加充盈。并且，假如每一个人都对永生充满了信任，认为是这一信仰对自己起了支撑作用——毕竟存在这种可能。然而沉湎于迷信，不管这种迷信的形式如何，它都是令人不齿的，与之相比，充满渴望、忘掉恐惧则要更好一些。

经验之中包含着真理。真理具有绝对性，从这个角度来看，实在的普遍属性及每一种可能真实的存在都以它为标志。人可以对宇宙的普遍属性进行彻底的认知。我们无法，也永远无法对它的每一个细节进行认知。从知识等同于经验或者知识等同于实在的角度来看，我们无法，也永远都不可能对其整体进行认知。在世界的范畴中，真理只是一方面，亦即在哲学的范畴中，真理是至高的一面，然而，哪怕是在哲学的范畴中，真理也对自己的不完善有所认知。

第九节　罗伊斯

柔西亚·罗伊斯（1855—1916 年）是美国唯心主义学派的领导者。他任教于哈佛大学，是一位极富文学鉴赏力的教授，他擅长思索、体悟，学识也非常丰富。从他的理论中，我们知道在常识的领域内所有的事实都可以用观念来进行解释，所以整个世界完完全全就是构成观念的素材。从可以为我们所认知与明示那意指什么而言，只有存在于世界中的观念属性才能为我们所确定。实际上经验的确将某一观念的体系强加给了我们，我们在行动时必须以这一体系为导引。我们用物质世界来称呼它。然而，不是有一种存在于彼岸的事物与这些经验相对应吗？的确有。但是那其实也是关于观念的一套体系，它不在我的心灵之内，却不一定不在所有人的心灵之内。假如属于我的彼岸的世界可以被认知，那从本质上来讲它的表征及它本身就全都属于精神的世界。它以宇宙精神为根基及表征的标准，诚然，世界确实是构成于宇宙精神的观念体系。由于我本就是精神，所以我可以对各种各样的精神进行了解。精神属性不存，我们就无法去了解。并非有一精神存在于彼岸，不然它就不可能被认知，两者之中必然要选择一种。不存在任何绝对无法被认知的事物，这一事物的观念本就荒诞不经。所有存在于心灵中的内容，亦即观念，都是能够被认知的。假如心灵能够对它进行认知，那么，从本质上来说观念与精神属性就已经为它的本质所具有。具有实在性的世界必然是某种精神或者某组精神。

然而，我如何能够对存在于我之外的与精神相对应的概念进行把握呢？从某种意义上来说，你始终都不曾也不能超出你的观念所涵盖的范畴，你也理应渴盼不这样做。由于从本质上来说每一个另外的对你的实在世界与你的外部存在进行架构的精神都与你同一。从本质上来讲，全世界就是一个，因此从本质上来讲它就是一个自我的世界，并且它与你等同。就像你以那已经遗失的观念为寻找的目标一样，那一以对象为意指的自我便等同于拥有此对象的、相对庞然的自我。能够站在统一的角度上对所有的真理进行认知的自我是较为深刻的。每一个自我和每一种真理都为一个具有唯一性的自我有意识地、有机地、内省地涵盖。它就是可以对问题进行解答的全知的逻各斯。初始时与这一世界相关的唯一的绝对的明确且真实的是智慧、理性与秩序为它所用，从本质上来讲，也可以对它进行理解，因此以某种方式为凭依，它的每一个问题都得到了解决，最高妙超然的自我认识到了与它相关的每一个玄奥莫测的奥秘。我们的意识为这一自我无限的超越、内省的凌驾，并且，既然我们为它所涵盖，它以人格为底线，那么相比于我们，它的意识更加清晰。既然内省的知识为它所有，那么，在意识之外还有何知识与对自己的知觉相关？罗伊斯指出，以康德与先验的自由、超脱于凡俗的自由及我们的每一种行为在凡间的必然性相关的理论为凭依，自然界与精神界可以相互调和，物质界与自然界可以相互调和，自由与命中注定可以相互调和，人与神明也可以相互调和。

以罗伊斯撰写的《近代哲学的精神》为依据，我们对其哲学的表述如上。在系统性极强的著作《世界和个人》中，罗伊斯对这一体系进行了更加翔实的阐述，并且以它为凭依对与人和自然相关的事实进行解释。其中原因一部分是因为它研究的对象的属性，一部分是出于对其将理智主义的作用进行夸大的批评的规避。相比于前期的著作，罗伊斯的后期著作中表述的观点对意志与目的为经验所涵盖这一点做了着重强调。"存在只可以对某一具有绝对意义的观念的体系内蕴的每一种意义都进行表征或凸显，并且不管任意一个有限的观念的形式的内涵与目的多么不完善，这一体系都确实为其所涵盖。""在对存在进行追寻时，为我们所追寻的终极的目标，即观念的终极形式为：(1) 一直为我们所追寻的有限的观念的内涵的彻底的表征；(2) 为这一观念所涵盖的部分意志或目的的彻底的满足；(3) 无法为其他事物所替代的个体的生命。"

换句话说，为了规避来自唯理主义的指斥，罗伊斯特意对观念的自发性做了强调；为了规避来自神秘主义的指斥，他又对个体的自我在绝对意义上的自我之中所处的位置做了强调。

罗伊斯在《忠诚的哲学》一书中对伦理理论做了掷地有声的陈述。于此，罗伊斯以道德的基本原理为基础，亦即以对忠诚的忠诚为基础，对唯心主义的世界观进行了推导；其中的原理便是对某一目的保持忠诚，为这一目的奉献自身，这一目的又对造就最忠诚起了促进作用。属于我的部分目的定然能够构成一个唯一的目的体系，亦即，对生活的忠诚；一般的忠诚为它所促成，这是必然；所以对一般目标的信仰、对至善的信仰、对至高精神价值的信仰都为忠诚所涵盖。若这一原理并非虚幻的想象，具有实际意义，那么定然存在一个统一的精神，所有的价值都被贮存于其中。不但生活以忠诚的原理为指南，而且存在于我们精神生活中的坚持真与善、维护真与善的存在，即一个不朽的、包罗全部的统一整体也为忠诚的原理所揭示。此即为从道德的角度对上帝的存在所做的论证，这些与康德在著作《实践理性批判》中所表述的观点十分相近。

罗伊斯的著作包括：出版于 1885 年的《哲学的宗教方面》；出版于 1892 年的《近代哲学的精神》；出版于 1897 年的《上帝的概念》；出版于 1898 年的《善恶的研究》；于 1900 年与 1901 年相继出版的两卷《世界和个人》；出版于 1902 年的《心理学大纲》；出版于 1904 年的《赫伯特·斯宾塞》；出版于 1908 年的《忠诚的哲学》；出版于 1911 年的《威廉·詹姆斯和其他论文》；出版于 1912 年的《宗教洞见的渊源》；出版于 1913 年的两卷《基督教问题》。

对被康德学派、后康德学派、洛采及英国、法国、德国思想家影响的美国哲学家、美国导师、康德等哲学家进行独立研究的学者包括：W. T. 哈利斯（1909 年以前）、G. T. 莱德、A. T. 奥德蒙、J. E. 克莱顿、E. 阿耳比、R. M. 温利、C. B. 斯特朗、A. K. 罗杰斯、A. O. 拉夫焦伊、W. E. 霍金、J. 沃森、G. H. 豪伊逊、B. P. 波温（早于 1910 年）、J. H. 希本、M. 卡尔金斯、H. 卡尔迪讷尔、J. H. 塔弗茨、C. M. 贝克威尔、J. A 雷顿。这些学者中一些年纪较轻的，出于对新实在主义和实用主义批判旋涡中的唯心主义进行维护的目的，吸收了对立学派中在他们看来那些对的因素，从而拓展了这一学说，这些年轻学者的代表有拉夫焦伊、卡莱顿、阿耳比和贝克威尔。

第十篇　现代对唯理主义与唯心主义的反动新倾向

有诸多不满的信号存在于现代思想界中，其中除对一直以来都占据着支配地位的唯心主义体系不满之外，大体上来说，还有对哲学方法、结果及具有唯理性的科学的不满，人们视这一科学或哲学为个人自由的破坏者，人类的价值因它们而不存。不管我们是以处于运动状态的物质粒子为出发点，对隶属于自然科学范畴的机械论表示赞同，还是以逻辑层面的概念或者宇宙目的为出发点，对客观唯心主义表示赞同，据说人之日常已经被降格为纯粹的附属表征。出于规避某种以思维为因的后果的目的，在漫长的思想史上，人们曾经做过大量的试验，现在这一试验再次复苏，不过形式却有所变化。然而对唯理主义抱持否定态度的还不止这些人。从唯灵主义及自然主义决定论的桎梏中脱离才是他们关注的焦点；纯粹的科学研究者很多都在认识论方面受到了休谟实证主义的影响。我们可以把现代反对旧学派的思想划分为数个不同的派别，必须留心的是，包括怀疑派、唯理主义、信仰派在内的一些学派的追随者气质都大相径庭。部分人认为人类以理智为凭依无法对宇宙之谜进行解答，形而上学根本不会存在。他们要么主张知识只能用于研究或对所经验的事实进行描述，要么主张知识仅仅服务于求生的意志或渴盼，抑或主张哪怕是在自然科学领域，得自知识的结论也只是符号、协议抑或趋近真理；若非如此，他们就对上述所有的观点表示赞同。其他的思想家们则一致认为以理智或者知性的推论为凭依无法对实在的意义进行认知，也无法从包括情感、纯粹经验、信仰、直接经验、直觉、意志等在内的心灵职能或心灵的其他领域中寻获较为明确与实在的知识的根源，无法从中获得挣脱包括机械论、无神论、决定论、怀疑论在内的所有需要以个人之力去对抗的阴郁的理论的办法。如我们所知，在哲学领域这样的思潮并不鲜见，诚然，许多唯心主义学派的学者对理智主义和唯理主义也都抱持反对的态度，比如费希特、黑格尔、奥伊肯、雷诺维叶、谢林、洛采、文德尔班、布拉德雷和闵斯特贝尔格；如今处于支配地位的革新学派便孕育于这一学派，并且与该学派还存在大量的相似之处。还有一部分人与赫尔巴特类似，对唯理的理智进行维护，对科学与哲学进行批判性的驳斥，然而对有机的唯心主义观点、一元论及其所宣称的主观主义，他们全都抱持反对的态度。在他们看来，科学的哲学以分析为真正的方法，在逻辑层面上，实在论及多元论必然以它为因。还有一部分人以旧体系中的唯灵主义为反对的重点，以自然的实在主义为复归，主张事物不是主观精神的表象，也不是客观精神的表象，而是脱离事物独自存在的存在，精神以事物的衍化过程为泉源。

接下来我们要对彰显了后世哲学领域不满的精神特征的现代学者们进行探讨。

参考书

《十九世纪欧洲思想史》，作者梅尔茨，三卷；《现代哲学倾向》，作者培里；《现代的特征》，载《希伯特杂志》，1911年，10月号；《美国哲学》，作者万·贝卡累尔；《神学和人类问题》，作者利曼；《认识论》，作者沃克；《思想》，作者富耶；《近代哲学》，作者A.莱伊；1908年，本如比等在《形而上学和道德学评论》九月号上关于现代哲学的文章；《现代哲学的活跃倾向》，作者柴佩里，载《哲学评论》，1910年，3月号以及《从批判到新唯心主义》；《重功利的浪漫主义》，作者贝特洛；《现代哲学》，作者里吉罗；《现代思想》，作者哥提埃；《现代哲学中的变化》，作者戈耳德斯坦；《近代思想的主流》，作者奥伊肯；《现代哲学思潮》，作者施泰因；《现代哲学》，作者黎尔；《现代的哲学方向》，作者文德尔班，载《大思想家》中；《近代哲学》（法译本：《现代哲学》）和《英国哲学》，作者许夫定；《最近十年德国内外的哲学》，作者包曼；宇伯威格—海因泽，第三编，第二卷；《新哲学史》，第七版，作者法耳肯伯格；《实用主义和唯心主义》，1913年，作者W.考德威尔。

第一章　新实证主义与认识论

第一节　马赫

艾伦斯特·马赫（1838—1916年）是一位哲学与物理学教授，他的著作包括于1886年初版、1906年第五版的《感觉的分析》和1910年第四版出版的《通俗科学讲演录》。他以休谟的现象论及其他实证论者的观点为依据，对一种认识论进行了构架，主张人的感觉是构成世界的单一要件，自在之物本就虚无。他以单纯的经验而不是具有先验性的公理或真理为基础对认识论进行了构架。科学以透彻地表述人的意识内容（即事实）为目标，它以发掘感觉之中无法再进一步的因素之间的联系为唯一任务——亦即对这一关系进行认知，而不是用形而上学层面提前假定的设想对它进行解释。通过类比，创建一种囊括所有领域却不要任何假设的物理学，即普遍意义上的物理现象学。假定是科学的起点，但它不过是我们出于对事实进行了解的目的而采用的权宜之计，是一种间接性的表述，直观的观察定会将其取而代之，亦即，感觉现象或者经验能够对它的确实性进行论证。所有科学的关键都是令事实在思想中以系统的方式被呈现。假如无法于杂多中将相对不变的事物找出，那在思想中就无法对世界进行呈现。所有的科学判断都是对大量观察结果的全面或简明的陈述，各组感觉都以判断与概念为思想上的简写符号，它们是对事实的一种速记。思维经济原理便是如此。规律只是对事实进行陈述的一种精练又渊博的形式，亦即是对人而言非常关键的事实所做的阐述。物质只不过是一直保持一致的感觉的融合与叠加。一组感觉同样构成自我。记忆与经验对存在于融合与叠加的感觉中的相对持久与固定的一面有一些印象，用言语来对其表述，就是物体。自我就是与某个个别的物体有所关联的情态、记忆与感觉的叠加融合，它是相对持久的另外一个方面。心理学的内涵被视作以我为凭依的身体的感觉组成，物理学的内涵被视作以其他物体为凭依的身体的感觉组成。感觉并不以物体为泉源，融合叠加之后的感觉却能对物体进行构建。构成世界的并非玄奥的自在之物，自我与自在之物之间彼此影响，另一种玄奥的被以感觉称呼的事物就出现了。科学将相对恒常、已经构建好的关系与相对不恒常、还没有完全建立起来的关系联结在一起。

尽管知识被这一学说桎梏于感觉的范畴之内，由是对形而上学抱持反对的态度——亦即不过是对科学的经济化进行干扰的一种没有任何益处的工作——马赫却尝试在哲学范畴内以唯意志论为基础对其知识体系进行构建。知识以意志为工具，以生活的实际需要为泉源（实用主义）。生活并不以思想为所有，但对意志而言，思想却是移动的指路之光。一种能够将自我与环境联结在一起的世界观为我们所需，科学被我们创造。为了适应、为了选择，思想需要与观察保持统一。世间所有的实践都以物体及自我的概念为对自身进行导引的权宜之策，放弃是必然的；原子的概念与规律是这样，力的概念与规律也这样。只要被知觉的事实能够为我们的思想再现，理智的需求与现实的需求就都可以被满足。假如我们可以以思想为凭依对那些集聚为一体的感觉素材的整体进行把握，甚至取其而代之，我们就会感到满意。马赫对某种可以令事实系统化、观念化、完善化的冲动做了论述。

第二节　阿芬那留斯

出版于1888年到1900年间的《纯粹经验批判》及出版于1891年的《人的世界概念》都是R.阿芬那留斯（1843—1896年）的著作，经验批判学派以阿芬那留斯为创始人，其行进路线与马赫的行进路线是一致的。在他看来，以精深的知觉为根基的表述是唯一可以对知识进行构建的形式。科学之哲学是从表述的角度对隶属于经验范畴的普遍概念的内容与形式进行确认。个人所有或存在的经验都以纯粹的经验为共同的经验，知识将扫除与情理相悖的个人因素为目标。与宇宙相关的这样单纯的经验的梗概被我们渐渐趋近。原来所有人与世界相关的概念都是相同的，然而，因为存在于经验中的情感、意志、思想为我们所"摄取"，经验被割裂为主客体、内外经验，实在也因此是非颠倒。将"摄取"清除，我们就会以原先就存在的纯粹经验的眼光自然地看待世界。

与马赫相似观点的思想家还有：《科学论文集》的作者詹姆斯·克拉克·麦克斯韦（1831—1879年）；出版于1879年的《观察和思维》及出版于1885年的《严正科学的常识》的作者威廉·克利福德（1845—1879年）；出版于1892年再版于1900年的《科学入门》的作者卡尔·毕尔生（1857—1936年）；H.赫茨（1857—1894年）。出版于1902年、1906年以《科学的价值》为标题第十四版出版的《科学和假设》一书的作者昂利·彭加勒（1857—1913年），在他看来，科学的公理就是一种约定或者与科学相关的便捷的界定，所有可能存在的约定都可以被选择，实验的事实的确是指导原则，然而除要规避所有的矛盾之外，关于选择并没有其他的限制，选择是自由的。

第二章　实用主义

第一节　詹姆斯

查尔斯·雷诺维叶的理论、于生物学方面所做的研究、英国经验主义都对威廉·詹姆斯（1842—1910年）的思想造成了影响。在詹姆斯本人看来，正是因为受到了雷诺维叶的精微深湛的多元论思想的影响，他才从充斥于他成长环境中的迷信的一元论思想中挣脱了出来。严肃冷峻的决定论体系让他不满，唯灵主义的一元论或唯物主义的一元论所主张的"一整块宇宙"也让他不满。他说："若包括人在内的所有事物都以具有无限性的实际存在或者原始星云为泉源，那么，个人拼搏、道德责任、个人理想、行动自由又当如何？诚然，不确定、发奋、需求、选择、新鲜奇特的事物又当如何？"不管是宇宙精神被视为绝对意义上的实体，还是宇宙物质被视为绝对意义上的实体，人类难道不会被它转变为被握在手中的单纯的木偶吗？以人的本性为泉源的所有需求无法从这一体系之中得到满足，所以它一定不是真实的。必须以一种理论、学说、信仰对我们的影响及其实际造成的效果为凭依对其进行检验。此即为实用主义的检验。你总该扪心自问,在经验的领域中,不同的信仰,如多元论、一元论、有神论、无神论、唯物主义、唯灵主义、自由意志、决定论等,对你造成的影响有什么不同。一个是充满希冀的理论,一个是失去希望的理论。"以实用主义原则为凭依,从最广义的角度来说,只要与上帝相关的假定所造成的影响令人满意,上帝就是真实的。"

真理只对它实际产生的结果进行检验,获得真理只不过是获得另外的至关重要的满足的方式,而非目的。知识不过是工具,我们出于生活的目的应用知识,而非出于知识的目的去生活。詹姆斯扩大了这一工具主义的概念或者说实用主义的概念,由是,逻辑的证实与一致性也为现实的功利主义所涵盖。我们可以对真实的观念进行证实、肯定和汲取。为我所渴盼的实在的观念就相当于真实的观念。所以,对于真理,你能这样说,由于它真实,因此它有使用价值;或者说因为它有使用价值,所以它是真实的。"趣味为科学的真理所涵盖,包括它在内的所有科学的真理都可以最大限度地令人满足,然而与过去的真理和现在的事实相同,它一直都是急迫与切实的需求。"

哪怕以如此重要的内容对实用主义做了补充,它依旧主张真实性是哲学的必需,逻辑之外的事物定然要被满足——从这个角度来说,对理智主义、实用主义是抱持反对态度的。詹姆斯指出,从宗教或者道德的现实要求的角度来说,多元论、个人主义、有神论、自由、唯灵主义无疑更受青睐。意志以这些概念为信仰,它坚持实用主义,不愿意以理智为绝对意义上的审判者对真理进行裁决,这样这些概念被保全。最迫切的需求依旧是一直以来被需求的一致性。

尽管完善是不朽的、实在的、自然的,这种明显属于绝对主义范畴的设想从宗教的角度来说是具有一定意义的,并且是确定的,但真正与实用主义最吻合的还是多元论。因为所有明晰且确实的活动在施加影响的时候都以它为因,所以唯有作为众人行为事实上的、分散的结果,多元的宇宙才能得到保全。在宇宙中有一种高于人类经验的经验形式存在,这一点我们可以去相信;以宗教的经验的论证材料为凭依,我们可以彻底地认定有等级较高的强者存在,他们因循着与对人类而言最理想的路线相似的路线,以拯救整个宇宙为目标而施加着影响。

　　以纯粹或完全的经验主义为凭依，詹姆斯从另一个角度获得了相同的结果；对古典的唯理主义和英国传统的经验主义，这一经验主义都抱持反对的态度。在它看来，所有与理性相符合的存在都具有实在性是错误的观点；凡是为人所经验的，才是实在的。若我们想对实在进行把握，就必须对被概念加工之前的经验，即本初的、清爽的、纯净的经验进行肯定。对概念的职能进行全面的纠正与检视，以相对本初的感觉的流动为凭依对实在的真相进行认知，是我们必须要的。哲学应当如此生动地对实在之运动进行了解，而非徒劳地跟在科学身后对它死寂的结论的残章进行缝合与补充。相比于逻辑，哲学与有情感附着的洞见问题的关联与牵涉更深，对洞见而言，逻辑不过是事后用于找寻原因的工具。

　　德国唯心主义者主张，在对实在进行理解的时候，科学割裂了它，詹姆斯对此表示认同；德国唯心主义者还主张，实在的真容以日常的感觉为凭依无法揭示，詹姆斯对此也表示认同。然而他对生动的、素朴的人类经验也充满了信任，这与布拉德雷十分相像。实在是单纯的经验，可以脱离人类思维而单独存在，想要找到它非常困难；它刚刚被纳入经验的范畴，人们还不知道该用什么名字来称呼它；若不然它就是在所有的概念被应用之前，或者说它被赋予它会出现的信任之前，它就已经天然地、以想象的方式出现在了经验之中。存在于心灵中的思想以实在为极限，实在寂静无声且转瞬即逝。它能为我们所见，但我们却无法对它进行把握；出于实用的目的，在应用之前提前做了加工的替代品才是我们可以把握的。这种直观的经验是差异中的统一，同差异一样，统一也原本就存在。所以，经验主义所主张的各种独立的感觉将心理活动构建这一观点是错误的；唯理主义所主张的以范畴为凭依，感觉与灵魂的同一相合这一观点也不正确。被称为灵魂，用以相合的媒介根本不被需要，因为根本就不存在需要彼此结合的具有独立性的因素。两种理论都具有抽象性。构成实在的有：部分过去就存在的真理；部分源自感觉或存在于心灵中的感觉的复制品之间的关联；部分为不知源于何处的感觉流。这一关系有一部分是偶然的、变幻的，有一部分是固定的、本质的，然而，两者都以直接的知觉为泉源。关联与范畴等同于事物或现象，都是可以被直接经验的；事物与观念材质相同，是"同质的"。

詹姆斯好像是在这两种理论之间踌躇不定：单纯的经验等同于实在，亦即经验可以脱离所有的思想而单独存在，处于半睡半醒状态的人或者年幼的孩子的生活状况和这十分类似；实在是经验在思想中的浸润，成年人以之为意识的全部。詹姆斯的意思大概是后一种实在以前一种实在为泉源。在他看来，存在一股感觉的洪流，然而一直以来所有与感觉流相关的事物好像都源于我们的创造。事实上，世界能够不被塑造，世界的最后塑造需要人来完成，世界一直对此充满了期待。实在一直处于被创造的状态，并非永恒完善，也不是现在就已经存在的成品，它还没有被完成，具有思维能力的人对何地进行影响，它就在何地渐次被塑形。经验以经验内部为诞生之地，这种经验是有限的，彼此互为凭依，然而若这一经验形成了一个统一的整体，却没有什么能够为它所凭依。唯有在感觉流的范畴之内，才有事物可以对它进行诠释；它唯有希冀自己固有的能力或条件可以对它自己进行证明。在单纯的现象事实背后一无所有，没有自在之物，没有绝对，没有不可知的东西。尝试以假定的实在为凭依对已经存在的具体的实在进行解释是一种荒谬的行为；对这种假定的实在，我们唯有凭借以人的经验为根据而创制的符号才能对与其相关的概念进行构建。这一理论似乎与主观唯心主义非常相似，但这并非詹姆斯所希望的，他始终都坚信心灵之外还有世界存在。单纯本初的经验是客观的，而非主观的，是最本初的意识的建材。

完全的经验主义对多元论而言是有所助益的，经验明示给我们的是对立、差异、杂多，而非一整块宇宙，非被一元论或绝对论者构架好的、已经将差异与对立调和好了的融洽的体系。另外，源于道德本性的需求可以为多元论的宇宙所满足，却无法被绝对论的宇宙满足，以实用主义的形式为凭依，多元论宇宙的存在是具备一定的道理的。当然，一元的宇宙观点也非全都是理智的结论，究竟要不要对它进行肯定还要以它的结论为准；部分人审美的冲动与神秘的冲动可以被它满足。然而，它却是宿命论的，它无法对变化和有限的意识进行说明，邪异罪恶的问题也因受它的诱引而发生。多元论将信赖全部都赋予了知觉经验，从我们自身活动的角度来说，与创业相关的行为或者自由意志的例证全都以本初的具体的真实的直觉流为泉源。变化的、无条件的、新奇怪异的事物被允许存在于这个世界上（偶因论或偶成论）。宇宙在多元论的观点中被认为是能够被改善的。假如世界上所有的角色都竭尽所能去做，世界就会平安无事。以社会来做比较，能够用诸多具有独立性的力量来喻指包含于宇宙改善论中的宇宙。为宇宙的繁荣效力的独立力量愈多，宇宙就愈繁荣。假如这一工作无人承担，宇宙就会衰败倒退；假如所有的人都竭尽全力，宇宙就不可能衰败倒退。人可以自由选择是否要冒着风险对其理想进行实现。

只有有神论是与上帝相关的理论，它可以对我们意志上与情感上的天性进行满足。上帝极富同情心，乐于助人，为宇宙所涵盖，是伟大的伙伴，是具有人格、意识及人类道德本性的某种存在；从信仰治疗法的角度或者某种倏忽皈依的经验的角度来说，人与上帝存在沟通的可能。诚然，这一有神论的假定不可能完全被论证，然而，所有的哲学体系也无法被论证；其中所有的情境都以信仰的意志为根基。从本质上来讲信仰并非情感或理性，而是意志，亦即，是对无法从科学的角度进行证明或驳斥的意志的信赖。

詹姆斯的著作包括：出版于1890年的两卷《心理学原理》，出版于1897年的《信仰的意志》，出版于1899年的《对教师的谈话》，出版于1902年的《多种多样的宗教经验》，出版于1907年的《实用主义》，出版于1909年的《真理的意义》及《一个多元论的宇宙》，出版于1910年的《一些哲学问题》，出版于1911年的《回忆和研究》，出版于1912年的《彻底的经验主义论文集》。

参考书

《威廉·詹姆斯的哲学》，作者弗路尔努瓦；《威廉·詹姆斯》，作者布特鲁，译者亨德逊；《威廉·詹姆斯和其他论文》，作者罗伊斯；《什么是实用主义》，作者普腊特；《反实用主义》，作者申茨；《实用主义》，作者默里；《实用主义》，作者埃贝尔；F. C. S 席勒关于实用主义的文章，刊载在《大英百科全书》和许多哲学杂志中的文章。

第二节 杜威

和詹姆斯一样，约翰·杜威（1859—1952年）也对旧哲学进行了反抗，且反抗程度与詹姆斯同样激烈。他不厌其烦地对旧形式或方法进行抨击，主张这一方法以对存在于自然背后或范畴之外的实在进行追寻及以唯理的推断或通过凌驾于日常知觉之上的感觉为凭依对实在进行探究为目的。在他看来，这些问题都毫无价值，只要分开来就可以轻易给出答案。他对以人的本性为凭依从认识论的角度进行类比推论的方式表示反对，他视宇宙为某个存在于固有的关联中的固有的体系，不管这一因素是感觉的、概念的、还是机械的；他不同意将存在于本性中的包括信仰、仰慕、嫌恶等在内的所有其他方面都视作纯粹的附属现象、主观的印象、意识的感受或凸显。他不同意将有着清晰的情感与意志、对自己的存在充满信任的具体的自我进行贬低，以现象视之。他不赞同世界这样，即个人的奋斗目标已经恒常不变地被实现，个人的错误已经恒常地被克制，个人的偏好已经被恒常地彻底理解，这样，需要、选择、拼搏、改变、新奇就再无余地。杜威是一个进化论者，对他来说，实在并非已经完善、存在并固定的体系，甚至它根本就不是体系，而是事物，是正在发展、变化、成长的事物。真正的哲学必然会摒弃对绝对的始终的追求，以便对这一绝对事物所由产生的独特的条件与意义进行探究。唯一能够被知识证实，唯一能够因知识而有所建树的对象是这一对象所由产生的与众不同的变化及由这一变化引发的结果。这样的能够被理解的问题不该再被提及，即与存在于外界的、为人假定的事物相关的，亦即与存在于与众不同的变化背后的一整块的性质相关的，与对事物一劳永逸地进行塑造的智慧相关的，与善的终极目标相关的问题。传统的本体论问题并不能引起这位进化论学者的兴趣，他感兴趣的是社会问题、实际问题和生动的道德问题：与众不同的变化怎样给具体的目标带来助益或伤害；甚至如今与众不同的智慧与才能怎样才能被事物促成；怎样直接让幸福增长，怎样直接让正义增长，现存的明达睿智的政府可以将这一增长的目标实现，现在忽视它或顽固不化，给它带来的只能是破坏与摒弃。将宇宙唯理化或者将宇宙理想化不过是在推诿和敷衍塞责，是让先验论者来承担不应承担的责任。世界正在被塑造，帮助它塑形是我们必须做的——哲学必须服务于道德与政治，成为对其进行医治及预先推测的形式。

对思维理论进行修订，从演进的角度出发创制一种全新的逻辑，这全都是新哲学的需求，这一逻辑以这一事实，即以思维或单一的外界实在为对象进行探索，以此为起点。借助已经修订的理论，可以对客观性、确实性、真理、真理的检验体系进行分析，其在探索范畴内的实际影响及意义是进行分析的基础。杜威以思维为工具对存在于现实与渴盼之间的矛盾进行清除，亦即视思维为对人的渴盼进行实现，对代表幸福、完成、满足的事物进行排布的手段。思维以这种融洽和谐为标准及目的，从这个角度上来说胜利就是标准和目的。假如为我们所塑造的观念、理论、设想、信念、概念胜利了，可以与目的相适应或与目的相谐和，我们就可以视它为真。胜利的观念是真实的。在我们的观念产生作用之前，我们不断地对它进行改造或变更，换言之，我们让它为真，对它的实在性做了论证。某一观念产生了效果，亦即它胜利了，它就为真。认为观念发生了作用就等同于认可了它的真实。真实的观念以作用成功发生为特征。观念不以胜利为真实的泉源或论据，它就是它的真实：胜利的概念本就具有真实性。对真理进行检验所凭依的标准取决于为观念所促成的实在的和谐。何处的经验被改进或者被考察，亦即观念产生了有益的影响，何处的具体情况就会趋近于圆满与谐和的情境。但是我们不应以割裂的角度来看待已经完成的情况及其历程。若我们将它与它的历程分割开来，只从它眼下的情境来看，它便不是真理，也不是对真理进行衡量的标准，而是同所有其他的事实一样，是一种现实的情境。存在这样的情况，已经被证实为真的观念就不复为观念了。但是像万有引力定律一样在其他许多研究领域都能发挥作用的科学观念就不复为纯粹的观念，而是已经被证实的观念了。

　　思维为人的目的而服务，有助益，可以消灭矛盾，对欲望进行满足；它以自身的目的论及成效为真理。换句话说，人的思维为意志所激发，人的目的以思维为实现工具。如上帝、原子一般，固有的事物唯有以具有意识的执行者或者处于压力状态之下的个人的斗争、需求、工具、问题为凭依才能生存，才具有价值。我们所直面的宇宙原便是令人困惑且反复无常的，于此，个人的态度具有实在性。

　　信仰的原则因被修订的思维观点而重现了本就应属于它的面貌。在科学的范畴中，信仰也好，绝对意义上的单纯的个人信仰也罢，不过都是作业或设想。在所有的事物之中，最自然、最具玄想色彩的就是信仰，信仰以被实用与人事所影响的知识为泉源。知识是一种技术，它的构建以弄明白信仰的含义及彼此之间的关联、对其塑造及应用进行导引为目的。所以，实在被信仰塑造，因信仰而改变；存在物决于有意识、有经验的人类。若果真如此，就无须恐惧存在于精神中的有价值的事物被自然科学侵略与摧毁，因为对我们而言有价值的事物，如社会与政治，可以被我们转变为存在物，譬如制度。一个以生动的、履行职责的个人为基本单位构建的现实的社会界才是杜威的兴趣所在。

为了让世界与我们自身的目的相契合，我们对它进行塑造，世界正处于被塑造的状态中，并将恒常地被塑造；具有意识能力的人的信仰及思维在这一过程中所起的作用是积极的。不要忘记，在杜威看来，经验并不以认识为唯一形态与真正形态。事物、每一种事物、所有的事物都能为人所经验，一种经验就是一种事物。事物即存在于人经验中的可以被认知的事物，但在美学、工艺、道德与经济范畴中，它又是被经验的对象；所以，要对某一事物进行恰当的表述就要对它被人经验的情形做出明示。直接经验主义以此为公设。假如你想对包括原因、目的、主观、心理的、活动、客观、物理的、宇宙的、实体、存在、邪恶、数量等在内的哲学术语进行了解，首先就要观察它存于经验中的状态，或者是要获得与它相关的经验。个人非独只是一个对事物认知的生物，还是一个具有意志、情感和冲动的活生生的人；自我之中最关键、最重要、最基础的一面，即为意志，在意志的作用下，人们专注思考的热情常常会被激发。

杜威的著作包括：写于1886年的《心理学》；写于1891年的《伦理学研究》；1903年初版、1909年第二版、与学生们合著的《逻辑理论研究》；1909年与J. H. 塔弗茨合著的《伦理学》；写于1909年的《达尔文对哲学的影响及其他论文》；写于1899年的《学校与社会》；还有多篇刊载于哲学类杂志上的文章。

除了杜威，实用主义的其他代表人物还有：1907年初版、1909年第二版的《个人主义研究》的作者F. C. S. 席勒，席勒的著作还有1902年与斯图尔特等合著的《人格主义的唯心主义》，写于1908年的《柏拉图还是普罗塔哥拉》、写于1912年的《形式逻辑》；写于1906年的《剧场偶像》的作者H. 斯图尔特，1902年，斯图尔特与席勒等人合作撰写了《人格主义的唯心主义》一书；写于1910年的《实用主义及其评论家》的作者A. W. 穆尔；写于 1910 年的《实用主义原理》一书的作者 H. 博登；写于 1912 年的《真理与实在》的著作者 J. E. 布丁；写于 1893 年的《行为》一书的著作者 G. 布朗德尔；1910 年对第五版《哲学导论》进行翻译的 W. 耶路撒冷；写于 1911 年的《仿佛的哲学》的作者 H. 魏欣格；写于 1909 年的《实用主义》的作者 G. 亚博比；写于 1907 年的《实用主义导论》（载"列奥纳多"）的作者巴比尼。可参阅 C. S. 皮尔士发表于 1878 年 1 月刊印的《通俗科学月刊》中的文章。

第三节　尼采

弗里德里希·威廉·尼采（1844—1900 年）是德国人，个人主义者，他在自己的哲学体系中将对传统概念的反对发挥到了极致。尽管在美国实用主义产生之前，尼采就撰写了自己的著作，但在所有不满的思潮中，他却被视为最恣肆轻狂的人。他不但对旧的理论与方法表示反对，还力除旧的价值体系，对整个现代文化的倾向进行谴责，主张当代的我们之所以胆怯懦弱皆因历史的态度，重大责任的肩负者，坚强的、值得推崇的人身上背着太多属于过去的奇谈怪论及价值方面的负重。所以在他看来，哲学应以对所有的价值观都进行变革，对新的理想、文化、价值进行创造为目标。

叔本华的存在以意志为本原的观点为尼采所承袭，但在他看来，这一意志不仅在于对生存的渴望还在于对权力的谋求，从本质上来说，生活就是对超级权力的竭尽全力的争取，这种本能是有益的、旺盛的；所有的本能都是卓越的。他以这一思想为标准对理智、知识、哲学、真理、科学进行衡量。心灵或理智不过是工具，以求生的意志或者谋夺权力的意志为服务对象，它是"微小的理性"，以身体为泉源，大的理性是身体，是身体的本能。"存在于你身体中的理性比存在于你最聪敏的智慧中的理性要多"。唯有在对生命进行推动或保全，或者对种族进行保全或发展的时候，知识才有意义。所以真理是必需的，虚幻的想象也是必需的。主张谬误与幻想位居真理之下，为真理而爱真理，而非为生活而爱真理，是本末倒置，是本能的一种病态。诚然，以真理为目的对真理进行探寻的理想就是苦行主义的另一种表现形式，为别的事物而在日常生活中对自己进行克服或者对自己进行否定。

尼采还主张，一般性的真理并不存在。人们提出的所有以一般真理的形式而存在的命题全都不正确。事实上，思维就是一种不太准确的直觉，差异被它忽视，相像是它的追求，与实在相关的虚假的图景被它构建。不存在常住之物，不存在实体，不存在一般的因果关联，自然也无确定的目标或者目的；人类的幸福或德性并不为宇宙所关注，宇宙之外并不存在一种能够对人进行帮助的神圣的力量。知识是工具，服务于对权力进行谋求的意志，在器官的发展背后存在着某种动机，即保全之效。我们这样对世界进行排布，以有利于我们存在于其中的可能，所以我们将信任赋予不朽的、有规律的、不断重复出现的事物。我们自己对符号与公式进行创造，并借助它们将所得的所有繁复杂乱的经验全都转化为具有唯理性的、能够被我们统辖的体系；构建这一体系就是为了利用它来对自己进行欺骗。从这个角度来说对真理进行追寻的意志等同于对杂多的感觉进行掌控的意志——亦即以某些范畴为凭依将现象串联在一起。所以，无论是逻辑的范畴，还是理性的范畴都不过是我们出于功利的目的对世界进行排布的手段，只有这样，我们才能对它进行支配。然而，哲学家们却错误地将这些公式、范畴、便捷的形式当成了对真理和实在进行衡量的标准；他们天真地将人类以自我保全为目的而运用的审视事物的方法——以人为中心的与众不同的表征形式——当作了辨别实在与非实在的标准，当作了对事物进行衡量的尺度。这样世界就被以实在与貌似两种方式做了区分，人为自己所在的世界编造道理，亦即这个杂多的、恒常变化的，充满了斗争、冲突、对立的世界是不被信任的、是被诋毁诽谤的。实在的世界被视为虚假的、貌似的世界，被视为一种纯粹的表象；被虚构的世界，恒常不变的世界，凌驾于感觉之上的世界，被人认定为长居之地的世界，不真实的世界则被认定为真实。

唯有本能与欲望的世界可以为我们直接认知，并且我们的每一种本能都将以最基础的谋求权力的本能为复归。所有的生物都以陨灭其他生物为手段来尽可能地对自己的权力进行增广和强化，生活以此为规律。它以创造等级较高的类型、英雄的民族、超人为目的，要实现这一目的，苦痛、忍耐、伤害弱者便是必需。所以相比于和平，战争更加优越，诚然，死亡以和平为先兆。在这里，我们对自己的权利进行维护，坚持要求自己所应该得到的，不是为了快乐，不是为了幸福，也不是为了任何目的，而只是为了不堕落。所以被叔本华认可的作为所有道德的泉源的恻隐之心没有任何的益处，种族的力量被它削弱，强大的人和弱小的人因它而变得同样脆弱，获取的人被它伤害，赠予的人也被它伤害，它有害无益。

确实人生令人恐惧，但没有消极的理由。消极与遁世的思想只存在于日渐衰败或者生病的民族之中，因为健康的精神有着非常强烈的求生欲望，苦痛与战斗都无法将它击败。生活就是一场实验，是对主要人物和次要人物进行遴选的过程。选择权为生活所具有，贵族的气派也为生活所具有。人性的不平等由它昭示，它的存在也对人的不平等性做了论证。无论是在身体上还是在精神上，有一部分人确实强于其他人。贵族天生高贵，享有种种特权，因为相比于普通民众和临时拼凑在一起的人，贵族担负的责任要更多。上等人就应该占据支配地位。所以对占据优势地位的人来说，民主主义、无政府主义、社会主义、共产主义都是阻碍，都与这一理想相悖，都是其个人成长的阻碍，因此没有存在的可能。奴隶制以各异的形式存在着，并将一直存在下去。只不过古代的奴隶制度被近代的劳工制度所取代。

以怜悯之心为基础构建的传统道德体系也是尼采摒弃的对象，它的存在对条件优渥的人无益，只对弱小的人和萎靡不振的人有益；尼采还以相同的理由摒弃了以基督教为典型代表的宗教；因为对谋夺权力的意志非常推崇，尼采对科学与哲学非常不屑。他摒弃并排斥哲学、犹疑不决、蔑世，也摒弃并排斥平等、幸福、克己、宗教、同情、科学及不抗争，因为这些与生活都存在冲突；唯有日益衰败退化的制度及思想体系才会以它们为追求目标，才会宣称它们具有价值。

笔名麦克斯·施蒂纳的极端个人主义者卡斯巴尔·施米特（1806—1856年）是尼采的前辈，是一位前驱者。《唯一者及其所有物》是施米特的著作，该书于1845年被翻译，译者马凯。

尼采的著作包括：出版于1872年的《悲剧的诞生》；出版于1883年后的《查拉图斯特拉如是说》；出版于1886年的《善恶的彼岸》；出版于1887年的《道德的世系》；1895年之后由科格尔主持编辑的尼采著作全集以及1900年后出版的《书信集》；A.提尔和O.雷维编译的英文版尼采著作。

参考书

《弗·尼采的生平》，作者 E. 福埃斯特尔—尼采，两卷；道尔逊等的专著（法文和德文版）；《尼采的认识论和形而上学》，作者茹德·艾斯勒。

第三章 柏格森的直觉主义

第一节 理智与直觉

昂利·柏格森（1859—1941 年）是反唯理主义运动的代表人物，他声望极高，一直都是人们关注的焦点。在学术界外，他的作品与威廉·詹姆斯的作品一样，拥有大批出于怜悯而阅读的读者。神秘主义者、浪漫主义者、实用主义者都认为实在的外壁无法为科学与逻辑所渗透，柏格森也一样：概念思维于运动和生活来说一无用处。唯有固定的死板的事物、止步不前的事物、创造过后剩余的残渣、与时空相脱离的惰性的废料及以我们的能力可以提前做出判断的事物才是科学能够去理解的事物。然而，诚如实用主义者所说的那样，理智并非漫无目的，它是一种工具，服务于求生的意志。柏格森指出，理智还有其他更多的用途，实用主义只掌握了真理的二分之一。静止、沉寂、死气沉沉的世界是概念思维最契合的世界，它被应用于受机械性支配的、充满惰性的物质世界，并获得了巨大的成就。科学与逻辑在所有个性及内在性不存在的寂静而死气沉沉的地方都具有理论与实用的双重价值。然而，当它们将作用延伸到一个所有事物都处于运动、变化、生活与成长的世界中时，实在就会被它们割裂，它们就会对实在的图景进行虚构。形式的改变，无限的多种多样都给理智带来了困扰。在它看来，恒常向前的流动原就是虚无与空幻的，一个嶙峋的骨架、一个刻板的框架被它建立起来，它视其为真正的实在，用其将令人迷惑与苦恼的时间层面上的恒常向前的情状取代。它一直都以不朽的实体、不朽的因由、处于静止状态的因素来对流动进行解释，并视与这一逻辑格局不相符合的事物为纯粹的现象而进行清除。一个处于静止状态的世界方是科学的憧憬，处于流动状态的时间被它归入空间的范畴；它指出，从机械的角度完全可以对虚构的运动、连续、进化与生命进行解释。从数学、科学或者逻辑学的角度无法对生命与意识进行探讨，以数学—物理的方法对这一课题进行研究的科学家实际上是在对它们进行毁坏与摧残，实际上并不曾弄懂它们的意义。人们无法从形而上学的思想家那里得到与生命科学和意识科学相关的知识；哲学必须是且一直是直觉，是对实在直观的洞见，是真正意义上的世界观。直觉等同于生活，意即可以自我反省的实在与生活的直观。有一种鲜活的推动力，一股生命的源流，一种与诗人的创造精神相类似的事物存在于宇宙之中，以数学的才能为凭依无法对这种生命的源流进行把握，唯有比理性还要趋近于事物本质的感觉，即神圣的怜悯心才能对它进行赏鉴。哲学是以生命推动力、艺术过程为着眼点对宇宙艺术进行理解与把控的。属于我们的精致的、微观的、化为精神的本能与直觉非常相似，相比于科学或理智，本能与生命之间的距离更近。我们唯有以直觉的能力为凭依才能对内在的"连续"、生命、实在、"变化"、意识进行了解。唯有当我们以观察为观察的目的，而非以行动为观察的目的时，绝对才会自我彰显。从本质上来说，它没有逻辑属性，也没有数学属性，只有心理属性。通常情况下，哲学在对理智与直觉进行审视的时候必然要保持公正的态度，唯有将这两种能力合二为一，哲学家与真理之间的距离才会被拉近。

第二节　形而上学

以明显带有二元论色彩的形而上学理论为凭依，柏格森对哲学与科学、直觉与理智做了严格的划分。物质是一台庞大的机器，没有记忆的能力，从本质上来讲，精神或意识就是一种创造力，它不受束缚，能够记忆，往事被它像滚雪球一般累积起来，并于所有连续的刹那将其与某种以实在为泉源的全新的事物相合。存在相继关系的所有部分简单的排布并不能构成意识，意识是不受束缚的创造，是一个无法割裂且一无重复的过程。从原则上来说，意识当为每一种具有生命的物质所有，诚然物质的意识不过是因为某种目的而被生命利用的对象。每一个生物都是储存者,它无法被确定,也不可被预判,亦即所有可能出现的行动都为它所储存,或者简单地说,它储存了所有的选择。物质的适应性被生命所利用,物质小到极致的部分是呆滞的、无法被确定的,生命潜入其中,使之对自由有益。唯有以引发小到极致的火花为手段,动物的行动才不受桎梏,食品中储存的势能被这一火花所释放。

意识是连续的增殖,是无间歇的创造;物质则是连续的破坏,是无间歇的消耗。不管是世界赖以构筑的物质,还是以物质为利用对象的意识,都无法以自身的力量对自身进行说明,物质与意识是同源的。从本质上来说,演化于地球的所有生命都以创造力为目标,都是创造力的常识,这一尝试是要以物质为凭依而通达某种唯有人才能实现并且实现的不彻底的事物。意识曾尝试对物质进行架构,使其成为工具,服务于自由。这样,它就落进了陷阱里:紧随自由而至的是必然性与能动性,自由终于被闷死了。唯有人将链条打断,人凭依着其他的习惯来抵抗已经形成的习惯,用必然性来抵抗必然性。假如我们的行动以自身的人格为源泉,被人格引为表征,自由就属于我们;所以,在我们的生活中真正自由的行为其实寥寥无几。

人通过有鼓舞和阻碍作用的物质对自身的力量进行知觉与强化。欢愉(并非快乐)是标记的一种,当我们充分舒展了自己的行为时,我们就会被它告知;生命以它为成功的明显标志;只要有欢愉存在,就有创造发生。人生的极致之道是所有的人都能于任一时间进行创造,自己的人格由自己不断地去丰富,自己塑造自己,这种自我丰富并不以存在于外界的任何因素为凭依,而以其自身为因的因素为凭依。以物质为过渡,意识本来潜隐的、含混的、杂乱的倾向变得精准而明确,且以明晰确实的人格自我显现,并让人格在凭依着自我创造强化自身力量的同时,还对这一力量进行检视。然而,意识也等同于记忆,它具有留存往事、累积往事的最基础职能;在单纯的意识中,往事不可能被遗失,人格生活的全部彼此相继、不可割裂,只要它有意识。于是受到引导的我们就能尝试对不在凡俗范畴内的事物进行设想。或许意识唯有对人而言才是永生不灭的。

柏格森的著作包括:出版于1888年的《时间和自由意志》,译者派格逊;出版于1896年的《物质和记忆》,译者保罗、帕尔梅;出版于1900年的《论笑》，译者柔斯威尔；出版于 1903 年的《形而上学导论》，译者修尔梅；出版于 1910 年的《创造的进化》，译者米彻尔；1911 年刊发于十月版《希伯特杂志》上的《生命和意识》。

参考书

《柏格森》，作者卡尔；《新哲学：H. 柏格森》，作者勒·鲁瓦，译者布朗；《柏格森的哲学》，作者 A.D. 林赛；《柏格森的哲学评述》，作者 J.M. 斯图尔特；《柏格森和近代精神》，作者多德森；《功利主义的浪漫主义》，作者贝特洛；《哲学中的革命》，作者格朗迪让；《从康德到柏格森》，作者克瓦格内；《直觉和概念》，作者布罗德和威尔奇。

第四章 实在论与唯心主义的对立

第一节 新实在论者

德国唯心主义者主张科学知识以分析的形式割裂了存在，所以存在不足，柏格森对这一观点表示认同；他希望找到一种可以正确地对有机实在的属性进行认知的方法。在英美一种反唯心主义的实在论思潮开始风行，这一实在论宣称知识最明确实在的体系是科学，对哲学而言，脱离科学，无异于灾难。以科学方法为它所理解的精神为凭依，这一学派将以关联为内在的唯心主义认识论或者有机的认识论所摒弃，主张事物的属性及相互之间的关联并不受关系的影响，亦即关系存在于外。不管一条直线是方形的一条边、圆的一条半径，还是三角形的一条高，它依旧是直线。所以，这一学派的学者对用以认识的分析方法的重视并不逊色于实用主义者，也不逊色于直觉主义者及黑格尔的后继者，他们以寻求真理的不恰当的方式斥责它——它摒弃一元论，唯有选择多元论。伯特兰·罗素曾言："我之哲学是分析的哲学，因为它认为对构成复合体的简单元素进行探寻是非常有必要的，它断言简单的事物是复杂的事物赖以凭依的前提，但简单的事物却不以复杂的事物为凭依。"从对存在不以知识为凭依这一点进行认可的角度来说，这一哲学也应归入实在论的范畴。"从一般的心理学概念上来说，被逻辑、物理、数学及其他诸多学科所共同探究的实体实际上并不属于心理的范畴。""人能够对这一实体进行认知这一点并不能成为束缚实体的属性与存在的枷锁。"

实在论学派的学者包括：英国学者伯特兰·罗素、G.E.穆尔、S.亚历山大；六个美国实在论者，即1912年共同撰写了《新实在论》的美国实在论学者E.B.霍尔特、W.P.蒙塔古、W.B.皮特金、W.T.马尔文、R.B.塔里及E.G.斯泡耳丁。对实在论运动，E.B.麦吉尔佛里一直都抱持同情的态度。

对"将意识视作关联的最末项的旧意识理论"及主观唯心主义理论，F.J.E.伍德布里吉一直都抱持反对的态度。他主张，意识本身与时空一样都是存于事物之中的有意义的关系。所谓了解只是事物在意义层面上的所有在有意识的状态下无法抵御的关联。对直到现在还不曾被认识的实在进行认知，只是从外部对它进行强化而非对它进行变革。并非存在一个以自身的观念对实在进行认知的外部的心灵，而是实在以自我舒展及再次调整的方式让人类能够对它进行认知。事物是实在的，它不是任何存在于意识之外的事物的观念的表征，因为存在于意识之中，所以，这类事物有能力彼此表征，彼此涵盖，彼此代表。

伯特兰·罗素的著作包括：出版于1901年的《几何学的基础》；出版于1903年的《数学原理》；出版于1910年的《哲学论文集》；出版于1911年的《哲学问题》。G.E.穆尔的著作包括出版于1912年的《伦理学》和出版于1903年的《伦理学原理》。马尔文的著作是出版于1912年的《形而上学基础》；培里的著作包括出版于1907年的《研究哲学的方法》，出版于1909年的《道德经济学》及出版于1911年的《现代哲学倾向》。

第五章　唯理主义及其反对者

第一节　反理智主义的功绩

如今，各种对理智主义抱持反对态度的哲学，不管是唯心主义哲学还是唯物主义哲学都以反对所有极端的决定论为体系。这一哲学都对具有伸缩性的宇宙有所渴求，都希望宇宙这样，亦即人生不只是一场木偶戏或者说不只是所有人都分饰早已经被预订好的角色的一场戏。他们对没有自由、冒险、个人职责、机遇、创造性、拼命行动的精神及浪漫行为的世界抱持排斥的态度，亦即对个人未曾被哲学施与影响的生活抱持排斥的态度；他们关注的焦点渐渐从普通，与机械相似的属性、理智、逻辑、理论、上帝转向个别、有机性、意志、直觉、实践和人类。近代浪漫主义者渴盼这样一个世界，人可以在其中找到奋斗的机会，可以努力对自身的目的及理想进行塑造，可以成功，可以失败。它渴望复苏那个被不存在反思的普通的常识所见的世界。

这些全新的倾向之中有很大一部分对人有所裨益。第一，传统的古典哲学被这一倾向所激励，并加入了为它的存在辩护与诠释的行列。对抗不存在，战斗不存在，哲学就会让人昏昏欲睡，让人沉浸于毋庸置疑的酣然睡梦中。相比于自我满足及漠视，矛盾的存在要更好一些。和其他领域一样，斗争在精神领域也是万物的父辈与王者。人们所遵循的规条全都死气沉沉。穆勒所言极是，"站在失去了敌人的战场上，所有的学生与教师都会在自己的岗位上酣然入睡"，当一种哲学被完善时，它就已经结束了。

这些哲学家不仅在帮助哲学重焕生机方面做出了重要贡献，还促使人们对那些极易被冷落的问题进行研究。认识论范畴的所有问题、哲学与自然科学的关系被他们凸显，人在各个领域的价值被着重强调，亦即这一问题为他们所凸显，他们要求问题的答案随着人类研究的进步而改变。他们对我们提出告诫，勿要视实在的普遍构架为实在，坚定地宣称具体的经验才是我们应该趋近的目标。片面的形而上学为他们所反对，在对宇宙进行解释的时候，这种形而上学只以经验的断章为凭依，在对各种各样的经验进行审视的时候，它的态度存在谬误。在它看来，世界就是一台具有逻辑性、目的性或者物理性的机器。他们不愿意对由内向外检视的理智对实在的阐述是彻底的这一点表示认可，更反对用与有认知能力的人类心灵相类比的方式对实在进行描绘。他们对赫拉克利特所主张的动态的实在做了强调，对埃利亚学派所主张的静态的绝对表示反对，主张人类的意志与存在相似。

第二节　诉诸理性

在思想史上，新派的哲学家们在自己的著作中对这些观点以及别的一些观点进行了论述，它们被强调过许多次，人们对它们的了解程度也很深。隐藏于理智之后的动机之所以完全失去了他们的信任，是因为他们对贬低宗教的价值与正统道德的价值充满了恐惧，是因为存在早先就已经被成就的形而上学及与理智相关的稍显狭隘的概念。但是，必须记住这种倚靠意志的需求的不信任并非真正地具有必然性的不信任。所有能够让信仰的意志感到满足的，不一定就能让对经验世界进行了解的意志感到满足。必须让人们对信仰的意志本身继续认知，必须说明为什么要接受信仰的意志的要求，这一原因必然要令求知的意志感到满足。必须对为什么诉诸理性，或者为什么要对信仰的意志进行维护做出说明，在相同的理智的帮助下，我们曾从自身的迷信及自然的奴役之中脱离。的确，诉诸理性是所有实用主义者和反理智主义者都要做的事情，他们需要人们对其学说表示认可，因为它与理性相契合，因为它能对为他们所理解的事实进行说明，因为它是真实的——从真实这个词语的本意上来说是真实的。哪怕是信仰的思想家一直以来也都明白地对理由做了阐述，一个世界被他们构建，在这个世界中信仰的意志是合乎情理的。康德对绝对命令及绝对命令的内涵表示认可，因为他相信存在一个具有唯理性的宇宙，因为于他而言，这样一个宇宙，亦即在那里一个没有理性的事物，一个不存在任何意义的规条竟然为理性所需，这好像无法为人所理解。

第三节　理智与实在

假如我们可以证明实在的图景是理智的虚构，能够证明我们那绝对虚幻的世界观是在它的胁迫下构建的，我们在对理智的职能进行反对的时候就有了堂皇的理由。这种反对的前提是我们以形而上学或其他事物为知识的泉源，这一泉源可以被我们置之于理性结论的对立面，主张它更具权威性、更实在。假如一个整体的宇宙被理智强塞给我们，我们应当敲响战鼓，将理性从我们的阵营之中驱逐，实际上整体的宇宙从来都不存在。然而自然而然地，问题就来了，存在莫非真的已经被理性将所有的生命都榨取走了，只剩余一具骨架吗？一个处于绝对封闭状态的体系为理性所需吗？在那里，过去没有的一切，现在也不会有；从原则上来说，所有的事物都可以以过去曾经存在的事物为凭依一无疏漏地进行推导。以理性的本质为凭依，得出的结论定然如此吗？现在存在的所有事物，曾经始终存在，未来也将一直存在下去。在阳光的照耀下，所有全新的事物都不可能存在，所谓全新的事物只是旧事物以一种新的方式再次被构架。假如实在首先就被我们界定为某种不具备活动能力的呆滞僵硬的物质凝块，只能被人任意安排，那么，这样的结论定然会被得出，亦即以过去不存在的事物为泉源无法创生任何事物。假如我们视实在为精神，且精神除作为其他事物的推动对象之外，一无用处，或者说一个静态的宇宙以其为目标，那么，世界定然就是封闭的，所有过去没有的事物都被排斥在外。然而，我们以这种或那种方式对实在进行界定并不是因为受到了胁迫，人类的理智如此审视实在也不是因为受到了本性的胁迫；假如它对这种界定表示肯定，也不过是不得不对以这一界定为泉源的结果表示肯定。这种实在观并非源于历史的思想体系；以这一观点为凭依对那一体系进行解释，就是对其错误的解读。的确，人类的心灵会以自己的方式进行思考，所有的问题都以思维的本性为泉源并导致某种结果。所有的直觉主义者、信仰哲学家、实用主义者在思维的时候都采用这种普遍的思维方式，不以始终如一为追求，不关注存在于经验中的相似与差异，不对经验中的某些方面进行选择，也不特别注重经验中的某些内容，在将它们联结起来的时候并不以某种形式为凭依。心灵以自己的方式进行活动，这些方式之中有一部分若是被放任，它出于使实在适应它的目的会对实在进行切割。片面的危险总是存在于理智之中，它与本能很相像，会始终以一种方式对它身旁的所有事物进行审视，会将被谢林、柏格森、康德、费希特用沉寂而充满死气的世界桎梏的方式应用于所有的领域，在对生命与意识进行审视的时候会将它们视同僵尸。这种危险的确有，但绝大多数浸润于抽象公式中的哲学家却愿意对它表示服从。然而，对这一危险进行规避正是哲学的任务所在，在对这种方法进行运用的时候要保持明达与敏锐；唯有更多的理智才能对理智进行治疗。

心灵之所以将所有的实在都转化以某种次序进行排布、可计量与计算的死块块并非受到了本性中某些事物的胁迫。任何事物都不会对它以正确的态度去审视属于经验的、鲜活的、运动的、奔流的一面进行妨碍，新哲学家们对这些非常关注。数学—物理的方法并非唯理主义定然要使用的方法，处于静止状态的绝对也不是，所有被设想的前提都不可能给它造成阻碍，以至于对处于运动状态的、发展中的宇宙一无所知。为了让理性世界与它并驾齐驱，黑格尔对这样的世界进行了认可，或者说两者的并驾齐驱是他无法组织的，因为他认为，和世界一样，具有唯理性的思想也是一个处于运动状态的过程。从纯粹的对理智的不信任的角度来说，没有任何一个浪漫主义者比他对知性的不信任更显而易见，也没有任何一个人比他抵制知性诱惑的决心更坚定。然而他并不曾以此为理由将思维抛弃，直觉与信仰被他当成了领航者；在他看来，以理性为凭依足以对具有推论作用的知性的短视进行纠正。

第四节 哲学的目的

不管黑格尔从思想的角度上对再现动态宇宙历程所做的尝试是否成功，处于静止状态的宇宙都不可能令人的理性感到满足。我们完全没有必要以逻辑学家的精神为凭依进行推论，我们在进行思维的时候要坚持唯理的特性，我们完全没有必要视实在为没有任何血肉依附的范畴的骨架，或者用沉静冷肃、正在沉思的上帝来对它进行总结。哲学的目的是对被它认可的经验进行诠释，致力于对它进行了解，让人们对它有所认知，提出一些与呈现的事物相关的问题并给出答案。它并未尝试过这样做，亦即，以具有先验性的真理为凭依对实在进行虚构，并创立一个与经验相脱离的概念体系，亦即，好像是堵上了耳朵，闭上了眼睛，却在暗处对这一世界进行细致精密的思索。它认为要站在如实的角度上对事物进行审视，在观察的时候要与经验面对面，对它们进行了解的时候仅仅以人类可以了解的意义，亦即，存在于它们之间的各种关联为目标。对可以对其目的进行说明并且以实际经验为泉源的素材或方法，它从来都不推拒，不管这种素材或方法是艺术的直觉、宗教的直觉还是理智的直觉，然而正如它不会随意对源于日常的感觉经验进行接纳一样，在对这些方法或素材进行接纳的时候它也会抱持批评的态度。

单从为我们所知的情况来说，所有新的哲学流派都不曾将自身的信仰、直觉、意志强加给他人，也没有哪个新的哲学流派在接受这一认识方法拒绝另一认识方法时不表明这样做的理由；唯一的问题就是这个理由恰当还是不恰当。紧随单纯的经验、直观的经验、怜悯的艺术情感，道德、宗教信仰、理智的直觉等可以让我们对实在进行明晰确实的洞见的观点之后的是，或多或少地具有唯理性质的观点。以巫婆或恶魔自己提供的证据为凭依，有着强烈求知欲的人不可能盲目地去信仰它；所有为人所接受的经验都需要为自己提供理由，都会被追溯与研究。

第五节　整块的宇宙

内在的经验，或者说被包括柏格森、费希特、谢林在内的很多人以不同名字来称呼并予以强调的存在于人类本身之中的精神的活动，如果无法从认识论那里得到充足的保障，就无法不加理会，或者简单地将它归入现象的范畴。与生活及精神相关的机械的理论是新的思想运动反对的对象，这种反对有一定的道理，然而它们却不以唯理主义及理智主义为反对对象，从柏拉图时代开始，很多声名煊赫的思想家在对机械的、静态的学说进行反对的时候都以唯理主义为凭依。对精神是一个整体的宇宙的观点和与精神生活相关的原子观点或者受主要目的支配的专制的目的论观点，新派改革家们全都抱持反对的态度，这有一定的道理。然而以唯理主义为反对对象却是谬误的，以唯理主义对精神生活进行审视一点儿都不僵硬，也不是被胁迫的。唯理主义的任务是对经验进行认知并提出疑问——这些疑问并非哪个愚蠢的人的质疑，而是可以被智者解答的疑问。

的确，唯有在理性的世界中理性才可以将作用发挥。在这样的世界中，杂多之中蕴含着统一，差异之中蕴含着相似，变化之中蕴含着恒常。处于静止状态的死寂的世界并非它所需要的活动之地，生活、进化、改变都无法让他感到为难与迷惑；若非新鲜奇特的造物的反复无常具有绝对性，甚至创造的改变及新鲜奇特的事物也无法让他感到为难与迷惑，理性会因世界的杂乱和毫无章法而晕眩并闭上眼睛。对彻底让人莫名其妙，毫无规律的出现或陨灭且与所有其他的事物都绝对没有任何关联的新鲜奇特的事物，对绝对反复、没有恒常性的事物，不管是直觉还是理智都无能为力。若新鲜奇特的事物与传统的旧事物没有任何关联，那它就没有价值，无旧就无新，但是从理论的角度上来说，对新鲜奇特的事物的研究还是有所进展的。相比于机械的表象，生命与意识的表象更与众不同；假如其与众不同无法被唯理主义归入某个具体的原理范畴之中，它就必须对它们的与众不同表示认可。人类的理性并不以对经验世界图景的虚构为任务，而是以对经验世界进行了解为任务；一个纯粹的、具有一致性的理想存在于它的心灵之中，但它也没有必要为此将所有的差异集中埋葬。理性是一，也是多，它本就是存在于差异之中的统一，它的本性不可能因它本身而受到伤害。

第六节　理智与直觉

以机械的观点对经验进行审视的思想方法，我们以理智名之，其间不曾有任何事物拦阻，并赋予我们以之为凭依对各异的概念进行把握的职能一个另外的名字。假如真的要区分，我们可以对知性与理性进行区分，可以对理智与直觉进行区分，可以视前者为对科学进行研究的方法，视后者为等级更高的形而上学的知识的泉源。然而这种人为的区分却受到了浪漫派的强烈抨击，在他们看来，它将不能分割的事物分割了。绝对无理智的直觉是不存在的，所有的哲学理念与知识都受到理智的影响。以事物核心为趋向的一种直接的努力为直觉主义、完全的经验主义、素朴的实在主义所代表，对实在的强烈的希冀以它们为表征，对形而上学的怀念以它们为征兆。唯理主义会对所有或者任一完全的、敏锐的、迅捷的对实在进行领悟的英雄式的尝试表示肯定——假如那具有可行性的话。然而若不曾被对日常生活有影响的相同的理智考察，不管是单纯的经验、直接的经验，抑或直觉的经验，真的可以被哲学真理倚之为根基吗？这一理智可以被压抑而不进行活动吗？可以全神贯注地以非理智的身份做玄奥的专注的注视吗？假如可以，对哲学而言，它有何用处，对科学而言，它又有何用处？就像所有学说想完成的那样，不存在竭尽全力对自己的方法与泉源进行论证的学说，可以这样做，也可以拒绝这样做，亦即对直接经验进行思索，对经验进行分析，对经验的结构做出明示，并且在做这些的时候对范畴进行应用。被新哲学家描述为单纯经验的事物实际上是分析与内省的结果，是他们谴责过的以概念进行思维的结果，并非单纯的经验。赫拉克利特提出了建议，执行的方式却源于巴门尼德。

然而，若坚持主张为理智所揭示的不过是外部的世界，不过是物理层面的有着机械—因果关联的对象，诚然，这一理智就是片面的。若因为理智所有被理智关注的事物都陷入了瘫痪状态，运动被遏止，生命受到了伤害，实在被残忍地谋杀，那么，科学思维的确是欠稳妥的，就必须将哲学摒弃或者寻找一种与众不同的方式。若这样严重的混乱以概念思维为罪魁祸首，直觉主义者就必须将逻辑或概念摒弃，或者最起码要用沉寂且死气沉沉的事物的范畴对其破坏进行限定，这样他们没有错误。在他们看来，可以被认识的对象不只被知觉的事物，可以被引为泉源的也不只感官知觉，这也没有错误。只懂得将目光凝注于外的人，无法对只能纯粹向外探索的理智所无法知觉的经验进行把握。具有生命的意识只能对其所存在的世界进行认知。若只有静态的绝对存在的地方才有科学，那么，尝试用科学的方法对生命与心灵进行探究，就必然要对其图景进行虚构，科学最好对它们采取不干涉的态度。然而如此片面的做法却没有必要应用于理智与认识之上。外在的知觉并非科学的全部。将事物割裂开来，并对其碎块进行度量、计算、整理也非理智职能的全部；理智还有分析与综合的职能。两者相互包含，一方不存，另一方就不存；分析不存、综合不存，度量、计算、整理要如何存在呢？

第七节 结论

我们做出的结论如下：只要它以假定为根据，只要唯理主义以先验的原理为起点对某一世界进行推导，并试图对一个与经验相脱离且独立存的具有绝对性的体系进行构建，无论是谁都可以对它表示反对。所有的思维都以对知觉到的经验进行解释为目的，而非以凭借先验的原理对经验进行虚构为目的。我们对理论进行探寻，若有可能，我们应该对能够帮助我们对存在物进行了解的普遍理论进行探寻，这一理论不应该被悬于半空，其基础必须是经验。尽管确实性是心灵的渴盼，尽管心灵将某个相互关联的判断体系视为理想，但眼下所存在的唯理主义却无法也不曾明示全部真理已经被其掌握。并且人的思维有属于自己的习惯与方式，对这些习惯与思维范畴进行肯定的唯理主义并没有错误。然而这一范畴的形式并不纯粹也不随便，并非对实在的虚构。假定成长于这一世界中的心灵为其部分精神所濡染，这是自然而然的。在不存在习惯的世界中，习惯居然为心灵所有，这委实令人费解，或者说认为心灵生活的世界中不存在规律，而它又依循规律，这实在是令人费解。若将范畴应用于世界之上便是对世界的虚构，这样的双重奇迹就会为我们直面，在疯人院中诞生了健全的灵魂且这一灵魂能够对自身的健全进行维系。

并且，若这样的内涵，即貌似杂多的经验被指斥贬低为纯粹虚幻的图景，物质、上帝、精神、能等抽象的事物对具体的事物具有绝对支配权，被唯理主义所涵盖，源于多元论的反对就是合乎理性的。所有杂多的统一都非沉寂且充满死气的，正如所有统一的杂多都不混乱。诚然，千篇一律的、绝对意义上的单调是思维必然要直面的，就像当绝对意义上的混乱被呈现于它面前时，它同样无能为力。感官知觉、知觉、直觉也是这样。唯理主义不会胁迫我们用一个单一的原则对所有的现象进行总结；一个世界存在对立、变化、差异，并不意味着它缺乏理性。的确，知识只会存在于具有齐一性的世界或者统一的世界，但在存在对立、存在差异的世界中也一样存在知识。科学的目标与方法、哲学的目标与方法都不会被唯理主义先验地进行界定，唯理主义也不限制心灵一定要使用数学—物理的方法，不强迫我们将历史学、生物学、心理学全都纳入物理学的范畴，不强迫我们用一整块处于静止状态的宇宙或者绝对的概念对万物进行涵盖。在它那里，预留给冒险与改变的空间非常广阔，以确实的态度对经验进行审视，并对存在于其中的经验进行发掘。虽然在我们看来自然恒常变化，自然规律也恒常变化，但只要我们仍有可能从变化的规律中发现变化的规律，唯理主义就会一直存在。只有在自然彻底混乱且变化规律不存的情况下，它才会消亡。然而，在这样的情况下，包括实用主义、直觉主义在内的其他一切哲学也都将随着唯理主义的消亡而消亡，因为其他所有哲学都尝试对经验进行了解，但在没有理性的世界中，所有的哲学都注定要失败。在这样的世界中，没有什么能够再发挥作用。

经验能够被理解，每一个真正的问题终有一日会被解答，这是属于唯理主义的最基本的设想；假如被理性提出的问题足够清晰明了，理性就可以给出答案。然而，要使其符合情理，完全没必要对自由、新鲜奇特的事物、进化、变化、责任等进行摒弃，而只对绝对意义上的决定论有益。的确，若是实在被割裂为物理或精神的因果系列，那么，环境就会对个人、事物起支配作用，无论这种支配的属性是机械的还是目的论的。不管钳制人类的是物理的机器还是宇宙之目的，人都无法从奴隶的身份中脱离。然而我们何以如此愚蠢地对目的、原因、进化范围进行诠释，坚持认为包括生命与意识在内的所有事物都处于绝对意义上的静止之中？这样审视事物，将陷理智与理性于非历史的独断与狭隘之中，让胜利轻易为机械论所攫获。以浪漫主义为凭依并不能对整块的宇宙的路途进行趋避，要规避它，唯有以心怀宽广的唯理主义哲学为凭依。